U0764306

中文社会科学引文索引（CSSCI）来源集刊

民间法

2018年上卷·总第二十一卷

主编：谢 晖 陈金钊 蒋传光

执行主编：彭中礼

中南大学法学院
上海师范大学 主办

厦门大学出版社
XIAMEN UNIVERSITY PRESS
国家一级出版社
全国百佳图书出版单位

图书在版编目(CIP)数据

民间法.第二十一卷/谢晖,陈金钊,蒋传光主编.—厦门:厦门大学出版社,2018.8
ISBN 978-7-5615-7065-4

Ⅰ.①民… Ⅱ.①谢…②陈…③蒋… Ⅲ.①习惯法-中国-文集 Ⅳ.①D920.4-53

中国版本图书馆 CIP 数据核字(2018)第 196454 号

出 版 人 郑文礼
责任编辑 甘世恒
美术编辑 蒋卓群
电脑制作 张雨秋
技术编辑 许克华

出版发行 厦门大学出版社
社 址 厦门市软件园二期望海路 39 号
邮政编码 361008
总 编 办 0592-2182177 0592-2181406(传真)
营销中心 0592-2184458 0592-2181365
网 址 http://www.xmupress.com
邮 箱 xmupress@126.com
印 刷 厦门市万美兴印刷设计有限公司

开本 787 mm×1 092 mm 1/16
印张 26
插页 2
字数 556 千字
版次 2018 年 8 月第 1 版
印次 2018 年 8 月第 1 次印刷
定价 88.00 元

本书如有印装质量问题请直接寄承印厂调换

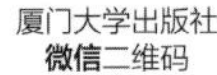

总 序

自文明时代以来，人类秩序，既因国家正式法而成，亦借民间非正式法而就。然法律学术每每所关注者为国家正式法。此种传统，在近代大学法学教育产生以来即定制。被谓之人类近代高等教育始创专业之法律学，实乃国家法的法理。究其因，盖在该专业训练之宗旨，在培养所谓贯彻国家法意之工匠——法律家。

诚然，国家法之于人类秩序构造，居功甚伟，即使社会与国家分化日炽之如今，前者需求及依赖于后者，并未根本改观；国家法及国家主义之法理，仍旧回荡并主导法苑。奉宗分析实证之法学流派，固守国家命令之田地，立志于法学之纯粹，其坚定之志，实令人钦佩；其对法治之为形式理性之护卫，也有目共睹，无须多言。

在吾国，如是汲汲于国家(阶级)旨意之法理，久为法科学子所知悉。但不无遗憾者在于：过度执着于国家法，过分守持于阶级意志，终究令法律与秩序关联之理念日渐远离人心，反使该论庶几沦为解构法治秩序之刀具，排斥法律调节之由头。法治理想并未因之焕然光大，反而因之黯然神伤。此不能不令人忧思者！

所以然者何？吾人以为有如下两端：

一曰吾国之法理，专注于规范实证法学所谓法律本质之旨趣，而放弃其缜密严谨之逻辑与方法，其结果舍本逐末，最终所授予人者，不过御用工具耳(非马克斯·韦伯“工具理性”视角之工具)。以此“推进”法治，其效果若何，不说也知。

二曰人类秩序之达成，非唯国家法一端之功劳。国家仅借以强制力量维持其秩序，其过分行使，必致生民往还，惶惶如也。而自生于民间之规则，更妥帖地维系人们日常交往之秩序。西洋法制传统中之普通法系和大陆法系，不论其操持的理性有如何差异，对相关地方习惯之汲取吸收，并无沟裂。国家法之坐大独霸，实赖民间法之辅佐充实。是以19世纪中叶、20世纪以降，社会实证观念后来居上，冲击规范实证法学之壁垒，修补国家法律调整之不足。在吾国，其影响所及，终至于国家立法之走向。民国时期，当局立法(民法)之一重大举措即深入民间,调查民、商事习惯,终成中华民、商事习惯之盛典巨录,亦成就了迄今为止中华历史上最重大之民、商事立法。

可见,国家法与民间法,实乃互动之存在。互动者,国家法借民间法而落其根、坐其实;民间法借国家法而显其华、壮其声。不仅如此,两者作为各自自治的事物,自表面看,分理社会秩序之某一方面,但深究其实质,则共筑人间安全之坚固堤坝。即两者之共同旨趣,在构织人类交往行动之秩序。自古迄今,国家法虽为江山社稷安全之必备,然民间法亦为人类交往秩序所必需。故人间秩序者,国家法与民间法相需而成也。此种情形,古今中外,概莫能外。因之,此一结论,可谓"放之四海而皆准"。凡关注当今国家秩序、黎民生计者,倘弃民间法及民间自生秩序于不顾,即令有谔谔之声,皇皇巨著,也不啻无病呻吟、纸上谈兵,终其然于事无补。

近数年来,吾国法学界重社会实证之风日盛,其中不乏关注民间法问题者。此外,社会学界及其他学界也自觉介入该问题,致使民间法研究蔚然成风。纵使坚守国家法一元论者,亦在认真对待民间法。可以肯定,此不唯预示吾国盛行日久之传统法学将转型,亦表明其法治资源选取之多元。为使民间法研究者之辛勤耕耘成果得一展示田地,决定出版《民间法》年刊。

本刊宗旨,大致如下:

一为团结有志于民间法调查、整理与研究之全体同人,共创民间法之法理,以为中国法学现代化之参照;

二为通过研究,促进民间法与官方法之比照交流,俾两者构造秩序之功能互补,以为中国法制现代化之支持;

三为挖掘、整理中外民间法之材料,尤其于当代特定主体生活仍不可或缺、鲜活有效之规范,以为促进、繁荣民间法学术研究之根据;

四为推进民间法及其研究之中外交流,比较、推知相异法律制度的不同文化基础,以为中国法律学术独辟蹊径之视窗。

凡此四者,皆需相关同人协力共进,始成正果。故鄙人不揣冒昧,吁请天下有志于此道者,精诚团结、互为支持,以辟法学之新路、开法制之坦途。倘果真如此,则不唯遂本刊之宗旨,亦能致事功之实效。此乃编者所翘首以待者。

是为序。

谢　晖

目 录

学理探讨

经验解释

制度分析

社会调研

域外视窗

学理探讨

论民间法与国家法之间的三重关系

——基于法律渊源命题的一种考察

张洪新[*]

摘要：学人探究民间法与国家法之间的关系，通常采取的方法是各自选取法律定义的某个方面来观照对方。然而问题在于说某些事物存在关系的时候，其究竟意味着什么。如果不解决这个前提性的问题，有关民间法与国家法之间的适当关系探究就不能得到推进和深入。作为两种不同但具有重叠关系的社会现象，无论国家制定法还是民间规范都不是法律本身，而仅是法律得以认识和发现的媒介和材料。理解民间法与国家法之间的其他关系，需要从法律渊源的视角来看。法律的渊源决定了什么被认为是法律，什么被认为是法律则进一步述说了不同法律渊源之间的适当关系。

关键词：民间法；国家法；法律渊源；承认规则

一、问题之提出

作为两种不同但具有重叠关系的法律现象，以习惯、道德、专家学理意见为内容的民间法与以制定法为核心的国家法之间的适当关系成为学人研究的重要主题。[①] 就目前学人的研究而言，大致存在着两种截然不同但相关的视角，即要么国家法制定的视角，要么民间规范生成的视角。[②] 之所以说这两种视角是相关的，是由于它们各自选取法律定义的某个方面来观照对方。[③] 概括而言，在坚持国家法视角的学人看来，以习惯、道德、专家学理意见为表现内容的民间规范必须经由国家制定法的认可（包括司法裁判的援引），才能够成为法律。所谓法律主要是确定性、可预期的行为规范，由国家强制力所保证，由此民间法与国家法两者之间便是一种支配、从属的关系，很难发生断裂、冲突的情形。对于法律人来说，最根本的就是能清晰地区分法和非法的界线。法律人特别是律师需要一种

---

* 张洪新，法学博士，周口师范学院政法学院讲师，周口师范学院民间规范与地方立法研究中心研究员基金：周口师范学院高层次人才科研启动资金“司法权力的丰富性研究”（项目编号：72042）阶段性成果。

① 对不同学人就民间法与国家法关系的一个概括性分析，可参见李可．论习惯法与国家法的关系：一个方法论的视角[M]//吴大华．法律人类学论丛（第3辑）．北京：社会科学文献出版社，2015：27-37.

② 苏力．当代中国法律中的习惯：一个制定法的透视[J]．法学评论，2001(3).

③ 张建．以民间法为方法[M]//谢晖，蒋传光，陈金钊．民间法：第18卷，厦门：厦门大学出版社，2017：134-144.

验证方法来告诉他，哪些材料是他可以依托用于法庭辩论，或据以设想一些诉讼策略。在此，国家法的视角能为法律人提供清晰和确定的指导。

另一方面，在坚持民间规范视角的学人看来，在社会学和人类学的意义上，国家制定法应该被看作社会生活的一个方面，而不是社会生活的独立部分。① 尽管在民间规范上空笼罩着一个以“正式”、“权威”等高贵字眼标榜的国家法律秩序，正在以种种借口和手段想把各种形式的社会控制竞争对手排挤出去。② 然而事实则是，国家制定法一元化的这种企图从来没有真正成功，民间规范仍然保持着它应有的面貌。③ 在坚持民间规范视角的学人看来，国家法与民间法的关系，是原生与次生、局部与整体、多元与一体的关系，国家法必须植根于民间法，从中吸取原材料和获得生命力。④ 此外，虽然法律人需要在法与非法之间进行概念上的区分，但“任何一个在法律规范和非法律的社会规范之间进行概念上的界定的尝试，只能在特定的学术目的中具有相对的适用性。”⑤国家制定法的那些特征本身也需要研究，它并不是一个不言自明的能用于分析其他社会的参考工具。从研究方法上讲，“不应当在研究开始以前就武断地按定义来说明研究客体的实质而关闭研究的大门，而应当依靠那些适合于指导探究和专门为此目的而构造的资用模式或‘公开’法律概念。这些模式和概念使得有可能建立关于法的特征和功能的假设，但当探索进一步深入，研究者的法律观念随着新的知识而改变时，它们也有可能在本质上被修正”⑥。

在本文看来，无论是坚持国家制定法视角还是诉诸民间规范的视角分析两者之间的关系，其所存在的一个基本问题并没有得到充分解答，那就是坚持认为某个特定的行为模式是法律而另外一些不是，并由此分析两者之间的关系，分析者究竟能从这种假设中得到什么呢？特别是，说某些事物存在关系的时候，其究竟意味着什么？如果不解决这个前提性问题，有关民间法与国家法之间适当关系探究就不能得到推进和深入。对于何谓关系，亚里士多德曾指出，“这样一些事物被称作关系，它们或通过别的事物，或者与别

① 从社会学的角度，布莱克在《法律的运作行为》中诉诸“控制量”、“规范位置”、“规范方向”、“规范距离”等方面，对法律与其他社会控制的关系作了详细分析，参见布莱克. 法律的运作行为[M]. 唐越，苏力，译. 北京：中国政法大学出版社，2002：123-128.

② 在埃里克森看来，即便是所谓理性的法治社会，法律都并非保持社会秩序之核心。在许多语境下，人们主要指望民间规范而不是国家制定法来确定实体性权利。参见罗伯特·C. 埃里克森. 无需法律的秩序：邻人如何解决纠纷[M]. 苏力，译. 北京：中国政法大学出版社，2003：171.

③ 在某些民间法的学人看来，民间规范存在的这种顽固性意味着国家制定法在社会秩序中只能充当“规范建议者”的角色，通过国家立法直接命令式地改变民间规范，只能打破社会秩序内部原有均衡，造成社会结构和功能的失序和紊乱。参见王新生. 习惯性规范研究[M]. 北京：中国政法大学出版社，2010：218.

④ 严存生. 民间法与国家制定法互动关系的法社会学思考[M]//吴大华. 法律人类学论丛：第3辑. 北京：社会科学文献出版社，2015：11-26.

⑤ 托马斯·莱赛尔. 法社会学导论[M]. 高旭军，等译. 上海：上海人民出版社，2011：164.

⑥ 科特威尔. 法律社会性导论[M]. 潘大松，等译. 北京：华夏出版社，1989：44.

的事物相关而被述说。"[①]由于无论是通过国家法来陈述民间法，还是诉诸民间规范来言说国家法并由此认识两者之间的关系，都不能说服持有不同视角的学人，更不能将分析者带到更为深入也是更为复杂的层面之上，因而要想理解民间法与国家法之间其他可能的关系，必须诉诸"与别的事物相关"这一视角。

在这个意义上，民间法与国家法的关系为何？"民间法"与"国家法"的语词本身表明了这个问题的答案。作为两种不同但具有重叠关系的社会现象，无论国家制定法还是民间法都不是法律本身，而仅是法律得以认识和发现自身的一种媒介和材料。除了通过某种法律事物的定义存在某种关系以外，国家法与民间法同样都是与法律渊源相关的事物。换言之，理解民间法与国家法之间的其他关系，需要从法律渊源的视角来看。[②] 法律的渊源决定了什么被认为是法律(what count as law)，什么被认为是法律则进一步述说了不同法律渊源之间的适当关系。

二、渊源命题之界定

作为法理学中的重要概念，"法律渊源"(source of law)通常被我国学人理解为法律的效力来源及其外部表现形式。[③] "法律渊源"学说一般被认为用来描述创制、变更和废止法律规范的活动效果，规范性规定存在于颁布规范性法令的行为中。[④] 据此，在法律渊源的分类当中，民间法通常被界定为一种非正式渊源，一种间接渊源。然而，严格来说，所谓正式渊源与非正式渊源之区分并不具有法律含义，因为这种分类并没有解决法律发现的问题。[⑤] 从词源学的角度，英语"source of law"对应于罗马法司法实践中的"fons juris"，即法官由以选取和发现纠纷解决依据的场所。[⑥] 在现代法理学中，法律渊源与司法活动的这种紧密关系由美国著名学者格雷所指出。在格雷看来，"一个国家或组织化团体的法律由其法院遵循的行为规则所构成，而且法院认定自己已经准备实施这些规则；法院拒绝遵守的规则绝不是法律，法院遵守的所有规则，乃至法院强制人们遵守的规则都是法律；将任何自然法的观念或非实在法纳入法律的概念中，都是法理学中的倒

① 亚里士多德.范畴篇[M]//秦典华，译.苗力田.亚里士多德全集(第一卷).北京：中国人民大学出版社，1990：18.

② 这里应该指出的是，法律渊源也并非认识民间法与国家法之间关系唯一适当的视角。民间法作为国家制定法的社会渊源，除了法律渊源的法律执行以外，还可以通过主体自治的权利表达和权利推定、国家立法的认可和授权、地方立法及其变通于契约合作的公共交往等方式纳入国家正式法律秩序，参见谢晖.论民间法结构于正式秩序的方式[J].政法论坛，2016(1).

③ 有关法律渊源各种观点的整理和评论，一个详细分析可参见彭中礼.当代中国法律渊源理论研究重述[M]//陈金钊，谢晖.法律方法：第11卷.济南：山东人民出版社，2011：336.

④ 罗杰·赛勒.法律制度与法律渊源[M].项焱，译.武汉：武汉大学出版社，2010：194-198.

⑤ 彭中礼.法律渊源论[M].北京：方志出版社，2015：192-197.

⑥ 彭中礼.法律渊源词义考[J].法学研究，2012(6).

退"[①]。格雷对法律渊源与法律之间的这种严格区分，甚至使得有些法律现实主义者认为所谓的法律就是法官所裁决的任何东西。

在本文看来，作为描述法院选取和识别案件裁判所必需法律的概念，法律渊源当然不能等同于法律本身，理解法律渊源应该更多地从法院的裁判过程中着手。[②] 但法律渊源对司法过程的这种依赖性不能由此认为存在非实在法，或法院所不遵守的法律，或者说法官裁决的任何东西就是法律，这些说法着实荒谬。"法律无疑与法官发布的规则相一致，但这些规则之所以由法院发布是因为它们是法律，而不是说，它们因为被法官发布才成为法律。"[③]从法律渊源的角度，为法院所遵守的规则总是从最为一般和永恒的渊源中获得，这种渊源可以体现为制定法、习惯、道德、专家学理意见等。所有这些法律渊源的背后都是这个组织化的政治社会中主流精神的意见，这些意见有权终结其中任何一项渊源。国家法和民间法显然都是其中的一项渊源，但要使其不但是一项渊源，还要是唯一的渊源，那么，法律本身必将要求一种理论。法律渊源概念与法律的关联不在于处理何种法律渊源，而在于如何处理这些法律渊源。法律渊源命题所旨在处理的就是这个问题。正如肖尔所指出的那样，"法律是一项渊源为本位的事业。相应地，理解法律的性质需要理解何种渊源构成法律，何种渊源不构成法律。"[④]关于法律的渊源进而法律的性质问题，某种意义上就是一个关于解释框架的问题，也是一个关于复杂社会实在的整体意义和自我理解的问题。[⑤] 在一个组织化的政治社会，法律对其自身界限问题有其自身的处理方式。

然而，问题在于真的有一种特殊的推理形式叫法律推理吗？或者说真的有像法律人那样思考这回事吗？对司法裁判过程的现实主义描述告诉我们，"法律不仅必然要依靠大量法律外的技巧，而且也不可避免地受到人类不可预见的复杂境况的制约。我们充其量是对未来做出不完美的预测，却不能确定在未来应该怎么做。我们面对的是不可预期的世界，法律一次又一次地被逾越已有的规则，才能更好地为社会服务。"[⑥]可以说，对法律独特性的主张一直存在众多怀疑和挑战。然而，在这里有很充足理由来主张不应该从一开始就否认有法律推理这回事。重要的是要明白，法律有其处理自身问题的方式，法律在不断地反思自身、探究自身以及建构自身。虽然对法律推理有其独特性存在疑问，但仍然可以从经验角度对法律处理自身问题的方式予以描述，这两者并不矛盾。正如世界上虽然并不存在真正的独角兽，但很多人依然能够描述独角兽。

---

① 约翰·奇普曼·格雷.法律的性质与渊源[M].(第二版)马驰，译.北京：中国政法大学出版社，2012：265.

② 有关法律渊源司法视角与立法视角的不同及其法律意义，可参见陈金钊.法律渊源：司法视角的定位[J].甘肃政法学院学报，2005(5).

③ 约翰·奇普曼·格雷.法律的性质与渊源[M].(第二版)马驰，译.北京：中国政法大学出版社，2012：79.

④ See Frederick Schauer. Law's Boundaries [J]. Harvard Law Review，2017 (9).

⑤ See Grant Lamond. Legal Sources，the Rule of Recognition and Customary Law [J]. The American Journal of Jurisprudence，2014(1).

⑥ 弗里德里希·肖尔.像法律人那样思考：法律推理新论[M].雷磊，译.北京：中国法制出版社，2016：6.

三、强制性渊源与对立关系

面对着诸多渊源，法律用以处理自身、发现自身的首要方式就是承认法律对权威性的主张(law's claim to authority)。在这个意义上，所谓强制性渊源命题是指如果规则是权威性的，那么其他主体就应该遵守，不管他们对其是否明智的看法如何。换言之，规则说了什么无关紧要，它是谁说的则关系重大。众所周知，在经典作家那里，法律通常被理解为主权者的命令。虽然哈特将我们对法律的理解从主权的概念中、法律紧系于国家的观点上剥离开来，无疑是重要而且正确的，①但正如拉兹所强调的那样，认识到法律与权威之间存在着本质的联系也是同等重要的。② 权威与说服不同，说服基于某种言谈拥有合理的实质的理由，是内容依赖的；而权威通常则是基于不那么做就会遭遇不幸，是地位依赖的。③ 如西蒙所言，"权威是一种属于一个人并通过一种命令而得到实施的作用力，该作用力通过被另一个拥有自由意志的人看作是行动规则的实践判断而得到实施"④。纳粹集中营的囚犯之所以将看守的命令当作权威，仅仅是因为囚犯害怕被送进毒气室，是命令的来源而不是内容使得囚犯去遵守命令。权威的效力并非来自于它们的合理性，而是来自于它们的地位，学理上将权威的这种特质称为独立于内容(content-independence)的。⑤

值得注意的是，权威虽然构成法律探究自身的一项重要特质，但对权威基本的合理性在却不断受到挑战。⑥ 尽管如此，权威所遭受的批评有多激烈，它所得到的捍卫就有多有力。苏格拉底之所以在被处死前夜拒绝逃出雅典，就是因为他承认城邦的权威，即使在他看来这个城邦曾不正当地判处他死刑。类似地，虽然并不赞成布朗案，但艾森豪威

---

① See H. L. A. Hart. The Concept of Law 3d ed. [M]. Oxford: Oxford University Press, 2012: 100-117.

② 拉兹的主要见解是，法律在本质上是一种权威性的制度，以及服从一种权威性指令的理由，而且该理由依其自身性质，是一种与身份相关的理由。对于拉兹法律权威概念的详细分析，可参见朱振. 法律权威与行动理由：基于拉兹实践哲学进路的考察[J]. 法制与社会发展，2008(6). 在拉兹看来，对遵守一项权威性指令的义务的证立方式，在于通过说明在某些情形中，同一个人尝试自己直接权衡或遵守义务相比，如果他遵守了权威者的指令，那么他就更易于系统性地遵守那些适用于自身的义务。换句话说，当权威的服从者遵守了权威的指令而不是自行其是的话，那么他就会更加倾向于遵照权威的指示来行事。Joseph Raz. The Morality of Freedom [M]. Oxford: Clarendon Press, 1986: 53.

③ 当然，如果将民间规范视为法律，那么某些民间规范既可以提供某种特殊情形下的权威理由，也可以提供论证所需要的实质理由。参见彭中礼. 论习惯的法律渊源地位[J]. 甘肃政法学院学报，2012(1). 然而，在本文看来，在确定民间规范属于何种意义上的法律之前，权威理由与实质理由在概念上应该予以区分，只有这样才能够由此发现民间规范与国家法之间可能具有的复杂关系。

④ 耶夫·西蒙. 权威的性质与功能[M]. 吴彦，译. 北京：商务印书馆，2015: 7.

⑤ 法哲学上将权威视为独立于内容的分析，可参见 Kenneth Eimar Himma. H. L. A. Hart and the Practical Difference Thesis [J]. Legal Theory, 2000 (1). 当然，对独立于内容的观念并非没有疑问，有关批判可参见 P. Markwick. Independent of Content [J]. Legal Theory, 2000 (1).

⑥ See e. g., Heidi M. Hurd. Challenging Authority [J]. Yale Law Journal, 1991(8).

尔总统在1958年仍然将联邦军队派遣到阿肯色州的小石城,因为他承认联邦最高法院的权威。在诉讼过程中,好的律师会诱使法官相信他委托人的立场实质上是正当的,但他所凭借的是规则和先例的权威,以此告诉法官,他应该作出有利于他委托人的判决,即使他不赞同这是实质上正确的结论。

因而,在其他决策领域,权威或许会起到某些作用,有时起作用的通常还可能是其他一阶的实质性考量。但在法律中,权威具有支配作用,只有在极少情形中,法官才会参与进行通盘考虑的决策活动。法律论证依赖于渊源,不仅是因为法律将许多渊源视作权威,而且因为法律上的权威性渊源取代一阶实质性考量是法律推理的基石。实际上,宪法、法律、法规和已发布的判例等最常见的法律渊源,通常就被称为权威。国家制定法因而属于必须适用的,也是法律解释的对象和证成法律决定或判断的一种形式理由,能够在更大程度上保证,法律决定的确定性和可预测性。① 由于法院无权选择是否遵从这类权威性渊源,所以有时不把它们叫作"有约束力的"(binding)渊源,而是叫作强制性的(mandatory)渊源。② 强制性的意思是说,它们必须被运用,或者必须被遵从,而没有选择的余地。如果某种法律渊源是强制性的,这意味着"当法院遵从一个规则时,它自己并没有做出关于这个规则好坏的判断。在此案中是否要遵守这个规则也不是法院能决定的。相反,规则之为规则起作用的方式,就是排除或阻断有好的理由而不适用规则的做法"③。在强制性渊源的语境之下,在国家制定法存在的情形中,国家法必须得到遵守和适用。

然而,承认国家法必须得到遵守和适用并不意味着以习惯、道德、专家学理意见为表现形式的民间规范在法律渊源中仅仅是一种从属、补充的关系,即仅在国家法没有规定并且不与国家法相冲突的情形中方可作为法律渊源而遵守和适用,进而否认民间规范作为一种独立的强制性法律渊源的地位。实际上,以习惯、道德、专家学理意见为表现形式的民间规范有其自身的运作方式,可以作为一种自动的法律渊源发挥其效用,也就是传统意义上的"正式法律渊源"。④ 假定某种习惯是存在的,如艾伦所说的那样,"当一个法院接受并且适用一个习惯的时候,它这样做不是说它认为它正给法律引入一个新的规则,而是认为它正在宣告以及适用法律。"⑤所相关的区别仅仅是程序法上意义上区别,习惯具有自身的举证方法,该方法显然不同于国家制定法的举证方法。由于严重影响到举证责任的负担,这种程序上的区别具有重要的法律意义。证明民间规范存在的一方不负

① 王夏昊.论作为法的渊源的制定法[J].政法论坛,2017(3).

② 这里应该指出的是,虽然权威创造了一种受约束的法院必须运用的义务,但是这类义务就像其他任何一种义务一样都无需得到绝对贯彻。在法律和其他领域,真正的义务可以被更强的义务所推翻而不丧失其效力,如政府虽然有平等对待的义务,但是为了实现某种重大利益,政府也可以进行区别对待。因为所谓的权威性渊源对于法院而言,更多指的是一种强制性,没有选择的余地,因为将某个渊源视为权威,并不要求法院盲目地遵从它,大多数权威性渊源也并不具有绝对意义上的拘束力。权威性渊源如下文分析所指出的,还存在选择性渊源和禁用性渊源,它们都是法律用以探究自身的重要方式。

③ 弗里德里希·肖尔.像法律人那样思考:法律推理新论[M].雷磊,译.北京:中国法制出版社,2016:68-69.

④ 高其才.作为当代中国正式法律渊源的习惯法[J].华东政法大学学报,2013(2).

⑤ C. K. Allen. Law in the Making 7th ed. [M]. Oxford: Clarendon,1964:153.

有证明其合理性的义务，而否认民间规范存在的一方则需要提出证据证明其不合理性。即是说，如果已经存在的某种民间规范，并没有被负有举证责任的一方予以否认，或者没有被国家法正式改变或者撤销，那么该民间规范就是法律，就是一种强制性的法律渊源，必须为法院所遵守和适用。

因而，依据强制性渊源命题，所谓以习惯、道德、专家学理意见等作为表现形式的现存的民间规范获得法律的地位，其并非源于国家制定法特别是法院的认可，而是由于国家制定法以及法院并未改变或者撤销民间规范所包含的法律。虽然在原则上某种国家制定法总是可以改变或者撤销某种习惯、道德、专家学理意见等民间规范，使其不具有效力，仅仅在这种意义上，民间法总是从属于国家制定法。然而，这种因撤销而产生的从属关系并不影响民间规范作为一种法律渊源的独立地位。虽然某种民间规范要具有效力，其效力准则必定是法定准则，即必须在法律材料或法律原则这儿具有依据，然而正如赛勒所指出的那样，“当一个习惯是法律，并以习惯的资格拥有法律约束力时，这些准则就是承认的准则”①。民间规范有其存在和运作的方式，分析者应该设身处地地理解这种存在及其运作方式。②

换句话说，以习惯、道德、专家学理意见等作为表现形式的现存的民间规范，其存在本身就是一种法律，一种必须像国家制定法强制适用的法律。当然，这里的条件是如果该民间规范未受质疑，或者说即便是受到质疑，但被证明是普通法律的一种局部变种，也未显示其违反了制定法所意欲的必要一般法律原则和价值，那么，该民间规范就作为一国内的一般法律而运行着。在这里，民间法就像通常意义上的国家制定法一样，作为一种自动的强制性渊源，必须得到决策者的遵从。因而，国家法与民间法之间的关系就不是通常所理解的因认可而存在的从属、优先关系，毋宁是一种相互独立的关系，一方会肯定或者否定另一方。有国家法当然适用国家法，但倘若存在民间规范，也当然适用民间法，条件是如果存在的民间规范未被国家制定法改变或者撤销。

总之，在强制性渊源命题的观照下，民间法与国家法便呈现为一种对立关系，即面对某种情形和语境中必须适用的法律，法律的执行者和决策者要么必须遵守民间法，要么必须遵守国家法。由于在这里民间法与国家法主要是作为相反事物的对立物而存在，所以不可能有中间物介乎于这两个相反者之间。③ 因为属于相反的事物，虽然它们是另一事物的相反者，但绝不可能是与它们相反事物的对立物。例如好不是坏的“好”，而是坏的相反者，这种对立是互不相同的。即是说，在法律识别和发现的具体过程中，法律的执行者和决策者要么诉诸强制性的国家法，要么诉诸强制性的民间法。

① 罗杰·赛勒.法律制度与法律渊源[M].项焱，译.武汉：武汉大学出版社，2010：108.

② 周永坤.CivilSociety的意义嬗变及其内在逻辑[J].清华法学，2014(4).

③ 逻辑上，对立有四种含义：有相互关系的两事物是对立的，如“两倍”与“一半”；两个相反者是对立的，如“好”与“坏”；缺乏与具有是对立的，如“盲”和“视力”；肯定命题与否定命题是对立的，如“他做着”和“他没有做”。参见[古希腊]亚里士多德.范畴篇[M]//秦典华，译.苗力田.亚里士多德全集：第一卷.北京：中国人民大学出版社，1990：34.

四、选择性渊源与相关关系

对于强制性渊源，作为决策者的法官有义务遵从它们，而不管它合理与否。然而，如果法律适用并不是纯粹的逻辑演绎过程的话，毋宁是一种理性的说服过程，那么除了强制性渊源以外，作为法院就必须面对着另外一种法律渊源，即选择性(optional)渊源。所谓选择性渊源是指凭借自身所内含的理性与理由而纳入决策者考量范围的那些因素，法官之所以运用和引述一个渊源，更多地是被这个渊源中用来支持其结论的理由所说服。①在这种情形中，纳入法律范围内的渊源并不是作为权威这种强制性的渊源被运用的，因而将这些不具有更贴切的做法是将那些不具有拘束力的渊源描述为选择性渊源。

选择性权威的确不是法院必须运用和遵守的，那么，法院如何选择某个选择性渊源呢？换句话说，就存在着的以制定法为核心的国家法与以习惯、道德、专家学理意见等为内容的民间规范这两类渊源而言，在法院能够选择的意义上，法院应该选择何种法律渊源？对这个问题的回答，使得分析者可以由此发现民间法与制定法之间的另外一重关系。在本文看来，依据定义，选择性渊源不同于强制性渊源，其因内含的理由和理性而被法院所援引和运用，在任何一种事物都不能自我证成的意义上，②民间法与国家法便呈现为一种相关的关系。所谓的相关关系意指对于任何一种事物的充分理解必须借助于结构上对应的另外一种事物，相关的事物在概念上不可分离。某种意义上，所有的关系都有和它们相互相关的东西。③ 例如在法律上，如果权利及其义务的相关性是一种可以成立的命题，那么，对权利的真正理解必须诉诸其所相关的义务，对义务的把握也必须在权利之处找到相应位置。本文认为，在选择性渊源命题的语境中，民间法与国家法之间的相关关系是一种值得捍卫的主张。即是说，以习惯、道德、专家学理意见等为内容的民间规范作为一种选择性法律渊源，其内含的理由与合理性必须诉诸国家法来形塑和呈现；同样，国家法如果能够作为一种选择性渊源为法院所援引和运用，其内含的理由与理性也必须通过民间法的内容予以补足和丰富。

首先，以习惯、道德、专家学理意见等为内容的民间规范能够作为一种选择性法律渊源而为法院所援引和运用，其合理性问题必须借助于国家法的塑造和支持。当前学人探讨民间法与国家法之间的关系，经常提到的观点包括民间规范构成国家立法的源泉，指导者相应的立法，也为批评既有的国家法提供着标准，以及可能在法律解释过程中得到

---

① See Frederick Schauer. Giving Reasons [J]. Stanford Law Review, 1995(5).

② 维特根斯坦指出，“我们所做的一切事情都不可能得到绝对的、最终的辩护。然而，只有参照其他的事物，这才是无疑问的。”[英]路德维希·维特根斯坦. 文化与价值[M]. 黄正东、唐少杰，译. 南京：译林出版社，2014：21.

③ 亚里士多德. 范畴篇[M]//秦典华，译. 苗力田. 亚里士多德全集：第一卷. 北京：中国人民大学出版社，1990：19-22.

适当的考量。[①] 然而,这些评论中普遍缺失的是制定法规则在使民间规范在人类的实际行为中得到实现方面所发挥的作用。[②] 无论何种民间规范不可能在一个社会真空中发挥作用,美好生活不仅需要良好的意图,更需要国家制定法规则提出某种人类交往的牢固底线的支持。如"勿取他人之物"作为一种典型的道德规则,要想在美好生活中发挥作用,必须借助于法律来确定哪些东西属于别人。如果不能确定何种物品属于何人,那么"勿取他人之物"作为选择性渊源显然无法为决策者所援引和适用。[③]

此外,上文也指出民间规范作为一种强制性法律渊源必须为法院所遵守和适用是指存在着的现存民间规范并没有被负有举证责任的持有相反观点的一方主体提出来,或者虽然提出来但是没有被作为法院的决策者所承认和接受。然而,如果负有举证责任的一方对存在着的民间规范的合理性问题提出了质疑,这意味着负有法律发现职责的法院必须诉诸某种标准来判定何种主体对民间规范合理性的主张是成立的。问题的关键在于如果民间规范本身的合理性是争议的主题,所诉诸的标准显然不能是内在于民间规范,或者与民间规范有关联。有时,但并非总是,存在着的某种民间规范不合理的依据就在于该民间规范与制定法或者一项普通法的根本原则相违背。[④] 如某种民间规范不具有制定法所必须具备的明确性,或者某种民间规范要求了某种根本不可能之事以致不能被普遍化。在这里,"不合理"就等同于"不合法"。合理性存在争议的某种民间规范,要想成为选择性法律渊源,国家法给出了一种解决方案。

其次,虽然国家法具有民间规范所缺乏的那种明确性和一般性,但是在法官据以选取和发现纠纷解决依据的场所,国家法的这种明确性和一般性却没有用处,对于发现案件裁判所需要的法律而言仅具有指导作用,不能够成为具体的操作手册。因为普遍性概念不能解决具体的问题。如富勒所言,"对法治的忠诚不仅要求政府遵守它所表述并公布的规则,而且要求它尊重它对不在明确公布之规则的控制范围内的情况作出的处理所

---

① 民间规范对国家法的这种基础作用,在马克思《论离婚法草案》中的以下论断集中表现出来,马克思指出,"立法者应该仅仅把自己看作是一个自然科学家。他不是在制造法律,不是在发明法律,而仅仅是表述法律,他把精神关系的内在规律表现在有意识的现行法律中"。马克思恩格斯全集(第1卷)[M].北京:人民出版社,1972:183.

② 对制定法之于民间法相关作用的忽视所带来的一个附带后果便是当前民间法研究主要在价值分析和实证分析的主导下展开,而制定法所要求的规范分析方法得不到学人的充分重视,而见不到规范分析方法,在很大程度上影响了法学作为一门重要学科的独立性和话语权。参见谢辉.法律哲学[M].长沙:湖南人民出版社,2009:4-8.

③ 霍贝尔在其《原始人的法:法律的动态比较研究》第五章"原始无政府状态下的爱斯基摩人的基本法"为我们理解国家法对婚姻制度具有重要意义。霍贝尔指出,因纽特人中间虽然存在婚姻的概念,但是却并不存在明显的标志来界定一项婚姻关系的开始和结束,所由此导致的结果便是在一个人看来是公平竞争一位女士的好感行为,在另一个人看来却是对他的家庭的通奸性的侵犯。因纽特人的社会充斥着大量由性嫉妒所导致的暴力行为,这些争斗又导致了很高的自杀率。显然在这里,纯粹的布道施恩并不是一种有效的解决方式,通过某种明确的国家立法措施来界定和稳固婚姻关系才能够解决问题。参见E.艾德蒙斯·霍贝尔.原始人的法:法律的动态比较研究[M].严存生,等译.北京:法律出版社,2012:68-80.

④ 除了制定法或者普通法的根本原则,民间规范的合理性更与正义本身存在密切联系,参见[加]罗杰·赛勒.法律制度与法律渊源[M].项焱,译.武汉:武汉大学出版社,2010:97-101.

创造出来的正当预期”[①]。在不同国家的制定法系统中,虽然某些民间规范不太显眼,发挥的作用也有显著不同,但构成民间规范的那些默示预期总是会进入实际实现合法性理想的过程之中。在这里,以制定法为核心的国家法要想成为一种选择性的法律渊源为法院所援引和适用,那么,其可能具有的详细理由与审慎理性必须诉诸以习惯、道德、专家学理意见等为内容的民间规范来填充和丰富。例如,国家法要求公民要爱邻如己,但是公民不得不面对的问题是“谁是我的邻居”。[②] 显然,“邻居”这一概念需要相应的民间规范予以填充和丰富。没有民间规范的补充和丰富,明确性和一般性的国家法仍然无法作为一种选择性渊源而为法院所具体适用。

总之,以习惯、道德、专家学理意见等为内容的民间规范已经不再仅仅是一项引发理论兴趣的事物。民间法与国家法之间的相关关系意味着当前中国民间法研究也一定程度遭遇到学人所谓的“瓶颈”问题,[③]因而极其需要一种研究视角上的突破。在选择性渊源的语境之下,国家法与民间法之间的这种相关关系提醒作为决策者的法官注意以制定法为核心的国家法实际上包含大量的不成文因素,要理解明确和一般的国家法,就需要理解进入它的指定和解释当中的某种共享假定。这种共享假定如果不是全部也是大部分由民间规范予以填充和丰富,如果对此法官有着更好的训练,他们就能够更好地理解民间规范对于那些生活于其中的人们所具有的意义。

五、限用性渊源与协同关系

对于法律渊源的类型,上文已经在强制性渊源与选择性渊源之间进行了区分。强制性渊源对法院作为决策者而言必须被遵守,而选择性渊源意味着决策者可以运用它们,问题在于是否存在着某些渊源,其在某些语境中根本就不能被运用呢?尽管问题有些复杂,对此的回答却是肯定的。例如在美国联邦法院,尤其是联邦上诉法院的实践中,联邦法院在判决许多案件时都会发布“请勿引证”(no citation)或“无先例效果”(no precedential effect)的规则。[④] 在判例法国家,“司法判决并非法律是什么的证据,它本身

① 富勒.法律的道德性[M].郑戈,译.北京:商务印书馆,2011:270.

② 在《路加福音》中,拿撒勒的耶稣与一个律法师关于我们对谁负有义务(仅仅是空间上的邻居)这一问题进行辩论时,讲述了一个好心的撒玛利亚人的故事。故事是这样的:一个受伤的以色列人躺在路边,之前祭司和利未人不仅拒绝施以援助,反而走到街道的另一边,最后是好心的撒玛利亚人给予他帮助。为了理解耶稣所要表达的观点,需要记住的是撒玛利亚人不仅住得较远,而且也为以色列人所鄙视和厌恶。因而,在深层次意义上这则寓言不是说应当将每一个人都纳入自己的邻居当中,而是说应当有志于抓住每一次机会来扩大道德共同体,并且最终将所有抱有善意的人们都纳入这一道德共同体中。显然,这种努力参见[印]阿马蒂亚·森.正义的理念[M].王磊、李航,译.北京:中国人民大学出版社,2012:160.

③ 厉尽国.当代中国习惯法研究遭遇的瓶颈问题及其突破[M]//谢晖,蒋传光,陈金钊.民间法:第13卷,厦门:厦门大学出版社,2014:349-352.

④ See e.g., Amy E. Sloan. A Government of Laws and Not Men: Prohibiting Non-Precedential Opinions by Statutes or Procedural Rule [J]. Indiana Law Journal, 2004(6).

就是法律。假如它就是法律,那么就没有理由来质疑,为什么法院就不能像立法机关那样有权决定它什么时候造法,什么时候不造法。”[①]为了避免制定一个在未来案件中会导致糟糕结果的规则,法院造法的这种情势使得法院通常会试图来评估它们在前一个案件中用来支持某个好的结论的理由是否会在嗣后案件中导致不那么好的结果,或者说何谓当前案件所需要的好的理由法院内部存在着严重的合理分歧。对于那些实际上可能根本不具有权威性的渊源,通过采纳“请勿引证”或“无先例效果”规则,法院能够诉诸限用性渊源来解决自身面临的困境:一方面存在着必须解决纠纷的司法义务,另一方面却对所由此形成的裁判规范的合理性存在严重分歧。依据限用性渊源命题,有关某种法律渊源解释和运用的裁判意见尽管可以被公正查阅到,却无法在嗣后的案件中被援引或者作为权威来运用。例如在布什诉戈尔案中,美国联邦最高法院就明确指出它的判决仅限于2000年总统大选的特殊情景,而且在后来联邦最高法院自身也从未引用该案件。

虽然限用性渊源这一概念极其富有争议,但是它却为理清国家法与民间法之间的另外一层关系提供了观照视角。在限用性渊源的观照下,民间法与国家法便呈现为一种协同一致(act in concert)的关系。所谓民间法与国家法之间的这种协同关系指的是,每一方都在不挑战另一方正确性和重要性的前提下增加对方的洞察力,每一方也都需要对方的正确性和重要性来补足其内在的缺陷和问题,为的是法律体系得以正常的运作。众所周知,以制定法为核心的国家法本身具有滞后性与保守性,需要鲜活的习惯、道德、专家学理意见等民间规范作为补充与更新,但民间规范的这种补充与更新必须与法律体系本身的确定和可预测相协调一致;同样,依据定义,以习惯、道德、专家学理意见等为表现形式的民间规范虽然鲜活与生动,但民间规范本身内含的多维性与张力性,[②]使得其自身仍然不足以构成一种有意义的生活方式,需要明确的国家制定法予以提纯与精华,为的是与整体意义上的法律体系的制度性价值相契合。[③]

应该指出的是,虽然法律体系旨在追求的制度性价值究竟包括哪些学人可能存在分歧,但富勒所指出的法律内在道德的以下方面应该引起充分的重视,即具有充分的一般性、公开性、明确性、稳定性、不矛盾性、非溯及既往性、不得要求不可能之事、官方行为与公布规则必须一致性等。[④] 因而,在限用性渊源语境中,为了维护法律体系的正常运作,虽然当前案件存在着某种可资适用的民间规范,但如果作为决策者法官对其生成符合法律体系某种(些)制度性价值的规则持有巨大怀疑,或者存在严重分歧,那么法官就应当禁止该民间规范在未来案件中的适用;同样,如果法官对鲜活、生动的民间规范的当前适

---

① 弗里德里希·肖尔.像法律人那样思考:法律推理新论[M].雷磊,译.北京:中国法制出版社,2016:86-87.

② 作为一个重要的哲学概念,布迪厄就指出惯习未必总是连贯统一的,而呈现不同程度的合力或张力,参见[美]洛易克·华康德.惯习:简明谱系及简要剖析[C]//谢晖,蒋传光,陈金钊.民间法:第18卷,厦门:厦门大学出版社,2017:369-375.

③ 有关民间规范进入国家法的具体方式,一个分析可参见李可.民间习惯进入国法的方式:以当代中国法治为归依[C]//谢晖,蒋传光,陈金钊.民间法:第13卷,厦门:厦门大学出版社,2017:353-372.

④ 富勒.法律的道德性[M].郑戈,译.北京:商务印书馆,2011:55-107.

用能够与法律体系所要求的其他制度性价值相契合，那么，即便是对当前民间规范的合理性存在分歧，法官也不应当禁止其在未来案件中的适用。

某种意义上可以说，在限用性渊源的语境中，民间法和国家法就不仅呈现为一种协力合作的关系，实际上它们也是从不同的立场叙说法律体系运作的不同方式。法律体系对限用性渊源的运用类似于法律体系至少部分地对形式性的忠诚，因为对法律决策者尤其是法官而言，其面对的大部分情形都是依据并非最好或最佳可资利用的信息来做出决定。在这个层面之上，相比较其他决策机制，法院更乐意认可错误的答案或至少是次优的答案，这么做是为了实现更大或更长远的制度性价值，提高法律的确定性和可预测性。如肖尔指出的那样，"当法律运用它的典型推理方式时，它的核心在于接受这一事实：最佳决定并不总是最佳的法律决定。法律并不是故意想要举止乖张才以这种方式运作的。但是，它的确想要十分严肃地对待制度性价值，这么做的目的是希望从长远来看，依赖正确的制度要比让每个人直接作出最佳决定，对于我们来讲会更好"①。

在限用性渊源的语境中，民间法与国家法所存在的这种协同关系对法院作为决策者而言，具有重要的理论含义，即假如法院希望既在当下案件中避免得出糟糕的结果，又避免因为它在前一个案件中制定的规则可能会在未来案件中得出糟糕结果，那么，法院就可以诉诸限用性渊源一方面在当下案件中得出正确结果，同时限制它在未来案件中的运用。② 鲜活生动的以习惯、道德、专家学理意见等为表现形式的民间规范与确定、可预期的以制定法为核心的国家法两者之间的这种协同一致的作用，在限用性渊源的关照下，使得一种法律体系能够得以正常而又良善的运行。

六、结语

民间法与国家法之间关系是复杂的，这意味着分析者不应当诉诸任何单一视角来关照之。由于法律是通过其渊源发挥法律的作用，法律渊源由此确立法律的界限，在本文看来，法律渊源可以成为理解民间法与国家法关系的一个适当视角。在渊源命题的不同语境中，民间法与国家法关系呈现不同的图景。在这里应该指出的是，虽然可以区分出强制性渊源、选择性渊源与限用性渊源，但各种渊源之间的差别最终是一种程度而不是类别的差别。所存在的最终问题因而是面对着诸多渊源，如何判定某种渊源是强制性的、选择性的或者限用性的。有关渊源命题的这种争论深入了法律本身的权威性这一核心问题，即某种权威究竟是如何成为权威的。理论上，渊源可能通过单个行为就成为权威，比如某国宪法条款就承认该国法院的某些立法性判决可以成为该国的权威。但实践中更为常见的情形则是权威获得权威的地位是一个持续不断的非正式的过程，在这个过

① 弗里德里希·肖尔．像法律人那样思考：法律推理新论[M]．雷磊，译．北京：中国法制出版社，2016：255.

② See Frederick Schauer. Do Cases Make Bad Law? [J]. University of Chicago Law Review，2006(4).

程中,当某些渊源一再被运用和接受时,它就不断积累起了权威性。

因而,极少有正式的规则来确定,应该将什么承认为权威,进而被承认是法律。在这个意义上,哈特提出的"承认规则"(rule of recognition)与其说是一个规则,不如说是一系列持续变迁的实践或惯例,很像构成语言的那种流动的实践和惯例那样,既决定了何者可以确定该实践,又规定了该实践之内的一些行为模式。① 什么是权威,什么是法律的正当权威,更多取决于这样一种持续不断的实践:在其中,律师、法官、学者和其他法律参与者逐步以分散和非线性的方式来决定,什么是正当的渊源,什么不是,因此也以同样的方式来决定什么是法律。而探究什么是法律这项规范性的事业,则最终决定了法律的各种渊源(包括但不限于民间法与国家法)之间的适当关系究竟为何。

The Triple Relations of Fork Law and National Law:
An Inquiry Based on The Thesis of Legal Source

Zhang Hangxin

Abstract:As the scholars explore the relationship between folk law and national law,the usual method is to select some aspect of the definition of law to view each other. But the question is what does it mean to say something has a relationship? If this fundamental problem is not resolved, the proper relationship between folk law and national law cannot be advanced and deepened. As two different but overlapping social phenomena,neither the national law nor the folk law is the law itself,but only the media and materials that the law can recognize and discover. To understand the other relations between folk law and national law,it needs to be viewed from the perspective of legal sources. The source of the law determines what count as law,which further relates the appropriate relationship between different legal sources.

Key Words:fork law; national law; source of law; rule of recognition

① 安德瑞·马默.法哲学[M].孙海波、王进,译.北京:北京大学出版社,2014:85-86.

民族地区法律规避现象及对法治建设的影响*

岳书光**

摘要:民族地区存在着较为普遍的法律规避现象,通过对法律规避产生的原因进行分析,我们发现民族习惯法在民族地区依然具有广泛的影响力,在维护社会稳定、解决社会冲突等方面发挥着重要的功能。这表明在民族地区存在着两种不同的法秩序,一种是由国家制定法形成的法律秩序,另一种是由民族习惯法形成的法秩序,二者共同构成了民族地区的法治秩序格局。法律规避对民族地区的法治建设既有积极的促进作用,也有一定的不利影响。

关键词:民族地区;法律规避;法治

民族地区的法治建设是当下中国法治建设的一个重要组成部分。从制度层面上来说,民族地区法治建设的目标就是确立国家正式法律在民族地区的权威与有效运行。然而从现实上看,民族地区依然存在着较为常见的法律规避现象。这种现象表明,国家正式法律并没有完全成为民族地区唯一的法律权威,而且它的有效性也大打折扣。事实上民族地区的习惯法依然具有重要的影响,在不少方面替代了国家正式法律的职能。如何看待这种现象,法律规避对民族地区法治建设具有怎样的影响,是本文的研究主旨。本论文拟从法律规避现象的描述与分析入手,通过分析法律规避产生的原因,探寻法律规避背后的制度因素,在此基础上探讨法律规避对民族地区法治建设的影响。

一、民族地区存在的法律规避现象

(一)什么是法律规避

法律规避(evasion of law)是国际私法上的一个学术用语,学者们一般用它来分析这

* 基金项目:国家社科基金项目"新疆宗教治理法制化研究"(项目编号:14BZJ046)。新疆高校重点人文社科基地课题"哈萨克习惯法对当今哈萨克人的影响研究"(项目编号:XJEDU080113C08)。

** 岳书光,南京大学法学院博士研究生,伊犁师范学院讲师。

样一种现象:在涉外民事法律关系中,当事人双方或一方采取的一种"逃法"或"脱法"行为。[①] 苏力教授将这个概念予以转用,用来分析国内存在的一种法律多元现象。[②] 但是苏力教授并没有对法律规避进行定义,为了更好地理解这一概念,我们先来熟悉一下苏力教授给我们提供的一个案例:

一位男青年甲爱上了另外一个村子的女青年乙。在一次双方的约会中,男方要求发生性关系,女方不同意,男方强奸了女方。女方父母向当地派出所报了案。在公安机关正式逮捕男青年之前,男方父母来到女方家中请求"私了",男方答应的条件是:男方娶女方;向女方支付人民币 3000 元;女方应以撤诉作为回报。经过几番的讨价还价,双方最终达成了男方娶女方并支付 5000 元的协议。尽管男女双方都没有达到法定婚龄,男方家还是通过熟人为二人领取了结婚证。但是这一规避法律的私了行为还是被当地政府发现了,结果两人的婚姻被宣告无效,男青年受到了正式起诉并被依法判处刑罚。[③]

通过对这起案件的分析,苏力教授认为,老百姓在社会纠纷中按照老规矩(民间法)解决矛盾,而放弃法律(国家制定法)来进行"私了"的行为,可以看作一种法律规避行为。在这类民间"私了"案件中,发生矛盾的当事人一般都知道国家法律的存在,但是为了获得对各自更为有利的处理结果,当事人双方经权衡后,一般不会采取正式的司法途径来解决纠纷,而是选择合作的方式来规避国家的正式法律。

所谓法律规避,是指这样一种社会现象:当事人之间发生矛盾后,双方或一方为了达到某种目的或是获得某种利益,在对具体纠纷进行处理的时候,一般不通过诉讼程序由司法机关适用国家法律予以救济,而是双方之间在第三方的介入下运用其他的规则如风俗习惯、村规民约等进行"私了",这在客观上避开了国家正式法律的适用。法律规避主要有两种情形:一是发生纠纷的当事人明知有国家正式法律制度的存在,却消极地不去选择启动国家司法程序来保护自己的权益,而是放弃法律维权或者与对方通过私下协商达成协议来解决双方的纠纷,这种情形大多发生在我国广大农村地区。二是由于受地域、民族风俗习惯或者宗教等因素的影响,如果国家法律与民间法[④]存在冲突,当事人在纠纷处理上自愿地选择通过地方性的民间法来解决,从而回避了国家的正式法律。

法律规避实际上是当事人自愿选择国家正式法律之外的规则,例如民间法作为纠纷解决方式的行为。通过国家法律外的规则来解决社会纠纷,这种现象在当前我国农村地区依然是存在的,并且还较为普遍。郑永流教授在《当代中国农村法律发展道路探索》一

---

① 韩德培教授认为,法律规避,也可称为欺诈设立联结点,它是指涉外民事法律关系的当事人为利用某一冲突规范,故意制造某种联结点,以避开本应适用的法律,从而使对自己有利的法律得以适用的一种逃法或脱法的行为;韩德培.国际私法新论[M].武汉:武汉大学出版社,1997:194.

② 苏力.法律规避与法律多元[J].中外法学,1993(6).

③ 苏力.法治及其本土资源[M].北京:中国政法大学出版社,2004:45.

④ 在本文中,我们把当事人自愿选择的不同于国家正式制定法的规则系统称为"民间法",谭岳奇教授认为,"在中国,民间法应指既非有权制定法律的机关制定,有非有权制定法律的机关认可,但为一定范围的人们所普遍遵从的行为规范"。谭岳奇.民间法——法律的一种民间记忆[M].济南:山东人民出版社,2000:16.

书中曾描述过这种现象：

据本人及其他同志的实地调查，当前农村解决纠纷的普通顺序与方式是：一般纠纷，主要是指有关民事的，多由当事人双方，或由有威望的农民和村民小组的干部来调处；严重一点的，主要指前者处理不了的民事纠纷、大部分的经济纠纷和小的治安纠纷，由村干部包括村治保调解组织的干部来出面解决；再严重的，主要是治安、婚姻以及严重的土地纠纷等，当事人才去找派出所、法律服务事务所和法庭，寻求帮助、咨询或处理以及最后的诉讼处理。①

法律规避这种现象在现实社会生活中是存在着的。这种解决社会矛盾的“私了”方式在我国农村地区还较为普遍。不通过国家法律而是根据民间法来解决社会纠纷，用这种方式处理纠纷的结果通常被当事人双方所认可，不仅能够案结事了，而且社会效果也比较好。

(二)民族地区的法律规避现象

在民族地区，由于历史文化传统、地理环境等因素的影响，法律规避现象事实上更为普遍。也就是说，规避国家的正式法律，运用民族习惯法解决各种社会矛盾的做法一直就存在。不论民事纠纷、经济纠纷，还是刑事纠纷，避开国家正式法律，运用当地本民族的习惯法，通过“私了”的方式来解决纠纷的做法更为普遍。学者苏永生为我们提供了这样一则真实案例：

青海省化隆回族自治县巴燕镇加合村村民韩二力(回族)于2000年4月和金家庄村民冶由四五(回族)一起到湖北省开面馆(冶由四五给韩二力打工)，三个月后冶由四五离开面馆独自出走，下落不明。冶由四五的父亲知道后，一直向韩二力要人。韩二力多方寻找，一直寻找未果。2007年初，经过村委会调解达成如下协议：第一，韩二力赔偿冶由四五家人人民币50000元；第二，冶由四五家收到现金后韩二力不再负法律责任；第三，现金当面交清。②

这起民事纠纷发生在韩二力和冶由四五的家人之间，是由跟随韩二力外出打工的冶由四五私自出走下落不明而引起的。而这起案例的处理结果与处理方式肯定会让许多的法制现代化论者大为惊讶，在他们看来，如下的处理才符合现代法律的要求：冶由四五的家人应当向当地公安机关报案，查找冶由四五的下落。如果冶由四五系韩二力所害，应当由国家司法机关追究韩二力的刑事责任；如果查明冶由四五(如果已成年)确实在韩二力不知情的情况下，私自离开面馆出走，韩二力在尽了寻找义务的情况下，就不该承担任何法律责任。

然而在当地乡民看来，既然是韩二力把人带出去的，他就要对冶由四五的人身安全

---

① 郑永流.当代中国农村法律发展道路探索[M].北京：中国政法大学出版社，2004：222.

② 苏永生.“赔命价”习惯法：从差异到契合——一个文化社会学的考察[J].中国刑事法杂志，2010(7).

负责,当然从国家正式法律来说,这显然是没有法律根据的。从这件纠纷的解决上看,显然冶由四五的家人是知道国家法律的,只不过他们将国家法律作为向对方讨要金钱的筹码,也就是说,国家法律在这起纠纷的处理中是起到了强制作用的,否则当事人韩二力是不会主动拿出那笔钱的,但是从纠纷解决的过程与结果明显可见,国家的正式法律被规避了。

除民事纠纷外,民族地区发生的刑事纠纷也会通过"私了"的方式解决。在这种纠纷解决方式中,国家的刑法不论实体还是程序的内容都受到搁置和规避。2006 年发生在青海藏区的"丹增之子杀害久谢之子案"印证了国家刑事制定法受到搁置和规避的情形:

青海省夏多乡郭壬多村丹增之子因口角之争,在双方打斗中将久谢之子杀害。命案发生后,根据全村百姓的意愿,当地司法机关没有介入。在当地活佛主持下,该村村民委员会的人员对此案进行了调解。调解结果:一是两家三代以内的男性相互握手拥抱;二是命价金额按照被害人与加害人双方家庭的具体情况定为 11 万元;三是考虑加害人家庭收入状况,分两次支付。在村民委员会的见证下丹增家将剩余部分 4.5 万元于 2007 年全部付清。①

案件通过调解处理后,双方家族承诺将永世和好。根据研究者多年的跟踪观察,两家之间的仇恨已经消除,由纠纷引起的双方家族矛盾也得以平息。尽管这起刑事案件的处理规避了国家的正式法律,却收到了良好的社会效果。

事实上,民族地区普遍存在的法律规避现象不仅引起法学研究者的关注,而且法律实务部门人员也很早意识到这一问题。曾任青海省人民检察院检察长的张济民同志根据自己多年的司法实践经历,就分析过民族地区存在的法律规避问题。在他看来,民族地区发生的杀人和伤害等刑事案件,只要政法机关不主动办理,诉讼就很少到达司法机关,涉案当事人依然习惯于采取"赔命价""赔血价"的老办法私下进行处理。这种依照旧制向加害人索要"命价"的做法,在藏族的牧区仍然很盛行。多数藏民认为,"你判是你的,我赔是我的";还有部分藏民认为,国家的政法机关对被告人如何判,这与我们没有关系,但命价是必须要赔的。②

综上可见,法律规避现象在民族地区依然很普遍。社会纠纷发生后,当事人一般并不诉诸国家正式法律来寻求权利救济,而是绕开国家正式法律,通过运用民族习惯法来解决双方的矛盾。为什么会存在这种法律规避现象?这是值得我们思考的。

二、民族地区法律规避的成因分析

民族地区法律规避现象的存在,是否会带来法制现代化论者所担心的"具有严重的

---

① 隆英强.本土民族法文化的价值与内涵——以藏族赔命价习惯法对我国刑事司法的贡献为视角[J].中南民族大学学报(人文社会科学版),2011(4).

② 张济民.诸说求真——藏族部落习惯法专论[M].西宁:青海人民出版社,2002:329.

社会危害性”“破坏国家法制的统一”?[①] 要回答此类问题,就需要首先弄清楚:民族地区为什么会出现法律规避?法律规避行为具不具有一定的合理性?

实践表明,法律规避现象的存在绝非偶然,它的存在具有一定合理性。正如苏力教授所言,一种制度之所以能够得以长期且普遍地坚持,必定是有其存在的理由的,它一定具有语境化的合理性。[②] 法律规避之所以在民族地区成为较为普遍的社会现象,形成的原因应该是多方面的。如果从制度规则层面看,法律规避主要是由以下因素促成的。

(一)国家法律的理想化色彩致使其在民族地区“水土不服”

法治建设是中国现代化进程的一个组成部分。就中国现代化建设而言,它是属于一种外发型、刺激型的现代化模式。这就是说,中国的现代化是一种由“外部刺激引发或外部力量直接促成的传导性社会变迁”。[③] 与此相伴随的,我国现代的法律制度大多是由西方国家传入的。国家的正式法律制度无论体系还是内容很大程度上都是借鉴与移植过来的。而这种法律移植实际上与法律发展演化的规律本身是有些相悖的。这种移植模式使得法律很大程度上脱离了本土环境,失去了本土资源的优势。

国家法律往往具有一定的理想化色彩。向发达国家学习的情怀使得我们国家的法律带有很强的理想化色彩,民主、自由与法治等这些现代法律制度的核心价值必然成为我国法律的价值追求。从长远看,这些价值追求的确是我国法律需要实现的价值目标。但是就当下而言,我国许多的民族地区由于长期受到自然条件、文化传统等因素的制约,对多数的少数民族群体而言,自身与本民族群体的生存与发展才是他们关注的重要目标。纵观很多的民族习惯法,它们对个人尤其是集体财产利益的关注,要远远超过对自由与民主等价值的追求。

国家法律大多确立的是现代法治理念。例如在对待杀人的态度上,为了体现对生命的尊重,国家刑法明显地体现一种“杀人者死”的刑罚理念,反映的是报应刑罚主义,强调刑罚的威慑功能。同样是对生命的尊重,多数的民族习惯法则坚持一种“杀人者赔偿”的惩罚理念。民族地区的人们大多认为,人死是一件不幸的事情,既然已经没有了一条生命,再让杀人者丢掉性命则是更不幸的了。所以从法律理念上看,国家法律的理念与民族地区的社会实际存在较大出入。

国家法律的内容多是对现代社会生活的规定。为了追赶现代社会的步伐,国家法律在内容上更多地表现为现代市场经济的生活规则。但是,在我国多数的民族地区,人们的社会生活结构基本上很大程度上依然保持在农业经济的模式中,人们的社会生活尽管受到现代市场经济一定程度的冲击,但是社会结构相对而言变动较小,人们的生活依旧相对稳定。

---

① 苏力.再论法律规避[J].中外法学,1996(4).

② 苏力.送法下乡[M].北京:中国政法大学出版社,2000:90.

③ 杨耕.传统与现代性:当代中国社会发展的深层次矛盾[J].哲学动态,1995(10).

总之，贴上“现代化”标签的国家法律与民族地区的社会现实多少显得有点步调不一致，国家法律的这种“先进性”使得它们在民族地区显得有点“多余”，这也难怪会出现普遍的法律规避情形。正如梁治平先生所批评的那样：

且不说，任何一种法律制度都无法避免写在纸上的东西与现实生活之间存在一定程度上的矛盾，在中国，表面上的制度与人们实际的行为方式和价值判断之间的差距，比我们想象的可能更为巨大。最为根本的原因大概在于，中国当代法律的基本制度源自西方，并不是土生土长的东西，而制度背后的那一套思想观念却是千百年来民族文化的一部分，有很深厚的根基，绝不是任何一种政治或社会力量在短期内可以改变或清除的。尽管中国人引进西方法律制度已有近百年的历史，但是，透过他们的言谈举止不难觉察，实际上存在着另外一套的独特行为准则。①

正是由于上述的原因，国家法律这种移植的现代制度在民族地区出现一定的“水土不服”问题。孟德斯鸠曾经说过，没有绝对好的法律，好的法律只能是适合国情环境条件的。

(二)国家法律制度供给能力的不足导致其在民族地区缺乏亲和力

作为现代化的法律，国家法律体现的是规则中心主义。规则中心主义过多强调的是规则的制定以及将已经制定出来的规则有效付诸实施。因此国家法律更多地表现为正式的制定法这种单一的形式。在苏力教授看来，法律不能仅是制定的成文法，还应包括社会生活中体现的非正式规则，成文法表述的规则与作为生活的规则都应属于法的范畴。然而制定法的大量增加，导致并加剧了“书本上的法”和“实践中的法”之间的差异。②

长期以来受现代化目标模式的影响，国家法律的基本框架甚至包括许多细节大都是借鉴西方的法律制度模式。为实现这种制度模式，国家不断强化与完善专门的立法机构、执法机构、司法机构以及法律服务组织等正式的制度设施。经过不断的努力，这些正式的制度设施在民族地区大都建立起来，尽管有些设施还不够完善。但是这些制度设施要能在社会中发挥实际作用，还需要配备强大的制度供给能力，也就是说要有充分的财力、物力和人力来支持。这就需要一套能够及时发现社会变化，对变化能够及时应对的立法机构，较为完备的司法体系，有较为完善的法律服务组织等。只有满足了这些条件，国家法律制度才可以有效地发挥作用。

由于各种条件的限制，国家的有些法律制度设施在民族地区还很难落实到位。因此当社会纠纷发生后，即使当事人想要寻求国家法律的正式救济，由于这些正式的法律制度设施如法律服务机构在民族地区配置的短缺，他们很难找到合适的法律援助力量。由于司法力量的不足，民族地区的法院系统难以承担起绝大部分社会纠纷的处理。再者就

① 梁治平.新波斯人信札——变化中的法观念[M].北京:中国法制出版社,2000:200.

② 苏力.道路通向城市——转型中国的法治[M].北京:法律出版社,2004:213.

是司法救济的成本问题，较高的诉讼费用也会使得很多当事人考虑是否诉诸国家法律。

由于上面的原因，民族地区的社会纠纷发生后，当事人往往不是寻求国家法律的救济，而是通过他们较为熟悉的、解决问题较为便宜的民族习惯法来解决双方的纠纷。这样一来，他们就会慢慢忘记国家法律的存在，习惯于运用民族习惯法解决社会矛盾。然而，"法律的力量源自人们的社会经验，正是因为人们凭经验感觉到法律对其是有益的，人们才甘心情愿服从和支持法律，这样才构成和加强法律的控制力量"①。

长期以来这样做的结果就是民族地区的人们对国家法律越来越陌生，由于他们感觉不到国家法律对他们有什么益处，他们不愿意了解国家法律，国家法律对他们不具有任何"亲和力"。但是我们应该明白，"人们所愿意遵循的法则并不是政府强加的任何形式的法律，而是所有社会的基础法则，这些都属于自然法则，人们遵守它，是因为它符合人们自身的利益"②。

总之，国家法律制度在民族地区还不具备充分的供给能力，这种局限导致国家法律不能充分地满足民族地区的法律需要，其高额的法律成本使得人们在处理纠纷时宁愿选择较为便宜的习惯法规则，从而导致人们对国家法律的疏远，所以法律规避就会不可避免地出现。

(三)民族习惯法的深远影响力

换个角度来分析，如果没有民族习惯法的存在以及它的深远影响力，即使国家法律适用成本较高，当事人在别无选择的情况下，也不可能会发生法律规避现象。但是事实上，民族地区一直就存在着一种独立于国家法律之外的非正式规则，这种非正式规则学术界称为民族习惯法。

民族习惯法的存在是一种社会事实。梁治平先生很早就指出："事实上，国家法(制定法——引者注)在任何社会里都不是唯一和全部的法律，不管它的作用多么重要，它们只能是整个法律秩序的一小部分。在国家正式法律之外、之下还有各种其他类型的法律。"③较早从事习惯法研究的学者高其才教授认为，那些为了维护社会秩序、进行社会管理，依据某种社会权威和社会组织的具有一定强制性的行为规范，均应属于法范畴、法体系之列。所以习惯法就是指独立于国家制定法之外的，依据某种社会权威和社会组织施行的，具有一定强制性的行为规范的总和。④ 作为习惯法的一种类型，民族习惯法在民族地区依然具有广泛而深远的影响力。

首先，民族习惯法具有一定的平等色彩，易于被民族成员所认可。这是由各民族地区所处的自然环境决定的。从现实来看，我国的民族地区大多远离国家的政治经济中

① 谢邦宇，黄建武．行为与法律控制[J]．法学研究，1994(3)．

② 汉默顿．史上最伟大的思想精华[M]．苏隆，译．天津：天津人民出版社，2004：335．

③ 梁治平．清代习惯法：社会与国家[M]．北京：中国政法大学出版社，1996：1．

④ 高其才．民族习惯法文化[J]．中国法学，1996(1)．

心，所处地方较为偏远，交通条件相对较差，因而生存的整体环境较为艰苦。在这种条件下形成的族群习惯规则，特别强调人与人之间的相互信任和相互依赖，只有这样他们才能得到进一步的发展空间。所以多数民族习惯法具有明显的平等色彩。① 这种特点使得各民族的成员容易接纳民族习惯法。

其次，民族习惯法具有一种亲和力。我国各少数民族群众都把他们的习惯法看作他们民族文化的一部分，他们“强调某些不同于其他民族的风俗习惯、生活方式上的特点，并赋予其强烈的感情，把它升华为代表这民族的标志”。② 民族习惯法源自本民族社会，其所调整的社会关系也是形成于本民族社会，这就使得民族习惯法具有鲜明的民族性。而这种民族特性使得民族习惯法对本民族成员具有一种天然的亲和力，所以民族习惯法规范很容易被所有成员遵守。

再次，民族习惯法的内容贴近生活。研究发现，民族习惯法的内容多是涉及家庭、邻里纠纷的处理，所居住地区生活环境的保护等方面。对于纠纷的处理多数民族习惯法规定得较为具体、详细，因而具有很强的操作性。本族群的人们发生纠纷后，直接依据本民族习惯法进行处理，矛盾解决较为快捷、方便，尤其是处理结果容易为当事人接受。所以有研究者认为，民族地区也许可以没有国家法律，但是绝对不能没有习惯法。

总之，民族习惯法在民族地区不仅影响深远，而且对本民族群众具有天然的亲和力。所以当社会纠纷发生后，当事人各方更愿意通过本民族的习惯法来解决问题，从而规避了国家的正式法律，形成法律规避现象。

三、民族地区的二元规则秩序结构

通过对法律规避原因的分析，我们发现在民族地区实际上存在着两种制度规则，一种是国家制定法规则，另一种是民族习惯法规则。这两种制度规则在民族地区事实上形成了两种法律秩序：一种是国家制定法所形塑的法律秩序，另一种则是由民族习惯法形成的法秩序。这两种制度规则对民族地区法律秩序的形成都发挥着影响，共同促进了民族地区社会的稳定。

(一)作为正式制度的国家制定法秩序

所谓制度，就是社会中个人“所遵循的一整套行为规则”。③ 人们的政治行为、经济行为与社会交往行为都要受到一定的制度规则调整。一个社会存在的制度可以分为正式的制度和非正式的制度两种类型。制度安排就是指一套“管束特定行动模型和关系的”

① 李洪欣，陈新建. 民族习惯法对国家法制现代化建设的作用[J]. 广西民族研究，2007(2)：177.

② 费孝通. 民族与社会[M]. 北京：人民出版社，1981：18-19.

③ 舒尔茨. 制度与人的经济价值的不断提高[M]//科斯. 财产权利与制度变迁——产权学派与新制度学派译文集. 上海：上海三联书社，上海人民出版社，1996.

行为规则。制度安排可以是正式的,也可以是非正式的,而一个社会的传统、意识形态与习惯等要素属于非正式的制度安排。①

在现代国家,其社会的制度结构就是由正式的制度安排与非正式的制度安排所构成的。② 所以从制度层面上看,国家制定法就是一种正式的制度规则,这种正式的制度安排对民族地区社会结构的稳定发挥着重要的影响。

国家制定法在民族地区发挥着维护社会稳定、解决社会冲突的功能。通过送法下乡运动,国家制定法已经开始渗入民族地区,建构起正式的法律秩序。改革开放以来,国家加大了普法宣传,采取送法下乡等一系列措施,把国家法律(制定法)逐渐推进到民族地区;通过完善与充实民族地区的司法设施,尽可能确保这种正式的法律规则能够得以有效实施。从效果上看,国家制定法得到了推广和运用,在维系民族地区社会稳定、解决社会纠纷、引导社会变迁等方面发挥着重要的作用。

民族地区国家制定法的功能发挥多数情况下是间接的、潜在的。如上文中提到的"冶由四五失踪案",尽管当事人双方是根据当地习惯法解决纠纷的,但是国家制定法也在该纠纷的处理中发挥了作用,只不过国家制定法在该案中发挥了间接作用。也就是说,这件纠纷之所以能够顺利地"私了",除当事人之间存在着解决这类矛盾的"老规矩"外,国家法律在背后也提供了一定支持。苏力教授在分析"私了"这种规避法律的社会现象时指出,如果没有正式法律与其强制性力量的存在,违法当事人如果对正式法律的存在不了解,就很难想象当事人一方会主动请求"私了"。如果没有正式法律的震慑和权威存在,当事人双方对这个特点不了解的话,双方之间也不可能进行讨价还价。情况恰恰是,正是由于国家正式法律的存在,才可能会出现"私了"现象。③ 所以国家法律在民族地区并不是不发挥作用,只不过这种作用多数情况下是间接的。

就目前而言,除刑事纠纷(尽管相当多的刑事纠纷也并不总是依靠国家刑事制定法来解决)外,国家正式法律在民族地区的影响依然是有限的。这种状况出现的原因上文已经做过分析。然而国家制定法毕竟已经渗入民族地区,对民族地区人们的行为日益发挥着调整功能,从而在民族地区形成了国家正式法律的秩序格局,推动了民族地区社会制度结构的形成。毋庸置疑,由国家强制力保障实施的国家制定法在民族地区规范着最基本和最主要的社会关系,成为民族地区法治秩序的主要塑造者。

(二)作为非正式制度的民族习惯法秩序

社会的制度结构,除包括正式制度安排外,还包括非正式的制度安排。非正式制度对一个社会秩序的形成也具有非常重要的影响。所谓非正式制度,是指一种"得到社会

---

① FIELD, A J, The Problem with Neoclassical Institutional Economics: A Critique with Special Reference to the North\Thomas Model of Pre-150 Europe[J]. Explorations in Economic History, 1981(18).

② MONASTIC, J M, The Structure of Economic Systems[M]. New Haven: Yale University Press, 1976.

③ 苏力.法律规避与法律多元[J].中外法学,1993(6).

认可的行为规范和内心行为准则”。[①] 非正式制度就是一种非正式规则，这类非正式规则包括诸如行为准则、风俗习惯以及惯例等。非正式的制度规则也是社会文化的一个构成部分，而且具有非常强大的生命力。因此从这个角度看，民族地区的社会制度结构既包括由国家制定法之类的正式规则组成的制度安排，也应包括由民族习惯法这类的非正式规则组成的制度。事实上，民族地区存在着一种由民族习惯法所形成的法秩序。

民族习惯法的存在是一种社会需要。从某种意义上说，制度的产生基于一种社会的需要，也就是满足人们的交往实践和社会秩序维护的一种需要。民族习惯法尽管是一种非正式的制度规则，但是它的出现和存在并不是偶然的，而是民族地区人们进行交往的需要。长期以来，这种非正式制度规则是民族地区所特有的一种社会关系调整机制。尽管国家法律已经渗入民族地区，但是民族习惯法依然具有非常深厚的社会影响力，对本民族成员的行为还具有很强的约束力。在高其才教授看来，民族习惯法是一种“活”的文化，具有很旺盛的生命力。民族习惯法对民族地区的现实社会生活依旧有着不可忽视的作用和深刻的影响力。[②]

民族习惯法是人们社会交往的行为准则。民族习惯法的内容不仅涉及个人生活，也包括社会交往活动，它是民族地区人们处理相互之间关系遵循的一种行为准则。这套行为准则是各少数民族在长期的生活中形成的关于人类行为的一种行为模式，是一系列价值标准。所以在当今民族地区，在有关社会纠纷的解决、社会秩序的维护上，民族习惯法依然发挥着重要作用。调查研究发现，甘南藏区在解决草山纠纷问题上活佛的作用最大，占到49.83%；其次是政府（包括司法机关在内），比例是35.12%；再次是村委会，占9.03%；最后是部落组织，比例是6.02%。[③] 在彝族地区，“德古”[④]依据习惯法对各类矛盾纠纷进行调解，调解成功率非常高，见表1[⑤]：

表1

年份	案件总数	成功数量	成功率
2007	892	856	96%
2008	421	413	98%
2009	1182	1158	98%
2010	1482	1452	98%

① 道格拉斯·C.诺斯.制度、制度变迁与经济绩效[M].上海：上海三联书店，1994：64.

② 高其才.论中国少数民族习惯法文化[J].中国法学，2002(6).

③ 刘艺工，刘利卫.关于甘南藏族婚姻习惯法的实证分析[J].法制与社会发展，2009(6).

④ “德古”是彝语的音译词，是指通晓彝族习惯法，能按照习惯法调解纠纷的智者。

⑤ 据四川省峨边县司法局关于“大调解”汇报材料（内部资料）。转引自苏红丽.峨边彝族习惯法存在的必然性分析[J].人民论坛，2013(3).

上述的数据表明民族习惯法在民族地区的影响依然是深刻而广泛的，它在社会纠纷的解决方面发挥着重要作用。可见，民族习惯法作为一种非正式的制度规则，在维护民族地区的社会秩序方面发挥着重要的作用，塑造了民族地区另一种的法秩序。

总之，民族地区既存在一种由国家制定法所形塑的正式法律秩序，又存在一种由民族习惯法所塑造的非正式法律秩序，从而形成了国家法律秩序与民族习惯法秩序共存的二元法秩序格局。非正式法律规则的存在会不会影响民族地区社会的稳定？实践证明，这种担心是没有必要的，因为非正式法律规则的功能依然在于维护社会秩序，保持社会稳定。但从法治建设的角度来看，非正式法律规则的存在，会不会影响正式法律规则功能的发挥？会不会存在一种对"国家法律权威"的冲击？对于这两个问题，我们可以进一步分析。

四、法律规避对民族地区法治建设的影响

（一）法律规避可以推动制度创新

法律规避实际上就是当事人选择国家制定法之外的非正式规则，依此来解决他们之间纠纷的一种活动。从制度角度来看，国家制定法属于正式的制度规则，而民族习惯法则属于非正式的制度规则。正式的制度规则并不必然是当然合理的，事实证明，"无论立法程序是多么民主，立法动机与意图是多么良好，也都不能使国家制定法获得一种普遍的合理性"①。实际上国家制定法颁布后不久，立法机关很快就要对其进行修改、废止，或者制定新的法律。这表明正式制度规则并不是完美无缺的，总会存在一定缺陷。特别需要注意的是，国家的正式制度规则，尽管具有理论上的进步性，但是与民族地区的社会结构和现实情况以及人们的行为方式并不总是很契合。因此作为正式制度的国家制定法存在着一定的缺陷，因而需要进行制度改进与创新。

民族地区法律规避现象的背后实际上是国家制定法与民族习惯法这两种最主要的制度规则之间进行的一种妥协与合作，它反映的是正式制度规则与非正式制度规则之间的一种碰撞与交融。从上面的案例中可以发现，尽管这些案件都是依据非正式规则来解决的，但是这并不意味着国家制定法这种正式规则的缺位。相反，正是由于背后国家制定法威慑作用的存在，这些案件才能够得以"私了"。在现代社会，正式法律制度扮演社会秩序维护者的角色，而民族习惯法这种非正式制度在民族地区同样发挥着这种功能。因此从规制社会的有效性上来考量，国家制定法这种正式制度规则需要与民族习惯法这种非正式制度规则进行一定的合作与妥协。

从制度变迁角度看，民族地区制度创新的一个重要途径就是国家制定法与民族习惯

① 苏力．再论法律规避[J]．中外法学，1996(4)．

法之间的妥协与合作。这条路径是一种有效的渐进式的制度创新。事实上民族地区早就存在着一种特有的"刑事和解"①,这可以看作两种制度规则妥协与合作的尝试与探索。一般来说,有些民族地区出现一个刑事纠纷后,在司法机关正式做出处理决定前,当事人双方一般先是通过自行和解或者第三方调解达成赔偿协议,受害的一方满意后由其向司法机关主动提出对加害人从宽处理的要求,这种情况下法院在量刑时对受害方提出的从宽处理请求会认真考虑。民族地区存在的这种"刑事和解"做法,既考虑到国家制定法的权威,又顾虑到当地民族的习惯做法,实际上是在国家制定法与民族习惯法之间进行一定的权衡。

两种制度规则之间的合作与妥协有利于维护社会稳定。如果生硬地运用国家制定法处理案件,不考虑民族地区的社会实际,案件的处理有时候不仅不能化解矛盾,做到"案结事了",甚至还会激化矛盾,导致社会不稳定。事实上,这种做法得到了民族地区司法人员的认可,不少法官认为民族习惯法是有利于消除矛盾的。参照民族习惯法处理的案件,双方一般不会再起纠纷,如果不考虑民族习惯法的做法,硬性地单单依据国家制定法来审理案件,案件结果如果不能满足被害人及其家属的要求,他们还会"出兵闹事"。这就不能完全消除矛盾,也不利于社会稳定。② 所以从制度角度看,法律规避对制度创新是具有推动作用的。

(二)法律规避是法治现代化的前提条件

法律规避现象表明民族习惯法这种非正式规则在民族地区依然具有重要的影响力。从制度结构上看,民族习惯法这种非正式制度规则是制度结构的重要组成部分,无论什么样的社会制度结构,都不能没有非正式制度。就法治建设而言,非正式制度规则对法治建设也具有积极的影响,它是法治现代化的前提条件。

法治现代化的重要目标就是建立现代的法律制度。从法律层面看,法治现代化就是法律制度的现代化。然而现代法律制度的构成不能仅包括正式法律制度这种正式制度规则,而是应当由正式制度和非正式制度这两种基本的规则体系相辅相成来构成。当下中国的法治建设可以说是正式制度层面的法律体系建设已经基本完成,也就是我们常说的"一个具有中国特色的社会主义法律体系已经基本建成"。

然而我们如果简单地就此认为,只要建立了正式的法律制度,提供大量正式的制度规则就完全能够建立起法治和维持好法治秩序,这种认识就太简单化了。只要认真地观察社会现实就会发现,很大程度上法治依然限于政策目标层面,实际上还没有能够真正地转化为社会现实。③ 就法治社会而言,建成法治社会并不是依靠大量立法就能达到的,立法仅是法治建设的一个环节,因而正式的法律制度只是法治的一个构成部分。在苏力

① 苏永生.中国藏区刑事和解问题研究——以青海藏区为中心的调查分析[J].法制与社会发展,2011(6).

② 苏永生.中国藏区刑事和解问题研究——以青海藏区为中心的调查分析[J].法制与社会发展,2011(6).

③ 马长山.法治进程中的"民间治理"[M].北京:法律出版社,2006:1.

教授看来：即使我们承认国家正式法律以及与其相伴随的国家机构活动对现代社会而言是必需的，但是我们也不能因此而错误地认为，现代法治必然或者总是要以国家正式法律为中心。存在于社会中的习惯、道德、惯例、风俗等社会规范（social norms），从来都是社会制度和秩序的一部分，因而也是社会法治的一个构成部分，况且是不可缺少的一部分。①

不仅中国如此，从西方的法治进程看，欧美一些国家之所以能够较早地出现法治现代化，前提在于这些国家培育和发展出一套以普遍信任为特质的非正式制度。事实上"法治现代化较早地发生在英国"②。然而法治现代化率先出现在英国绝对不是偶然的，正是在非正式制度的强力支持与推动下，英国的正式法律制度才逐渐开始平等地适用于所有英国人，这也标志着英国法治开始迈入现代化。

发展中国家的法治现代化道路大都没有取得成功。这些发展中国家尽管一度效仿英美建立起了现代意义上的正式法律制度，但是从结果看它们并没有实现真正意义上的法治。出现这种局面的原因是多方面的，但不容忽视的是这些国家大多轻视甚至否认非正式制度的意义。对于这个教训，法治后发展国家需要明白，"真正宝贵的东西，可能并不是一套轻而易举就能照搬过来的所谓的现代制度（正式制度），而恰恰是那些隐而不显的自己的传统（非正式制度）"。③

既然中国已经迈上法治现代化的道路，英美的法治经验与发展中国家的法治教训值得我们深思。反观当下中国法治建设存在的困境，乍看起来好像问题在于我们缺乏民主与法治的价值理念，现代法律制度在中国才刚刚起步。细究起来问题并没有那么简单，实际上这与我国的法治建设过于强调正式制度建设的主导性，从而有意或无意地忽视了非正式制度的建设有着极为密切的关系。

有学者认为，目前中国法治建设之所以还没有达到完全的预期，最重要的原因可能就在于源自"本土资源"的非正式制度因素的薄弱。笔者也认同这种看法，因为在现代社会，"制度的良好运转在很大程度上取决于这些非正式法律的社会规则"。④ 中国当前的法治建设不应该忽视我们的"本土资源"，这些非正式制度规则在很大程度上成为影响民族地区法治建设的关键因素。因此，加速民族地区非正式制度的变迁与提升，是民族地区法治现代化的基本前提。

（三）法律规避对国家制定法权威的冲击

一个社会理想的制度结构就是正式制度与非正式制度这两种制度安排之间存在着

① 苏力.道路通向城市——转型中国的法治[M].北京：法律出版社，2004：27.

② VAN CARNEGIE R C, The Birth of the English Common Law[M]. Cambridge: The University of Cambridge Press, 1988: 90.

③ HAYED F A, Law, Legislation and Liberty, Volume 3[M]. Vol (3). Chicago: The University of Chicago Press, 1976: 5.

④ 齐柏里乌斯.法学导论[M].金振豹，译.北京：中国政法大学出版社，2007：13.

一种平衡。正式的制度规则与非正式制度规则在不同的方面,以不同的形式各自发挥其应有的功能,二者并行互补、互不相悖,共同致力于维护社会秩序,保持社会的稳定。

然而实际上这种制度均衡的状态是很难达到的。这就是说,非正式制度与正式制度之间不仅存在着合作,而且也会存在竞争,致使二者间形成一定的紧张关系。在法治建设中,要充分发挥非正式制度规则的积极作用,前提是对存在的那些非正式制度规则的性质进行审视,从而确立它们的适用范围。对于那些基于特殊信任上的非正式规则(关系规则),需要警惕它们的过度适用对正式制度规则造成的干扰,要适当限制它们的适用范围,以防止非正式制度规则对正式制度规则的冲击,从而避免正式制度规则权威的丧失。

在民族地区法治建设中,对民族习惯法这类的非正式规则需要进行一定的改造和提升。这就需要国家制定法这类的正式制度对其进行必要的引导与渗透,涤荡民族习惯法中那些不符合社会发展要求的内容,同时为民族习惯法注入一些符合现代法治要求的内容;同时通过不断地建设与完善,扩大正式制度规则在民族地区的影响力,进一步有效发挥国家法律在民族地区的作用。如果一味地放任法律规避现象的存在,不对其背后的民族习惯法这种非正式规则进行改造与提升,这种非正式规则就会对正式制度规则形成冲击。从长远看,这会影响到国家正式法律在民族地区的权威,最终不利于民族地区的良好法治秩序的形成。

民族地区的法律规避现象尽管具有推动制度创新的积极意义,为民族地区法治现代化的形成提供了条件,但是它不全部具有积极的意义。民族习惯法这类非正式制度规则有其自身的局限性,它的适用需要限制在合理的范围之内,而且也需要对它的品质进行必要的提升和改造,尽量与正式制度规则形成良性的互动关系,配合正式制度规则共同促进民族地区法治秩序的形成。

结　语

民族地区法律规避现象的存在表明民族习惯法依然具有深厚的影响力。作为一种非正式的制度规则,民族习惯法形塑了民族地区的法秩序,它与国家制定法所塑造的法律秩序共同构成了民族地区的二元法治秩序格局。这表明民族地区的社会结构具有二元性,是由正式的制度规则与非正式的制度规则共同构成的。其中国家制定法代表了最重要的正式制度规则,民族习惯法代表着最主要的非正式制度规则。这两种制度规则如果能够相互配合、合作互补,就能形成制度合力,对民族地区法治秩序的形成具有积极的影响;如果两者之间形成一种紧张关系,非正式制度就会对正式制度造成一定的冲击,降低正式制度规则在民族地区的权威,这就不利于民族地区的法治建设。只有采取有效方式,积极探寻民族习惯法与国家制定法之间的协作路径,将两种制度规则形成一股合力,才能对民族地区的法治建设具有积极意义。

On Evasion of Law and Influence on Construction of the Rule of Law in Ethnic Areas

Yue Shuguang

Abstract: It is a common occurrence that evasion of law exists in ethnic areas. Through an analysis of the causes of it, we found that ethnic customary law has still influence on ethnic areas. It plays huge roles in maintaining social stability and settling social disputes. It shows that two kinds of legal orders exist in ethnic areas. One is made up of the state law. The other is made up of ethnic customary law. These two orders consist of the pattern of legal order. Evasion of law has positive effect on construction of rule of law. Meanwhile, it has also an adverse influence on construction of rule of law in ethnic areas.

Key Words: ethnic areas; evasion of law; rule of law

地域方言与中国道路自我表达的语言困境

耿　焰[*]　杨梦莹[**]

摘要：中国道路是指中国这一大国在国内与国际上的存在方式与发展方向，是一种综合性的探索与选择，更多地体现一种价值观念和与之相匹配的实践。但是中国道路自我表达却陷入语言困境，主要表现为中国道路自我表达的原创语言缺失和思想的原创性削弱。原因在于中国通用语言普通话的强势使得汉语语言供给吃紧，加之普通话与中国文化严重脱节。而地域方言是突破中国道路自我表达语言困境的关键，因为地域方言蕴含真实的生活方式，表达特定的需求，展现了真实的中国。同时地域方言所蕴含的不同的地域文化构成中国文化，这也为中国道路自我表达的思想原创提供路径。

关键词：地域方言；中国道路；自我表达；语言困境

一、中国道路自我表达的语言困境

（一）中国道路自我表达的原创语言缺失

近四十年来中国以独特的方式实现了大国的崛起，在制度安排、社会结构和发展路径等方面很大程度上溢出甚至颠覆了基于西方历史经验所得出的以往被认为放之四海皆准的结论。中国的这种发展模式被称为“中国特色社会主义道路”，也被称为“中国道路”。如有学者认为，“理论上的中国道路是对我国现阶段纲领的概括，具体指的是以中国特色社会主义制度为保障，以中国特色社会主义理论体系为行动指南并以中国传统文化为精神积淀的道路”①。可见，中国道路是一种抽象概念，是指中国这一大国在国内与国际上的存在方式与发展方向，是一种综合性的探索与选择，更多地体现一种价值观念和与之相匹配的实践。目前学术界对中国道路的基本框架有了相当的认识，认为中国道

* 耿焰，青岛大学法学院教授，法学博士。

** 杨梦莹，青岛大学宪法学与行政法学专业研究生。

① 李健.“中国道路”的全面内涵及其经验总结[J].社会主义研究，2015(1).

路既包含经济上的目标又包含政治上的要求，以及文化上的坚守等。[①] 但是，对中国道路内容上的阐释却乏善可陈。

在当今世界上，支撑整个秩序的思想和文化都是西方的，所用的语言也是体现西方文化的语言，借以表达了西方价值观的范式和框架。而中国道路的自我表达，要求尊重中国自身的事实、需求和特点，从学理上发现并阐述“真实的中国”，锻造尊重本土成功经验的理论模型。因此，西方语言对中国经验与现实的解释效能愈见式微。可以说，虽然经济总量上中国是大国，但在秩序中鲜有与经济地位相匹配的思想、文化上的话语权，这实际上使得中国道路自我表达陷入一个困境。此外，由于种种因素，“思想的推动力和文明内在的原创精神，实际上均有所削弱，封杀既多，愈感压抑，致使汉语思想和中国文明的供给能否支撑起大国成长的步伐……已经表现出吃紧的一面”[②]。其中，表达语言的缺失是重要因素之一。

中国道路自我表达的语言沿用了西方语言，原创语言缺失。目前，“中国道路”没有中国自己原创的语言来表达，体现在中国道路自我表达的关键词源自西方语言。构成中国道路自我表达的关键词不少，人民、公民、民族、民主、法治、治理等都可以作为其中的关键词，据统计发现，3 万多字的党的十九大报告中，“人民”二字出现超过 200 次。[③] 但令人遗憾的是，这些关键词无一不是出自西方的原创。目前，在治理国家的政治架构和社会结构中，西方无疑占据了强势地位，此时的西方不是地理意义上的，而是借用伯尔曼的话，是文化意义上的西方，指承继古希腊、古罗马文明的国家[④]。从这个角度看，西方探索源自自身生活方式的政治架构和社会治理模式，即西方道路的历史源远流长。目前，西方道路有多种表达。从经济学方面讲，有市场经济、福利国家等模式；从政治学的角度看，有代议制民主、参与式民主等模式；从法学角度看，主要是不同的宪政模式。无论哪个角度、哪个领域，西方道路都围绕着个体与国家、市场与政府，夹杂着国际组织、非政府组织等的运作而进行，形成了自己系统的理念和价值追求，集中体现在其核心观念上。以法学领域的宪政主义为例，西方道路的核心观念集中在权利和权利主体，具体指“人民”“公民”及其与“平等”“法治”等其他概念的组合和运用，构成了宪政主义的基本轮廓。

---

① 有学者总结，中国道路在经济上的目标包括建立“五年规划”目标，实现社会主义现代化，坚持解放和发展社会生产力，坚持推进改革开放，坚持走共同富裕道路等；在政治上的要求包括“一个中心、两个基本点”的基本路线，坚持党的领导，拥护中国的根本政治制度与基本政治制度，以人民幸福、民族复兴等宣言为使命等；在文化上的坚守包括增强文化软实力，坚持走以建设社会主义文化强国为目标的文化发展道路等。另外中国道路还表现为社会主义市场经济、民主政治、先进文化、和谐社会和生态文明这五大建设途径。参考陈晋. 关于中国道路的几个认识[J]. 党的文献，2013(2).

② 许章润. 防止中国滑入“普京式”治理模式[J]. 凤凰大学问，2017.

③ 十九大报告中，“人民”二字出现逾 200 次[Z]. http://news.cyol.com/content/2017-10/24/content_16615937.htm，2017-10-24.

④ 伯尔曼在《法律与革命》中认为，东西方的划分不是地理的，而是“有强烈时间性的文化方面的词”，西方是指“吸收古希腊、古罗马和希伯来典籍并以会使原作者感到惊异的方式对它们予以改造的西欧诸民族。”哈罗德·J. 伯尔曼. 法律与革命[M]. 贺卫方，高鸿钧，张志铭，夏勇，译. 北京：中国大百科全书出版社，1993：2-3.

因此,中国道路自我表达借用西方道路的核心概念在时间的先后上似乎也说得过去。但是,西方也不是完全一致的,即便都是承继古罗马、古希腊文明,运用到自己独特生活方式上所形成的实践也是有区别的。因此,中国道路自我表达的原创语言缺失更重要的表现是:在沿用西方语言时没有有效地渗入自己的经验和经过检验的见解。即便同是西方国家,如法国、美国、英国,它们在运用这些核心概念时并不是非常一致,而是结合了各自的文化特点、当时的需求以及自己独到的经验形成表达自己道路的关键词。以"人民"概念为例,虽然人民作为普遍的定义就是指"一个国家的公民的全体,他们因政治目的而被授予了政治权利"①,但在不同国家不同时期有不同的关注和侧重。如卢梭认为人民就是全体公民的总称,国家只能是自由的"人民"自由协议的产物,而表达自由协议的途径就是获取人民的"公意"。由于"公意是国家全体成员的经常意志"②,因此,卢梭的"人民"概念实际上着眼于选举权,由"人民"建立国家。而在美国,"人民"概念关注的则是"共同的经历","人民"赢得国家独立。在《联邦党人文集》中,"人民"的定义是这样的:"上帝乐于把这个连成一片的国家赐予一个团结的人民——这个人民是同一祖先的后裔,语言相同、宗教信仰相同,隶属于政府的同样原则,风俗习惯非常相似;他们用自己共同的计划、军队和努力,在一次长期的流血战争中并肩作战,光荣地建立了他们全体的自由和独立。"③"共同的计划、军队""流血作战",这些都是美国独特的经历。这充分说明,在使用同样的核心概念来表达自己的道路时,必须结合自己的经历、有效渗入自己的经验,方能够借用他人的语言成功地表达出自己的模式,展现出自己的道路。而在结合经验的过程当中,亦缺少不了自己的原创语言。在中国道路中标志中国特色,就证明我国急需寻找真正属于我们的词汇来进行中国道路的自我表达。只运用西方的语言并不能明确充分地对中国道路的理念、内容、地位与发展方向等进行描述。当国内外关注中国道路提出问题时,这些不带有自身特点的词汇会限制其作出回应。因此,在中国道路的自我表达上,需要丰富语言,让世界更好地了解这一大国的崛起,而在这其中地域方言的重要性便凸显了出来。

(二)通用语言的强势造成汉语语言的供给吃紧

首先,通用语言是权力架构的语言。通用语言又称官方语言,是国家以明示或默示的形式确立的、通用于国家权力所辖范围内的语言。通用语言通常不是自发形成或者自行产生的,其基本属于国家权力介入的结果,因为通用本身就是权力确定的结果,官方语言中的"官方"表明在政府对内和对外交往中某种语言作为正式使用的语言,也是权力界分的结果。从世界范围来看,确立通用语言的过程与民族国家政治构建的过程相一致,源于近代欧洲。当时,在"一个国家、一个民族、一种语言"的政治理念和原则下,"作为民

① Black's Law Dictionary[Z]. Sixth Edition. West Group. 1990:1135.

② 卢梭. 社会契约论[M]. 何兆武,译. 北京:商务印书馆,1980:140.

③ 汉密尔顿,杰伊,麦迪逊. 联邦党人文集[M]. 程逢如,在汉,舒逊,译. 北京:商务印书馆,1989:8.

族社会的黏合剂以及各个民族国家政治认同的资源,共同民族语言的构建与西欧民族国家的形成是同步的"。[①] 由此,在世界范围内开始了以明示或默示方式确立通用语言或官方语言的过程,这一过程由于权力的介入,自然伴随着对其他未被纳入通用语言或官方语言的地域方言的挤压和瓦解。从性质来讲,通用语言首先也是一种或几种地域方言,或者地域方言的合体,只不过因为权力的加持,其获得了法律和政策的认可,有了"中央方言"的地位。因此,毫不夸张地说,通用语言就是由权力架构的语言。

我国通用语言普通话的确立也是遵循的这种模式。虽说在前期的国语统一行动中,权力的介入还不明显,但是在1949年后,权力在语言问题上的介入不仅明显而且非常深入。从1954年成立的、直属国务院的中国文字改革委员会以及其关于简化和整理汉字、推广普通话与制订和推行汉语拼音方案的三大任务,到1955年的《汉字简化方案修正草案》;从1956年,国务院专门发布《关于推广普通话的指示》到首次出现"以北京语音为标准音、以北方话为基础方言、以典范的现代白话文著作为语法规范的普通话"这个完全的表述;从1982年宪法中关于"国家推广全国通用的普通话"的条款,到《教育法》(1995年通过)、《义务教育法》(1986年通过,2006年修订)、《人民法院组织法》(1979年通过,1983年修订)以及三大诉讼法;从2000年的《中华人民共和国国家通用语言文字法》到29个省关于实施《通用语言文字法》的地方法规;从教育部、国家语言文字工作委员会印发《国家中长期语言文字事业改革和发展规划纲要(2012—2020年)》到国家教委、国家语委陆续发出各级各类学校普及普通话的通知并进行检查评估;从2004年10月国家广播电影电视总局下发的《国家广播电影电视总局关于加强译制境外广播电视节目播出管理的通知》到2014年国家新闻出版广电总局发出的、要求广播电视节目规范使用通用语言文字的通知以及一系列限制地域方言的详尽规则等,这些标志着通用语言法律地位确定过程的时间、事件和规范无不显示了权力在通用语言上明显而深入的介入,确定而公开的支持。因此,说包括普通话在内的通用语言是权力架构的语言只不过是对事实的描述。

其次,由于通用语言在国家权力的支持下不断变强,其他相对弱势的地域方言的发展空间就会受到挤压。国家强制力的干涉不仅仅促进多种语言的交流与融合,更多地带来了不同语言之间的冲突,使得它们之间不再是自然状态下的平等竞争关系,而是一种此消彼长的状态。这就必定会造成我国通用语言普通话的强势与汉语语言的供给吃紧。社会资源是一定的,通用语言占据的部分大,就势必会压缩汉语语言的空间。而对中国道路的内容、特点等进行表达,仅仅依靠通用语言的力量是不够的。要摆脱这种语言困境,就力求加大汉语语言,特别是地域方言的运用范围,从地域方言中发现中国自我表达的原创语言。

(三)通用语言与中国文化的脱节现象明显

由于通用语言本身是一种地域方言或几种地域方言的合体,其在文化上投射或对应

---

① 肖建飞.语言权利研究——关于语言的法律政治学[M].北京:法律出版社,2012:36.

关系与特定的地域有关,非常有限。即通用语言仅仅反映了特定地域的文化,并不能反映中国文化,与中国文化存在明显的脱节。中国文化是一个大概念,是由不同地域的地域文化融合而成的。因此,研究中国文化,必须从地域文化入手,而地域方言恰恰是地域文化的载体。正如英国语言学家帕默尔所言:"语言忠实地反映了一个民族全部的历史、文化,忠实地反映了它们的各种游戏和娱乐、各种信仰和偏见。"①

地方性知识又称亲密知识、民族知识、当地知识等。自从人类学家吉尔茨提出地方性知识的概念后,人们越来越接受一种观念,那就是人类的认知具有当地性、地方性或地域性,脱离当地性、地域性的知识有,也存在,但是如果没有地方性知识,未必就能更客观、更真实地认知世界。即人的认知与当地地方、自然条件、文化环境有相当密切的关系。特定地域的人们在长期的本地生活中,基于本地生产和生活经验,本地所发生的各种事件的影响,包括各种具有某种周期的事件和偶然的事件,以及外界信息的刺激,形成了对自身、自然、他人和社会独特的体验和领悟,成为独特的地方性知识。而从本质上看,"一切知识首先都是地方性知识,任何一种文化语境中的知识生产,都潜藏着独特的禀赋和鲜明不同的创造性"②。格尔茨还特别指出:"地方在此处不只是指空间、时间、阶级和各种问题,而且也指特色,即把对所发生的事件的本地认识与对可能发生的事件的本地想象结合在一起。"③实际上,既然知识是人类的认知,那么知识首先是地方性知识,不是不存在那种具有普遍适用性的知识,只是普适性知识来源于不同的地方性知识的高度抽象。正是这种蕴含在地方性知识中"独特的禀赋和鲜明不同的创造性"构成了地域文化的核心。

中国道路的自我表达需要尊重本土经验的理论模型,这集中体现在地方性知识中,而地方性知识的传承、发展离不开地域方言。缘由在于:地域方言表达了地方性知识。地方性知识的传承和表达通过语言来进行,具体体现在特定地域人们所沿用的、历史性沉淀下来的地域方言中,用地域方言的语音、语意、词汇以及独特的文字来表达和传承他们的地方性知识。换言之,地域方言实际上成为地方性知识的载体,即地方性知识要通过地域方言来表达。

对比之下,通用语言仅以一种或几种地域方言为基础,普通话以北方方言为基础,北方方言仅仅是汉语众多方言中的一种,如果地域方言是地方性知识的载体,那么普通话实际上仅仅是有限的地方性知识的载体,仅仅表达和传承了特定区域的地域文化。如果在推广普通话的同时挤压其他地域方言的适用空间,那么等同于压制甚至抛弃了其他广泛的地方性知识所构成的地域文化。此种情形下,仅仅以特定地域文化为基础的通用语言焉能代表中华文化?中华文化应是各种地方性知识的兼收并蓄,是各种地域文化的交

① L. R. 帕默尔. 语言学概论[M]. 李荣,等译. 北京:商务印书馆,1983:139.

② 毛伊·赫德森. 从全球着想,从本地入手:集体同意与知识生产的伦理[J]. 国际社会科学杂志,2010(2).

③ GEERTZ. C,The Integrative Revolution: Primordial Sentiment and Civil Politics in the New States[J]. Old Societies and New States,1963:105-157.

融汇集。因此,通用语言与中华文化的脱节现象自然不能避免。更何况,通用语言在特定地域推广的同时,借助权力在相当程度上会解体或重构特定地域的地方性知识,这使得通用语言与中国文化脱节的现象愈加突出。

(四)通用语言削弱思想的原创

语言不仅仅是自我与现实之间的媒介,语言也决定了思维的方式或模式。特定词语和具体语法的实用性决定了浸润于其中的使用者如何思考、如何观察、如何反应、如何总结,即语言的使用者不能从语言中走出去或者脱离语言本身的束缚,以一种超然的视角来看待这个世界。在相当程度上,思维是由语言决定的。有人曾经总结道:"一个民族所有的生活环境、气候条件、它的宗教、社会建制、风俗习惯等等,一定程度上都可以跟这个民族脱离开来。然而有一样东西性质全然不同,是一个民族无论如何不能舍弃的,那就是它的语言,因为语言是一个民族生存所必需的'呼吸'(Odem),是它的灵魂所在。"①这实际上表明了以地域方言为标志的原生态语言同人们的世界观的关系。语言的形成是人们价值观的结果,用洪堡特的话说是"人类精神力量创造活动的结果"②。可以说,正是借助语言、依靠语言,人们才得以认识自己、认识他人、认识社会和世界,认识自己与他人的关系、自己与社会的关系、自己与世界的关系,从而将自己定位。因此,从这个意义上讲,语言本身就是一种思维方式。

如果说语言直接决定了人的思维方式,甚至语言就是思维本身,那么对地域方言的限制实际上也就限定了人的思维,直接削弱了思想的原创性。人只有自动、自如地运用语言,才能真切地认识感知世界、认识世界,才能有可能形成自己的观点、看法,最终汇聚成思想之源。对地域方言的限制,很大程度上将一部分人同其最为熟悉、最得心应手的语言割裂开来,同他的本来的生活割裂开来,这部分人自幼生活在特定地域中,地域方言构成其生活的一部分。人如果割裂至此,产生的思想的环境就被极大地破坏,自然无法产生原创性的思想。历史上发生的事实也是说明了这一点。如古罗马,当时其已经组建了横跨欧亚非大陆,环绕地中海的罗马帝国,但是,帝国的统治并没有形成语言的统治。实际上,尽管罗马用武力征服了不同的地区,但是对被征服地和被征服者并没有在语言、文化上进行强制同化,因此,在罗马发展的顶峰时期,"由恺撒设想、奥古斯都实施的'罗马统治下的和平'是一个包容了不同民族、不同宗教、不同文化、不同语言的多元化社会"③罗马尊重被征服地地域的方言,这种尊重甚至让罗马的官方语言让位给特定的地域方言。如在向东方各领地发送罗马中央政府公告时,罗马没有强行使用其母语和官方语

① 威廉·冯洪堡特.论人类语言结构的差异及其对人类精神发展的影响[M].姚小平,译.北京:商务印书馆,2008:39.

② 威廉·冯洪堡特.论人类语言结构的差异及其对人类精神发展的影响[M].姚小平,译.北京:商务印书馆,2008:47.

③ 盐野七生.罗马人的故事Ⅵ 罗马统治下的和平[M].北京:中信出版社,2015:186.

言,即拉丁语,而是让人将公告翻译成东方世界的通用语希腊语。[①] 罗马对被征服地地域方言的承认和尊重不仅为其赢得了“罗马统治下的和平”,而且罗马灭亡后,原来的被征服地如高卢地区、日耳曼地区、英格兰地区等,都在当地地域方言和罗马拉丁语的基础上,结合当地文化,发展出新的语言如英语、法语、德语,创造出丰富的思想,将人类文明往前推动了一大步。假设当初罗马强行推行拉丁语的官方语言,结果肯定不乐观。中国也是如此。作为中国文化重要组成部分、浓缩中国文化价值观、思维模式的成语多出现在地域方言发达或者权力没能主宰或介入语言的时期。有学者将诸家成语创造数量进行排名,其中前十本著作中有包括《论语》《左传》《诗经》等七本源于春秋战国时期,由此可见,在权力未能强势介入语言的春秋战国时期,我国的成语词汇十分丰富。[②] 而真正到了权力介入语言的时期,成语的数量反而少了。有人对《汉语成语词典》(上海教育出版社,1978 年)中注明语源的 4600 条四字成语进行统计,结果显示:源自先秦的四字成语占 63%,在秦统一文字之后魏晋南北朝的四字成语仅占 15%,随着时代推进,成语来源的数量越来越少,最后元明清时期仅占 2%。[③] 这就表明,权力介入语言的政策越是强势,代表着文化与思维的成语的数量就越发减少。这些实例均证实了一个观点:地域方言的发达、不受权力的压抑会增加思想的原创性,反之则不然。因此,地域方言在中国道路自我表达的语言困境中有举足轻重的作用,成为突破其语言困境的关键。

二、地域方言对中国道路自我表达语言困境的突破

(一)地域方言展现了真实的中国

首先,地域方言真实地展现了人们生活模式的变化,表达了人们真实的需求。

有一种通行的观点认为,是文化定义了不同的人们。如有人曾经说过:“在我有生之年,我见过法国人、意大利人、俄罗斯人,等等;感谢蒙田,他让我知道,还有可能有波斯人。然而,谈到人,我可以断言,我从来没有见过他;即使他存在,对我来说,也是未知的。”[④]这段话的意思是说不存在脱离文化的人性,所有的人性都与文化相关,不同的文化决定或定义了不同的人、不同的群体。如果这个前提成立,那么文化是如何定义人们?或者文化是如何将人们区分为不同的人呢?这里面的关键词是生活或者生活模式。

---

① 盐野七生.罗马人的故事Ⅵ 罗马统治下的和平[M].北京:中信出版社,2015:186.

② 作者将诸家成语数量排出了 40 位,并在文中列举前 20 位,本文中只参考前 10 位。夏松瑜.汉语成语发展创造谭概——兼为成语创造者排座次[J].社会科学论坛:学术研究卷,2006(11):147-150.

③ 肖竹声.四言成语的两项小统计[J]中国语文天地,1987(5).

④ 这是以赛亚·伯林评价迈斯特关于否认人这种创造物的实在性时所引用的迈斯特的话。以赛亚·伯林.扭曲的人性之材[M].岳秀坤,译.南京:凤凰出版传媒集团、译林出版社,2009:104.

什么是生活？什么是生活模式？或许梁漱溟的领悟有助于理解这一抽象的问题。在梁漱溟看来，"生活就是没尽的意欲——与叔本华所谓的意欲略相近——和那不断的满足与不满足罢了"[①]。也就是说，生活就是人向自然、向他人、向世界的不断索求与不断妥协、不断探索与不断调整的过程中所获得的不断满足与不满足。梁漱溟所说的"满足与不满足"既是对这一过程的一种评价，与"意欲"相比的评价，也是指过程本身。如果在"不断的满足与不满足"的过程中，人们逐渐表现出某种大致相同或相似的倾向，这就形成了特定的生活模式，梁漱溟称为生活样式。生活模式或生活样式直接与文化相关，甚至可以说生活模式或生活样式构成了文化的核心。如维柯认为，文化就是任何社会对现实、对世界、对自然、对自身、对自身历史及其奋斗目标的看法，这些诸多看法通过其成员的行为、思想、感觉等来表现，通过他们的文字、他们的语言的形象描述或抽象的隐喻来表达，也通过他们的崇拜、他们创制的机构来展现。[②] 可见，文化是具体的，是特定生活模式或生活样式的指代，即特定的文化是特定的群体在自己的经历中所萌生的对世界、对自然、对现实、对自身、对历史和未来的看法和实践，这些看法和实践尽管在个体之间存在着种种差异，但在群体外部看来，通过语言、信仰、理想和创制的机构、沿用的习俗、衣着甚至食物体现出来的观念和看法及实践，具有大致的趋同性，可以以此将其与别的群体区分开来。依照生活模式或生活样式被区分开来的文化，彼此之间存在着差异，即文化差异。其中的情形如梁漱溟所言："文化又是什么呢？不过是那一民族生发的样法罢了。"[③]生活模式的差异造成文化的差异。由此，通过所谓文化区定性某个特定的群体、族裔或者民族，实际上就是通过生活模式或者生活样式去发现特定群体、族裔或者民族的真实需要、真实观念和看法。而这其中，最为主要的就是他们的语言，语言既是文化的载体，更是生活模式的必备要素，信仰、服饰、艺术、建筑、制度无不通过语言来表达和传承。这里的语言首推地域方言，原因就在于：地域方言是历史性沉淀下来作为特定地域实际交流工具的语言。如果在特定地域出生、成长，那么毫无疑问，这种作为当地实际交流工具的语言就能成为其母语，哪怕是在有通用语言的情形下。

特定的地域方言之所以成为这一种语言而不是另一种语言，之所以有这样的语法而不是那样的语法，之所以有特定的词汇、特定的明喻和隐喻就是因为其不同的生活模式造就。可以说，生活模式表达了人们特定的需求，其成就的地域方言中自然蕴含着特定地域人们看待世界、想象自己的方式，也建构了他们自己的价值观。因此，地域方言展现了真实的生活方式，这种方式不因技术的变革造成形式的不同而产生本质的变化，这才是发现真实中国的基础。

其次，地域方言诠释了特定地域的习俗、风俗和习惯，展现了真实的中国。

---

① 中国文化书院学术委员会. 梁漱溟全集[M].（第一卷）山东：山东人民出版社，2005：352.

② Cf. Isaiah Berlin. The Crooked Timber of Humanity[M]. edited by Henry Hardy. London: John Murray (publishers) Ltd: 8-9.

③ 中国文化书院学术委员会. 梁漱溟全集[M].（第一卷）山东：山东人民出版社，2005：352.

曾游历欧洲数十年的孟德斯鸠发现，习俗都是因某些独特的生活方式造成的，或是取决于一些如此不可理解、如此遥远的因素，人们几乎不可能事先预见它们。因此，他得出了一个经得住考验的结论：最能适应人们习性和倾向的政府，是最好的政府，“当一个民族有良好风俗的时候，法律就是简单的”[①]，并且由于“法律是立法者创立的特殊的和精密的制度，风俗和习惯是一个国家一般的制度。因此，要改变这些风俗和习惯，就不应当用法律去改变。”[②]中国道路的表达方面，需要如孟氏一样立足于特定地域，通过对特定地域的考察来发现真实的中国。曾经代表在某些领域成功表达的思想、观点无不与对特定的地域的考察相关，如费孝通的《江村经济》以江苏省吴江县开弦弓村为考察点，通过以点带面考察了当时中国农民、农村的经济生活。其著作中关于村与户的关系考察、关于江村（费先生将开弦弓村取名为江村）亲属关系的考察、关于村民养羊与贩卖羊的考察、关于村民养蚕与缫丝的考察、关于江村资会的考察，都清晰地展现了特定地域的习俗、习惯、风俗，他们同特定地理环境的关系、他们的经济劳作、他们的社会结构都融入在这些习俗、习惯和风俗中。而这些习俗、习惯或风俗无不通过地域方言来切入。可以说，没有特定的地域方言，就没有特定的习俗、习惯和风俗，语言由劳作、社会交往形成，语言的运用又实际完成习俗、习惯和风俗的承继，所有的习俗、习惯和风俗都借助语言来展现和诠释，甚至地域方言本身就是一种习俗、习惯和风俗。这里面藏着人们想象世界的角度、方式，藏着人们的欲望、信念和理想，藏着人们的经验、无奈和妥协。因此，可以说，不同的地域方言就是不同群体在不同地域所遭遇的不同经历所铸就，展现了他们不同的发展路径，这些多样的经历和不同的发展路径恰恰构成了立体、丰富和复杂的中国。因此，地域方言诠释的特定地域习俗、风俗和习惯展现了真实的中国。

（二）地域方言蕴含的地域文化构成中国文化

文化首先表现为地域文化。文化总是在特定地域发展，此处的地域包括物理空间，包括一定范围的自然地理和人文地理，自然地理包括区位空间和物产资源；而人文地理则包括经济分布和社会架构等。实际上，在地域内，除特定的自然条件外，其余的条件如经济状况、社会架构等也都与地域有关。正如有人说，地域既是自然概念，也是人文地理概念，地域文化就是作为一个地区历史形成的特质文化，是具有共同文化传统和相同发展脉络的文化形态，其特征表现为文化发展的持续性和文化认同的一致性。[③]

地域方言是地域文化最恰当、最成功的解释。语言就是传达人们思想、想法的一系列沟通符号、表达方式和处理规则，通过人们的发声系统、结合视觉、听觉等来完成。虽说从语言学的角度看，语言的种类可谓五花八门，这其中的重要原因就在于语言本身的

① 孟德斯鸠.论法的精神（上册）[M].张雁深，译.北京：商务印书馆，1961：317.

② 孟德斯鸠.论法的精神（上册）[M].张雁深，译.北京：商务印书馆，1961：310.

③ 卞敏.城市文化与地域文化[J].阅江学刊，2011(2)：39.

多样性,但这些五花八门的语言都有一个共同的特点,那就是所有人类语言的形成都是历史性的,借用赫尔德的话说,“语言是群体共同经历的表达”①。因此,与特定文化历史性联姻的语言成为文化识别的标志。如果说文化的成长是一个自然的过程,那么语言无疑就是这个自然过程中最为核心的部分。可以说,一个人的文化或经历是由语言构成的,一种语言本身就是一种独特的世界观,说不同语言的人基于其语言特有的结构,利用其语言特有的表达方式和对现实独到的观察形成了不同的观点。用菲西曼(Fishman)的话说,语言是特定文化的利益、价值和观点的最好表达,是特定文化典型产物的最好命名。套用菲西曼(Fishman)的描述,语言和文化二者之间存在一种“索引”式的关系②,虽然这种联系并不意味着一种文化只能用一种语言来表达,但是在特定文化发展中所形成的、与文化伴随产生的“原生语言”无疑是特定文化最恰当的、最成功的诠释。地域方言恰恰是在特定地域,经过各种因素以看得见或看不见的方式相互博弈,历史性沉淀下来的预压,是伴随文化形成和发展的原生语言,自然成为文化最恰当、最成功的诠释。

进一步追溯,语言不仅是特定文化最成功、最恰当的诠释,甚至语言本身就是文化的化身。对特定群体而言,将不同成员联系起来的信念和行为必须依赖公共、大家所公认和遵守的符号,即语言。在这个意义上,语言不仅是一种媒介,也作为观念本身而存在。通常情形下,人不可能先想出某种观念,再设法寻求一种语言来“包装”,除非你所使用的语言不是你自己的原生语言或母语。思想的过程就是使用符号的过程,也就是语言产生的过程。这其中的情形正如赫尔德所坚信的那样:语言是一种意识的自然成长过程的核心部分,这个意识认识到他们之间(指群体成员,作者注)具有共同性,而这种共同性的意识又依赖于人与人之间的交流。③ 特定的词汇、特定的语言将事物与感情联系,将过去与现在联系,并且依照语言所形成的记忆和想象,文学、历史、艺术乃至家庭、社会得以产生,即语言成为文化本身的典型化身,特定地域方言也成为特定地域文化的化身。不同的地域方言代表了不同的地域文化,共同构成了中华文化。

(三)地域方言为中国道路的思想原创提供路径

地域方言与古汉语的密切关系为思想原创供给营养。中国语言文字经过白话文、简体字、汉语拼音化,其中的变革是非常重大的,也可以说是根本性的变革。但从另一个角度看,这种根本性的变革就是一种断崖式的变革,太突然、太剧烈,以至于让思想的传承

① Isaiah Berlin. Vico and Herder: Two Studies in the History of Idea[M]. London: The Hogarth Press,1976: 168.

② 关于语言和文化“索引”式关系的详细论证可参见 FISHMAN. Reviewing Language Shift: Theoretical and Empirical Foundations of Assistance to Threatened Languages[M]. Clevedon,England: Multilingual Matters:20。

③ ISAIAH BERLIN. Vico and Herder: Two Studies in the History of Idea[M]. London: The Hogarth Press, 1976: 168.

断裂,思想发展自然就茫然,思想原创也成为一种奢望。

当然修正断崖式的改革并不是说要回到从前,回到古汉语或者半文半白的时代。实际上也回不去了。不过,既然能看清,采取某种路径,最大可能地消除断崖式改革所带来的巨大的负效应,以在思想传承的基础上力争思想原创,这应该是可行的。地域方言就是一种可行的路径。其中的缘由在于:

首先,地域方言与古汉语存在不同程度的密切关系,这远非通用语言能比。地域方言是历史性沉淀下来在特定地域作为实际交流工具的语言,特定地域的历史、人文、自然环境等无不在地域方言中找到印迹,可以说历史上各种事件、变化、生活模式的变迁等都在地域方言中打下了烙印,地域方言就是一个活化石,其中与古汉语的密切关系更是源远流长,用盘根错节等词来形容一点不过分。章太炎说,地域方言是古汉语遗留的宝贵财富,"其宝贵过于天球、九鼎"[①]可见,地域方言与古汉语之间存在着紧密的关系。随着时间的演变,许多古汉语的词汇逐渐演变消失在不同朝代的官方语言中,而在各地的地域方言中却存在被保留下来的可能性。在2007年的国际认证ISO 639-3国际语种代号的编制中,国际标准化组织把汉语分为十三种方言,即闽东方言、晋方言、官方言、莆仙方言、徽方言、闽中方言、赣方言、客家方言、湘方言、闽北方言、闽南方言、吴方言、粤方言。而在2012年版的《中国语言地图集》则把地域方言分为十个区:官话区、晋语区、吴语区、徽语区、赣语区、湘语区、闽语区、粤语区、平话区、客家话区。典型的如粤语、湘语等。无论将其分为方言种类还是方言区,都说明了一个事实:中国的方言种类较多。而这些方言区中的不同方言几乎都与古汉语直接相关。例如,在古汉语中"囝[Kia]"字是儿女,孩子的意思。唐朝诗人顾况在《囝》中写道,"囝生闽方,闽吏得之……囝别郎罢,心摧血下",在闽语中,人们也都用"囝"来表示儿子。无独有偶,"箸[ti]"字在古汉语中是筷子的意思。我国南朝宋的临川王刘义庆集结门客编撰的《世说新语》中写道,"王蓝田性急,尝食鸡子,以箸刺之,不得,便大怒,举以掷地",在闽方言体系中"箸"恰恰也是筷子的意思。可见,"闽南方言保留的古汉语字、词、句与中原古文化关系密切"[②]。再比如,自西汉时期,"起"字就有"建造,兴建"之意。在《史记·孝武本纪》中有"越人勇之曰:'越俗,有火灾复起屋,必以大,用胜服之。'"的用法。明代朱国桢在《涌幢小品·番族》中写道:"在境上,建寺起屋,纳妻妾,酗淫赌博,靡所不至。"现如今,在我国浙江南部一带还习惯用"起屋"来表示建造房屋。而这些用法,在我们通用语言中已找不到踪迹。历史上,由于政

① 章太炎.论汉字统一会.章太炎全集:四[M].上海:上海人民出版社,1985:319.

② 林宝卿.闽南方言是古汉语的活化石[J].闽台文化研究,2014(3).

权、战乱、饥荒等原因中原汉民大致经历三次大规模的南下[①]，大量古汉语的语言文字被带入长江流域地区，形成不同的方言区。因此，在今天的几大方言区的方言中，都可以清晰地发现古汉语的身影。而现如今的普通话作为中国法定的全国通用语言，是“以北京语音为标准音，以北方话为基础方言、以典范的现代白话文著作为语法规范”的语言。这里的“北方话”从历史上看，是夹杂着阿尔泰语系的蒙古族、鲜卑族、女真族等游牧民族学习汉文时所保留的成分。它与古汉语的关系自然不如由北方居民在历史上不断南迁中逐步形成的其他地域方言。而古汉语本身就是中国思想表达，甚至就是思想本身。地域方言与地域文化的密切乃至重合关系能使得地域方言的言语者从古汉语中吸取营养，方便思想的原创。

其次，地域方言所蕴含的自由是其他自由无法取代的，为思想原创提供路径和方式。承认地域方言，表明了国家真实地认可和尊重个人和群体所选择的生活模式，使个人能最大限度地尽其所愿地过上自己想要过的生活，成为自己想要成为的人。包括法律制度在内的一切制度的终极价值目标都是人的幸福，人的幸福可以由多样的因素促成，其中自由是事关人的幸福不可缺少的要件，这是不容置疑的。自由包含选择的自由，对自己生活规划的自由，其中的原理如密尔所言：“一个人自己规划的生活是最好的，不是因为这种方式是最好的，而是他自己规划的。”[②]那么一个人可以在多大程度上规划自己的生活呢？生活最为基本的含义之一就是与他人、与社会的交流、互动，如果一个人不能说自己想要说的话，不能表达自己想要表达的观点，即缺乏言论自由基本保障人不可能获得幸福。但是言论自由的核心在于言语的内容和表达的含义，不涉及语言问题，即不涉及用什么样的语言来表达的问题。如果一个人不能用自己思维和交流的自然工具——自己的母语来表达，那么仅仅关注其表达的内容又有什么自由可言呢？对那些自幼习得地域方言的人而言，地域方言就是其母语，排除母语的运用，个人在多大程度上能表达自己的意愿本身也是个问题。退一步说，即便母语不是个人能够熟练运用的唯一的思维和交流工具，理论上，非母语也可以达到甚至超过母语的熟练程度，但是，自由本身蕴含的旨意也不能指望或强制每个人都用不属于自己的母语的其他语言来表达和交流。自由的

① 第一次是西晋永嘉五年(公元 311 年)，匈奴攻入京师洛阳，俘获怀帝，杀王公民众三万余人。《晋书·孝怀帝纪》：“永嘉五年春正月，帝密诏苟晞讨东海王越……三月戊午，诏下东海王越罪状，告方镇讨之。以东征东大将军苟晞为大将军。丙子，东海王越薨。四月戊子，石勒追东海王越丧，及于东郡，将军钱端战死，军溃，太尉王衍、吏部尚书刘望、廷尉诸葛铨、尚书郑豫、武陵王澹等皆遇害，王公以下死者十余万人。”永嘉之乱后，西晋统治南迁，定都建康(今南京)，建立东晋，史称衣冠南渡。第二次是唐代玄宗末年至代宗初年(公元 755 年至 763 年)，将领安禄山与史思明同唐朝争夺统治权发动内战。李白在《永王东巡歌十一首·其二》中写道：“三川北虏乱如麻，四海南奔似永嘉。但用东山谢安石，为君谈笑静胡沙。”安史之乱后，由于北方的社会制度等受到了极大的破坏，大量北方汉人南迁。第三次是北宋宋钦宗靖康年间(公元 1126 至 1127 年)，金军攻破东京(今开封)，俘虏了宋徽宗、宋钦宗父子及大量赵氏皇族、后宫妃嫔与贵卿、朝臣等三千余人北上金国。南宋大将岳飞在《满江红》中写道：“靖康耻，犹未雪，臣子恨，何时灭！”当时的主要战场在黄河流域，因此造成周边的大量居民向长江流域迁徙，主要迁徙地区为：浙江、江苏、湖北、四川。王雨霖. 中国人口迁徙中的经济学分析[J]. 商业评论，2014(2).

② 约翰·密尔. 论自由[M]. 许宝骙，译. 北京：商务印书馆，2005：80.

根本含义就在于对个人意愿和由此导致的选择最大限度地承认和尊重。人只有在能用自己的母语来表达的充分自由下,思想原创才能成为可能。从这个意义上讲,地域方言权所蕴含的自由是其他自由无法取代的,为思想原创提供表达路径和方式。此外,通用语言在国家的推广下突飞猛进地发展或迅速地扩张的同时,在社会中,特定的地域内,总是存在着地域方言,存在着以与通用语言相分立的地域方言为母语的个人和群体。他们在与自身利益密切相关的公共生活中若能选择自己的母语作为交流语言,这在相当程度上能缓和地方与中央的关系,从而也确定了一个相对自由的空间。这无疑对思想原创大有裨益。

结 语

早在79年前,费孝通先生通过实地考察,在其博士论文《江村经济》的序言中就写道:“中国经济生活变迁的真正过程,既不是西方制度直接转渡的过程,也不是传统的平衡受到干扰而已,而是各种力量作用的结果。”①这个观察性的结论不仅适用于中国经济的变迁,而且以小见大,也适用于中国社会的变迁。费先生所说的这个变迁过程至今还在继续,中国变迁的过程实际上就是一个展现中国道路的过程,其既不是西方的复制品,也不是传统的回归,而是一种在中国特有的环境下(包括地理环境、人文环境),依据中国人真实的需求和其特殊的经历所跌跌撞撞摸索出来的种种做法,这些做法可统称为本土经验,但绝不是完全排斥外界尤其是西方影响、西方强势地位压力的狭隘的本土主义。这些本土经验本身就发生在不同的地域,是特定地域具有特定思维的人摸索出来的,与地域历史、地域文化密不可分,只有借助地域方言才能将其系统化、模型化。因此,地域方言能为中国道路自我表达中锻造尊重本土经验的理论模型提供有力的表达方式。

每种地域方言都是相对独立的语言系统,是记录某种地域文明的符号。从这个意义上来看,不同地域方言就代表了不同的思维方式,而一种地域方言的衰落甚至消亡,也就意味着关闭了一种或几种思维模式。中国道路自我表达的语言困境从深处看,实际上就是一种思想困境、思维困境。因此,困境的解除,仅仅依靠普通话这类权力确定的语言显然是不够的,更应该仰赖更有丰富文化底蕴、历史性沉淀下来的地域方言。唯有如此,才有可能突破中国道路自我表达的语言困境。

Regional Dialects and the Language Predicament of Self-expression in Chinese Path

Geng Yan Yang Mengying

Abstract:Chinese path is the way of existence and development direction of the great power in China. It is a comprehensive exploration and choice, which embodies a

① 费孝通.江村经济:中国农民的生活[M].南京:江苏人民出版社,1986.

more valuable concept and matching practice. But self-expression in Chinese path is in a language dilemma, which mainly lack of original language, and weaken the ideological originality. The reason is that the strenght of the mandarin has led to the tight supply of territorial dialect, and mandarin is disjointed with Chinese culture. Regional dialect is the key to break through the dilemma of self-expression in Chinese path. The reason is that regional dialects contain real life style and express specific needs, which is the basis for finding the real China. At the same time, the different regional cultures of regional dialects constitute Chinese culture, which also provides soil for the original thought of Chinese path.

Key Words: Regional Dialects; Chinese path; Self-expression; Language Predicament

习惯的法律界定与类型化

郭少飞 *

摘要:社会生活及日常语言中的习惯与法律上的习惯不同,前者包含个体化习惯,系后者的基础与来源;后者指反复践行而成、结构于法律关系并对法律关系当事人具有拘束力的行为方式。在外延方面,习惯与风俗关系紧密,风俗可以是习惯的源泉;习惯与禁忌距离较远,而禁忌能够影响人们的行为抉择与行为方式;习惯与惯例略有差异,但可约等;基于国家法立场,应严格区分习惯与习惯法。习惯按要素是否涉外分为国内习惯、国际习惯;按主体范围分为个体习惯、双方习惯、群体习惯、社会习惯;按法律地位分为事实性习惯、法律性习惯;按法律属性分为公法习惯、私法习惯,前者有宪法习惯、刑事习惯、行政习惯等,后者分为民事习惯与商事习惯;按来源分为内生型习惯、外源型习惯;按是否被法律排斥分为适法习惯、违法习惯;按分布状态分为地域习惯、行业习惯。

关键词:习惯;概念;类型

在习惯、习惯法/民间法研究中,习惯语义处于游移状态,总是在不同意义上被使用。这一方面与立法用语有关,现行法使用了习惯、习俗、风俗习惯、生活习惯、交易习惯、当地习惯、商业惯例、航运惯例、国际惯例、“民族风俗和生活习惯”等不同称谓、词语;另一方面研究视角的多元化致使习惯意涵界定多样化,对于拓展习惯理论认知颇有助益,但若以习惯导入司法为视角,有必要明晰法律场域下习惯的内涵外延,廓清其基本范畴,梳理其基本类型,从而为习惯的规范研究、司法适用确立统一的语词语义,搭建共同的学术话语平台。故此,本文通过考察习惯内涵的理论争议、辨别日常语言中及法律语境下习惯的语义差,厘定习惯的概念要素,通过与近似概念辨析确定习惯的外延,并依据不同标准探究习惯的类型。

一、习惯的内涵分析

习惯的内涵在学界存在较大争议,可谓众说纷纭。[①] 综合各位学者的论述,可以分为

* 郭少飞,法学博士,河南师范大学法学院副教授。

① 谢晖.论民间法对法律合法性缺陷的外部救济[J].东方法学.2017(4).

以下几种学说。第一，个体事实习惯说。该说认为习惯乃事实存在，不仅是社会普遍遵行的行为规则，也包括个体反复践行的行为模式。如韦森认为，习惯是个人在其活动和社会交往中的重复性的行为方式。① 第二，群体事实习惯说。该说认为习惯系具有普遍意义之事实，为群体或多数人遵守，而纯粹个体意义习惯不属于习惯范畴。此一学说较为流行。如哈特认为，习惯是"在一定环境下，一个群体或大多数人的行为举止会表现为一种规律即普遍地表现为一种既定的相同方式"；②博登海默指出，"习惯乃是为不同阶级或各种群体所普遍遵守的行为习惯或行为模式"；③杨仁寿主张，"习惯为社会之惯行"。④第三，习惯法说。该说以法律多元主义为视野，把习惯等同于习惯法，而习惯法是与国家法相对而在的具有拘束力的行为规则。如有学者认为，"习惯法是一定社会中，人们在长期的生产生活和社会实践中所惯行的，为一定群体的人们在心理上所接受的，能够像法一样规制约束人们行为的，不违背公序良俗的习惯。"⑤也有学者认为，不论是"习惯"还是"习惯法"，其所指称的对象是同一的，即未予法典化的不成文规则。⑥

可见，习惯内涵界定须厘清习惯主体数量、行为过程状态及习惯拘束力。而这有赖于在生活事实与法律规范层面分析习惯，比较习惯的生活涵义与法律意蕴之语义差，明晰法律上习惯的概念要素，构建适切的习惯法律概念。在日常语言中，"习惯"一词指因常常接触某种新情况而逐渐适应；在长时期里逐渐养成的、一时不容易改变的行为、倾向或社会风尚。习惯可以通过有意识的练习形成，也可以是无意识地多次重复或只经历一次就形成。在社会生活中，"习惯"指向的主体包括了个体，如"我习惯了早上六点起床在小区里溜达一会儿"，也包含群体，如"大家已经习惯了这种做法"，"早上七点吃早餐是我们家的习惯"等。从语词属性与结构地位看，"习惯"既有动词，亦有名词、副词，前者通常作为语句谓语，后者系宾语或定语等。从语义看，"习惯"的词性及位置不影响内涵，如"我习惯了午睡一小时""午睡一小时是我的习惯""午睡一小时是我的习惯做法"，三者语义没有差异，都是反复践行某种行为。概言之，在日常语言及社会生活中，"习惯"主体既有个人，也有群体或曰复数主体，不限于特定主体范围。在行为过程中，"习惯"的来源不定，可能是一次形成，主流是多次重复产生；一旦习惯确立，主体通常按习惯行事，否则至少会导致习惯主体心理或精神不安，若在群体内，则招致否定评价、惩罚甚至驱逐。这意味着，在个体层面，习惯拘束力主要源于个体心理依赖性；在群体层面，习惯效力来自群体压力，群体经由舆论、惩戒等手段实现。在人际交往中，个体的习惯若未被对方知晓并转化为双方法律关系的基础或组成部分，仍属纯粹个体习惯，不具社会性，没有社会规范

---

① 韦森.经济学与哲学——制度分析的哲学基础[M].上海：上海人民出版社，2005:145.

② 哈特.法律的概念[M].张文显等译.北京：中国大百科全书出版社，1996:10.

③ E.博登海默.法理学——法律哲学与法律方法[M].邓正来译.北京：中国政法大学出版社，1999:379.

④ 杨仁寿.法学方法论[M].北京：中国政法大学出版社，1999:207.

⑤ 罗筱琦."交易习惯"研究[J].现代法学.2002(2).

⑥ 王洪平、房绍坤.民事习惯的动态法典化——民事习惯之司法导入机制研究[J].法制与社会发展.2007(1).

效力。复数主体共有之习惯则可作为相关领域行为方式的基础。总之,社会实践及日常语言中的习惯,用法多样,范畴广阔,效力各异,其与法律规范及司法语境下习惯的关系如何,值得探究。

在法律中,"习惯"分布广泛。有关规定主要集中在民商法、行政法和宪法法律部门,含有习惯规定最多的法律部门无疑是民商法。[①] 近来有关习惯的重要立法是《民法总则》第10条规定了习惯的法源地位,第140条规定了交易习惯,第142条规定习惯乃意思表示解释的参照之一。《合同法》第22、26、60、61、125、136、293、368条规定了"交易习惯",前五条属于合同法总则。《物权法》第85条规定"当地习惯",第116条规定"交易习惯"。《最高人民法院关于适用〈中华人民共和国合同法〉若干问题的解释(二)》第7条规定,"下列情形,不违反法律、行政法规强制性规定的,人民法院可以认定为合同法所称'交易习惯':(一)在交易行为当地或者某一领域、某一行业通常采用并为交易对方订立合同时所知道或者应当知道的做法;(二)当事人双方经常使用的习惯做法。"由此,"交易习惯"既可指交易双方之习惯,亦可是交易行为当地习惯或特定领域、行业之习惯,主体为复数主体。至于"不违反法律、行政法规强制性规定",是法院司法裁判中认定"交易习惯"的法定标准之一,而非"交易习惯"的构成要素。此外,当地习惯指地域习惯,是特定地域存在的为该地域人们反复践行的行为方式,具体到《物权法》,即指不动产所在地的习惯。

其余纯粹"习惯"之规定不多,《民法总则》第142条两次提及"习惯":有相对人的意思表示的解释,应当按照所使用的词句,结合相关条款、行为的性质和目的、习惯以及诚信原则,确定意思表示的含义。无相对人的意思表示的解释,不能完全拘泥于所使用的词句,而应当结合相关条款、行为的性质和目的、习惯以及诚信原则,确定行为人的真实意思。在有相对人意思表示解释情形,习惯应非纯粹个体习惯,原因在于其无法为相对人知晓,不能作为意思表示解释的基础。在无相对人意思表示解释情形,表意人作出单方法律行为,若存在行为根植之行业、领域、地域习惯,一般可作为解释的依据;若仅系表意人个体的习惯,需考虑表意人过往同一意思表示的次数、方式,习惯对于意思表示的影响程度,能否最终为具体相对方认知,判断该习惯可否作为解释根据,此时个体习惯须为两造当事人共识。

《民法总则》第10条规定,处理民事纠纷,应当依照法律;法律没有规定的,可以适用习惯,但是不得违背公序良俗。其中"习惯"的涵义争议较大,有学者认为不同于合同法、物权法规定的习惯,其非事实上的习惯,而是习惯法,是事实上的习惯+法的确信。[②] 也有学者认为,"合同法所说的交易习惯即指习惯法"[③]。对此,笔者认为,《民法总则》第10条中的习惯应指事实上的习惯,理由在于:首先,从严格的国家法立场,经国家承认或适

---

① 张哲、张宏扬.当代中国法律、行政法规中的习惯[J].清华法学.2012(2).

② 彭诚信.论《民法总则》第10条中的习惯[J].华东政法大学学报.2017(2).

③ 罗筱琦."交易习惯"研究[J].现代法学.2002(2).

用的习惯法，已受到法律价值判断和筛选，难谓违反公序良俗。其次，上述合同法司法解释规定，交易习惯不违反法律、行政法规强制性规定的，人民法院可以认定。而法律、行政法规建构之秩序属于公序，交易习惯亦当不违反公序。基于此，习惯适用不违反公序良俗与交易习惯适用不违反法律、行政法规强制性规定同构，第10条之习惯亦为事实上的习惯。再次，据文义，"适用习惯，但是不得违背公序良俗"系对习惯适用的限制性规定，并不直接针对习惯。由此，恶习显然无法适用，但良习适用也可能违反公序良俗原则，犹如依据规则裁判违反基本原则，例如泸州"二奶"案。故第10条习惯未分良莠，重点在于习惯适用符合公序良俗，从裁判规范的角度，实乃认可有益于公共秩序、善良风俗且经裁判机关认可适用的习惯为习惯法。最后，第10条系裁判规范，旨在解决双方当事人纠纷，其中之习惯应为双方法律行为或法律关系基础，否则不得作为判定双方关系的规范依据，由此排除了纯粹个体习惯。总之，法律规范中的"习惯"指构成主体法律关系或行为基础的习惯，它可能是既有的，源自一定地域、特定行业、民族等共同体或群体，也可能是个体习惯但已为各方主体承认。

在司法实践中，习惯大量运用于裁判。当事人一般将习惯作为一种事实或者作为确认某种事实是否合理的依据而提出。有时当事人可能未提及习惯，但是法院会在裁判文书当中运用习惯。① 习惯在裁判文书中表现为传统习惯、交易习惯、习惯做法、风俗习惯、习俗等。当事人以习惯证成法律事实，法院往往对习惯存在与否、是否符合法律标准进行重点分析，从而依习惯认定案件事实，进行裁判说理，较少直接作为案件裁判依据。我国民事习惯司法实践实际上大部分是法院有条件地适用事实上的习惯解释当事人意志，并非习惯法司法适用的问题。② 可见，在司法诉讼活动中，习惯主要系事实习惯，作为当事人关系和案件事实的根据；在司法裁判中，用作事实证明、说理依据以及裁判规范，后者是法源意义上的习惯。习惯在司法适用中的功能分野反映了习惯的基本法律涵义与地位功用。而能够发挥行为规制与调节作用的习惯必然是行为主体或法律关系主体对之有共识的习惯，无论个体之习惯，抑或群体、社会之习惯。司法适用的习惯与法律规范中的习惯一致，指获得当事人公认、结构于当事人法律关系的习惯，而日常语言中的习惯与之相较，仅具有或规范性或拘束力，其涵义不包含习惯效力的评价。

基于上述分析，在法律层面或立法及司法领域，习惯具有以下显著特征：第一，为主体各方公认。即具有法律意义、能够在司法适用中运用的习惯必须为行为各方主体，至少两方主体承认。若仅一方主体自生或依据之习惯，对方不知悉，非主体各方行为或关系基础，则不能作为判定主体间关系的准则。但在此，不宜过度强调法律上习惯的社会性，它不但来自于社会群体、大多数人，而且可仅由主体双方经持续交往或交易形成，体现双方行为特征与模式，此时习惯的社会性、群体性较弱。第二，行为反复践行。习惯蕴

① 彭中礼.习惯在民事司法中运用的调查报告——基于裁判文书的整理与分析[J].甘肃政法学院学报.2014(6).

② 汤建国、高其才.习惯在民事审判中的运用[M].北京：人民法院出版社，2008：147.

含的行为模式为习惯主体共同遵行、持续实践，如群体习惯被特定群体人们反复实施而成；地域习惯则是一定地域范围内人们普遍遵守的行为模式。在此需要注意，习惯中行为反复践行是从习惯发生意义而言，意指行为反复实行累积为习惯，至于习惯产生之后实际受习惯约束之主体是否依习惯多次反复实施同一行为则不论。第三，事实规范效力。法律上的习惯构成两方甚至多方主体关系基础，故习惯对于当事人具有规范效力，即拘束力，其基础非常多元，如历史传统、道德伦理、舆论压力、现实制裁甚或耻感文化①。此一拘束力与习惯自身效力不完全一致，如群体习惯、行业习惯，对群体内、行业中的主体具有约束力，但一方当事人非属该群体、行业时是否具有拘束力，则取决于该方当事人知晓与否或说是否系双方法律关系基础。

总之，社会生活及日常语言中的习惯指为个体或人们反复践行并对其具有一定拘束力的行为模式。法律视野下的习惯，是指反复践行而成、结构于法律关系并对法律关系当事人具有拘束力的行为方式。其中，反复践行而成不限于法律关系当事人，法律关系缔结前已存的为一定群体或多数人持续遵行产生的习惯亦属此一情形。若系法律关系当事人间生成的习惯，可自然结构于法律关系；若系已有的、发端与法律关系当事人均无关或仅与部分当事人有关的习惯，则须经法律关系各方当事人承认（明示或默示）而结构于法律关系。社会生活中的习惯系法律视野下习惯的基础与来源。

二、习惯的外延厘定

现行法使用了习惯、习俗、风俗习惯、生活习惯、交易习惯、当地习惯、商业惯例、航运惯例、国际惯例、“民族风俗和生活习惯”、习惯法等不同词语。在司法裁判文书中，采用传统习惯、交易习惯、需求习惯、习惯做法、风俗习惯、社会风俗、社会习俗等不同概念。②对于以“习惯”作为主词的用法，将在下文按类型进行阐释。结合日常生活及法律用语状况，本文将对习惯与风俗、禁忌、惯例、习惯法进行比较分析。

习惯与风俗不同，但关系紧密。《民法总则》第10条规定，习惯适用不得违背公序良俗。良俗即善良风俗。该规定肯认了二者的差异。风俗在我国汉语言中早已有之，《荀子 强国》写道，“入境，观其风俗”。人们常会说：十里不同风，百里不同俗。在基本文义上，“俗”与“雅”相对，着重普罗大众的意志、作用、趣味等，通常大众属于同一社会文化范畴，具有相同或相似的文化背景。“风”乃特定区域或群体内普遍存在的行为方式或模式。“风”“俗”皆有广泛性、普遍性特点，并且“风俗”需长期积淀形成，超越特定时空限制，为许多世代人们普遍遵行，具有历史性。考夫曼指出，“风俗是传统社会的表达方式，

---

① 余地．论耻感文化与民间规范[J]．东方法学．2018(2)．

② 彭中礼．习惯在民事司法中运用的调查报告——基于裁判文书的整理与分析[J]．甘肃政法学院学报．2014(6)．

是长时间的被遵守而制度化以及因此经常降为一纯粹形式","惯例是受时尚支配的"。[①]此一论述切中肯綮。应当说,风俗乃特定社会基于同一社会文化背景、经长时段积淀而成,是社会传统的表征,故亦称"社会风俗"。有些风俗的行为拘束力或规范性已非必要,人们只是纯粹按照风俗开展社会生活,实施一定行为,而违反亦不会带来过多不利益,如节日风俗。习惯与之相较,并不强调历史性、社会普遍性,它可以在两人或小范围主体间存在生效,或者仅在一定时期普遍存在但随社会发展消散。从二者静态关系看,风俗可以是习惯的源泉或基础,主体根据风俗建构习惯,甚至直接将风俗作为行为模式之规范依据,二者存在交集。这应是"风俗习惯"或"习俗"用法的产生原因之一。从法律适用的角度,不能直接将风俗与习惯等同,若风俗成为主体间反复践行某一行为的标准和依据,可认定存在以风俗为基础之习惯,从而置入法律语境与司法场域。

习惯与禁忌距离较远,而禁忌能够影响人们的行为抉择与行为方式,在一定程度上存在禁忌或源于禁忌的行为规则适用问题。禁忌亦称"塔布"(taboo),《牛津现代高级英汉双解词典》将禁忌定义为:指宗教或习惯禁止的,不能接触、不能言说的某些事物,或指不讨论、不做某事的共识。禁忌是一种否定性的行为规范,常态下是一种无外在行为表现的心意民俗形式;禁忌是一种社会心理层面的民俗信仰,违禁造成的不幸或恪守禁忌所带来的平安;禁忌的处罚是不可抗拒的,破坏禁忌所遭受的惩罚由精神上的或当事人自发的内心力量来实行,这些成为禁忌的边界。[②] 从禁忌的产生来源看,宗教信仰、传统习惯、道德伦理、大众心理等皆与之相关。在内容上,有时间禁忌;居住空间禁忌;日常生活禁忌,包括服饰、饮食、行旅、交往、行为、言语;商业百工禁忌,包括农事、深山劳作、蚕业、饲养、渔业、手工业、戏业、经商等。[③] 禁忌涉及面甚广,形态各异,许多禁忌甚至没有合理依据,当下在社会交往中的重要性下降,但那些基于诸如宗教、习惯、道德而生的禁忌,规范属性突出,表现为行为人不得、不应、不许实施一定的行为,是一种消极行为规则。若行为主体各方受禁忌影响,形塑交往或交易关系,确定不作为领域,由此主体反复践行则产生禁忌塑造之习惯。此时,禁忌与习惯交汇,但与风俗相较,禁忌离习惯更远一些。

习惯与惯例略有差异,但可约等。学者们对二者的关系认识不同。马克斯·韦伯认为,"惯例指一种典型的,根据常规的统一行动","习惯指没有任何(物理的或心理的)强制力,至少没有任何外界表示同意与否的直接反映的情况下做出的行为。"[④]考夫曼认为,"惯例涉及外在与一宽广的行为空间允许的端正的规则"。[⑤] 据此,惯例侧重行为的普遍性、连续性,而习惯强调反复践行行为的自由性、自愿性。David E. Pierce 认为,习惯

① 考夫曼.法律哲学[M].刘幸义等译.北京:法律出版社,2004:314.

② 万建中.禁忌与中国文化[M].北京:人民出版社,2001:8-9.

③ 万建中.中国禁忌史[M].武汉:武汉大学出版社,2016:175-280.

④ 马克斯·韦伯.论经济与社会中的法律[M].张乃根译.北京:中国大百科全书出版社,1998:21.

⑤ 考夫曼.法律哲学[M].刘幸义等译.北京:法律出版社,2004:314.

(custom)系被行业共同遵循的实践做法,因长期存在,其起源难以确定。相较而言,惯例(usage)是一个含义更为广泛、不太严格的概念。①《元照英美法词典》中,惯例(usage)指特定地域针对某些特定的交易而形成的合理合法的公认惯例,该惯例或是为所有当事人所熟知,或是已被确定、统一和众所周知,从而当事人将被推定为必须以此作为。② 据此,惯例属于习惯的范畴。而在语义上,"惯"是习以为常的、通常的做法,约等于习惯;"例"乃过往发生的、适宜参照之行为、事实或做法。惯例侧重示范性,为将来发生之类似事务或行为确立模型,与习惯相较,更强调效力后果。本质上,二者均注重行为的反复性、持续性,无实质差异。由于习惯与惯例关系如此紧密,难以厘清,故对二者不再作明确区分,英美法、国际公约常将习惯(custom)与惯例(usage)混用或并用。我国许多学者主张不进行严格区分,③如认为"习惯乃是特定社会中生活关系的惯例",④本文依循之。

习惯与习惯法应基于国家法立场予以区分界定。习惯与习惯法的关系如何,众说纷纭。许多学者从与国家法相对之民间法立场使用"习惯法"概念,反思国家法不足。此一习惯法实乃本文探讨的习惯。另外,也有许多学者固守国家法立场,如沈宗灵认为,在当代中国,只有法律承认其有效的习惯才能作为补充制定法的渊源。⑤胡长清认为,习惯之所以成为法律应以国家承认说为当。"盖既称曰法,自必以国家承认为必要,始合于法理故也。"⑥魏德士认为,在法治国家中,习惯法规范是否存在、其内容是什么是由最高法院来判断的。换言之,习惯法最终由最高法院的解释来决定。⑦ 拉伦茨教授认为,民法典制定之后的习惯法,是通过所谓的法院实践,尤其是通过各个最高法院的长期判例产生的。⑧ 民间法与国家法的立场差异当然与对法的本质认知不同有关。在理论研究领域,当然可以选择特定立场,展开多元视角研究,倒也不存在孰是孰非。但若从习惯司法适用的角度,习惯须受法官审查,按法定标准确定其司法适用资格,以结果论,有些习惯因违背公序良俗等诸多原因不得作为裁判之依据,即不具法律规范性。在此意义上,习惯与习惯法应予区分,形式标准在于国家承认与否。因此,本文把习惯法界定为经国家承认的、由国家强制力保障实施的、具有普遍约束力的习惯。而那些仅仅作为当事人法律关系基础之法律事实一部分的习惯,即使司法裁判予以确认,仍不属于习惯法范畴,因其非裁判规范。

---

① PIERCE. Defining the Role of Industry Custom and Usage in Oil & Gas Litigation[J]. Southern Methodist University Law Review,2004,57(2).

② 薛波.元照英美法词典[M].北京:法律出版社,2003:1388.

③ 周林彬、王佩佩.商事惯例初论.中国商法年刊(2007)[M].北京:北京大学出版社,2008:20.

④ 韩忠谟.法学绪论[M].北京:中国政法大学出版社,2002:111.

⑤ 沈宗灵.比较法研究[M].北京:北京大学出版社,2004:414.

⑥ 胡长清.中国民法总论[M].北京:中国政法大学出版社,2007:30.

⑦ 伯恩·魏德士.法理学[M].丁小春,吴越,译.北京:法律出版社,2003:106.

⑧ 卡尔·拉伦茨.德国民法通论:上册[M].王晓晔,等译.北京:法律出版社,2003:14.

三、习惯的类型划分

习惯的类型化有助于确立习惯体系,对于全面正确认识习惯颇为有益,亦便于在司法适用过程中识别习惯。习惯的类型划分存在多种标准,本文择其要者进行论述。

(一)国内习惯、国际习惯

此一类型按习惯要素尤其主体要素是否具有涉外因素划分。国际习惯是国际社会国与国之间、不同国家的民事主体间或一国与他国国民之间在交往过程中或争议纠纷解决方面经反复实践形成的行为模式。有学者从狭义角度认为,"国际习惯是在国际交往中国家之间'通例'的实践,被各国接受为法律而形成的不成文的国际法的表现形式"①。国内习惯是在一国范围内个体或复数主体遵行并对之具有约束力的习惯。在法律地位上,国际习惯是国际法的重要渊源,对国家交往、跨国交易具有重大影响。国内习惯可以扩散至国际社会,演变为国际习惯。同时,国际习惯可以转化为或形塑国内习惯,成为国内习惯的来源之一。国内当事人可以明示国际惯例作为双方行为之规范依据,或者通过多次适用从而形成以国际习惯为内容的习惯。若系国际争议解决,准据法为我国国内法,则按照有关规定,仍可适用习惯,其中也包含国际习惯,只是需要满足我国法定标准。通常民事纠纷多涉及国内习惯,国际习惯适用情形较少,其适用按涉外法律关系的法律适用规则处理即可。

(二)个体习惯、双方习惯、群体习惯、社会习惯

此一类型标准乃习惯主体范围。个体习惯是指个体一定时期内形成并反复践行的行为模式。个体习惯可能受道德伦理、法律规定、社会风俗、自然环境、文化氛围等各种因素影响而产生,有时仅系个体主观偏好的反映。个体习惯若纯粹为个体之习惯,未成为人际交往或社会交易的背景或共识,则不具有法律意义。一般而言,个体习惯依赖个体自律,由个体自由决定遵从与否,对相对方无法律效力。

在社会运行过程中,个体总是与他人交往交易,若双方经多次实践,采取同一行为方式,并受此方式约束,则在双方当事人之间产生了双方习惯。该习惯是一种交互习惯,是个体间通过反复践行而形成的行为共识。双方习惯可由个体遵从之个体习惯转化而来,或由双方共同产生;亦可由一方所在之群体的习惯转化而来。如双方之间的习惯内容属于社会习惯,或双方隶属同一群体且习惯内容与群体习惯相同,则其非双方习惯,应归入社会习惯或群体习惯。双方习惯系双方当事人法律关系建基之法律事实的组成部分,能够明晰双方当事人法律关系及案件事实,从而作为司法裁判的事实依据。但因双方习惯

① 王虎华.国家法渊源的定义[J].法学.2017(1).

效力仅限于当事人之间,不具有社会规范性,一般不能作为裁判之规范依据。

群体习惯是指在一定时期内于群体活动中形成的、为群体成员内心确信并反复践行的行为模式。群体是个体的组合,是个体经由特定的纽带联结集合而成的共同体。“个体把其自身觉知为同一社会范畴的成员,并在对自身的这种共同界定中共享一些情感卷入,以及在有关其群体和群体成员身份的评价上,获得一定程度的社会共识。”①群体按文化、知识、职业、信仰、民族、利益等先天或后致的特征进行划分,有大小、规模、类型等之别,但群体皆有以下特征:群体目标明确,成员以目标指引社会生活;成员长期交往,可以直接接触互动,亦可基于共同特征进行精神上的间接交流沟通,并形成相对稳定的关系;成员具有群体意识,至少在主观想象中具有同一群体的自我认知;成员对群体具有归属感,心灵上相互依存,在情感方面产生共鸣。在群体成员交往过程中稳定的群内交往方式形成,群体规范产生,群体习惯乃表现之一。群体习惯对于群体成员具有当然效力,无须成员明示同意;对非群体成员不当然有效。

社会习惯是指在一定时期内于社会运行过程中形成的、为社会公众普遍认可并遵行的行为模式。个体习惯、群体习惯持续扩散,获得社会普遍承认,产生实际拘束力,即演变为社会习惯。从习惯、习惯法与制定法的历史嬗变过程分析,不成文的习惯法不断被制定法吸收,至今能够得到社会普遍认可且以习惯形态存在的行为规则几乎不存在,当然不能完全排除随着社会发展新兴社会习惯产生。社会习惯弥漫于整个社会,为社会公众普遍认可,默示为社会化之个体包括后续加入社会的个体均知晓其存在并应遵行。故社会习惯具有当然拘束力,无须社会成员明示同意,均应受到约束。

(三)事实性习惯、法律性习惯

此一分类以习惯的法律地位为基准。事实性习惯,指完全不具法律意义、作为客观事实存在的习惯,典型为个体习惯。法律性习惯,指经法律评价、可能具有法律意义的习惯。事实性习惯不具有法律意义,无法进入法律体系之中。在内涵上,事实性习惯不同于习惯事实或事实上的习惯,因为后者“欠缺法的确信。即一般人尚未具有此种惯行必须遵从,倘不遵从其共同生活势将不能维持的确信”②。事实性习惯不强调主体内心是否具有“法的确信”,它往往是个体惯行的表达,仅有内在约束力,在社会交往中没有外部效力。法律性习惯侧重习惯纳入法律体系的可能性,只要具有法律意义,能够占据一定地位的习惯都属于此一范畴。由此,双方习惯、群体习惯、社会习惯皆属法律性习惯。

法律性习惯的法律地位存在差异。总体上,法律性习惯皆具规范性,只是效力范围不同,以至于在司法裁判中,有些作为案件事实,有些作为裁判之规范依据。前者如双方习惯。双方习惯可由个体习惯转化,或由主体共同创造;亦可由群体习惯转化,但须两造

① 方文.群体符号边界如何形成?[J].社会学研究.2005(1).

② 王泽鉴.民法总则[M].北京:中国政法大学出版社,2001:58.

主体非属同一群体。双方习惯的规范性依赖于主体的认可采用创制，效力局限于主体双方，不具有社会规范性或普遍约束力。在群体习惯转化的情形，主体双方不属于同一群体，若欲于双方之间产生拘束，须双方认可采用。至于其他主体间是否认可，取决该他方主体。故双方习惯在裁判中得到确认，也没有普遍效力，无法成为习惯法。能够作为裁判规范依据的习惯，至少应是那些经法院认可后对其他主体具有普遍约束力的习惯。群体习惯与社会习惯具备此一属性，群体习惯在群体范围内、社会习惯对社会公众皆有规范性，法院承认后可作为习惯法对群体成员或公众发生法律效力。

可见，法律性习惯的规范性、功能及法律地位不同。所有的法律性习惯皆可作为法律事实的基础或组成部分，或补充法律关系不备。只有部分习惯在得到国家认可后才能转化为习惯法，即该部分习惯可作为司法裁判之规范依据。法律性习惯转化为习惯法，需要符合实质标准及形式要件。其中通常而言的主观要件“法的确信”，从国家法立场，应属行为规范确信，即明示或默示承认和接受习惯作为行为规范依据，若默示则需更强的法律论证。

（四）公法习惯、私法习惯

此一类型按习惯法律属性划分。公法习惯指公法属性的习惯。私法习惯指私法属性的习惯。公法习惯主要包括宪法习惯、刑事习惯、行政习惯等。宪法习惯也称宪法惯例，它是在国家生活中长期形成并得到国家认可的与宪法具有同等效力的习惯或传统。[①]宪法习惯乃宪法渊源之一。刑事习惯是在刑事犯罪领域民间社会存在的有关定罪及量刑的习惯做法。如各少数民族都有大量的刑事习惯法，对诸如杀人伤害、偷盗损坏财产、强奸通奸、违反公共利益的行为进行各种处罚。[②]行政惯例作为现代行政法法源之一，存在于行政和司法实务之中。行政惯例源于行政机关在行政过程中的习惯性“做法”，它不同于民间惯例。[③] 可见，各个具体公法习惯的属性、法律地位差异较大。宪法习惯与行政习惯乃国家运行中产生的为国家长期反复践行的行为模式，不同于民间社会孕育之刑事习惯、私法习惯，后者源自国家以外的主体。

私法习惯按所属具体法域为狭义民法或商法可分为民事习惯与商事习惯。何谓民商，歧见纷呈。在商法领域，“商”或“商事”的界定分为主体说、行为说及综合说。而商事习惯多从商人角度界定，一方面是商法渊源于商人习惯法，另一方面习惯是主体反复践行的行为模式，主体乃其必备要素，对于商事习惯而言即商人主体，商事习惯系“适用在商人之间的习惯性做法，由商人自行管理并主要以公平合理为基本原则来发生作用”[④]。商事习惯表现为市场交易过程中商人之间形成或存在的交易惯例，有时以交易习惯称

① 张庆福.宪法学基本理论[M].北京：社会科学文献出版社，1994：83.

② 高其才.中国少数民族习惯法研究[M].北京：清华大学出版社，2013：162.

③ 章剑生.论“行政惯例”在现代行政法法源中的地位[J].政治与法律.2010(6).

④ 徐强胜.商法导论[M].北京：法律出版社，2013：89.

之，强调习惯存在于交易活动之中。我国合同法及司法解释规定了交易习惯，而合同法主要涉及商事合同，此种交易习惯在法律属性上系商事习惯，“效力具有相对性，交易习惯仅仅适用于商人之间，对于普通的民事主体并不具有约束力”①。在商事主体之外，民事主体主要是自然人、非营利法人、特别法人等，以其为主体要素的民事习惯发生于商事活动或营利性活动之外的社会生活领域，如婚姻家庭继承、公益慈善活动，不以营利为目的，与交易关联度低，乃生活习惯。区分民事习惯与商事习惯的意义在于，二者在司法适用中作为裁判规范与成文法的关系不同：民事习惯作为裁判规范须以法律未规定为前提，而商事习惯可优先于成文法，根本原因在于商事领域创新性交易行为频仍，新兴商事习惯往往突破既有法律的限制，成为新兴法律的先导，或者缺乏明确的成文法规范支撑，须习惯予以填补。

(五)内生型习惯、外源型习惯

此一类型按习惯来源为准。内生型习惯指主体反复实践形成的具有主体特性的习惯。外源型习惯是指主体遵从的既有先在之习惯。内生型习惯强调习惯内容来自主体的实践，具有主体特性，至于主体形成此类行为模式的原因、动机并非考量重点。此类习惯主要是个体习惯、双方习惯。尤其在双方习惯中，因其系当事人双方通过多次实践形成，具有当然约束力。而外源型习惯包括群体习惯、社会习惯等，其发端通常与特定当事人没有关系，其对人效力的判断有赖于明晰当事人是否属于该习惯主体范畴，若属于则对当事人具有当然拘束力；若非则需当事人明示或默示同意该习惯作为双方行为共同模式。比如一方以行业习惯或地域习惯作为与行业或地域之外主体交往的行为方式，需要该他方主体的明示同意或以行为表示同意，否则对该他方主体不具效力。合同法解释二第7条规定，法院认定“交易习惯”，对于外源型习惯(当地或某一领域、某一行业的习惯)在缔约时对方“知道或者应当知道”；对于内生型习惯(当事人双方经常使用的习惯做法)，无须主观要件，不违法可予以认定。区分二者的意义在于，司法适用中举证责任不同。对于内生型习惯仅需证明乃当事人双方采用之习惯，无须专门证明当事人主观状态。而外源型习惯，需区分群体习惯和社会习惯。对于群体习惯，要么证明当事人双方属于群体成员，从而推定当事人双方受当然约束；要么证明非群体成员一方当事人同意(知道或应当知道)该习惯作为行为方式。对于社会习惯，只需证明其乃社会习惯即可，因为社会习惯对社会成员具有普遍约束力。

(六)适法习惯、违法习惯

此一类型以习惯是否被法律排斥为标准。适法习惯是指，不为法律排斥或否定的习惯。违法习惯是指，违反法律规定从而招致法律排斥或否定的习惯。对于适法习惯而

---

① 樊涛.中国商法总论[M].北京：法律出版社，2016：16.

言，并不要求存在合法性基础或法律明文承认，只要不违法即可。违法习惯则违背了法律规定，招致法律的否定性评价。区分适法习惯与违法习惯的基础在于何谓违法，或者说法律排斥否定的基本标准。一般认为，法律规范分为原则与规则，规则再细分为任意性规则与强制性规则。对于习惯而言，可能违反法律原则与法律规则。以私法为例，私法以自治为本，强制为例外，对于任意性规定当事人能够以自己意思排除，而习惯乃当事人选择的行为模式，体现了当事人意思，可排除任意性规定。对于强制性规定，当事人意思不得排除，而司法中有一类强制性规定，虽然违反但不导致民事法律行为效力障碍，此乃管理性强制性规定；另一类则会致使民事法律行为无效，此乃效力性强制性规定。我国《民法总则》第 143 条(三)、第 153 条第 1 款均规定，民事法律行为不得违反法律、行政法规的强制性规定。结合上述合同法解释二第 7 条规定，不违反法律、行政法规强制性规定的，人民法院可以认定为合同法所称“交易习惯”；第 14 条规定，合同法第 52 条第(五)项规定“违反法律、行政法规的强制性规定”中的强制性规定，是指效力性强制性规定。故此，私法习惯不得违背法律、行政法规的效力性强制性规定，否则会导致以习惯为基础之法律行为无效，而管理性强制性规定的违反不影响以习惯为基础之法律行为的效力。

另外，《民法总则》第 10 条规定，法律没有规定的，可以适用习惯，但是不得违背公序良俗。第 143 条(三)、第 153 条第 2 款规定，民事法律行为不得违反公序良俗原则。故习惯作为行为模式亦不得违反公序良俗原则。除此，习惯是否不得违反其他民法基本原则如平等、自愿、公平、诚实信用？从我国《民法总则》第 4 条到第 9 条规定看，第 4 条以直陈式表达法律命令：民事主体在民事活动中的法律地位一律平等。第 9 条以规范词“不得”表达了决绝之态度：不得违反法律，不得违背公序良俗。其余条款皆以规范词“应当”表述：应当遵循自愿、公平、诚实信用等原则，似乎立法者对于该三项原则较之于公序良俗、守法原则态度柔和。对此，应该说，民法基本原则体现了民法的基本精神与价值理念，是民法内在体系的基础与支柱，民事活动或民事法律行为不应违反。“对于习惯与基本原则，应适用习惯，但在适用时应对习惯进行审查，若与基本原则抵触，则不能适用，即有条件地优先适用习惯。”①再者，民法具体原则如物权法定原则、一夫一妻原则，乃民事单行法或未来民法典特定编之根基，亦不得违反，当然亦可将基于这些原则构建之秩序纳入公共秩序范畴，进而适用公序良俗原则。

总之，从私法角度审视，习惯违法即违反公法或私法属性的法律、行政法规的效力性强制性规定，违反公序良俗原则，违反其他民法基本原则及具体原则。

(七)地域习惯、行业习惯

在法律规定、司法解释及裁判文书中，当地习惯(物权法第 85 条)、某一领域的习惯

① 郭少飞．论习惯的民法制度构造[M]//谢晖．民间法：19 卷．厦门大学出版社，2017：43．

(合同法解释二第7条)、某一行业的习惯(合同法解释二第7条)等亦被采用。其中,当地习惯指地域习惯,某一行业的习惯即行业习惯,为常规用法。而某一领域的习惯,指向不明。从社会学角度,领域至少可划分为政治、经济、社会三个领域。[①]有时也分为政治、经济、军事、文化、科技、教育等不同领域。在日常语言中,领域也用于具体社会活动,如农业领域、工业领域、基础设施领域、软件安全领域。从领域细分可见,其范畴不一,内涵不清,不宜作为习惯分类的基础。地域习惯、行业习惯可作为习惯的类型,标准在于分布状态。而在一定意义上,地域习惯、行业习惯属于群体习惯的范畴,因为地域、行业指向特定范围内的群体。

地域习惯是指,为某一地域人们普遍遵守的习惯。它与自然地理环境、人文社会因素、人口资源等密切相关,表现出区域性、人文性、综合性特点,并具有相当大的差异性,所谓"十里不同风,百里不同俗"即为恰当表达。地域可按不同标准划分,如按行政、经济、历史、地理等综合因素我国可分为东北、华北、华东、华中、华南、西北、西南、港澳台,它们对应不同的省、区、市。此一分类地域跨度太大,对于地域习惯认知意义不大。而根据社会文化同一性、生产生活交往范围及频率,可采取我国行政区划标准,按照村、乡、县、市、省、全国的层级,分为村域习惯、乡域习惯、县域习惯、市域习惯、省域习惯和全国习惯。"凡是能够涵盖下一地域的习惯,属于高地域习惯。对于并非全部低地域皆有之习惯,仍归入低地域习惯。此时,同一级低地域习惯,可能存在重叠之处。例如,市辖的一些县具有同一习惯,但非全市习惯,只能就这些县分别列为县域习惯,这些县的县域习惯部分相同。"[②]对于并非同一地域的当事人,认定习惯效力时应由主张习惯的一方当事人证明对方主观上知道或应当知道习惯存在。

行业习惯是指,在特定行业存在的为行业成员普遍遵行的习惯。行业相较领域更为细化,总体上包含了政治、经济、文化、科技、教育等各个领域。2017年实施的我国国家标准《国民经济行业分类》(GB/T4754-2017)规定,行业是指从事相同性质的经济活动的所有单位的集合。我国共有20个门类、97个大类、473个中类、1380个小类。标准对门类、大类及部分中类行业有所界定。对于行业习惯而言,可基于行业范畴分级处理,区分为小类行业习惯、中类行业习惯、大类行业习惯、门类行业习惯。与2011年标准比较,2017年标准大类增加了1个,中类增加了41个,小类增加了286个。说明行业处于发展更新之中,新兴行业不断产生。对此,需结合行业分类标准或国家规定,根据社会经济发展现状确定行业及行业习惯。行业习惯对于行业内成员,可视为成员皆知,应具有当然效力。若主体非属同一类行业,则须证明对方知道或应当知道习惯存在。这与群体习惯司法适用证明责任分配一致。

---

① 高丙中、夏循祥.社会领域及其自主性的生产[J].北京大学学报(哲学社会科学版).2015(5).

② 郭少飞.论习惯的民法制度构造[M]//谢晖.民间法:19卷.厦门大学出版社,2017:43.

On the Legal Definition and Types of Custom

Guo Shaofei

Abstract: Custom in social life and daily language is different from custom inlaws. The former includes personal custom and is the base or source of the latter, which is a kind of behavior model that is formed by repeated practice, a part of legal relationship and has effectiveness to parties to a legal relationship. Custom is closely related with and may derive from traditional manners; Custom is distant from taboo that can influence the behavior choice and mode of people; Custom slightly differs from usage, but they can be equal approximately; Custom and customary law should be separated strictly on the base of national law. Custom may be divided into domestic and international custom by its elements whether involved with foreign countries; personal, bilateral, group and social custom by its subject scope; factual and legal custom by its legal status; custom in public law or private law by legal attributes, the former has constitutional custom, criminal custom and administrative custom, and the latter includes civil or commercial custom; endogenetic or exogenetic custom by its sources; illegal and legitimate custom by its legality; regional and industrial custom by its distribution.

Key Words: custom; concept; types

试论传统契约的权利保障机制*

罗 将**

摘要:近年来合同纠纷案件居高不下,大量生效判决面临执行难,究其原因"失信"是其一。传统契约从形制到内容多角度保障契约当事人权益。从形制来看,半书的应用以及丰富的签押保障了契约的真实性;从内容来看,标的物的详细界定、违约责任的约定、中见人的参与以及先问亲邻制度的遵循保障了契约的有效实施。此外传统的诚信文化、缔约前当事人之间的充分协商以及"人从私契"的契约文化为契约的执行奠定基础。传统契约实践活动对现代合同实践依然具有一定的启示。

关键词:传统契约;权利保障;机制

近年来合同纠纷案件剧增,大量生效判决面临执行难,究其原因"失信"是其一。传统契约以维护诚信、预防失信为宗旨,在漫长的发展演变过程中不断完善,维护民间交易秩序。这种维护民间交易秩序的机制是什么?学界少有系统探索。笔者近期通过阅读清代河西地区契约文书,结合已发现的契约文书,拟以此为素材,从契约文本出发,分析传统契约的权利保障机制。

契约是当事人为确认、实现约定内容而签订的文书。从字义上讲,"契"字本义为刻划,《说文解字·刀部》:"契,刻也。从刀。""约"字的本义为缠绕,《诗·小雅·斯干》:"约之阁阁",疏:"谓以绳缠束之"。《周礼·秋官·司约》郑玄注:"约,言语之约束"。因此,从字义上来讲,"契"与"约"的基本内涵为记载某一事实、确认某一事实以此约束人的行为,源于古人"刻木记事""结绳记事"的做法。传统中国契约就是对已认定事实的确认以及对将来可能违背已定事实的预防。从遗留下来的契约文书看,在当时,契约活动已近融入人们生活之中,无论是大到土地房屋等基本生产、生活资料的交易还是小到财产分割息讼宁事等日常事务,通过契约的书写去解决问题,维护社会秩序已遍及民众生活当中。这其中民间契约实践过程中所探索出的一些优秀的做法起到了重要的作用,值得我们注意。

---

* 基金项目:2016年甘肃省社科规划项目"明清时期河西地区契约文书整理研究"(项目编号YB138)。

** 罗将,河西学院法学院讲师。

一、契约形制确保契约真实、有效

(一)"半书"的应用

在长期的合同契实践中,人们发现通过书写"半书"来确保内容真实,防止伪造,这种采用"半书"的做法由来已久。从西周到两汉时期,契约的名称为券、约、契、质要、约剂、约契等,其形式则是判书。[①]《周礼·秋官·朝士》曰:"凡有责者,有判书以治责听。"郑玄注曰:"判,半分而合者。""合"就是合券为证。券,《说文解字·刀部》:"券,契也。从刀,券声。券别之以刀,以刀判其旁,故曰契券。"汉代刘熙曰:"莂,别也,大书中央,中破别之也。"[②]具体做法是双方在一片竹木侧面刻画记号,再一削为二各持一片,当两片竹木合对无误即为"合券",表示对已有事实的确认。《荀子·君道》指出:"合符节、别契券者,所以为信也。"[③]此话道出这样做的目的主要是为了维护诚信。民间惯语"券破之后,各不得反悔",有所谓"破券成交"的习惯。战国秦汉时期,民间书券已经相当普及,重要契约必须做成书面形式。随着纸张的普及流行,受"破券成交"习惯的影响,在一些合同契中,人们将两张契纸并拢,在骑缝上书写"合同大吉""合同为证"等吉祥字样,双方各执契文上仅有一半字迹,发生纠纷时将二者合拢便于核对真伪。清人赵翼曾曰:"合同者,以两纸尾相并,共写'合同'二字于其上,而各执其一以为验。"[④]同样清人翟灏曰:"今人产业买卖,多于契背上作一手大字,而于字中央破之,谓之'合同文契'。商贾交易,则直言'合同',而不言契。其制度称谓,由来俱甚古矣。"[⑤]

在清代契约中,常见写有"合同为照"或"合同为证"等字的"半书"。也有书写其他字,如"天理合同为证",甚至更多文字的。在永昌档案馆我们看到民国时期的一份契约,"半书"书写为"立永远合同顶换田地文约为证"[⑥],说明民间这种做法一直延续到了民国时期。不过这种通过"半书"确保内容真实一致方法只是在民间"白契"中使用。从永昌县档案馆发现的142件清代契约中,发现使用"半书"仅仅限于在民间"白契"中,"红契"中并没有发现。同时在民间"白契"实践过程中对于"半书"的使用也并非必须,142件永昌契约文书中,仅有13件使用半书,使用率仅9%。成都龙泉驿百年契约文书收集了288件契文,其中"红契"58件,"白契"230件,所有"红契"均无"半书"出现,230件"白契"中有60件契文伴有"半书",且多涉及土地房屋租赁、钱财借贷以及分关继承等,在土地买卖等

---

① 张传玺.契约史买地卷研究[M].北京:中华书局,2008:40.

② 刘熙撰.释名[M].北京:中华书局,1985:97

③ 王先谦撰.荀子集解(第8卷)[M].北京:中华书局,1988:230.

④ 赵翼.陔余丛考(第33卷)[M].北京:商务印书馆,1957:702.

⑤ 翟灏撰.通俗编[M].北京:商务印书馆,1958:522.

⑥ 永昌县档案馆藏."樊振甲、樊振魁、樊振荣顶换田地水利文契".全宗号71,案卷号17.

重要物资交易中"红契"占据多数且无"半书"出现,这说明"半书"仅在"白契"中存在,且交易类型多为当事人多人时需要各持一份契文情形下出现"半书"。① 因此,可以说书写"半书"是民间自发形成的一种习惯。一般情况下合同契常伴有"半书"出现,而单契则不存在"半书"之制。"红契"因盖有官府印章,具有更强的效力并向国家缴纳赋税,得到国家法律认可、保护,"半书"存在必要性下降,因此,未发觉其使用"半书"。总之,在合同契中这样做的目的是为了证明契约的真实性,防止伪造,以及将来若发生纠纷时作为证据使用,进而维护当事人权益。

(二)丰富的签押

1. 签署与画押

传统中国契约文书一般在契末进行签署画押,签署画押的参与者往往包括出卖人、中见人、代书人、亲邻以及里长等基层政权组织负责人,在签名的同时进行画押,而画押的效力因主体不同而效力不同。"在契约文书上的署名或画押,表示签押者对契约文书内容的真实性、有效性以及约束力表示负责,具有法的效力;在一些地方,族长签押的分家书等契约文书往往代表全体族人的意志;亲族在典卖契上的签押表示亲族放弃优先权;代书人和中人是签押契约的重要证人。签押具有定纷止争和辨别契约文书真伪的作用,是官方和民间处理契约文书纠纷的重要证据。"②署名、画押无论在合同契、单契还是在"白契""红契"中都普遍使用,其价值重点体现在画押上。历史上,画押的方式比较多,"画指""手模"甚至"脚模"均出现过。画指始见于两汉,就是在契文上自己的名下或名旁画上指节的长短,这种做法或许源于古人认为每个人指节长短不一的原因。《周礼·地官·司市》郑玄注曰:"质剂为两书一札而别之也,若今下手书。"唐贾公彦疏曰:"汉时下手书即今画指券,与古质剂同也。""汉建始二年(前31)欧威卖裘契"在契文末旁人"杜君隽"外侧画有三横即两个指节的痕迹。③ 在"唐乾元二年(759)高昌康奴子卖牛契"中牛主、保人等四人均进行了画指,钱主与书契人未画指④。至于手摸也是存在的。吐鲁番出土文书中记载一件唐代契约,其背面有一个满掌印。⑤ 但更多时候多押字,东汉时押字之法流行,当时官吏们行政文书往来多采用押字,南北朝时期草书流行于有文化的士大夫之间,当时将这种书写潦草的字迹称为"花书",这一做法后被民间效仿。草书手写方式多样,满足了不同人的书写习惯,更重要的是使模范几乎不可能。不过,明清时期,画押方式已近大大简化,在清代契约实践中,当事人以及契约参与人画押往往采取"十字画押"以及草书文字组合画押,"画指""手模"之法少见。相对而言,对于大多数没有受过教

① 胡开全.成都龙泉驿百年契约文书[M].四川:巴蜀书社,2012.

② 任志强.宋以降契约的签押研究[J].河北法学,2009(11):83-89.

③ 中国社会科学院研究所.居延汉简甲编[M].编号187.北京:科学出版社,1959.

④ 张传玺.中国历代契约粹编(上册)[M].北京:北京大学出版社,2014:203.

⑤ 中国大百科全书总编辑委员会.中国大百科全书·法学卷[M].北京:中国大百科全书出版社,1984:24.

育的普通百姓来讲书写困难，草书文字组合对他们来讲有困难，因此“十字画押”之法常见且从目前全国发现的契约文书来看较为普遍。南京国民政府调查认为甘肃民间“画押有用十字者，有套字为手押者，有榻箕斗者。凡经画押即永矢弗谖之意，而要以榻箕斗为尤重”[①]。草书文字组合画押一般多采取四个字进行组合，使得一般人难以识别，更重要的意义在于难以模仿，从而确保画押的真实性。在清代河西的契约文书中大多是将四个字组合在一起书写起到画押防伪的作用，保证画押人画押的真实性，保护债权人利益，确保交易安全。当然也有直接书写“押”字表示画押。[②] 画押之重要古人早已认识，宋代司法官在审理“物业垂尽卖人故作交加”案中认为“且人之交易，不能亲书契字而令人代书者，盖有之矣！至于着押，最关利害，岂容他人代书也哉！”[③]甘肃“陇西县，凡立买卖田宅契约，须卖主之房亲三面认可，亲手画押，否则，其所立契约在民间一般习惯认为不生效力，常有涉讼者”[④]。

总之，画押之法历经变迁，但作为一种确认信息真实之法历来被广泛使用，是民间智慧的表现，从实施效果上来看，签署画押一方面是对交易的确认、认可，另一方面则保证契约真实、有效，保障当事人权益。

2.关门押

为保证契文内容书写完整且不被随意修改，契文的书写者往往在契文书写结束后采用特殊符号画押表示契文正文结束，这种方法较为常见，各地做法不一。也有因书写结束后外加记载事项或书写错误而另起书写并画押。如永昌县档案馆藏清代嘉庆十三年十二月二十四日“收附财产债务文约”[⑤]中，契约正文中缺少“本息”二字，在契文末尾另起一行写到“约内添本息二字此批为照”，并使用特殊字符来防伪，同时在契约正文处增加“本息”二字。这种方法有效地补充正文文字缺失或书写错误而在纸张缺乏年代使原契文避免浪费而继续使用。这种方式在河西唐五代时期契约实践中多见，在清代契约文书中亦常见。[⑥] 不仅如此，这种做法在其他地域也是存在的。在成都龙泉驿契约文书中，书写人用连续两个、三个或四个小圆圈作为关门押，表示正文的结束。[⑦] 浙江长兴县的关门押则用类似数字“6”或“△”的符号表示。[⑧] 据民国初年在浙江省富阳县的民事习惯调查，“每于正契书至永远存照字样之后，又另填写一行，有再批洋契两交外，不另立小票并照等数语，于此数语之下，又须另签一押，是为银契两交之押。此押须经主卖人收受契价

① 南京国民政府司法行政部.民商事习惯调查报告录[M].北京:中国政法大学出版社,2005:584.

② 田涛、宋格文、郑秦.田藏契约文书粹编(一)[M].北京:中华书局,2001:13.

③ 中国社会科学院历史研究所、宋辽金元史研究室点校.名公书判清明集[M].北京:中华书局,1987:153.

④ 南京国民政府司法行政部.民商事习惯调查报告录[M].北京:中国政法大学出版社,2005:322.

⑤ 永昌县档案馆藏清嘉庆十三年十二月二十四日“收附财产债务文约”,标题为档案馆所加.

⑥ 在敦煌契约文书编号为斯1285号“后唐清泰三年(936)年百姓杨忽律哺卖舍契”中就采用这种符号防伪,表示正文已完。唐耕偶、陆宏基.敦煌社会经济文献真迹释录(第二辑)[M].北京:全国图书馆文献缩微复制中心,1990:29.

⑦ 胡开全.成都龙泉驿百年契约文书[M].四川:巴蜀书社,2012.

⑧ 长兴县档案馆.长兴契约图鉴·清代民国[M].北京:中国档案出版社,2008:5,11,19,53等.

后，始行当众签画（防有指不交洋情事），否则，其契约不能认为完全成立，故此押所画最后，谚名'关门押'，在契约上尤为重要"[①]。总之，关门押的出现确保正文内容的完整并不被随意添加内容。

此外，传统契约文书中，在契文的一些关键记载信息处往往通过加盖印章等方式来确保信息不被修改，如交易价格、数量以及总价款等处常常加盖印章来保障书写不被轻易修改，也有在契约文书修改处加盖印章，甚至在一些地方的契约文书中整张都盖有印章，给狡猾之徒没有可乘之机。[②]

二、契约内容多角度保障当事人权益

（一）标的物的详细界定

标的物是交易的核心，明确无误的标的物对于交易安全来讲显得尤为重要。从现有契约文书来看，周代契约多有数量记载，但对于标的物的更多详细记载却没有，汉代以后对标的物的记载越来越详细。遗存现今的汉代现世契较少，未能见到更多记载，但在汉代冥契中却有较为详细记载，如在"东汉建初六年（81）武孟靡婴买地玉券"中记载："南广九十四步，西长八十六步，北广六十五，东长七十九。为田廿三亩奇百六十四步。"[③]买地券文脱胎于人间土地买卖契约，一定程度上也能反映现世世界现象。唐以后，契约文书对于标的物的描写详细具体，在"唐乾宁四年（897）敦煌张义全卖宅舍地基契"中记载："永宁坊巷东壁上舍东房子壹口并屋木，东西一丈叁尺五寸基，南北贰丈贰尺五寸并基，东至张加闰，西至张义全，南至汜文君，北至吴志□。又房门外院落地并簷木□柱，东西肆尺，南北一丈一尺叁寸，又门地道，南北二丈，东西三丈陆尺五寸。其大门道三家合出入。"[④]相比而言唐代对标的物的描述详细、具体，甚至根据其描述可以定位标的物的具体位置，这对于保障双方当事人的权益显得尤为重要，这种方式一直延续到清代民国。

清代契约对标的物的描述详细、具体，一般以大量文字记载标的物的坐落、四至等事项，试完整举一例分析：

"咸丰元年（1851）王国治杜卖场园地基契"[⑤]

立杜卖场园地基文契人王国治同弟国兴、国顺，因为使用无措，今将其卖□□国清、国明、国化，场园一处相连自己，分过北头场园地一块。兄弟尚妥，情愿出卖于马文科名下，修□平挖，永远为业。当日眼同亲邻广族中证人等三面说和，估作时值卖文钱八串伍

① 南京国民政府司法行政部.民商事习惯调查报告录[M].北京：中国政法大学出版社，2005：490.

② 田涛、宋格文、郑秦.田藏契约文书粹编（一）[M].北京：中华书局，2001：9.

③ 张传玺.中国历代契约会编考释（上）[M].北京：北京大学出版社，1995：45.

④ 张传玺.中国历代契约会编考释（上）[M].北京：北京大学出版社，1995：225.

⑤ "咸丰元年（1851）王国治杜卖场园地基契"，现存张掖市档案馆.

佰文整。内随带沙枣树、杏楸树九珠。其钱当交不欠,并无□折勒逼等情。其场园地基坐落四至,东至陈渊,西至周朝鼎,南至卖主墙根,北至官路,以上四至分明,随地上纳官粮叁升叁合,人□自己分□,官粮捌合伍□二□粮肆升壹合伍□,并无□□,亦无差徭,水利自卖之后□□内断,一卖一买,俱□两家情愿绝无增价后同之,理清道路,道通行若有亲族人等□言者,国治兄弟一面承担,内化字在价内,外化字并酒食在价外,恐后无凭立杜卖场园地基文为照。

这份契约中,书写者花去大量篇幅描述标的物四至,作为契约的重要记载事项,其目的就是确保交易对象的准确无误,保障当事人权益。民国初年的调查显示河西"古浪县,凡立卖田宅契约,须书杜卖字样及四至、粮草、水时、价值等事。其买价有先付者,有陆续付者,有后付者,但至迟不得逾一年"①。从已有全国的契约文书来看,对标的物进行详细界定是每份契文的主要内容,甚至在正文对标的物界定有漏时会在正文结束时以附注形式加以追记,充分说明对标的物界定的重要性。除了对主物进行界定外,从物界定也是非常重要。上例中就有内随带沙枣树、杏楸树等从物做了约定,遵循"从物随主物转移"规则,契约惯用语表述为"木土相连"。这种转移习惯民国初年民间依然存在,表述为"砖瓦相连"等原则,"土地之定著物及房屋重要成分应随不动产之所有权移转外,余物若非载在约据,其所有权得不随该不动产为转移"②。但大多数情况下民间的惯常做法是不加以特别说明,默示这些定着物随田宅等主物转移。③ 这样做预防日后当事人因从物约定不明而纠缠不清。

总的来说,传统契约重视对标的物描述,认识到交易客体的重要性,这种做法对于契约的履行至关重要,对双方当事人权益保障尤为重要。

(二)违约责任的约定

违约责任是指合同当事人因违反合同约定义务所承担的责任。合同一旦生效,即在当事人之间产生法律约束力,当事人应按照合同的约定全面、严格地履行合同义务,任何一方当事人违反合同所规定的义务均应承担违约责任。④

就契约内容来看,传统契约除了对标的物描述占据大量篇幅居首位外,当事人对违约责任的约定居其次,违约责任约定构成契约内容的重要组成部分。对于出卖者来讲,完整无缺的标的物是买受人与其成功交易的前提,传统契约实践中人们认识到标的物瑕疵所带来的损失,因此权利担保条款应运而生。至迟在汉代契约中就已经出现了有关违约的记载。"汉长乐里乐奴卖田契"中"丈田即不足,计亩数环钱。"⑤意即所卖土地丈量不

① 南京国民政府司法行政部.民商事习惯调查报告录[M].北京:中国政法大学出版社,2005:321.

② 南京国民政府司法行政部.民商事习惯调查报告录[M].北京:中国政法大学出版社,2005:312.

③ 郭建.中国财产法史稿[M].北京:中国政法大学出版社,2005:203.

④ 王利明、房绍坤、王轶.合同法[M].第四版.北京:中国人民大学出版社,2013:200.

⑤ 张传玺.中国历代契约粹编:上册[M].北京:北京大学出版社,2014:34.

足,短少多少,按其计数退换卖价。魏晋时期有进一步明确发展,“西晋泰始九年(273)高昌翟姜女买棺约”记载“练即毕,棺即过。若有人名棺者,约当召栾奴共了。”意即货物交割后,如有人来认领此物是他所有,则由卖主栾奴负责,这是对标的物权利瑕疵的预防规定。高昌时期违约责任约定多见,“北凉承平八年(450?)高昌石阿奴卖婢券”载“贾(价)则毕,人即付。如后有何盗仞(认)名,仰本主了。不了部(倍)还本贾(价)。二主先和后券。券成之后,各不得返悔。悔者,罚丘慈锦七张,入不悔者。民有私要,要行二主,各自署名为信。”①这一时期,违约责任条款逐渐完善,不仅涉及标的物权利瑕疵担保而且对违约后如何处罚有明确规定。唐代契约中违约条款规定成为契约主要内容之一,并有了新的发展变化,甚至在一段时期出现恩赦条款来规避国家法律。在“唐乾宁四年(897)敦煌张义全卖宅舍契”中记载“其舍一买以后,中间若有亲姻兄弟兼及别人称为主己(记)者,一仰旧舍主张义全及男粉子、支子祇(支)当还替,不忏(干)买舍人之事。或有恩敕赦书行下,亦不在论理之限。一定已后,两不休悔;如有先悔,罚麦叁拾驮,充不悔人。”②唐代契约文书不仅关注标的物权利瑕疵和违反约定等丰富的违约责任条款内容而且其约定内容大有扩张之势,试图通过私人约定排斥国家法,以此强调契约的重要性,将违约责任条款内容发展到极致。不仅如此,唐宋契约文化还影响到周边民族政权,黑水城出土的西夏契约文书中,违约条款约定与唐宋多有类似。“天庆寅年正月二十四日邱娱犬卖地契(нь. No. 5124-2)”中规定“若其地有官私二种转贷及诸人共抄子弟等争讼者时,娱犬等管,那征茂等不管,不仅以原取地价数一石付二石,服,且反悔者按《律令》承责,依官罚交二两金,本心服。”③

清代契约继承唐宋以来违约条款规定,如永昌县档案馆所藏“康熙六十一年十月十九日周文举、周文学杜绝卖庄房田地文契”记载“自卖以后,葛藤根断,永无缠绕。此是文学兄弟自己情愿并无準折逼勒等,日后若有房族人等争论者文学兄弟一面承担,恐后无凭,立此永远杜绝卖文契存照。”④不过,相对于唐宋契约来讲,清代契约一般多对标的物权利瑕疵进行约定,缺少违反约定的处罚规则,违约责任约定较为单一。唐宋时期不仅对标的物权利瑕疵进行了约定还对违约后如何处罚也进行规定,违约条款内容更为丰富。这种现象的出现可能与明清时期国家加强了对契约文书的管理有关,《大清律例》规定:“凡典买田宅,不税契者,笞五十,仍追契内田宅价钱一半入官,不过割者,一亩至五亩,笞四十,每五亩加一等,罪止杖一百。其不过割之田入官。”⑤官府要求人们将契约文书呈至官府备案,交纳契税并完成过割手续。清代对于违约问题的处理和惩罚上升到国家制度的层面,这成为清代契约违约条款内容相对单一的重要原因,但无论如何,违约责

① 张传玺.中国历代契约粹编:上册[M].北京:北京大学出版社,2014:89.

② 张传玺.中国历代契约粹编:上册[M].北京:北京大学出版社,2014:216.

③ 史金波.黑水城出土西夏文卖地契研究[J].历史研究,2012(02):45-67.

④ 永昌县档案馆藏.“康熙六十一年十月十九日周文举、周文学杜绝卖庄房田地文契”,全宗号71,案卷号1.

⑤ 田涛、郑秦点校.大清律例[M].北京:法律出版社,1999:198.

任条款的约定对于契约的履行依然至关重要。

(三)中见人的参与

中见人在不同时期的契约文书中有着不同称谓,如"任者""旁人""时在旁""时见""见人""知见人""中见人""同人""同中人""同中见地邻人"或"中人"等,各地称谓有差别,但中见人作为契约参与人,是维护契约秩序不可或缺的角色。文献记载,春秋战国时期已有职业中介人,可能最早以说合牛、马交易为主,所以称作"驵"。[①]《吕氏春秋·尊师》曰:"段干木,晋国之大驵也。"汉代称谓中人为"任者"、"旁人"、"知券约"以及"证人",在前引"汉长乐里乐奴卖田契"中就有"旁人淳于次儒、王充、郑少卿"的记载。唐代交易说和人大量出现,他们经官府批准招揽生意,从中提取佣金,被称之为牙人、牙郎或牙侩,唐契约中时见"保人"、"见人"、"领见人"以及"知见人"等称谓。这些人不同程度地参与到契约交易过程中,一方面起到说和、见证作用,促成交易,另一方面从中获取不同金额的佣金,这种做法汉以来就已经存在,所谓"古(沽)酒旁二斗,皆饮之"。甚至在明清契约中直接给参与人不同金额的"画字银",有些地方也称作"中礼银",给代书人的则称之为"笔资银",清代河西契约中频繁出现"画字银"的记载,且详细记载每人份额。

中人保障契约的履行,在契约文书中不可缺。在笔者所收集的清代河西契文中未曾见到中人缺失情形,可见其重要性。一般认为,中人就是中国古代契约的成立要件之一。[②] 在清代契约文书中除了见到中人的签字画押,还常出现"央中说合""凭中言定""托中说合""三面议定"等惯用语,充分说明了中人在交易过程中所起的作用,不仅影响契约的成立而且起到见证契约签订、保障契约履行的作用。"静宁县,凡甲有田宅欲卖于乙,则甲与乙双方央同地媒,按时作价,先问甲之宗族、邻佑有无纠葛,愿否承售,然后乙具酒食,由地媒邀集宗族、邻佑一同到场;甲向乙立写出卖契,而宗族、邻佑各于契后署名画押,乙须分润以钱财,数则多少不拘,曰'画字钱',杜日后之争执也。"[③]由此可见民间习惯对中人的认可以及中人对契约签订、履行的保障作用。此外,传统契约文书强调交易双方、中见人以及亲邻等契约参与人参与的当场性,契文一般在画押后书写"仝知"、"仝见"等术语,表示上述人在场且见证了契约交易全过程,在一些地方还对上述契约参与人给予一定数额的"画字银"以示酬谢。

(四)先问亲邻制度的保障

传统社会是熟人社会,为保证邻里亲属之间和睦,维护宗族利益,当事人在交易过程中首先要询问亲邻,亲邻往往具有优先购买权,在亲邻否定情形下方可与他人交易。这

---

① 张传玺.契约史买地卷研究[M].北京:中华书局,2008:78.

② 李祝环.中国传统民事契约成立的要件[J].政法论坛,1997(6):116-122.

③ 南京国民政府司法行政部.民商事习惯调查报告录[M].北京:中国政法大学出版社,2005:318.

种习惯起源很早,所谓“卖田问邻,成卷会邻,古法也”。[①] 五代时很可能已经有了田宅买卖必须征求亲邻意见的法律,或至少是法律确认民间的这一惯例,后周正式制定土地房屋买卖必须先问亲邻制度。[②] 后周广顺二年规定:“请准格律指挥:如有典、卖庄宅,准例房亲、邻人合得承当,若是亲邻不要及著价不尽,方得别处商量,和合交易。”[③]宋代法律《宋刑统·典卖指当论竞物业》条:“应典、卖、倚当物业,先问房亲;房亲不要,次问四邻;四邻不要,他人并得交易。”[④]至此以后赋予亲邻同等情形下优先购买的权利。这在熟人社会中,亲邻之间的土地交易更安全,其交易成本、信息成本、未来避免相邻权益纠纷的成本都会降低。[⑤] 一定程度上保证了契约的切实履行,保障了当事人的权益。南京国民政府的民事习惯调查报告称甘肃省有“出卖业产先尽亲房”,“凡出卖田宅,议定价值若干后,必先问亲房之叔侄兄弟愿留买与否,不得径行卖于旁人。若其不然,必生无数枝节。但亲房留买亦不得抑价。全省习惯大致如此。”[⑥]明朝废除了先问亲邻制度,清代法律也未曾规定先问亲邻制度但民间依旧沿用,亲邻普遍出现在清代契文中就是明证。契文中普遍约定卖者所卖之物已经亲邻认可且没有争议,若有争议也有卖者负责的约定,同时要求其签署画押,其签署画押也表明对交易的认可与保障。

三、余论

传统契约当事人的权利保障不仅依赖于契约文本的设计,更为重要的是传统社会中民间在交易前的充分协商以及传统诚信文化、契约文化对其的影响、制约。

(一)缔约前的充分协商

在传统契约交易过程中,尤其是田宅买卖等大型标的买卖活动中,买卖双方协商达成意向后,讲究“钱业两交”,即通常所说的“一手交钱,一手交货”。同时,也会将交易过程当中一些容易引起纠纷的具体事项说明,这种交易习惯保障了田宅交易活动的顺利进行。[⑦] 而“钱业两交”能够得到落实源于在契约文书签订之前,交易双方的反复、充分协商才使得契约在众人的见证下签署。一般而言,协商在地方中人、亲邻的参与协调下进行。契文书中常用到这样的套语,“央中说合”“中人说合”等,其目的是为了促成双方的同意,做到“三面言定”。南京国民政府的民事习惯调查报告称甘肃省“静宁县,凡甲有田宅欲卖于乙,则甲与乙双方央同地媒,按时作价,先问甲之宗族、邻佑有无纠葛,愿否承售,然

---

① 杨奉琨校释.疑狱集·折狱龟鉴[M].上海:复旦大学出版社,1988:304.

② 郭建.中国财产法史稿[M],北京:中国政法大学出版社,2005:218.

③ 王钦若等编纂、周勋初等校订.册府元龟:第七册[M].江苏:凤凰出版社,2006:7085.

④ 薛梅卿点校.宋刑统[M],北京:法律出版社,1999:232.

⑤ 柴荣.中国古代先问亲邻制度考析[J].法学研究,2007(4):131-141.

⑥ 南京国民政府司法行政部.民商事习惯调查报告录[M].北京:中国政法大学出版社,2005:313.

⑦ 王云红、杨怡.中国传统民间契约履约机制探析[J].公民与法(法学版),2016(7):23-27.

后乙具酒食，由地媒邀集宗族、邻佑一同到场；甲向乙立写出卖契，而宗族、邻佑各于契后署名画押，乙须分润以钱财，数则多少不拘，曰‘画字钱’，杜日后之争执也”①。同样，“陇西县，凡立买卖田宅契约，须卖主之房亲三面认可，亲手画押，否则，其所立契约在民间一般习惯认为不生效力，常有涉讼者”②。这说明契约签订前充分的协商起了非常重要的作用，直接关系到契约能否签订，日后纠纷能否杜绝的问题。

（二）传统诚信文化的约束

传统中国文化强调“诚实守信”，受这种文化的影响，“诚实守信”成为人与人、人与社会交往的基本准则。“诚实守信”小到个人是处事的基本准则，孔子说“民无信不立”，大到国家是治国的基本原则，《礼记》中讲道：“大道之行，天下为公，选贤与能，讲信修睦。”汉儒董仲舒言五常即“仁、义、礼、智、信”，“信”是其中之一。明清时期，传统诚信文化进一步发展，呈现出诚信的典范，晋商、徽商等就是诚信商派的代表。诚信文化不仅对人们的思想、教育产生了深远的影响，而且对于人们的社会行为也产生了深刻的影响。孔子认为，诚信是个人安身立命的基础。“人而无信，不知其可也，大车无輗，小车无軏，其何以行之哉？”③如同车子缺少輗軏不能行进一样，人缺少了“诚信”就寸步难行的，所以做人必须要有诚信。诚信亦是一个社会得以存在和发展的重要保证。孔子说：“言忠信，行笃敬，虽蛮貊之邦，行矣。言不忠信，行不笃敬，虽州里，行乎哉？”④中国传统契约以维护诚信为宗旨，故“画指为信”、“立据为证”、“恐人无信，故立私契”、“恐后无凭，立此永远杜绝契书文约存照”成为历代契约书写的惯用语。

（三）“人从私契”的契约文化熏陶

中国古代的契约实践过程中，逐渐形成一种将契约的约定等同于法律的认识，将私约与国家法律放在同等重要的位置。至少汉代以来就将契约约定比作律令，如“民有私约，如律令”或“有私约者当律令”，私约与法律具有同样的效力，私约对于缔结双方的权利、义务具有法律的约束力。北凉时期“民有私要，要行二主”，强调契约是当事人的法律，对当事人有约束力。唐代更是强调私契的重要性与优先性，甚至表现出规避国家法的倾向。唐代契约中多见“官有政法，民从私契”，与国家法相比，对于契约双方来讲私契的约定更为重要。这种固定套语在传统契约中流行一方面说明了古代中国人重视契约约定，希望当事人尊重彼此约定，另一方面也反应出民间为保障契约当事人权利所做的努力。尽管宋元以后契约中这种套语已经不再有，但长期的契约文化养成了人们对契约的尊重、遵守。

① 南京国民政府司法行政部.民商事习惯调查报告录[M].北京：中国政法大学出版社，2005：318.

② 南京国民政府司法行政部.民商事习惯调查报告录[M].北京：中国政法大学出版社，2005：322.

③ 杨伯峻译注.论语译注[M].北京：中华书局，1980：21.

④ 杨伯峻译注.论语译注[M].北京：中华书局，1980：162.

另外需要指出的是在传统社会中，随着契税制度的兴起，国家通过收取契税、印刷官契等行为，一方面使得国家税收增加，另一方面伴随着国家对民间交易活动的干预使契约履行在一定程度上赋予以国家强制力为后盾，从某种意义上讲同样对契约履行起到保障作用，对当事人权益起到保护作用。

综上，传统契约历史悠久，作为维护信用的凭据，契约从形制到内容多角度保障当事人权益，尽管从现代权利义务对等视角来看，契约双方当事人权利义务不对等，甚至更多维护买受人的权益，但从契约形制来看，真实、有效的契约既维护了出卖人权益也维护了买受人权益，从形式正义出发，传统契约追求形式正义，维护经济秩序，确保了交易安全。从权利保障角度来看，传统契约重视文本设计，重视对契约重点记载事项的描述，这与当下大量合同因约定不明而产生纠纷来说依然具有启示意义。

On the Rights Protection Mechanism of the Traditional Contract

Luo Jiang

Abstract: In recent years, the cases of contract disputes remain high, and a large number of effective judgments are difficult to enforce. The reason for this is that "broken promises" is one of them. The traditional contract guarantees the rights and interests of the contract from the form to the content. From the perspective of form, the application of the semi-book and the rich endorsement guarantee the authenticity of the contract; In terms of content, the detailed definition of the subject matter, the agreement on the liability for breach of contract, the participation of the people in China and the compliance of the system in the first place guarantee the effective implementation of the contract. In addition, the traditional culture of integrity, the full consultation between the contracting parties and the contract culture of "people from private deeds" lay the foundation for the implementation of the contract. Traditional contract practice still has some enlightenment to modern contract practice.

Key Words: traditional contract; rights protection; mechanism

社会规范的生成、伦理基础与内涵

苗 壮*

摘要:提高社会治理社会化、法治化、智能化、专业化水平,不仅需要全面依法治国,还需要其他非正式制度的有效配合。作为非正式制度的重要组成部分,社会规范是在个体理性自利习惯的基础上,通过频繁交往和重复博弈不断地社会化、规范化和稳定化,并在获得自助行为和内化的保证下逐渐生成的。社会规范调整下的群体生活与亚里士多德论述下的城邦生活部分分享着同一个伦理基础,即以有用和平等为核心的友爱观。作为私域惯例的社会规范虽与同为非正式制度的软法、民间法分享着某些相似性,但其在本质上仍是不同的行为规则。拓展社会规范理论的研究,可以为良好治理的实现提供制度资源。

关键词:社会治理;非正式制度;社会规范;习惯;友爱观

引 言

中国共产党第十九次全国代表大会中强调:"加强社会治理制度建设,完善党委领导、政府负责、社会协同、公众参与、法治保障的社会治理体制,提高社会治理社会化、法治化、智能化、专业化水平。"良好治理的实现不仅需要推进全面依法治国,还需要借助其他非正式制度。依"非正式制度"的概念——为了协调重复进行的人类互动,正式制度的延伸、阐释和修正,由社会制裁约束的行为规范,内部实施的行动标准①——除软法、民间法之外,尚有社会规范此一运行于社会交往的非正式制度。②

然而,相较于软法和民间法,社会规范理论的相关研究却存在诸多需要进一步拓展和深化的空间。本文尝试在阐述社会规范的生成过程及其伦理基础的基础上,通过与软法、民间法的比较而得出社会规范的内涵,以丰富社会规范理论的内容,使其有充分的解

* 苗壮,厦门大学2016级法学理论专业博士研究生。

① 道格拉斯·C.诺思.制度、制度变迁与经济绩效[M].杭行,译.上海:格致出版社·上海三联书店·上海人民出版社,2008:56.

② 本文中所论述的社会规范,是不包含法律规范在内的"社会规范"概念。从本义上讲,社会规范与法律规范之间是包含与被包含的关系,即法律规范是社会规范的种类之一。但因法律规范相较于其他规范类型所具有的特殊性和重要性,一般将其从社会规范的概念中剥离出来。目前,"社会规范"的概念是不包含法律规范的,人们习惯将法律规范之外的其他规范类型称为"社会规范"。参见刘作翔.社会规范如何进入法律之中[N].中国社会科学报,2011-3-1(010).

释力和说服力配合法律实现良好的治理。

个人习惯到惯例:社会规范的生成

习惯,一般包含以下两种意思:其一,个人习惯,即习惯的个体性特征,一般表现为单个行为人在自己的生活中因重复性的活动而产生的常规性行为方式;其二,社会习惯,即习惯的群体性(社会性)特征,一般表现为两个或两个以上的行为人在重复性的互动、交往过程中产生的常规性行为方式,包括习俗和惯例。虽然学界尚未对什么是社会规范形成一个统一的概念,[①]但作为能够调整人类互动的非正式制度,社会规范一般被认为是基于个体理性、生成并作用于群体交往、受到特定保证的行为标准;其产生与习惯有着千丝万缕的联系,即大体经过了由个人习惯到习俗、再由习俗到惯例的过程。本部分通过检视社会规范与个人习惯、习俗、惯例三者之间的关系,讨论其是如何产生的。

1.社会规范与个人习惯

个人习惯,是指"对个人行为中反复出现而趋于稳定的具有常规性的那部分"。[②] 从上述定义可知,个人习惯与社会规范分属两种不同的行为规则——个人习惯作用于行为者的个人生活,社会规范作用于行为者的社会生活——但要研究和解释社会规范,就必须追溯到个人习惯,追溯到使社会规范得以产生的个体理性自利习惯,"个人的习惯应是社会(经济)制序的自发型构与演进和变迁的基础和逻辑始点"[③]。

理性自利习惯,即个体通过理性选择的手段实现自我利益的行为习惯。首先,自我利益是每个个体所追求的目标。自利是人类的天性,但自利的天性并不排除其他因素的介入而影响个人偏好。以理查德·麦克亚当斯的"尊重"为例,当行为人将他人对自己的良好评价与尊重作为行为的收益、将他人对自己的不良评价或者厌恶作为行为的成本进行计算,并将该计算的结果作为采取或不采取某种行为的标准,进而在与他人的反复交往中不断的实践和修正,就会形成类似于通常所说的"第二天性",即"我们性格构成中那些非天生固有但一出生就从社会经验不断学习从而积习很深的东西,它们习惯成自然,仿佛就是我们与生俱来的一样"[④]。其次,每个个体是通过理性选择的手段来实现目标的。手段来自理性的选择,并不意味着无限理性,也不意味着行动者的每一个行为都需

---

① 如理查德·麦克亚当斯认为,社会规范是指人们基于想要获得尊重或被内化(internalized)成义务的原因而感到有义务去遵守并且一般来说也遵守了的去中心化的行为标准。卡斯·桑斯坦则将社会规范界定为一种赞成或反对的社会态度,它规定人们应当做什么和不应当做什么。埃里克森认为,社会规范是一种由社会力量通过间接的自助来保证实施的非正式控制体系。理查德·波斯纳则强调社会规范是一种特别的规则,这种规则既不是由官方机构(如法院或立法机关)所颁布,也不是由法律制裁的威胁来执行。参见郭春镇、马磊.对接法律的治理——美国社会规范理论述评及其中国意义[J].国外社会科学,2017(3).

② 张洪涛.法律必须认真对待习惯——论习惯的精神及其法律意义[J].现代法学,2011(2).

③ 韦森.社会制序的经济分析导论[M].上海:上海三联书店,2001:164.

④ 诺贝特·埃利亚斯.论文明、权力与知识:诺贝特·埃利亚斯文选[M].刘佳林,译.南京:南京大学出版社,2005:13.

要进行无休止的计算,因为“审慎也耗费时间,无休止的创新也有风险;因此理性行动者可能会选择某个行动的进程,不是从头开始步步算计,而是从一般的文化传统中、从角色理论中或从个人试错试验后获得的习惯中汲取信息”①。最后,当行为人将以自利为目标、理性选择实现手段的行为反复施行时,该行为就成为习惯性的,“循环往复使这样的行为更加深刻地根深蒂固,达到了这一点,就很难考虑其他的行为方式、思考新方式或评估它的周边环境的不同方法”②。此时,习惯性的行为就成了行为习惯。

理性自利的个人行为习惯,意味着个体行为的指向和结果是能够预见的,即行为的标准能够预见;基于个人行为标准的可预见性,群体的交往行为才能够逐渐趋于频繁和稳定,从而为社会规范提供得以产生的前提。

2. 社会规范与习俗

习俗,可以理解为“一种在类型上衡稳的行为情况,这种行为仅仅由于它的‘习惯’和不假思索的‘模仿’,在传统的常轨中得以保持,亦即一种‘群众性行为’,没有任何人在任何意义上‘强求’个人继续进行这种行为”③。从习俗的定义可以得出:习俗的产生,是源起于个人的习惯行为不断社会化(群众性行为)、规范化(类型行为)、稳定化(衡稳行为)的过程。

社会化,意味着社会生活实际参与者的行为不断摆脱个体性而富有群体性、从基于理性自利习惯的个体行为向基于频繁互动和重复博弈的社会行为的转化。频繁的互动为社会行为的产生提供了场域,重复的博弈改变了判断社会生活成功与否的单向度标准,使行为人在安排自己的行为时必须考虑其他参与者的行动意向;规范化,是指社会生活的实际参与者在不断的交往或博弈过程中,自发形成的为或不为一定行为的标准或者预期。其中比较有代表性的有罗伯特·阿克塞尔罗德的“一报还一报”战略和罗伯特·C. 埃里克森的“扯平”战略。在“一报还一报”战略中,一个针锋相对的博弈者会在开始时选择合作,而在之后的博弈中做出博弈对方在上一局相同的行为:若对方合作,则下一局博弈继续选择合作;若对方选择背叛,则下一局博弈会选择背叛来惩罚对方。④ 而在“扯平”战略中,博弈者会依据自己与对方账目上的余额来决定与他人进行交往时如何行动,与可能因一次背叛而导致“一连串无休止报复”的“一报还一报”战略不同,“扯平”战略中的博弈者不会因为轻微背叛的存在而选择报复,并允许博弈相对方以单方面额外支付的方式弥补以往的背叛。⑤ 基于此原因,埃里克森认为“扯平战略比针锋相对战略更适

① 罗伯特·C. 埃里克森. 无需法律的秩序:相邻者如何解决纠纷[M]. 苏力,译. 北京:中国政法大学出版社,2016:166.

② 埃克哈特·施里特. 习俗与经济[M]. 秦海、杨煜东、张晓,译. 长春:长春出版社,2005:4.

③ 马克思·韦伯. 经济与社会(上卷)[M]. 林荣远,译. 北京:商务印书馆,1997:356.

④ 参见罗伯特·阿克塞尔罗德. 合作的进化[M]. 吴坚忠,译. 上海:世纪出版集团·上海人民出版社,2007:19-37.

⑤ 参见罗伯特·C. 埃里克森. 无需法律的秩序:相邻者如何解决纠纷[M]. 苏力,译. 北京:中国政法大学出版社,2016:237-242.

合我们生活的这个交易费用多、到处都有错误的多变世界”[①]；稳定化，代表着当某一群体对因行为在频繁的互动以及重复的博弈过程中不断地社会化、规范化而形成的标准或预期达成共识时，若该群体中的某个行为人与他人进行的社交活动不符合那个标准或预期，就可能会受到来自于那些感受到并采用那个标准或预期的其他参与者“强加”的不利影响。因此，在理性自利习惯的驱动下，行为人选择为或不为一定行为以及如何实现该行为时，往往会努力使自己的活动符合那个得到公认的行为标准或预期，即使需要忍受或大或小的不快和不利。

行为标准从理性自利的个人习惯发展为具有社会性、规范性和稳定性的习俗，是个体行为从自我约束到相互约束的转变过程，也代表着群体交往空间的社会化、规范化和稳定化；在这个空间内，社会规范通过个体相互、不间断地交往和博弈而逐渐生成。

3.社会规范与惯例

惯例，应该称之为“在一定范围内的人当中被作为‘适用’而赞同的、并且通过对它的偏离进行指责而得到保证的习俗”[②]。这种保证，可分为外在的和内在的两种：外在保证，是指当行为人的行为偏离了得到公认的行为标准或预期时，会受到来自外在的某种实际的“强制”，这种“强制”为该行为标准或预期的实现提供了保证。在社会规范运行的领域内，这种外在的保证是通过社会生活实际参与者的自助行为加以实现的。自助并非肆意妄为，而是有着行为类型和实施顺序的限制，“只有当成本较低的手段都试过之后还是没效果时，才可以使用那些其本身以及后果的成本都更高的救济措施”[③]；内在保证，即通过将得到公认的行为标准或预期内化而实现的保证。内化，是指“当人们遵守或者违反了被自己内心接受的行为规范时，会感到舒服、安心或者内疚、有负罪感，哪怕此时没有他人的注意与反应。”[④]社会规范的内化，意味着当其被行为人内心接受后，即使在没有外在保证的情形中，行为人也会因“舒服、安心或者内疚、有负罪感”而自觉遵守那些得到公认的行为标准或预期，即使这些行为标准或预期与其个人利益无益甚至相悖。习俗因得到外在的和内在的保证而进一步规范化和稳定化，并逐渐成为可以规约群体社会生活的惯例，“尽管惯例的规则不像法律规则和种种规章制度那样是一种成文的、正式的、由第三者强制实施的硬性的正式规则，而只是一种非正式规则，一种诺思所理解的‘非正式约束’”[⑤]。

随着习俗向惯例过渡的完成，行为标准也因得到了外在的保证和内在的保证而能够有效地规约群体生活，社会规范也就在自助行为和内化的保障之下最终生成。

---

① 罗伯特·C.埃里克森.无需法律的秩序：相邻者如何解决纠纷[M].苏力，译.北京：中国政法大学出版社，2016：240.

② 马克思·韦伯.经济与社会：上卷[M].林荣远，译.北京：商务印书馆，1997：64.

③ 罗伯特·C.埃里克森.无需法律的秩序：相邻者如何解决纠纷[M].苏力，译.北京：中国政法大学出版社，2016：226.

④ 郭春镇、马磊.对接法律的治理——美国社会规范理论述评及其中国意义[J].国外社会科学，2017(3).

⑤ 韦森.社会制序的经济分析导论[M].上海：上海三联书店，2001：196.

友爱观:社会规范的伦理基础

在关系紧密群体的日常生活中,“与其他不重视合作的战略相比,诸如针锋相对这样的‘友好’战略更为成功”①;与“针锋相对”的战略相比,以“不首先背叛”和“自己活也让别人活”为内核的社会规范,比之更加友好和有利于合作。相较于自制、慷慨、真诚等德性,生成于共同生活的友爱——“两个人的感情亲密地共同生活、相互间一贯出于意愿而主动地为对方做事情的关系”②——因其相似性、相互性和亲密性而成为社会规范伦理基础的核心。③ 在亚里士多德及其同时代人的词汇中,“友爱”比当下对应的词汇所指的现象要广泛得多,④它不仅包括朋友之间的依恋,也包括夫妻之爱和父子之情,此外还包括私交之情、同胞之情和同类之情。而其中,又以有用的友爱和平等的友爱与社会规范之间的关系最为密切。

1. 有用的友爱

有用的友爱,即基于有用的事物而产生的友爱。社会规范与有用的友爱之间的关系可以从以下几个方面进行展开。

(1)自利。“因有用而互爱的人不是因为对方自身之故,而是因为能从对方得到的好处而爱的。”⑤基于有用而建立友爱的目的在于从对方得到好处,这就与社会规范理论所预设的理性行动者模型相合:自我利益,是每个个体参与社会交往并与他人建立友谊所追求的目标。而这种“好处”,是除了善的和令人愉悦的事物外,其他令人喜爱的事物,包括但不限于有用的物质利益,代表着行为者个体能从这种友爱的关系中分享的最大客观利益;在社会规范运行的领域,这种利益表现为“使得他们在相互交往中客观发生的无谓

---

① 罗伯特·C. 埃里克森. 无需法律的秩序:相邻者如何解决纠纷[M]. 苏力,译. 北京:中国政法大学出版社,2016:183.

② 廖申白. 亚士多德友爱论研究[M]. 北京:北京师范大学出版社,2009:22.

③ 结合文章第二部分的讨论,社会规范调整下的群体生活与亚里士多德论述下的城邦生活部分分享着同一个伦理基础,即以相互性、相似性和亲密性为特征的友爱观。相似性,是指社会规范和友爱生发原因的相似性,即社会规范和友爱产生的直接原因或目的在于通过与他人的合作来实现自我的利益;相互性,是指群体中的个人互有善意、互知善意,并本着互相合作的态度安排自己的行为,努力使自己的活动符合那个得到公认的行为标准或预期;亲密性,是指社会规范与友爱一样,需要通过实际的互动和博弈,在密切交往的共同生活之中生成。

④ 关于“Philia”一词翻译的问题。国内学者有的将其翻译为“友谊”或“情谊”,但笔者认为将其翻译为“友爱”更为合适。正如学者所言,“苗力田说他在译亚里士多德这本名著时也为如何译这个词费了许多心力。他是由希腊文译的。英语中 friendship 和德语里 die Freundschaft 在希腊文是 Philia,中文通常都译作‘友谊’。但是在希腊文里,它原是从动词 Phileo(爱)变化来的,所以本来有着‘爱’的意思。因‘爱’,人们才成为‘朋友’,于是 philos(由动词变来的形容词或动名词)既是‘爱’也是‘成为朋友’的意思”;“我使用‘友爱’而不是‘友谊’,因为 Philia 这个术语在古希腊的用法十分广泛。‘友爱’首先是一种爱,与‘哲学’(philo-sophia 爱智慧)中的‘爱’同一词根。作为一种‘爱’,它有别于 eros(性爱)与 agape(神爱)。”参见邓文正. 细读《尼各马可伦理学》[M]. 北京:生活·读书·新知三联书店,2011:212;余纪元. 亚里士多德伦理学[M]. 北京:中国人民大学出版社,2011:180;杨适. “友谊”(friendship)观念的中西差异[J]. 北京大学学报,1993(1).

⑤ 亚里士多德. 尼各马可伦理学[M]. 廖申白,译. 北京:商务印书馆,2003:253.

损失与交易费用之和最小化"[①]，即只有当交往有益于最小化无谓损失与交易费用之和时，社会生活的实际参与者才会形成或保持友谊，并在这种作用得以发挥的前提下形成社会规范。因此，在社会规范调整下的行为指向与有用的友爱一样，趋向于自我利益。

(2)斤斤计较。"有用的友爱中则充满了斤斤计较。"[②]相互交往的行为者之间虽然可能会像朋友般互相施惠，但施惠者的目的在于从受惠者那里获得相同的或更多的回报，而非纯粹地为了让对方过得更好，因此这种行为与其说是一种馈赠，倒不如说是一种"贷款"[③]；而斤斤计较，则意味着基于有用而建立友爱的双方或多方之间，会对彼此的付出与回报进行计算。社会规范的作用在于最小化无谓损失与交易费用之和，而这种作用是通过计算能合作但未合作所产生的损失以及发现并告知不公行为、传播真实的坏话、实行自助制裁等消耗的费用才得以发挥的，即社会生活的实际参与者在交往的过程中需要通过"计算"来安排自己的行为。虽然不会处处算计，但在个人习惯向惯例过渡、社会规范逐渐生成的过程中，因个体理性自利习惯的使然，行为人还是会通过比较行为结果与预期之间的差额来处理与他人之间的关系，选择能够使其无谓损失和交易费用最小化的行为作为行动安排。是以，受社会规范调整的行为者与有用的友爱中的朋友一样，都少了些慷慨，多了些计算。

(3)不成文。与公正因成文与否可分为不成文的公正与法律的公证相似，有用的友爱也可以此区分为伦理基础上有用的友爱和法律基础上有用的友爱；与法律基础上有用的友爱不同，伦理基础上有用的友爱不存在明白的文书来确定回报的内容与方式，需要处于友爱关系中的行为人自行判断如何回报以及回报多少。[④] 在社会规范理论中，这种不成文性表现为行为人的"内心账"，即行为人会将自己的付出与回报记录在心中的账目上，并依据自己对他人行为的判断来计算账目上的余额，进而安排自己下一步的活动。故而，社会规范下促成行动者采取某种行为的"账目"与伦理基础上有用的友爱一样，都是不成文的，由相互交往的行为人自行决定行为的内容与方式。

(4)抱怨。基于有用而产生的友爱中常常充满抱怨，"他们总想多得，总觉得自己得的不够多。所以他们总是抱怨说他们没有得到期望的和应得的那么多。"[⑤]因付出与回报的不均衡而产生的抱怨，在社会规范理论中会以更加直接的形式表现出来：当行为人感觉到自己心中的账目不平衡时，会通过告知相对方欠了债来表达自己的不满或通过传播真实的坏话使欠债者在群体内背负上一个"坏名声"。所以，受社会规范调整的行为人与有用的友爱中的朋友一样，都会因付出与回报的不均衡而抱怨。

(5)偶性。有用的友爱是偶性的，因为"他们爱朋友都不是因朋友是那种人，而是因

---

① 罗伯特·C. 埃里克森. 无需法律的秩序：相邻者如何解决纠纷[M]. 苏力，译. 北京：中国政法大学出版社，2016：183.

② 亚里士多德. 尼各马可伦理学[M]. 廖申白，译. 北京：商务印书馆，2003：261.

③ 参见亚里士多德. 尼各马可伦理学[M]. 廖申白，译. 北京：商务印书馆，2003：278.

④ 参见亚里士多德. 尼各马可伦理学[M]. 廖申白，译. 北京：商务印书馆，2003：277-278.

⑤ 亚里士多德. 尼各马可伦理学[M]. 廖申白，译. 北京：商务印书馆，2003：277.

他有用或能带来快乐"[①]。当友爱的双方不再觉得对方有用,他们之间的友谊就有可能消解。在社会规范作用的领域,当某一方认为彼此交往不足以最小化无谓损失与交易费用之和或者因一方无端采取的不恰当行为致使无谓损失和交易费用不当扩大时,他们就有可能不再互爱而进入"一报还一报"的博弈,以相同的方式来对待对方,甚至以报复来惩罚背叛;加之,虽然在关系紧密的群体内运行的社会规范有一定的稳定性,但对"有用"的判断并非一成不变,当影响无谓损失和交易费用的环境或条件发生变化,使得彼时能够满足自己的交往达不到此时的要求时,友谊也有可能会随之淡化。因此,受社会规范调整的交往关系与有用的友爱一样是偶性的,随着交往或友爱原因的消逝,该交往或友爱本身也会随之破裂。

2.平等的友爱

在亚里士多德的伦理思想中,友爱既是一种唯有通过行为才得以实现的德性,又是一种为了自己也为了他人的品质;而这种品质,以平等的选择为核心。在这种意义上,"友爱就是平等"。[②] 社会规范与平等的友爱之间的关系,可以从地位上的平等和付出与回报上的平等这两个方面进行展开。

(1)地位的平等

友爱因相互交往的双方在德行、财富、用处等地位上的差异,可以分为:平等的友爱和不平等的友爱。"如果两个人在德性、恶、财富或其他方面相距太远,他们显然就不能继续做朋友,实际上也不会期望继续做朋友。"[③]双方地位上的平等是平等友爱的前提,在这种关系中一方对另一方不存在优越的地位。

在社会规范作用的领域,行为者之间地位上的平等是他们参与社会交往并最终形成社会规范的前提:若参与社会交往的行为者之间的地位不平等,则群体内的每个成员(以及他的同盟者)就不可能拥有明确无误且令人信服的最终权力,使那些有助于合作的行为或不利于合作的行为得到应有的褒奖或惩罚,并以此为保证去激励合作、形成社会规范;若参与社会交往的行为者之间的地位不平等,即使群体内的每个成员享有了最终权力,他们也不会有行使权力的实在机会,使这种非正式的社会控制发生效力;若参与社会交往的行为者之间的地位不平等,则有关规范和违反规范的信息就不能在群体内得到有效、充分的传播,进而影响行动者辨识、评价对方的行为以及调整自己的回应行为,最终导致非合作状态的产生或持续。[④]

可见,如果没有平等的地位,群体内就不会存在相互的权力、实现权力的机会和充分的信息;而如果缺乏这些条件,社会规范就可能不会产生。

---

① 亚里士多德.尼各马可伦理学[M].廖申白,译.北京:商务印书馆,2003:253.

② 亚里士多德.尼各马可伦理学[M].廖申白,译.北京:商务印书馆,2003:260.

③ 亚里士多德.尼各马可伦理学[M].廖申白,译.北京:商务印书馆,2003:264.

④ 参见罗伯特·C.埃里克森.无需法律的秩序:相邻者如何解决纠纷[M].苏力,译.北京:中国政法大学出版社,2016:188-193.

(2)付出与回报的平等

"当所得到的相当于配得时,就产生了某种意义上的平等。这种平等似乎是友爱的本性。"①由此可知,平等的友爱不仅要求参与社会交往的行为者之间的地位是平等的,而且还要求彼此之间的付出与回报是平等的。付出与回报上的平等,意味着"每一方提供的和获得的东西都是相同的,或者说当一方的利益受到损害时,应该获得同等的补偿,以恢复这种平等"②,即这种平等要求回报上的平等和矫正上的平等。

回报上的平等,是指施惠者希望受惠者提供相似类型和数量的东西来回报自己的付出。"双方或者都提供同样的东西并希望得到同样的东西,或者以不同的东西,如快乐和好处,相交换。"③虽然施惠者的目的在于从受惠者那里获得相同的或更多的回报,但在本质上仍不能将其视为可以用货币加以衡量的"交易"。在社会规范作用的领域,相互交往的行为人更倾向于用相似的行为来回报对方的付出:参加他人宴请的客人通常会给主人带份礼物或在之后回请一次,以抵消他们之间的"债务",而非支付给主人其应分摊的金额。埃里克森将这种以相似的行动作为回报的举动称为"回应型礼物","这种种回应型礼物不仅补偿了债务,而且发出了个人信任的珍贵信号"④;"在友爱中,数量的平等则居首位,比例的平等居其次"⑤。这种数量上的平等是指所得与所失之间算术的中间。虽然受社会规范调整的行动者会允许其与相对方之间的"债务"存在一定的出入,但这并不代表他会放弃对数量的计算而听任账目的失衡,指引社会生活实际参与者行为的仍然是在对付出与回报的数量进行斤斤计较之后的差额,所得与所失在数量上的大致平等仍是其合作的目标。

矫正上的平等,是指当行为人的付出与回报不平等时,其通过一定的行为恢复这种平等。"数量平等观或算术比例的平等是使两个地位上平等的人保持其同等地位(友爱)或在一方的平等的利益受到损害时恢复这种地位(矫正的公正)的平等。"⑥在社会规范作用的领域,这种矫正的平等大多通过行动者的自助行为加以实现:告知相对人欠债的情形、传播真实的负面消息或者扣押债务人的某些财产,以促使其通过额外的支付来抹平差额。而只有在付出与回报之间的平等得以恢复之时,行为人才会选择重新或继续保持彼此之间的合作关系。

可见,如果没有付出与回报的平等,群体内就不会产生或保持合作的关系;而如果缺乏这种关系,社会规范就可能无法形成。

---

① 亚里士多德.尼各马可伦理学[M].廖申白,译.北京:商务印书馆,2003:264.

② 揭芳.尼各马可伦理学释读——论亚里士多德友爱中的平等观[J].北京科技大学学报(社会科学版),2012(3).

③ 亚里士多德.尼各马可伦理学[M].廖申白,译.北京:商务印书馆,2003:262.

④ 罗伯特·C.埃里克森.无需法律的秩序:相邻者如何解决纠纷[M].苏力,译.北京:中国政法大学出版社,2016:249.

⑤ 亚里士多德.尼各马可伦理学[M].廖申白,译.北京:商务印书馆,2003:264.

⑥ 亚里士多德.尼各马可伦理学[M].廖申白,译.北京:商务印书馆,2003:264.

私域的惯例:社会规范的内涵

"学界对社会规范的界定、来源、内容以及惩罚机制等也有不同的观点,但他们仍取得了一个关键性共识:社会规范是一种非正式制度,它存在于以法律为代表的正式制度以外。"①然而,仅仅将社会规范界定为与法律相异的非正式制度,很难将其与其他非正式制度——软法、民间法——相区别。本部分试图通过社会规范与软法、民间法之间的比较,廓清社会规范的内涵。

社会规范与软法

虽然罗豪才教授将软法界定为"那些效力结构未必完整、无须依靠国家强制保障实施、但能够产生社会实效的法律规范"②。但这个定义本身也只是表明了"软法"是一种与"硬法"相区别的法,并没有说明软法本身所特有的属性,"有关软法概念的定义大多是初步的与描述性的,一种明确的、统一的、权威的软法概念定义目前尚未见到"③。即使软法有"不必定义"④或者"不宜定义"⑤的理由,但仍需对其特有属性进行说明,进而判断社会规范与软法之间的关系。

经总结,软法有以下几个特有属性:(1)成文化,多表现为纲要、章程、意见等形式;(2)形成的路径在于适用主体的自觉创制或者认可,即各社会组织或者公共团体的成员之间、基于共同的目的、通过协商而达成一致的、经理性建构而来的行为规则;(3)形成的主体不排斥国家;(4)存在并运行于公共关系领域(公共场域),"软法所处的公共关系领域属于后两种类型(即社会公权力支配的公共关系领域以及国家公权力和社会公权力共同支配的公共关系领域),它调整的是个体与组织或个体之间在公共关系领域中所发生的各种关系。"⑥;(5)主要作用是弥补硬法在调整公共关系领域时的不足,实现公共治理,"它不仅以不同于硬法的方式体现法律的基本功能,而且还通过弥补硬法不足与引领硬法变更的方式来推动公法制度结构的均衡化,并依靠其协商性来推动公共治理模式的确立,依靠其实效性来强化法律权威,依靠其经济性来节约法治与社会发展的成本,进而推动公域之治与法治目标的全面实现"⑦。

相较于软法,社会规范有如下特征:(1)不成文化,社会规范多表现为对某种为人处

① 郭春镇、马磊.对接法律的治理——美国社会规范理论述评及其中国意义[J].国外社会科学,2017(3).

② 罗豪才、宋功德.认真对待软法——公域软法的一般理论及其中国实践[J].中国法学,2006(2).

③ 李丽辉.试论软法的理论生成及其应用[J].国外社会科学,2010(2).

④ 王申.软法产生的社会文化根源及其启示[J].法商研究,2006(6).

⑤ 郑毅.论习惯法与软法的关系及转化[J].山东大学学报(哲学社会科学版),2012(2).

⑥ 陈光.多元规则平衡中软法与民间法的界分与互助[J].太平洋学报,2012(8).

⑦ 罗豪才、宋功德.认真对待软法——公域软法的一般理论及其中国实践[J].中国法学,2006(2).

世方法的信念、对“自己活，也让别人活”合作规范的心理认同；(2)形成的路径在于反复适用过程中的自生自发，是一种社会经验进化的、约定俗成的行为规则，“社会规范则大多自发地生成，并在长久的进化过程中经过不断的试错，作为一种最优策略保留下来。”①；(3)形成的主体为参与不断“试错”过程的具体适用者，排斥国家；(4)存在并运行于“关系紧密的群体”，②即社会规范存在并运行于交往频繁、能够充分分享有关交往信息的私人关系领域(私人场域)，不涉及或者很少涉及公共关系领域(公共场域)；(5)主要作用是在私人关系领域，通过运用社会规范来处理日常生活中的简单事务，节约交易费用和减少无谓损失，进而实现关系紧密群体的福利最大化。③ 通过比较可见，社会规范和软法虽然同属于非正式制度，但两者除无国家强制力保障实现这一共同点外，其他方面均有较大差异，不可将二者混为一谈。

社会规范与民间法

从上述论述可知，社会规范与同样自生自发形成、存在及运行于私人关系领域中的民间法有诸多相似之处。④ 但两者是同一的吗？或者像民间法与习惯法一样，存在属种关系？⑤

除去与社会规范的相似特点之外，民间法还包括如下特有属性：(1)民间法是“法”，因此它具有与“法”相似的规范形式。处于民间法规范下的行为人，以权利、义务的方式来确定和调整彼此之间的社会关系、安排自己的行为，并将遵守民间法作为自己的一项义务，“在这样准法律范畴内所产生的权利义务关系往往与国家法意义上的权利义务关系并无区别”⑥。(2)效力通常经过官方加以确认，或者经其适用范围内有特殊地位的个人或组织以权威主体的身份加以确认。(3)大多获得并可以通过强制执行的力量来保障实施，“民间法的实施主要依靠人们的内心自觉和一定的强制力维系，强制力主要表现为社会的道德评价的降低和一定的物质利益损失，可以概括为违反民间法规则的主体的社会整体利益(精神和物质)的减少甚至丧失”⑦。(4)惩罚的确定性，即存在确定的个人或

① 郭春镇、马磊.对接法律的治理——美国社会规范理论述评及其中国意义[J].国外社会科学，2017(3).

② 当非正式权力在群体成员中广泛分布，与非正式控制相关的信息在他们当中容易流通时，该群体就是关系紧密的。罗伯特·C.埃里克森.无需法律的秩序：相邻者如何解决纠纷[M].苏力，译.北京：中国政法大学出版社，2016：188.

③ 参见罗伯特·C.埃里克森.无需法律的秩序：相邻者如何解决纠纷[M].苏力，译.北京：中国政法大学出版社，2016：180-187.

④ 民间法，是“独立于国家法之外的，是人们在长期的共同的生活之中形成的，根据事实和经验，依据某种社会权威和组织确立的，在一定地域内实际调整人与人之间权利和义务关系的规范，具有一定社会强制性的人们共信共行的行为规范。”田成有.乡土社会中的民间法[M].北京：法律出版社，2005：19.

⑤ 参见谢辉.民间法研究[J].山东大学学报(哲学社会科学版)，2012(2).

⑥ 王青林.民间法基本概念问题探析[J].上海师范大学学报(哲学社会科学版)，2003(3).

⑦ 吕廷君.论民间法的社会权力基础[J].求是学刊，2005(5).

组织,对违背其规定的主体施以确定的惩罚。(5)因强制执行的力量和确定惩罚的存在,民间法有着普遍的约束力。

相较于民间法,社会规范有如下特征:(1)在社会规范的调整领域,社会生活的实际参与者通过"扯平战略"来安排自己的社会互动。① 这种建立在理性选择、"自己活也让别人活"哲学上的行为模式与建立在权利、义务观念上的行为模式有很大不同:采用扯平战略的参与者会依据自己与对方账目上的余额——当账面平衡时,他们会采取互惠的方式保持"友好"关系;当有人错误地背叛导致账面不平衡时,他们会作出恰当的额外支出来扯平欠账——来决定与他人进行交往时如何行动②。(2)参与者的能力大体相当,这既是社会规范得以形成的条件,又是其作用能够发挥的前提。因此,在社会规范发挥作用的领域内,不存在有特许权的个人或组织,其效力也不需要由官方或有特许权的个人或组织以权威主体的身份加以确认。(3)由于不存在有特许权的个人或组织,受社会规范调整的参与者在日常生活的频繁交往中大多选择自助的措施来扯平账目,不存在也不需要强制执行的力量来保障社会规范的实施。(4)由于采用扯平战略的参与者如何计算自己与他人之间账目的方法不同,加之大多采用自助的方式来扯平账目,这就使得对欠债的参与者是否处以惩罚以及处以何种惩罚存在诸多不确定的情形。(5)因不存在强制执行的力量和确定的惩罚,社会规范的约束力相较于民间法而言不够普遍。由此可见,社会规范与民间法之间存在着诸多差异,两者并非同一,且不能被其所包容。

3.私域的惯例

通过上述比较可知,社会规范虽然与同为非正式制度的软法、民间法分享着某些相似性,但在本质上仍是不同的行为规则:与软法相比,社会规范是自生自发的、存在并运行于私人关系领域的、旨在处理日常生活中简单事务的、不成文的行为规则;相较于民间法,社会规范是以扯平战略为基础的、不需要由官方或有特许权的个人或组织以权威主体的身份加以确认的、通过自助来实施的行为规则。因此,结合前文论述可将社会规范的内涵界定为:存在并运行于私人关系领域,以个体的理性自利习惯和有用、平等的友爱为基础,在频繁交往和重复博弈中通过自助行为和内化加以保证而自生自发,旨在处理日常生活中简单事务、不成文的非正式制度,即私域的惯例。

结 语

毫无疑问,打造共建共治共享的社会治理格局,必须重视全面依法治国;但随着非正

① 扯平战略是一种从不首先背叛的"友好"战略。当受到不公时,它愿意当即采取有节制的惩罚,直到非正式账目的再次平衡。罗伯特·C.埃里克森.无需法律的秩序:相邻者如何解决纠纷[M].苏力,译.北京:中国政法大学出版社,2016:240.

② 参见罗伯特·C.埃里克森.无需法律的秩序:相邻者如何解决纠纷[M].苏力,译.北京:中国政法大学出版社,2016:237-242.

式制度作用的不断突显,特别是面对日益复杂多变的社会生活时非正式制度所展现出的灵活性和适应性,使其能够有效地配合法律规范达成治理的目标。作为非正式制度的重要组成部分,有关社会规范理论的研究越深入、社会规范理论的内容越丰富,就越能够发挥其在调整私人交往领域中的功能,为实现良好的治理提供助力。

The Formation, Ethical Basis and Connotation of Social Norms

Miao Zhuang

Abstract: Improving the socialization, rule of law, intelligence and specialization of social governance requires not only the full implementation of the rule of law but also the effective cooperation of other informal systems. As an important part of the informal system, social norms are constantly socialized, standardized and stabilized in the frequent exchanges and repeated games on the basis of individual rational self-interest habits. Under the guarantee of self-help behavior and internalization, Gradually generated. The group life under the regulation of social norms and the city life under Aristotle's discussion, some share the same ethical basis, that is, the view of friendship centered on usefulness and equality. Although the social norm as a custom in the private domain shares some similarities with the soft and civil laws that are both informal systems, it is still essentially a different code of conduct. Expanding the study of social norms theory can provide institutional resources for the realization of good governance.

Key Words: social governance; informal system; social norms; habits; friendship theory

论民间规范与地方立法间的关系*

——以湖南文化立法为例

徐伟红** 姚选民***

摘要：民间规范对于完善地方立法有着不可估量的意义和价值。民间规范与地方立法之间既存在着内在的契合性，同时亦存在着一定程度的矛盾和冲突。基于民间规范与地方立法之间的契合性有效化解它们二者之间的矛盾冲突，充分利用民间规范，就能够最大限度地实现地方立法的科学性，湖南的地方文化立法实践就有力地说明了这一点。

关键词：民间规范；地方立法；湖南文化立法

随着《立法法》《地方组织法》等法律的颁布，当前全国各地地方立法获得了稳定繁荣的发展。文化立法主要是指国家（包括拥有立法权的地方）通过立法方式管理文化领域的事务，制定有关文化方面的法律、行政法规、规章制度等各种规范的活动。加强文化立法，是依法调整文化领域各种社会关系，引导、规范和促进文化事业、文化产业健康发展，保障公民文化权利的必然要求。以湖南为例，就地方文化立法而言，该省业已制定了8部地方性文化法规。① 虽然如此，地方立法实践仍远不能满足当地对文化立法的需要，仍无法充分满足该省文化发展的需要。在这种情况下，若想要让地方立法充分满足地方经济社会的发展需要，一方面地方立法不能与《宪法》等上位法相抵触，另一方面地方立法要充分利用民间规范，跟当地民间规范相结合，有效发挥民间规范对地方立法的"补台"作用。就民间规范与地方立法的关系而言，笔者不打算笼而统之地探讨这一话题，而想经由湖南文化立法实践这一个案来切入该话题。民间规范对于湖南文化立法有着重要的促进作用，目前学界对国家层面的文化立法研究比较多，但是针对地方文化立

* 2016年度国家社会科学重大项目"民间规范与地方立法研究"（16ZDA070）。

** 徐伟红，湖南大学法学院博士研究生、湖南理工学院讲师。

*** 姚选民，湖南省社会科学院国家治理与公共政策研究中心副研究员。

① 《湖南省实施〈中华人民共和国非物质文化遗产法〉办法》《省文化厅文化市场行政执法事项及依据》《湖南省人民政府办公厅关于支持戏曲传承发展的意见》《中共湖南省委办公厅、湖南省人民政府办公厅关于扶持我省动漫产业发展的意见》《湖南省人民政府政府办公厅关于推进基层综合性文化服务中心建设的实施意见》《关于加快文化创意产业发展的意见》《关于加快文化产业发展若干政策措施的意见》《湖南省人民政府办公厅关于支持戏曲传承发展的意见》等。

法如何结合民间规范立法的专门研究并不多见，笔者对该论题进行探讨仍有较大的学术空间。

一、民间规范于地方立法的意义价值

有观点认为，现代化是一个民间规范日渐式微或被边缘化的过程，甚至民间规范是现代化的反对力量，法治化在一定意义上就是对民间规范的改造、超越和否弃[①]，我国民间法研究权威谢晖先生认为，持该观点的研究者，“没有进一步观察：现代化本身也是一个催促新的民间规范发育和生长的过程”[②]。谢晖先生的驳斥是敏锐而有力的：一方面，国家立法很难做到规范社会生活的所有方面，另一方面，国家立法往往有一定的滞后性，缘于这两方面因素，民间规范对国家官方立法能起到重要的补充作用。相类似的逻辑，作为国家立法在地方的实践，地方立法也需要仰赖地方上形形色色的民间规范。

（一）民间规范是地方立法的重要规则来源

法律规范不是凭空产生或创造的，立法的最初依据或材料来源主要包括三种方式途径，即由无到有、借鉴已有和吸收整理已有，地方立法亦离不开这三种方式。[③] 以湖南为例，湖南文化立法就要用到这些立法方式途径。就文化立法而言，国家层面已有《中华人民共和国公共文化服务保障法》《中华人民共和国非物质文化遗产法》等法律法规。到地方湖南，已制定了《中共湖南省委办公厅、湖南省人民政府办公厅关于扶持我省动漫产业发展的意见》《湖南省实施〈中华人民共和国非物质文化遗产法〉办法》等地方规章。湖南是一个多民族、地域广的省份，湘西、土家族、苗族等地域民族都有其风俗习惯、宗教规则等民间规范，这些民间规范是湖南文化立法的重要规则来源。《湖南省实施〈中华人民共和国非物质文化遗产法〉办法》规定代表性传承人可以按照师父传授徒弟的形式或者其他形式传承非物质文化，这充分尊重了湖南传统的手艺传承形式。《中共湖南省委办公厅、湖南省人民政府办公厅关于扶持我省动漫产业发展的意见》指出要结合湖南实际，突出湖湘特色，由此看出湖南省委省政府的这份意见非常重视湖南地方特色，要“创造一批具有湖湘特色的动漫品牌”。湖南人生日有“吃面”习俗，“益阳上乡一带寿宴有吃茶点、吃酒宴、吃夜酒等形式”[④]，以祝寿星“长寿”，诸如此类的民间习俗既可作为动漫题材传承，亦可成为湖南文化立法的规则来源。

---

① 谢晖. 民间规范的视野[M]. 北京：法律出版社，2016：142.

② 谢晖. 民间规范的视野[M]. 北京：法律出版社，2016：142.

③ 陈光. 论区域立法与民间规范的关联[J]. 福建法学，2009(2).

④ 尹质彬. 益阳民俗大全[M]. 北京：中国文联出版社，2000：140.

(二)民间规范有助于地方立法的科学性

我们知道,国家立法不可避免地会出现法律漏洞,[①]并且所制定的法律法规也可能难以满足实际生活中的需要,地方立法是针对地方发展情况而制定的规则,"落地"与"适应地方实际"更是有着高要求,即是说,地方立法同长时间得到当地人遵循之当地民间规范的一致性程度影响着官方立法的效果。以湖南文化立法为例,湖南境内的民间规范对湖南文化立法具有一定程度的矫正功能。具体来讲,如果已有的民间规范对文化关系能发挥有效作用,那么湖南文化立法就应尊重该民间规范而不能不予理睬,否则即使制定了规则也难以进行有效的调节。在进行文化立法时,湖南境内的民间规范可经由各种渠道或方式对立法草案进行影响,如立法者在起草法律提案时会考虑现有民间规范,并在此基础上拟定法律提案稿。即使在起草时忽略了相关民间规范,湖南省人大或其常委会在对法律草案进行审议和讨论时也会有代表基于民间规范提出相应的意见或建议,这样法律草案就会根据现行民间规范进行修改。万一湖南文化立法完成后,在实施时同境内民间规范相冲突,缘于民间规范背后的群众基础,地方文化立法也会在适当的时机进行再度修正。如《湖南省人民政府办公厅关于支持戏曲传承发展的意见》中规定要"健全社会效益的评估与反馈机制。合理设置反映社会接受程度的量化指标,把价值取向、艺术水准、审美情趣、群众口碑等作为评价的主要标准,形成科学合理的社会效益评估与反馈机制"。此处提到要设置对戏曲进行评估的"量化指标",显然这与当地戏曲评价民间规范是不相容的。戏曲评价民间规范,只要其规定不违反学术道德和法律,将会更有利于文化发展的百花齐放和百家争鸣。

(三)民间规范能为地方立法提供社会心理支持

"由于中国的汉族较早走出原始社会,流传至今的有关远古时代的记述又极为简略……半坡的原始居民遵守着氏族一些规约"[②],这些"规约"有的延续为民间规范,湖南亦不例外。这些规范有的已深入人心,如涉及个人言行、家庭和宗族事务,及其他相关事务的家法族规。《村民委员组织法》第二条规定"村民委员会办理本村的公共事务和公益事业,调解民间纠纷,协助维护社会治安",在实践中,村民委员会在调解民间纠纷时并没有严格按照法律执行,而是根据当地民间规范进行。如益阳市沧水铺镇的碧云峰村自古以来无论谁家遇有红白喜事,都是其他每户各出 1 到 3 个人到事主家帮忙,这是世居此地传下来的习俗。在这种习俗中,经常会出现有人喝醉酒伤人事件,这些事件发生后,当事人通常不会报警诉诸法律处理,而是请该村村主任和村支书出面依据当地民间规范进行调解解决。之所以如此,其原因一方面,当地村民普遍有着传统的"息讼"心理;另一方面,当地村民认为红白喜事是事主最重大的事情,有着不多给事主添麻烦的心理。境内

---

① 谢晖.法律哲学[M].长沙:湖南人民出版社,2008:83-287.

② 费成康.中国的家法族规[C].上海:上海社会科学院出版社,2016:1.

民间规范是被湖南人所认可的规范形式,湖南在进行地方文化立法时要照顾到湖南人已成型的社会心理,立法结果要尊重并反映湖南人民的社会心理。“凡是被社会不成问题地加以接受的规范,是文化性的”①,民间规范的这种“文化性”是其获得效力的根本所在。民间规范是已经被证明了的具有较强的社会心理支持的规范形式,立法过程中注重对民间规范的吸收利用,可以减少实践中出现的一些人为的心理抵触现象,可以有效地增强其正当性基础。然而,若湖南文化立法所制订的规范文件自身由于各种原因,如违背社会实情、损害大部分社会主体的利益,或与当地的风俗习惯严重冲突等,而不被湖南社会主体所接受,那么,其正当性便会受到质疑,并极有可能会导致地方立法失败。如互助办红白喜事是前面提及之碧云峰村流传至今的习俗,但红喜事中涉及新娘“回门”(指新娘到男方家举办婚礼,第二天回娘家)后返回新郎家时要哭(以示吉利)、白喜事要做道场以及烧纸屋纸钱等习俗,假如在地方文化立法过程中认为此类事情涉及封建迷信而明确禁止,这极有可能不被当地群众接受,无法实现其立法效果。

二、民间规范与地方立法之间的契合性分析

就民间规范和国家立法(包括地方立法)的关系而言,有学者认为,“由于社会生活的复杂性或者是为了社会生活的需要,二者之间并不是不可逾越的,它们相互作用,相互交叉,彼此影响,来适应社会和制度带来的要求”②,也就是说,民间规范与地方立法二者之间有一定的契合性,如地方立法所产生的效力只在本地域,而民间规范也具有地方性;地方立法是为了适应地方需求,其内容在一定效力范围内是国家层面立法的细化、具体,且更便于操作,这和民间规范有相通之处,民间规范是长时间以来为了适应本地区人民的需求而形成的;等等。

(一)民间规范与地方立法都具有典型的“地方性”

“法律就是地方性知识;地方在此不只是指空间、时间、阶级和各种问题,而且也指特色(accent),即把对所发生的事件的本地认识与对可能发生的事件的本地想象联系在一起”③,此为一方面。另一方面,我国各地地理环境各异,孕育出了不同的历史传统和民情风俗等地方特色,不同地域的人们遵守着不同的民间规范。缘于这两方面的因素,民间规范有着明显的地方性。以湖南文化方面的民间规范为例,益阳市安化县茶文化历史悠久,流传着许多和茶业相关的谚语、民歌和词等,这些谚语、民歌和词里内含着许多规范,

① 费孝通.乡土中国 生育制度[M].北京:北京大学出版社,1998:66.

② 李响.刍议民间规范与国家法的互动[J].经济与社会发展,2014(5).

③ 吉尔兹.地方性知识:事实与法律的比较透视[M]//邓正来,译.梁治平.法律的文化解释.北京:三联书店,1994:73-171.

如谚语“头茶苦，二茶涩，三茶四茶好吃没人摘”[①]，劝诫人们不要采摘三茶四茶，要多喝头茶和二茶，这是湖南茶文化规范的一部分，具有浓郁的地方性。地方被赋予立法权的本义就是要着眼于地方实际基础上凸显地方特色。以湖南文化立法为例，湖南文化立法主要是针对省内文化所进行的立法，要适应湖南经济社会发展，要认真对待湖南各地老百姓遵守着的民间规范，需要与境内文化领域民间规范进行互动、融合。可见，湖南文化立法不能是对国家层面的立法进行简单对接，没有地方特色，更不能对中国其他省份或地区的立法进行照搬照抄，而是要着眼于本地民间规范，凸显湖南特色，亦具有地方性。

(二)民间规范与地方立法都内生于同一地方文化土壤

中国历史悠久，社会秩序井然，儒家“礼”的思想发挥着关键作用：“‘礼’既在社会政治生活中具有普遍的大法和纲纪性质，又具有人伦道德属性，具有整饬、安定社会秩序、矫正人性的作用”[②]。《唐律疏议》指出：“德礼为政教之本，刑罚为政教之用，犹昏晓阳秋相须而成者也 ”[③]。各地民间规范和地方立法就是产生于这样一种传统文化土壤，它们在很大程度上具有同根性。以湖南为例，“民间规范的着眼点是作为文化表现的规范”[④]，湖南境内民间规范是作为湖南文化表现的规范，它内生于湖南传统文化。汉寿的何氏支谱凡例有一条明确指出：“国崇正学，若出家为僧、道，及各种邪教，而与孔猛之道相悖谬者，依民法除名处分之规定，已入谱者，出族；未入谱者，不准入谱”[⑤]，礼法文化在湖南民间起着主导作用。这是湖南境内文化方面民间规范源生于当地儒家文化传统的面相，无独有偶，湖南文化立法也无法摆脱湖湘儒家文化传统的影响。具言之，当今世界文化多元化发展，各种文化交相碰撞，我国传统文化或多或少受到其他国家文化的冲击，我们要保护我国优秀传统文化，以立法的形式来确保文化的延续性十分必要。而中国幅员辽阔，各地差异性较大，通过地方立法则能进一步保护和发展地方文化，湖南亦不例外，湖南文化立法也离不开在几千年的历史长河中不断发展完善的湖湘文化，适应湖南文化发展以及能让湖南人民接受的地方法规，当然要体现出湖湘文化的地域性及传统性。

(三)民间规范与地方立法都旨在满足地方需求

地方立法或许会出现类似于“立法部门化，部门立法利益化，部门利益合法化”[⑥]等不好的现象，在这种情况下，人民群众会成为政府利益的“贡献者”，但是地方立法的实质是要满足地方需求，符合当地广大人民群众的利益。地方立法是中央立法和人民生活的纽

① 张跃.走近安化茶文化[C].北京：长城出版社，2012：129.

② 于语和.寻根——民间法絮言[M].北京：清华大学出版社，2012：158.

③ 于语和，刘顺峰.民间法与国家法的关系探究——一种基于法律渊源视角的考察[J].北京理工大学学报(社会科学版)，2013(5).

④ 谢晖.论民间规范研究的学术范型[J].政法论坛，2011(4).

⑤ 费成康.中国的家法族规[C].上海：上海社会科学院出版社，2016：310.

⑥ 单文峰.部门化立法浅议[J].法制博览，2013(10).

带,要满足当地的立法需求,就必须使制定的法规更具可操作性和适应性。湖南境内民间规范生成与发展的动力来自于湖南各地老百姓的需求,是他们在社会生活中根据风俗、习惯等在不断探求的快速方便解决纠纷的方法。湖南益阳有"在春插至收割前,不准敞放猪牛;插秧后半月内不准在稻田放鸭;稻谷抽穗至收割前,严禁敞放鸡鸭。若违反村规,轻者要主动上门道歉,重者要赔谷罚款"①的民俗,这不仅满足了村民保护庄稼的要求,而且制定的惩罚规则也有利于处理违反规定所造成的纠纷。与此同时,湖南文化立法也是为了适应地方文化发展的需要,所制定的法规是为了满足湖南人民的需求,如通过立法保证湖南人民的文化权利、为湖南人民提供基本的文化服务,等等。

三、民间规范与地方立法之间的冲突性分析

当前湖南文化立法进展缓慢,原因有很多,但其中一个很重要的原因是,地方立法与境内民间规范如何充分融合的难题没有解决。也就是说,民间规范与地方立法之间存在着一定程度的冲突:湖南地域广阔,民族众多,各地区、各民族的民间规范自身具有地方性、民族性、团体性特色,如果这些都被吸纳进湖南地方立法中,势必会造成立法自身的冲突,反而有违湖南文化立法目的。

(一)民间规范处理纠纷的随意性与地方立法的原则性之间的冲突

民间规范在解决纠纷时因考虑当地实际情况而有较大的灵活性或变通性。民间规范解决纠纷的过程通常都比较简单、随意,在处理纠纷的过程中也容易受一些外界因素的影响,习惯于采取折中主义的方式。此为一方面情况。另一方面,地方立法如湖南文化立法属于官方立法,旨在实现自由、平等、正义等刚性目标,要遵守"遵循宪法基本原则的原则",如"依法立法原则""民主立法原则""科学立法原则"等。这两方面的情况会造成民间规范与文化立法之间的矛盾冲突。具言之,民间规范所遵循的传统观念,其最重要的一点就是实现以儒家所倡导之伦理道德所贯穿的礼和法之间的融合,在以伦理道德为指导的道德评价标准下,人们的合法权利的保护往往被忽视,在维护和遵守这种伦理道德次序的同时,无形中使得法律所赋予人们的权利得不到保障。湖南桂东县等地的农村居民在端午节时把菖蒲、艾叶、柴胡等挂在门边辟邪,同时他们认为还可放在水里烧开用来洗澡以洗去一身的病痛,且能保佑以后的日子健健康康、平平安安。这种民间规范反映了人们的美好愿望,但在很大程度上讲是一种"封建迷信",这与地方文化立法的原则基本上是相悖的。

(二)民间规范强调德治,地方立法更强调法治

"在轻轨地铁车厢内禁止饮食是合理的,不宜用法规形式进行规定,而应从公益道德

① 尹质彬.益阳民俗大全[M].北京:中国文联出版社,2000:181.

层面对市民进行引导"①,法律并不能有效解决社会中的所有问题,它的约束力不可能触及社会的每一方面,社会问题需要法律,更需要道德的约束。民间规范强调德治,不像国家法一样具有普遍性,但是被一定区域内的民众认可和遵守的。湖南湘阴县狄姓一族在家规第十三条规定:"倘不肖子弟无故黑夜游行,大恐别生事故,犯此者带祠扑责"②,这在一定程度上说明家法族规是"以道德为内核,以义务为本位,以和谐为旨归的民间法"③。民间规范主要依靠的是人民的良心和社会舆论等来维持,建立在对本区域内人的高度信任基础上。民间规范与我国传统历史文化一脉相承,它能够在法律进入不了的领域发挥作用,通过道德的作用感化民众。民间规范在实施过程中可以依据情理模式酌情进行,掺杂了很多人情因素,主要依靠的是道德的力量来治理、影响一定地区的民众。地方立法跟民间规范不同,作为国家法的延伸,它更强调法治。法治是一种治国方略,强调要有法可依、有法必依、执法必严、违法必究,依靠国家的强制力来确立法律的权威。地方立法如湖南文化立法也是基于对人的不信任以及对规则的信任,依靠国家强制力来树立所制定之法规的权威及实施,湖南境内的公权力和公民行为都要遵守规则,按规则行事。

(三)民间规范以义务为本位,地方立法以权利为本位

中国古代由于经济不发达,交通不便,再加上当时执政者的威压和专制制度,人民要参政议政很不现实。当时的人们"轻权利,重义务",他们受"息讼"思想及诉讼成本影响,如果遇到自身利益受损害时一般会通过地方乡绅、族长等依据民间规范调解以保障自身的权利,直到近代才逐渐有了"权利"意识。主要根源于传统文化的民间规范以义务为本位,不重视自由和个人的权利,强调人的身份和地位决定各自承担的责任。如湖南省宁乡县熊姓一族规定:"赞礼择定七人经管,先期传请。并执事与主、陪祭诸人,均一体先期早至,斋戒沐浴,整肃衣冠,演习成熟。毋得临祭另参人未习熟者,有乖仪节,致亵祖宗"④,其规定内容主要是禁止义务性的。民间规范包括民族风俗习惯、村规民约和宗教礼仪等,内含着许多传统法律文化中的封建礼教观念。这些礼教观念已深入人心,对人的独立人格、自由、尊严和利益极不重视。而地方立法以权利为本位,主张采取法治模式,要保障多数人的权利,追求社会公正、平等,保障人权。湖南文化立法要实现特定的价值观,一方面,要促进公平、正义和平等等法律价值的实现,另一方面,要保障湖南人民的文化权利以及促进湖南文化的发展。

四、利用民间规范完善地方立法的策略分析

法治社会是以法治为主导,民间规范与地方立法存在冲突之处,但是法律是用来建

① 韩伟.地方立法应多考虑民间习俗[N].检察日报,2011-04-18.

② 费成康.中国的家法族规[C].上海:上海社会科学院出版社,2016:257.

③ 于语和.论中国传统民间法的根本特质[J].甘肃理论学刊,2014(1).

④ 费成康.中国的家法族规[C].上海:上海社会科学院出版社,2016:268.

构社会生活秩序的，而不能脱离生活，立法需要了解现实生活中人们的生活和习俗，"法律与习俗是一个相互渗透的过程，那么法律就不应当离开实际的民俗生活来自行建构"①。民间规范和社会事实最接近，它内含着一种朴素的正义理念且已内化成了人民的生活方式。中国地域辽阔，民族众多，地方立法正好能发挥用武之地，但当前我国地方立法主要注重的是制定和颁布新的法规，民间规范往往被忽视。如果地方立法脱离了民间规范，所制定的法规将极可能产生异化。要充分发挥民间规范的作用，让地方立法充分满足当地的经济社会发展需要，如湖南文化立法应结合民间规范才能使得湖南文化法规更深刻、更丰富且能容纳更多的差异性。

(一)地方立法应加强对民间规范之积极部分的吸收和认可

现代社会的复杂性决定了在有关信仰、情感、思想的领域，法律并不比民间规范有效，地方立法应加强和民间规范的沟通，构建民间规范向制定法的通道，使民间规范能和制定法充分发挥各自效能。民间规范是当地人民长期博弈的结果，是民意的结晶，地方立法加强对民间规范之积极部分的吸收和认可能使地方立法更能满足人民需求。"法律的制定者如果对那些促成非正式合作的社会规范缺乏眼光，他们就可能造就一个法律更多但秩序更少的世界"②，地方立法需要加强对民间规范之积极部分的吸收和认可，甚至使其成为官方法。《宪法》第100条规定"省、直辖市的人民代表大会和它们的常务委员会，在不同宪法、法律、行政法规相抵触的前提下，可以制定地方性法规，报全国人民代表大会常务委员会备案"，《立法法》第73条规定"除本法第八条规定的事项外，其他事项国家尚未制定法律或者行政法规的，省、自治区、直辖市和较大的市根据本地方的具体情况和实际需要，可以先制定地方性法规"，据此，湖南可根据本省具体文化发展情况制定文化法规。湖南文化立法对民间规范的吸收和认可要受到"不抵触原则"的限制，但是，这不是说可以脱离湖南人民的生活和习俗，而是要适应湖南的民情。湖南文化立法对境内民间规范的吸收应有一定的自律，就是说对境内民间规范予以一定程度地吸收有利于提高立法质量，但不应包含社会生活的方方面面。具言之，一方面，湖南立法机关要对民间规范进行社会调研，加强对湖南民间规范的研究，只有比较切实地了解乡土基层的社会秩序状况以及法律现状，才可能更有效地吸纳民间规范，以体现湖南人民的意志。另一方面，要认识到民间规范虽然有很多封建性因素，但是其德治主义观念在定纷止争方面的作用非常重要，湖南立法机关可适度认可这种作用。"任何法律制度和司法实践的根本目标都不应当是为了建立一种权威化的思想，而是为了解决实际问题，调整社会关系，使人们比较协调，达到一种制度上的正义"③，在实践中不能只强调法的权威性而忽视民间规范的作用，要对民间规范之积极部分进行灵活吸纳，以充分满足湖南人民的文化需要，且使得社会矛盾能得到有效解决。

---

① 赵旭东.权力与公正——乡土社会的纠纷解决与权威多元[M].天津:天津古籍出版社,2003:314.

② 陈公雨.地方立法十三讲[M].北京:中国法制出版社,2015:129.

③ 苏力.法治及其本土资源[M].北京:中国政法大学出版社,1996:76.

(二)民间规范纳入地方立法应注意方式方法

民间规范纳入地方制定法应以遵守《立法法》等相关法律为前提,如《立法法》第82条规定了设区的市“对城乡建设与管理、环境保护、历史文化保护等方面的事项制定地方性法规”,湖南省人民代表大会及其常委会被授予立法权也有很多限制规定。一方面,湖南进行立法时,在那些因有限制规定而不能立法的领域,境内民间规范仍可发挥作用。另一方面,民间规范虽然与官方制定的法律法规有一定的冲突之处,但是两者调整方法上具有互补性,只要互动得当,都有利于法治建设。湖南立法不但要保障湖南人民的基本权益,满足他们的需求,而且还要尊重湖南文化发展与传承自身的规律。民间规范在湖南几千年的历史长河中在不断发展和完善以满足湖南人民的需求,湖南在进行文化立法时要加强对民间规范的材料的收集和整理,既可编撰湖南民间规范总集,也可通过委托专家学者和科研机构进行搜集和调研等,既可以对原则性条款的方式进行吸收,也可以对民间规范的单个条款吸收。这样可以保障湖南人民在继承传统文化的基础上进一步创造并传播的权利,还可以充分满足政治、经济和社会发展需求。具体来讲,湖南文化立法,一要着眼于保护湖南人民的文化权利。湖南各地发展不平衡,民族众多,要保护各个地区及各个民族的权益,最重要的是要以权利本位为出发点。湖南要充分保护全省人民不会因各自文化不同而受歧视,保证他们在参与文化市场博弈中的利益,“捍卫其文化的物质和精神利益,具体包括文化受尊重权、文化署名权、文化利益分享权等”[①],更重要的是要尊重少数民族的民间规范。二要完善民间规范进入湖南文化立法过程的程序。一方面,增强立法认同必须完善程序。民间规范进入湖南文化立法过程的程序要民主和科学,对立法的目的、决策和建议、法案的起草和表决等应依具体情况进行一定程度的公开,同时还要确保有少数民族代表和各个地区的代表将其民间规范进入立法过程进行议决的权利。三要加强湖南文化立法过程中的立法交流。湖南省人大及其常委会应进驻湖南各个地区了解各个民族的风俗习惯和宗教规则等,加强立法的宣传并进行全方位的交流,避免所立的法不接湖南“地气”,所制定的文化法律法规与民间规范互相促进,提高文化法律法规制定效率。

(三)地方立法要充分利用好当地民间人文环境

自古以来,民间规范的产生都有一定的文化背景和人文环境。文明程度低的地区其民间规范相比文明程度高的地区一般要多,但是这并不意味随着文明程度的提高,民间规范会消失,因为随着经济社会的发展又会出现新的问题,又会为新的民间规范的产生提供“温床”。每一个地方的民间规范是当地人民自下而上自发形成的,在当地有强大的人文基础,老百姓对其认同感强,甚至在一些地区人们运用民间规范比国家立法还多,湖

① 丁凤鸣.贵州少数民族文化保护立法研究[D].贵阳:贵州大学,2009:62.

南亦不例外。如果湖南在文化立法过程中，我们能够充分利用好湖南人文环境，就可以更好地制定出适合湖南的文化法规。近代中国的法律在移植并借鉴西方法律的过程中出现了很多"不适应"，其根本原因在于法律没有根植于本民族的历史，没有获得本民族本区域人们之共同信念的支撑，没有得到本民族本区域的人们认可。"我国的法制现代化屈就于西方的法律制度，自上而下地用(外来)规则对(既有)事实予以裁判，期求以规则创造事实，跑步进入先进的法治国家。这造成了规则与现实的不匹配，有法不依的现象也不可避免"①，"始则转俗成真，终乃回真向俗"②，湖南文化立法必须立足于湖南实际情况以制定出符合"湖南大众口味"的法律，要"将涉及人民群众切身利益和地方经济社会发展大局的法规草案刚开向社会征求意见，拓宽人民群众参与地方立法的途径"③，充分利用好湖南人文环境。湖南文化立法不可能涉及社会生活的每一方面，民间规范可以在不能涉足之处与所制定的法律形成优势互补，在进行地方立法时如果有和法规不矛盾的民间规范条款应进行包容，而不是无视。利用好湖南民间人文环境，能够解决好地方立法过程中理性建构和经验的矛盾。

总之，地方立法一方面不能脱离国家宪法和法律所预设和规定的框架，另一方面要充分发挥其优势和所长。相对于国家立法而言，地方立法不仅能够把当地的地方习惯、各民族的民间规范纳入法律体系中，而且能够在效力上整合不同地区的民间习惯以及不同民族的民间规范在地方法律体系中的作用和效力。加强民间规范与地方立法之间的结合，有利于提高当地的法治秩序质量，我们要充分发挥地方立法过程中民间规范的作用。湖南文化立法对民间规范进行有效借鉴和吸收，有利于缓解湖南文化立法实践中的移植法和固有法的矛盾，以充实湖南文化立法的"湖南"特色。

On the Relationship between Folk Norms and Local Legislation

——Taking Hunan Cultural Legislation as an Example

Xu Weihong　Yao Xuanmin

Abstract: Folk norms have immeasurable significance and value in perfecting local legislation. There is inherent agreement between folk norms and local legislation, and there is also a certain degree of contradictions and conflicts. Based on the agreement between folk norms and local legislation to effectively resolve the conflict between the two, and make full use of the folk norms, the scientific nature of the local legislation can be realized to the greatest extent. The practice of the local cultural legislation in Hunan illustrates this point forcefully.

Key Words: folk norms; local legislation; hunan cultural legislation

---

① 许章润. 法律：民族精神与现代性[J]. 中外法学，2001(5).

② 陈公雨. 地方立法十三讲[M]. 北京：中国法制出版社，2015：130.

③ 刘小妹. 省级地方立法研究报告[M]. 北京：中国社会科学出版社，2016：72.

论地方立法吸收民间规范的程序再造*

黄 喆**

摘要:基于在调整特定地方社会关系上所体现出的功能优势,民间规范构成了一种可资地方立法借鉴、吸收的法治“本土资源”。然而,受制于理论和制度的双重成因,地方立法吸收民间规范仍缺乏程序化路径支持。为突破地方立法吸收民间规范的程序困境,有必要展开地方立法吸收民间规范的程序再造。地方立法吸收民间规范程序再造的正当性在于其因应正式规则与非正式规则的整合规律、符合地方治理法治化之于“本土资源”的利用需求且契合地方立法程序建设的价值导向。同时,这种程序再造应立足于制度层面并从地方立法的立项程序、起草程序、正式立法程序与立法后评估程序系统展开。

关键词:地方立法;民间规范;程序再造

作为我国立法体制的重要组成部分,地方立法通过落实中央立法在地方的执行、补充中央立法以解决地方特有问题以及在中央立法缺失的情况下进行先行先试等,实现对地方社会秩序的维持,“既体现着中央立法的原则精神,又天然地具有‘因时制宜’、‘因地制宜’的特征”①,是国家立法“地方性知识”②的集中体现。而“自文明时代以来,人类秩序,既因国家正式法而成,亦借民间非正式法而就”③。从我国地方治理的实践来看,也是如此——民间规范对特定地方社会关系发挥调整作用并有效规范人们的行为。基于此,民间规范亦构成了一种可资地方立法借鉴、吸收的法治“本土资源”。然而,由于缺乏吸收民间规范的地方立法程序设置,地方立法吸收民间规范的效果并不理想。因此,有必要通过地方立法程序再造,以提升地方立法吸收民间规范的实效。

---

* 国家社会科学基金重大项目“民间规范与地方立法研究”(16ZDA069)、广东省教育厅青年创新人才类项目“基层治理法治化背景下的社会自治规范研究”(2017WQNCX038)、广东省地方立法研究高校联盟2017年资助项目“社会规范与地方立法良性互动问题研究”(297-ZW170057)的阶段性成果。

** 黄喆,法学博士,广东外语外贸大学广东省地方立法研究评估与咨询服务基地专职研究员,硕士生导师。

① 汤唯,郭晓燕.地方立法中的法律文化本土资源[J].辽宁大学学报,2007(1)。

② 克利福德·吉尔兹.邓正来译.地方性知识:事实与法律的比较透视[C]//梁治平.法律的文化解释.北京:三联书店,1998:126。

③ 谢晖.《民间法》年刊总序[M]//谢晖,陈金钊.民间法:第一卷.济南:山东人民出版社,2002:1。

一、地方立法吸收民间规范的程序困境及其成因

基于以国家行为强制推行"移风易俗"引发的种种质疑,政府开始反思推进国家现代化过程中的方式与手段问题,尤其是对国家行为与社会风俗之间的关系进行了重新审视,这种审视也自然延伸至国家立法领域并推动了立法对于习惯等民间规范价值的重新评估。为此,"我国最近十几年当中立法呈现出了新的发展趋势……立法从忽视习惯转变到重视习惯,并通过制定法对民事习惯的吸收,使得法律能够充分发挥其反映民众情感并为民众所乐于遵循"。① 然而,尽管国家立法对于习惯等民间规范出现了态度上的转变,但从现行立法实际上吸收的民间规范来看,仍十分有限。以地方立法采用"认可"形式对民间规范的吸收为例,笔者针对北大法宝法律数据库收录的现行有效的26282件正式地方立法文件(包括地方性法规和地方政府规章)进行关键词检索,结果显示,包含"习惯"的地方性法规716件、地方政府规章180件;包含"惯例"的地方性法规82件、地方政府规章60件;包含"习俗"的地方性法规176件、地方政府规章51件;包含"风俗"②的地方性法规26件、地方政府规章15件。依此计算,包含上述四个涉及民间规范关键词的正式地方立法文件数目占现有地方立法文件总数的比例不足4.97%。

笔者认为,造成这一现象的主要原因在于,地方立法作为正式立法的范畴,是一种高度程序化的活动,因而地方立法要对民间规范进行吸收,不仅仅要解决立法理念对于民间规范重视与否的问题,而且也必须将此种"吸收"建立在"程序化"的基础之上,但从实践来看,地方立法吸收民间规范仍缺乏程序上的支持而陷于严重的程序困境,由此造成地方立法对民间规范的关注和考量存在较大的随意性与偶然性,进而限制了地方立法对民间规范的吸收。总体上看,这一程序困境的产生存在理论层面与规范层面的成因。

(一)理论层面的成因

长期以来,理论界关于国家法与民间法的研究已取得较为丰硕的成果。2015年《立法法》修改后,以地方立法权主体"扩容"为背景,学者们进一步将"国家法—民间法"的二元规范研究范式与分析框架沿用至地方立法与民间规范的关系范畴,并就两者的"互通互动"问题展开了较为深入的研究,进而明确提出"地方立法吸收民间规范"之主张。如有学者提出,"民间规范有许多好的成分,并为当地民众所接受,应将其吸收进地方立法之中,顺应当地的习俗,充实地方立法的内涵,增加地方立法规范的社会接受性,以便于地方立法的实施和有效运作"③。还有学者认为,"地方立法如此之吸收民间规范,能够尽

① 高其才等.当代中国法律对习惯的认可研究[M].北京:法律出版社,2013:16.

② 为避免包含"习惯"的地方立法文件发生重复,此处显示的数据已排除包含"风俗习惯"这一关键词的地方立法文件数。

③ 王春业.论民间规范与地方立法的良性互动[J].暨南学报,2017(9).

最大之可能减少'先进'法律规则与乡土社会之间的代际与鸿沟。在某种意义上,民间规范甚至也可以作为衡量地方立法正当与否的重要指标之一"[①]。但从已有论著来看,除少数学者论及"地方立法吸取民间规范的路径与操作程序"[②]以外,关于"地方立法吸收民间规范"这一命题的研究仍主要侧重于对"理念再造"的探讨与证成,而鲜有涉及"程序再造"之论题。在此前提下,尽管理论在一定程度上引导并促进了地方立法吸收民间规范的理念更新,但也正受制于研究视角的局限,实践中对于地方立法吸收民间规范的程序需求仍缺乏关注,由此导致地方立法对民间规范的吸收遭遇程序困境。

(二)制度层面的成因

相较于理论层面的成因,制度层面的成因对于此种程序困境的产生具有更为直接的影响。2015 年《立法法》修改后,为提升地方立法程序的规范化与制度化水平,各地方立法机关纷纷制定或修改出台统一的地方立法程序规范。纵观这些新近出台的地方立法程序规范,其对于正式立法程序的设置基本沿用了《立法法》第二章中"全国人民代表大会立法程序""全国人民代表大会常务委员会立法程序"的两节规定。在这一部分的程序规定中,各地普遍参照《立法法》第 16 条第 2 款[③]所设置了立法调研程序,如《广东省地方立法条例》(2016 年修正)第 21 条第 2 款即规定,地方人大常委会审议地方性法规案"应当通过多种形式征求省人民代表大会代表的意见",且"专门委员会和常务委员会工作机构进行立法调研,可以邀请有关的省人民代表大会代表参加"。通过这一法定的立法调研程序,可能为民间规范的收集、整理提供一定的"程序机会"。但除此以外,针对正式立法程序设置的其他规定并未构成地方立法吸收民间规范的程序制度。同时,虽然各地出台的地方立法程序规范还普遍就立项与起草、立法后评估等立法前准备阶段和立法后完善阶段的程序作出规定,但总体上也没有涉及地方立法吸收民间规范的制度设置。此外,虽然地方立法机关往往也制定大量的内部议事规则作为统一程序规范的补充,但也未能直接涉及地方立法吸收民间规范的程序问题。已有地方立法程序规范与相关议事规则未能为整合民间规范进入地方立法创设必要的"制度空间",从制度层面造成了地方立法吸收民间规范的程序困境。

二、地方立法吸收民间规范程序再造的正当性

地方立法吸收民间规范的程序困境反映出推动地方立法程序再造的必要性。但作

---

① 穆赤·云登嘉措,石颖.论民间规范与地方立法之"互通互动"——兼评"小传统"的"大作为"[J].民间法,2017(2)。

② 彭中礼,王亮.论地方立法中的民间规范——以设区的市立法为例[J].湖湘论坛,2018(1)。

③ 该款规定:"常务委员会依照前款规定审议法律案,应当通过多种形式征求全国人民代表大会代表的意见,并将有关情况予以反馈;专门委员会和常务委员会工作机构进行立法调研,可以邀请有关的全国人民代表大会代表参加。"

为一种法定程序的变革，必要性论证并不能替代正当性证成。因此，地方立法吸收民间规范程序再造所面临的首要问题就是，这种程序再造的正当性何在。

(一)因应正式规则与非正式规则的整合规律

"人类的社会活动，大部分都是在规则的结构中进行着自身的行为安排。"①在制度经济学中，此处的"规则"概念既包括正式规则，也包括非正式规则。所谓"正式规则"，是指经由国家确认、创制并以其强制力为保障实施的规则范畴，它以一种"正式约束"为其实施效果；而所谓"非正式规则"，则是"从人类经验中演化出来的，它体现着过去曾最有益于人类的各种解决办法。其例子既有习惯、伦理规范、良好礼貌与商业习惯，也有盎格鲁-撒克逊社会中的自然法"②，它以一种"非正式约束"为其行为效果。

尽管从概念界定上看，正式规则和非正式规则在生成路径、规则外延、约束效果等方面均存在较为明确之界分，但并不意味这两类规则是"各行其道"的。恰恰相反，正式规则与非正式规则的"相互作用"在实践中时有发生——两者既可能通过良性互动等方式发生"积极作用"，也有可能以冲突矛盾等方式发生"消极作用"。立足于制度安排合理化与科学化的视角，必然要求正式规则与非正式规则尽可能多地发生积极作用且同时减少甚至避免消极作用的发生。而这都需要以"整合"作为前提。所谓"整合"，一般是指在由正式规则和非正式规则所构成的社会规范系统内部的一种协调、融合、互补并形成有机统一、和谐共存的过程。③ 在这一过程中，虽然正式规则与非正式规则均同时发挥"主体功能"，但两者的地位和作用并非是完全对等的。从实践来看，由于非正式规则的规范化程度较低，且存在较为明显的分散性与随机性，因而整合过程将更多地以正式规则为主导。例如，"德古调解"是彝族由来已久的民族习惯，也是解决彝族群众纠纷的非正式规则资源，但传统德古调解仍存在遗留阶级痕迹、缺乏规范性等问题，使纠纷调解效果易于"反弹"。对此，四川省乐山市峨边彝族自治县政府制定《峨边彝族自治县德古调解工作暂行办法》，规范了德古调解行为，摈弃了传统德古调解中的陋习，使德古调解工作融会贯通"法、情、理"，有效实现了作为正式规则的政府规范与作为非正式规则的民俗习惯的良性互动。④

作为正式规则和非正式规则的具体形态，地方立法与民间规范的整合也必然遵循以上规律。对此，地方立法理应从"规制"与"吸收"两个方面发挥自身作为正式规则的主导作用。一方面，通过规制作用的发挥，引导民间规范在法治的框架内生存与发展，以法治的精神与理性改变部分民间规范"野蛮生长"的现状。另一方面，通过吸收作用的发挥，

① 陶建钟.转型社会的秩序变迁与制度变迁——从非正式规则的视角[J].江汉学术，2014(6)。

② 柯武刚，史漫飞.制度经济学：社会秩序与公共政策[M].北京：商务印书馆，2001：36。

③ 罗潇.行规与国家制定法的冲突与整合[J].成都：西南财经大学硕士学位论文，2006。

④ 李春雨，熊强.创新"德古+亲情"工作法 化解矛盾纠纷倡导文明新风气[EB/OL].http://www.sohu.com/a/125032167_115496，2018-06-12.

满足民间规范上升为国家法的需求，使民间规范能够经由地方立法而进入国家法系统，以克服“民间规范本身具有地域局限性和族群局限性、强制力保障程度较低、创新成本较高等问题”①，从而有效拓展民间规范的成长空间。这在客观上即要求地方立法必须实现程序再造，以畅通民间规范进入地方立法的路径。由此可见，地方立法吸收民间规范的程序再造，本质上是地方立法因应正式规则与非正式规则之整合规律所做出的制度性变革，旨在借助地方立法这一正式规则范畴的主导功能，实现正式规则与非正式规则结构体系的和谐与统一。

(二)符合地方治理法治化之于“本土资源”的利用需求

地方治理法治化，是将地方治理各方主体的地位职能、行动规则、相互关系逐步规范化，并在治理过程中予以严格贯彻实施的动态过程。② 在这一过程中，行动规则的创制与实施无疑处于举足轻重的地位。从我国法治化进程来看，“由于立法更多地承担着缩小中国与外部世界的制度差距的使命，又由于社会的利益表达机制尚未成熟，法律制度的形成更主要地表现为一种知识工程——由精英集团与知识精英集团主导的借鉴与移植工程”③，也“正是在借鉴西方法律制度的基础上，‘法制’这个概念也慢慢地被‘法治’概念所取代”。④ 经过 30 多年的法治建设历程，“中国特色社会主义法律体系已经形成”，⑤国家与地方治理中的各个领域基本实现有法可依。但与此同时，以西方法律制度为借鉴的法治建设进路也存在明显的“重法律移植，轻本土资源”的问题。

对此，有学者曾指出，在我国的法律文化中，西方文化和传统文化并不是“十分对称和平衡的”，他认为，“相对而言，我国的传统文化，特别是民间文化，老百姓的文化，却被严重地忽略了。在一些地方，甚至成了法律任意革除的对象。”⑥这一法律文化的取向集中表现出长期以来中国地方治理法治化之于民间规范等国家法以外的“本土行动规则”的忽视甚至排挤，其结果往往造成了地方立法因脱离地方实际而在实施过程中陷于尴尬境地。以地方立法禁放燃放烟花爆竹为例，北京市人大常委会于 1993 年通过《北京市关于禁止燃放烟花爆竹的规定》，在全国范围内较早以地方性法规的形式明确禁止燃放烟花爆竹。此后，全国多地纷纷效仿，以立法或政策的形式先后出台“禁放令”。然而，这些“禁放令”自实施以来却因“不接地气”而持续遭受质疑，最终又在北京市地方立法“改禁为限”的推动下，于 2004 年前后在全国范围内掀起了一波燃放烟花爆竹的“解禁”热潮。可见，缺乏对于民间规范的合理考虑，不仅使地方立法难以形成地方治理所期望形塑的

① 钱锦宇.善治视域下民间规范的价值定位和正当性基础——以地方立法权扩容为基点的分析[J].湖湘论坛，2018(1)。

② 王堃.地方治理法治化的困境、原则与进路[J].政治与法律，2015(5)。

③ 刘金国，蒋立山.中国社会转型与法律治理[M].北京：中国法制出版社，2007:49。

④ 强世功.“法治中国”的道路选择——从法律帝国到多元主义法治共和国[J].文化纵横，2014(4)。

⑤ 吴邦国.形成中国特色社会主义法律体系的重大意义和基本经验[J].求是，2011(3)。

⑥ 魏宏.法律的社会学分析[M].山东：山东人民出版社，2003:235。

"法治化"秩序,反而可能造成地方立法的正当性存疑,继而影响地方治理法治化的秩序建构。

根据美国学者 Bovaird 和 Loffler 的观点,在规则意义上,地方治理不仅适用正式规则,而且还大量适用非正式规则,从而有效、灵活地回应变幻多端的地方实践的要求。[①]该论断也同样适用于中国地方治理。这意味着,中国地方治理法治化不仅仅是以国家法等正式规则建构为主导的强制性制度变迁,也应当是包容民间规范等非正式规则自治同构的过程。在国家治理体系和治理能力现代化语境下,地方治理法治化的推进需要以社会主体对法治深刻的认知与内在需求作为基本推动力。为此,中共中央提出"发挥市民公约、乡规民约、行业规章、团体章程等社会规范在社会治理中的积极作用"[②],不只是借助政策框架对民间规范进行官方确认,而旨在将民间规范等法治"本土资源"融入国家与地方治理法治化的建构过程,以回应社会治理转型对于"规则多元"的现实召唤。"规则多元"并非意指民间规范与国家法"分而治之",其本质在于两者的互动互通并统一于国家与地方治理法治化的体系之中。

因此,地方治理法治化一方面需要强化民间规范对地方立法的认同与补充,通过推动民间规范在地方立法预设的框架下产生与运行,促使民间规范在效力形式上对地方立法的认同,并以此为基础,使民间规范在其自治范围内与地方立法形成互补,从而充分发挥这一法治"本土资源"对地方治理的辅助功能。另一方面,作为国家建构意义上的地方治理"行动规则",地方立法需要对民间规范予以合理吸收,从而借助社会主体之于民间规范的深刻认同,寻找地方立法的"立足点"并实现地方立法的"自强"[③],以此增强地方立法在地方治理实践中的可操作性与生命力。地方立法吸收民间规范的程序再造,能够从运行层面为地方立法突破自身体系的封闭性提供稳定的制度预期,畅通地方立法对于民间规范的接纳途径,从而为地方治理充分运用民间规范推进自身法治化进程的创造必要前提,符合地方治理法治化之于民间规范这一法治"本土资源"的利用需求。

(三)契合地方立法程序建设的价值导向

所谓"价值导向",是指特定主体根据相应需求,选择确定某种主导价值向度并予以追求的过程。地方立法程序作为一种制度范畴,也必然基于自身建设需求而存在一定的价值导向。一般认为,地方立法程序以民主和科学作为自身建设的基本价值导向。

在现代法治社会,法应当是公共意志的体现。对于具有鲜明地域属性的地方立法而言,经由其所形成的大部分法规都会对地方公众产生直接而具体的影响。为了使地方立法能够最大限度地反映地方范围内的公共意志,必须保证地方立法的民主性。[④] 因此,

---

① Tony Bovaird and Elke. Loffler. 公共管理与治理[M]. 北京:国家行政学院出版社,2006:165。

② 中共中央关于全面推进依法治国若干重大问题的决定[N]. 人民日报,2014-10-29(3).

③ 罗杰·科特威尔. 法律社会学导论[M]. 潘大松、刘丽君、林燕萍、刘海善译. 北京:华夏出版社,1989:22。

④ 黄龙云. 广东地方立法实践与探索[M]. 广东:广东人民出版社,2015:36。

"民主与效率是任何一个法治社会在进行立法程序的制度构造和实际操作中所要实现的价值取向,是立法程序生命力之所在。"①这一方面从形式上要求地方立法程序建设应当为社会公众直接参与地方立法提供机会,从而广开言路,以保证社会各方面能够就地方立法草案或其主要内容充分表达个人的意愿和观点。另一方面,也从实质上要求地方立法程序应当为公众参与立法的效果提供保障,从而使地方立法符合多数人的意志。也就是说,公众参与不仅是一种民主参与形式,更不是"走过场",而应当从程序上保证合理的公众意见能够进入地方立法。对此,地方立法吸收民间规范的程序再造在以下两个方面与地方程序建设的民主价值导向存在契合:第一,地方立法吸收民间规范有赖于社会公众对民间规范资源的充分表达,因而地方立法吸收民间规范的程序再造必然涉及进一步完善公众参与机制的相关举措,从而有助于促使公众参与渠道的多样化,从形式上增强地方立法程序的民主化程度。第二,基于民间规范生成的社会环境及其属性,其在很大程度上即反映出特定社会公众在某一领域对于权利义务配置的习惯和意愿。因此,通过地方立法吸收民间规范的程序再造将民间规范引入地方立法的过程,也是公众意见进入地方立法的方式之一。这有助于使地方立法所创设的权利义务调整模式符合多数人的意志,进而从实质上保证地方立法程序建设的民主价值导向。

"一部良法,除了应当充分反映公众的意志以外,还必须具备一定的立法质量。否则,立法的意图再好,最终制定出来的地方性法规或地方政府规章也难以发挥出预想的效果。"②由此,通过相关程序设置"把控"地方立法的质量以实现地方立法的科学化,是地方立法程序建设又一核心价值追求。一方面,经由立项、起草、提案、审议、表决等环节所组成的程序整体,在宏观上架构了一道保障地方立法结构完备的完整"工序";另一方面,依靠各个环节的具体程序设置,则能够从微观层面对地方立法质量进行更为细致、深入的把控。地方立法吸收民间规范的程序再造,有助于推动立项、起草、提案、审议、表决等环节程序设置进一步健全,以实现民间规范进入地方立法的渠道进一步常态化、规范化,从而强化地方立法对民间规范的吸收。实践证明,这种吸收之于地方立法质量能够产生积极影响。例如,2011 年《重庆市轨道交通条例(草案)》表决通过时,出于对民情习惯予以充分的考虑和重视,删除了原草案二审稿中拟定的"禁止在车厢内饮食,违者可处警告或者 20 元以上 100 元以下罚款"③之"禁食令"条款,避免了社会公众基于"这样的规定在执行中可能存在不人性化的问题,所以执行起来会有一定难度,而且也有可能产生纠纷,引起冲突"④所导致的不认同,使地方立法更加符合地方实际,增强了地方立法的可操作

① 汤唯,毕可志.地方立法的民主化与科学化构想[M].北京:北京大学出版社,2006:153。

② 石佑启,朱最新.地方立法学[M].广东:广东教育出版社,2015:119。

③ 重庆拟禁止车厢内饮食 违者可处警告或罚款[EB/OL]. https://news.qq.com/a/20110326/000300.htm,2018-06-12.

④ 田晓.重庆轻轨车厢禁食令未通过 因易引冲突执行难[EB/OL]. https://news.qq.com/a/20110326/000384.htm,2018-06-12.

性和生命力。可见，地方立法吸收民间规范的程序再造对于地方立法质量的提升具有促进作用，因而也契合地方立法程序建设所秉持的科学价值导向。

三、地方立法吸收民间规范程序再造的制度展开

基于地方立法程序各个环节构成的法定性与稳定性，以及地方立法吸收民间规范的实际操作需求，地方立法吸收民间规范的程序再造并非是要突破已有的宏观程序制度以增设专门的“民间规范准入”环节，而是在维持现行地方立法程序制度所创设的各个基本环节不变的前提下，进一步建立健全各个环节的具体制度设置，以开拓民间规范进入地方立法的程序进路，从而就地方立法吸收民间规范的程序困境予以相应的制度回应。这一做法也有助于使民间规范经由多个地方立法程序环节的甄别、判断与筛选，以保证进入地方立法的民间规范具备合理性，能够为地方立法所用并提升地方立法质量。与此同时，由于“从广义上理解，程序问题在地方性法规的制定、认可、废止、修改、解释、执行各个过程都存在”①，因而程序再造的对象不仅局限于各地方立法程序规范规定的“正式立法程序”，即由法案到法阶段的程序，也应当涉及立法前准备阶段的地方立法立项与起草程序，以及立法后完善阶段的立法评估程序等。以下分述之。②

(一)立法立项程序再造

对于地方立法的立项，它是指地方立法机关为科学开展立法工作，在自身职权范围内，根据本地方的实际情况及需要，依法编制地方立法规划和年度立法工作计划的活动。从实践来看，地方立法立项不仅是要为一定时期内的地方立法“定题”，而且也应当对拟定地方立法项目中的主要制度和措施的合法性、合理性、可操作性等予以论证，以从源头上保证地方立法质量。因此，为提高立项项目的可行性，立项过程中也存在考虑民间规范的必要与需求。然而，实践中立项活动的开展仍鲜有针对民间规范的程序制度设置。因此，推动地方立法吸收民间规范，首先应在立项程序建立以下两项制度：③

一是建立常态化的公众立项建议信息征集制度。从实践来看，不少地方在地方立法立项过程中，也会向社会公众征求意见。但实际上，“在确定计划的时候，对于哪些由政府提出、哪些由常委会主任会议提出这个问题，几乎不用讨论，大家都心里有数”④，所以当前征求意见的形式往往是将有关部门、机构申报的建议项目予以列举、公布后，由社会公众在所列举的建议项目展开选择，以此地方立法机关确定立项项目提供参考。可见，

---

① 汤唯，毕可志等.地方立法的民主化与科学化构想[M].北京：北京大学出版社，2006：162。

② 严格来说，地方立法程序应当包括地方性法规的制定程序和地方政府规章的制定程序，但由于前者更具代表性，下文主要以地方性法规的制定程序为样本展开论述。

③ 阎锐.地方立法参与主体研究[M].上海：上海人民出版社，2014：182-183。

④ 李小娟，刘勉义.地方立法程序研究[M].北京：中国人民公安大学出版社，2003：29。

这一意见征求形式留给公众表达个人意愿的空间显然有限,相关民间规范资源也难以经由社会公众意见的表达进入后续的立项论证环节之中。因此,有必要建立公众立项建议信息征集的常态化机制。较之现有的公众意见征求形式,公众立项建议信息征集常态化机制一方面能够实现征集意见的常态化,使得社会公众能够随时、主动提出有关地方立法立项的建议,以改变当前社会公众意见表达的被动状况。另一方面,此处的"立项建议信息"并不局限于地方立法的"选题",而可以是关于地方立法项目及其内容甚至于某一条款的任何建议。通过这种常态化的公众立项建议信息征集,有关民情习惯、风俗惯例才有可能在立项时即进入地方立法机关的考量范围。

二是建立开放式的立项论证制度。由于"在立项论证过程中,一些重要问题、制度和规范均进行了必要性和可行性的充分研究……而且实践中立项论证与法案起草工作相互渗透,是个论证—修改—再论证—再修改,不断深化认识、完善法案的过程"[①],因此,立项论证是否涉及民间规范及其转化为地方立法的相关论证,将对民间规范能否出现在此后的地方立法草案中,具有直接的影响。但从目前立项论证的实践来看,其仍然属于一种封闭式的论证活动,即参与立项论证的主体仍局限于人大常委会与政府法制机构的相关人员,社会公众并未获得参与论证的机会。在此情况下,"即使公众提出'另辟蹊径'的建议,也往往因'木已成舟'而难以改变"[②]。因而,必须推动当前封闭式的立项论证向开放式的立项论证转变,使地方立法在立项过程中能够就公众建议予以广泛收集,从中筛选出可资利用的民间规范资源,进而为民间规范在起草环节进入地方立法提供前提。

(二)立法起草程序再造

立法起草作为以书面形式将地方立法草案见诸文字的过程,是对地方立法内容首次完整、系统地表达。经由起草程序,地方立法草案初稿即已完成,法案的基本框架和内容也由此形成"雏形",甚至在很多情况下,最终进入审议程序的审议稿与草案初稿并无大异。所以,民间规范能否进入地方立法,很有可能取决于起草程序。但就目前的起草状况来看,地方立法草案之于民间规范的考虑范围及其程度并没有相对可靠的制度化路径而往往取决于立法的性质和立法者的偏好等因素,如自治条例和单行条例的起草对有关少数民族风俗习惯考虑较多也相对充分。因此,有必要从程序制度的建立健全着手,进一步完善起草程序对于民间规范吸收的制度设置。

第一,建立民间规范专题调研制度。不少学者均认为,地方立法吸收民间规范的重要前提是对民间规范进行调研。尽管向公众的意见征集能够收集到一定的民间规范资源,但这种相对分散的信息来源在真实性、系统性等方面仍有待考证,所以起草主体有必要主动展开调研。但从当前起草调研的实际情况来看,起草主体更倾向于面向政府机关

---

① 张宁生.地方性法规立项论证问题探讨[J].中国人大,2005(9)。

② 阎锐.地方立法参与主体研究[M].上海:上海人民出版社,2014:183。

或在其协助下，以召开座谈会的形式进行调研，较少深入民间开展调研，从而导致起草主体主动获取的一手民间规范资料十分有限。为此，有必要通过民间规范专题调研制度的建立，充实地方立法起草所需的民间规范素材。

第二，推行人大提前介入制度。目前，政府部门仍然是主要的地方立法起草主体。除地方政府规章一般由政府部门起草以外，地方性法规的起草也往往由人大委托政府部门起草。出于本职工作的行政与提高起草效率的需求，政府部门对于起草材料的运用往往是“就地取材”。如有些政府部门起草地方性法规时，即以有关地方政府规章或规范性文件为“蓝本”，稍作加工修改后即提交给人大。这样的起草方式之下，地方立法草案所吸收的只能是政府规范，民间规范在此显然难以存在“容身之处”。为此，有必要推行人大对于法案的提前介入制度，在地方性法规案首次审议之前，合理提前介入政府部门及相关单位的起草工作，从而一方面强化人大对地方立法起草的主导作用，防止政府部门“关门”起草而忽略了对民间规范资源的考察和运用，另一方面发挥人大的协调作用，在必要时协助或代替政府部门进行民间规范的整理和收集，以供起草主体参考借鉴。

第三，完善专家委托制度。为避免政府部门起草的部门利益倾向，委托专家起草或进行起草咨询的情形日益常见。但实践中受委托的往往是法学或法律实务领域的专家，他们更多的是从正式立法的框架与技术方面对起草活动给予支持，但对于相关民间规范却不一定熟知。所以，有必要完善专家委托制度，重视将有关民俗专家引入地方立法起草及其咨询中，以充实关于民间规范的专家意见。

(三)正式立法程序再造

正式立法程序对于民间规范能否真正转化为地方立法具有决定性的意义。在这一程序中，主要是要对提案、审议、表决等环节的具体操作制度进行完善，以落实地方立法对民间规范的吸收。

首先，健全法规草案说明制度，将民间规范调查、参考等情况明确列入说明事项。从地方立法的实践来看，在法案的提出环节，除了提出法规草案文本以外，也要求将法规草案的说明及相关立法资料一并提出。在此后法规草案的审议过程中，法规草案说明往往成为审议人员对法规草案初步认知和后续分析的重要引导。其中，法规草案说明的重要内容之一就是对制定法规的法律、行政法规依据以及有关地方性法规和政策参考予以说明。诚然，地方立法的制定应当有明确的上位法依据，也需要对相关政策精神予以参考，但这也在一定程度上体现出当前地方立法制定对于民间规范资源的忽视。因此，有必要将民间规范调查、参考等情况列为法规草案说明的必要事项，要求提案主体对该法规调整的领域是否存在相关民间规范、草案起草是否吸收了相关民间规范等予以说明，从而一方面有助于使听取法案的有关人员能够了解法规草案对于民间规范的吸收利用情况，另一方面也有助于督促起草主体和提案主体在起草法规草案的过程中就相关民间规范资源展开充分的调查、整理。

其次,强化法案审议制度衔接,有效发挥审议程序对地方立法吸收民间规范的"把关"功能。相较于立法程序中的其他环节,法案审议过程最为复杂,严格来说,审议并非一个孤立的环节,而是由专门委员会审议、法制委员会审议、常务委员会审议、代表大会审议等多种审议制度构成的体系。对地方立法吸收民间规范的充分论证,有赖于推动这些审议制度的衔接。例如,针对有关自治条例和单行条例吸收少数民族习惯的情形,可先交由民族委员会等专门委员会进行审议后,再交由常务委员会或代表大会审议。这是由于民族委员会的组成人员包括人大代表中的少数民族代表与有关民俗专家、民族事务工作者等人员组成,他们既了解有关少数民族的情况,也具备地方立法工作经验,因而可以充分发挥民族委员会审议的专业性优势,为地方立法吸收少数民族习惯把好第一道审议关,为后续常务委员会或代表大会审议提供专业意见,以提升审议的质量,确保地方立法吸收民间规范的效果。

最后,落实重要条款单独表决制度,对地方立法吸收民间规范的重要条款进行单独表决。党的十八届四中全会通过的《中共中央关于全面推进依法治国若干重大问题的决定》提出"完善法律草案表决程序,对重要条款可以单独表决",通过对重要条款的单独表决,"可以使立法中的问题更加明确,审议的焦点更为集中",也"可以使人大代表或者常委会组成人员对法规案中的关键问题研究更深更透"。① 从实践来看,不少地方立法在对有关民间规范吸收与否的问题上往往也会引发争议,如前述《重庆市轨道交通条例(草案)》审议中关于"禁食条款"的争议即是典型的体现。因此,重要条款单独表决制度也有必要落实应用于有关地方立法吸收民间规范的重要条款的表决中。这不仅有助于加强对有关条款审议的针对性,也有助于使人大代表或者常委会组成人员能够就地方立法吸收民间规范的条款作出独立判断并予以专门表态,以提高对该条款的表决效率,并确保该条款的通过与否能够真正反映出多数人的意愿。

(四)立法后评估程序再造

立法后评估,是指在地方立法正式实施一定时期后,针对其实施效果及实施过程中存在的问题展开的跟踪调查与综合研判活动。对于地方立法吸收民间规范而言,有关法案或条款的表决通过并非这一过程的终点,其吸收的效果如何还应留待持续的跟踪考察,以防地方立法对民间规范的吸收落入形式主义之窠臼。因此,针对地方立法吸收民间规范的立法后评估十分必要。而且,这也能够为有关条款的后续修改提供参考依据,对于地方立法吸收民间规范质量之提升具有重要意义。从我国有关地方立法后评估的实际操作来看,各地评估标准及体系并不完全一致。如山东省根据其立法评估实践,总结并建议采取合法性、适应性、协调性、合理性、可操作性、技术性、实效性、效益性作为评

① 黄龙云.广东地方立法实践与探索[M].广东:广东人民出版社,2015:89。

估标准；[①]广东省地方立法实践则以实效性、公平性、适宜性作为立法后评估的基本标准。[②] 这些标准也能够成为评估地方立法吸收民间规范的一般指标，但基于地方立法吸收民间规范的特殊目标指向，因而也应当存在其特有的评价指标。对此，重点即在于建立地方立法吸收民间规范的立法"成本—收益"评估制度。

这是由于，地方立法吸收民间规范的前提并非是对国家法的否定，也不是提倡地方立法对民间规范的一味迁就，而是尝试将民间规范所创设的行为模式合理整合进入地方立法，一方面为地方立法有关条款的拟定提供权利义务配置构造上的参考或直接认可的对象，以降低地方立法的成本，提高地方立法的效率，另一方面则是要借助公众对于此种权利义务模式的情感认同来提高公民自觉守法的概率，减少运用强制手段来纠正违法状态的情形，从而降低地方立法实施的成本，提升法律实施的效益。为此，成本与效益必然成为评价地方立法吸收民间规范效果的核心指标。根据"卡尔多-希克斯效益标准"[③]，如果地方立法对民间规范认可或转化所产生的总收益大于其立法的成本及其他损失，即意味着民间规范在此真正构成了一种"资源"，否则这种吸收则是没有必要甚至是有害的，应当予以改变，进而对有关条款予以修改或删除。此外，对于地方立法吸收民间规范的立法"成本—收益"评估还应当根据所吸收民间规范的不同调整领域，在效益类型上作出相应区分。例如，对于地方立法吸收商事习惯和交易惯例的，应侧重于对其经济效益的考察，对于地方立法吸收乡规民约的，则侧重于对其社会效益的考察，从而使评估有的放矢地进行，为判断地方立法吸收民间规范的质量提供准确依据。

On the Procedure Regeneration of Local Legislation Absorbing Folk Norms

Huang Zhe

Abstract: Based on the functional advantages reflected in adjusting certain social relations, folk norms constitute the "local resources" that the local legislation is able to draw upon. However, subject to both theoretical and institutional reasons, local legislation absorbing folk norms lacks of the support of proper procedure. To tackle the problem of the lack of a proper procedure in local legislation absorbing folk norms, there is a necessity for the procedure regeneration of local legislation absorbing folk norms. The legitimacy of the procedure regeneration of local legislation absorbing folk norms lies in three parts: the integration of official and unofficial rules, meeting the need of harnessing the local resources required by the rule of law in local governance as well as conform to the value orientation of the development of local legislation procedure. The

① 阮庆文.关于立法后评估制度的几点思考[EB/OL]. http://www.ahfzb.gov.cn/content/detail/566a8ab2f3cd010f3e2024b6.html,2018-06-12.

② 黄龙云.广东地方立法实践与探索[M].广东：广东人民出版社，2015：240。

③ 汪全胜.制度设计与立法公正[M].山东：山东人民出版社，2003：174-175。

procedure regeneration should base on the institution while develop through the process of project initialization, draft, official legislation and post-legislation evaluation in local legislation.

Key Words: local legislation; folk norms; procedure regeneration

基层社会治理与乡村法治建设的理性思考*

南杰·隆英强**

摘要:基层社会治理与乡村法治建设是整个国家治理体系和中国社会有效稳定发展的坚实基础，更是本土化的中国社会建设和法治中国建设的最终落脚点。基层社会与乡村社会稳则中国整个社会稳。基层社会治理与乡村法治建设是一个需要理性思考、不断变化、深入研究、整合资源、与时俱进、法治评估，以及凭借大数据时代国家战略的“互联网＋”行动计划等综合为治的动态过程，传统思维和单一化的习惯规则的工作方法及各种简单粗暴的暴力执法与非暴力的经济补偿手段，已难以适应现阶段中国基层社会建设的根本需求。我们首先要认识和掌握当下中国基层社会治理与乡村法治建设的实质性问题，在不断地研究新情况、解决新问题的基础上，吸取或借鉴传统中国基层社会治理的法制文明成果与理性化的经验智慧，以中国本土法治文化的力量推动法治中国建设事业，最终开创中国本土法治方略指引下一切为民的基层社会治理与乡村法治建设的新局面。

关键词:基层社会治理;乡村法治建设;乡规民约、乡贤文化;综合为治

一、基层社会治理与乡村法治建设

需要借鉴综合为治的古代法政文明成果

传统中国从西周开始启动了以诸夏文化为主体的基础上，注意吸收周边各地各族文化之精华的各种基层社会治理与乡土社会建设的法制文明，从而造就了具有广泛的、持久的约束力的宗法血缘关系之宗法制度与国家法相结合的二元法律体系的法制文明基础。周初的伟大思想家、政治家周公旦为代表的“周公制礼到失礼入刑发展至礼乐刑政到综合为治”①的制度体系，当时的礼不仅在调整着“君臣朝廷尊卑贵贱秩序，下及黎庶车

* 基金项目:2014年度国家社科基金项目“藏族法律文化视域下藏汉双语司法实践与藏区社会稳定问题研究”(14BFX024)、2014年度国家民委“国家民族事务委员会中青年英才培养计划项目”(1401175372)、2016年度江苏师范大学引进国内优秀人才项目“汉藏法律文化的当代价值与基层社会治理法治化道路研究”(31920160002)、2017年度江苏师范大学教材建设项目“中国首套藏汉双语法学专业特色法规教材”(JYJC201705)、江苏师范大学汉藏法律文化与法治战略研究中心和苏北农村社会治理创新研究基地项目。

** 南杰·隆英强，法学博士，江苏师范大学法学院教授，江苏师范大学汉藏法律文化与法治战略研究中心主任，硕士研究生导师。

① 张晋藩.中华法制文明的演进[M].北京:法律出版社，2010:60-64.

舆衣服宫室饮食嫁娶丧祭之分"[①]而且是国家施政的准则和一系列制度，即所谓礼制。"乐"，不能简单理解为狭义的音乐，它包含文化、思想、情操等意识形态的许多方面，是陶冶德性的美育手段。"政"，主要是设官分职，建立政权机构。"刑"，不单指刑罚，也是法的通称。周公在制礼乐的同时也主持制定了刑典。[②] 这种中国传统基层社会治理与乡土社会建设的礼乐刑政文化不是孤立存在的，而且是相互依存、紧密联系的上层建筑现象，各有不同的作用，共同用于维护中国古代奴隶主贵族的统治。礼乐刑政不仅是一个完整的体系，还是一个运动着的整体，礼乐刑政的变化牵动着整个国家机器的运转，影响着国家的治乱兴衰。礼乐刑政综合为治的思想作为治国、理政、为民的方略，在实践中起了重要的作用，并为后世所继承，是中国古代法制文明的重要表征。[③] 从中我们要获取经验和智慧，在慎重考虑因地、因族、因时、因事、因人而治的灵活性制度政策，综合治理当下中国的基层社会，并加强和完善中国乡村社会的法治建设事业。因为中国基层社会治理与乡村的法治建设工作是国家治理体系的基础，大到国家政制法度，小至全国民众的日常生活、生产细节。

总之，礼的等差性与法的特权性是一致的，礼法互补，以礼为主导，以法为准绳；以礼为内涵，以法为外貌；以礼移民心于隐蔽，以法彰善恶于明显；以礼夸张恤民的仁政，以法渲染治世的公平；以礼行法减少推行法律的阻力，以法明礼使礼具有凛人的权威；以礼入法，使法律道德化，法由止恶而兼劝善；以法附礼，使道德法律化，出礼而入于刑。礼法的结合和互补可以推动国家机器有效地运转，从而构成中国古代社会礼乐刑政到综合为治的中国传统法政文明成果。

中国传统社会以宗法家族主义为本位的伦理法的基本因素，自然和谐与天人合一思想的基本精神、综合性和包容性及法律文化内涵的丰富性、民族性和世界性反映的道德伦理法律文化的价值等，德法兼修之中国本土独一无二的思想内涵民族智慧综合治理了几千年文明历史的中国古代社会。

中国古代法律文化是世界法律文化宝库中不可多得的瑰宝。对于这份历史遗产，我们应该认真地总结、反思，客观地予以评价，从中吸取当前法制建设所需要的可资借鉴的历史资源。

二、基层社会治理与乡村法治建设

中国古代，从西周开始就为国家治理与基层乡土社会发展稳定所需的法律与制度建设方面打下了坚实的基础，当时的礼乐刑政等法政文化与基层社会治理文化在国情因素的影响下，经过中华各民族在不同历史阶段的伟大创造，形成了先秦诸子百家中的儒家、

① 《史记·礼书》。

② 张晋藩.中华法制文明的演进[M].北京：法律出版社，2010：65.

③ 张晋藩.中华法制文明的演进[M].北京：法律出版社，2010：65-66.

墨家、道家、法家、名家、阴阳家、纵横家、农家、杂家、小说家等各种学说理论和法政思想，其独特的“引礼入法、礼法结合；以法治国，法为权衡；罪刑法定，援法断罪；家族本位，伦理入法；权法冲突，法吏互补；诸法并存，民刑有分；援法生例，以例辅法；无讼是求，调处息争；统一释法，律学兴起”①；明德慎罚，德主刑辅；天理人情，以人为本；“良法善治与致中和”等的中华法制文明的内涵及历史传统；又如东汉传入中国的佛家学说思想以及中国伦理道德法律化与法律内容中吸收各学派思想之独树一帜的传统；再如春秋时期，随着井田制度的破坏和宗法等级制度的瓦解，世卿世禄制度开始崩颓，各国为了创立新的官僚制度，推行了养士制度，春秋时期“士”的分类很复杂，有“游士”“辩士”“武士”“隐士”“任侠之士”，他们具有专门的技能和纵横捭阖的权术知识，因此在动荡的春秋时代，得到国君和卿大夫的重视和任用。早在春秋前期，齐桓公已养游士八十人。至春秋末期，无论“公室”“私家”都普遍养士，士的地位和作用显著提高，②“失士者亡，得士者昌”③成了当时社会的风尚。秦汉时期，士称为士大夫时可以指军队中的将士，汉代，士人特重士名即人格名望、风骨气节及学识才能，一旦成为名士，功利官位会接踵而至，士人中的士族在东晋时达到极盛，至南北朝始衰。隋唐以后，士族逐渐退出历史舞台，但士作为一特定阶层的观念仍然保留。宋以后，士或士人一词逐渐成为一般读书人的泛称，不再特指品官。尤其是自秦汉以来，历代出现了一些以乡村长老和士绅贤达为代表的乡村基层组织和治理权威，以填补县级政府以下的权威真空。这些组织依次是秦汉的乡亭里制、魏晋南北朝的三长制、隋唐的邻保制、宋代的保甲与乡约、元代的社制、明代的里甲制和清代的里甲与保甲制。乡亭里制中有里长、亭长，还有协助里长亭长的“乡老”“里老人”等，他们的职责是裁决争讼、督责怠惰、劝民为善、帮助解决各种困难和矛盾等。为中国传统社会的村落共同体起到了很好的建构与维护作用。④ 晚清朝廷、民国政府也都曾以充分发挥乡绅作用为基础探讨过地方自治与民权思想培育等社会改良的方案。⑤

古希腊最早明确把法治作为治国方略提出来的思想家柏拉图也主张推行“贤人政治”。

中国在五千年文明发展进程中创造了丰富的基层社会治理文化，这些社会治理文化以思想本身的结构形式出现，奠定了中国基层社会治理文化的基础。传统基层社会治理文化主要有乡亭里制、乡绅治理、乡约治理、社会治理、以礼求和、宗教治理、以德治理等。其中“乡亭里制”即可理解为中国传统社会中最普遍最基础的纠纷解决措施。“乡绅治理”可以理解为，乡土社会中的长老权威，也进一步促进了中国乡土社会中的家庭家族及村落凝聚力，加强了古代乡村社会的自制能力，维持着中国传统乡村社会的基本秩序，这

① 张晋藩.中华法制文明的演进[M].北京：法律出版社，2010：1-13.

② 张晋藩.中华法制文明的演进[M].北京：法律出版社，2010：124-125.

③ 《吴越春秋·勾践阴谋外传》。

④ 杨建华.传统基层社会治理文化的现代转型[J].中国特色社会主义研究，2015(5).

⑤ 马小红.“乡贤”的过去与未来[N].法制日报，2015-11-14.

些乡贤与长老是乡村社会的重要力量,他们以自己的文化道德感化乡民和泽被乡里,从而使乡村社会治理有序。"乡约治理"可以理解为村民们以道德、伦理准则为核心的乡规民约,是村民集体制定的关于生产、生活、行为、道德等的规章制度。它由乡民或村民自主约定,自愿加入,民主议事,赏罚公开的一些规范性内容。① 今天的新型中国基层及广大农牧村社会中的家庭家族及村落的各种矛盾纠纷需要圆满解决,仅仅依靠国家宪法法律是不能彻底解决,还需要广大农牧民在本地长期形成公认的以自己的文化进行道德感化和引导教育个人、社会的道德、伦理准则、顺应感情宣泄抚慰的重视人情世故的民间议事文化、赏罚分明公开化的规范性内容机制、道德评价和舆论谴责教化的全民公决式凝聚力,一直调整维持着中国基层社会及全国农牧村乡村社会的基本秩序,这种具有人性化、思想性、教育性、民族性、公正性、传统文明性、亲情友情伦理道德化的善治文化内涵为核心的综合治理资源,恰恰是我们现代科技革命时代和信息化时代的社会所急需的力量和资源,富有人性、人伦、道德、人情、亲情、友情、感情、珍惜、感恩等赏罚分明、劝善惩恶的基层社会或农牧区乡村社会依赖的"柔性软实力资源"与实体性、程序化、制度化、民主化、规范性等国家强制力保证推行的国家法治资源的紧密结合,才能建设良法善治的美丽幸福和谐的中国社会。

简言之,乡规民约是在国法之外的柔性补充,合理地调整着乡土社会的社会秩序,它凝聚了乡村的智慧,是一种来自日常生活的价值观念,是超越家族规范的社区公共规范,其目的是劝善惩恶,内容主要是儒礼教化,在制定方式上主要是村民自行制定,在执行上趋于组织化、制度化。"社会治理"可以理解为中国传统乡村社会纠纷主要依赖"社会",如宗族、保甲、宗教、行会、商会解决,社会成了纠纷解决的最重要主体,而不是光靠政府用国家强制力解决。"以礼求和"可以理解为中国古代是一个讲究礼的国家,是一个礼治的社会。"以礼求和"是乡土社会的基本治理方式。在乡土社会里"礼"是尊老爱幼、邻里和睦、扶贫济困,"礼"体现在家庭、邻里等人伦、人情关系中。总之,"以礼求和"是中国古代社会所秉持的一条重要的社会治理理念。它对中国社会具有根深蒂固的作用,影响极其深远。②

"宗教治理"可以理解为历史上历代大德高僧和一心向善向佛的宗教人士,以身作则把"爱国爱教、护国利民"的优良传统融入世俗社会发挥作用,把慈悲为怀的理念融入推进社会发展、增进和谐稳定和维护国家利益上来,为国家、民族及地方的各种事业发展贡献力量的,都可以理解为宗教治理。例如元、明、清时期的君王把历代大德高僧册封为国师,进行参政议政、治理社会、治国理政、教育国民,促进了民族和国家的各项事业。再比如历史上爱国爱教的章嘉呼图克图活佛系统与达赖喇嘛、班禅额尔德尼、哲布尊丹巴呼

① 关于传统基层社会治理文化及其主要方式的相关知识,请详见杨建华.传统基层社会治理文化的现代转型[J].中国特色社会主义研究,2015(5).

② 关于传统基层社会治理文化及其主要方式的相关知识,请详见杨建华.传统基层社会治理文化的现代转型[J].中国特色社会主义研究,2015(5).

图克图齐名的藏传佛教的四大领袖，著名的五世和七世达赖，以及新中国成立前后在利国利民方面做出重大贡献的十世班禅、喜饶加措大师等，在历代中央政权的支持下，高举爱国进步的旗帜，推动了"爱国爱教、护国利民"的重任，为祖国统一、民族团结、宗教和谐、社会稳定做出了卓越贡献。现如今，我国民族地区德高望重的宗教人士和各地寺院积极推动着党和国家的宪法与法律、民族宗教政策、全国统战、安全稳定等重要工作。

关于"道德伦理法律化或习惯法充当国家法的治理"措施，比如多年来藏区社会德高望重的长老、民间调解员、活佛、乡贤、寺院等多元化的组织和个人是维护藏区社会稳定发展及解决各种纠纷矛盾方面的主力军，他们在偏远藏区一直扮演着准司法人员或准司法机关的重要角色，因为大多数藏区社会自然环境恶劣、交通极其不便、农牧区民众一般居住分散，国家的司法、执法机关适用和执行国家法律的难度非常大，整体司法资源匮乏，加之管辖范围大，力量不足，通讯交通设备落后，在一定程度上影响到国家法律的实施，国家制定法的实施效果也会影响到国家法律的权威等，这也是藏族赔命价刑事习惯法等少数民族刑事习惯法因地制宜如此活跃的重要原因。① 正因为如此，在偏远的藏族农牧区发生的各类民事、行政案件及轻微的刑事案件甚至严重的杀人案件中，都有德高望重的藏族宗教人士、老人会、乡贤等民间的积极贡献，他们从不同角度对各种案件纠纷进行关注，要么国家制定法介入之前已经行之有效地以传统规则处理或解决了当时发生的各类案件，要么与藏区当地党政组织和司法机关及其他民间团体等共同参与综合为治的措施处理了当时发生的纠纷或案件。

藏区发生杀人伤害致死案件后，双方当事人及其家属为了缓解或消除矛盾，不经国家司法程序，而是由加害方主动提出赔偿或被害方要求赔偿，然后各自聘请有地位有影响的商谈代表，比如由原部落后裔及从事慈善事业的活佛等权威宗教人士、德高望重的村寨老人、藏族民间组织等出面讨论案情，并召集双方当事人的亲属对被害人的死因身份进行议定，由被告人向被害人家属赔偿相当数额的金钱和财物，由此了结草场纠纷等各种因素引起的刑事案件的民间习俗和做法。②

综上所述，中国传统基层社会治理与乡土社会建设中创造积累的丰富多元的文化思想和经验智慧，进一步丰富和发展了当下中国基层社会治理与乡村法治建设的思想与智慧。这些优秀文化是中华各民族的创造精神和实践中经验的总结，值得我们认真研究，发掘其中的穿越时空的价值部分，这对于推动当下中国基层社会治理与乡村法治建设的体制机制及建设中国社会主义法治强国具有重要的意义。

在古代基层社会中，乡贤发挥着十分重要的作用。新时期创新社会治理可以合理借

① 南杰·隆英强.中国刑事法治建设的本土化路径:以藏族赔命价习惯法之积极贡献为视角[J].政法论坛，2011(6).

② 南杰·隆英强.中国刑事法治建设的本土化路径:以藏族赔命价习惯法之积极贡献为视角[J].政法论坛，2011(6).

鉴古代基层社会的相关经验。① 在这样的历史大背景下，我们充分挖掘和利用传统乡贤的优势资源，也要整合新乡贤的社会治理作用。随着时代发展，我国农村发生了巨大变化，但传统社会的架构并没有完全坍塌，乡村社会错综的人际交往方式、以血缘维系的家族和邻里关系依然广泛存在。作为农村中有声望、有能力的长者、贤人，乡贤在农村社会治理中的地位依然重要，他们协调冲突、以身作则提供正能量的作用不可或缺。乡贤大都对传统和现代有较为全面的了解：一方面，他们扎根本土，对我国传统文化和乡村情况比较熟悉；另一方面，他们具有新知识、新眼界，对现代社会价值观念和知识技能有一定把握。因而，现代乡贤成了连接传统与现代的桥梁，让传统与现代有了"可译性"。他们可以利用自身的人格魅力来感染周边的人，用村民们能够接受的方式来传递现代知识，让现代的法律和契约精神与传统的价值和伦理得以协调。②

乡贤文化是中华优秀传统文化在乡村的一种表现形式。它植根于乡村社会土壤，蕴含见贤思齐、崇德向善、诚信友善等优秀文化基因。结合时代需要建构新乡贤文化，对于促进中国各族人民团结互助地践行法治规则，让依法治国的事业扎根基层社会、推进基层社会治理和乡村法治建设现代化具有重要意义。

新乡贤文化的精神实质，从基本理念上说，建构新乡贤文化应摒弃传统乡贤文化中等级森严、尊卑有别等糟粕，倡导民主法治理念、开放竞争意识、包容创新氛围、幸福平等精神等现代文明因子；从文化主体上说，新乡贤既包括道德模范、社会贤达等，也包括以自己的专长、学识和财富建设乡村、改善民生的优秀人物。因此，新乡贤文化应是对传统乡贤文化的批判性继承、创造性转化与创新性发展。它既汲取传统乡贤文化中的价值精华，又践行和融入社会主义核心价值观；既发扬传统乡贤品格，又凝练现代乡贤品格，是社会主义核心价值观与优秀传统文化在乡村社会相契合、传统与现代相对接的文化。③最近几年江苏、安徽、浙江、山东、海南等全国性重塑新乡贤文化与应大力培育乡贤群体等诸多社会实例，充分论证了我国从中央到地方已经开始重视现代乡贤文化理论与体制机制。

在我国广大农牧村基层社会是一个熟人社会，虽然我国社会步入了现代化、法治化、信息化快速发展的道路，但广大基层农村社会、民族地区和边疆地区的农牧村仍然需要基层精英或乡贤文化的复兴。"这不是传统士文化的回归，而是要实现社会贤达和社会体系的有机融合、现代社会治理在乡村基层的有效落实。传统社会的乡贤不仅是道德模范和价值观的引导者，而且是乡民行为的规范者和约束者。传统乡村，人们生活在熟人社会中，并不太重视法律和契约的作用，而更加看重有威望的乡贤对于社会公正的维护。我们当然不能回到过去那种状况，但在依法治乡、完善现代乡村治理的同时，也应强调乡

① 马小红."乡贤"的过去与未来[N].法制日报，2015-11-14.

② 张颐武.重视现代乡贤[N].人民日报，2015-09-30.

③ 黄海.重视"软约束""软治理"：用新乡贤文化推动乡村治理现代化[N].人民日报，2015-09-30.

贤对于当下乡村稳定的重要作用,以更好地让村民行为有法度、价值有引领、操守有规范。”①

因此,在实现国家治理体系和治理能力现代化的大背景下,全面深入推进依法治国事业,推动中国当下的基层社会治理与乡村法治建设具有更大的现实意义。

三、基层社会治理与乡村法治建设

需要借鉴梁漱溟先生《乡村建设理论》中的理性思想

中国当下基层社会治理与乡村法治建设时,需要借鉴中国著名学者梁漱溟先生《乡村建设理论》中的理性思想和至今仍然具有指引作用的先进理念。在“新社会组织构造之建立:乡村组织”时,梁漱溟先生开宗明义地讲,“我常说:人类的生活必是社会生活,而社会生活又须靠有秩序,没有秩序则社会生活不能进行。西洋社会秩序的维持靠法律,中国过去社会秩序的维持多靠礼俗。不但过去如此,将来仍要如此。中国将来的新社会组织构造仍要靠礼俗形著而成,完全不是靠上面颁行法律。所以新礼俗的开发培养成功,即社会组织构造的开发培养成功。”②等等,是梁漱溟先生富有实践经验的理性思想和智慧哲学,对当下中国基层社会治理与乡村法治建设都有指导意义。

通过对《乡村建设理论》思想资源的发掘来温故知新,进而希望对当下我们

推动基层社会治理与乡村法治建设有所借鉴。于此我引林建刚先生所撰写《梁漱溟的制度迷思与法治卓见》一文中的观点为证,他说:梁漱溟民国时期关于乡村建设的理论,对当下我们这个时代的乡村建设依然具有借鉴作用。从坚持法治的角度讲,面对20世纪70年代的宪法草案,梁漱溟的看法是:“制定宪法,目的是为了限制个人权力的滥用无度,一部宪法,上至国家元首,下至普通公民,人人必须遵循,在法律面前人人平等,不存在凌驾于法律之上的事,如果把哪个个人放在宪法之上,则违背了制定宪法的宗旨,宪法执行起来就不可能完善,不可能彻底。”③梁漱溟先生很早就看到了以往中国社会人治无序的局限性和种种弊端,提倡我们中国全社会应该走出人治,他还指引我们始终要尊重宪法,凡事多依靠宪法、信任宪法,中国学者最早大胆探索主张全社会逐渐走向法治方面做出了理论结合实践的伟大贡献,当下我们中国社会凭借全面深化法治中国建设的春风,一定要坚持朝民主法治与公平正义的方向发展。

李善峰教授在他《一个现代国家建设的系统方案》一文中指出:梁漱溟先生以“认识老中国、建设新中国”为己任。建设新中国的实践,主要是投身乡村建设运动,以乡建领袖的身份参与高层政治活动,反映在著作上,就是这部《乡村建设理论》(一名《中国民族之前途》),它从经济、社会、政治、文化等方面提出了一个传统社会现代转型和国家治理

① 张颐武.重视现代乡贤[N].人民日报,2015-09-30.

② 梁漱溟.乡村建设理论[M].北京:商务印书馆,2015:144.

③ 林建刚.梁漱溟的制度迷思与法治卓见[N].经济观察报,2013-5-17.

的整体方案。从事乡建活动是梁氏一生事业的高峰。梁氏从中国社会的散漫性，强调团体性的重要和组织起来的必要，可以说抓住了中国问题的根本。他的高明之处是希望中国在起步阶段，就避免西方现代化所带来的负面影响，他相信可以通过对中国文化中有利于现代性因素的分析来修正西方的现代化道路。①

中国基层社会治理与乡村法治建设是一个需要理性思考、不断变化、深入研究、整合资源、与时俱进、法治评估，以及凭借大数据时代国家战略的"互联网＋"行动计划等综合为治的动态过程，传统思维和单一化的习惯规则的工作方法及各种简单粗暴的暴力执法与非暴力的经济补偿手段，已难以适应现阶段中国基层社会建设的根本需求。现阶段，我们始终要坚持一切以人民为核心的发展理念才能振兴中国基层社会治理与乡村法治建设，使中国社会逐渐走向民主文明法治化的道路。

中国基层社会治理与乡村法治建设直接关系到当下我国农牧村的稳定发展，习近平总书记指出，农村稳定是广大农民切身利益。农村地域辽阔，农民居住分散，乡情千差万别，加强和创新社会管理要以保障和改善民生为优先方向，树立系统治理、依法治理、综合治理、源头治理理念。要形成农村社会事业发展合力，努力让广大农民学有所教、病有所医、老有所养、住有所居。要推进平安乡镇、平安村庄建设，开展突出治安问题专项整治，引导广大农民自觉守法用法。各级领导干部要多到农村走一走、多到农民家里看一看，了解农民诉求和期盼，化解农村社会矛盾，真心实意帮助农民解决生产生活中的实际问题，做广大农民的贴心人。要把农村基层党组织建设成为落实党的政策、带领农民致富、密切联系群众、维护农村稳定的坚强领导核心。②

我国基层社会和广大农牧村的基本问题就是要及时处理好他们切身利益相关的各种矛盾纠纷，不管是家庭家族内部矛盾纠纷，还是村内外广大老百姓与乡村干部及相关政府机关普通干部和领导干部之间的关系，必须坚持走法治化、民主化、公开化、透明化，形成规范化、制度化的长效机制，关于基层社会各种矛盾纠纷问题和中国广大农牧区乡村的矛盾冲突不但要及时解决，而且要尽快建立健全民间和官方及社会团体能够监督的救济组织显得非常紧迫。

四、基层社会治理与乡村法治建设的有效途径

中国基层社会治理与乡村法治建设关乎整个中国社会长治久安的大问题，中国乡镇基层政府的权力运行、村委会村民自治、村庄治理有效等方面要发挥实际作用。对广大民众创造各种实惠，依法合理分配国家资源，有效限制庞大的国家权力对基层社会治理与乡村法治建设的规范化介入，主要目的在于预防乡镇和村委会等基层政府越权干预选

① 梁漱溟.乡村建设理论[M].北京：商务印书馆，2015：485-495.

② 2016年4月25日，中共中央总书记、国家主席、中央军委主席习近平在安徽凤阳县小岗村主持召开农村改革座谈会并发表重要讲话，《人民日报》(2016年04月29日01版)。

举和破坏人事制度、越权干扰基层社会的财务和整体发展规划，尤其是重点依法治理和预防乡镇干部带头，村委会相关人员参与后脱离基层工作的实际，导致乡村矛盾激化和干群关系恶化，原本善治的国家相关惠民政策名存实亡而激起民愤制造隐患，并且阻碍中央在基层社会治理与乡村法治建设工作的民主化和法治化的整体效果。

当代中国基层社会治理经历了从全能型社会管理、主导型社会管理到社会治理的演变。这其中有基于中国实际对西方公共治理理论及其实践借鉴与超越的因素。当代中国基层社会治理存在着职能定位不够准确、权责关系不够清晰、基本公共服务非均等化、基本价值取向的偏差、法治精神不够彰显等突出问题。从压力前行到主动进取、从一元主导到多元协同、从对立冲突到嵌入整合是基层社会治理方略的转变。为了解决问题，适应转变，需要积极探索基层社会治理的可行性路径。①

党的十八届四中全会指出："要发挥基层党组织在全面推进依法治国中的战斗堡垒作用，增强基层干部法治观念、法治为民的意识，提高依法办事能力。加强基层法治机构建设，强化基层法治队伍，建立重心下移、力量下沉的法治工作机制，改善基层基础设施和装备条件，推进法治干部下基层活动。"②根据这一总体思路，要进一步推进中国基层社会治理与乡村法治建设工作，必须做好以下六个方面的工作。

(一)强化法治宣传教育和基层专业人才队伍建设，全面推进法治方略

当下的中国需要坚持不懈地全面推进依法治国，首先必须打牢基层社会治理

与乡村法治建设进程中全国 56 个民族地区的法治化基础，全国 31 个省市自治区与 56 个民族分布的基层社会和乡村社会是整个中国社会的细胞和基础，全国基层社会和乡村社会法治建设水平的高低，直接影响着国家治理体系和治理能力现代化的进程速度，也直接影响着我们国家整个法治化的进程。面对国际国内民族宗教环境污染等新的形势，加强民族团结进步事业，科学合理安排干群和谐关系、尊重和理顺群众情绪、公平公正地妥善解决各种纠纷、及时有效地解决各种影响社会稳定的矛盾和问题，我们必须运用法治思维和法治手段，把中国老百姓关注的各种问题解决在基层社会和乡村社会治理的源头，把中国老百姓急需化解的矛盾化解在基层社会和乡村社会的源头。可以说，中国基层社会和乡村社会治理法治化是为我国改革发展稳定大局保驾护航的必由之路，是落实依法治国和全面建成中国小康社会的必然要求，也是我们党依宪治国和依法执政为民的必然要求。要全面深化中国基层社会和乡村社会治理过程中，加强推广法治宣传教育与人才队伍建设，增强普法宣传教育的针对性和实效性，以提高基层社会和乡村社会干部群众法治意识为重点，充分结合群众生产生活上的"法律需求"，建立多样化的普法平台，设计多样化的普法形式和载体，特别是以案说法教育，提高基层社会和乡村社会干

① 王岩，魏崇辉. 基层社会治理的理性认知与实践路径探究[J]. 中国行政管理，2016(3).

② 《中共中央关于全面推进依法治国若干重大问题的决定》，2014 年 10 月 28 日。

部对法治建设重要性的认识，教育引导群众依法处理个人事务、依法理性表达个人诉求，着力在基层社会和乡村社会形成信仰法治、自觉守法、遇事找法、解决问题靠法的良好氛围。

当下中国面临国际国内民族和宗教及反腐反恐等各种复杂局势动态，要充分发挥我国基层组织和农牧乡村一线党组织在全面推进基层治理法治化中以中国情怀把握正确方向，为民卫国模范带头，为治国理政协调各方的战斗堡垒作用，引领我国各民族同胞助推基层社会和乡村社会工作依法开展、基层关系依法理顺、基层事务依法办理、基层矛盾德法兼顾下要及时化解、基层各种问题依法解决、基层社会纠纷要源头开始依法防御。在加强我国基层组织和广大农牧乡村党员干部队伍的理想信念教育和法治教育，增强这些干部队伍坚持反腐高压态势下秉承法治为民的意识，提升这些干部队伍运用法治思维和法治方式处理基层组织和乡村社会各项事务的综合能力和水平，发挥党员干部队伍在带头尊法、学法、守法、执法中的先锋模范作用。

(二)深化基层民主法治机制，提高全民法治建设水平

我国基层社会管理和乡村治理中存在的问题及时要改革和完善不能长时间拖延，尤其是基层组织和政府机关不作为或乱作为，甚至违反党纪国法给村霸恶霸及基层黑社会组织当保护伞等恶略问题，要坚决及时地依法铲除，全国扫黑除恶专项整治举措是我国走向法治化民主化的民生工程，一定要依法坚持到底；我国农牧村要尽快建立健全多元化组织和管理体系；新农牧村建设模式及管理体制改变了我国原有基层传统熟人社会治理结构的基础，中国社会转型大背景下，新农村建设和城乡一体化及全国大面积互动交流发展中，原有农牧村社会各种矛盾不断出现，稳定发展我国广大基层社会和乡村建设和谐平安任务十分艰巨，依法加快推动改革机制，新的综合治理措施或基层社会新型管理制度与乡村建设机制快速运转与之相适应。

华中师范大学政治学研究院副院长、中国农村研究院执行院长邓大才谈道，当前基层治理需要注意以下几点：一是治理要适应新形势。新型城镇化、新农村建设、新型社区建设对基层治理提出了新的挑战。这需要基层政府和各个社区根据新的发展推出创新基层治理的方式。二是治理要有新的方式。改变传统治理方式，让治理从“我”变成“我们”，通过共谋、共建、共管、共评、共享，以共同缔造法创新治理内容，也创新治理方式。三是治理要有新理念。过去的治理都是自上而下治理，新的治理方式可以改为互动方式。①

因此，我们应该在全国范围内要深入组织开展“中国民主法治农牧村示范点或多样化的民主法治基层组织”机制，全国范围内总结和推广以往各种模式下的成功经验机制，在全国全面落实基层社会治理与乡村法治建设工作，以宪法和法律框架下坚持民

① 薛倩，王春燕.学者解读中央“一号文件”以新理念推进农村新发展[N].中国社会科学报，2014-01-22.

主决策、民主管理、民主监督、民主选举、党务公开、财务公开、村务公开、"四民主、三公开"制度，推进全国各地基层社会和乡村社会各类活动规范化、法治化、民主化、科学化；助推建立全国性基层社会和乡村社会综合治理协调机制和法律顾问制度，全面指导帮扶我国基层组织和乡村干部提高依法民主管理农牧村各项事务的整体能力和水平。同时加强建立健全多样化、高效率的"民主法治农牧村或民主法治基层组织"发展的考核激励机制，全面激励我国基层社会通过开展法治创新活动来提高法治建设的整体水平和素养。

(三)加强组织"互联网＋"和网络建设，及时输送法治民主政策相关信息，夯实法治工作阵地

全国要从基层社会和乡村社会治理活动入手加强组织"互联网＋"和网络建设工作，选优配强相关专业干部队伍，选派在当地基层组织和农牧乡村里有功德、有威望、有实力、有经验、有责任心、有奉献精神的好干部和各民族村民及乡贤成员担任基层社会治理与乡村法治建设委员会；健全完善基层社会治理与乡村法治建设委员会工作机制，明确基层社会治理与乡村法治建设委员会干部在平安法治宣传、民主决策管理、化解矛盾纠纷、凭借"互联网＋"和网络建设科技信息平台、维护社会治安综合治理措施等方面的工作职责；大胆探索解决吸引人才和相应报酬待遇，激发基层社会治理与乡村法治建设委员会队伍工作的积极性，全面促进基层社会治理与乡村法治建设委员会组织作用的发挥。要鼓励全国基层组织和乡村社会建立村级各种民间机制，如合理合法又合乎情理与社会主义核心价值观的"老娘舅"或"乡贤"、"寺管会"、"老人会"、"社会精英组织"等多元化的法律志愿者服务队模式的群众性组织，引导全国各民族群众主动参与我国基层社会和乡村社会依法公平公正治理。

(四)抓好国家各项制度执行落实，促进基层社会和乡村社会依法自治

全国各地各民族同胞要坚持良法善治精神思想理念，以法治、德治、民治、自治等"四治"来发展融合，将我国各民族生存聚居的基层社会和农牧乡村社会合理合法的村规民约修订实施作为突破口，着力依法解决原有村规民约合法性不够、操作性不强、执行度不佳的问题，依法强化修订完善、教育宣传和执行落实，依法以德注重制度的刚性约束，我们注重中国各民族本土文化的道德约束力量，全面促进陶冶民风、改善我国基层社会和乡村社会的整体气氛，提升全国各民族群众自觉遵守法治意识和全面推进强国梦事业。要抓好我国基层社会和乡村社会现有的民主、法治、惠民政策制度的执行落实，鼓励各民族群众依法参与村级基层社会和乡村社会的各种事务管理，通过加强各项制度执行落实来促进基层社会和乡村社会工作管理规范化、法治化、科学化、网络化。

(五)建立我国基层社会和乡村社会重心下移的任务举措、责任和力量下沉的法治工作机制

全面积极创新基层社会和乡村社会的治理方式与法治工作机制,综合提升事前预防、及时化解社会矛盾的整体水平。依法要把源头治理、应急处置、动态管理、责任力量到位结合起来,完善社会矛盾纠纷排查、警钟长鸣、化解治根、处置机制等工作,逐渐转变传统等候事后处置为事前预防,逐渐转变表层管理为治本根治管理,努力实现全面掌握预防和化解社会矛盾而先发优势的主动权。加强创新和完善我国基层社会管理与乡村法治建设的各种机制,建立健全依法民主的重大决策和科学规范化的社会风险评估机制,夯实反腐反恐问题和民族宗教问题中国化工作为己任,努力在改革发展中解决我国基层社会中的各类矛盾,促进全国各地政治法治与经济社会的快速发展。继续强化基层社会治理与乡村法治建设委员会及人民调解中心的综合优势,按照"依法以德衡量、统一受理、民主决策、集中梳理、科学归类、专业指导、归口管理、高效分工、依法办理、重心下移、简政放权、责任到位、限期处理、效果极佳"的原则,发挥和强化我国基层社会治理与乡村法治建设委员会委员及人民调解中心的优势和作用,依法广泛组织听证对话、指导重大纠纷排查调处、稳定各种风险评估、重抓社会舆情研判、全面启动法治评估等综合考量功能。始终坚持要以法治为依据妥善处理各种社会矛盾和冲突的机制,快速构建基层社会民意吸纳和利益分配制度化的表达机制及合理平台渠道,积极探索建立听证、调查、访谈、评议、曝光、监督、问责、举报、依法行政和综合效能考核等多种形式的表达诉求之公平渠道,依照宪法和法律保障城市居民的咨询权、建议权、知情权、批评权和监督权。全面依法结合我国基层社会和乡村社会建设的组织机制公开化、透明化,拓宽我国基层组织情况和农牧乡村社会的社情、民情、族情及民意表达的渠道,建立健全全国基层社会发展中酝酿产生的矛盾纠纷排查调处机制,依照宪法和法律双管齐下地从源头解决基层社会和乡村社会的苗头性、倾向性问题。

现阶段针对我国乡村建设和基层社会治理法治化问题应当采取以下措施:

第一,应该坚持推动基层社会民主法治化道路,基层社会管理过程中的财务、政务及今后的发展计划要全面公开,要建立全民参与的民主机制。在我国基层组织和村级重大公共决策事项及各类活动中要认真听取总结广大村民的意见,要充分信任他们,尊重他们的意愿想法,给他们创造平等交流和广泛参与及及时表达意愿的合理合法化通道。

第二,基层社会治理与乡村法治建设时,坚持依法行使,全面普及法治化民主化的元素,选拔德才兼备、为群众服务的好干部好团队,与时俱进改革基层社会治理与乡村法治建设的结构,从城市和城镇治理以及社区管理的好经验好办法带到我国广大乡村农牧村并带动他们逐步走向法治化民主化的道路。

第三,基层社会治理与乡村法治建设过程中,主要调整好我国城乡一体化到"自治主导、管理为辅"的新的治理结构,城乡联动发展中建立大数据、"互联网+"、网络化的现代化城乡一体化的多元平台。

第四,在我国广大农牧村基层社会和乡下山区要普及现代化教育、卫生、法治、信息等的基础上,保障药品食品安全问题和基层农牧村纠纷解决机制很重要,如乡村司法所、学校、医院、巡回法院、人民法庭建设等创造基本设施机制的同时全面普及综合治理措施显得尤为重要。

第五,尽快建立推行事前法治教育和各种隐患的预防机制,创建预防各种基层矛盾纠纷的联动式和机动式综合性应急管理组织,实现我国现代化基层社会治理与农牧区乡村治理的科学化、信息化、法治化水平,实现我国基层社会的长治久安。①

(六)我国基层社会治理与乡村法治建设中不断强化公平公正的监督考核作用,保证良法善治的基层社会治理措施落到实处

进一步推进中国基层社会和乡村社会治理法治化的关键时期,及时、有效、公平、公正及德法兼顾下的监督与考核问责机制显得非常重要,它是我国基层社会和乡村社会治理逐渐走向法治化的重要保证。全面推进基层社会和乡村社会治理法治化路径时,我们要建立依法治理的监督体系,依法严格监督和评价工作作风、工作职责、工作效率及严控把关问责机制的优劣问题等也要依法治理工作时要落到实处;按照"监督全覆盖、监督全方位、监督有力度、监督有效果"的要求,通过我国基层社会一线党委的自觉监督、相应人大依宪依法加强监督、政府部门主导行政监督、民主党派广泛参与监督、公检法司的司法监督、审计部门的审计监督、全社会的社会监督和舆论监督及法治评估等各种机制,多措并举、多管齐下,切实提高我国基层社会全方位的监督效能。依法坚持推广动态考评、全面考评、实时考评、平时考评、重点考评、年终考评、专业考评与社会舆论考评相结合,完善我国基层社会和乡村社会治理法治化的各种考核制度,并将中纪委监察部等各级督查考核的结果与基层治理单位、同行评价、跨部门考评、人员年终评先评优紧密结合,与赏罚分明、责任到位奖赏保证金和经济奖励等激励机制挂钩。

结束语

《中共中央关于全面深化改革若干重大问题的决定》明确提出,要创新社会治理,提高社会治理水平,必须着眼于维护最广大人民群众的根本利益,最大限度地增加和谐因素,增强社会发展活力。因此,必须改进治理方式和统筹治理重点,在坚持系统治

① 参见薛倩,王春燕.学者解读中央"一号文件"以新理念推进农村新发展[N].中国社会科学报,2014-01-22.

理、综合治理、源头治理的同时，进一步激发基层社会组织活力，以加强基层社会治理的能力。①

综上诉述，多民族和多元文化为重要因素之中国基层社会和乡村社会的治理，首先需要文化、民族、宗教、习惯、伦理、道德、情谊等综合为治的战略规划，在此基础上全面推进法治化建设是一个更加理性的举措，这种举措既是一项系统工程，也是一项不可忽视重在加强的长期而艰巨的任务。

当下，相对于强势的治理主体，基层社会治理中公民尤其需要法治保护。具体来说，法治在基层社会治理中的价值主要体现在：其一，保障基层民众基本的权利。比如，在农村，土地承包经营权、宅基地使用权、集体收益分配权是法律赋予农民的财产权利，任何人都不能侵犯。这些权利应该且必须受到法治保障。逻辑上讲，只有基本权利受到保障，基层民众才能拥有成为多元主体之一的权利。其二，畅通基层民众救济的渠道。无救济就无权利。党的十八届四中全会不但明确了“健全公民权利救济渠道和方式”的总体方向，而且在立法、执法、司法、守法等法治工作基本格局治理现代化上做了具体部署，前所未有地提出了很多新观点、新举措，切实保障基层民众权利受到保障。②

我国全面推进基层社会和乡村社会治理逐渐走向法治化道路，在宪法和法律层面确保“由民做主”意识，要立竿见影地改变沿袭千年的“为民做主”和“官员为民做主”的传统模式，我们需要整体推进和统筹规划中，认真倾听民众呼声，尤其是多民族和多元文化之中国基层社会治理与农牧村地区建设过程中，就是听民声、察民意、集民智的过程，确保基层社会各民族老百姓的基本诉求得以实现，保障每个公民合理合法的表达权。在坚持党委领导、主推民众平等参与、乐于听民声、要善于听民声、就敢于直面民声为导向，政府积极响应引导的基础上，要尊重基层、及时解决民生、顺应民意、整合中国多民族乡贤文化功能等中国民间社会多元化的有利资源，激发基层社会和乡村社会的各方活力，让各种合理合法之中国特色的社会组织建设发挥应有作用，改善民生和促进发展方面要下功夫。明代著名文学家、哲学家王廷相在《慎言·御民篇》中曰：“天下顺治在民富，天下和静在民乐，天下兴行在民趋于正。”加快推进中国基层社会建设中，要真正实现我们治理的中国本土文化、治理的责任主体、治理的法治理念、治理的民主决策、治理的综合基础、治理的治国方略、治理的思维方式、治理的最终目标、治理的科学手段、治理的重要环节、治理的各种形式和治理的多元化内容的全部转变等，都为全面推进中国特色社会主义依法治国事业做出更大的贡献。进而全面建成小康社会，推动早日建成富强民主文明和谐法治化的中国社会主义现代化强国、实现中华民族伟大复兴的崇高事业。

① 王岩，魏崇辉.基层社会治理的理性认知与实践路径探究[J].中国行政管理，2016(3).

② 王岩，魏崇辉.基层社会治理的理性认知与实践路径探究[J].中国行政管理，2016(3).

Grassroots Social Governance and the Rational Thinking of the Construction of the Country under the Rule of Law

Nanjie Long yingqiang

Abstract: The construction of social governance and the country under the rule of law is the entire national governance system and effective solid foundation for the steady development of Chinese society, but also the localization of Chinese social construction and the rule of law construction final foothold in China. Basic social and rural social stability in China's entire social stability. The construction of social governance and the country under the rule of law is a need to rational thinking, changing and in-depth research, integration of resources, advancing with the times, the rule of law, evaluation, and the national strategy with big data era "Internet +" action plan integrated for dynamic process, such as the habit of traditional thinking and simplification rules of working methods and various kinds of simple and crude violence law enforcement and nonviolent means of economic compensation, has been difficult to adapt to the basic requirements of building up the Chinese society at the grass-roots level. We must first understand and master the present Chinese grass-roots social governance and substantive issues of the construction of the country under the rule of law, the need to constantly study new situations and solve new problems, on the basis of the need to learn from and reference to traditional Chinese legal civilization achievements of grassroots social governance and the experience of the rational wisdom, with the power of the Chinese rule of law culture to promote the rule of law in China construction process, and finally to create a local comprehensive for the rule of law strategy under the guidance of Chinese grass-roots social governance and new situation of the country under the rule of law construction.

Key Words: grassroots social governance; rural rule of law construction; local customs, local culture; comprehensive to cure

经验解释

近十年人民调解"枫桥经验"研究的回顾与展望(2008—2017)*

褚宸舸** 李德旺***

摘要:以 2008 年为界,我国新世纪关于人民调解的研究分为前期和后期两个阶段。其中,近十年(2008—2017 年)有关人民调解"枫桥经验"的研究又聚焦两个方面:在实证性研究层面,着重关注人民调解的组织建设、工作领域、机制方法、功能作用等;在规范性研究层面,将研究对象放置到多元纠纷解决机制、社会治安综合治理、基层社会治理、中国特色社会主义法治等中国法治话语体系中予以诠释。但相关研究尚未形成足够的学术积累,局限于地方性知识,对人民调解实践的理论总结与提升不足。未来应在探索人民调解的内外部关系,政府推动和群众自治双轮驱动机制,寻找法律治理与传统治理方式的平衡,发掘中国特色社会主义法治样本的意义等方面予以加强。不仅要重视人民调解在社会矛盾预防化解体系中的重要作用,而且要挖掘其对基层法治研究的典型意义。

关键词:人民调解;枫桥经验;文献综述;基层社会治理;中国特色社会主义法治

人民调解作为"枫桥经验"的重要组成部分,在社会治理方面发挥了极其重要的作用。枫桥镇干部群众以自身实践探索出富有地方特色的"镇村联动式"调解模式,为我国人民调解如何完善乡镇一级调解组织,继续巩固和发挥基层调解组织优势,实现良好治理效果,提供了具有重要意义的经验样本。枫桥镇调解四级网络的建立、点线面相结合调解网络的构建、矛盾纠纷多元化解新格局的形成等,十分有效地化解了当地民间纠纷,实现了社会和谐。人民调解的"枫桥经验"逐渐成为人民调解研究中的热点,学界和实务界不断整理研究,逐渐形成一些具有学理和实践价值的本土经验研究成果。研究逐渐从关注实践问题转到关注实践基础上的价值问题。总的来说,近十年有关人民调解"枫桥经验"的研究可分为两个方向:一是着重关注组织建设、工作领域、机制方法、功能意义等内容的实践与发展;二是将枫桥的人民调解经验放置到非诉纠纷解决机制、基层社会治理、中国特色法治生成等更为宏观而整全的视野中予以观察和认识,逐渐展开对人民调

* 诸暨市司法局和西北政法大学合作课题"人民调解的'枫桥经验'研究"的阶段性成果,同时获得清华大学国家治理研究院研究项目的支持。

** 褚宸舸,法学博士,西北政法大学行政法学院教授,中华法系与法治文明研究院研究员。

*** 李德旺,上海师范大学哲学与法政学院宪法与行政法学专业硕士研究生。

解实践的价值分析。本文通过回顾2008—2017年相关研究成果,从人民调解的制度建构和人民调解的理论视野两个方面出发,对相关研究成果进行综述,并加以评析,进而思考如何不断发展新时代"枫桥经验",为学界开展人民调解的"枫桥经验"专题研究提供学术参考。

一、人民调解及其研究历程

调解是矛盾纠纷化解的重要方式,是经由中立的第三方在当事人之间调停疏导,促使双方化解矛盾的活动。根据第三方身份之不同,我国调解可以分为四类:法院调解、行政调解、仲裁调解和人民调解。所谓人民调解,按照《人民调解法》第2条的规定,是指人民调解委员会通过说服、疏导等方法,促使当事人在平等协商基础上自愿达成调解协议,解决民间纠纷的活动。

我国学界通常认为人民调解制度发轫于第二次国内革命战争时期。[①] 1954年政务院出台《人民调解委员会暂行组织通则》,明确调解制度的宗旨与原则,第一次在全国范围内统一调解规范。有学者认为,这并非为了减少讼累,而是着重调解的政治功能,即通过解决民间纠纷,进一步加强人民内部团结,促进生产。"共产党通过对调解者之纠纷观和用于解纷的标准的指导,使得调解的政治功能如此无所不至,以致往往掩盖了调解的解纷功能。政治介入取代了调解的消极性。简言之,共产党已将调解纳入了他们重新安排中国社会并动员群众支持执行党的政策的努力之中。"[②]"文革"期间,人民调解制度遭受了极大的破坏。改革开放后人民调解借助国家民主与法治建设,在组织形式、人员构成上更加注重规范化和制度化。但是,市场经济促使人们权利意识高涨,更多人选择诉讼途径解决纠纷。现实中,我国人民调解工作也出现违背调解自愿性、损害当事人利益的问题,人民调解制度面临严峻挑战。2002年,最高人民法院《关于审理涉及人民调解协议的民事案件的若干规定》(法释[2002]29号)和司法部《人民调解工作若干规定》,为新世纪人民调解制度复兴提供了契机,为人民调解工作提供法律依据方面的支持,也引起学界更多的关注人民调解问题。根据学界研究的数量、深度及是否具有明确的问题意识,我们将新世纪关于人民调解的研究大体以2008年为界,分为前期和后期分别考察。

前期是2000—2007年,学界主要围绕人民调解委员会的法律地位、人民调解协议书的性质、人民调解与民事诉讼衔接等主题展开研究。罗华较早地注意到了人民调解制度所发生的重大变化,分析人民调解制度的现状、变化及其价值内涵,认为借助人民调解与诉讼机制的衔接,并通过法院司法确认,人民调解协议增强法律约束力,公正和效率得以

---

① 韩延龙.试论抗日根据地的调解制度[J].法学研究,1980(5).

② 陆思礼.毛泽东与调解:共产主义中国的政治和纠纷解决[M]//强世功.调解、法制与现代性:中国调解制度研究.北京:中国法制出版社,2001:3.

更好的实现。[①] 秦国荣认为，人民调解制度作为“我国所特有的为法律所确认和规定的专门排解民间纠纷的群众性自治制度”，是我国法律制度体系的重要组成部分。人民调解制度下的人民调解委员会具有法定组织体系和职能权限、工作任务范围、原则、程序和纪律。人民调解协议具有特定的法律效力。[②] 韩波将人民调解制度的变化称之为“后诉讼时代的回归”，认为人民调解与诉讼机制的有效衔接，既能保障当事人程序选择权，也能缓解法院压力，促进我国纠纷解决体系的完善。[③]

后期是 2008 年至今的十年，人民调解研究领域主题更加广泛。相关研究不仅涵盖人民调解与其他纠纷解决机制衔接、人民调解制度运行机制、制度变迁等，而且专门有研究涉及农村[④]、城市社区[⑤]、少数民族地区[⑥]的人民调解制度，还有调解制度比较研究和人民调解制度案例研究。人民调解与其他纠纷解决机制的衔接问题是研究的重点。夏妍通过对比司法调解、行政调解和人民调解的优劣，认为通过庭前调解机制的建立、诉讼中委托调解制度、司法对调解协议效力确认等途径，有利于实现人民调解和司法调解对接。积极运用行政调解和人民调解的“双调”机制调处行政事项执法过程中引发的纠纷达到以调促和的良好效果。[⑦] 胡辉以人民调解协议程序运行为研究对象，对人民调解协议的司法确认程序、程序启动后当事人的撤回权、审理方式、确认期限等进行研究。[⑧]

随着人民调解制度的实践，其自身存在的机制弊端和运作缺陷也更多地暴露出来。2010 年《人民调解法》的出台对人民调解制度予以一定完善，但并非一劳永逸地解决了所有问题。让人欣喜的是，针对人民调解制度运行中所出现的问题，一些学者开始了反思性的研究，对新时期人民调解制度转型进行探索。例如，周望认为，人民调解的理论研究并没有促使人民调解实践走出低谷。人民调解制度真正要实现现代转型，根本在于破解国家化与非国家化、制度化与非制度化、专业化与非专业化三大症结，并实现三对关系的平衡。他认为，人民调解工作过多的政治负载掩盖了其本来的法律面相，致使人民调解的定位偏离了纠纷解决的实质。人民调解的良性发展必须实现国家权力和民间自治的互动。人民调解的制度化一方面可能提高调解工作的规范性，但也可能削弱调解的本来优势，压缩调解的伸缩空间，无法解决调解人员的稳定性问题。人民调解工作更需要着

① 罗华. 论人民调解制度的现状、变化及其价值内涵[J]. 理论与改革，2002(6).

② 秦国荣. 人民调解制度：法律性质、文化成因及现代意义分析[J]. 兰州大学学报(社会科学版)，2004(3).

③ 韩波. 人民调解：后诉讼时代的回归[J]. 法学，2002(12).

④ 孙永军. 人民调解在农村纠纷解决中的功能分析——基于安徽省巢湖市的实证研究[J]. 西部法学评论，2011(5)；余昌安. 人民调解协议之司法确认程序再探——以程序运行为中心[J]. 广西社会科学，2012(5)；王俊娥. 论农村人民调解过程中的力量博弈[J]. 甘肃政法学院学报，2014(3).

⑤ 胡洁人. 群体性纠纷的“救生艇”——新型城市社区人民调解工作室研究[J]. 法治论坛，2009(2)；葛翔. 人民调解的现在和未来——现代城市社会结构中人民调解之功能调适[J]. 法学杂志，2011(1).

⑥ 丁晓钟. 宁夏少数民族地区人民调解工作实践与思考[J]. 人民调解，2014(4)；沈子华. 新疆城市社区人民调解制度的改革实践与创新[J]. 新疆社科论坛，2017(1).

⑦ 夏妍. 论人民调解、司法调解、行政调解的有效衔接[J]. 河北师范大学学报，2010(5).

⑧ 胡辉. 人民调解协议之司法确认程序再探——以程序运行为中心[J]. 广西社会科学，2012(5).

眼于纠纷解决，逐渐化解制度化与非制度化的紧张。需要通过“内部升级”和“外部引入”相结合方式不断提升专业化水平。① 侯怀霞认为，当前社会发展日益多元化的背景下，人民调解要向非诉讼纠纷解决机制回归，参与到社会管理体制现代转型的进程中，调整传统人民调解的定位，解决人民调解的行政化、司法化和多元化问题，实现人民调解制度的长效运行。②

二、关于人民调解“枫桥经验”的实证性研究

新时期枫桥经验的核心内容是以调解为主的综合治理。“小事不出村、大事不出镇、矛盾不上交”不仅是“枫桥经验”的一大亮点，也是人民调解工作中最突出的特点。在化解矛盾纠纷的过程中，调解成为主导方式，在实践当中取得了良好的治理效果。一些研究成果从组织建设、工作范围、机制方法、功能作用四个方面，对枫桥人民调解工作近十年的实践进行了研究。

（一）调解组织建设的研究

王秋杰等将调解队伍建设、专业性调解组织以及多元化人员参与的多级联动格局称为人民调解的“枫桥经验”精髓，认为枫桥调解工作的顺利进行得益于其良好的调解组织建设。第一，建立不同层次的调解组织，构建多元调解队伍，增强合力。通过专兼职结合、教育培训等方式，不断加强枫桥人民调解队伍建设。在专业性较强的领域增设专职调解员，并将相关费用纳入财政保障，不断吸纳优秀专职调解员建立调解志愿者队伍，以充实基层调解力量，实现了专业调解员与调解志愿者互相配合的工作局面。第二，促进人民调解队伍的专业性建设。依托法院、公安、劳动保障、工商、妇联等部门，组建了法院诉前调解、交通事故纠纷、劳动争议、消费纠纷和婚姻家庭纠纷等数个专业调解委员会，并在珍珠、袜业、衬衫、五金等支柱产业行业中也不断探索建立行业调解组织。人员调解的专业化，也有利于矛盾纠纷化解的彻底性，促进了人民调解的权威性和公信力的提升。③

在人民调解的组织建设方面，目前诸暨市建立了市调解工作指导中心和市调解总会“一官一民”的管理组合，充分发挥专业化社会组织的作用。将各类人民调解委员会作为诸暨市人民调解总会下设的群众组织，并且由市人民调解总会进行直接管理，有利于充分发挥各类调解的合力，确保了人民调解的群众性、自治性和民间性。着力构建一个以传统村（居、社区）人民调解为基础，专业、行业调解为依托，行政调解、司法调解、仲裁调解、信访调解等多种调解相互配合、分工合作的多元化矛盾纠纷调解工作格局。

---

① 周望．转型中的人民调解：三个悖论——兼评《人民调解法》[J]．社会科学，2011(10)．

② 侯怀霞．人民调解的现代转型：必要、可能与前景[J]．郑州大学学报(哲学与社会科学版)，2016(7)．

③ 王秋杰，刘子川．“枫桥经验”语境下大调解机制的完善[J]．广州市公安管理干部学院学报，2013(2)．

(二)调解工作领域的研究

关于行业调解,主要有道路交通事故、医疗纠纷和婚姻家庭纠纷三个主要领域。狠抓调解员队伍建设,建立专业的调解程序,是其主要特点。

在刑事和解、劳动争议等具体领域,有学者展开专门研究。本课题组薛永毅认为,诸暨市人民调解组织介入刑事和解的案件以轻伤害案件和交通肇事案件为主,近年来调解类型有所拓展,主要集中在轻伤害案件、交通肇事案件、未成年人、在校生等特殊人群犯罪案件类型。诸暨市人民调解组织介入刑事和解的范围相对比较广泛,并不局限于诉讼阶段,同时建立了启动评估、提前介入、审查监督、跟踪帮教、联席通报等一系列完善的刑事案件和解相关配套机制。①

宋娟研究劳动争议方面的人民调解工作,她认为,"枫桥经验"的基本内涵和精神实质与劳动人事争议调解工作所坚持的源头治理的思路以及"预防为主、基层为主、调解为主"的工作方针,是一脉相承的。② 王振麒等也提倡将"枫桥经验"应用到劳动争议化解当中,通过完善企业内部劳动争议协商解决机制、建立人社部门主导的调解工作部门联动机制,提高调解工作规范性水平、探索社会化调解工作,以破解当前劳动争议调解组织所面临的社会公信力不高、调解工作规范化不强、调解员队伍建设滞后、人社部门主导作用不突出以及强制、违法调解等问题。③

(三)调解机制与方法的研究

诸暨市的人民调解形成了一套比较完善和有效的工作运行机制。戴雨薇对人民调解运行机制进行了解读。首先,搭建诉调对接的平台。在立案审查环节对纠纷进行初步筛选,对于事实清楚、法律关系明确、争议不大的相邻、小额债务、物业等纠纷,并向当事人发送《人民调解劝导书》,详细讲解诉前调解的优势和步骤,进去引导当事人接受人民调解。其次,完善诉调对接机制,对群体性劳资纠纷及突发性纠纷,探索人民法庭与公安、劳动、司法行政等站所的快速联调机制。此外,建立双向联络制,各人民调解委员会中分别有一名枫桥法庭联络员,负责向法院提供信息、反馈情况,保持联络。人民调解委员会还在法院立案庭设立专门的人民调解联络员,随时针对当事人遇到的法律适用、业务问题予以指导和帮助。人民调解委员会不断接受法院方面的日常培训指导,旁听法院庭审,不断提高人民调解员的法律素质和工作水平。此外,人民调解委员会同法院诉调

---

① 薛永毅.人民调解组织介入轻微刑事案件和解的"诸暨实践"——基于浙江省诸暨市检察院刑事和解的实证分析[J].山东科技大学学报,2018(1).

② 宋娟.学习借鉴"枫桥经验"将劳动人事争议就近就地化解在基层[J].中国劳动,2014(3).

③ 王振麒,向春华.以"枫桥经验"创新劳动人事争议预防调解制度[J].中国社会保障,2013(12).

对接的基础也不断牢固，对接渠道不断畅通。[①] 总之，人民调解委员会通过法院不断获得充足案源，也使自身工作优势得以发挥，推动非诉讼纠纷解决机制良好运行。

余钊飞等总结了枫桥镇的"镇村联动式"调解模式。该模式主要是通过建立诉前劝导机制、逐级纠纷分类调解、镇、社区、村三级联动调解来实现纠纷解决。建立有效联动机制，实现相互配合，信息共享，避免重复劳动，保证矛盾纠纷的迅速调处。实际就是通过建立立体化的调解组织来实现民间纠纷的快速解决。[②]

在调解实践中不断运用法治方法来化解纠纷，是人民调解的"枫桥经验"的特色的时代特征。尹华广以诸暨市联合人民调解委员会、诸暨市医疗纠纷人民调解委员会、诸暨市道路交通事故纠纷人民调解委员会的调解实践为对象，进行"枫桥经验"与调解法治化研究。他认为，随着改革开放的深入，社会上的一些机制性、体制性矛盾凸显，而公众的民主意识、法治意识明显增强。在此大背景下，单纯运用传统的调解方式已不能很好地解决矛盾纠纷。调解法治化的方式既能够满足解决纠纷的需求，又能够满足公众民主法治意识增强的需求，还能够满足我国法治发展的长远需求。诸暨市三大专业调解委员会在运行实践中不断实现了调解主体法治化、调节手段法治化、调解依据法治化、调解结果法治化、调解目标法治化。[③]

王秋杰等主张，构建人民调解、行政调解与司法调解有机结合的大调解机制，有利于从更宏观的层面处理社会矛盾，提供和谐稳定的社会发展环境。人民调解、行政调解、司法调解是一个相互联系的整体，"必须加强人民调解、行政调解、司法调解三个方面相互之间的连接，最终形成功能互补、统一协调的大调解运作机制"。完善大调解机制必须借鉴"枫桥经验"蕴含的调解制度精髓，健全调解衔接机制、成立专业性调解组织、打造专业化调解队伍和提供经费支持。作者主张制定统一的综合性调解法，健全调解衔接机制，"形成统一协调、良性互动、功能互补、程序衔接的运作机制，力争形成最大的调解合力"；成立专业性调解组织，坚持因地制宜原则；打造专业化调解队伍，严把选拔关，加强教育培训，实行奖惩考核制度；提供经费保障，免去调解人员的后顾之忧。[④]

尹华广将人民调解的"枫桥经验"置于"大调解"机制下农村社会管理创新的层次来观察。"大调解"把人民调解工作做在行政调解、司法调解、仲裁、诉讼等方法前，立足预警、疏导，对矛盾纠纷做到早发现、早调解，是农村社会管理创新重要方法。"枫桥经验"以"大调解"推进农村社会管理创新的实践主要表现为：构建调解网络，构建"大调解"平

① 中共绍兴市委党校，绍兴市"枫桥经验"研究会."枫桥经验"与新城镇社会管理创新研究[J].北京：中国社会科学出版社，2013:75.

② 余钊飞，谢绍华."镇村联动式"调解模式研究——以浙江省诸暨市枫桥镇的实践为例[J].法治与社会，2009(31).

③ 尹华广."枫桥经验"与调解法治化研究[J].行政与法，2015(2).

④ 王秋杰，刘子川."枫桥经验"语境下大调解机制的完善[J].广州市公安管理干部学院学报，2013(2).

台与机制，建立以调解人为品牌的专业调解中心。①

(四)调解功能作用的研究

孙浙丽结合枫桥人民调解实践，从基层社会矛盾化解、维稳模式重塑、群体性事件预防三个方面总结枫桥人民调解工作的功能。在基层社会治理方面坚持走群众路线，有效培育了基层社会的民间自治力量，大量的社会自治组织参与基层化会治理，在矛盾纠纷化解中发挥了积极作用。一方面，来自基层的自治力量本来就生活在当地的社会环境中，容易形成一种天然的亲和力，其核心成员都是来自当地的民众，更加容易把握住当地的风俗人情和传统习惯，在调解社会矛盾时让当事人更容易产生信任和共鸣。另一方面，来自各行各业的民间组织成员整体上更加多元化，他们来自社会的各个领域，能给社会矛盾纠纷的化解提供更多的专业性支持。枫桥人民调解工作是社会矛盾的预防和调解整体机制的关键一环，同其他基层职能部口"相互合作、上下配合、多措并举解决社会矛盾纠纷"，发挥了重要作用，有效地预防了群体性事件的发生，在具体问题的解决上达到良好的效果。②

王金霞认为，人民调解的"枫桥经验"的作用在于化解矛盾纠纷、维护基层社会秩序。她论证了"枫桥经验"和现代治理理论的契合，尤其是在精致化方向上的契合，可以给"枫桥经验"的成功提供一个富有解释力的说明。推广"枫桥经验"的重要内容之一，就是推广"枫桥经验"背后所蕴含的普遍化的现代治理技术。枫桥镇已经先后建立了镇、管理处、村(居、企)三级人民调解组织网络，形成了人民调解工作体系，并建立了"镇村联动"工作机制。枫桥经验的优势在于其基层调解或底层调解。调委会中的调解员或人民调解员、纠纷信息员对纠纷双方当事人知根知底。底层的调解员构成了"地方性知识"的载体，这是底层调解最大的优势所在。正是这些地方性知识，使得最佳化治理变得可能。③

三、关于人民调解"枫桥经验"的规范性研究

将人民调解"枫桥经验"放置到多元纠纷解决机制、社会治安综合治理、基层社会治理、中国特色法治等中国法治话语体系中予以观察和诠释，是人民调解"枫桥经验"的规范性研究的特点。

(一)人民调解"枫桥经验"是基层社会治理的重要经验

郭星华等认为，人民调解的"枫桥经验"是我国基层社会治理的宝贵财富。就具体的

① 尹华广."枫桥经验"：以"大调解"推进农村社会管理创新的实践与启示[J].常州大学学报(社会科学版)，2013(2).

② 孙浙丽.诸暨市土地纠纷化解中的"枫桥经验"及对社会治理创新的影响[D].南京农业大学，2015：13-15.

③ 王金霞.从枫桥经验看基层社会的精致化治理[J].法大研究生，2015(2).

基层社会纠纷事实而言，法律诉讼的解决方式是合法的，但未必是最佳的。“枫桥经验”中坚持“小事不出村、大事不出镇、矛盾不上交、就地解决”的做法，体现了“大事化小与小事化了”的调解理念，其主旨在于日常生活的民事纠纷能调则调，尽可能地通过调解的方式来解决纠纷，避免把民事纠纷激化。从“枫桥经验”化解矛盾纠纷的实践情况来看，基层社会的大量纠纷皆是根据道德、习俗、习惯、人情，通过调解的方式解决的。调解在主观上弥合了受损的社会关系，得到了社会共同体的认同，客观上整合了基层社会的秩序。通过调解的方式解决基层的矛盾纠纷，促进基层治理的和谐和秩序。①

（二）人民调解“枫桥经验”反映了中国特色的法治图景

第一，民间法视角。祁雪瑞关注到人民调解的“枫桥经验”在民间法和国家法的融通中推动了中国特色的法治生成。纠纷解决机制的形成有赖于多种纠纷解决渠道的共同作用，人民调解是民间纠纷解决的主要途径。在人民调解员的参与下，实现了民间法与国家法彼此融通，共同推动纠纷解决活动中的价值合意形成。人民调解的“枫桥经验”在其方法中吸收了民间法的精粹，并且坚持“以人为本，源头治理”的原则和理念，诠释了“内生”规则优于“外来”规则的治理规律。②

第二，软法视角。韩永红从软法的角度讨论“枫桥经验”与法治之间的关系。软法作为在社会中实际起作用并指导人们行为的社会规范，在枫桥人民调解工作中得到了充分的运用。③

第三，传统法视角。本课题组王斌通注意到“枫桥经验”对“乡贤调解”这一优秀传统文化资源的调动，认为乡贤调解是多元纠纷化解机制的重要方式，也是乡贤参与基层社会治理的基本职能之一。目前的人民调解基础上的乡贤调解与传统民间调解框架下的乡贤调解在历史积淀、文化传统、治理功能等方面一脉相承，又有所发展。以人为本、崇尚和谐、调处息争、睦邻友善这些中华优秀传统文化特别是乡贤文化中的合理因素，经由政策引导、群众自觉，在“枫桥经验”中不断得到新的创造性转化和发展。在此基础上，他主张乡贤调解作为创新“枫桥经验”及基层社会治理的传统文化资源，应该把追求善治作为价值目标，把坚持德法并举作为路径，健全多元化纠纷解决机制，实现基层社会治理的法治化。④

戴雨薇认为，“枫桥经验”与中国特色法治模式存在一致性，主要表现在对公权力的警惕与慎用、对人权的尊重与关怀、对正当程序的重视与践行、对社会主义法治精神的弘

---

① 郭星华，任建统. 基层纠纷社会治理的探索——从“枫桥经验”引发的思考[J]. 山东社会科学，2015(1).

② 祁雪瑞. 纠纷解决机制：民间法与人民调解及枫桥经验[J]. 民间法，2014(3).

③ 韩永红. 本土资源与民间法的生长——基于浙江“枫桥经验”的实证分析[J]. 中共浙江省委党校学报，2008(4).

④ 王斌通. 乡贤调解：创新“枫桥经验”的传统文化资源[J]. 山东科技大学学报(社会科学版)，2018(2).

扬与实践等方面。[①]

谌洪果认为，“枫桥经验”与中国特色的法治发展模式具有某种内生性，意味着“枫桥经验”具有自己的原创性，并且又能在很大范围内推广。“枫桥经验”与现代中国法治具有一种相辅相成的生成关系，具体而言，它与中国特色的法治模式之间具有三大特性，即内生性、衍生性和共生性。诸暨“枫桥经验”的做法很典型地展现了中国的一种法治本土资源，集中形成了法治建设的本土传统与现代制度文明的内在统一。[②]

四、对近十年人民调解“枫桥经验”研究的反思和展望

(一)已有研究的反思

总体来讲，相关研究尚未形成足够的学术积累。通过对中国知网(CNKI)近十年与人民调解的“枫桥经验”研究直接相关的论文数量进行统计，可以看出仅有 20 余篇相关论文，而且主要的研究成果是在 2009 年以后发表的。不少以社会管理、基层治理为主题的“枫桥经验”研究文献或多或少对人民调解实践有所涉及，但以专题论文或者专著、专章形式的研究，则鲜有人涉足。细读之后，发现相关研究存在以下问题。

局限于地方性知识。从近十年有关人民调解“枫桥经验”的文献来源以及研究人员的分布看，人民调解“枫桥经验”的研究具有明显的地域性。首先，研究参与者与发表阵地具有明显的地方性。相关论文主要发表在浙江省内的刊物上。研究者中，浙江省内高校、科研院校的专家和学者占绝大多数，如卢芳霞、戴大新、余钊飞、吴锦良等。其次，相关研究的学术视野具有明显的地方性。如何在系统总结经验的基础上，又超出地方视野，发掘其实践经验及背后理论运作的一般规律，推广到全国其他地方的社会基层治理之中，是该项研究飞跃的关键所在。能否超越“地方性知识”，需要在对之探索的过程中继续在细致、扎实、系统梳理和总结的基础上，以更为宏观的学术视野进行深入的研究。

对人民调解实践的理论总结与提升不足。总体而言，人民调解“枫桥经验”的实践是走在了理论研究的前面，理论研究明显滞后于实践。实证性研究与规范性研究的评价有别，前者的结论需要诉诸经验，后者却不依赖于经验。从诸暨市人民调解的工作实践来看，取得了良好的社会治理效果。调解工作越来越专，与时俱进化解纠纷。人民调解在枫桥的探索和实践不断焕发出蓬勃活力。在 2017 年，诸暨市共受理矛盾纠纷 12293 件，调处 12293 件，成功调处 12021 件，成功率达 97.79%，标的达到 39832.34 万元，预防纠纷 1358 件，防止民转刑 4 件 24 人，防止群体性上访 6 件 47 人。[③] 有纠纷找调解已深入

① 戴雨薇.“枫桥经验”与中国特色法治模式关系探讨[J].公安学刊(浙江警察学院学报)，2013(3).

② 谌洪果.“枫桥经验”与中国特色的法治生成模式[J].法律科学，2009(1).

③ 诸暨市司法局.诸暨市“多核驱动”打造公共法律服务“诸暨模式”[EB/OL].中国绍兴网，http://www.sx.gov.cn/art/2017/11/24/art_9761_1179629.html，2018-2-20.

人心。各类调解组织及其运行对人民调解制度的发展创新也影响深远,很多成功做法对我国人民调解制度和理论更新提供了有益思路。例如,如何对人民调解进行重新定位?人民调解和其他各种调解的外部关系是怎样的?众所周知,诸暨除了行政调解、司法调解、人民调解“三调联动”之外,近年来又发展出互联网内部组织调解、在线调解、律师调解、仲裁调解、专业调解等。但是,上述新情况、新问题学术界关注甚少,不仅对调解工作已有经验的挖掘不够,而且缺乏类型化和前瞻性的研究。

(二)未来研究的展望

党的十九大报告强调要打造“共建共治共享”的社会治理格局,“完善党委领导、政府负责、社会协同、公众参与、法治保障的社会治理体制,提高社会治理社会化、法治化、智能化、专业化水平。加强预防和化解社会矛盾机制建设,正确处理人民内部矛盾”。未来人民调解“枫桥经验”的研究,应当立足我国关于城乡社区治理的整体部署,继续探索人民调解制度发展的新方向,深化人民调解研究的新视野。

第一,探索人民调解的内外部关系,以及政府推动和群众自治双轮驱动机制。政府推动是人民调解“枫桥经验”成功的保障,例如,通过调解资源整体布局和多方联动的机制。但是,群众自治却是“枫桥经验”的精髓所在。群众性、自治性是人民调解的基础定位,自治型的人民调解应当成为人民调解中国经验的方向。推动社会治理重心向基层下移,发挥社会组织作用,实现政府治理和社会调节、居民自治良性互动是新时代我国推动实现国家治理体系和治理能力现代化的一个重要环节。在此背景下,不断深挖人民调解“枫桥经验”背后所蕴含的法理,探讨政府推动和群众自治之间的公私协力、矛盾冲突的解决机制,可能是未来我国人民调解制度和理论创新的着力点之一。

第二,寻找法律治理与传统治理方式的平衡。人民调解“枫桥经验”既积极运用教化治理、政治治理的方式,在讲信修睦的道德教化基础上注入了新的政治教化的内容,也注重运用法治思维和法治方式,强调案结事了,以问题彻底解决为导向,以法律为基本标准。既运用国家法律作为调解基本准绳,同时也将村规民约、人情风俗等资源融合到调解工作当中,实现善治。未来研究应当着重探索其沟通正式制度与非正式制度、国家法和民间法实践的法理、情理和智慧。

第三,发掘中国特色法治样本的意义。首先,重视调解工作在社会矛盾预防化解体系中的重要作用。构筑分工合理、权责明确、优势互补、协调联动的调解体系。坚持调解方式的多元化,依法调解,运用法治思维和法治方式化解矛盾,同时也要注重方式方法的灵活多样。全面整合调解资源,特别是在司法改革、司法行政体制改革的大背景下,统筹现有司法行政内外部资源,充分发挥律师、公证员、基层法律服务工作者等专业优势。“专群力量”结合,积极借助社会力量和专业力量参与调解,善于运用现代科技手段开展工作,提高工作实效。

其次,深入挖掘调解模式和运作机制等问题对基层法治研究的典型意义。研究者既需要看到诸暨市人民调解运作实践当中调动了哪些资源，还要看到这些资源在实践中是如何转化、调配、使用的，同时也需要看到人民调解工作涉及的各方主体在意识观念上的转变。在研究过程中，研究者应该通过更细微的角度观察基层社会治理的现状，更加准确地思考中国特色社会主义法治的机制和面貌。在这种意义上，人民调解"枫桥经验"为人民调解理论和制度创新提供了一个分析样本，也为我们进一步思考中国特色社会主义法治，关注新时代基层社会治理的重点和难点，提供了一个值得思考的课题。

A Retrospect and Prospect of Study of People's Mediation Experience of FengQiao in Past Ten Years(2008—2010)

Chu Chenge　Li Dewang

Abstract: The research on people's mediation in China can be divided into early and late stages in 2008 as a time node. The study of people's mediation "FengQiao Experience" in past ten years mainly focuses on two aspects, one of which at the ontological level concentrate on people's mediation organization construction, work area, mechanisms, methods, functions, etc, the other of which in value level, places the object of study to the multiple dispute resolution mechanism, public security comprehensive administration, fundamental social governance, the rule of law of socialism with Chinese characteristics the Chinese discourse system of rule of law, such as observation and interpretation. Relevant researches have not yet formed enough academic accumulation, which is limited to local knowledge, and the theory of people's mediation practice is not improved. Future research should explore government impetus and self-governance two-wheel driven mechanism, seek the balance of legal management and traditional management way, and explore the meaning of the rule of law of socialism with Chinese characteristics samples three aspects to strengthen, which should not only attach importance to the mediation work in social contradictions melt the system the important role of prevention, but also understand the mediation model and operation mechanism of grass-roots problems such as the rule of law study of typical significance.

Key Words: people's mediation; "FengQiao Experience"; Research review; Basic social governance; Socialist rule of law with Chinese characteristics

有冤难申终和解*

——清水江文书所见清代一桩风水纠纷事详解

李鹏飞**

摘要:通过对清水江文书中约38份契约文书的分析与解读,论述了清道光年间该地区所发生的一起风水纠纷。原告吴成思等为保护高良山风水在寻求民间调解无果的情况下不断上告,但由于受到被告杨远昌等人的百般阻挠而有冤难申。最终,由于种种原因,加之多方从中调解,吴杨二姓走向和解。案件本身较为完整,有很强的故事性、启发性,可谓是清代民族地区一桩典型的风水纠纷事件。反映了清代中期风水文化对贵州少数民族地区的影响,也说明民间习惯法在处理乡村社会风水纠纷中所具有的特殊价值,值得借鉴。

关键词:清代;清水江文书;风水纠纷;研究

一、引言

在中国传统社会民间纠纷时有发生,邻里之间、村寨之间往往因为各种大小事产生矛盾,影响地方社会和谐,而尤以风水纠纷为最。"在明清徽州民间纠纷中,有关坟葬方面的民间纠纷不仅是最为常见的纠纷类型之一,而且也是常常导致纠纷急剧扩大、造成'累讼不绝'或'惊天大案'的一个重要诱因"。① 同时由于坟产在中国传统文化中有着非常特殊的意义和象征,风水纠纷更容易而且也更多地发生在坟产争讼领域,进而出现侵犯坟地产权、侵犯坟山风水、损毁祖先坟茔等各种问题。② 民国时期,湖南省竟有不少民众为争坟茔而伪造契约。③

* 基金项目:国家社会科学基金重大招标项目(项目编号:11&ZD096)。拙文仅就所见材料略作学术探讨,无意于其他,特此说明。

** 李鹏飞,历史学硕士,凯里学院人文学院助教。

① 韩秀桃.明清徽州民间坟山纠纷的初步分析[M]//曾宪义.法律文化研究(第4辑).北京:中国人民大学出版社,2008:144-166.

② 魏顺光.清代中期坟产争讼问题研究——基于巴县档案为中心的考察[D].重庆:西南政法大学,2011:1.

③ 徐德莉.民国时期坟茔争讼及其侧影——以伪造文书讼案为中心[J].江西师范大学学报(哲学社会科学版),2013(6).

在清水江流域，相关研究少有人涉及，程泽时、王振忠之研究在某些方面具有一定的代表性，且为我们再现了清、民国时期该地区民间"风水"相关的一些问题，[①]但尚有进一步研究的空间。近来，笔者在查阅清水江流域碑刻、族谱、契约文书中风水相关资料时无意发现一些很特别且值得研究的材料。如在《清水江文书》第3辑第3册中出现的约38份[②]契约文书，征集地为现黎平县大稼乡平底村乌山寨。契约中频繁地出现"吴成思""龙遗书""杨远昌""霸葬""强放""高良山"[③]、"景登囊"[④]、"苗底寨""乌山寨""鳌鱼嘴"等字样。其中，吴成思住"乌山寨"，时归龙里司管辖，现为"乌山"，位于平底行政村驻地南偏西1.5公里，地处小河岸边一片小丘陵间，四面山林丛密，常年青色，撬语称山为"乌"，故

① 程泽时通过对清、民国时期锦屏阴地风水契约文书的分析研究，认为阴地风水契约文书的大量出现反映出人们已普遍接受风水观念，且形成了一定的风水习惯法现象。参见程泽时.锦屏阴地风水契约文书与风水习惯法[M]//谢晖，陈金钊.民间法(第10卷).济南：济南出版社，2011：257-271.王振忠把清水江文书与徽州文书中清、民国时期的风水先生进行比较，认为清水江文书中有关风水先生活动的部分契约文书，反映了清、民国时期风水观念在清水江流域已深入人心，葬地堪舆，阴地买卖在当地已较为盛行，与徽州相比，清水江流域风水先生的社会地位较高。这与两地人文传统及商品经济的发展水平密切相关。参见王振忠.清水江文书所见清、民国时期的风水先生——兼与徽州文书的比较[M]//安徽大学徽学研究中心.徽学(第8卷).合肥：黄山书社，2013：1-21.另有李鹏飞《风水争讼之"遵批立碑 万代不朽"碑研究》以《遵批立碑 万代不朽碑》为中心讲述了杨、袁二姓因风水古木"重阳树"而争讼的起因、经过及最终处理结果，反映了人们风水观念的强化及在风水意识的作用下，因风水而争讼的事实。参见李鹏飞.风水争讼之"遵批立碑 万代不朽"碑研究[J].长江师范学院学报，2015(1).

② 相关文书有：P348、P366、P368、P369、P384、P386、P395、P397、P398、P399、P400、P401、P402、P403、P404、P435、P436、P437、P438、P439、P440、P441、P442、P443、P444、P446、P447、P448、P449、P450、P452、P454、P455、P456、P457、P460、P463、P464。经笔者整理有一万五千多字，但多份契约文书内容重复或相似。细而分之，38份契约文书中有25份为吴姓之诉状稿，时间跨度为道光十二年五月至道光十三年六月，其他涉案人员诉状稿6份，杨远昌诉状稿1份，和解文书3份，其他类文书3份。详见张应强，王宗勋.清水江文书：第3辑[M].广西师范大学出版社，2011.下文所引契约如无特别注明出处即出自《清水江文书》第3辑第3册，不再详注，特作说明。

③ 高良山亦被写作高梁山、高良坡、高粮山，笔者暂称之为高良山，下同。具体而言，被写作高梁山的有：P368、P443、P449；被写作高良坡的有：P369、P397、P402、P404、P436、P437、P438、P441、P447、P448、P457、P464；被写作高良山的有：P399、P401、P403、P435、P440、P444、P446、P450、P452、P454、P460；被写作高粮山的有：P384、P439。

④ 锦顿囊又被写作景登囊、景敦囊、景顿囊、锦登囊、锦敦囊，笔者暂称之为景登囊，下同。被写作景登囊的有：P369、P401、P402、P403、P446、P448、P450、P457；被写作景敦囊的有：P435；被写作景顿囊的有：P454；被写作锦登囊的有：P366、P368、P439；被写作锦敦囊的有：P435；被写作锦顿囊的有：P444。

名。[①] 龙遗书住“苗底寨”，时归古州司管辖，后更名为“平底”。[②] 杨远昌住“鳌鱼嘴”，时归龙里司管辖，现为“敖市”，位于黎平县北部，距黎平城32公里。因村东头有一个小山近似鳌鱼形状，明初有人居于山之东麓，即鱼嘴处而得名。民国初年，改为今名。[③]

经笔者进一步梳理发现，这38份契约文书之间存在一定的关联性，且时间、内容上可互补、互证。系统地记载了清道光十二年至道光十三年间（1832—1833年）[④]以吴成思为代表的吴姓与以杨远昌为代表的杨姓为保护或谋占高良山风水而诉讼的起因、经过及最终处理结果，内容丰富，较为完整。可从中窥见清代清水江少数民族地区风水纠纷之一斑，具有一定的学术价值和研究意义。

本文首先以吴、杨二姓争讼的焦点——“高良山”为切入点，分析了高良山独特的地理区位及其所承载的风水意象；紧接着论述吴、杨二姓及其他涉案人员在这桩风水纠纷中为保护或争占高良山风水而出现的多方力量的博弈；最后，通过对几份重要的“和解性”契约文书的解读来探讨吴、杨二姓言“和”的过程及其背后一些让人深思的问题。希望在理清整个事件的起因、经过及最终处理结果的基础上，对本案所引发的一点学术问题略作探讨，以求教于方家。

---

① 黎平县人民政府．贵州省黎平县地名志[M]．内部资料，1985：334．

② 苗底寨亦被写作苗颓（tuí）寨、苗举寨、苗抵寨、苗夆（féng）寨的异体字，见 http://www.zdic.net/z/17/js/5906.htm 2016/8/18〕，笔者暂称之为苗底寨，下同。细而言之，被写作苗底寨的有：P348、P369、P395、P397、P399、P400、P401、P403、P436、P437、P441、P442、P443、P449、P450、P452、P454、P464、P333、P343、P386；被写作苗颓寨的有：P321、P330。另据光绪《黎平府志》卷二上“城池”载：古州司属六十六寨“苗颓寨，距城一百二十里”，参见黄家服，段志洪．中国地方志集成·贵州府县志辑：第17册[M]．成都：巴蜀书社，2006：97．被写作苗举寨的有：P313、P325、P335、P370、P444；被写作苗抵寨的有 P322、P324、P342、P436；被写作苗夆寨的有：P369、P402、P439、P448。其中，P369有苗底寨和苗夆寨两种写法，P436有苗底寨和苗抵寨两种写法。从已发现的乌山寨契约来看，最早被写作苗底寨的为P333，嘉庆二十一年（1816年）；最早被写作苗举寨的为P313，雍正八年（1730年）；最早被写作苗抵寨的是P322，嘉庆十一年（1806年）。如今，“苗底”早已被改名为“平底”，但笔者在查阅相关资料时发现，1985年的《贵州省黎平县地名志》和1991年的《贵州省黔东南苗族侗族自治州地名志》所载“苗抵”得名缘由及时间上与契约文书存在很大出入。前者第334页载：“据传，早年该村为苗族聚居，乙丑年（1925年），久旱不雨，灾情严重，土匪猖獗，苗民团结一心，用土枪大刀抵抗土匪多次进犯，取得胜利，保卫了村寨安全，依此意得名‘苗抵’，后来苗族迁走，汉、侗等民族迁入，认为‘苗抵’二字不雅，有损民族尊严，于1956年改称‘平底’。”后者第162页亦载：“平底，原名‘苗抵’，在民国十四年（1925年）大旱饥荒时，全村苗族团结一致，抗击劫寨匪徒取得胜利，后得名‘苗抵’。解放后改为今名。”很显然，“苗抵”的得名原因有待商榷，得名时间也不应该是1925年。一方面，历史上周边地区以“苗”字开头的地名不在少数，仅当年的“四十八寨”就有“苗丢”“苗举”（此地名与本文所述地名是否为同一地名还有待考证）、“苗格”“苗吼”“苗庄”“苗里”“苗豆”“苗瑶”等8个，又该如何解释呢？详见欧潮泉，姜大谦．侗族文化辞典[M]．香港：华夏文化艺术出版社，2002：186．另一方面，从乌山寨契约文书统计情况来看，苗底寨亦多被写作“苗底”或“苗举（夆）”而非“苗抵”。而且早在嘉庆年间即被写作“苗底”，或“苗抵”，而“苗举”则更早，为雍正八年（1730年）。有关清水江文书中地名问题研究可参见王宗勋．清水江文书整理中的苗侗语地名考释刍议[J]．原生态民族文化学刊，2015(2)．李一如．清水江中下游苗族契约中苗汉语互借机制研究[J]．贵州大学学报（社会科学版），2014(2)．杨庭硕，朱晴晴．清水江林契中所见汉字译写苗语地名的解读[J]．中央民族大学学报（哲学社会科学版），2017(1)．

③ 黎平县人民政府．贵州省黎平县地名志[M]．内部资料，1985：113．贵州省黎平县地方编纂委员会．黎平县志：上[M]．贵阳：贵州人民出版社，2009：105．

④ 由于38份契约文书所载内容大体以同一件事为主线，有些对吴、杨二姓争讼过程中一系列事件发生的时间均有记载，因此有些契约文书虽无明确时间但亦可通过互补、互证而加以推算。

二、风水宝地"高良山"

通过对其中25份吴姓诉讼稿的分析、解读，笔者发现高良山实为吴姓祖遗之产，并有杨光华[①]及其他山邻作证。其地理位置相当特殊，既是乌山寨与苗底寨的分水岭，又是龙里司与古州司管控的边缘地带。[②] 在乌山寨看来，高良山是其朝山，而苗底寨亦将其视为后龙山。不管是朝山还是后龙山，在风水学上两者都是非常重要的风水意象。吴姓乃至乌山、苗底两寨众人皆知高良山为风水宝地，更被两寨村民视为禁地，历来不敢进葬，更不许他人进葬。

> 蚁等祖遗地名高良坡山场一所，世代栽蓄管业。蚁等始祖以来，知此高良坡是吉地，有关两寨生灵，故不敢进葬，现招杨光华挖种数代……高良坡系苗夅寨、乌山寨一带命脉，生灵有关。[③]
>
> 蚁等有祖遗地名高良坡山场一所，历祖以来，多年多代栽蓄抱种管理相安。且此山关系苗底寨通地风水，虽有阴地，从来不敢进壅。[④]
>
> 蚁有祖遗地名高良坡山场一所，世代栽蓄管业，屡招佃户杨光华挖种生理，现今有山邻潘通本与杨光林等可证。[⑤]
>
> 蚁寨与苗底寨毗连，以高良坡为界，一边是苗底靠山，一边是蚁寨朝山。昔蚁祖人在岭建□□□□□□□□风水□苗底人口不安□□□□历来管业无异。[⑥]
>
> 蚁有对门祖业山场一所，土名高梁山，世管数代，国历几朝，毫无别异……高梁山是蚁祖业山场，即是苗底合寨来龙过脉。[⑦]
>
> 蚁有祖遗对门山场一所，土名高梁山历代管理无异……高梁山□蚁私业，关系苗底通寨来龙过脉。是以众人不依，有州同龙永泰，监生王浡，寨头吴开祥、吴德周、李正昌等连名具告，俱称是蚁祖业。[⑧]

所以，一旦有人破坏高良山风水，吴姓及乌山、苗底村民都会努力捍卫之。其中，归斗寨的潘朝相、潘起富的一份"禀状"却向我们讲述了另一段高良山的风水往事。

……

> 禀状人，民潘朝相年四十九，潘起富年四十六岁抱告，住府龙里司属归斗寨城一

---

① 关于杨光华挖种高良山一事，笔者找到一份杨光华于嘉庆二十三年(1818年)所立的契约合同，但据契约所载山主为"吴学仲、吴学程"，见P384。

② 此外，P313、P322、P324、P325、P333、P335、P343、P370、P371等九份契约文书可视之为乌山、苗底两寨山场、杉木互为买卖甚至是纠纷的重要见证，最早可追溯至雍正八年(1730年)，两寨渊源非同一般。

③ P369、P402、P448。

④ P397、P437。

⑤ P438、P452。

⑥ P441、P464。

⑦ P443。

⑧ P449。

百里。为废公肥私不甘叩究事，缘吴成思等以强卖谋买等情，具控龙遗书并杨远昌一案，蚁等系是寨邻焉敢插渎。窃伊等争控之处与蚁等地界毗连，通地人等来往必由，因山路崎岖，行人劳苦。先年蚁等父叔并通寨人等公议，借吴姓之地在于该处起造凉亭。竟遭遗书父叔串通寨头，借故生端，混称此地关系伊寨风水。遂约聚多人硬将凉亭强拆。蚁等寡不敌众，不敢与争，迄今多年无异。今遗书网利贪财，率行翻异，忽将此地私卖与远昌以作阴宅。窃蚁等建立凉亭原与众人行路方便起见，事出乎公。伊等犹恃横拆毁，捏言伤犯后龙，有关合寨生命。兹遗书转系苗底寨内之人，胆敢违众私卖。将来杨姓进葬，独不虑其惊伤，岂不有关生命。似此废公肥私，利已害众。阴地可葬，凉亭独不可起。情理难容，断难乞服，只得禀乞。

大老爷台前作主严究施行通地粘恩不朽

……

道光十二年闰九月　　禀

……

署贵州黎平府正堂司　　批①

原来，先年潘朝相、潘起富父叔等人曾想借吴姓之地高良山修建凉亭，以方便行人赶路中途休息。不料却遭到本案的另一主角“龙遗书”及苗底寨寨头等人的强烈反对，“混称此地关系伊寨风水”，“捏言伤犯后龙，有关合寨生命”，将凉亭暴力拆除。

此时，龙遗书似乎站到了吴成思这边，加入保卫高良山的行列。而苗底寨其他人又是如何看待这件事的呢？

蚁寨来龙命脉，关系通地□□，历来滋无敢犯，即如先年邻寨父老等在此处建造凉亭，掊基动土，阴阳不安，伤坏人丁牲畜不止。惟蚁等查知，随将凉亭拆毁，招谢龙神方得保安数十载无异。②

蚁等地方历有后龙山场一所，离寨一百有余。本系乌山寨吴成思买业□，蚁等通地来龙过脉历来封禁，不敢惊伤。先邻寨人等在于山砌建造凉亭，因掊基动土，害蚁等寨内损坏百十余人，牲畜瘟死大半。□即将亭拆毁，招谢龙神近年□护安。③

龙遗书之举确实得到苗底寨众人的支持，从保护后龙风水的角度来讲，龙遗书的做法符合人们的心理需求，也达到了保护风水的目的。建凉亭虽“出乎公”是一善行义举，却因损坏风水而不得不被强拆。也可从中看出，正是由于高良山独特的地理区位，不管是乌山寨还是苗底寨民众都格外重视高良山风水之培护，丝毫不容侵犯。事虽如此，但之后发生的一些事却让人大吃一惊，龙遗书竟违背众人意愿将这一风水宝地私卖与杨远昌葬父。真可谓是“独不虑其惊伤，岂不有关生命。似此废公肥私，利已害众。阴地可葬，凉亭独不可起。情理难容，断难乞服”。而这又是为什么呢？龙遗书之举无疑会成为

① P348、P395。

② P368。

③ P455。

众矢之的，高良山这块风水宝地也将再次成为周围村民关注的焦点。

三、有冤难申：高良山背后的博弈

在很长的一段历史时期内，我国民间风水文化十分盛行，尤其是阴宅风水。当先人驾鹤西去，作为晚辈的似乎有一神圣职责即找到一块风水宝地，早日让他老人家入土为安。而这块风水宝地往往不易得，有时为达到目的甚至会不择手段，引发一系列矛盾，本案即是典型一例。前后两年，杨远昌等为谋占高良山，使出各种手段，吴成思等为保高良山不断上告。乌山、苗底甚至周边村寨都卷入其中。

道光十一年(1831年)八月杨远昌父故，为谋吉地安葬，停柩在家。杨远昌及其叔父杨光昭一行"四处谋寻吉穴"，花费不少心思。终于在某风水大师的指点下，杨姓在几十里之外的高良山谋得吉穴，并于道光十二年(1832年)四至五月请工在此山半坡挖砌窨堆，竖立碑记，为他日父棺下葬做准备。杨姓之举动明显过大且容易引起周边村民的警惕。事实上，乌山寨的吴成思、吴锡祥与苗底寨的吴开祥、吴绍祥、吴士万、王朴等早已探知杨姓之阴谋及其危害，并着手告状，以使杨姓葬父高良山之举落空。

> 为强卖谋买祖业难丢事。缘蚁等有祖遗地名高良坡山场一所。世代栽蓄管业相安。现今招佃杨光华挖种，并有山邻潘通□等可凭。不料变生意外，突遭住鳌鱼嘴巨富杨远昌，于去年八月内，父故伊停柩在家，寻谋吉穴，勾串苗底寨利棍龙遗书。无故将蚁等祖传山土，硬卖于伊为业，得价肥囊。伊财胆包天，竟于本月初六日在蚁等山内，埋砌界址窨堆，竖立碑记。蚁等见之骇然，即请寨众杨起明、潘贵清、张永思、吴光士等跟问。伊理屈逃回，蚁等随赶至伊处，复请中吴玉魁、杨廷灿理落。伊回称系与遗书得买，□□□□□。窃民间□□□□□，且遗书□□□□□。蚁等乃龙里司所属，山□地界各有攸分。况蚁等祖领此山多代多年，历管无异。伊忽越属混争网利强卖。遂远昌奸谋□□□究不独事关属□□祖业难丢。兼以苗底合寨生灵，风水所系之地。将来进葬，蚁等势必公同阻止，难免不测之忧，只得告乞。
>
> 台前作主进退施行 沾恩不朽
>
> 原告 吴成思年四十八岁 吴锡祥年二十五岁 住乌山寨离城九十里
>
> 被告龙遗书 杨远昌
>
> 干证 杨起明 潘贵清 张永思 吴光士 吴玉魁 杨廷灿
>
> 道光十二年 五月十三日①

从这份诉讼稿中可以看出，杨姓五月初六在高良山的一举一动都被吴成思等看在眼里，并立即请中上前与杨姓协商，始知高良山已被苗底寨龙遗书盗卖。于是吴成思等便把龙遗书也列为被告，并明确指出高良山同样是苗底寨的风水宝地，关系全寨生灵。如

① P452。

果将来杨姓埋葬,必将受到两寨人共同阻止。

紧随其后,苗底寨吴开祥等人也分别于道光十二年(1832年)五月十八日、六月十一日两次状告杨远昌、龙遗书。杨姓不惜重金串谋龙遗书,龙遗书胆敢伪造契约。杨、龙等人合谋种种之事昭然若揭。

为肥私害众生命攸关事。缘贱蚁等地方历有后龙山场一所,离寨一百有余。本系乌山寨吴成思买业□……祸于去岁六月,遭鳌鱼嘴富恶杨远昌父故停柩未埋,寻谋吉穴,贿串蚁本寨素不安分之利棍龙遗书。天良丧尽,假造买约,贪杨姓金多,胆将过脉山土盗卖与伊。利棍龙遗书,先与本年三月内,在山私砌土堆三个。种有木牌,混称伊祖□姓氏。蚁等得知将堆掘平,伊旋请中龙由宗、杨汉基而众寨理谋,诈称挖伊祖坟。蚁等欲添中跟问,伊之情亏,迄今匿不见面。讵远昌谋地心坚,忽又于本月初六日在于该地假砌坟塚,硬安石碑,刻"伊父杨光陆坟墓",以作异日埋葬□本。窃思蚁等寨内烟户一百八十余家,全赖此山系护生灵。若不告究远昌□富□衿,将来势必强葬。蚁等寨中贤愚不等,诚恐目睹心伤,将坟挖掘。蚁等不干责任,只得告乞,台前作主提究施行。

此 □□经府司□□殊永造勘明绘图贴说举案以见察讯

吴开祥 胡本兴 吴得周 龙永太 吴绍祥 龙士良 李正昌 王文魁 吴士万

□□□□月十八日 告①

下面这份诉讼稿中,吴开祥等甚至把龙遗书之兄龙永义出具的"受悔字"②粘抄作证,并明确指出"种种滔害皆由遗书盗卖所致",把此案责任归为龙遗书。龙遗书把景登囊当作高良山卖给了杨姓,为日后吴杨二姓争讼不休埋下祸根。

六月十一日,吴开祥、吴绍祥、吴士万、王朴为谋吉盗脉非天莫究……祸于去岁八月冤遭富恶,杨远昌父故,伊仗财作胆,四处谋寻吉穴。无奈伊见蚁关山地美。遂贿串蚁寨无赖之徒龙遗书,假造文约,将伊土名锦登囊阴地,准作蚁来龙高梁山吉穴买□□□□。龙遗书之兄,龙永义出具受悔字样炳存粘抄可验。□□□□遗书盗卖心坚,只顾一已之私,不顾通寨□□□。敢于四月盗立窨堆三个。五月昌远又强立石碑。蚁□□□□□□□□□,伊伯父于乾隆年□得卖一处山场。□□□□□□□□□质讯即前蒙批,经主查助,但山□乃系乌山之□□。蚁并未与乌山相争,若买卖不清例□乌山与遗书理落。蚁等何敢擅使,今经主卸篆申祥。蚁突因关系甚重,只得再为投天□究。种种滔害皆由遗书盗卖所致,仁天体恤□瘼。若不□恳禀究,尤恐远昌强葬,指日定有祸生不测□乞。

□十二年 六月十一日□□③

但让人感到意外的是,从现有的相关契约来看,杨姓盗葬高良山的企图并没有在早

① P455。经推测当为道光十二年五月十八日。

② 遗憾的是笔者并没找到这份契约,只是发现一份龙永义控告杨远昌强葬等情的诉状稿,见P439。

③ P368。

期被终止,而是在继续发酵。通过与其他几份契约文书的比较,笔者发现其实杨姓曾在最初与吴成思等对质的过程中试图出银三百两向吴购买高良山。吴成思等考虑到"因山系属公业,谁敢私卖肥囊"[①],拒绝了这一提议,但杨姓并不死心,继续图谋高良山。

> 高良山离锦顿囊有三里路程之远,锦顿囊离苗举寨有六里路程之远。杨光昭早已暗地看就锦顿囊之吉地,私求龙遗书向买,书定价值捌拾两零六钱。当受道杨光昭色银二拾两后,苗夆众人知道,向龙遗书理论。系通寨后龙,缘何你统人暗行私卖,且有关通寨性命。遗书自知不是,亲往鳌鱼嘴向杨光昭家退二拾两之价。光昭回言,我求谋此地,向乌山求买不□,无路可寻。今得你出身来卖与我,是天赐我的。你要退银,就将黄金还我,色银我万不肯受。我只要□地□□苗夆乌山□□□□。杨光昭又勾串吴得周、李正昌用银陆百两,向伊二人包卖高粮山,并包进葬。至去年十一月二日,统领二百余人各执器械罷行进葬。吴成思出于无奈只得上府具报。杨光昭口出恶言,任你告状,不过要用我数千百两银子。埂不赴案,自然一缓、二慢、三休。请尊准□,只得又赴道宪大人申冤。[②]

从这份诉讼稿来看,杨姓虽未能从乌山寨得买风水吉地下葬,但却很意外地从苗底寨龙遗书等处购得一地"景登囊",实为杨姓与龙遗书串谋"高良山"做准备。景登囊与高良山虽相隔几里,但应属同一山脉,指鹿为马亦非不可。为达到下葬之目的,杨姓又与苗底寨寨头吴得周、李正昌等人密谋,不惜用银六百两"向伊二人包卖高粮山,并包进葬"。"吴德周、李正昌等通同作繁,硬将成思等高粮山阴地,私卖与伊。得伊价银,李向立包伊家埋葬,伊遂恃为护符,如虎添翼"。[③] 最终,杨姓于道光十二年(1832 年)十一月二日,统领两百多人,各执棍械器具,护拥杨远昌父亲尸棺强行进葬高良山,杨姓最初目的达到。面对吴成思等一再上告,杨姓表现出一个土豪劣绅所应有的无赖与"智慧",即所谓的一缓、二慢、三休,事实证明杨姓也的确是这么做的。

另一边,吴成思等断然不能接受,更无法容忍杨姓"混争强葬"的事实。从道光十二年(1832 年)五月发现杨姓挖碓窨堆、竖立碑记至道光十三年(1833 年)八月双方和解前,吴一直在不断地上告,龙里司、黎平府直至贵东兵道。两年之间,吴成思等更是"盘费用尽,自伤肉骨"[④],还不得不一次又一次地忍受杨姓的迫害、恐吓、骚扰。所栽杉木亦多次被杨远昌一行强砍,所卖杉木又遭强放。生命、财产安全受到莫大的威胁,冤屈"有申无白"。

> 杨远昌、龙遗书等谋串霸葬一案,已蒙□饬词令。蚁等赴案出黎,蚁等理合禀遵,不敢妄渎。惟思远昌欲谋吉壤之际,先则预立窨堆,继则贿串遗书以为论卖及至蚁等控告。蒙署黎平府主差提遗书拘禁,旋据龙遗书之堂弟龙永太并民人吴开祥等

---

① P436、P441、P464。

② P444。

③ P439。

④ P438。

八人公呈。远昌见事不偕，当将遗书贿释。反使遗书买合公呈之人，伪造卖约。惟永太正直不从，案在可查，永太活证。伊复统领多人，硬行霸葬。并将蚁等杉木砍去百多余株。蚁等因见，远昌财势兼备，是以合寨三十多家无一人肯赴黎平之案。厅主虽要押祭，亦不能齐押三十多人。蚁等无奈，胃死具续。只得守候合前，见天有日。不料远昌探知蚁等奔控蒙批赴黎平之事，伊遂更自恃横胆，于本月初二日不料百多余人复砍蚁等杉木。据蚁寨人杨光华漏夜来报，蚁等闻知，心如火炽，欲要索众相拼。诚恐有累官府，赔贴解费。欲要旁观隐忍，然又死不甘心。况伊系是汉户，霸葬蚁等朝山，有关蚁寨风水。复又叠砍杉木，要绝蚁等生资。蚁乃守法之良民，受藐法之叠害，情难隐忍。愿舍微躯，除此富恶。值兹投天无路，入地无门。属不得已只得缕晰再叩。

钦命贵州贵东兵备道大人阁下赏准作主亲提严究以解倒悬施行①

从这份诉讼稿可以看出，乌山寨三十多家大都畏惧杨远昌之财势，甚至"无一人肯赴黎平之案"，吴成思等申冤之路可谓艰难。随着案情的发展，杨姓虽有所畏惧，但其"仗财作胆"，心生一计又一计。面对这些不公，吴成思等到了"投天无路，入地无门"的地步，甚至"愿舍微躯，除此富恶"，与杨远昌同归于尽。然而，杨姓为阻止吴姓上告还在不断地实施暴行。

缘蚁去岁，突被豪恶杨远昌，飞空霸占祖业高良山，统众强葬父棺。控经前任票差提讯，未蒙押令起迁。恶更得志，屡萌奸设，胆将已卖与吴正华砍伐生理之木，率领四处驰名恣横强放。幸得满朝龙、曾开学力劝阻挠，凭平信寨店家杨昌坤看守，备案结领卖。殊杨远昌心仔鬼蜮，计出百端。乘恩宪公出，恶于五月二十八日黉夜，督约百余人，将昌坤父子捆绑，木植强放一空，次早得知报明在案。②

讵恶等贪心不足串意欲藉坟占山，后又于中计串，见蚁等将此山木砍卖与吴正华拖放下河。恶等突于本月十九日，统领匪党多人，各执刀棍蜂拥河中。声言奉杨远昌等买□将木强放。蚁等就近禀经龙里主司阻止详报。恶等无法无天，随于二十一日仍统恶党，硬将山木抢放一空。随即拥入寨内，如虎似狼，声言要拿蚁等砍杀，屋宇用火焚烧等语。害蚁等各家男女老幼□□□□□□无地。思恶等□而盗卖山坡继而强葬吉穴。终则妄争木植，而且串匪横行，形同强盗。③

下面这份契约是吴成思所立，其控告杨姓强放杉木之事可从中得到验证。言语之间充满对杨远昌、龙遗书的愤慨。

具申鸣贴人，乌山寨吴成思、吴成□、吴士尊等因本年将祖遗山杉木一林，共计二百九十五株，凭中卖与客人吴正华等砍伐生理。二月内拖至溪口，突遭谋坟被控逃案，恶富杨光龙之子杨远昌，因争控之隙，怀恨在心，暗地勾苗底滥棍龙遗书认作

① P456、P463、P398。

② P401、P404、P447。

③ P442。

卖主,串卖与藕洞龙起注等。五月二十七,率领多名持器械,连夜将木强放下河。我等闻之骇异,随木追赶,今木已到,诚恐三帮五勷客商,并贵境行主不知误与赎买,以至耽搁。祈请列台若见有吴发顺斧印,切勿交易是感。

道光十三年六月初三日　立①

至道光十三年(1833年)六月,吴成思、杨远昌、龙遗书三人之间的矛盾、纠纷算是发展到了顶点,似乎达到不可调和的地步。虽然38份契约文书中,吴姓控告龙遗书、杨远昌的多达25份,且有潘朝相、潘起富、吴开祥、龙永义等多人也都在诉讼稿中叠控龙、杨。但杨依然没有受到相应的惩治,其在约道光十三年(1833年)六月至八月间出具的一份"甘结"中,也有另一番说词,极力为自己开脱。

具诉字童生杨远昌,为朋奸札局,凭空欺罔事。缘吴成思等案,复以强放等情诬童一案。理合诉明,情因去年四月童用价八十两零六,不得买龙遗书、龙永义、永恒等锦登(笔者添加)囊阴地一幅。卖契备卷,并执有伊父龙腾风得买杨士烈老契叠□。当凭中黄廷栋等,先立窨堆,浚迟半载方去进葬。足见此地实系腾风所遗,为遗书应受应卖,断无可疑,吴成思等有何凭据。伊等见遗书所发重价,胆敢聚家以杳范虚诞之词,上渎天听。不思黎郡五龙入城,每每叠葬,有谁关碍。伊等于去年五月内,央中杨□出有并无关碍清白,包童进葬字据,又劝童复出价银五百两。各有伊等收字可验。童以重父委曲,故受伊等□索,质于破家荡产。童本良善之家,买地葬地,抔土之外,一草一木尚敢履虎而扐尾须。伊等磕欲未厌,无中生有。诬童本年三月强放倡木架揑之巧。龙里司王隋其术中迷不加欆,慢为详报其实。弓兵阻止店主看守,皆属子虚。欺人尚且不可,伊竟敢以欺天。又诬童五月二十八日率领多人,捆绑杨昌坤父子,又将木植强放,更属黑天似世,札局实属神奸。欲究其情,惟恳提齐龙遗书等,并案内有名之人及土司弓兵曾开学、满朝龙、杨昌坤父子。问其有无木植阻止看守之事。取据二比实究,虚坐甘结,当堂研讯。童若虚,自甘重罪。为此加结,恳乞大老爷台前作主,严提讯究施行存殁均沾不朽。

具甘结童生,杨远昌今结到

大老爷台前,缘吴成思以复行强放藉坟占山控童一案。堂讯若实,童愿加倍受罪。若系伊等朋奸札局,凭空欺罔,亦望从重惩治,所具甘结是实。②

很明显,以上杨远昌之说词与吴成思等人多份诉讼稿及前文所述有很大出入,读者自明。在P446契中笔者还找到一残缺的批文:

杨远昌

批此案现据吴成思等以尔等高良山冒为景登囊等情,具控是卖约内有名之龙永义等皆应到案质讯,如不服唤,即系情虚畏审毋得饰诉。

---

① P400。

② P366。根据其他几份诉讼稿所载杨昌坤父子被捆绑,木植被放等事发生的时间可推测,此甘结出具时间约为道光十三年六月至八月。

吴成思批已批杨远昌词内[①]

虽然,杨远昌的这份批词,也只是"卖约内有名之龙永义等皆应到案质讯,如不服唤,即系情虚畏审毋得饰诉"。结合上文所述及案情进展情况来看,如众人共同到堂质讯,则势必会有助于案件的审结,对吴成思等所遭受之冤屈也将有所交代。遗憾的是,事情并没有照此发展下去。在38份契约文书中笔者发现一份龙永义状告杨远昌的诉讼稿[②],且另有多份诉讼稿提及杨远昌借龙永义未到而不候审讯逃回,使案件悬而未结的事实。更有为杨远昌"藐案逃审"而控告的诉讼稿。

为藐案逃审,拖害难当,恳赏究结事。缘富恶杨远昌,强葬蚁家地名高良山阴地。蚁等控经前府府司,以及恩星案下。恶等刁恶(伊等念□念恶)□又奔控道辕仍批天星提究,屡蒙审讯。伊狡猾非常,奸谋百出。又以卖立龙永义未到为辞,希图推延了局,朦混□场。幸仁天至公至明,当堂喻令龙遗书走赶永义到案备质。令遗书随即专人将永义业已赶到,现在天辕候审□正,蚁等开云见日之时殊远。昌自知情剧,诚恐三面质对,理屈词穷雪难见日。竟至不候讯断,忽然私自逃回,抗不赴质。害蚁等坐受拖累至今,新旧两年,案悬难结。若不恳堂严拘究断,不惟藐□欺天,法所不宥。而且受害难当,情迫汤火,只得续乞。

台前作主提拘究断结施行 沾恩不朽[③]

面对吴成思等一再控告,杨远昌自知理亏,但又极力狡辩,乃至逃案,拒不赴审。官方又是如何处理这起纠纷的呢?在官方审定的《状式条例》中,有"按状不载明原批及原告月日者不准;不将厅县词批粘呈混称冤屈赴府控告者不准;厅县所属民苗不赴厅县□理及不候审断赴府越告者不准;被告五名以上干证三名以上违者不准"等几不准。[④] 在P395、P399两份诉讼稿中,开头即分别载有"历次词批□厅县审□状面不能□载者准另□粘呈 道光十二年(1832年)五月吴成思等以强卖谋买事具控奉 批仰署经历司带同该两造□绘图贴说禀覆以凭察记 吴成思禀 批 候签提龙遗书到案讯究粘抄图说附禀状"和"历次词批及厅县实勘□尚不能续转批准另年□粘呈 年 月 以 事具控奉 批"等字样。明显遵从《状式条例》中的相关条款,也为我们保留了一部分官批。至于是否另有一些官方批示或丢失,我们无从得知。从仅存的"候提讯查断","此□□经府司□□殊永造勘明绘图贴说举案以见察讯","批静候集讯毋渎白禀发还","批静候集讯毋渎白禀发还 杨远昌未到 十四日 龙遗书惧讯逃回","批仰署经历司带同该两造□绘图贴说禀覆以凭察记","批候签提龙遗书到案讯究粘抄图说附禀状","候提讯察断粘抄"等批文可以看出,直至道光

① P446。

② 前文多有提及,这里不再摘录。

③ P440。此外P401、P404、P450、P447均提及杨远昌借口龙永义未到而希图推延了局。

④ P458为笔者找到的一份《状式条例》,残缺不全,共载有10条。其他几条为:以赦前及远年□□之事率砌妄告者不准;不遵用状式□代书状□者不准;绅衿及老幼并妇女无□告者不准;告诈赃无过付证据及□□□拐无地方月日者不准;告争田房不粘呈契据婚姻无庚贴者不准;坐监乡保假托公事连各具呈者除不准外定行重究。关于清代《状式条例》相关研究可参见邓建鹏.清朝〈状式条例〉研究[J].清史研究,2010(3).

十三年(1833年)六月官府的批文还是"静候集讯毋渎白禀发还"。[①] 从吴成思等诉讼稿中我们也能看到官府之前曾做出批示,但对杨远昌混争强葬之事并无明确指示,"未蒙押令起迁",也没有给出其他的解决办法,真可谓有冤难申。

四、"和"字了结:吴杨二姓的最终选择

或许正是因为清水江文书有很强的归户性,才使得我们能有机会接触到这么多与案件相关的原始材料,从中揭开历史上的一些说大不大,说小不小的民间纠纷事,再一次身临其境,感受那些平常人家的喜怒哀乐,为恶人之暴行感到愤恨不平,亦为平民遭受不白之冤深表同情。有时候些许小事,即使一时心生敌意,产生矛盾,邻里之间经中人从中排解亦能化干戈为玉帛。可以立个"清白字""认错字""和息字""悔过字""戒约字",甚至是"具阴状",等等,[②]都不失为一种有效的解决手段。

倘若是风水纠纷,通常民间或官方在处理风水纠纷案件时都会变得非常谨慎。一方面,民间多由双方中的一方或两方同时请中人加以调解,大事化小,小事化无,从而使双方言和,以维护地方和睦;另一方面,如调解不成,则不得不控告官府,诉讼。官府多从"情、理、法"等方面综合考量,通过"官批民调"的方式化解纠纷,达到息讼的目的。[③] 有时候"纠纷的双方在官府受理状文以后,明知理亏的一方往往会通过合息的方式解决纠纷,而不愿意再次审告到县"。[④]

具体到本案,两年之间,多人、多次控告,仍悬而未结。38份契约中并无官府批示结案等情。从前文的论述中我们不难发现,涉案主角龙遗书等人已自知理亏,盗卖高良山已成众人皆知的事实,并转而成为控告杨远昌的直接证据,杨远昌等混争强葬高良山一事也是到了纸包不住火的程度。如果继续争执下去,对杨远昌等无疑是一大隐患,十分不利。此时,理亏的一方会主动请中以合息的方式解决纠纷吗?我们不妨加以猜测。通过对P403、P454、P457的解读可知,原来吴成思、杨远昌、龙遗书等人确实已达成和解。虽让人深感意外,但至少说明民间调解最终还是起到了一定作用。

吴成思等立同心和结合同字:

> 立同心和结合同字人:吴成思同侄文发、士珍、士祥、杨光昭同侄远昌。为因龙遗书、龙永义、永恒弟兄将地名高良山作为景登囊阴地一幅,出卖与杨光昭叔侄埋葬管业。以至忽遭苗底寨吴德周、吴开祥等具控府主司案下。杨姓叔侄随即赴府具

① P402。

② 关于历史时期清水江流域民间纠纷的解决方式可参见,吴才茂.理论、鸣神、鸣官:民间文献所见明清黔东南纠纷解决机制的多元化研究[M]//常建华.中国社会历史评论:第15卷.天津:天津古籍出版社,2014:269-289.另有邓建鹏,邱凯.从合意到强制:清至民国清水江纠纷文书研究[J].甘肃政法学院学报,2013(1).

③ 魏顺光.从清代坟山风水争讼透视中国法律文化之殊相[J].江西社会科学,2013(3).

④ 韩秀桃.明清徽州民间坟山纠纷的初步分析[M]//曾宪义.法律文化研究(第4辑).北京:中国人民大学出版社,2008:144-166.

诉，我等叔侄心怀不平，奔赴道辕具控蒙批。府主王明鉴当堂审讯，再三究结方知。我等叔侄之业，我等叔侄与杨姓均系受龙遗书之害。致今我等吴杨二姓，俱皆猛省。今承相知于中排解，二比自愿甘心和结，亲书合同。其阴地天堂乙土四至之内，并茶山包脑俱系杨姓管业。其有脑后茶山，外左右树木俱系吴姓照旧管业。凡界外一草一木杨姓叔侄不得妄行侵占。界内寸土吴姓叔侄不得藉此争占。当经埋石为界，杨吴二姓管阴者，不得占阳，管阳者不占阴，自然子孙永远发达。今欲有凭，立此合同心和好合同为据。

外批脑后吴杨二姓不得挖栽

顾相臣□(画押)

赵辑南□(画押)

凭中

罗全亮□(画押)

何得才□(画押)

亲笔 杨远昌

杨光昭押

杨吴二姓同心和好合同各执一纸永存为据

老稟粘

道光拾叁年捌月初八日立①

从这份契约可知，执笔人为杨远昌，叙述者为吴成思。吴杨二姓最终立同心和好合同，终止了这桩持续两年之久的风水纠纷事。字里行间略显和气，已看不出吴杨二姓之前为高良山而纷争、控告的激烈场面。整个事件的主要责任由龙遗书承担。杨远昌父棺得葬，未被责令起迁，且通过这份契约杨父之坟产及周围领地得到强化，埋石为界。吴杨二姓阴阳两业各自管好，互不侵犯，显然此事当另有一番缘由。之前诉讼稿中多次被称之为“利棍”“恶棍”“滥棍”的龙遗书则通过立“悔退地字”“清白字”而逃脱法律制裁。

龙遗书立悔退地字：

立悔退地字人：苗底龙遗书。为因错将吴承思之祖业，地名高良山卖与杨姓进葬。吴姓奔控府道宪司主提讯，自知理屈，当堂悔退，以及中等劝解。杨姓自愿与吴姓补买息结，其山场木植任凭吴姓砍伐蓄禁。龙姓并无寸土枝叶，不敢藉景顿囊之山，越界争占。迄今现砍之木，不得阻止占有等情。自干罪戾，恐后无凭。立此悔退字样为据。②

同时，这份契约中龙遗书提及“杨姓自愿与吴姓补买息结”，即杨远昌补与吴成思地课银。为保以后无他争端，龙不得不“自干罪戾”，承认吴成思对高良山及高良山之杉木

① P403。

② P454。

的所有权,立下字据存照。另外,在一份残契中笔者发现龙遗书、吴成思所立之“清白字”与“意让阴地字”。

立清白字人:古州龙遗书。为因先年伯父得买景登囊山坡一幅,已卖莫如龙。又有杨光昭、远昌谋买阴地,我已错卖,系吴承思家之山地。已具告道府司,承亲友中等劝杨姓议补地课银两,与吴成思家息结。龙姓并无寸土,日后并不敢争占山土树木。今欲有凭,立此清白悔字为据。

立意让阴地字吴承思△△△[①]。为因高良坡山地被苗底龙遗书盗卖阴地与杨光昭、远昌。我已具告上府,尚未讯断。杨姓又复安葬,今又具控道宪司主。承亲友中等再三劝解,今杨姓补偿我地课银△△两,意让阴地一团,周围宽长△△。其外山地树木概系吴姓管业,杨姓日后不敢藉父故之坟争占。恐后无凭,立此意让合同字为据。

这两份字据写在同一张纸上,开头部分缺失。与P454龙遗书所立“悔退地字”类似,格式上欠规范,并无“亲笔”或“代笔”“凭中”“日期”等字样。与P403吴杨等人所立“同心和结合同字”形成巨大反差,不知是否为原契,或他人抄录。契约中杨姓补吴姓地课银之数目,吴姓意让杨姓阴地周围宽长几许,都非常关键,但却用一些让人无法明其用意的符号表示,或是抄录者有意为之。结合前文,杨姓曾不惜重金谋买高良山的事实及吴成思等为此所遭受的各种损失,和解之时杨姓所补地课银之多少肯定对涉案双方都有着特殊意义。过多,虽显杨姓之诚意,但有失脸面。过少,略显杨姓和解诚意之不足,吴姓也不会答应。其间存在着一种无形的较量,也是多方“智慧”的体现。

至此,前后两年,吴杨二姓历经诸多波澜,“土豪恶绅”“利棍恶徒”与“守法良民”终于握手言和,这桩风水纠纷事也算是画上了句号。但作为一个旁观者,置身事地想一想,整个事件确有很多地方发人深省。从“同心和结合同字”所透露的信息来看,事情之所以发展到如此地步似乎皆系“受龙遗书之害”,对杨姓盗葬等情有无追究我们不得而知,但可以肯定的是杨姓肯补以地课银还是在中人等的再三劝解下完成的。难道吴姓之前所遭受的人身攻击,财产损失也一笔勾销?如果仅仅是补以地课银,龙遗书承认错误并保证不再侵犯,那吴姓当初即应接受杨姓重金“三百两白银”,也不至于历经种种磨难,最后还是这种结果。恰印证了杨光昭那句“任你告状,不过要用我数千百两银子,埂不赴案,自然一缓、二慢、三休”。我们只能说是杨光昭“早有远见”,还是案件最终结果受其他因素影响较大呢。直至今日,想必同样案例亦不在少数,弱势群体蒙冤,唯有借助媒体的力量才能引起更广泛的关注,申冤之路也才能走得顺畅些。如果两份契约就能让一个“罔棍”“无赖之徒”“利棍”“恶棍”“滥棍”“素不安分之利棍”有所悔改,那龙遗书也不会被村民称之为“素不安分之利棍”了,况且早在嘉庆十九年(1814年)龙遗书就曾因杉木纠纷被人状

① 此处为几个△,下同。

告,道光六年(1826年)因山界争端而立有和息字。[①] 换个角度来看,如果当初吴姓接受杨之重金,吴是不是也成了龙遗书这样的角色,私卖公山,损公肥私。更何况吴所面对的是"土豪"加"恶棍",多次状告而未果,吴姓能争得如此结局实属不易。在忍气吞声与"鱼死网破"之间,吴虽选择了后者,但也只能委曲求全,以这样的方式和解。对杨远昌而言,只不过是"花钱消灾",当然希望事情能和平解决。

在我们为吴成思等打抱不平、为案件处理结果感到意外的同时也应注意到这是一桩典型的牵涉到几个村寨两百多户村民的风水纠纷事件。案件的起因、经过及最终处理结果都不同程度地受到民间根深蒂固的风水文化的影响,也与清代清水江流域苗侗地区普遍存在的特殊的民间纠纷处理方式密不可分。

清水江流域大量契约文书,尤其是处理纠纷、诉讼类文书的存在,不仅反映了该地区有很强的民间调解习惯,而且随着社会的发展,法律观念也在逐渐增加。明清以来清水江流域契约文书的传播、使用及书写格式的变化都从某些方面反映出该地区法律观念的增强和固有习惯的变迁,从"插草为界"的"无法"习惯逐渐向"各具契纸"的"有法"习惯转变。[②] 起初,吴成思等人确有请中调解的举措,谁知调解无果,无奈之下也只能走法律路径解决,寄希望于官府。但有时候通过法律诉讼能达到保护自家风水的目的,有时候却不一定得到官府的认可。[③] 而有时候民间调处却能在化解乡村社会风水纠纷中起到意想不到的效果,一般也都得到官府的认可。[④] 吴杨二姓最终选择"和"字了结,并把这些契约保存至今,足以说明这些字据在人们心中代表着某种法律效力,也是吴姓冤情得申的最好证明。

五、结　语

综上所述,清水江流域大量存在的契约文书、碑刻等资料是研究明清以来清水江流域民间风水文化的重要材料。其中不乏可以专文探讨的典型个案,而拙文或不失为一有益的尝试。从材料的分析、解读中可以看出,清道光年间吴杨二姓确实因保护或强占高良山风水产生了一系列纠纷。其间,吴姓为保高良山风水在寻求民间调解无果的情况下多次控告杨姓,饱受欺压,可以说是有冤难申。而杨氏叔侄在此过程中亦是百般阻挠,最终吴杨二姓还是通过"官批民调"的方式握手言和。整体看来,这是一起发生在清代贵州

① P330、P386。

② 吴才茂.明代以来清水江文书书写格式的变化与民众习惯的变迁[J].西南大学学报(社会科学版),2016(4).

③ 除本案外,天柱县大冲村《遵批立碑 万代不朽碑》所载即是一例,袁姓直接通过诉讼为自家风水古木被砍争取到官府的支持。程泽时在《锦屏阴地风水契约文书与风水习惯法》所引用的一份诉状,一份判词又是一例,地方政府对民间风水封禁习惯法规则的态度完全不同。参见李鹏飞.风水争讼之"遵批立碑 万代不朽"碑研究[J].长江师范学院学报,2015(1).程泽时.锦屏阴地风水契约文书与风水习惯法[A].谢晖,陈金钊.民间法(第10卷)[C].济南:济南出版社,2011:257-271.

④ 魏顺光.清代坟产争讼中的"民间调处"——以巴县档案为中心的考察[J].江汉论坛,2013(4).

民族地区十分典型的民间风水纠纷事件，有很强的故事性、完整性和启发性。反映了清代中期清水江流域少数民族地区风水纠纷的基本形态。也说明民间习惯法在处理乡村社会风水纠纷中所起到的意想不到的效果，有一定借鉴意义。

Injustice Difficult to Apply, but finally Ended Peacefully

—A Study about a Geomancy Dispute of QingShui River's Instruments in the Qing Dynasty

Li Pengfei

Abstract: Based on the analysis and interpretation of about 38 copies of instruments in the QingShui river basin, this paper discusses the geomancy dispute in the area during the Daoguang Qing dynasty. The plaintiff Wu Chengsi to protect the Gao Liangshan's geomancy in the search for civil mediation without the case of fruitless, due to the Yang Yuanchang's defendant and other obstruction and injustice. Finally, due to various reasons, coupled with the mediation from the parties, Wu Yang surname to reconciliation. The case itself is more complete, there is a strong story, inspiration, can be described as a typical geomancy disputes in the Qing minority areas. It reflects the influence of the geomancy culture on the minority areas in Guizhou in the middle period of the Qing Dynasty. And also shows that the special value of the folk customary law in dealing with the geomancy disputes in the rural society.

Key Words: Qing dynasty; QingShui river's instruments; geomancy dispute; study

乡法考

韩 伟*

摘要:从敦煌吐鲁番文书、传世法典等历史文献出发,考察了中国古代"乡法"的内涵、源流、特征、作用及定位,分析认为,"乡法"普遍存在于古代基层社会,为乡民所自觉遵循的规范,"乡法"主要源自于儒家之"礼",融合了乡民的实用理性,具有历史性、规范性与良善性,在实践中与国法相通融,在古代法体系中介于官方地方法与家族法之间,在维护基层社会秩序中发挥重要的作用。

关键词:乡法;乡原体例;乡例;敦煌吐鲁番文书;民间法

人民的善就是最主要的法律。①

——西塞罗

中华传世法典《唐律疏议》《宋刑统》中,多次出现"乡法"一词。"乡法",以及与其密切相关的"乡原(元)""乡例"等语词,在西域文献中也多次出现,这使得"乡法"的存在,在立法与法律实践、社会经济实践中得以互相印证。遗憾的是,目前学界对"乡法"的专门研究寥寥无几,从法学的角度专论"乡法"的著述更是鲜见。孟宪实以吐鲁番文书为材料,对古代西域国法与"乡法"的关系作了专论。② 罗彤华在研究唐代借贷时,也讨论了"乡法"的内涵。③ 高明士在一篇涉及古代国法家礼的序言中,也曾谈及唐代的"乡法"。④ 梁治平研究了类似的"乡例""土例"、俗例,但却是将其放在习惯法、民间法的理论背景下

---

* 韩伟,法学博士,西北工业大学人文与经法学院法学系副教授,西北政法大学中华法系与法治文明研究院兼任研究员。

① CICERO,DE LEGIBUS bk. Ⅲ,ⅲ,8.转引自约翰·N.卓贝.规范与法律[M].杨晓楠,涂永前,译.北京:北京大学出版社,2012:276.

② 目前涉及"乡法"的研究论文仅有孟宪实:《国法与乡法:以吐鲁番敦煌文书为中心》,《新疆师范大学学报》2006年第1期。如果从更广义的地方性规范角度而言,冯学伟的《敦煌吐鲁番文书中的地方惯例》值得注意,《现代法学》2011年第1期。类似的还有张妍:《中国传统社会土地权属在思考——以土地交易过程中的"乡规""乡例"为中心》,《安徽史学》2005年第1期。卞利:《明清徽州经济活动中乡例举隅》,《安徽大学学报》2007年第1期。

③ 罗彤华.唐代民间借贷之研究[M].北京:北京大学出版社,2009:246-247.

④ 高明士.东亚传统家礼、教育与国法(二):家内秩序与国法[M].上海:华东师范大学出版社,2008:2.

进行论述的。[①] 同样，仁井田陞的相关研究，亦将其视为习惯。[②] 相关研究尽管已经展现了中国古代“乡法”的不同内涵，但却未能将其作为一个相对独立的法律体系进行正面研究，且对其渊源、性质的认识也存在一些讹误，存在继续拓展和深化的空间。

本文拟采取历史文献释读、法律社会学的方法，以历代法律典籍，以及敦煌吐鲁番等西域文献为基本材料，从观念史、概念史与实践史的角度，对“乡法”的内涵、源流、作用、特点等几个方面作初步的考述。需要说明的是，“乡法”在本文中被以一种广义的概念使用，即凡是具备规范性、历史性等“乡法”基本特征的相关用语均被涵盖，因此“乡原”、乡例、乡规、“社条”等均被纳入一并考察。

一、“乡法”源流

在唐代以前的典籍中，“乡法”一词十分罕见。《周礼》“地官”中有：“闾胥各掌其闾之征令。”[③]《周礼正义》：“注云：‘令者，令其闾内之闾胥里宰之属’者，谓令其当闾之吏也。此官掌国中城郭廛里，盖亦以五家为联。但置设官吏，依乡法，或依遂法，经无明文，故郑兼举闾胥里宰以晐之。”[④]此谓择选乡里闾内官吏之法。《礼记正义》中，孔颖达解释天子、诸侯兵赋时，疏曰“诸侯城方十里，出赋之时，虽革车一乘，甲士三人，步卒七十二人，其临敌对战之时，则同乡法‘五人为伍，五伍为两’之属也。故左传云：邲之战，楚‘广有一卒，卒偏之两’，又云‘两之一卒适矣’，是临军对阵同乡法也”[⑤]在这里，“乡法”则指临军对战时，排兵布阵、甲士配比之法，其意大略与天子之“王法”或“军法”相对。上述二者的共同点在于，它们都是区别于正式的“王法”或“国法”而存在的，因而也具有一定的灵活性与变通性。

“乡法”一词真正大量出现，是在唐及之后。比较典型的是《唐律疏议》，共出现三次。在“给授田课农桑违法”条中，疏议引《田令》规定：“户内课植桑五十根以上，榆、枣各十根以上。土地不依者，任依乡法”[⑥]。在“失火及非时烧田野”条中，疏议曰“非时，谓二月一日以后、十月三十日以前。若乡土异宜者，依乡法。”[⑦]《唐令》中也多次援引“乡法”，在“田令”中，“诸给口分田者易田则倍给，宽乡三易以上者，仍依乡法易给”[⑧]。此外，还规定“诸户内课植桑五十根以上，榆枣各十根以上。土地不依者，任依乡法。”《唐律》“疏议”之引当源于此。在《通典》中，关于“易田”的规定稍有不同，《食货》“田制”中：“宽乡三易以上

① 梁治平. 清代习惯法：社会与国家[M]. 北京：中国政法大学出版社，1996：38.

② 仁井田陞. 中国法制史研究·法与习惯：第四卷[M]. 日本：东京大学出版会，1960.

③ 周礼·地官司徒第二[M]. 北京：中华书局，2014：263.

④ 周礼正义：卷七十[M]. 北京：中华书局，1987：2922.

⑤ 。礼记正义·坊记[M]. 上海：上海古籍出版社，2008：1957.

⑥ 唐律疏议：户婚律[M]. 北京：中华书局，1983：249.

⑦ 唐律疏议：杂律[M]. 北京：中华书局，1983：509.

⑧ 天一阁藏明钞本天圣令校证[M]. 北京：中华书局，2006：386.

者,仍依乡法易给。"[①]在"税赋"中,"其杂折皆随土毛,准当乡时价"[②]。玄宗开元二十年(732年)七月敕:"未摩尼法,本是邪见,妄称佛教,诳惑黎元,宜严加禁断。以其西胡等既是乡法,当身自行,不须科罪者。"[③]《旧唐书》亦有其例:"柳州土俗,以男女质钱,过期则没入钱主,宗元革其乡法。其已没者,仍出私钱赎之,归其父母。"[④]故罗彤华认为,乡法在唐人观念中用的非常普遍,律令中的"乡法",或许就撷取自地方上的"乡原""乡原例"等概念,这些地方习惯,即是所谓"乡法"。[⑤] 高明士同样认为,《唐律》中提及的几处"乡法",就是当地的习惯,它接近于法理,在司法审判中起到补充正式法理的作用。[⑥] 此外,由于唐宋律令的传承因袭关系,《宋刑统》中,"乡法"亦多次出现。

因为"法"在中国古代含义相对固定,故"乡法"的含义,可以根据"乡"之不同语义,从以下两个方面予以解读。

第一,将"乡法"之"乡"解释为"向"。清代段玉裁认为,"乡"者今之向字,所乡谓向也,以同音为训也。[⑦] 清代徐鼒对一个类似的词"乡原"的解释,亦颇具启发性,"乡原",何晏《集解》引周生曰:"所至之乡辄原其人情而为己意以待之。一曰乡向也。古字同。谓人不能刚毅而见人辄原其趋向容媚而合之。"朱注曰:"乡者鄙俗之意。原与愿同。《荀子》'原悫'注:'读作愿'是也。盖其同流合汙以媚於世故在乡人之中独以愿称。"[⑧]这种从字音的解读具有一定道理,罗彤华也有类似的看法,认为"乡"即"响"或"向",乃从来、过去之意,由此发展出来的地方习惯,即是乡法。[⑨] 与之相关的概念"乡原",或"乡例",亦可以从语音学的角度得以解释,"今河西一些地方仍说地方惯例时即称'乡原旧例'"[⑩],实际上不只是河西地方,在今天的陕北等地,仍有此类用法,可见其为一个很普遍的用法。从字义来看,乡是指乡间、乡里,法当然是指具有一定强制力的规范。由于"乡法"屡次进入正式律典,显然并非一个不正式的用词,故单纯从语音的角度解释尚有不足,故应从字义入手再作解读,并借以探求源流。

由"乡"的这一语义,可得"乡法"的第一个来源,实际上是乡里民众的生产生活实践,及其内含着的"实用理性"[⑪],也即"风俗",或者是习惯。前述韩廷寿问以"谣俗",正是这类民间的习俗。当然,民间的习俗有良劣善恶之分,其在进入乡法的过程中,经过了被选

---

① 《通典》卷二。

② 《通典》卷六。

③ 《通典》卷四十。

④ 旧唐书:卷一百六十[M].北京:中华书局,1975:4214.

⑤ 罗彤华.唐代民间借贷之研究[M].北京:北京大学出版社,2009:246-247.

⑥ 高明士.东亚传统家礼、教育与国法(二):家内秩序与国法[M].上海:华东师范大学出版社,2008:2.

⑦ 段玉裁.说文解字注:六篇下[M].上海:上海古籍出版社,1981:302.

⑧ 徐鼒.读书杂释:卷十[M]//续修四库全书·子部·杂家类.上海:上海古籍出版社,2011:540.

⑨ 罗彤华.唐代民间借贷之研究[M].北京:北京大学出版社,2009:247.

⑩ 黄大祥.敦煌社会经济文献词语例释[J].西华大学学报(哲学社会科学版),2009(5).

⑪ 李泽厚用"实用理性"指"一种肯定现实生活的世界观",在本文中,则借以说明乡民在选择适用的规则时,出于现实的生活需要,在实际利益的衡量中,表达出的倾向与态度,作出的选择。参见李泽厚.实用理性与乐感文化[M].北京:三联书店,2008:29.

择、鉴别的过程。这类来自乡里生活本身的习俗,使得由此形成的乡法接到地气,具有了生命力。在唐宋律令中提及的乡法,以及西域契约文书中多次提及的"乡法",大多是指作为"习俗"、惯例的"乡法"。

第二,将"乡法"之"乡"理解为"乡里之制"。尽管"乡法"之"乡"仅具有抽象性意义,但从源流上考察,其与中国古代乡制不无关系,而"乡里"之制又是中国历史悠久的制度。乡里之制可以追溯到西周时代的"五乡","挟日而敛之,乃施教法于邦国都鄙,使之各以教其所治民,令五家为比,使之相保;五比为闾,使之相受;四闾为族,使之相葬;五族为党,使之相救;五党为州,使之相赒;五州为乡,使之相宾"①。此一时期,"乡"属于国之下一级组织,且位高于州。此时,虽然还未明确"乡法"这一法律称谓,但一系列具有实质意义的"乡法"多次被提及,《周礼》中,以乡三物教万民,以乡八刑纠万民,"以五礼防万民之伪而教之中,以六乐防万民之情而教之和",②应该说这已经是体系完备的"乡法",只是此时的"乡法"具有官方性,具有礼教性,并且其"立法"层级一般较高。

到了春秋时期,"乡"之内涵又发生变化,其地位逐渐移到县之下,形成县下基层行政组织的基本形式。③"乡"的这一转变,延续至战国,其作为地方基层行政单位,建立在基层聚落的基础上,形成以县统乡,以乡统里的局面。④由此,乡作为县之下一级基层行政组织单位得以确立,一直发展至秦汉隋唐。秦汉以来,乡开始作为基层一级行政单位,并非只具有行政虚拟的意义,而是初步建立了"乡制"。汉代,乡即开始设置"乡官",即乡里民官率民参政者也,乡官由政府擢任,然其性质与属吏截然不同。乡官虽无一定职事,且有位无禄,但代表民意,领衔呈诉,在沟通上下中发挥积极的作用。⑤乡官又有乡师与乡大夫之分,"乡师之职,各掌其所治乡之教,而听其治","乡大夫之职,各掌其乡之政教禁令"⑥。法律的形成与生效,需要有一定的权威存在作为前提,而乡官在乡里之内作为一定权威的存在,为乡法的形成奠定了基础。从实践看,乡官在乡法的形成过程中具有重要的辅助作用。汉时颍川乡法之变,就是典型事例。赵广汉为太守时,"患其俗多朋党,故构会吏民,令相告讦,一切以为聪明,颍川由是以为俗,民多怨仇"。到韩延寿为太守时,为了改变这种状况,"欲更改之,教以礼让,恐百姓不从,乃历召郡中长老为乡里所信向者数十人,设酒具食,亲与相对,接以礼意,人人问以谣俗,民所疾苦,为陈和睦亲爱,销除怨咎之路。长老皆以为便,可施行,因与议定嫁娶、丧祭仪品,略依古礼,不得过法"⑦。由此可见,乡法的制定,地方行政官员似乎起到了主导的作用,作为乡官的长老等,只是起到积极的辅助作用。实际上,乡法的实质内容,即"谣俗",正是来自于乡里长老等的口

① 周礼注疏·地官司徒第二[M].上海:上海古籍出版社,2008:367.

② 周礼·地官司徒第二[M].北京:中华书局,2014:230.

③ 赵秀玲.中国乡里制度[M].北京:社会科学出版社,1998:4.

④ 王爱清.秦汉乡里控制研究[M].山东:山东大学出版社,2010:26.

⑤ 严耕望.中国地方行政制度史[M].上海:上海古籍出版社,2007:245.

⑥ 周礼·地官司徒第二[M].北京:中华书局,2014:243,250.

⑦ 汉书·韩延寿传[M].北京:中华书局,1962:3210.

耳相传,及身体力行,故在乡法的形成中,乡里长老才起到实质性的作用。

在这一语义之下,乡法的形成,具有一个从礼到法的过程。《仪礼》中的“乡饮酒礼”记载诸侯的乡大夫主持的饮酒礼,据信来源于早期氏族社会的会食制度。① “乡饮酒礼”之设,是为了选贤贡举,“立一六命卿为乡大夫,乡内之民有贤行者,则行乡饮酒之礼,宾客之,举贡也,故云使之相宾。”②这一选贤贡举的做法,逐渐形成一种乡里的惯例,并遵循特定的礼仪。汉代时,不少具有乡法性质的规范,也多接近于“礼”。如卫飒初到桂阳时,认为当地“颇染其俗,不知礼则。飒下车,修庠序之教,设婚姻之礼。期年间,邦俗从化”③。秦彭任山阳太守,“崇好儒雅,敦明庠序。每春秋飨射,辄修升降揖让之仪。乃为人设四诫,以定六亲长幼之礼”④。这些事例,表现了乡法形成的第一个来源,即一种自上而下的,来自于行政官员礼仪教化的结果,这也使得乡法侵染了儒家伦理的色彩。而在某种意义上,中国古代的“礼”本身即有法的含义,“无论是圣人制礼,还是礼俗、礼仪意义上的‘礼’,在传统社会都是一种被广为接受的具有一定约束力的行为规范,其中很大一部分应属于我们今天所说的法律的范畴。”⑤因此,早期的“乡礼”与“乡法”亦存在融合互通之处。

这种具有儒家“礼”性质的乡法,很多时候成为特定基层组织的治理规范。与前一类“乡法”不同的是,这类规范、惯例,不再是个体化的,私人化的,而是作为乡里、社邑共同体的组织、治理规范而存在。作为这类规范的指导性原则,就不再仅仅是地方日常的生活逻辑,而更多地受到儒家“礼”的影响。例如俄藏敦煌文书“索望社社条”就约定:

1 谨立索望社案一道。盖闻人
2 须知宗约,宗亲以为本,四
3 海一流之水,出于昆仑之峰,
4 万木初是一根,分修垂枝
5 引叶。今有仑之索望骨
6 肉,敦煌极传英豪,索静
7 为一脉,渐渐异息为房,见
8 此逐物意移,绝无尊卑之
9 礼,长幼各不忍见,恐辱先
10 代名家。所有不律之辞,已信
11 后犯。一自立条后,或若社

① 杨天宇.仪礼译注[M].上海:上海古籍出版社,2004:3.
② 周礼注疏·地官司徒第二[M].上海:上海古籍出版社,2010:367.
③ 后汉书·卫飒传[M].北京:中华书局,2007:718.
④ 后汉书·秦彭传[M].北京:中华书局,2007:721.
⑤ 吴正茂.再论法律儒家化[J].中外法学,2011(3).

12户家长身亡，每家祭盘一①

在另外一件文书"投社状"中，则有：

11向化之心；家顺第恭，实抱陈

12重之泰。忠父慈亲，不妄高

13柴之幸；六亲痛热，②

由这两份文书，对作为一种乡法的社邑规约之性质或依据，可以作出很好的解读。在"索望社社条"中，从对尊卑长幼之礼的"恐辱"态度中，不难窥见社条的基本精神，而"投社状"更进一步阐明了这一精神原则，"忠父慈亲"，儒家忠孝仁义的底色，已经十分鲜明。

在清代的台湾地区，作为"乡法"的村规、公约亦随处可见。戴炎辉在研究清代台湾的乡治时，曾以雍正三年澎湖八罩澳花宅乡之公约为例来说明"乡法"规范下的乡治，"其内容有：特定土地开垦的禁止，刈草、谷物、蔬菜、家畜、牛鎍、牛粪、柴草等窃取的禁止，赌博的禁止，牛羊践损园地、五谷的禁止等；视其轻重，定其罚银，尤其对赌博者予以鞭责，或在公众面前加以侮辱。这些罚银，全部充作社庙的关圣帝君庙之'香油之资'"③。这些涉及经济社会诸多方面的规约，都直接关系着乡村的治理。

综述各种文献中具有规范意义"乡法"的用法，可以发现其主要在以下一些层面上被使用：第一，作为特定地方民间约定俗成的习惯性做法，或惯例。例如前述《唐律》中"户内课植桑五十根以上，榆、枣各十根以上。土地不依者，任依乡法"以及"失火及非时烧田野"条中"若乡土异宜者，依乡法"，均是这样的例子，当然这类习惯主要是基于地理、自然的条件而形成。还有一类地方性习惯，主要是由于长期的生活习俗传承所致，如《宋刑统》"残害死尸"条，特允许外藩客依照本族习俗归葬，"诸藩客及使藩人宿卫子弟，欲依乡法烧葬者听，缘葬所须亦官给"④。该条规定，不仅表达了中原王朝对外藩习俗、"乡法"的尊重，并给予适量的物质保障。当然，这类乡法作为地方性习惯，主要是源自于地方生活的逻辑，在受到儒家道德影响的士大夫看来，未必都是善良的习惯，柳宗元革乡法即是改变"恶俗"的例证。第二，作为维护特定地方的社会生活秩序的规范，这类"乡法"往往比较具体，并具有强制性措施保障其实施，前述的村规、公约、社条均属于此类。

综上所述，可以得出有关"乡法"的一个初步定义，"乡法"之"乡"，即使不作"向"解，也仅具有虚拟化的意义，尽管在春秋战国时期，存在作为行政一级"乡"的规范性"法律"，但在汉唐以后，"乡法"之"乡"基本就不再具有实际的意义，事实上唐代以来，"乡"作为一级行政单位的职能已经大大弱化，甚至仅具象征意义，⑤因此，"乡"可能表示"社"，也可能

① 乜小红.俄藏敦煌契约文书研究[M].上海：上海古籍出版社，2009：236.

② 乜小红.俄藏敦煌契约文书研究[M].上海：上海古籍出版社，2009：245.

③ 戴炎辉.清代台湾的乡治[M].北京：联经出版事业公司，1979：153.

④ 窦仪等撰.宋刑统[M].北京：中华书局，1984：287.

⑤ 在唐代，上报文牒虽然都称呼"当乡"，署名者却往往是一个或数个里正，这说明实际上不存在乡这一级基层权力机构。参见孔祥星.唐代里正[J].中国历史博物馆馆刊，1979(1).

是“里”，抑或仅仅是表示某一特定地区。所谓“法”，尽管从效力来源、权威属性上与国法大为不同，但无疑是具有一定的规范性的，这种规范性，或者是源自约定俗成，习以为常的一种地方群体习惯，或者是乡里、社邑的“乡官”、里长、乡长老等地方权威，以及其在地方官吏的影响下订立的或成文，或不成文的组织规范、行为规范，这种规范又渗透着儒家道德文化的色彩。正是在这样一个较为宽泛的意义上，有不少含义相近的词也可以被涵摄，例如乡例、“乡原”①、乡原体例，以及在敦煌吐鲁番文书中出现的异体词“乡元”等等。

二、“乡法”特点

(一)地域性

既然被称之为“乡法”，地域性必然是其首要的特征。《唐律》对此解释道：“谓北地霜早，南土晚寒，风土亦既异宜，各须收获总了，放火时节不可一准令文。”②乡法的地域性差异，正是由于各地的地理风土不同所致，《礼记》在记述风俗时，更进一步解释说：“凡居民材，必因天地寒暖燥湿，广谷大川异制。民生其间者异俗：刚、柔、轻、重、迟、速异齐，五味异和，器械异制，衣服异宜。修其教不易其俗，齐其政不异其宜。中国、戎夷五方之民，皆有性也，不可推移。”③换言之，正是因为中国广袤的国土，地大物博，习俗之异理所当然，而主要来源于习俗的“乡法”，自然具有了地域性，不同地域，形成或适用不同的乡法，也就不足为奇。乡法源自习俗的这种地域性，在地方志的记述中也多有体现，同为陕西关中的岐山、礼泉二县，习俗风尚截然有别：

礼境高原，北多山谷，民性质直好义，勤稼穑重礼法，风气淳朴。

礼俗男耕女织，士商或服舶来品，普通男女概服自织棉布，从无文锦绮罗之习。

昔年多屡世同居，有均力合作之风，若王璿、张乃恕、陈理、王廷彦、张良琰等，或五世、六世、七世犹同爨焉。④

岐丰之地文王用以同二南之化，如彼其忠且厚也。周室东迁，以岐地与秦，秦俗强悍，乐于战斗，有由然矣。两汉以降，风俗隆替，历代变更，大抵国家全盛则民俗亦醇厚，敦庞叔季之秋，则风气浇漓，必然之理也。⑤

两地相隔不远，但风俗大为不同，受到风俗影响而形成的“乡法”自然也未能同一。

① 乡原，在儒家经典中多次出现，一般被认为是一类人，即乡间喜欢故意作出忠厚老实的样子，讨好所有人，没有立场、昧于是非的人。因此孔子谓“乡原，德之贼也”。而在敦煌吐鲁番等大量民间文书当中，却经常用乡原(或乡元)指称地方性的惯例，在传统文献中，亦见乡原的用法，例如《名公书判清明集》卷四“高七一状诉陈庆占田”中有“乡原体例，凡立契交易，必书号数亩步于契内，以凭投印”。因此，可对乡原作另一种解释，即地方性规则或惯例。

② 长孙无忌等撰.唐律疏议·杂律[M].北京：中华书局，1983：509.

③ 杨天宇.礼记译注[M].上海：上海古籍出版社，2004：155.

④ 《续修礼泉县志稿》卷十。

⑤ 《重修岐山县志》卷五。

也正是在此意义上，吉尔兹才认为："法律，与英国上院议长修辞中那种密码式的矫饰有所歧异，乃是一种地方性的知识；这种地方性不仅指地方、时间、阶级与各种问题而言，并且指情调而言——事情发生经过自有地方特性并与当地人对事物之想像能力相联系。"①"乡法"的这种地域性，尽管在国家看来导致了法律的分散性、混杂性，但正由于其源自地方，侵染地方特色，才使其具有了更好的地方适应性。这种地域性的"乡法"，在唐代西州的官府文书中，亦偶尔可见，新获"唐永徽五年至六年安西都护府案卷为安门等事"中即提及有关当地安门的"流例"：

前略

10 章风尘，天气□□，

11□皆有扇，士司亦应具知，惟独户

12□□门扇，若论流例，应合安门。□②

显然，这种"流例"，应是专指唐时安西都护府的习惯，而不代表所有唐之疆域均有此例。

(二)历史性

乡法主要源自民间，上接先秦礼仪，下承乡里习俗，与一地之风土人情紧密相连，相对而言受到国家政权变动的影响较小，这使其具有了天然的历史性与延续性。乡法之历史性，一是由于其主要受到地理风土的影响，而地理环境的演变又是一个相对漫长的过程，因此，受此影响的乡法亦不会急剧地发生变化。如前述《唐律》之"失火及非时烧田野"所准乡法，完全是基于南北地理风土异宜，由于地理风土的相对稳定性，使得乡法亦具有相当的延续性。二是由于乡法是在长期的生产生活实践中形成的，本身即经历被选择、淘汰的过程，所留存下来的，必然是具有相当大的合理性，至少在乡里普通民众看来具有合理性，因此，不会轻易发生变化。

(三)规范性

尽管先秦时的"乡法"一度以刑罚作为威慑，③具有强制规范的属性，但自汉唐以来，乡法的内容不断扩大，涉及社会生活的更多方面，因此其规范性也具有多元特性。一类以乡俗为主要内容的乡法，基本上是依靠乡里熟人社会的舆论压力，伦理道德要求等生效的，也就是说其仅具有弱规范性。另外一类，则源自于礼仪，甚至国法的规定，对"乡法"的违犯，要受到严厉的刑罚，这也使其具有强规范性。前者如规定签订契约方面的"乡法"，在吐鲁番出土文书《唐咸亨五年王文欢诉张尾仁贷钱不还辞》中有"银钱二十文，

① 克利福德·吉尔兹.地方性知识[M].北京：中央编译出版社，2004：273.

② 荣新江.新获吐鲁番出土文献[M].北京：中华书局，2009：305.

③ 《周礼》中就有"以乡八刑纠万民"，其不孝、不睦等，已经初具"十恶"雏形，故其虽未明言刑罚，但应不会是轻刑。参见《周礼注疏·地官司徒第二》。

准乡法和立私契"[①]，此一"乡法"当指订立契约的一些习惯性做法，抑或一些必要的程式、条款，这些乡法包含"善良风俗"的意思，[②]因此其被采纳、遵从，也是由于习惯的、伦理道德的作用，其仅具有弱性规范的作用。还有一类，则具有较强的规范性，对其的任何违犯，会招致严厉的处罚，例如唐五代时期的社邑规约，[③]即属于此类，如果违反了社邑规约，就要受罚、棒打甚至赶出其社。俄藏文书《社条残片（一）》规定："妄生拗拔，开条检案，人各痛决七棒，末名趁出其社，的无容免。兼有放顽，不乐追社，如言出社去者，责罚共粗豪之人一般，更无别格。"《社条残片（二）》规定："若有不遵社条，七棒，更罚……"[④]这些都是诉诸肉体责罚，以保证社规、社条的有效实施。

（四）良善性

道德性、良善性本是法律的题中之义，也是其借以获得正当性、权威性的重要原因。因此，"乡法"既然也被称为"法"，内含一定的良善性是其必然的要求。"乡法"的良善性，最为重要的原因在于其来源，内含儒家道德伦理要求的"礼"作为其来源之一，必然给"乡法"带来符合儒家道德规范的良善性。这种道德性同样为佛教等宗教教义所维护，例如敦煌约定借贷利息的"乡法"，在特定条件下是无息的，正体现了都统司和寺院对某种伦理道德的维护，尽管这也会被人看作是宗教为了赢得声誉，因而具有虚伪性，[⑤]但受到具有伦理道德性宗教教义的约束，使得"乡法"即使不具有纯正的良善性，至少不至于向"高利贷"等恶俗的方向发展。"乡法"具有良善性的另一个原因在于，某些条件下，"乡法"要受到国法的检视与审验，此时不具有道德性与良善性的"乡法"即会遭到摒斥。前述柳宗元革除良人质债，没入钱主的柳州"乡法"，正是由于其有悖于善良风俗，甚至难脱剥削榨取的嫌疑，故因良善性缺失而失去作为法的正当性。也因为此，在官方制度或政策规范下的"乡法"，仍属于国法的范畴，具有与国法同样的属性或精神原则，与纯粹的民间习惯又有不同。[⑥] 自隋唐以后，"乡法"主要基于儒家伦理道德的良善性开始有所转变，特别是民间生活实践中的"乡法"，除了部分地体现"礼"所要求的良善，更表现的是普通民众生产生活中形成的"实践理性"，或"大众道德"，如北宋《吕氏乡约》要求患难相恤，"凡有患难，虽非同约，其所知者，亦当救恤。"[⑦]这类"乡法"，与其说它是基于儒家道德，毋宁说其更趋于基于互惠的"义务性道德"，按照富勒的解释，它必须具备三项条件，首先是互惠关系，由此关系产生的义务必然导源于直接受影响的当事人之间的自愿协议；其次，当事人的互惠式履行必须在某种意义上是等值的；最后，社会关系具备充分的流动性，即今天你

---

① 吐鲁番出土文书：第六册）[M]. 北京：文物出版社，1985：527.

② 冯学伟. 敦煌吐鲁番文书中的地方惯例[J]. 当代法学，2011(2).

③ 在基层民间具有一定效力的规范的意义上，本文对社邑规约、乡法不作特别区分，以下社条亦如此。

④ 乜小红. 俄藏敦煌契约文书研究[M]. 上海：上海古籍出版社，2009：240.

⑤ 童丕. 敦煌的借贷[M]. 北京：中华书局，2003：128.

⑥ 罗彤华. 唐代民间借贷之研究[M]. 北京：北京大学出版社，2009：309.

⑦ 牛铭实编著. 中国历代乡规民约[M]. 北京：中国社会出版社，2014：107.

对我负有某种义务,明天我可能对你承担同样的义务。① 显然,"互惠的义务性道德"之条件在中国古代乡里社会同样是具备的,这种看似基于"利己"动机的底线的道德,代表了底层民众在生活实践中形成的"良善性",在社会、经济秩序的形成中,有时会比单纯的"利他"道德起到更好的效果。而且,正是因为"乡法"所内含的良善性特征,使其区别于"乡原""乡例"等一般性民间规则或惯例,也就是说,被习以为常的、反复实践着的习惯或规则,可能是"乡原""乡例",但是,只有其具备了良善性,体现了乡里社会的这种基本道德要求,②它才可以成为"乡法",得到百姓自觉的遵从。

三、"乡法"功能

(一)补充国法维持乡里秩序

中华法系发展到隋唐时代,随着国家政治统治能力的增强,以及魏晋时期律学的深入,立法方面已经达到相当发达的程度。但是,仅仅以500多条正式律文规定进行全方位的社会治理,虽然也堪称"简约",但不免存在"疏漏"的问题,特别是在县以下的乡里社会治理当中,以及民间社会民众之间的各种民事关系,缺乏更为细致的规范。而从中国古代社会现实来看,它并非是一个单纯的自给自足的农耕社会,从汉唐以后大量留存的契约文书,就充分说明中国古代民间存在着买卖、借贷、租佃、分家、继承等大量且复杂的民商事法律关系,这种情况下,国家正式法律资源的不足,必然倒逼相应的民间规则形成并发挥作用,"乡法"的存在亦是在这样的社会背景下的。作为国法补充的"乡法",可以大致分为几个方面的内容,一种是在闾胥、长老等地方权威的领导下进行区域自治的法律规范,如前述的唐代社邑规约就具有这样的作用,它一方面规定了在里社生活的民众需要遵循的道德行为规范,因而具有强烈的教化作用;另一方面,它又内含了具体的法律实施方式,通过调解、教喻等解决纠纷,通过民事、刑事等处罚措施来惩处不端。在"吐蕃寅年十一月杨谦让牒"中提及类似"乡法"的"众例"一语,全文如下:

1. 社司日直令狐建充次

2. 右件人次当充使,不依众烈(例)。往日已前所差

3. 者,并当日营造。今被推延,故违众烈(例),

4. 请处分。

在这份社司牒状中,所称不法事就是违反"众例",它正是乡里社会受到普遍遵循的行为规范。在中古时代的西域地区,对这类"乡法"的违反,还会导致财产、人身等惩罚。如"违反社条处罚判词"中,对不法者的处理是:"准条案,合罚酒一瓮,合决十下。"这也大

① 富勒.法律的道德性[M].北京:商务印书馆,2007:28.

② 实际上,不管是在律令文本中,还是在司法判椟中出现的"乡法",同样还要经受"国法"的检视,也就是说,不违背国法,不超出正式的律令制度,同样应该是"乡法"的内在要求。

大强化了"乡法"作为国法补充的实际效力。

在均田制下实施土地收授的实际运作中,西嶋定生推测了乡法的重要作用:"其标准田数除了田令所规定的宽乡及狭乡的应受田数以外,还依所谓乡原之法,考虑各地的特殊情况,很可能由令式来规定适应各地方的田数。"[①]在此,乡法同样起到对国法的某种补充、调适的作用,它同样有助于维系乡里秩序。

明清以来,这种乡法还获得了某些相对的独立性,可以独立维护乡里秩序。光绪二年《下茅坝公议乡约辛(薪)赀碑》记载:"盖闻五族为党,五党为乡,其中□民著作,难免鼠牙雀角。苟无乡束之规,必有欲速之讼。故朝廷设以官长,官长设以地方,是一乡之有约者由来久矣。"[②]乡法的内容涉及礼仪道德,以及社会行为规范,在光绪元年《庙子垭公议乡规碑》中,共同约定:

人生孝悌为重,倘为子不孝,为弟不恭,送官定罪。

忠信为处世之本,不忠不信非人也。我乡当同凛之。

我乡子弟,务宜耕读为本,勿令闲游,恐入下流。

礼义廉耻,国之四维。尊宜敬,长宜逊,灾宜恤,难宜救,非分勿贪,毋自贻羞。

窝藏贼、盗、赌、匪者送官,知之不报者亦送官。强贼不走者,同执送官。

庙子垭铺前立十六牌头,有事先和,不能和即送乡保,皆不得假公济私。[③]

尽管乡法在一定意义上获得某种独立性,但还未如戴炎辉研究台湾乡治时所言,乡规达到"官有正条,民有私约",庄规与官法形成完全并立的局面。[④] 就所见中国大陆地区的乡法、乡规,还可以处处见到官法的影响,无论是地方官亲自参与制定乡法,还是乡法自身诉诸官法的正当性说明,都在暗示着这一影响的存在。但是乡法对于地方秩序的约束作用,无疑是极为显著的,"整饬风化、以靖地方"也成为多数乡法制定的最直接缘由。

(二)作为国法运用的解释

在国家的正式立法中,有时涉及地方的"乡法",但又无法对其穷尽列举,于是只能通过"乡法"进行概括的指称,这使得"乡法"的具体内容对国法形成一种解释或说明。前述《唐律疏议》中多次提及"乡法",即体现了其对国法的解释作用,在《宋刑统》中,同样不乏其例:

卷十三户婚律:依田令,户内永业田课植桑五十根以上,榆棘各十根以上,土地不宜者,任依乡法。

卷十八贼盗律:主客式,诸蕃客及使蕃人宿卫子弟,欲依乡法烧葬者听,缘葬所须亦官给。

---

① 西嶋定生.中国经济史研究[M].北京:北京农业出版社,1984:468.

② 陕西省古籍整理办公室编.安康碑石.陕西:三秦出版社,1991:261.

③ 陕西省古籍整理办公室编.安康碑石.陕西:三秦出版社,1991:254.

④ 戴炎辉.清代台湾之乡治[M].台北:台北联经出版事业公司,1989:151~153.

卷二十七杂律：诸失火及非时烧田野者，笞五十。注云，非时谓二月一日以后，十月三十日以前。若乡土异宜者，依乡法。①

可以发现，传世法典中的“乡法”主要出现在“疏议”“问答”等辅助性内容中，而不是在律令正文中，因此对正文起到一种解释、说明的作用。而且，在此类条文中，“乡法”被作为准用性规则在使用，从而对正式律令制度起到释明的作用，也即是说，只有落实到具体“乡法”的语义或情境当中，国法才可以被完整而准确地加以阐释。

同样，在实际的司法裁判当中，“乡法”亦起到某种解释与说明的作用，特别是司法裁判涉及“情理”时，往往通过“乡法”的解释与补充说明，使得裁判更加顺理成章，令人信服。在《唐永泰年代(公元765—766年)河西巡抚使判集》中就有：“虫霜旱涝，盖不由人。类会校量，过应在己。勒令陪备，又诉贫穷。不依乡原，岂可无罪”，在该判集的另一份判词中，则有“来胜合纳正仓，负欠合征私室。人间大例，天下共同”②，间接说明了乡原、大例等“乡法”作为行为违法性的一种解释。在南宋《名公书判清明集》中，也多次提及“乡原体例”：

高七一状诉陈庆占田：乡原体例，凡立契交易，必书号数亩步于契内，以凭投印。今只作空头契书，却以白纸写单帐于前，非惟税苗出入可以隐寄，产业多寡皆可更易，显是诈欺。

曾沂诉陈增取典田未尽价钱：虽是比元钱差减，然乡原体例，各有时价，前后不同。曾沂父存日典田，与今价往往相远，况曾沂元立契自是情愿，难于反悔。③

在这些争讼中，“乡法”，或“乡原体例”作为乡里社会固有的惯例或习惯，被用来辨法析理，进而对形成的判决作出合理的解释。尽管这是一种官方的视角，甚至还体现了古代国家政权与民间社会相调适，与之对话或互动的努力，④但不可否认，“乡原体例”，或“乡法”首先是民间社会一种固有的存在，而后才能进入官府司法的视野，并对地方司法，特别是民事司法起到解释或论证的作用。如果没有“乡法”早已存在，并被民众普遍接受这一前提，司法审理中这样的解释就不可能出现。

(三)调整民众经济、财产关系

“乡法”另一个方面的重要作用是调整乡里社会民众间的经济、财产关系，包括了租佃、借贷、买卖等多个方面：

1.租佃关系

在唐代租佃契券“唐吕致德租葡萄园契”“唐景龙二年十一月八日西州高昌县宁大乡肯义租田契”中，分别规定：

---

① 窦仪等撰.宋刑统[M].中华书局，1984：209，287，435.

② 杨一凡.历代判例判牍：第一册[M].北京：科学出版社，1995：167，169.

③ 中国社会科学院历史研究所宋辽金元史研究室点校.名公书判清明集：卷四[M].中华书局，1987：103～104.

④ 包伟民，傅俊.宋代“乡原体例”与地方司法运作[J].浙江大学学报，2008(3).

5.得支还支,得追还追。立契已后,无
6.钱五十文。契有两本,各捉一本,其
7.穗随乡例,两主和合,获指为
4.□家平百升量还,须净好,不许滥恶,其田
5.肯义平填,要迳叁熟,修理渠堰,仰肯方
6.□大例,如年月未满,不得忠(中)途改夺,别
7.□各执一本,两和立契,画指为记。①

在西域这类土地租佃关系中,类似"乡法"的"乡例""大例"多次出现,就其内容来看,主要涉及所租佃土地的基本情况,以及租金、期限等。

2.借贷关系

在借贷关系中,最为重要的规则或惯例就是利息,因此,有关借贷利息的数额又成为"乡法"的另一项主要内容。在吐鲁番出土文书中,有多份借贷契约提及有关借贷利息、利率的"乡法":

到过其月不还,月别依乡法酬生利。

月别依乡法生利入史,月满依数送利。②

作为广义的"乡法",乡例、乡原(元)等,在西域借贷关系中更为常见:

辛巳年敦煌郝猎丹贷绢契:若于限不还者,便著乡原生利。

癸未年敦煌沈延庆贷緤契:于月还不得者,每月于乡元生利。

乙酉年敦煌张保全贷绢契:若于限不还者,准乡原生利。

甲午年敦煌邓善子贷绢契:若违时限不还,于乡元生利。③

从这些借贷契约的利息条款看,有关借贷利息、利率的"乡法"似乎是众所周知的,因而根本无需特别说明,仅注"乡法"即可。然而,这种默认的利息,同样还是基于乡法地域性的特征,只有在一定的区域前提下,才可以就利息形成某种默契,如果地域差别过大,一定很难形成这种默契。即便就利息利率而言,据研究,在唐代西域,西州的利息率与龟兹、于阗的月息率并不完全相同,多者相差数倍。④ 故在借贷关系中准用"乡法"之利息率,对于地域必有所特指,或者双方处于一地,或者适用出借方有关利息之"乡法"。

3.买卖关系

在买卖中,较为典型的"乡法"是亲邻对所卖不动产的先买权。早在唐代晚期,不动产买卖中的这类亲邻先买权已经多有体现,以至于买卖契约中不得不预设条款,以期排除亲邻先买权的任何主张。⑤ 在典,或者活卖中,还存在加找、加叹的"乡法",明代谢肇

---

① 荣新江.新获吐鲁番出土文献[M].北京:中华书局,2009:327,372.

② 刘海年,杨一凡.中国珍稀法律典籍集成·甲编·吐鲁番出土法律文献[M].科学出版社,1994:875,897.

③ 张传玺.中国历代契约汇编考释[M].北京大学出版社,379.

④ 罗彤华.唐代民间借贷之研究[M].247.

⑤ 韩伟.习惯法视野下中国古代"亲邻之法"的源起[J].法制与社会发展,2011:3.

称:“俗卖产业于人,数年之后辄求足其直,谓之尽价,至再至三,形之词讼。”[①]而在明清的“加叹契”中,多写明加叹的原因是“因循俗例”,或“缘因俗例”等,[②]这也成为一项为众人所遵循的习惯或“乡例”。“乡法”不仅存在于民间,有时带有官方色彩的买卖也援用“乡法”。例如宋时官田买卖,《宋会要》记载,一些州县在出卖官田时,“寻求公案不见,无凭给卖”,“详酌行下”提出,“以见赁钱数依楼店务自来体例纽折,田产以租佃,依乡原体例纽折,并依建炎元年五月一日赦文收赎出卖”[③]。官田买卖中对“乡原”的反复援引,足见其影响力。

在经济、财产关系中的这类“乡法”,由于其是民众长期生产生活中约定俗成的,并广为熟知的,因此成为一种被默认的、潜在的规则。“依乡法生利”“准乡法立契”,尽管并不言明其具体内容,但适用各方均心知肚明,一般不致产生误解,因此也成为这类财产性契约的一个构成性要素,并因其内涵清晰、确定,从而使契约简化,进而起到降低“交易成本”的重要作用。同时,对于乡里社会形成稳定、有序的经济财产关系,也具有积极的作用。

四、“乡法”定位

尽管在先秦时代,《周礼》等传统典籍中“乡”之层级位于“州”之上,远大于汉代以后“乡”的设置,故彼时“乡法”之位阶应属于较高层面的地方法,并具有官方性质。但自汉唐以来,“乡里”之制逐渐固定下来,“乡”这一概念的内涵与外延也逐渐确定,故“乡法”在中国古代国家法律体系中的定位也逐渐清晰与稳定。要认识“乡法”在国家法体系中的这种定位,需要将其与相关的一些表达地方性法的概念作出区分。

首先,“乡法”不同于明清以来的“省例”“成案”等地方性法律制度。“省例”等是指明清时期,省一级政府以各种法律形式制定的用以规范地方事务的法规、政令和具有法律效力的规范性文件的统称。[④] 可见,作为“省例”,尽管仍属于地方法律,但是,一则其在国家立法中层级较高,在明清仅次于中央及各部立法,因此成为一种比较正式的官方立法;第二,“省例”涉及内容广泛,举凡贼盗、婚姻、钱债、断狱、营造、河防均有规范,而且还有不少涉及吏治的官箴。总之,尽管其中也有不少属于私人编纂、著述,但其官方性意味甚浓,多数仍属于受到国家认可的正式立法。而“乡法”与此则大为不同,在立法层次上,它远远低于“省例”等正式的地方性法律法规;在法律性质上,尽管“乡法”在指导思想、制定修正中受到地方官吏及正统法律思想的影响,但就其本质而言,仍然属于民众自治性、自

① 谢肇.五杂俎:卷四.

② 冯绍霆.初探清中晚期上海房地产交易中的加叹[J].早期近代中国的契约与产权,浙江大学出版社,2011:214.

③ 梁太济,包伟民.宋史食货志补正[M].中华书局,2008:63.

④ 杨一凡,刘笃才编.中国古代地方法律文献·丙编:第1册[J].社会科学文献出版社,2012:1-2.

发性的惯例,它仅仅为某一区域的民众所熟知、所遵循,无论其外在表现形式,还是其强制性的效力,都远远不能与正式的国家立法相比。在某些时候,二者可能会有交集,例如明清以来部分地区出现的“乡禁”。在广东佛山,广泛存在这类由地方官僚下达的禁令,故“乡禁皆官司文告禁约也”,尽管如此,在制定和实施乡禁的过程中,地方绅士、耆老在国家和民众之间,仍起到至关重要的桥梁作用,国家仅仅提出法令规范,而实际的实现,则依赖于民间社会的自有秩序。[①] 可以说,乡禁体现了官法与乡法的互动,乡法中受到官方认可的部分,即以乡禁这种强制性的方式,予以保障实现。同时,乡禁也透露出,其背后是自有其逻辑,相对独立存在的“乡法”。

其次,“乡法”也区别于家法族规。从立法层级上看,家法族规一般位于“乡法”之下,尽管二者可能存在重合的部分,但更多的还是其区别。中国古代的家法族规,是指家族的法律构造、家族各成员的法律地位及其对家族财产性权利,以及由此形成的对家族内人身权利、财产权利进行规范调整的“法律体系”,其核心是“家族共产制”。[②] 近来的研究表明,家族法不仅是静态的文本法,例如族规、祠规等,表现为“礼”的内在约束,还存在动态的家族法的实施,即家族司法,这使得家族法具有了一定的强制性效力。[③] 从法律的层级来看,家族法一般是低于“乡法”的,它只是乡里一家一族之法,故无法与“乡法”作等量齐观。在内容上,二者存在重合交叉之处,但更多地表现为各自的独立性,或者说,由于其共同的指导精神或渊源,在某些方面它们可能一致。但不同的目的,不同的关注方向,使得二者体现更多的差异性。从大的方面而言,家法族规侧重于调整家族内部的人身、财产关系,受到儒家伦理道德的影响更大;“乡法”则主要关注乡里生活的经济、财产等关系,进而调整乡间的社会秩序。从形式角度看,由于古代名门望族的存在,许多家法族规表现为成文法,代代相承;“乡法”则多表现为不成文的地方性惯例,由于其被经常性地、广泛地遵循,因而成为乡民所默认的规范。

五、结　语

通过以上分析与论述,可以得到一些基本的结论。本文中的“乡法”,意指被特定地域的民众认为具有约束力并被实际遵循着的规则,从乡民的角度看,它渗透着乡里百姓的“实用理性”,具有一定的良善性、稳定性;从官方的角度看,又不允许与儒家伦理道德及官方法令完全背离,故基本上不形成与国家正式律法的分立与对抗,有时甚至被吸纳入国法的范畴,并对国法起到补充、释明的作用。在古代法律体系中,“乡法”介于“省例”等正式地方法与家法族规之间,调整更为基层的社会经济秩序。如业界所知,中国古代的法律体系分为不同的层级,如以律令制为代表的中央立法,以唐代社邑规约,宋明时的

① 林上徇.明清时期法令的传达[M].普法运动,清华大学出版社,2011:328.

② 滋贺秀三.中国家族法原理[M].张建国,李力,译.商务印书馆,2013:12.

③ 原美林.明清家族司法探析[J].法学研究,2012(3).

乡约，以及清代的"省例""成案"为代表的地方法。[①] 相对而言，国法的称谓及内涵因通行的历代法典，大多已形成共识。然而，对地方性的法律，学界则意见不一：有主张民间规约，也有主张民间法，或习惯法。近年来，以西方学术理论硬套中国古代法律制度的作法越来越受到诟病，因此，带有西方理论色彩的称谓也开始被质疑。要真正讨论中国古代的地方法体系，还是需要反求诸己，从中国古代的历史文献中，从古代社会生活的实践中去寻求，就此而言，"乡法"无疑可以成为一个描述古代地方法，或者民间习惯法，而且是更中国化的重要概念。不仅如此，对乡法的深入研究，还有如下重要的现实启示：

第一，在法的生成以及由此形成的秩序方面，古代"乡法"也带来诸多有益的启示。在谈及法律的效力及其被遵守的不同情形时，支振锋谈及"内生性规则"，进而认为内生性规则在创造时讲求的不是个体孤立的利益，而是在所有利害相关的人们都有权参与的前提下，借助人们语言交流的有效性和达成特定规范共识的可能性，通过平等、自由的理性协商与话语论证，通过意志协商达成规则共识，从而形成作为法律的规则。[②] 可以说，内生性规则的形成并得以生效，是人们在社会交往中，通过市场博弈、利益衡量，从而达成的共识性规范，故这样的规则，不必依赖于外在的强力威胁而被遵守，更多地成为一种内化的，被认为是"有义务"遵守着的规则。揆诸中国古代"乡法"的形成并生效的历程，可以看到，正是因为其具备了内生性规则的某些特质，使其更容易被自发地遵守。一种法律规范越容易被人主动遵守，法律实施的成本就越低，进而可以在较为基层的乡里社会形成一种稳定的社会经济秩序。由于乡法融合了儒家道德礼义与一般社会规范，其成熟的经验，对于促进自治、德治、法治"三治融合"的乡村社会治理，具有重要的启示。

第二，对乡法的详细解读与重新认识，也可以为当代中国社会提供立法资源。在马克思主义法律观的指导下，当代中国立法体系的本质特征之一就是人民性、民主性，而这一特性如何体现，很大程度上依赖于对民间规范的理解与认识。中国古代的"乡法"产生于民间，运用于基层社会，对其积极价值的挖掘，能够成为基层自治法律规范的有用资源。此外，对于生成并运行于乡里民间的"乡法"及其内在逻辑的理解和认识，也有助于更好地司法与执法，减少现代法律在乡土社会中实施的阻力。

同样还需要注意的是，在汲取"乡法"有益经验的同时，对其中一些消极的，不符合现代法律精神（尽管可能符合乡民的实用逻辑或道德要求）的内容，例如不动产买卖中的反复"加叹"、找赎，以及因"先尽亲邻"的乡例而导致索要"签约钱"，甚至亲族无理拦卖等等，这些都与法律所追求公正、效率之精神不相符合，因此，今天在认识到"乡法"的正面作用的同时，对其中的一些消极、负面的内容，当然应予以摒斥，也即是说，"乡法"的正当性，不只是因其古老，更因为其符合公平正义的现代法律精神，它是"乡法"保持其现实生命力的必要前提。

---

① 刘笃才. 中国古代民间规约引论[J]. 法学研究，2006(1).

② 支振锋. 法律的驯化与内生性规则[J]，法学研究，2009(2).

On Country Law

Han Wei

Abstract: Country law (Xiang Fa) was a kind of folk law, which mainly existed in Chinese ancient society, obeyed by local people voluntary. Country law originated in the Li, adhered to the Confucian moral. Pragmatic reason, normativity and benevolence made up of its key features. In practice, country laws and state laws were complementary to each other, and they preserved the grass-roots social order together.

Key Words: folk law; customary law; Dunhuang and Turfan documents

历史与现代:人民调解的“枫桥经验”之形成与创新发展*

朱继萍** 樊晓丹*** 郑燕冬****

摘要:作为“枫桥经验”的基本内容、重要方面和工作机制,人民调解的“枫桥经验”是诸暨市人民在党的领导下,将政府组织和推动、社会协同与公众参与相结合,借助本地传统资源,以人民调解委员会调解为基础建立多元化解的体系和机制,通过非讼形式有效解决社会矛盾纠纷的有益探索和典型示范。新时代人民调解的“枫桥经验”应当在夯实人民调解委员会调解基础地位的前提下继续创新发展,在贯彻实施党的十九大提出的实现社会治理的社会化、法治化、专门化和智能化方面走出富有自己特色的成功之路。

关键词:人民调解;枫桥经验;创新发展

作为中国特色社会主义建设过程中形成并不断发展完善的纠纷解决方式,人民调解发轫于第二次国内革命战争时期,①经过抗日战争、解放战争的战火洗礼与1949年之后社会主义革命与建设,现已成为我国社会治理的基本制度内容,对经济社会的稳定发展具有重要意义并发挥了重要作用。人民调解的“枫桥经验”是诸暨市政府在党的领导下,以枫桥地区的探索实践为典型和示范,带动诸暨市其他乡镇、企事业单位、行业和领域,建立并不断创新和完善人民调解制度以预防和化解民众之间的矛盾和纠纷,通过营造有序和良好的社会发展氛围为形成、塑造并发展“枫桥经验”服务的历史实践。作为“枫桥经验”的基本内容、重要方面和工作机制,人民调解在诸暨形成了很多特色做法,成果斐然且成效显著,为探索我国人民调解制度的发展和完善做出贡献的同时,也丰富了“枫桥经验”的内容,助力着“枫桥经验”实现不同历史时期的目标和任务,为“枫桥经验”不断续写新篇章、创造新辉煌贡献着力量。本文将追溯人民调解在诸暨及其作为“枫桥经验”的历史发展,总结和分析其在不同时期的创新发展及其特色,并探讨新时代人民调解“枫桥经验”创新和发展所面对的问题及其应对。

---

* 诸暨市司法局和西北政法大学合作课题“人民调解的‘枫桥经验’研究”阶段性成果。

** 朱继萍,法学博士,西北政法大学刑事法学院教授,西北政法大学“中华法系与法治文明研究中心”研究员。

*** 樊晓丹,西北政法大学2016级法学理论硕士研究生。

**** 郑燕冬,西北政法大学2016级法学理论硕士研究生。

① 韩延龙.试论抗日根据地的调解制度[J].法学研究,1980(5).

一、人民调解及其在诸暨

论及人民调解,人们下意识想到的是人民调解委员会的活动,即人民调解委员会通过说服、疏导等方法,促使当事人在平等协商基础上自愿达成调解协议,解决民间纠纷的活动。[①] 此乃通常意义上的理解和认识,也即狭义的人民调解;它是中国共产党人自第二次国内革命战争时期以来打造和锤炼的化解矛盾、解决纠纷的基本模式和手段,新中国成立之后得以规范化和制度化,成为我国组织和发动民众自我化解社会矛盾纠纷的基本制度。在这种意义上谈论人民调解时,人们经常不禁要追溯中国的民间调解,诸暨市司法局于 2016 年所编《诸暨司法行政志》关于诸暨市人民调解部分就遵循这种思路首先介绍的是古时诸暨的民间纠纷调解。如民间纠纷多由族长、耆绅调解评议,官府曾在县衙前的三思桥立碑劝导互为忍让、宁事息讼,提倡地方调解,勿进衙告状;民国时期,诸暨民间有调解组织息讼会,由当事人出"茶果费",邀请地方士绅调解,小东等 13 乡曾有联合自治会组织调解民间纠纷,等等。[②] 不可否认,人民调解委员会的调解可追根溯源到民间调解,且仍带有民间调解的色彩,但作为一种法律化且组织化的国家建制,"民办官助"的特点使得它已不同于完全自治的民间调解。[③] 本文在"枫桥经验"的视野下所探讨和分析的人民调解,是诸暨市政府在党的领导下,为有效地化解矛盾纠纷和维护社会和谐稳定,在夯实人民调解委员会调解基础地位的前提下,动员和组织国家和社会各方力量,将人民调解委员会的调解与行政调解、司法调解、检察工作、仲裁工作、信访工作、社会组织或团体、专业机构或队伍、行业组织及其人员以及志愿者相互衔接或者配合所建构的以人民调解委员为主干,包括行政机关、司法机关、仲裁机构、社会团体和组织以及志愿者等多元主体参与的化解社会矛盾纠纷体系之中涵盖的各类调解活动。显然,在这种意义上探讨人民调解重点关注的是人民调解委员会的调解但又不限于此,虽涉及完全自治的民间调解却不将它作为"视觉中心",此乃人民调解的广义认识。本文以下阐述或分析将根

---

① 我国《人民调解法》第 2 条规定。

② 上述关于诸暨古时民间纠纷调解的介绍来源于诸暨市司法局于 2016 年 1 月所编《诸暨司法行政志》(未公开刊行)。

③ 根据国家权力介入的程度,人民调解的制度建构在新中国可以说是经历了由"准官方"向"民办官助"的发展过程。根据 1954 年《人民调解委员会暂行组织通则》规定,人民调解委员会要在基层人民政府与基层法院指导下进行工作,只有人民中政治面貌清楚、为人公正、联系群众、热心调解工作者才能当选为调解委员会委员,人民法院对基层调解委员会违背政策法令的调解应予以纠正或撤销;又据司法部 2002 年制定的《人民调解工作若干规定》第 15 条,人民调解员一般由本村民区、居民区或者企事业单位的群众选举产生,但还可由村民委员会、居民委员会或者企事业单位聘任或有关负责人兼任,乡镇、街道人民调解委员会委员由乡镇、街道司法所(科)聘任,上述这些内容规定表明,人民调解由于国家权力的介入程度较深具有"准官方"的性质。2010 年出台的《人民调解法》为突出人民调解委员会的群众性和自治性对上述制度模式进行了调整,如关于人民调解员聘任条件不再要求政治面貌清楚、关于人民调解委员会委员的产生要求由基层自治组织或企事业单位的职工大会、职工代表大会或者工会组织推选产生,但仍保留了政府部门和人民法院对人民调解工作的指导,尤其是赋予了人民调解经司法确认可获得司法执行力。这些仍然使得人民调解委员会调解并非纯粹的民间调解,但与之前制度设计相比较可以说已经转向了"民办官助"。

据语境或狭义或广义地使用人民调解一词,容易混淆之处将用人民调解委员会调解之表述指代狭义的人民调解。

在诸暨市所打造的多元化社会矛盾纠纷化解体系之中,人民调解委员会调解是基础和主干,因而,历史地回顾人民调解委员会及其调解工作在诸暨的建设和发展对我们了解和认识诸暨市人民调解"枫桥经验"的形成及其特色是必要也是重要的。以人民调解委员会形式组织和开展的人民调解主要是在抗日战争时期的陕甘宁边区孕育和生长的。陕甘宁边区的调解包括了民间自行调解、群众团体调解、政府调解和法院调解四种形式;民间自行调解是人民群众不经过专门调解机构自行解决纠纷,群众团体调解是依靠群众组织来解决群众之间的纠纷,政府调解是在基层人民政权主持下调解民间纠纷,法院调解是在法院审理过程中经过法院调解达成的调解协议。这四种调解形式被统称为"人民调解",用以"区别于国民党反动政府推行的反人民调解"。[①] 陕甘宁边区的人民调解并不仅仅是用来解决纠纷的,还承载了通过调解来改造社会的重托,因而是解决边区社会问题的基本手段。在这一制度的实施过程中,国家始终处于指导和控制地位,但对民间调解创造出来的有效应验也充分吸纳,以服务于国家的政治目的。[②] 新中国建立之后,在总结解放区和新中国社会主义改造时期人民调解工作经验的基础上,政务院于 1954 年 2 月 25 日出台了《人民调解委员会暂行组织通则》(以下简称《通则》)来统一规范全国的人民调解委员会的调解工作。自《通则》颁行后,全国的人民调解工作有了很大发展,人民调解委员会不仅在数量而且在质量上都有了发展和提高。但 1957 年下半年,人民调解委员会及其调解工作逐渐为调处组织和调处工作所代替,工作重点不是调解民间纠纷而是约束、处理和改造"大法不犯、小法常犯"的所谓不良分子,以至于不少地方在 1958 年公社化之后干脆将调处委员会和治保委员会合二为一,这种做法到 1961 年之后才得以纠正。[③] "文革"后,我国的人民调解制度遭受了极大的破坏,改革开放之后开始迅速恢复和发展。关于人民调解在改革开放之后的发展,学界一般认为它大概可分为三个阶段,即 20 世纪 80 年代的高峰期、20 世纪 90 年代的衰落期到 21 世纪以后的复兴与完善期。[④] 关于这三个阶段之分,有学者对 1981—2011 年人民调解调处民间纠纷的数量变化及其在人民调解和民事诉讼受案之和中所占比例变化等所作统计分析可谓提供了强有力的支持。以后者的统计分析为例,20 世纪 80 年代,人民调解所调解的纠纷在人民调解和民事诉讼受案之和中所占比例最高为 1981 的 92%,最低为 1990 年的 75%;20 世纪 90 年

① 韩延龙.我国人民调解工作的三十年[J].法学研究,1981(2).

② 侯欣一.陕甘宁边区人民调解制度研究[J].中国法学,2007(4).

③ 韩延龙.我国人民调解工作的三十年[J].法学研究,1981(2).

④ 人民调解在改革开放以来的发展大概分为三个阶段在学术界似乎已取得共识,但阶段划分的具体时间以及称谓略有不同。如有学者认为,20 世纪 70 年代后期人民调解开始全面恢复,20 世纪 90 年代中期达到高峰期,之后为下降期,到 21 世纪之后重建。——参见范愉.当代中国非诉讼纠纷解决机制的完善与发展[J].学海,2003(1)。也有学者认为,1978—1992 年是人民调解制度的复苏期,1993—2002 年是人民调解制度的低迷期,2003—2015 年是人民调解制度的复兴期。——参见刘青.我国人民调解制度变迁研究:1978—2015[D].湘潭大学博士学位论文,2016.

代,最高为1990年的75%,最低为1999年的51%;从2000—2010年又从52%逐渐恢复到57%,[①]由这一数据变化可见人民调解在改革开放之后的确呈现出明显的阶段性特点。

改革开放之前,人民调解在诸暨的发展情况与全国相同,经历了新中国成立初期的制度建设时期、"文革"间的瘫痪期以及之后的逐渐恢复期。如1950—1954年,诸暨的乡镇都已建立了调解委员会,在区和城关镇也设立了调解员执行调解事宜,1954年之后,诸暨开始贯彻《通则》的规定,设立各级调解组织。1958年6月,全县64个乡镇调解委员会全部改名为调处委员会,848个农业社(村)建立了调处小组,1961之后又复名为调解委员会。从那时到1965年,诸暨的人民调解发展较为迅速,如全县的基层调解组织从1962年的827个发展到1263个,调解干部也从4534人发展到5597人。"文革"开始后,全县调解组织瘫痪,1973年之后才逐步恢复。

改革开放之后到90年代初期,在与全国一样正经历由恢复步入高峰之时,诸暨的人民调解恰逢融"打、防、教、管、建"于一体的社会治安综合治理的"枫桥经验"形成之契机,因而呈现出迅猛发展之势。1981年,诸暨组建了县司法局,并将管理人民调解工作作为司法局的主要任务。在司法局开展的有重点地调整和整顿基层调委会以及在乡镇建立调解办公室等措施的积极推动下,诸暨的人民调解委员会截止到1991年发展到1453个,涉及乡镇、行政村、居委会、企事业单位等;同期,人民调解委员会调解纠纷的总数为10.4万件。之后二十年数据统计表明,这段时期可以说是诸暨人民调解发展的辉煌时期。[②] 究其原因,国家在改革开放初期针对人民调解出台了一系列专门或相关的"助推"规定,涉及宪法、法律、法规规章以及规范性文件,[③]加之,中国的民主和法制建设刚刚开始,司法在民事审判中的权威尚没有建立,解决纠纷的效果有限。如此情形下,尽管中国随着改革开放的发展已经开始了从熟人社会向陌生人社会的转型,但这个过程进展缓慢且又存在着上述因素,人们在发生矛盾纠纷时诉诸人民调解的惯性依赖没有遭遇太大的挑战。更重要的是,在诸暨,关于社会治安综合治理的"枫桥经验"要求依靠群众、就地化解矛盾纠纷和一般治安案件,将人民调解委员会的建设及其调解工作置于重要地位,这对诸暨的人民调解委员会建设及其调解工作的发展是有力的推动。

20世纪90年代至21世纪初期,与人民调解在全国陷入低迷期相反,诸暨的人民调解因"枫桥经验"却开展得有声有色且不断创新和发展。这段时期,为了满足"枫桥经验"

① 周琰.人民调解制度发展研究[J].中国司法,2013(2).

② 如1992—2001年诸暨人民调解委员调解的纠纷总数仅为3.37万件,2002—2012年虽增加为5.64万件,但也远远低于1981—1991年这段时期。——文中所用数据统计来源于诸暨市司法局于2016年1月所编《诸暨司法行政志》(未公开刊行)。

③ 如1978年5月第八次全国司法工作会议要求尽快恢复和健全基层人民调解组织,1980年全国人大常委会批准并重新公布了《人民调解委员会暂行组织通则》,1982年《中华人民共和国民事诉讼法(试行)》确认了人民调解的法律地位,1982年《宪法》将人民调解委员会调解民间纠纷规定为国家的基本制度;关于行政法规与规章,1989年国务院出台《人民调解委员会组织条例》,1990年司法部根据《人民调解委员会组织条例》规定颁布了《民间纠纷处理办法》,规定了人民调解委员会调解民间纠纷的程序。

在社会治安综合治理方面建立部门协同和村镇联动的机制来预防矛盾、通过人民调解来化解矛盾的需要，诸暨对人民调解委员会及其工作进行了全覆盖的规范化、制度化和标准化建设，并因地制宜地创新出调解工作的很多机制和方法。如 1996 年，诸暨以开展“基层建设年”为契机，成立了“人民调解协调中心”，以加强基本调委会标准化建设，对镇乡调解工作实行规范化管理，形成了市、镇(乡)、片、村四级调解网络；2000 年，诸暨在 35 个镇乡全部建立调解中心，形成镇乡有调解中心、办事处有调解小组、村里有调委会、村民小组有联络员的纵向到底、横向到边的调解组织网格，将调解组织的触角彻底伸进了人民基层、深处和内部，组成了全面覆盖、不留死角的调解协调网络。[①] 2003 年，诸暨开展以“五有四落实”(即有标牌、有印章、有标识、有程序、有文书；组织、人员、报酬、制度)为标准的工作检查。关于人民调解委员会的工作方法，1984 年，枫桥镇调委会摸索出“六个优先、六个心”的工作方法，又于 1988 年进行了防纠纷发生、防民转刑、防非正常死亡的“三防”试点，促进人民调解工作实现从单纯处理型向主动预防型转变、从平息一般纠纷向防激化转变、从和事佬调解方法向依法调解和提供法律帮助转变，也即所谓“三转变”，等等。

2008 年之后，随着“枫桥经验”的发展，在工作机制和方法创新的同时，诸暨的人民委员会调解的调解模式也步入创新发展的时期。尤其是 2010 年以后，作为全国 35 家社会管理创新综合试点单位之一，诸暨市开始探索并积极构建“大调解”体系，一方面夯实人民委员会调解在大调解体系中的基础作用，在纵向上形成社会矛盾纠纷“大调解”体系建设领导小组领导的、市人民调解工作中心指导的市、镇、村三级人民调解网络，在横向上则建立健全市联合人民调解委员会以及各专业性、行业性人民调解委员会，另一方面则进一步完善人民调解委员会调解与司法调解、行政调解、检察工作以及仲裁、信访工作的衔接互动。2015 年，诸暨在健全基层人民调解组织的基础上加强社会化调解组织建设，推进乡贤志愿者、新闻媒介、仲裁员等多元力量参与人民调解，并开展政府购买服务、调解类社会组织孵化等社会化运作，又于 2016 年加强人民调解志愿者队伍建设。2017 年，诸暨市司法局构建以人民调解为基础，由政府、社会和专业力量共同参与的“人民调解＋专家、品牌、志愿、联动、互联网”模式。同年，诸暨市法院成为浙江省开展律师调解试点工作的试点法院，对全市参加律师调解的律师开始进行了有组织、分批次开展平台运用以及律师调解工作的动员和培训。

时至今日，诸暨人民调解已经由单一调解向多元调解发展，正在打造以人民调解委员会调解为基础，行政调解、司法调解、律师调解以及在“人民委员会调解＋专家、品牌、志愿、联动、互联网”过程中形成的多类调解相互衔接或者配合、传统方法与现代方式结合的高效化解矛盾纠纷的体系、机制和方法，以充分发挥人民调解在基层社会治理中的作用。

① 因为工作出色、成效显著，司法部转发了《浙江省诸暨市高标准建立镇乡调解中心》的经验。

二、人民调解的"枫桥经验"及其特色之维

如前所述,人民调解在诸暨的发展与其在全国的发展情况并不完全同步,尤其是改革开放之后。之所以出现这种情况是因为诸暨的人民调解已经融入"枫桥经验"之中,成为实现"枫桥经验"目标和任务的重要工作机制,为"枫桥经验"的历久弥新不断创新和发展。

"枫桥经验"形成于1963年,本是中国农村开展社会主义教育运动以改造社会对立面人群的地方经验。运动开展之初,中央对运动有一个比较明确的方针,即除了对行凶报复、杀人、抢劫、防火、投毒等民愤很大的现行犯必须立即逮捕外,对有一般破坏活动的"四类分子"(对地主分子、富农分子、反革命分子和坏分子四类人的统称)基本上采取"一个不杀,大部不捉"的方针,因为这些人中的绝大多数是能够被人民群众采取正确的方式改造为新人的。尽管后来提出了"以阶对级斗争为纲"的基本路线,但浙江省委仍要求对待"四类分子"要依靠群众实事求是地调查排队,表现好坏以是否守法为标准而不是以个人或家庭历史和出身作为检验评价人的唯一标准。1963年6—10月间,浙江省委枫桥工作队政法组在枫桥地区的7个公社开展社会主义教育运动对敌斗争阶段试点时,坚决执行中央和省委的指示,贯彻不打人、不捕人、矛盾不上交的原则,充分发动群众和依靠群众开展说理斗争,制服了那些被认为是非捕不可的"四类分子"。这种做法得到了毛泽东的肯定,被总结为捕人少、矛盾不上交、依靠群众、以说理斗争的形式把绝大多数"四类分子"就地改造成新人的"枫桥经验"。之后,因毛泽东亲笔批示"要各地仿效,经过试点,推广去做","枫桥经验"成为全国经验。[①] 应当指出的是,在"枫桥经验"形成之初,因为是面对和处理"敌我矛盾"的经验,作为解决人民内部矛盾的人民调解是不可能有太大作为的。但此阶段"枫桥经验"采取的是说理斗争的形式,这为"枫桥经验"从解决敌我矛盾转向化解人民内部矛盾之后,人民调解能够介入乃至融入其中埋下了伏笔。

20世纪80年代,"枫桥经验"在完成对"四类分子"基本改造的任务后转向探索融打、防、教、管于一体的社会治安综合管理建设。为及时打击、预防和减少违法犯罪以维护社会治安,枫桥地区发动和依靠群众施行群防群治,探索出"小事不出村,大事不出乡,矛盾不上交",就地解决和消化纠纷矛盾及一般治安问题的成功经验,并推向全国。[②] 正是在此阶段,诸暨的人民调解开始走上融入"枫桥经验"的实践历程。因为要就地化解矛盾纠纷,预防和减少违法犯罪现象,维护社会治安,如何充分发挥诸暨的基层人民调解组织的

① 汪世荣.枫桥经验——基层社会治理的实践[M].北京:法律出版社,2008:1-2.

② 之所以被认为是成功经验是因为从1980—1989年,枫桥区刑事案件年均发案率占总人口的万分之2.96,年均捕人数占总人口的万分之1.46,刑事案件大幅下降。——详见卢芳霞."枫桥经验"50年辉煌成就[J].观察与思考,2013(10).

作用开始为人们关注并成为此阶段"枫桥经验"的重要探索。[①] 这之后,无论是作为社会管理创新的排头兵还是社会治理社会化、法治化、智能化和专业化的先行者,尽管不同时期的目标和任务有所不同,但发动和依靠群众,立足预防化解矛盾,稳定地实现社会治理的要求却始终是激荡在"枫桥经验"之中的主旋律。为了唱响主旋律,诸暨市委、市政府在不同时期根据"枫桥经验"创新发展的需要多次发文要求创新和发展诸暨的人民调解工作。由于诸暨市委的重视和领导,诸暨市政府积极组织和推动,法院和检察院大力配合,诸暨人民热情参与,诸暨的人民调解不仅融入"枫桥经验"之中,而且成为其中的重要内容、基本环节和长效的工作机制。

由上所述,诸暨的人民调解之所以走上了不同于全国其他地方的特色之路是因为它在改革开放之后成了"枫桥经验"的有机组成部分,随"枫桥经验"历久弥新在不断发展壮大,以至形成了人民调解的"枫桥经验"。所谓人民调解的"枫桥经验"就是指诸暨人民在党的领导下,为顺利实现不同时期"枫桥经验"的目标、要求和任务,将人民调解委员会的调解作为基础和主干,不断探索、创新和发展多元主体参与其中以有效化解矛盾纠纷的模式、机制和方法,构建多元化社会矛盾纠纷化解体系的经验。这里应当说明的是,人民调解"枫桥经验"的形成最初是枫桥地区人民的探索和实践,但之后的发展已不限于枫桥,包括了诸暨市其他地方在枫桥典型引领和示范带动下就人民调解所做的各种有益探索和成功实践。总体而言,从形成以至之后的发展来看,诸暨的人民调解因打上了"枫桥经验"的烙印,其特色性相当明显,体现在架构、形成及其发展诸方面,具体如下:

第一,人民调解的"枫桥经验"是以人民调解委员会的调解为基础和主干所形成的。"枫桥经验"是中国基层社会治理的经验,立足基层、抓基础始终是其坚守,重视并充分发挥人民调解委员会在基层社会治理中化解矛盾纠纷的前端性作用是其特色之一,并因此形构了人民调解"枫桥经验"的基本格局,即夯实传统村(居、社区)人民调解委员及其调解工作的基础地位。为此,诸暨市不断健全完善和改进各级人民调解委员会的组织、工作机制和方法的建设,并在各乡镇设立了直属司法所用以加强对基层人民调解委员会工作的指导,还进行了拓展和深化人民调解委员会调解的各种探索实践。经过改革开放以来持续不断的努力,诸暨市的基层人民调解委员会建设及其调解工作方面走在了全国前列,人民调解与其他调解形式对接或配合所形成的新模式也发展很快。据最新统计,诸暨市现有 742 家人民调解委员会,有专、兼职人民调解员 3536 名,并形成市调解工作指导中心和市调解总会"一官一民"的管理组合。通过发展人民调解委员会并将人民调解委员的传统模式与现代模式相结合,预防并及时化解矛盾纠纷,诸暨的人民调解为实现"枫桥经验"创造稳定的社会治理环境要求发挥了相当大的作用。下图是 2011—2017 年诸暨市人民调解委员会调解成功的纠纷数量与诸暨市人民法院审结的民商事案件数量

① 如 1980 年,诸暨司法局的简报提出要运用"枫桥经验"重视调解工作。——诸暨市公安局关于《枫桥经验》的档案材料:《枫桥经验大事记》(1963—1992 年),转引自谌洪果."枫桥经验"与中国特色的法治生成模式[J].法律科学,2009(1).

所作对比以及诸暨市人民调解委员会调解的纠纷在这两者之和中所占比例。从图示可以看出,由于夯实了基层人民调解委员会及其调解工作的基础地位并发挥其主干作用,诸暨市人民调解在化解社会矛盾纠纷方面可谓是独挡半壁江山,且高于同期全国平均比例。① 更为突出的是,在夯实人民调解委员会及其调解的基础地位前提下发展人民调解,也使得诸暨的人民调解成为全国独树一帜的特色调解之一。②

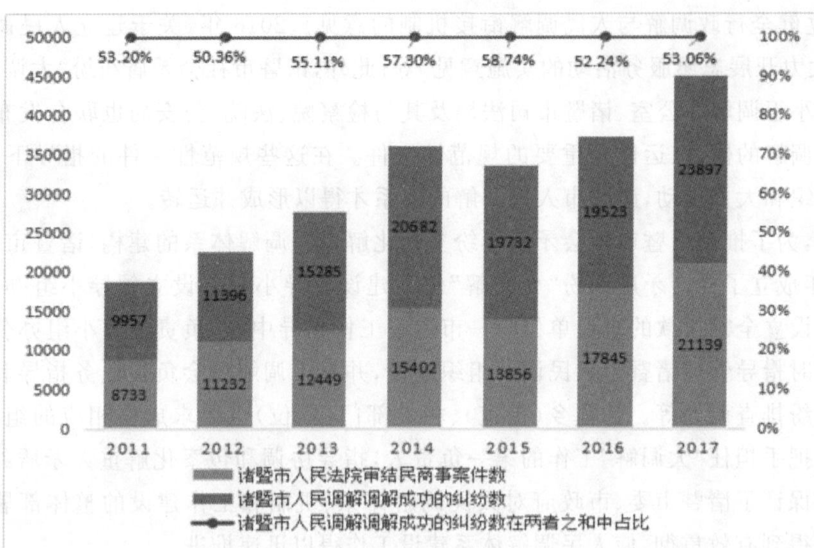

图1 诸暨市人民调解调解成功的纠纷与诸暨市人民法院审结的民商事案件数量对比③(2011—2017)

第二,人民调解的"枫桥经验"是在诸暨市党委领导下,政府负责推动、社会协同、公众参与合力作用之下所形成的。没有社会协同与公众参与,人民调解的"枫桥经验"不可能形成,毕竟人民调解是动员和发动群众、用群众的力量和智慧来解决民间纠纷的制度建构。然而,在人民调解"枫桥经验"的形成过程中,诸暨市党委的领导与政府的负责推动显然在其中更发挥了关键和重要的作用。也就是说,我国人民调解制度的"民办官助"特点中的"官助"一面在诸暨人民调解体系的形成和发展中表现得尤为突出。具体表现如下:

① 同期全国平均比例,如2013年为54.8%,2014年为51.7%。该比例计算所依据的数据来源于刘青《我国人民调解制度变迁研究:1978—2015》(湘潭大学2016年博士论文)一文提供的统计数据。

② 《法制日报》曾发表文章将诸暨的人民调解作为与江苏南通、上海并列的三大典型模式之一,认为它代表了传统的调解模式。——张蓬,周望.人民调解的典型"模式"及其完善[N].法制日报,2013-6-26(012).

③ 需要说明的是,诸暨市关于人民调解委员会受理的纠纷数量统计是以达成调解协议的为准,包括达成协议后起诉的纠纷,但不包括调解后不能达成调解协议的纠纷。因为这种统计标准,诸暨市人民调解案件的执行率相当高,据司法局提供的2011—2017年全市分乡镇人民调解委员会调解数据统计,在97%~99%之间浮动。从另一方面,这也表明诸暨市人民调解委员会实际受理的纠纷数量比官方统计得要多。本表所提供的是诸暨市人民调解达成了协议且已履行的案件,也即调解成功的纠纷统计。

一是,2008年以来诸暨市就人民调解体系的建构发布很多重要的规范性文件,这些规范性文件主要是诸暨市委、市政府联合发布或者是诸暨市政府发布的。如2008年《关于建立人民调解与民事诉讼衔接联动机制的工作意见》、2012年《关于成立诸暨市社会矛盾纠纷"大调解"体系建设领导小组的通知》、2013年《关于加强行政调解工作的意见》、2014年《关于进一步加强新形势下人民调解工作的意见》《关于加强社会化调解体系建设的实施意见》、2015年《关于加强"大调解"体系建设有效化解社会矛盾纠纷的实施意见》《关于建立健全行政调解与人民调解衔接机制的意见》、2016年《关于建立人民调解志愿者队伍 大力开展志愿服务活动的实施意见》等;此外,诸暨市社会矛盾纠纷"大调解"体系建设领导小组调解办公室、诸暨市司法局及其与检察院、法院、公安局也联合发布了许多涉及人民调解的模式、运作等重要的规范性文件。在这些规范性文件的指导下,有关部门积极组织和大力推动,诸暨市人民调解的体系才得以形成并运转。

二是,为了推动诸暨市社会矛盾纠纷多元化解人民调解体系的建构,诸暨市委、市政府2012年成立了社会矛盾纠纷"大调解"体系建设领导小组并设立领导小组办公室,并在司法局设立全额拨款的事业单位——市调解工作指导中心,负责领导小组办公室日常工作的同时指导管理诸暨市人民调解组织建设,并对市调解总会负责业务指导和组织开展矛盾纠纷排查调处等。各镇乡(街道)、相关部门(单位)也要求成立相应的组织机构,由党政一把手担任"大调解"工作的第一负责人,指导协调和包案化解重大矛盾纠纷。这些举措都保证了诸暨市委、市政府对人民调解体系、机制和工作建设的整体部署和具体任务能够得到有效贯彻,使人民调解体系建设工作得以迅速推进。

三是,为保障人民调解工作的顺利开展从各方面提供大力的支持,尤其是经费或设施方面的支持。如除了要求财政落实人民调解工作的指导经费、人民调解委员会补助经费和人民调解员补贴经费以外,诸暨市还要求镇乡(街道)、村(居、社区)、企事业单位和其他组织要为人民调解委员会解决好工作场所、办公设施,以及行业主管单位和社会团体要为其设立的行业性、专业性人民调解组织提供办公条件和必要的工作经费等。①

由上所述可见,如果没有诸暨市委、市政府及其相关部门的积极组织和大力推动并提供充分的支持和保障,仅依靠社会和公众的力量,诸暨市的多元化解社会矛盾纠纷的人民调解体系不可能构建并形成,更不可能有如此迅猛发展之势。当然,诸暨市人民调解的建设和发展之所以能得到当地党和政府从领导、组织、推动和保障各环节和方面所提供的大力支持也为实现"枫桥经验"的目标、任务和要求的政治需要。为此,诸暨市人民调解工作不仅要在纠纷矛盾发生之时及时出面解决纠纷,还要求将纠纷矛盾尽可能地消灭在萌芽状态,也即加强预防,更要从根本上消灭矛盾纠纷,因而注重调解协议的履行。

① 在"枫桥经验"的发源地枫桥镇,由于综治经费是按需支取,没有上限,关于人民调解委员会的办公经费、办公条件、调解补贴等保障也相当充分。——参见尹华广."枫桥经验":以大调解推进农村社会管理创新的实践与启示[J].常州大学学报(社会科学版),2013(2).

第三,人民调解的"枫桥经验"是诸暨人民在党的领导下基于当地的风土民情不断创新发展的实践。没有创新,诸暨的人民调解不可能发展,更不可能成为人民调解的"枫桥经验"。人民调解的"枫桥经验"最初是诸暨人民基于当地矛盾纠纷的特点,根据不同时期社会治理的问题和解决要求在人民调解的工作方法或方式所作创新。如前所述,枫桥镇调委会在1984年摸索出"六优先,六个心"工作法,1988年进行"三防"试点。1993年,诸暨市推广枫桥紫薇村抓"四前"的经验,即组织建设走在工作前、预测工作走在预防前、预防工作走在调解前、调解工作走在计划前,实行人民调解的四前工作法。1999年,诸暨市人民调解工作实行"分级调处,归口落实"的分归制度,建立联村干部包村,村调解干部保户的工作模式。又如,诸暨市的品牌调解室——老杨调解中心的扬光照调解员,根据矛盾纠纷类型在新时期发生的改变,在继承发扬"枫桥经验"的"情感、感受法""换位思考法"基础上又总结出"依法疏导法""案例举例法""联动调节法"等5种方法,形成了"调解七法";①再如,诸暨直埠镇对重大疑难信访问题,由镇大调解平台牵头协调,镇调委会组织实施,实行"点单式"调解;②专业调解委员会从专家库选择专家实行"1+1"组合轮流"坐堂会诊",发挥专业优势提出客观评估意见,来保证人民调解的专业性等。

之后,诸暨市人民调解在建立多元的社会矛盾纠纷解决探索中关于工作机制以及制度建构也开始不断创新。如2008年,诸暨市建立诉前(联合)人民调解委员会形成人民调解与民事诉讼衔接联动的机制;2012年诸暨市人民法院出台《关于加强人民调解业务指导工作的若干规定》,要求法院业务庭与各派出法庭选任经验丰富、业务水平高的法官担任联合人民调解委员会及镇乡(街道)人民调解委员会的业务指导员,定期巡回指导并参与对人民调解委员会处理纠纷的总结与分析,适时向有关部门、单位发出司法建议;2013年,为指导人民调解工作,诸暨市人民法院利用现代网络管理系统,在立案大厅负责人陈法官的带领下,成立了由全院青年法官组成的法官指导调解QQ群。又如,2008年诸暨建立了浙江省首家医疗纠纷人民调解委员会以应对医疗纠纷,但在全国要晚于山西、苏州和陕西等地。然而,因其制度设计及其运行效果相当好,尤其是创造性地在全市设立医疗风险保证金,③诸暨市的医疗纠纷人民调解委员会成为人们关注并分析的全国

---

① 金春华.老片警杨光照眼中的枫桥经验——调解就要挖掉矛盾"根"源[N].浙江日报,2015-12-1(15).

② 如信访当事人赵某因征地纠纷与所在村发生矛盾,多次赴省、京上访,给当地党委政府带来极大困扰。为此,直埠镇调委会在镇领导的支持下,利用大调解平台,告知赵某由其从33名镇调解员中自行挑选5名调解员作为本次调解的"老娘舅",而赵某选的5人均是原或现市党代表、人大代表、离退休村主职干部。同时,镇调委会还邀请镇法律顾问、国土所、司法所、派出所等大调解力量,对典型农村土地承包暨征地矛盾纠纷进行公开评议,最终解开赵某的心结,取得较好的社会效果。——直埠镇司法所.直埠镇三措并举提升涉访矛盾纠纷化解率[EB/OL].http://www.zhuji.gov.cn/art/2017/4/27/art_1382713_12625551.html,2018-03-04.

③ 诸暨市医调委所建立的医疗风险保证金制度解决了当时制约医调委调解效果的主要瓶颈——医疗纠纷调解后的及时赔付问题。有了这笔医疗风险保证金,当事人在医疗纠纷调结后凭借调解协议书和医调委开出的支票即可在市卫生局领取赔偿金,大大提高了调解效率也增强了调解效果。而且,根据少赔少交的原则,医院当年的风险金余额可持续存入下一年度,这也能调动医院防范医疗事故风险的积极性,增强他们的责任心。

典范之一，[①]并对我国医疗纠纷的人民调解制度短时间完成由地方试点到全国铺开起了催化剂的作用。

在创新人民调解的方法和机制的同时，诸暨的人民调解模式、形式及其队伍建设也开始了由传统向现代的转型探索。诸暨市人民调解的模式转型自2008年建立诉前（联合）人民调解委员会就已开始。2012年之后，为建立社会矛盾纠纷的“大调解”体系，诸暨市加强了人民调解委员会与司法调解、行政调解、检察工作以及仲裁、信访工作、志愿者队伍、社会组织或团体的衔接和互动。诸暨市13家行业、专业性人民调解委员会、[②]“警调对接”“检调对接”“诉调对接”等26个调解工作室、以枫桥老杨调解中心、暨阳蒋大姐调解室、璜山镇老朱调解室、枫桥娟子工作室等为代表的30个品牌调解室、培育社会组织所设立的6家人民调解委员会以及枫桥调解志愿者联合会、枫桥孝德文化研究分会组织的孝娘舅服务团、牌头镇的乡贤帮忙团、江藻镇的詹大姐帮忙团等人民调解志愿者队伍陆续建立或成立并不断发展壮大。除创新模式、拓宽形式外，为了弥补人民调解员权威性、专业性、职业性等方面的不足，诸暨市在调解员队伍建设方面除了加强日常培训工作外，还建立专职、兼职与志愿者相结合的模式，积极吸纳医学、法学等方面的专家以及社会名流和贤达人士作为兼职调解员参加人民调解工作等。如医疗纠纷调解委员会从医院、法院退休人员中聘任具有医学、法学等方面专业知识、热心人民调解工作的同志为专职调解员，专门从事医疗纠纷的调解，还聘请了所辖区镇乡（街道）的27名司法所长为兼职调解员参与、协助医疗纠纷调解工作。

三、问题与应对：新时代人民调解“枫桥经验”的创新发展

人民调解的“枫桥经验”是诸暨人民在党的领导下关于基层社会治理所进行的有益探索和实践，它不仅赋予了“枫桥经验”以特色性并促进了其创新性，更在诸暨的基层社会治理中发挥了重要的作用。党的十九大召开之后，中国进入了中国特色社会主义建设的新时代。关于社会治理，党的十九大提出要打造共建共治共享的格局，加强社会治理制度建设，完善党委领导、政府负责、社会协同、公众参与、法治保障的社会治理体制，提高社会治理的社会化、法治化、智能化、专业化水平，加强预防和化解社会矛盾机制建设以及发挥社会组织的作用，实现政府治理和社会调解、居民自治良性互动。对党的十九大关于社会治理的目标建设和任务要求，浙江省作出了积极回应，提出社会治理要全方位，综合治理与重点专项整治必须相结合，并要求在社会治理的社会化方面打造共建共

① 刘加良.医疗纠纷人民调解的实践模式及其启示[J].政治与法律，2012(5).

② 诸暨市13家行业、专业性人民调解委员会及其成立时间具体如下：联合人民调解委员会(2008)、医疗纠纷人民调解委员会(2008)、劳动争议人民调解委员会(2010)、婚姻家庭纠纷人民调解委员会(2010)、道路交通事故人民调解委员会(2012)、消费纠纷人民调解委员会(2012)、总商会人民调解委员会(2013)、学生伤害纠纷人民调解委员会(2014)、环境保护人民调解委员会(2015)、物业纠纷人民调解委员会(2017)、江西商会人民调解委员会(2017)、电力纠纷人民调解委员会(2017)、装修业协会人民调解委员会(2017)。

治共享的社会治理格局,在社会治理法治化方面要将社会治理纳入法治化轨道,在社会治理专业化方面要善用专业组织源头化解社会矛盾,在社会治理智能化方面要用智慧提升社会治理效能等。①

如前所述,不断创新发展是人民调解"枫桥经验"的特色。党的十九大关于社会治理的要求为人民调解"枫桥经验"在新时代的创新发展提供了机遇并指出了方向。围绕党的十九大关于社会治理的目标任务和浙江省委的部署,诸暨市关于人民调解的"枫桥经验"提出了"一网三化"打造新时代矛盾纠纷多元化解新格局的构想。所谓"一网"是指要构建立体式纠纷化解网络。如建立以市级人民调解委员会为龙头、27个镇级人民调解委员会为主导、533个村级人民调解委员会为基础的调解组织网络,实现警调对接、检调对接、诉调对接等多调联动一体化协同,推行"互联网+调解"模式全方位推行等;所谓"三化"是指法治化、专业化与社会化。如调解工作应当与法治宣传、法律服务、判例相结合,让矛盾纠纷当事人在接受调解中学法、懂法、守法;在专业化方面要拓展专业性调解组织建设、组建职业化的调解员队伍、制定标准化调解流程;在社会化方面要放权社会组织管理调解、引导社会组织参与调解、探索建立调解志愿队伍等。② 应当指出的是,上述这些体现了诸暨市根据新时代党和国家关于社会治理的要求发展人民调解"枫桥经验"的具体安排和行动计划,其中既有对现有制度的进一步加强和完善,也有要对现有制度进行创新的。前者如建立以人民调解委员会的调解组织网络,实现多调一体化协同,依法调解并通过调解进行法治宣传等;后者如全方位推行"互联网+调解"模式、放权社会组织管理调解等。不管是制度的加强和完善还是创新,鉴于前述人民调解"枫桥经验"的特色,诸暨要从打造共建共治共享的社会治理格局的视野出发,在社会化、法治化、智能化与专业化方面推动新时代人民调解"枫桥经验"的创新发展,显然要正视诸暨目前在这四个方面所面临以下问题。

——关于人民调解"枫桥经验"的社会化创新发展。除了市调解工作指导中心这一官方组织来管理指导人民调解工作外,诸暨市于2012年又成立市调解总会这一民间社会组织以团结和教育人民调解员以及从事人民调解、行政调解、司法调解等管理指导工作的专门人员,又于2015出台《关于加强社会化调解体系建设的实施意见》要求发展社会化的调解组织,如基层人民调解委员会、行业专业性调解委员会、仲裁组织等,提出要推进多元化社会力量如乡贤、志愿者、新闻媒介、仲裁员参与人民调解,以及建立社会化运作机制如建立教育培训基地、加强业务指导、实现大调解社会化运作等,并于2016年发布《关于建立人民调解志愿者队伍 大力开展志愿服务活动的实施意见》。应该说,诸暨市在人民调解的社会化方面已经作出了很多努力,这也体现在人民调解的"枫桥经验"之中。然而,如前所述,诸暨市创新和发展人民调解的"官助"色彩较为浓厚,其利在于能使

① 蓝蔚青.社会治理现代化的浙江经验[J].今日浙江,2017(23).

② 诸暨市司法局基层科.我市"一网三化"打造新时代矛盾纠纷多元化解新格局[EB/OL].http://www.zhuji.gov.cn/art/2018/2/27/art_1382711_15654184.html,2018-03-10.

诸暨的人民调解迅猛发展起来以至形成人民调解"枫桥经验",但弊端也已呈现出来,最为明显的就是诸暨目前在推进新时代人民调解"枫桥经验"的社会化创新方面总显得有些放不开手脚。以市调解总会为例,市调解总会成立之初由市人常委会主任担任会长,秘书长与副秘书长也都是政府官员,①无论是组建还是组织都带有较强的行政色彩,且至今仍基本没摆脱这种状态。如何使其回归专业性民间社会组织的定位,这对诸暨来说似乎还是一道难题。此外,诸暨的人民调解一直以来存在着经费不足、调解员后继乏人的问题。按照《人民调解法》的规定,人民调解工作不允许收费,人民调解工作所需经费应当由县级以上政府给予必要的支持和保障,村民委员会、居民委员会和企事业单位也应当为人民调解员开展工作提供办公调解和必要的工作经费。从诸暨市基层人民调解委员的情况来看,不少村(居)民委员会自身就没有经费来源,更难以保障人民调解员的报酬以及其他必要的经费。诸暨市为了调动人民调解员的积极性,自 2008 年起在全市实行人民调解"以奖待补"考核机制;最初的奖励金额较低,后根据社会经济发展的情况适当提高了奖励金额,②但这似乎并没有充分调动起人民调解员开展工作或更多人投身人民调解工作的积极性。2014 年 6 月 25 日,浙江省政府出台《关于政府向社会力量购买服务的实施意见》,并在发布的《公共法律服务产品指导目录(第一批)》中将"人民调解"列入可购买的服务,这对解决人民调解的上述问题显然有非常重要的意义。2015 年诸暨市也出台了《政府向社会力量购买服务的实施办法(试行)》,但 2017 年所发布的《诸暨市政府向社会力量购买服务指导目录(2017 年度)》(诸财预〔2017〕77 号)中却没有将"人民调解"列入可购买的服务。于是,诸暨市在经费保障方面推动人民调解工作发展的做法至今仍停留在"以奖代补"的做法上。按照诸暨市司法局的构想,2018 年将要通过政府购买服务对全市 116 名专职调解员给予每人每年 4.5 万元经费保障。但就购买价格而言,这显然还是一种"补助"或"补贴"的思维,也即政府在人民调解不能收费的情况下为人民调解有效开展工作所给予的"帮扶"。

——关于人民调解"枫桥经验"的法治化创新发展。人民调解组织及其调解工作的规范化和标准化建设是其法治化的重要方面。诸暨市关于人民调解组织及其调解工作的规范化或标准化建设早自 2003 年起就开始了。之后,诸暨市委、市政府与诸暨市司法局就人民调解工作的规范化标准化建设发布了很多相关的或专门的规范性文件,对人民调解委员会在纠纷受理、调查、调解、协议、回访等环节的工作进行统一和规范,如要求人民调解要建立完整的工作台账和调解卷宗等。此外,在人民调解"枫桥经验"的法治化方面,诸暨市还要求并强调人民调解工作要做到事前讲法、事中析法、事后明法。为此,诸

① 诸暨市司法局. 诸暨市成立调解总会[EB/OL]. http://www.zhuji.gov.cn/art/2012/8/22/art_1382713_12625651.html,2018-03-11.

② 2008 年诸暨市实行人民调解"以奖代补"考核机制,将案件按难易程度分为三类计奖:简易纠纷奖励每件 20 元,一般纠纷奖励每件 80 元,疑难纠纷奖励每件 200 元;2015 年将案件按难易程度分为四类计奖,奖励金额分为 50 元、100 元、200 元及 1000 元,专调委则采用百分制考核,根据考核得分计算人民调解员奖励金额。

暨市将人民调解员的业务培训常规化和制度化。如要求业务培训由市调解总会牵头举办，通过政府购买服务形式，以调解员、志愿者等为主要对象，开展包括初任培训、提高培训、拓展培训三个层次的业务培训等；诸暨市法院也通过对人民调解采取各种形式的业务指导方式提升人民调解员依法调解的能力和水平。然而，人民调解毕竟是针对民间纠纷的非讼解决方式，重在将情、理、法结合起来，有效地化解矛盾纠纷，而人民调解的“枫桥经验”是以人民调解委员会调解为基础打造的矛盾纠纷多元化解的体系或机制。作为针对民间纠纷所建构的一种多元化解纷体系或机制，其主体应该多元，形式、机制、方法或方式也应该多元或呈现出多样性。在这个意义上，无论加强规范化建设还是标准化建设抑或制度化建设，诸暨市的人民调解在走向法治化的同时难免会出现“一律性”，从而有损人民调解“枫桥经验”所致力的追求。

——关于人民调解“枫桥经验”的专业化创新发展，如前所述，诸暨市在拓展行业、专业性调解组织建设方面的成效是显著的，在化解社会矛盾纠纷方面也发挥了很大的作用。根据诸暨市2011—2017年人民调解案件数据统计，行业、专业性调解委员会所调解的案件从最初占人民调解案件总数的一半，之后逐年增长以至于后来约占三分之二之多。[①] 之所以有如此变化，归根结底是因为诸暨的社会矛盾纠纷类型从2011到2017年有了较大改变。如在2011年人民调解受理的社会矛盾纠纷中，排名前五的依次是邻里纠纷、损害赔偿纠纷、婚姻家庭纠纷、房屋宅地基纠纷、劳动争议纠纷；2017年则依次为道路交通事故纠纷、邻里纠纷、损害赔偿纠纷、合同纠纷、婚姻家庭纠纷。而且，除了传统的矛盾纠纷以外，医疗纠纷、环境污染纠纷、消费纠纷、物业纠纷等新的纠纷类型陆续出现，但纠纷数量不多。以物业纠纷为例，2017年仅出现了59件。[②] 在我国，行业或专业性人民调解的出现是为应对专门领域或专业性较强的社会矛盾纠纷化解的需要，以弥补传统人民调解在这方面的不足。因此，专门领域或专业性社会矛盾纠纷的出现并增加是行业或专业性人民调解形成并发展的根由。在这个意义上，行业、专业性人民调解并非越多越好，应是根据矛盾纠纷的数量及其解决需要而设，诸暨也不例外。如果纠纷数量比较少，通过现有或传统的人民调解组织，聘请专业的或专门的人民调解员，应该也能有效地化解矛盾，还节约了治理成本。

——关于人民调解“枫桥经验”的智能化创新发展。诸暨市在这方面起步较晚，2017年才开始探索构建网络调解与传统调解互通的调解新模式，通过在市公共法律服务网上平台建立专业调解网站，为群众提供矛盾纠纷在线受理、在线调解、在线化解一体化服务。2018年，诸暨被省综治委确定为全省“在线矛盾纠纷多元化解平台”先行运行地区，诸暨市法院是平台运行地区的负责方。诸暨市法院建立了以“1＋5＋13＋27”矛盾纠纷

① 如2011年，诸暨市人民调解案件总数是10223件，行业专业调解委员调解的案件是5788；2017年，诸暨市人民调解案件总数是24301件，行业专业调解委员调解的案件是16823件，但道路交通事故纠纷占行业专业调解委员调解案件的41%。——数据来源于诸暨市司法局提供的2011—2017全市分乡镇人民调解委员会调解统计。

② 排名依据数据来源于诸暨市司法局提供的2011—2017全市分乡镇人民调解委员会调解统计。

多元化解机制为核心的在线诉调对接工作平台。[①] 之后，诸暨市成立了由市委副书记、政法委书记担任组长的推广“在线解纷平台”工作领导小组，同时成立由相关职能部门同志参加的工作专班，负责平台运行的日常管理和指导工作，引导适合线上解决的线下纠纷到平台上解决。“在线矛盾纠纷多元化解平台”的上线运行使上下之间、部门之间、调解场所与专业咨询机构之间的交互联动更加方便，有利于矛盾纠纷的高效率化解。但应当指出的是，人民调解的智能化有效发挥作用不仅关乎技术，更关乎运用技术的人以及矛盾纠纷的特点。诸暨市的人民调解员多年龄偏大，且不善于使用智能技术；更重要的是，他们是在传统人民调解模式下塑造的，习惯的是与当事人面对面的场景且为此总结很多工作方法，而这些并不适用于线上调解，何况有些矛盾纠纷也不适合在线调解。因此，人民调解的智能化建设乃至创新在诸暨应该还有一段艰难的探索历程。

鉴于上述问题，人民调解的“枫桥经验”要贯彻党的十九大对社会治理提出的要求，完成浙江省委的部署，在社会治理的社会化、法治化、智能化与专业化水平方面实现创新发展，以打造新时代人民调解的“枫桥经验”，有必要在以下方面作出努力或进行探索。

第一，新时代人民调解的“枫桥经验”仍要坚持创新发展，要有创新发展的意识，更要有创新发展的勇气。习近平总书记在党的十八届五中全会第二次会议上提出的新发展理念将创新置于首位，要求让创新贯穿党和国家一切工作，让创新在全社会蔚然成风。人民调解的“枫桥经验”因创新而成为全国的典范，要保持唯有继续创新发展。创新意味着突破，也即突破现有的体制、模式、机制或方法等。新时代人民调解的“枫桥经验”应当不断创新和发展人民调解的多样态，不仅要确认那些因创新人民调解委员会调解的模式和机制而形成的人民调解新形式，也要通过继续创新这些人民调解新形式不断丰富诸暨的社会矛盾纠纷多元解决体系。创新更意味要突破旧有的思维模式和框架。如新时代人民调解的“枫桥经验”可以不必将人民调解的新形式仍置于人民调解委员的制度架构下，而是应将其作为以新的机制运行的人民调解新类型。事实上，诸暨的人民调解所打造的品牌调解室、调解工作室、行业或专业性调解组织都是不同于传统人民调解组织的新形式，但因被纳入传统人民调解组织的形式之中而受到种种禁锢，也使得人民调解“枫桥经验”的社会矛盾纠纷多元解决的“多元性”没有充分展现出来。可能也有人会说，人民调解委员会的调解协议经司法确认后具有司法执行力，纳入其名下之后的人民调解更有权威性。其实，这个问题可以通过扩大司法确认的调解协议的范围来解决。[②] 突破旧的思维模式和框架也能使购买人民调解服务的问题得到很好解决。由前所述，《人民调解法》关于人民调解不能收费的规定似乎是这方面的制度障碍，但相关法律规定是就人民调解组织与参与调解的当事人之间而言，政府为经济社会发展的需要购买人民调解的

① “1”指法院诉讼服务中心，“5”指5个基层法庭诉讼服务中心，“13”指市级13家专业调解委员会，“27”指全市27个镇乡（街道）人民调解委员会。

② 2017年10月16日，最高人民法院、司法部联合发布了《关于开展律师调解试点工作的意见》，赋予律师调解工作室调解成功后达成的调解协议以司法确认的效力。

服务应当别论。但应指出的是，人民调解委员会的调解在我国是国家层面的制度建构，具有“民办官助”的特点。政府购买人民调解服务时还应当首先厘清人民调解因“官助”而附带的国家权责，应明确购买的范围及其程度。

第二，新时代人民调解的“枫桥经验”仍要夯实了人民调解委员会及其调解在化解社会矛盾纠纷方面的基础地位和基本作用，在保持此特色的基础上不断创新发展。保持特色本身就是创新，而且，唯有在保持特色基础上的创新才能历久弥新。人民调解的“枫桥经验”是以人民调解委员调解为基础所构建的，这是它自形成到现在所具有的特色；之后诸暨所打造的多元化解矛盾纠纷体是基于并创新人民调解委员会及其调解工作的过程中形成的。新时代人民调解的“枫桥经验”仍应坚守自己的特色，但应在诸暨人民已有成功探索的基础上，基于经济社会发展的新特点和需要，着眼于有效解决新的社会矛盾纠纷，去探索自己的基层社会治理之路。如随着中国城镇化建设的推进，诸暨也面对大量的农村人口转为城市居民以及大批的外来务工人群。随着产业结构、人口构成以及生活方式的变化或改变，诸暨市的社会矛盾纠纷也会呈现出不同于以往的特点，原本基于并根据传统乡村社会治理的特点和要求所打造的社会矛盾纠纷化解体系必然要作出适应性的改变或调适。2018 年 1 月 22 日召开的中央政法工作会议关于新时代的“枫桥经验”也提出“推动其由促进乡村治理体系建设向促进城镇、社区治理体系建设延伸”的要求。从前述诸暨在实现人民调解的社会化、法治化、专门化和智能化创新所面对的问题来看，人民调解的“枫桥经验”要坚持自己的特色并作出适应性的改变或调适，这对它实现新时代的创新发展来说是个不小的挑战也是一场考验，而解决这个问题的根本仍是要一以贯之地坚持群众路线，即从群众中来，到群众中去，依靠群众的智慧和力量来解决创新和发展诸暨市社会矛盾纠纷化解的各种问题。

第三，新时代人民调解的“枫桥经验”应当由倚重“他律”转向激发“自律”。按照党的十九大报告的要求，我国的社会治理应当在党委领导、政府负责、社会协同、公众参与、法治保障的体制下，实现政府治理和社会调解、居民自治良性互动。这表明，中国的社会治理，尤其是基层社会治理，不仅是法治的，还应当有德治和自治，法治与德治和自治要有机结合。人民调解的“枫桥经验”在诸暨市党委领导下，由政府负责、社会协同和民众参与所形成的社会矛盾纠纷多元解决的经验。如前所述，人民调解的“枫桥经验”尽管也体现着法治与德治和自治的结合，但其法治的“他律”性太强，以至于德治与自治都带有浓重的行政色彩，并不能有效和充分地激发社会协同与公众参与的热情。新时代人民调解的“枫桥经验”应当建构和形成能够最大限度激发社会协同和公众参与的积极性，或曰“自律”的体制、机制或方法，形成法治与德治和自治的有机结合和有效联动。为此，人民调解的“枫桥经验”应贯彻 2018 年 1 月 22 日中央政法工作会议的精神和要求，在建构诸暨的多元化解社会矛盾纠纷体系时要充分发挥群众自治组织的主体作用，并加强社会各方的广泛参与，真正做到民事民管，同时引导社会成员养成在法治轨道上主张权利、解决纷争的习惯。

综上所述，人民调解"枫桥经验"是中国社会治理关于有效预防和化解社会矛盾纠纷的特色实践，为中国基层社会治理借助本地传统资源，以人民调解委员会调解为基础建立多元化的解纷体系，通过非讼形式有效解决社会矛盾纠纷进行了有益的探索，提供了成功的经验。新时代人民调解的"枫桥经验"应当结合当地实际情况，依靠并发动群众，不断创新发展，在贯彻实施党的十九大所提出的实现社会治理的社会化、法治化、专门化和智能化方面形成富有自身特色的成功实践，为中国特色社会主义的基层社会治理探索作出贡献。

Between History and Modernity: On the Taking Shape and Innovation-Driven Development of the Fenqiao Experience in the People's Mediation

Zhu Jiping　Fan Xiaodan　Zheng Yandong

Abstract: As the Basic content, the important aspect and the working mechanism, the Fenqiao experience in the people's Mediation is that Zhuji people solved the social disputes effectively via multiple dispute settlement mechanisms based on the people's mediations committee which was formed by integrating government promotion, social coordination and public participation under the leadership of the party with local traditional resource. It was the beneficial exploration and a typical example. In the new era, the Fenqiao Experience in the people's Mediation should continue to develop innovatively constructing the foundation of the people's Mediation and then carry out the successful trials with its own characteristics for bringing about the socialization, legalization, specialization and intelligentization of social governances that was put forward by the 19th National Congress of the Communist Party of China.

Key Words: the people's mediation; the Fenqiao experience; develop innovatively

嵌入"枫桥经验"的"在线纠纷多元化解"研究*

董青梅** 刘熊擎天***

摘要:信息化引发了司法领域内的重要变革,契合"枫桥经验"精髓的"在线纠纷多元化解"平台应运而生,并以科技化的基础设施、多样化的对接机制、智能化的流程管理以及规范化的工作制度予以支撑。该举措不仅引发诉讼调解衔接机制及调解方式的深刻变化,也促成了诉讼调解对接管理之效率的明显变化,还推动了在线调解效果的显著改善,成为调解、诉讼等纠纷解决的一个分流与替代机制,为乐意采取网络方式解决争议的当事人提供了一种程序选择权。但该模式方兴未艾,仍存在比较突出的问题有待进一步优化和完善。

关键词:枫桥经验;信息化;在线调解;多元化解机制

一、问题之提出

有法谚云:"迟来的正义非正义。"司法尽管是最权威、最正式的纠纷解决方式,但司法固有的缺陷——程序拖沓、费用昂贵、术语专业以及公开争辩等,必然会影响司法在更广泛的层面上对纠纷的解决。① 因此,如何和平、快速、有效地解决商业纠纷,对任何企业都是至关重要的,这也关切着地方经济的繁荣与发展。在当下,随着民众多元化纠纷选择意识的觉醒,对司法提出了更加灵活、高效的要求,司法也"被迫"需要嵌入信息技术、网络技术和多媒体技术。为了适应信息时代网络经济的发展,最高院推行的在线纠纷解决机制(ODR),以回应信息时代对多元化纠纷解决机制的新挑战。而各地基层法院根据原有的人力资源、纠纷解决模式、技术能力也在积极尝试这种新方法。可见,用技术提升地方司法能力和水平成为当前司法制度建设的新方向。

在"枫桥经验"的发源地,诸暨法院承载着社会治理"样板"的光环,背负着崇高而神圣的使命,以信息技术和信息化管理为手段,试图最大限度地实现整体效能最优组织模

---

* 基金项目:诸暨市司法局和西北政法大学合作课题"人民调解的'枫桥经验'研究"。本文的写作和相关调研得到诸暨市政法委和法院系统法官的支持和协助,他们是陈建丽、陈善平、董光泽、丁培利、马程琳、赵珊妮、叶美兰等,在此致谢。

** 董青梅,西北政法大学刑事法学院副教授,中华法系与法治文明研究院研究员。

*** 刘熊擎天,中南财经政法大学博士研究生。

① 谢晖.论民间法与纠纷解决[J].法律科学(西北政法大学学报),2011(6).

式,提高司法效率、节约司法成本。当司法同信息化相碰撞,不免在科技层面拓展了司法制度的维度,尤其是调解的适用方式。随着"在线法院"的诞生,诸暨法院从信息维度发展"枫桥经验",推出了"在线纠纷多元化解"平台。这种新模式意味着对坚守了55年之久的"枫桥经验"在信息化社会的重要创新,但我们也不免对这次创新是否实现了"枫桥经验"的华丽转身而心生疑虑。为此,本文将从诸暨法院在线纠纷多元化解的创设入手,分析以该模式为依托而实施的相关举措,并结合调研资料对该模式的成效与问题进行分析,最后提出针对性的完善建议与意见。笔者希冀以此为大众廓清信息化带来的"在线调解"对"枫桥经验"的创新发展以及诸暨法院"在线纠纷解决"的真实面貌。

二、"在线纠纷多元化解":融入"枫桥经验"精髓的"在线调解"

在新时代国家治理体系和国家治理能力现代化的背景下,多元纠纷解决机制的重要性不言而喻。虽然其强调社会治理资源的整合和优化,但司法仍然是最为重要的环节之一。因为,在法治国家建设的命题中,司法是最为重要的一种社会治理方式。所谓的多元纠纷解决机制就是,依托司法支撑,形成多元组合、有机衔接、分工明确、功能齐全的治理体系。其中,政府、市场、社会组织、人民群众在化解纠纷领域发挥各自的主体作用,社会组织、人民群众自治、善治能力的不断提高成为治理能力现代化的突破点。① 而众所周知的"枫桥经验"也概莫能外。"枫桥经验"在司法中是以多元化纠纷解决机制表现的。其核心内涵之一是"发动和依靠群众",即调动社会各方面力量的参与、共治。它的"起源与绵延是依靠群众,党和政府根据群众中的传统文化循经把脉,逐渐形成了在政法委综治办牵头下,利用信息化的网格管理,从矛盾源头及时发现问题,鼓励并引导具有丰富法律知识、经验和热心公益的各种力量,为陷入断裂与麻烦中的社会合作关系,提供化解矛盾的帮助,而形成的一套实践做法,是党和群众共同探索总结出的一套治理经验。"②这与调解所追求的在司法过程中依靠来自于人民群众的各种调解组织和力量,实现社会治理方式的多元化不谋而合。二者都承载着儒家的"中庸理性",在实效层面追求息诉以达致法律效果和社会效果的相统一;在技术层面可表述为以人为本,源头预防,快速反应,综合治理,依法依规。③ 但,"枫桥经验"也非静止不动。随着瞬息万变的信息化,其在形式上,也逐渐实现了信息化的时代转化,成为ADR、诉讼等纠纷解决的一个分流与替代机制,使解纷制度更加具有活力,为那些乐意采取网络方式解决争议的人们提供一种新方式,具有诉前纠纷管理的功能和解纷方式的一个替代机制,对于当事人而言,多了一种程序选择权;对于法院而言,多了一份对当事人程序选择权的尊重。诸暨法院ODR目前主

① 龙飞."多元化纠纷解决机制"正铺开宏伟画卷[N].人民法院报,2017-10-17(2).

② 董青梅."枫桥经验"中的多元法治图景[J].山东科技大学学报(社会科学版),2018(1).

③ 祁雪瑞.纠纷解决机制:民间法与人民调解及枫桥经验[J].谢晖.民间法,第14卷.厦门:厦门大学出版社,2014.

要是对民间借贷、买卖合同纠纷、加工承揽合同纠纷、物业服务合同纠纷、公路旅客运输合同纠纷、部分事实清楚、法律关系明确的侵权责任纠纷案件、信用卡纠纷案件,且诉讼标的额在100万以下的案件。

随着人民法院信息化建设的推进,各地法院相继推出了电子法院、智慧法院、掌上智慧法院、在线法院、微信审判、智慧法院App、智能调解、“易判系统”新浪在线法院、微法院、移动电子诉讼、诉讼服务网、易诉等具有“互联网+”特征的“智慧法院”。① 而2018年《法院信息化蓝皮书》称,2017年人民法院信息化建设取得了优质服务、审判智能化、执行工作日趋高效、管理自动化优势显现四大成效,智慧法院初步建成。② 究其本质,智慧法院增加高效、智能等积极因素,试图改进司法的滞后性、延迟性等特征。为响应《最高人民法院关于人民法院进一步深化多元化纠纷解决机制改革的意见》,浙江高院于2016年9月先后下发《关于建立健全“大立案、大服务、大调解”机制的指导意见》和《关于在全省法院推广应用在线纠纷解决平台的通知》,试图实现多元纠纷化解机制在信息化时代的创新。2018年1月,浙江省综治委制定了《关于在全省部分地区开展在线纠纷多元化解平台先行上线运行的工作方案》,并确定诸暨市为全省“在线纠纷多元化解平台”先行运行地区。随后,诸暨市综治委出台了诸综委[2018]2号《关于推广运用“在线纠纷多元化解平台”的实施方案》,法院与公安局、司法局联合出台《关于调解协议司法确认工作实施细则》等文件。以此为契机,诸暨法院基于诉讼服务为中心,落实责任至立案庭、简案庭,成功上线运行“在线纠纷多元化解”,深化“一次不用跑”改革,大幅减少当事人诉累。③“在线纠纷多元化解”开启了进行信息管理、运作、应用之路,是诸暨法院应用信息化平台管理、指导、协调调解组织、指导调解工作的管理系统。在此平台上,当事人可以自主选择调解员,通过表格化进行纠纷陈述,利用网络信息技术实现双方当事人、调解员、法官等四方在线参与纠纷解决。四方参与者无需会面,便可利用该平台的诸项功能进行解决纠纷的信息传输、交流、沟通,最后达成相应的调解协议,由法官在平台中作出司法确认,并督促双方当事人在线上或线下及时履行。它充分借助了互联网的便捷、智能等优势,将调解从线下“搬到”线上,为人民群众提供可即时获取的解纷渠道和解纷资源,以低成本高效率的方式实现纠纷的解决。

诸暨法院推出的“在线纠纷多元化解”,使得纠纷解决不再受地域的限制,超越了真

① 根据“互联网+”战略要求,推广现代信息技术在多元化纠纷解决机制中的运用。推动建立在线调解、立案、司法确认、审判、电子督促程序、电子送达等于一体的信息平台,实现纠纷解决的案件预判、信息共享、资源整合、数据分析等功能。

② 谢宏.2018年《法院信息化蓝皮书》发布:智慧法院初步建成[DB/OL]. http://www. stdaily. com/02/difangdongt/2018-02/07/content_635234. shtml,2018-03-01.

③ 诸暨法院于2017年2月15日正式运行由浙江省高院与“新浪网”法院频道联合打造的在线纠纷解决平台,充分借助互联网的优势,将调解从线下“搬到”线上,能够为人民群众提供可即时获取的解纷渠道和解纷资源,低成本高效率地解决纠纷。随后,绍兴地区基层法院和诸暨市总商会人民调解委员也相继使用该平台完成了在线纠纷调解工作。

实的物理空间。在虚拟的网络环境中,及时有效地共享多方视频技术、调解现场画面信息,也使法院与社会调解力量对纠纷的分析与判断有了充分的把握。随后,法官依据已有的裁判经验在线行使释明权①,并制定调解书或调解协议,最后当事人综合各方面因素予以履行。这既是法院对防止执行难和提高结案率的公共理性与利益考量,同时也是积极发挥指导调解并与调解组织共同化解纠纷的价值所在。四方在线,法官及时指导调解,提高了纠纷解决的效率、节约了当事人的诉讼成本。将"枫桥经验"嵌入"在线调解"的这种新模式,为"枫桥经验"注入了新的发展力量,开创了"枫桥经验"发展的信息化,提升了"枫桥经验"运用的技术化,为"枫桥经验"的自信、成长、辐射、复制赋予强大的信息技术之翼。

诸暨法院通过对2017年调解成功的153案件进行了逐案分析,发现存在以下几个特点:第一,从金额上看,涉案标的额普遍较小,最大10万元,最小1200元,平均41723.4元。第二,从类型上看,主要是一些事实清楚、证据充分、双方当事人争议不大的商事纠纷,其中,又以民间借贷纠纷最多,占总数的80%,买卖合同次之,占16%。第三,从群体上看,参与在线调解的当事人,以"70后""80后"为主,"90后"也有但不多。年纪较大的当事人,本身欠缺现代化、信息化知识,而且普遍希望通过传统方式进行面对面沟通,因此,不适合利用这种方式进行纠纷化解。第四,从律师参与度看,有律师参与的占总数的34%。在调解过程中,律师对在线调解的模式很感兴趣,有的律师甚至主动来院咨询有关在线调解平台信息。

基于以上特点,在当前平台推广阶段,诸暨法院注重尽量引导标的额较小、当事人年纪比较轻、有律师代理的民商事案件到平台进行线上调解。随着平台知晓度的扩大,以及调解人员的增多、运行技术的稳定等,诸暨法院将逐步向更多的诉讼当事人进行推广、引导,力求尽量减少进入诉讼程序的案件数量。②

三、诸暨法院创设"在线纠纷多元化解"之相关举措

近期,笔者查阅相关资料,并实地考察诸暨市人民法院、老杨调解室、市总商会调委会等单位的信息化建设与在线调解推进情况,发现诸暨市人民法院整合已有的调解资源,以信息化设施建设为基础,融"枫桥经验"于其中,逐渐建立了以在线调解、在线立案、在线司法确认、在线督促程序、电子送达等为一体的"在线纠纷多元化解"的配套机制。

---

① 平台建立之前,法官行使释明权要基于"四环指导法"。"四环指导法"就是诸暨法院发扬"枫桥经验"行使法院指挥权、释名权的一种具体工作方法。通过该法有效地保证了审判与调解的联运,使诉讼调解对接平台的辅导与释明、分流与疏解、管理与协调、促进与推广、调解与审判等五项职能具体化。为此,诸暨法院建立了《法律指导员工作制度》,在民庭和人民法庭专门确定33名审判人员为法律指导员,分片区联系指导全市乡镇、街道及其辖区的村居委员会、企事业单位及专业市场的人民调解组织,使全市各调委会与法院之间建起稳定、畅通的联络渠道。

② 诸暨市人民法院《在线调解工作概况》,本部分资料、数据以及分析,由陈建丽法官于2018年3月19日提供。

这些举措突出了促进纠纷解决机制的信息化、智能化发展，凸出强调在线服务基础设施的科技化、在线诉讼调解对接机制的多样化、在线调解流程管理的智能化以及在线纠纷化解工作制度的规范化，并设立了相应的工作专班，负责平台运行的日常管理和指导工作，组织实施上线运行工作方案，整合辖区在线调解资源上线，引导适合线上解决的线下纠纷到平台上解决。①

(一)在线诉讼服务基础设施的科技化

司法活动基础设施的科技化是指，以信息化发展带来的科技革新为基础，通过增设科技设备，改变设施形态而实现的司法管理活动的信息化。其中，主要是依靠计算机硬件和软件逐渐实现法院物质基础的信息化创新。这为引领传统诉讼模式向现代纠纷解决方式提供了新的道路。顾名思义，在线诉讼服务基础设施是指随着"智慧法院""在线调解"而衍生出的诉讼服务基础设施。这种复制"线下"，实现"线上"创新的诉讼服务基础设施建设顺应了信息社会的时代潮流，试图借助科技化为诉讼调解提供便利。

对此，诸暨法院的具体举措也包括"线下"和"线上"诉讼服务基础设施建设等两个方面：一是"线下"诉讼服务基础设施建设，即诉讼服务中心的信息化。诸暨法院设置电子显示屏、电子触摸屏等诉讼指引和自助查询设备等设施。在综合办事区增设导诉服务台，指导使用自助查询设备；通过网站、移动客户端(微信、App 等)建设实现"微导诉"服务，推行网上和跨域立案。还添置了智能分流叫号系统，设置多功能电子显示屏，配置浙江法院自助诉讼服务终端设备。二是"线上"诉讼服务基础设施建设，即"在线调解"的信息化。设立"在线调解中心"，开展"线上"纠纷受理、诉前委派调解、诉中委托调解、在线调解、法院协助调解、在线司法确认等工作，宣传并指导人民调解组织开展线上调解工作。立案登记窗口办理网上立案和跨域立案，征询当事人调解意愿，进行相应的组织引导；立案当天即对刚立案的案件诉讼材料予以扫描，在线调解过程的录音录像、文件档案的存储归档过程都已开始逐步实现。

此外，诸暨法院全面提升硬件设施。建立信息化调解室，配齐全线多媒体设备，便利当事人多途径接入网络调解体系；法庭、乡镇司法所设置一体化自助终端机，同步加强人员培训指导，确保调解体系全覆盖。大力推行网上立案，完成网上立案律师版操作手册，通过法院微信、新闻媒体、门户网站等进行宣传推广。

(二)在线诉讼调解对接机制的多样化

诸暨法院以"在线纠纷多元化解"建设为契机，不断整合社会调解资源，建立了"1＋5＋13＋20＋27"的纠纷多元化解工作机制，并利用互联网与各调解组织建立在线对接平

① 根据调研情况，诸暨市还成立了"在线纠纷多元化解平台"工作领导小组，负责"在线纠纷多元化解"的推广。该领导小组以市委副书记、政法委书记为组长，市法院院长、市委政法委副书记、市司法局局长为副组长，各镇乡、街道、有关职能部门分管领导为成员。

台和机制。“1”指的是一个法院诉讼服务中心;“5”是指五个基层法庭诉讼服务中心;“13”是指市级十三家专业调解委员会;[①]“20”是指二十家律师调解室;“27”是指全市二十七个镇乡(街道)人民调解委员会。法院诉讼服务中心通过“在线纠纷多元化解平台”与市级十三家专业调解组织、三个街道调解组织及二十家律师调解室建立网上委派、网上指导调解、网上司法确认的网上对接工作平台;各基层法庭诉讼服务中心通过在线纠纷多元化解平台与24个镇乡调解组织建立网上委派、网上指导调解、网上司法确认的网上对接工作机制。

“在线纠纷多元化解”打破了传统的纠纷调解模式,实现了调解时空上、区域上的跨越,只要一部手机或一台电脑,调解员随时随地可以进行网上纠纷调解、网上形成调解协议、网上申请司法确认、网上电子送达等一揽子的调解程序,让当事人足不出户就能解决纠纷,大大提高了纠纷解决的工作效率。[②] 为保障在全市范围内“在线纠纷多元化解”的运行,市综治委积极采取措施,通过以奖代补的方式,落实平台注册人员的手机端流量及短信平台使用、人民调解“以奖代补”等经费保障工作,支持有条件的单位建立专项调解经费。支持各镇乡(街道)、各部门鼓励和培育具有一定特长的专业调解人员,努力培育具有专业化、社会化和熟悉互联网工具的咨询师、调解员和司法人员队伍。

此外,诸暨法院也考虑到了部分调解员的年龄和身体状况,采取“线上线下”并行的纠纷调解模式。实现对调解案件的分流处理,力图通过分流合理优化当前的调解资源配比,借助线下调解希望实现“当事人最多跑一次”的目标,冀希以线上调解实现“让当事人不用跑”的目标。

(三)在线调解流程管理的智能化

在线调解分为辅助型在线调解和自动型在线调解。辅助型在线调解需要借助电子信息、语音视频设备等技术工具,也需要实体的第三人予以参加。实体的第三人在调解的过程中充当了当事人之间进行信息沟通的纽带。而最终的调解协议也许要通过当事人和实体的第三人予以共同完成。自动型在线调解则不需要实体第三人的参与。它借

---

① 市级十三家专业调解委员会,包括联合人民调解委员会、劳动争议人民调解委员会、医疗纠纷人民调解委员会、道路交通事故纠纷人民调解委员会、婚姻家庭纠纷人民调解委员会、消费纠纷人民调解委员会、学生伤害纠纷人民调解委员会、物业纠纷人民调解委员会、环境保护纠纷人民调解委员会、总商会人民调解委员会、江西商会人民调解委员会、电力纠纷人民调解委员会、装修业协会人民调解委员会。

② 该平台操作比较简单,调解员和当事人在互联网搜索“在线纠纷多元化解平台”(网址:https://yundr.gov.cn)打开界面,调解员点击“纠纷导流”“调解员快速进入”,然后输入调解员手机号码和密码即可对案件进行预约调解、多方视频调解、编辑调解协议、申请司法确认等;当事人在界面免费注册后即随时可以登录电脑用户PC端。当事人扫描平台的二维码即可下载手机App,输入自己的手机号码和密码即可进入纠纷详情界面。

助在线咨询、在线评估、在线调解和仲裁三个模块来予以实现。[①] 在提供多种在线解决纠纷渠道的同时，平台利用大数据技术，对在该平台上的社会矛盾通过大数据进行深度和广度上的全面采集，对各类纠纷化解和纠纷当事人提供个性化的解决方案，为国家社会治理部门的政策制定、立法研究提供数据样本。

诸暨法院的信息化也经历了这两个阶段。"2012 年诸暨法院在互联网上建立了'法官指导调解 QQ 群'，搭起了人民法院与人民调解组织之间沟通的桥梁。建群六年来，法院通过该平台为消调委引导化解了多起房屋预售合同纠纷、汽车买卖合同纠纷、美容院消费卡纠纷等群体性的消费者投诉；为总商会解答法律咨询、指导调解协议的制作，进行司法确认百余起；为家调委一起调处一些家事纠纷等等，通过业务指导、提供示范性案例等方式，较好地发挥了人民法院在多元化纠纷解决机制中的主导作用，同时也为人民调解提供了强有力的司法保障。"[②]

但这个阶段的信息化，更多的是在办公自动化意义上的。新兴技术的发展与应用，催生了新的司法管理模式，提高了司法效率，为社会经济生活注入了新活力。以智能化、信息化建设为理念，诸暨法院大力重视法院信息化建设，探索在线法院调解，推出了"在线纠纷多元化解"平台，把互联网技术深度融合诉讼调解对接工作。通过这个高效便捷的网络平台，可以为当事人和调解员之间搭建双向选择和便捷沟通的桥梁，拓宽当事人选择适合的调解员或者适宜的调解方式，真正实现诉讼与调解的有效衔接，及时有效地化解纠纷，同时实现了司法管理从辅助型走向自动化型，并逐渐智能化。

诸暨法院的"在线纠纷多元化解"平台的突出特点在于办案流程由电脑通过节点加以控制。而该平台上案件的来源有两个途径：一是由法院诉前委派的：即当事人向法院提交民事起诉状，法院把案件的基本信息输入该平台上，然后指派某个调解员进行调解。该调解员会收到来自该平台的短信提示，然后调解员进入平台系统点击接收案件就可以开展调解工作。二是由当事人直接提交的。即当事人通过平台网页的"用户登录"或手机版 App，将纠纷请求内容输入平台上，可自主选择其信赖的调解员进行调解。选定后，调解员会收到来自该平台的提示信息，然后调解员进入平台就可以开展调解工作。调解员通过该平台可以预约双方当事人进行视频调解，当事人按约定的时间打开手机 App，点击纠纷详情即可通过视频面对面进行协商。如果遇到争议较大的，调解员还可以与法官视频连接，该平台具有多方视频会话功能。案件达成协议后，调解员只要把调解协议内容输入"调解方案"框内即可自动生成调解协议。如果需要司法确认的，调解员可以在该平台上提起司法确认申请，法官通过该平台可以一键式完成司法确认工作。一旦调解

① 在线咨询模块——可通过数据库的筛选匹配，自动答复分析报告，根据当事人提问自动匹配、免费向其推荐相关法律解释、司法观点、相似案例以及解决纠纷的具体操作流程和法律文书模板，并为当事人提供与专业咨询师进行交流在线的服务。在线评估模块——可自动识别当事人各类纠纷的法律要素，智能分析各类纠纷法律要素对应的裁判规则，提示当事人解决相关法律纠纷的法律风险、化解成本与对策建议。在线调解和在线仲裁模块——当事人可在线选择调解员进行调解，也可以在线申请、参与仲裁。

② 引文为陈建丽法官在诸暨市调解专家代表座谈会上的发言。

人员接受案件后,其办案流程即受到系统软件的监控,调解过程自动保存。诸暨法院通过该平台不断地向外输送案件,运用互联网技术采用线上的方式化解纠纷,成效明显,截止到 2017 年 12 月底在线委派案件 200 件,其中调解成功 153 件,司法确认 25 件。

(四)在线纠纷化解工作制度的规范化

为让具有诉求的当事人尽快了解和掌握在线调解的相关知识、平台功能和操作方法,诸暨法院建立了在线解纷诉前"三导"制度(引导、劝导和指导)。换言之,即凡是对当事人有解纷需求到法院来咨询的,立案工作人员应当积极引导其通过"在线纠纷多元化解平台"向相应的人民调解机构申请调解;对符合诉前化解的简易民事纠纷,立案工作人员应当劝导其通过"在线纠纷多元化解平台"化解纠纷,并向其发送《诉前化解劝导书》,对同意通过"在线纠纷多元化解平台"化解纠纷的当事人,由导诉台工作人员指导其在手机上下载平台用户版手机 App,并发放《用户操作手册》。"三导"制度的建立为进一步推广"在线纠纷多元化解"平台的运行提供了有力保障,也是体现司法为民的一项重要措施。

与此同时,为规范与调解组织之间的工作流程,诸暨法院还修改完善了《立案登记制及防止诉权滥用实施规则》。对经当事人同意诉前化解的案件,由立案工作人员编立引调字号后在一个工作日内将案件移送至"在线纠纷多元化解"平台工作专班。专班工作人员在两个工作日内将案件信息输入平台,然后根据案件的性质委派到各调解组织进行调解,并对案件的进展情况进行跟踪和指导。

四、成效与问题:"在线纠纷多元化解"的评估

由于"在线纠纷多元化解"方兴未艾,目前要对其进行全面的评价尤其是充分的实证研究为时尚早,但基于笔者前述的初步实证调研,根据诸暨法院的具体做法,还是可以作出若干的评估。

(一)成效

1. 引发诉讼调解衔接机制及调解方式的深刻变化

诸暨法院基于"枫桥经验"的"在线调解"的实践,不仅改变了传统调解的方式,也促使调解本身的变化。可以说,法院的诉讼调解对接、指挥、释明权的行使等,开始发生多方位深远变化。

传统调解的基本物理形式是现场调解,①即双方当事人"面对面"调解;而"在线纠纷多元化解"却改变了这种传统工作模式。与物理世界相异的是,信息化所具有的打破时空限制的特性,使得非现场调解成为可能,"技术、社会、经济、文化与政治之间的相互作用,重新塑造了我们的生活场景。"②例如,诸暨法院建立了"三平台为一体"的全天候在线对接平台。为使平台在化解纠纷中发挥积极作用,工作专班的法官在将案件输入平台后,即与相关当事人之间建立QQ联系和微信联系,帮助当事人了解在线调解的知识,并指导其下载平台手机App。为加强对外派案件的管理,法官通过平台跟踪案件的进展情况,及时对调解组织作出督促指导。目前,全市具有解纷职能的机构在ODR平台上已经注册107家,包括具有解纷职能的行政部门,如法制办、公安局、人社局、建设局、市场监管局、教育局、卫计局、环保局、供电局、工商联、信访局、国土局、农林局等,注册调解员364人,其中律师99名。截至2018年3月19日,通过该平台,诸暨法院委派案件526件,已经调解成功179件,成绩突出。法官手机微信、QQ(手机版)24小时畅通,随时就工作中遇到的平台操作、法律适用、业务等问题提供指导帮助,促进人民调解工作的信息化、规范化、法治化的方向发展。

在调研过程中,笔者发现平台本身就具有案件流程管理尤其程序节点的设置和使用。电子化、软件化的信息技术将案件流程分成若干节点,对案件进程实施提示。这种同步实施的诉讼调解管理以前几乎不可能由一名法官全面、深入地实施,而现在,陈建丽法官一人就可以完成以前由多名法官亲临现场才能完成的工作。此外,平台促使了客观化诉讼调解管理方式的推行。而线上的管理模式客观性更强,这是因为以计算机软件为载体实施的管理,包括评价的指标已经软件化,载入办案数据即可自动生成与评价,这便使得评价相对客观化。由软件替代人来管理,客观性更强,也降低了出错率。所以,由信息化带来的全新管理技术,弥补人力的缺陷,并在某种程度上摒弃了主观随意性。更重要的是,它促使宏观管理方式的创新和应用。例如,信息化为管理者的宏观、系统性纠偏奠定基础,这主要表现在信息化可以自动生成一些统计数据,分析每月或者每季度的指标变化,从而为宏观决策者和办案法官提供信息变化轨迹,促使其在之后的工作中加以关注和解决。"站在时代发展前沿,高度重视和推进司法人工智能建设,进一步推动人民法院工作深刻变革,为审判质效提升插上科技的翅膀。"③

2.促成了诉讼调解对接管理效率的明显变化

诸暨法院通过互联网建立调解与诉讼的相互对接,让大量法律关系简单、争议不大

---

① 传统调解工作的流程是:当事人可以选择通过联调委或者其他派驻诉调对接中心的专业调解组织进行诉前调解。通过联调委调解的,工作人员引导当事人填写《选择诉前化解机制确认书》,然后出具《材料接收单》,编立引调字号,输入法院信息管理系统。案件移送调解组织时,随案附《诉前登记表》《建议人民调解函》。调解不成的,人民调解组织附《反馈函》,并当即告知当事人办理立案手续;调解成功的,出具《人民调解协议书》;需司法确认的,人民调解组织再引导当事人填写《司法确认申请书》,并将诉讼材料移送简案庭(所在法庭)进行司法确认。

② 曼纽尔·卡斯特.网络社会的崛起[M].夏铸九,等译.北京:社会科学文献出版社,2001:中文版作者序.

③ 龙飞.中国在线纠纷解决机制的发展现状及未来前景[J].法律适用,2016(10).

的纠纷,通过平台委派至调解组织解决,能够缓解法院"案多人少"的矛盾,节约审判资源,让法官全身心地投入复杂案件的审判当中。同时,法院通过互联网平台加强对调解员的培训指导,有效提高了人民调解协议的规范化和合法化,以维护人民调解的权威性,让更多有解纷需求的群众积极选择"在线纠纷多元化解"平台化解民事纠纷,让社会纠纷化解在基层,促进社会和谐稳定和社会经济的快速发展。

该平台在一定程度上实现了资源共享和合理配置。以平台为基础,诸暨法院整合了司法资源和非司法资源,尤其是充分发挥了民间资源在调解中的作用。广泛吸纳人民调解组织、行政调解组织、各行业专家以及社会志愿者等社会力量。整体而言,在线调解使得进行诉讼调解对接的法官,用更高效的方式进行管理,确保了诉讼调解对接管理的经济性。这种经济性主要是从长远的角度来看。虽然前期的设备更新、技术支撑以及后期的相关维护、升级需要投入大量的资金,但整体上基础设施建设一旦完成,有关人员能熟练掌握和使用,带来物力、人力、时间的节约也是明显的。首先,"在线纠纷多元化解"降低了物质成本的投入。无纸化办公不仅仅实现了物质成本的降低,在另一层面上也有助于保证保密管理的有效性。传统的保密管理需要投入大量的人力和物力成本,但借助信息网络的建设,无纸化有助于提升管理,尤其是上传和下达保密信息的安全性。其次,"在线纠纷多元化解"减少了人力资源的投入。人工智能的引入,使得电脑在管理层面上代替了人工的作用。电脑的同步录音、录像功能和司法文书自动生成系统,避免了法官的时间浪费。而同步指导、沟通以及事后评估等新功能的增设,更是使得法院可以减少相应的人手,并将人力资源分配到合理的工作中。最后,"在线纠纷多元化解"提高了管理的时间效率。这不仅仅使得电子文书传达的时效性缩短了送达的时间,还有助于提升信息生成和检索的效率。信息处理者一旦接收到信息,也可及时回复、沟通、处理。

3. 推动了在线调解效果的显著改善

为让调解员尽快掌握在线调解的技巧,诸暨法院还制作了《在线调解小剧场》,以影像化的方式展现平台的操作流程。同时,还制作了平台操作演示录像,通过剧情观摩、录像演示、现场指导等多种形式,提高调解员运用平台的技能水平,促进人民调解组织在线化解纠纷的高效性和便捷性。在线纠纷化解平台,集聚了法官调解以及人民调解、行业调解、综治调解、律师调解等力量,整合各类社会调解资源,共同参与纠纷化解。当事人可以随时在平台上预约其信任的法官、法官助理、人民调解员、律师调解员进行纠纷调解,增强了当事人化解纠纷的主动权和积极性,促使案结事了。

不过,对于诸暨法院的"在线纠纷多元化解"还需要通过管理效果和调解效果两个方面来予以考量。在管理效果方面,平台使得"在线调解"管理可以日趋科学、规范、精细,效果更加明显。调解员可以凭自己的手机号码登录"在线法院"调解员手机版和电脑版。法官和工作人员可以凭自己的手机号码登录"在线法院"法院管理电脑版。调解员进入系统可以进行案件受理、案件调解、自动生成调解协议、调解笔录、申请司法确认。法官进入系统可以在线审查、在线跟踪案件的进展、在线进行司法确认、在线送达裁定书等。

在调解效果方面,法官借助平台改变传统指导的有限性,既可以同步把握案情,对调解的过程予以充分的监督、指导和释明,也使得案件证据长久化的固定成为可能。这无疑拓展和深化了调解效果的宽度和广度。通过平台可直接阅览全案材料,可以据此展开有力的参与指导活动,使案件管理进一步科学化、规范化、精细化。

(二)问题

虽然"在线调解"在提高司法效率与达致良好实质效果方面确实产生了积极的成效,但作为新生事物,"在线调解"也仍然存在一定的问题。目前,诸暨法院的"在线纠纷多元化解"也存在以下三个比较突出的问题:

一是"在线纠纷多元化解"平台还有待优化升级。"在线纠纷多元化解"设置是让用户使用起来方便快捷,但目前该平台尚不够简便,影响了案件在线流转的效率。比如,有些申请人提供被申请人的信息不够完整时,案件就不能通过线上提交;又比如,平台中设置的省市地区街道都是点击选择式的,查找费时又费力;还有遇到外地当事人,因平台上设置的地址信息不全,又不能手动输入,因此案件就不能进入平台上委派;又比如批量案件平台不能复制,大大降低了工作效率等等问题,希望软件开发公司对平台不断改进优化。

二是"在线纠纷多元化解"平台与法院审判管理系统急需衔接。对当事人同意诉前化解的案件,立案工作人员已经在法院审判管理系统中编立引调字号,案件的一部分信息已经录入系统中。由于审判管理系统与平台没有对接,因此,案件移送平台工作专班后,工作人员又要将案件的信息重新输入"在线纠纷多元化解",重复劳动。这不仅仅加重了法院工作人员的时间成本,还不利于调解效率的提高。反而具有适得其反的倾向。

三是"在线纠纷多元化解"平台的实效需要因地制宜予以考量。当然,我们难以及时把握信息化的发展速度与方向,也就很难在合适的时间予以不同的应对措施。即便是"在线纠纷多元化解"平台是在信息化发展道路上的重要一步,但诸多条件的限制,也对其推广和普及造成了一定的影响。一方面,本地人民法院需要加大信息化的经费投入,加强软件开发,组织人员培训,才能确保自身管理信息化均衡发展;另一方面,还需要重新建立省、地、县系统化的信息共享平台,进一步加强区域法院之间的互通,才能促使信息操作的一体化。

ODR 平台运行在实践中的其他局限性表现在:首先,平台设计者的初衷是想为民众提供多资源、多渠道的解纷途径,让纠纷当事人可以跨行政区域选择调解组织进行调解,但实际是行不通的。因为调解组织调解掉的案件如果需要司法确认的话,一定会涉及管辖权问题,至少现在是这样。或许在未来的法律中,出台一个司法解释,比如纠纷当事人选择行政区域外的调解组织进行调解,当地法院进行司法确认,申请执行可以到被告财产所在地的法院申请等等。其次,向 ODR 平台递交申请,是否能引起诉讼时效的中断,这目前也是一个法律空白。最后,全国都在搞 ODR 平台建设,各搞各的,资源不能共享,这也是目前不能形成调解资源共享的原因，当然各地对调解组织的补贴也不一样。

五、诸暨法院“在线纠纷多元化解”的完善路径

可见，囿于诸多制约条件，信息化也可能存在造成“数字鸿沟”的倾向，进而导致当事人成为信息的弱势群体。为了缓解数字司法所带来的对信息弱势群体的歧视和排斥，保证司法公正的基本要求，笔者结合调研资料认为应从以下三个方面入手，进一步完善和优化诸暨法院的“在线纠纷多元化解”。

首先，借助新兴传播媒介，加大“在线纠纷多元化解”平台推广和宣传的力度。诸暨法院在线解纷工作开展已经有一年多时间，虽作了一定的宣传，但涉及面还不够广。即便诸暨法院首先在法院微信公众号中作了宣传，但随后还应该将配合调解组织做好在线纠纷多元化解平台的宣传工作，充分利用广播、电视、网络等媒体宣传推广运用“在线纠纷多元化解”，引导群众选择线上化解纠纷，培育群众新的解纷习惯。互联网“彻底地改变了当事人对信息的获取能力，从而导致争议双方当事人谈判力量的转变。”[①]所以，为了避免信息不对称所造成的弱势当事人，诸暨法院应以新兴媒介为宣传阵地，发挥其传播快、范围广、实效强等特色，进一步保证当事人获取信息的对等性。为了让调解员尽快了解平台的操作流程，充分调动他们的积极性和主动性，诸暨法院可以召开“在线纠纷多元化解”平台的宣传、推广会，培育群众新的解纷习惯，普及在线化解纠纷的相关知识，并充分利用媒体、网络等主要宣传阵地对平台作了宣传推广，并督促司法所、镇乡街道、行业性、专业性调委会等各类解纷场所摆放《用户操作手册》；对有解纷需求的群众由调解员指导其下载在线平台手机 App，并提供宣传资料，引导群众选择在线平台解决纠纷。

其次，完善和优化配套机制，稳步推动“在线纠纷多元化解”平台建设。加强与人民调解组织的沟通和联系，主动收集意见和建议，向平台研发公司提供有价值的建议，推动平台向更好的方向发展，有效发挥法院在社会管理创新中的助推作用，实现司法更便民。党的十九大报告指出，要打造共建共治共享的社会治理格局，进一步提高社会治理社会化、法治化、智能化、专业化水平。“在线纠纷多元化解”平台是“枫桥经验”在互联网时代的新继承和新发展，需要以其三方面优势为契机，进一步推动其发展与完善。一是推进解纷资源的集聚，平台需要进一步汇聚了全省各条线、各行业的优质解纷资源，既有人民调解、综治调解、法院特邀调解，又有行业调解、律师调解、仲裁调解等，形成了 364 名的在线调解队伍，为“在线调解”提供了强有力的资源支持；二是推进解纷能力的智能化，进一步发展平台在线咨询、评估、调解、仲裁、诉讼五大功能的有机结合，确保每项功能背后都有大数据的支撑；三是推进解纷流程的层次性，按照咨询、评估、调解、仲裁、诉讼的顺序逐级分层过滤，促成漏斗型的纠纷解决模式，优化了纠纷解决流程，让纠纷通过“无创”

① 高兰英.在线争议解决机制(ODR)研究[M].北京：中国政法大学出版社，2011：10.

或"微创"的方式解决。

最后，因地制宜考量，分区域、分程度推进"在线纠纷多元化解"平台建设。信息技术的应用为远程审判和调解的实施提供了可能性，但却也带来了相应的局限性。例如，画面切换的滞后性和延迟性使得互动、交流和辩论丧失了现场感。而法官，甚至司法过程也将停留在"影像"之中。司法裁判不应该桎梏于干瘪的、缺乏人性和道德关怀的信息技术，信息化只是促使其形式丰富，但司法过程中的思维、裁判，甚至最终实质正义的实现才是其价值的旨归。因此，"在线纠纷多元化解"平台的推广和建设也并不可毕其功于一役，而是需要因地制宜。不断整合调解组织和新解纷资源，以网格化的管理模式建立与调解员、联络员的网络联系，使大量的社会纠纷化解在基层，积极发挥人民法院在纠纷化解机制中的主导作用，努力推动人民调解工作的规范化、法制化、专业化建设。

诸暨是"枫桥经验"的发源地，素以"小事不出村，大事不出镇"就地化解纠纷的工作方法而闻名全国。随着社会经济的快速发展，信息网络技术的不断升级和广泛运用，人们与外界的交流形式也越来越多样化，纠纷出村、出镇，甚至出省都有可能。由此群众对纠纷的化解也呈现出多元的需求，这给"枫桥经验"的发展带来了新机遇、新挑战。"在线纠纷多元化解"平台是集在线申请、在线委派、在线调解、在线司法确认、在线电子送达等为一体的工作平台，卷宗和其他诉讼文书的电子化因平台的固有设置而发生，电子材料的上传、录入、生成使得调解员或法官在整个调解过程中都可以在平台上直接查阅、了解案情，提出看法。同步录入方式得到推广与普适，电子档案可以复制多本。平台能够实现远距离的视频对话，在线完成一揽子的调解及司法确认工作。平台的成功运用促进了纠纷解决机制向多元化、信息化、智能化的方向发展，让当事人足不出户就能把纠纷化解，契合了"枫桥经验"的精髓，真正实现小事不出村、大事不出镇、就地就近化解纠纷。随着时间的推移，会有一批懂业务、懂技术、有经验的社会精英充实到人民调解队伍当中，"枫桥经验"将会在新一代人民调解员的实践中写下新的篇章。

六、结　语

综上所述，起步很早的诸暨法院的"在线调解"，能将"枫桥经验"凝神聚气，稳健运作成绩如此突出，勇于担当、锐意进取、充满朝气、奋发向上的诸暨法官贡献卓越，诸暨法院将尝试在执行领域开展执行案件在线和解工作，拓展其适用范围。在现有调解网络平台基础上，向村级调解组织进行深挖，让更多热衷于人民调解事业的、懂电脑技术的优秀社会人士参与到现代化网络调解中来，为群众提供更多的调解资源。而诸暨法院的"在线纠纷多元化解"实践表明：信息化带来了诉讼调解方式的新发展，为更有利地保障司法公正，提升司法效率，降低社会成本创造了新的可能性。

就目前的调研情况而言，虽然信息化引起了司法领域内的重要变革，但仍存在诸多问题有待进一步完善与优化。诚然，信息化带来的收益也并非"百利而无一害"。我们也需要充分认识到,司法裁判机制的改变并非单纯等同于司法裁判原则的更改。除了效率面向层面的提升外,“在线调解”这把“双刃剑”还需要在不克减司法保守性的同时,保证司法公正、廉洁的基础目标的实现。

枫桥经验的一些成功做法,被融入在线纠纷解决机制。枫桥经验,原本是线下的成功做法的总结和归纳,在信息时代,被成功移植到了网络上,这才成就了含有“枫桥经验”的在线纠纷多元解决机制。也可以说,是“枫桥经验”搭上了网络时代的便车,形成了一种新的纠纷解决模式。在线纠纷化解平台,集聚了法官调解以及人民调解、行业调解、综治调解、律师调解等力量,整合各类社会调解资源,共同参与纠纷化解,为乐意采取网络方式解决争议的当事人提供了一种程序选择权。司法归根结底还是需要依靠人的理性裁判,这是任何智能化工具和设施所无法取代的。[①] 司法并非是选取冰冷的法条规范来予以说理,更多地是需要法官借助法条规范来浸透出案件背后的人文关怀和社会价值准则。如此方可达致司法裁判法律效果和社会效果的相统一,才能让人民群众在每一个司法案件中都感受到公平正义。

The Study of “Online Dispute Resolution” Embedded in “Fengqiao Experience”

Dong Qingmei　Liu Xiongqingtian

Abstract: Information has triggered an important change in the field of justice, and “online dispute resolution” which fits the essence of “Fengqiao Experience” emerged at a historic moment. And the platform is supported by the science and technology infrastructure, the diversified docking mechanism, intelligent process management and the standardization work system. It not only caused profound changes in the cohesion of litigation mediation and mediation mechanism, but also contributed to the significant changes in efficiency of litigation mediation docking management. What is more, it promoted the significant improvement of the online mediation effect, and became a shunt and alternative mechanism for mediation, litigation and other disputes resolution, providing a right of procedure selection for the one who is willing to take this online method. However, the model is still in the ascendant, there are still some outstanding problems to be further optimized and improved.

Key Words: Fengqiao Experience; information; online mediation; the multiple mechanism of solutions

---

① 蔡立东.智慧法院建设:实施原则与制度支撑[J].中国应用法学,2017(2).

论习惯法对清代地方民事诉讼的影响

黄 河*

摘要：作为民间法的重要一支，习惯法具有其特有的价值和影响。本文着重考察了习惯法在清代地方民事诉讼中的地位和作用，全面分析了习惯法与地方民事诉讼的密切关联，深入剖析了这种关联的根源与内涵，归纳总结了习惯法影响下清代地方民事诉讼的主要特征，以期为深入研究习惯法在整个封建社会司法实践中的具体作用奠定基础。

关键词：习惯法；清代；州县；民事诉讼；影响

诚如马克思所言："每一种生产形式都产生出它所特有的法律关系，统治形式等等。"①众所周知，延续两千多年的中国古代封建社会以自给自足、体内循环的自然经济为基础，由此形成了以血缘宗亲和家族治理为基石的宗法社会结构，自然经济基础与宗法社会结构共同决定了社会关系的基本面貌，产生了与之相适应的统治形式，也限定了法律及其他各类社会规范相互影响、相互作用的基本特征。

"三纲五常"礼教体系是中国古代封建社会最深厚的传统。它从原始社会的早期礼仪脱胎而来，演变为深入灵魂的全谱系行为规范，既包括了高低贵贱差别迥异的政治秩序，又包括居于社会绝对主导地位的意识形态，还包括不同人物、不同集团之间相互交往的约定习俗，在蜿蜒流转的封建社会长河中成为股竑之制。更值得一提的是，历朝君王从各自利益和实情出发，不断地对它进行调整、完善，并以法律的形式持续予以强化固定，使之成为全社会植入骨髓的内在观念和自发自觉的行为指南。因此，虽然历经数十王朝的兴衰更替以及外姓异族的纷至沓来，这一体系岿然不动，强者恒强。

在自然经济基础与宗法社会结构的大背景下，经过"三纲五常"礼教体系的反复指引，中国古代封建社会的习惯法在司法实践中的话语权不断增强，存在感不断提升，到清代这一现象已达极致。为此，本文将尝试对习惯法在清代地方民事诉讼中时时出现的身影进行一次精准定位和捕捉，以期为深入研究习惯法在整个封建社会司法实践中的具体作用奠定基础。

---

* 黄河，华东政法大学2014级法律史专业博士研究生。

① 复旦大学.马克思恩格斯论国家和法[M].北京：法律出版社，1958：10.

一、清代习惯法简论

要探究习惯法在清代地方民事诉讼中的存在感有多强，就必须先对习惯法是什么做出界定；而要界定何为习惯法，就必须了解国家法、民间法这两个与之密切相关的概念。

一般而言，法之所以为法，而根本区别于其他各类社会规范，就在于其国家法、制定法和成文法属性。用现在的流行语来讲的话，法是有仪式感的，法的仪式感表现在它是由特定国家机构按照特定程序制定、颁布、采行，由国家强制力乃至暴力保证实施效果。为此，不少法学同仁主张法的国家性不但是其主要属性和根本属性，而且是其全部属性。但这样一来，我们很可能忽略了一个精彩纷呈的多样性法律生态界。历史和现实都一再提醒我们，国家法尽管至关重要，但在任何社会、任何国家都绝非唯一且全部，而是和各种各样其他类型的法律一道，共同组成了一个完整的系统。这些其他类型的法律，有时在国家法之外，有时在国家法之下，填补着国家法遗留的空白，覆盖着国家法无视的边角，有时甚至比国家法更国家法。这些其他类型的法律虽然常常与庙堂上的国家法不尽一致，乃至互相抵触，但这丝毫不会妨碍它们成为一家、一团体、一国、一社会法律秩序中不可或缺的一部分。特别地，这一判断尤其适用于中国古代封建社会。

民间常说当今中国政治管理体制所存在的一大顽疾是“上有政策、下有对策”，这一现象的极致就是“政令出不了中南海”。其实这是一个老问题，马克思韦伯早就一针见血地指出：中国古代封建社会的皇权“出了城墙之外，统辖权威的有效性便大大地减弱，乃至消失”。① 导致这一情况产生的原因是复杂多样的，地广人稀无疑是重要原因之一。大多朝代派出的官吏最下只到县一级，县级以下的广大村庄、集镇往往无力组建行政机关直接统治转而采取间接统治的方式。为此，存在一个极其广阔的空间可供国家法之外、之下的其他类型法律在其中生根发芽、茁壮成长，这就引申出与国家法相对应的民间法概念。

我认为，民间法顾名思义出自江湖之远的“民间”，乃是由“草根阶层”的自治章程进阶而来，而不是国家强制力的产物。众所周知，传统中国的“民”与“官”“民间”与“官府”存在着鸿沟和天堑，民间法和国家法的并存在很大程度上表明了中国传统社会治理结构的二元性。民间法的形态多种多样，有些是家族的，有些是民族的；有些是见之于文字，有些是口口相传；有些是全新创造，有些是前后接力、薪火相传；有些规则明确，有些富有弹性；有些由少数特定人员负责实施，有些依靠不特定公众借助特定微妙机制负责实施。民间法的产生、发展和流行范围极其广阔，从各种社会组织到社会团体，从各种行会、帮会到宗教组织，从各种固定会社到临时会社，无论是大处从省到县，还是小处从村到镇，到处存在着民间法生长和运行的土壤和空间。

① 韦伯·马克斯．儒教与道教[M]．洪天富，译．南京：江苏人民出版社，1995：110.

清代之民间法，依其形态、功用、产生途径及效力范围等综合因素，大体可以分为民族法、宗族法、宗教法、行会法、帮会法和习惯法几类。① 由此，从民间法概念又引申出本文主题中所包含的习惯法。

习惯法有广义和狭义之分。广义习惯法概念与上述民间法概念基本相同，是一个与国家法相对的概念。本文要考察的清代地方民事诉讼中所经常适用的习惯法是一种狭义习惯法，按梁治平先生的观点，其主要表现为"乡例""俗例"和"乡规"。② 在清代司法实务中，习惯法大多是指长期社会实践中产生的对百姓生产、分配、交换和消费活动具有较强指导及一定约束作用的各类规范，其往往以浓缩和简练的形式表现在民间流行的各种习惯语中。对大量这类习惯语作进一步分析还会发现，依其形态和功用还可将它们区分为"法语"和"法谚"。其中，"法语"是习惯法上的"概念"和"术语"，"法谚"则构成了习惯法上的"规范"。

清代习惯法是这样一种制度，一方面，它保有我们所谓习惯法的一般特征：没有严格意义的立法者和立法程序，也无须形诸法典。它像语言一样约定俗成，与时变化，且极具地方特征。另一方面，它又是相当理性化并且高度发达③的。之所以这样说，主要原因有二：其一是因为清代习惯法已经在很大程度上脱离了封建社会早期大量表现为祭祀风俗和巫蛊之术的原始痕迹，转而主要受实用理性支配；其二是因为它是属于数千年一脉相承、螺旋递进、高度发达的中国古代文明的一部分，其制度设计已非常稳定而成熟。关于这两点，我们可以轻易地举出许多例证。比如，尽管存在各种各样的地方性差异，清代习惯法却已具有了一定程度的统一性。这种统一性并不是简单的划一，而是在一些重要的习惯法制度上实现了不同地区之间最低限度的"共识"：一些重要制度流行于县、省、数省乃至全国，其原则只有微小的不同；那些重要类型的契约也是如此。又如，通过对民事权利特别是物权进行了不断的细分，清代习惯法发展了"永佃""一田两主"、典和活卖、找贴、回赎和作绝等一系列复杂精细的制度，形成了多种形式的担保和保证。这些制度用途广泛，特别值得一提的是其彼此间可以相互组合、灵活运用。正是因为清代习惯法已足够成熟并具有足够的弹性和活力，所以能够为商品经济日益繁荣、国内外贸易往来日益频密、资本主义萌芽日益冒头的清代社会经济生活提供有力的社会规范和行为方式支撑体系。

二、清代习惯法在地方民事诉讼中广泛运用的主要原因

在很多学者看来，习惯法尤其是中国古代封建社会后期的习惯法被广泛运用于现代意义的民事法律领域，这是中国法律史上最值得关注的一种现象，它的出现时间要远早

① 梁治平.清代习惯法：社会与国家[M].北京：中国政法大学出版社，1996：36.

② 梁治平.清代习惯法：社会与国家[M].北京：中国政法大学出版社，1996：38.

③ 梁治平.清代习惯法：社会与国家[M].北京：中国政法大学出版社，1996：39.

于《唐律》的颁行。可以肯定的是，这种现象在明清两代获得了最充分的发展和表现。究其原因，有两个方面。一是因为，习惯法所调整的对象主要是财产、婚姻、继承、买卖、租赁、抵押、借贷等等，与现代民法几无二致。二是因为，中国古代法典往往重刑轻民，对民事法律事实和行为有时候一笔带过，有时候视若无睹，正是民间法中的习惯法有效地弥补了这一不足，从而使我们真正还原古代升斗小民社会生活的重要画面、特别是他们如何处理彼此间的财产关系和人身关系成为可能。

(一)地方民事案件的数量极多，为习惯法的适用提供了广阔空间

民事诉讼在清代州县诉讼活动中占有重要地位，当然这其中曾历经过一番波折。从统治者的态度来看，清初对民事诉讼是不够重视的。康熙皇帝治下曾规定，每年四月初至七月末农忙期间，有管辖权的地方政府对户婚田土案件要停止受理，以确保农时不受耽误。到了雍乾统治期间，清政府对户婚田土案件的重视程度才有所提高。1744年乾隆御批了以下内容的奏折："地方农忙停讼期内，凡遇坟山土地等项，务须随时勘断……即不得以时值停讼，借词推诿。"[①]部分地方官员也认识到"户婚田土，似在应停之内，然抢亲赖婚强娶，田地界址买卖未明，若不及早审理，必致有争夺之事"[②]。通过中央和地方统治者这一一百八十度的态度大转弯，我们有充分理据推断：雍正乾隆时期，民间百姓的各类民事纠纷不在少数，已经开始干扰社会的正常生产生活了，如果继续秉持"民欲告而官不理"的处置策略，甚至将会在某种程度危及统治秩序。

据曹培先生对清代顺天府宝坻县乾隆至宣统年间所有诉讼案件的统计，总计4269件诉讼案件中，民事案件共2946件，约占全部诉讼案件的69%。[③] 民事案件不仅数量多，而且频率高，在州县诉讼中的地位日趋重要，越来越多的统治者都意识到这一点。清代著名幕僚汪辉祖曾说，地方上故意伤害杀人、抢劫偷盗等重大刑事案件并不常见，可是需要办理的词讼案件源源不断，究其原因，各类民事诉讼才是让地方官和师爷们费时费力费心的"幕中第一尽心之要务。"[④]

(二)民事案件管辖的体制机制，为习惯法的适用培育了深厚土壤

清代，民事案件的原告与其他案件一样，必须首先在州县一级地方政府提起诉讼，如果对审判结果不服，可以逐级向府、道、省等各个上级地方政府提起上诉；如果对审判结果再有不服的，律例允许原告前往京城的刑部进行控告。越级起诉属违法行为要被治罪。尽管从乾隆统治期间开始，清政府在户部设置了专门机构受理百姓对地方政府"审断不公"以及不作为的民事案件提起重审，同时允许地方官员将重大疑难民事案件提请

① 徐栋．牧令书辑要[M]．清同治七年江苏书局刻本：543.

② 徐栋．牧令书辑要[M]．清同治七年江苏书局刻本：547.

③ 曹培．清代州县民事诉讼初探[J]．中国法学，1984(2)：133-156.

④ 张廷骧．入幕须知五种．影印本[M]．台北：文海出版社，1968：79.

中央重审;但是从现存档案看,在清代司法实践中,收到上诉的地方官员只对很少数的上诉案件进行了重审;而且,上诉至道、省和中央的案件,道、省和中央一般还是仅仅发回州县或府进行重审,前述的重审机制基本没有落实。

加之,清代的行政机关只设到州县一级,州县以下则基本是以血缘为纽带的家族宗亲系统势力范围。家族宗亲系统内部一般设有族长、祠长、房长等管理者;同时,为了弥补地方行政机关的不足和加强政府对民间的管理,政府将每十户人家划为一牌,设牌头;将每十牌划为一甲,设甲长;将每十甲划为一保,设保正,又称乡保。无论是家族内部推选的族长、祠长、房长,还是政府委任的牌头、甲长、保正,多为有权有势者才能担任,虽然彼此间时有矛盾和利益冲突,但总体而言唇齿相依,他们共同掌握着清代的基层司法权力。

(三)族长乡保休戚与共,为习惯法的适用编织了漫天大网

在家族宗亲系统内部,族长、祠长、房长们握有行政、司法、祭祀等诸多权力。对族长、祠长、房长们来说,处理家族内部的重要民事争议是他们责无旁贷的分内之事。单就这点而言,国家法是给习惯法撑腰的。比如,《大清律例》中明文规定:立嗣、继承要由族长决定,"妇人夫亡无子守志者,合承夫分,须凭族长择昭穆相当之人继嗣"。[1] 在统治者和各级地方官员的支持下,家族宗亲系统内设组织在不少地方俨然成为一级司法机构,与地方政府遥相呼应。如安徽合肥"举凡族人争吵沟恤等事,均取决于族中之贤者长者,必重大案件,为族人调解不开者,始诉之于官。官之判断,仍须参合族绅之意见"。[2] 族长、祠长、房长们为了维护本家族宗亲系统的名誉和声望,往往对本族人员的民事诉讼权利行使诸多干预,命令本族人员遇事必须首先在族内私了,如未经私了就直接告官者将受到严厉惩罚,不少家族都把类似要求以明文方式写入家规、族规中。

族长、祠长、房长们处理一般民事纠纷,除了以分配财产、确定继承人、责令赔偿等方式作为了结外,责令冲突一方向另一方赔礼道歉也是一种常见的处理结果。如果过错一方是卑幼,则责令其向受侵害一方的尊长"磕头服礼";如果冲突双方是平辈,则责令其"彼此服礼"。族长、祠长、房长们处理较重大的民事案件,对过错一方将施以严厉的处罚如杖责,甚至于绞死,这些家族宗亲系统内采用的刑罚手段,就是我们所熟知的"家法"。"家法"的作用在于有效填补"官法"的空白,其本质就是约束家族宗亲系统内部成员的习惯法。应该看到,"家法"与"官法"是息息相通的。同一案件中,如"家法"既施,则"官法"可免;如"家法"力有不逮,则还有"官法"兜底保障。在清代司法实践中,不少官府已经受理的案件,只要族长、祠长、房长们声明已经施以"家法"并请求销案的,官府批准的案例比比皆是。

---

① 田涛,郑秦.大清律例[M].北京:法律出版社,1999:71.

② 胡樸安.中华全国风俗志[M].上海:大达图书供应社,1935:376.

在家族宗亲系统之外,牌头、甲长、保正们直接对知县们负责,负有清查编辑人口户头、宣读告知地方政府命令公文、协助抓捕刑事罪犯、维持地方治安等义务。牌头、甲长、保正们在民事诉讼中的主要职责有三种:一是检举报告,也就是牌头、甲长、保正们有向知县们检举报告地方"不法之徒"的义务,特别是对"事关风化"的民事案件还负有首告的责任。二是协助调查、积极调处,也就是牌头、甲长、保正们有协助知县们调查案件事实、搜集提供案件证据材料并组织协调涉案各方所属家族宗亲系统进行调解的义务。这一条习惯法同样有国家法的坚强后盾。《大清律例》中如是说:"民间词讼细事,如田亩之界址、沟恤,亲属之远近、亲疏,许令乡保查明呈报,该州县官务即亲加剖断。"①这也意味着,在大量清代民事争议案件中,地方官员如知县只是起到程序上的审查批准作用,实质的断案职权是由牌头、甲长、保正们会同族长、祠长、房长们行使的,这在当时已成为普遍的习惯。牌头、甲长、保正们的第三个职责是担保和管束辖区内的成员。对于民事诉讼中有重大故意或重大过错或造成重大利益损害的辖区成员,牌头、甲长、保正们负有出具"保状"和"严加管束"的责任如若再犯,保人要负连带责任。

由此可见,清代州县之内普遍存在着一个以习惯法为核心,以官府与乡里相通、血缘与地缘相融、族权与乡权相结合为本质特征的司法体系。毛泽东同志指出:"政权、族权、神权、夫权,代表了全部封建宗法的思想和制度,是束缚中国人民特别是农民的四条极大的绳索。"②族长、祠长、房长们以及牌头、甲长、保正们共同构成了习惯法在清代地方民事诉讼中的法律解释者和适用者。

三、清代习惯法遵从纲常礼教精神影响地方民事诉讼的基本机制

在清代地方民事诉讼程序中,习惯法所发挥的一切作用都渗透和贯穿着一个共同的精神——纲常礼教的精神。

(一)一切秩序一经确定不得更改

清代民事诉讼中所维护的根本秩序,就是"父为子纲,夫为妻纲"这三纲之二。习惯法的作用和目的,就是在民事诉讼中时时处处、事无巨细,倾尽全力地维护这一秩序。卑幼和妇女只要对这一根本秩序稍有悖逆,就会遭到严厉制裁。尤其是清代妇女的地位十分低微,在民事诉讼中处处受制于礼教,犹如陷入天罗地网。如道光十七年五月,宝坻县李氏因"言语不周"被丈夫打骂,逃回娘家,丈夫诬指女人被别人勾引逃走。官府查明原委,断丈夫领女人回家"好好教训",李氏被迫具甘结:"依奉结得回归婆家,听翁姑并夫之教训,不敢有违"。③ 与之形成鲜明对比的是,尊长既可以倚老卖老随意对卑幼提起诉讼,

① 田涛,郑秦.大清律例[M].北京:法律出版社,1999:126-129.

② 毛泽东.湖南农民运动考察报告[J].传承,2006(z1):17-17.

③ 曹培.清代州县民事诉讼初探[J].中国法学,1984(2):133-156.

还可以在提起诉讼后随时反悔,清代地方政府面对他们总是宽宏大度的。

(二)大棒加胡萝卜双管齐下

与纲常礼教所倡导的一样,清代习惯法在贯彻落实过程中也采取了宽严相济的方式。具体而言,表现为三个方面。在家族宗亲系统内部成员的相互关系方面,习惯法从严处建立并始终维系着一种等级森严、不可僭越的严格秩序,从宽处又着力营造一种彼此团结、友爱、互助的融洽关系。在家族宗亲系统内部成员发生相互冲突的处理手法方面,习惯法从严处对破坏家族宗亲系统稳定大局和整体利益的个人及其行为采取严刑峻法,从宽处则在不少民事诉讼个案中以"仁惠礼让"为纽带进行积极调解以化解矛盾冲突。在家族宗亲系统内部成员的民事诉讼价值追求方面,习惯法从严处坚持"以事实为依据、以家法族规为准绳"为最高价值,从宽处则提倡在亲友兄弟、乡谊、朋友、师生之间要多多秉持缓急相通、守望相助、矜老恤幼的仁人义士精神,摒弃割袍断义的做法。

(三)以礼服人,和谐共处

纲常礼教的"礼"从根本而言即为和,也就是要确保家族宗亲系统的运转琴瑟和谐。因此,一旦内部成员之间发生争议,特别是当这种争议上升为诉讼,就是对礼的严重损害。可以想见,族长、祠长、房长们以及牌头、甲长、保正们审理民事诉讼的主要目的不是为了解决财产、婚姻、继承等各类民事争议,而是要"道之以德,齐之以礼",使家族宗亲系统复归于礼。基于这一主要目的,习惯法在清代民事诉讼中的运用是极具分寸感的。首先是要使争议双方"化干戈为玉帛",控制住场面,而不是要弄清楚是非曲直。其次是要想尽办法使争议双方撤诉,换言之就是要使内部矛盾内部解决,不能在外人面前丢丑。最后是要充分发挥家族宗亲系统独有的自身争议修复调处机制,将大量矛盾消灭在萌芽中。

以上种种,都无时无刻不折射出习惯法的纲常礼教精神。马克思曾一针见血地指出:"实体法却具有本身特有的必要的诉讼形式。例如中国法里面一定有笞杖,和中世纪刑律的内容连在一起的诉讼形式一定是拷问——以此类推,……审判程序和法二者之间的联系如此密切,就像植物的外形和植物的联系,动物的外形和血肉的联系一样。审判程序和法律应该具有同样的精神,因为审判程序只是法律的生命形式,因而也是法律的内部生命的表现。"[①]正因为自诞生之日起所天然带有的纲常礼教精神,中国古代习惯法,当然也包括本文所重点探讨的清代习惯法,是实体内容和程序高度统一的法律典范。

四、清代习惯法成为各级统治者教化百姓息讼少讼的天然工具

历代封建统治者所竭力追求的理想社会无一例外是以纲常礼教精神为灵魂、贵贱分

① 马克思.马克思恩格斯全集:第1卷[M].北京:人民出版社,1956:178.

明、卑幼俯首听命于尊长、彼此相安无争的表面和谐社会。要建成这样一个社会,"息讼"是必需的。所以康熙皇帝饬令地方官们:判断一个官员是不是好官、是不是清官,就看他能不能在公堂之上,把"多事变为少事,有事变为无事"。①

如何才能真正实现这一"息事宁人"的理想社会呢?各朝各代有各自的高招。在清代统治者看来,老百姓产生民事纠纷的主要原因在于教化不到位。所以,如果把解决纠纷的着眼点仅仅放在大事化小、小事化了上面,是治标不治本的权宜之计。根本的解决办法通过教育和宣传两大途径,使纲常礼教精神深入人心,从而消解人民的争讼之心。习惯法此时成为一个天然的教育和宣传工具。

为此,习惯法得到了清代皇帝们的垂青,皇帝们不惜费心费力亲手制定与习惯法配套的一些礼教规范解读材料,严令各级地方官员向老百姓天天讲、月月讲、年年讲,并最终将这一做法上升为清代的一项特色制度。1652 年顺治皇帝颁布了《顺治六谕》,1669 年康熙皇帝将《顺治六谕》增加为《圣谕十六条》,雍正皇帝则将《圣谕十六条》进一步注解和说明为《圣谕广训》,使其广为天下百姓知晓。清代皇帝们制定并广而告之《顺治六谕》《圣谕十六条》以及《圣谕广训》的用意,毋庸置疑就是在使纲常礼教观念通俗化、大众化的过程中教化百姓,直接控制人民的日常行为,为习惯法在地方民事诉讼中的顺利适用扫清障碍。

族长、祠长、房长们以及牌头、甲长、保正们都有自己的一套教化手段,既各显神通,又不时互通有无。保正,顾名思义,有向地方官员公开保举"善良正直者"的责任。地方官员下乡调研时,经常牢记皇帝们的教诲,现身说法,以德服人,时时处处注意化解百姓的诉讼倾向。对于少数"非德化所能教化者",则采用多种制裁手段。地方官员们,族长、祠长、房长们以及牌头、甲长、保正们,在公堂内外布下天罗地网,强制推行"礼"的教化,使百姓自觉不自觉丧失自我意识循规蹈矩、奉公守法,以此来减少诉讼,维护统治秩序。

经过不同层次、不同主体或轮番轰炸或涓涓细流式的教化,最终形成了清代地方民事诉讼过程中习惯法不可或缺的重要地位,由此产生了一系列对诉讼根深蒂固的反感和偏见,影响至今。譬如,生不进官门,打官司是一种耻辱,赢了官司输了前程,等等。一旦涉讼,百姓们往往寝食难安,只求尽快脱身,不求公理正义。无讼是求既是教化的内容之一,又是教化的终极目标,更为地方官员们,族长、祠长、房长们以及牌头、甲长、保正们的"调处"做了充分的舆论准备。

五、清代习惯法通过"调处"影响了地方民事诉讼的全过程

在清代地方民事诉讼中,习惯法的直接作用主要是通过"调处"来展示。"调处"接近于现代司法中的"调解",是用劝导和解释的方法,使民事争议双方当事人互相让步、弥合

① 清圣祖实录选辑.清世宗实录选辑.清仁宗实录选辑:合订本[M].台北:台湾大通书局印行,1987:137.

分歧、撤销诉讼。"调处"这一处理民事纠纷的方式古已有之,曹培先生认为:"起码从汉代始,我国就有了调处民事纠纷的先例了。"[①]就清代而言,"调处"贯穿着地方民事诉讼的全过程,"调处"又无时无刻不运用着习惯法,这就当然意味着:清代习惯法通过"调处"影响了地方民事诉讼的全过程。以下我们通过清代"调处"的过程和特点来看看习惯法的力量。

(一)族长、乡保调处

清代,地方官员特别是知县常把百姓告官的状纸批给族长、祠长、房长们或者牌头、甲长、保正们"调处"。例如陆陇其办案,"讼不以吏胥逮民,有宗族争者以族长,有乡里争者以里老;又或使两造相要俱至,谓之自追"。[②] 在清代宝坻县刑房的档案中常见知县这样的批语:"伤微事细,着遵堂谕自邀乡保查明理处复夺,毋轻涉讼","起衅甚微,故着伤差协同乡保查明理处复夺,毋轻涉讼"。[③] 如果纷争涉及亲友,则批"着乡保会同房族查理毋使滋讼"。族长、祠长、房长们或者牌头、甲长、保正们接到批示,要立即召集双方当事人进行调停、裁决,然后要向地方官员上呈说明案件情况及处理意见,请求批准销案。

(二)亲友调处

由于民事争议中的财产纠纷多发生在亲友之间,所以由亲友中的长辈充当调处人,以顾全血浓于水的亲情为出发点的"排忧解难",往往具有"药到病除"的良好效果。据曹培先生统计,在清代宝坻县所有以调处结案的民事诉讼案件档案中,亲友调处成功的占总数一半以上。[④] 为此,清代地方官员陈宏谋曾说:"睦族立教不外乎明伦,临以祖宗,教其于孙,其势甚近,其情较切,以视法堂之威刑,官衙之劝戒,更有大事化小、小事化无之实效。"[⑤]

按照几千年来封建家族宗亲系统的传统观念,一族之内,以和为贵,以争讼为耻,一人起诉,被视为全族的羞辱。在不少名门望族的家规族规中,都有专门条款规定本族成员必须"敦宗族、和乡里、戒争诉",要求"凡吾族人宜平心静气,以杜争端,即有横逆之来,以情恕,以理遣,切勿逞一时之念,受公庭之辱,要亦不失为良民也"。[⑥] 正是在至亲故友乃至自身所处整个家族宗亲系统有形无形的巨大压力下,亲友调处十分积极有效。

(三)"调处"程序灵活便利

"调处"往往不拘泥于单一形式,而是可以由族长、祠长、房长、牌头、甲长、保正、亲友

① 曹培.清代州县民事诉讼初探[J].中国法学,1984(2):133-156.

② 赵尔巽.清史稿:卷二五七至卷二七八(传).第三十三册[M].北京:中华书局,1977:33.

③ 曹培.清代州县民事诉讼初探[J].中国法学,1984(2):133-156.

④ 曹培.清代州县民事诉讼初探[J].中国法学,1984(2):133-156.

⑤ 贺长龄.皇朝经世文编[M].台北:文海出版社有限公司,1972:89.

⑥ 曹培.清代州县民事诉讼初探[J].中国法学,1984(2):133-156.

等随意组合,充当"调处"人。如果在民事争议中发生了相互间的人身伤害,官府则会派出差役下乡验伤并协助前述各类"调处"人。如事关亲属,则批乡保会同房族"调处"。如果因契约纠纷,则批乡保协同查明契据秉公"调处"。"调处"贯穿于诉讼过程的始终。许多纠纷在起诉之前,便由乡保、族长等人"调处"了。已经起诉的案件,有的刚刚呈状,"调处"成功,即上呈销案;有的传票一到,乡里仿佛炸开了锅,纷纷奔走"调处";有的已经开始审理,如"调处"成功,即按"调处"结案;也有的已由堂断,经亲友"调处",将堂断结果折中执行,"以敦族好";有的已经上诉,仍可"调处"销案。总之,在地方民事诉讼过程的前前后后,都有"调处"人从中斡旋。官府对于民间的"调处",是随时给予承认,准其销案的。据曹培先生统计,从道光元年到三十年,顺天府宝坻县二十二件完整的户婚田土案件中,"调处"结案的有十一件,占已经起诉的案件的一半。

(四)"调处"所涉习惯法的本质是维护特权利益

清代的"调处"与我们今天的人民调解制度虽然在形式上有相似之处,却有着本质的不同。首先,"调处"依据的是封建伦理道德观念,特别以维护封建宗法制度为原则,这些是封建制度的灵魂和基础。其次,民间"调处"贯穿于官府的正式诉讼过程始终。即便是官府受理并实质审理过的案件,民间"调处"依然随时生效。而任何形式的民间"调处",最后都要由两造具"甘结",官府批准、存案。即与"堂断"具有同等效力,不可再起诉"翻控"。这说明:借助习惯法的力量,乡村政权和族权始终公开干预着诉讼活动,人民群众的诉权没有任何保证。再次,"调处"实质上带有强制性,而不是完全自愿的。"调处"的背后则是政权、族权的压迫。差役、乡保、族长的"调处"意见,往往就是最终解决方案,并非两造平等协商而成。即使亲友"调处",表面上"彼此见面服礼",实际上也并非真正双方自愿,而是带有种种社会压力。当事人或碍于"亲友情面难却",或慑于乡保、族长的威严,或畏于亲友族人的舆论,或虑于讼途上的层层欺诈,只得同意息讼。最后,"调处"归根结底是维护统治阶级的利益,而不可能实现不同阶级之间的利益调和。当民事纠纷涉及主佃之间的地租、地产时,维护地主的财产所有权的原则是十分明确的。诚然,为了保持本家亲属和挚友亲邻的密切关系,有时财雄势大者也会对一些相对贫困的亲友做一些经济上的让步,以维持家族宗亲系统及其内部各种利益关系的平衡,从而维护整个统治阶级的根本利益。

六、清代地方民事诉讼制度被打上了深刻的习惯法烙印

上述历史材料及其推论表明,在强大习惯法影响下,清代地方民事诉讼制度形成了一整套既有承继又有自身特色的运行机制。

清代地方民事诉讼制度的根本宗旨是拱卫清朝封建专制政权和维护以等级分明、长幼有序为核心的纲常礼教精神。清代地方民事诉讼制度在组织上和程序上的特点是以

习惯法作为国家法的补充和细化，扶持和依靠基层家族宗亲系统的力量，利用族长、祠长、房长们的血缘纽带和人脉关系进行“调处”，并竭力将“调处”贯穿于民事争议的全过程。清代地方民事诉讼制度在方法手段上的特点是重教化、轻惩戒，重平时、轻临时，重深入内心、轻行为管制。清代地方民事诉讼制度所秉持的审理原则是不严格恪守律例条文，时常援引包含纲常礼教规范和观念的儒家典籍著作为法律渊源，利用多来源多层次人员组成的陪审团、调解团，采取地点多样、程序灵活的方式来处断民事争议。

清代地方民事诉讼制度打上如此鲜明的习惯法烙印，毫无疑问有着深刻的经济政治根源。马克思指出：“在这种社会生产关系以及与之相适应的生产方式所借以建立的自然形式的不发达的状态中，传统必然起着非常重要的作用。其次，很清楚，在这里，并且到处都一样，社会上占统治地位的那部分人的利益，总是要把现状作为法律加以神圣化，并且要把习惯和传统对现状造成的各种限制，用法律固定下来。”[①]清代地方民事诉讼制度绝不可能是独立封闭的自我存在，而是时刻依附于清代社会的经济、政治和文化。因此，习惯法作为传统政治、经济、文化的秩序化和法律化，与清代地方民事诉讼制度具有天然的亲近性和相容性。

结　语

毋庸置疑，清代习惯法在地方民事诉讼中的地位是举足轻重的，作用是显而易见的。不仅如此，更好地认识清代习惯法对于我们深刻理解习惯法在中国古代封建社会的地位、运转及其作用，并由此一窥整个中国古代封建社会的门径是至关重要的。正因为有了这样一种既与国家法紧密相连又自成一体、别具特色的民间法所建构的社会秩序，二百多年清代社会生活才以如此完整清晰、井井有条的面貌生动呈现于后代研究者眼前。同样，也正因为有了这样一种国家法和民间法既盘根错节又并行不悖的二元法律体系存在，中国的法制近现代化之路才走得异常蜿蜒曲折。当然，习惯法最终并未成为近代资本主义经济的刺激因素，因为它本身并不具有突破固有社会界限的意义。指出这一点并不意味着判定中国社会“应当”发展资本主义经济，更不是要把清代社会及其变迁一类问题简单归因于习惯法。作为影响社会运行的诸多社会规范之一，习惯法对社会的影响从不能脱离其他各类社会规范而独立存在，更不能超越社会生产力和生产关系发展的历史进程。意识到这些，我们对于清代社会与法律及其相互关系诸问题，可能会有更真切的认识。

---

① 复旦大学.马克思恩格斯论国家和法[M].北京：法律出版社，1958：10.

Influence of Customary Law in Local Civil Action of Qing Dynasty

Huang He

Abstract: As an important branch of folk law, customary law has its unique value and influence. This paper focuses on the influence of the customary law in civil litigation place in the Qing Dynasty, a comprehensive analysis of the related law and local civil litigation, deeply analyzes the origin and connotation of this association, summarizes the main features of the customary law of the Qing Dynasty under the influence of local civil litigation, in order to provide a positive reference for recognizing the beneficial effect of customary law in the contemporary society.

Key Words: customary law; qing dynasty; states and counties; civil action; influence

明清徽州族规家法探析

李俊杰*

摘要:明清徽州地区族规家法是宗族组织对其宗族进行管理、协调其内部关系,严惩不肖子孙,集行政、民事、刑事的"家典",实际上起着乡规民约的职能。明清徽州地区族规家法始终贯穿着合乎"礼教"、教化、以卑临尊等原则,其基本内容是围绕着这些基本原则展开的,且是以行政管理为主,以协调民事关系为辅,以依靠国法为保障实施的一部"家典"。明清徽州地区的族规家法通过采取一系列途径,消除纷争,以保持宗族的永续发展为最高指导原则。

关键词:明清;族规家法;徽州地区

在江南,宗族组织和村落交织在一起,家法族规和乡规民约相互交融特别突出。据英国人类学家莫里斯·弗里德曼在对中国福建、广东两省村落调查中了解到,此两省,"宗族组织和村落明显地重叠在一起"①。而在南方的徽州②,宗族与村落交织交融甚至重叠不逊于此两省,是典型的宗族式社会。在此乡村的宗族组织可以说是中国封建社会一级"准基层政府组织",拥有准"立法权""行政权""司法权",乡村的事情无所不管、无所不理,进而导致大姓宗族聚居的村落,制定的家法,实际上就演变成了村规民约,对同姓宗族成员具有极强的约束力。下面,就以明清徽州族规家法为例,谈谈对其族规家法的一些粗浅看法:

一、明清徽州族规家法的基本原则

明清徽州族规家法的基本原则就是贯穿明清徽州族规家法始终,体现族规家法的基本精神,对各项族规家法具有指导和统帅的原则。通过对明清徽州族规家法深入探究,了解到徽州族规家法始终贯穿着以下五种基本原则:

---

* 李俊杰,法学硕士,周口师范学院副教授。

① 莫里斯·弗里德曼.中国东南的宗族组织[M].刘晓春,译.上海:上海人民出版社,2000:1.

② 徽州,古称歙州、新安。徽州一府六县,即歙县、黟县、休宁、祁门、绩溪、婺源,府治在现歙县徽城,前四个县现属安徽省黄山市,绩溪县今属安徽省宣城市,婺源县今属江西省上饶市。

(一)合乎"礼教"原则

在明清时期,程朱理学思想得到了前所未有的发展,特别是程朱理学的"礼教"思想在人们心中具有至高无上的地位。尤其是成书于隋朝的《颜氏家训》与祖籍徽州朱熹的《朱子家礼》,被一些家族奉为礼教的"圣典",并把此思想融入族规家法当中。可以说,"礼教"是明清徽州族规家法的核心,合乎"礼教"原则被徽州族规家法奉为"至上原则"。明清徽州地区的族规家法的制定都以体现"礼教"至上,甚至族规家法的"惩罚"也是为"礼"服务的,务保族人的思想和行为必须在封建"礼教"框架内运行。这也是中国封建"礼教"对中国乡村影响之深的重要原因之一。

(二)教化原则

明清徽州族规家法为了维护封建"礼教"至上,使其族人囿于封建"礼教",体现"不教而杀为之虐"的思想,把教化原则贯穿族规家法始终,贯穿族人成长的始终。明万历绩溪县《积庆坊葛氏宗族家训》载:"年少子孙,须教绝去轻薄相态"[①];清康熙绩溪县《旺川曹氏宗族家训》强调"端蒙养"[②];清雍正歙县《潭渡孝里黄氏宗族家训》载:"子孙十五以上,资质颖敏、苦志读书者,众加奖劝"[③]。从上面不同的族规家法内容可以了解到,明清徽州地区的宗族是非常注重子弟教化的,并充分认识到教化的重要性。

于是,一些家族把宣讲家训,对族人进行教化,以体现"不教而杀为之虐"的精神,把宣讲家训写入家法族规当中。清宣统《仙石周氏宗谱家法》载:"必每年宣讲家训"[④],甚至一些家族把宣讲家训的程序、注意事项、惩罚措施等写进族规家法当中,这大大推动教化活动的实施,也使教化原则得到了真正落实。

(三)以卑临尊原则

族规家法是一把双刃剑,教化只能防患于未然。若宗族子弟怙恶不悛,不听教化,就要发挥族规家法的惩罚功能,而族规家法的惩罚功能贯穿着"以卑临尊原则",也就是族内人员,一旦违背族规家法,族长或长辈就要执行家法,来惩治不孝子弟。也就是说,族长或长辈有权惩罚不孝子弟,而子弟无权惩罚兄长。"以卑临尊"原则在明清徽州地区的族规家法中得到了充分体现。清光绪绩溪县《南关许氏宗族惇叙堂家法》载:"家法以尊治卑,不得以卑治尊。"可以说,这是对族规家法"以卑临尊"基本原则的概括,具有普遍适用性。这个原则在徽州地区表现相对比较突出。绩溪县《南关许氏宗族惇叙堂家法》又载:"凡族中子弟犯家法,叔伯、父兄得以家法治之。若叔伯、父兄犯家法,子弟晚辈不得

---

① 葛文简.(绩溪)绩溪积庆坊葛氏族谱[卷三]·家训[M].明嘉靖四十四年刻本.

② 曹有光.(绩溪)绩北旺川曹氏族谱·家训[M].清康熙五年刊本.

③ 黄臣槐.(歙县)潭渡孝里黄氏族谱·家训[M].清雍正九年刻本.

④ 周善鼎.(绩溪)仙石周氏宗谱(卷二)·家法[M].清宣统三年活字本.

借口祖宗之名，以下犯上。"[①]明万历歙县《黄山谢氏宗族家规》载："凡有凌犯尊长、不合于礼者，则当鸣于族长，以家法惩治。"[②]这都充分贯彻了"以卑临尊"原则。

但是，不是说族长或者家长就可以不受家法约束了，就可以为所欲为了。实际上，族长或尊长也必须遵守族规家法，只是族长或家长违背了族规家法，子弟不能以下犯上，惩罚宗长或兄长。清光绪歙县《新州叶氏家谱·修省斋公家规二十条》载："族长不守家规，为子弟者，反覆委屈开论。及终不能听，然后会族告祠堂，以彰其过，更立以次贤者主持家法。"[③]可见，族长一旦违背家法，就有可能被"弹劾"的危险，只是子弟不能对族长和长辈动用家法，反之，就是不孝。

(四)遵守国法原则

遵守国法首先要畏法。"畏王法"[④]"奉公守法"[⑤]等在徽州族规家法中非常常见，也就是每一个族人都要有一个对法的敬畏之心，法至上。在明清徽州的族规家法中，对法的敬畏之心的重要体现就是急赋税。可以说，徽州的族规家法动员和劝说族人"急赋税"，是家法族规的一个不可缺的重要内容之一。如清康熙黟县《横岗胡氏宗族家规》载："今我族中赋税，惟期日增而务要及时以完公事。"[⑥]

其次，明清徽州族规家法遵守国法的又一个重要表现是从家法上约束族人守法，保持族人在国法家法的框架内运行。族规家法禁止登仕者贪墨、族人斗殴打架、勾结匪类等，使族人免受官府的侵扰，以维护宗族的永续发展。清光绪歙县《新州叶氏宗族家规》曰："入官者，当遵家法，当佩吾训，忠以事上，廉以律己，公以处事，仁以爱民。"[⑦]一旦违犯家法族规、对违反国法家法的本族成员绝不姑息，送官惩办，绝不存在包庇族内犯事之人。清光绪绩溪县《南关许氏宗族惇叙堂家法》载："阴结匪党，行踪诡秘，及为凶杀劫盗者，除革逐外，仍秉县立案、钞案，以免后累。"[⑧]通过家法族规约束族人，实际上让族人约束、监督族人，保证最大程度上使族人在"法律"框架内运行，以保证宗族永续发展为最高指导原则。

(五)惩罚原则是罚当其过

明清家法根据触犯家法族规条款的不同，规定了不同的处罚种类，但惩罚始终贯穿着罚当其过原则。清光绪绩溪县《梁安安氏宗谱》规定了得罪于父母尊长等五种情况，由

① 许文源，等.(绩溪)南关惇叙堂宗谱(卷八)·家法[M].清光绪十五年木活字本.
② 严清，谢师教.(歙县)谢氏统宗志(卷六)·家规[M].明万历三十二年刻本.
③ 叶为铭.(歙县)新州叶氏家谱(不分卷)·修省斋公家规二十条[M].清光绪三十三年钞本.
④ 高富浩.(绩溪)梁安高氏宗谱(卷十一)·祖训[M].清光绪三年活字本.
⑤ 许文源，等.(绩溪)南关惇叙堂宗谱(卷八)·家规[M].清光绪十五年木活字本.
⑥ 胡璟.(黟县)横冈胡氏支谱·家规[M].清康熙十一年钞本.
⑦ 叶为铭.(光绪)新州叶氏家谱(不分卷)·修省斋公家规二十条[M].清光绪三十三年钞本.
⑧ 许文源，等.(绩溪)南关惇叙堂宗谱(卷八)·家法[M].清光绪十五年木活字本.

分长或族长引入祠堂前，杖以竹板。而杖之轻重多寡，视其罪之大小、身之强弱。① 且其他家族的族规家法也有类似的规定，惩罚只是手段，而不是目的，目的是教育族人，使其改过，这在徽州族规家法中得到了充分体现。如清宣统《仙石周氏宗族家法》载："暂革祠胙，逐出，改过，取保归宗例"，"三年改过迁善，仍旧归宗" ②等。由此可知，明清徽州家法在对触犯家法的子弟惩罚时，充分考虑到其所犯过错的大小，所犯过错严重时，杖责就会重，反之，杖责就会轻，也就罚当其过，也就是以达到教育目的。

二、徽州族规家法的主要内容

"明代和清代(前期)是中国传统家训发展的鼎盛时期。"③这一时期，家训著作量多，内丰，样多，领宽，给当时人们的思想、行为造成了重大影响。一些人士不再禁锢于封建"礼教"下的思想行为，而孝亲敬长，睦亲齐家等受到了挑战。明嘉靖绩溪《积庆坊葛氏重修族谱》载："父子、兄弟喘息相通者，亦攘分灭情，贼伦理而不顾。此在迩且然，矧疏而百人者耶？则世系之谱亦徒焉耳矣。故谱系之后，继之以家训，又继之以家规也者，所以启迪之于先规也者，所以约束之于后。"④在此情况下，特别是从明朝中后期起，一些家法族规纷纷进入普通百姓家，族权得到强化，族权强化的过程，也是家法族规逐渐法律化的过程，在"皇权不下县，县下是宗族，宗族皆自治，自治皆伦理"的情况下，族规家法用血缘捆绑"行政"权，保证了国家行政权在农村的延伸，使家法族规成为行政权在农村渗透的主要手段和工具，且家法族规的内容也比较丰富。可以说，族规家法是明清徽州宗族履行族权的一部集行政、民事、刑事的集大成的"家典"，是对族内事务进行管理的重要依据，其主要内容包括：

第一，族规家法承担的第一个职能主要是行政管理职能，且是其最主要职能。族规家法是宗族履行族权的行政"家典"，是对本族进行"行政"管理的"法律"依据。族规家法可以说是中国治理乡村相对比较完善的行政"法典"，于是，族规家法对族人的管理就是凭借其具有一定行政管理权，可以要求族人必须作出某种行为或者不须作出某种行为。族规家法对族人的管理包括族内个人事务、族内事物、族外事物等。个人方面的管理可以说包括了从个体的出生到个体死亡，甚至死亡后埋葬、祭祀等每一个方面，明清徽州家法族规规定得非常详细。明万历歙县《黄山谢氏宗族家规》载："家之中，大小事务，悉主于家长。为家长者，所系甚重。"⑤一方面说明了族权对族人管理的强化；另一方面说明了族权在乡村管理当中的重要地位。

---

① 高富浩.(绩溪)梁安高氏宗谱(卷十一)·祖训[M].清光绪三年活字本.

② 周善鼎.(绩溪)仙石周氏宗谱(卷二)·家法[M].清宣统三年活字本.

③ 徐少锦,陈延斌.中国家训史[M].西安:陕西人民出版社,2003:472.

④ 葛文简.(绩溪)绩溪积庆坊葛氏族谱(卷三)·家训[M].明嘉靖四十四年刻本.

⑤ 严清,谢师教.(歙县)谢氏统宗志(卷六)·家规[M].明万历三十二年刻本.

另外,徽州地区的族规家法具有一定的行政处罚权,包括精神、人身、财产等方面的处罚(见表1)。只要是族内的每一位成员,必须遵守本族家规家法,否则就要面临族规家法的惩罚。清同治祁门县《武溪陈氏宗谱·家法三十三条》载:"醉酒、无礼触犯人者,各责竹篦十下放"①,这明显具有行政处罚的性质。从表1可以了解到,族规家法的行政处罚种类大致分为警戒类、羞辱类、体罚类、经济处罚类、驱逐类、剥脱类、记过等,这进一步说明了族权对族人的管理不断强化,族规家法逐渐法律化。族规家法法律化的过程,也是宗族对族人管理强化的过程。

表1 明清徽州地区族规家法处罚种类

处罚种类	时间	家谱	内容
警戒类	万历三十二年1604年	歙县黄山谢氏宗族家规	清白传家,世为至宝。毋贪婪虐民,有累身家,世当警戒。
	康熙四十三年1704年	黟县横冈胡氏宗族家规	凡赌博、嬉游一切踰于礼法之事,务宜谨戒。各家父兄亦须董敕训诲。
	嘉庆九年1804年	祁门县中井冯氏宗族家规	男子学业,务出于正,凡诸庸下,皆不可为。……一切俳优之类,切须禁戒,毋令习也。
羞辱类	嘉庆刻本	绩溪县旺川曹氏宗族家训	别内外以闲族。犯此恶习者,勒令其夫诣祠,严法与众辱之。
	宣统三年1911年	绩溪县仙石周氏宗族家法	不孝翁姑,辱骂丈夫,即不忍出,又不可坐视,惟入祠罚跪,男子不可动手拖扯,所以重羞耻也。
体罚类	同治十二年1803年	祁门县武溪陈氏宗族崇公家法	醉酒、无礼触犯人者,各责竹篦十下放。
	光绪十年1885年	绩溪县荆州明经胡氏宗族祖训	妻以配身,不可不法以正道。有犯盗淫、嫉妒之条,轻者痛惩,重者逐退娘家。
	光绪三年1877年	绩溪县梁安高氏宗族家法	得罪父母、窃取、奸淫、笑谑、聚赌,杖以竹板。
	光绪二十三年1897年	绩溪县东关冯氏宗族家法	得罪父母、尊长,交匪、戏谑、窃物者,由父兄在家杖责惩戒。
	光绪十五年1889年	绩溪县南关许氏宗族惇叙堂家法	骂尊长、戏侮妇女者……。用细竹枝笞其背,伤皮而不伤骨。笞之,仍令跪香服罪,并跪叩所犯尊长,戒不再犯。

① 祁门县武溪陈氏宗族崇公家法[M]//卞利.明清徽州族规家法选编.合肥:黄山书社,2014:228.

续表

处罚种类		时间	家谱	内容
驱逐类		光绪二十三年 1897年	绩溪县东关冯氏宗族家法	奸淫乱伦,男女与所生子女逐革。
经济制裁		万历二年 1574年	休宁县桑园吕氏宗族祀规	厉言遽色,私妻子,厚自奉,而不顾父母者,重罚。有斗殴,实为悖义,众察是非,罚银肆钱,戒谕和睦。……
		万历五年 1577年	休宁县松罗门吕氏宗族凤湖街祭祀家规	清明日,十五以上者,无故坐家,不与祭者,罚银五分。
		康熙四十三年 1794年	黟县横冈胡氏宗族家规	祠内祀田租谷及各山场柴价,交纳时,须唤集六股首同理众事者,眼同收贮入匣,不得私行兜售,指东言西,私肥己橐。违者,加倍重罚。
剥夺类	不许入祠	万历十五年 1587年	休宁县茗洲吴氏宗族家典	轻与婚聘,生不允入堂,死不允入祠。
		隆庆六年 1572年	祁门县文堂乡约家法	子孙犯其父母、祖父母者,生不允入会,死不允入祠。
		光绪刻本	休宁新安朱氏统宗祠规家法	再醮之妇、收义子者、盗卖祖地、盗砍阴木者,本人及子孙不允入祠。
	停胙	光绪十五年 1889年	绩溪县南关许氏宗族惇叙堂家法	为俳优者;为皂隶者;为人奴仆者。为玷辱祖宗之业者。以上停胙不给,改正业,乃给胙。
	家谱削名	雍正十一年 1733年	休宁县茗洲吴氏宗族家规	有以贪墨闻者,于谱上削除其名。
		康熙四十三年 1794年	黟县横冈胡氏宗族家规	祠内祭祀器皿、原以盛供俎豆,岂可任资私用?嗣后,轮该管年六股首不时照点收拾。如有私用,股首竟不稽查者,一体并罚。
	不准归宗	宣统三年 1911年	绩溪县周氏宗族家法	不肖子孙,使其祖父母、父母含恨以死,罪无可解者。
记过		万历五年 1577年	休宁县松萝门吕氏宗族凤湖街祭祀家规	凡平居之际,不肯说好话,行好事,而有犯圣谕中一件事,记过,量罪轻重,罚银多寡。

(资料来源:作者根据有关徽州族规家法统计)

第二,明清徽州族规家法的重要内容是调整族内不完整的民事关系,这种民事关系是由宗长控制下公私混合所有制下的封建经济基础决定的。明清家法族规从主体、内容等方面来看是不完整的民事关系,是瑕疵的民事关系。

首先从民事主体上来看,是不完全平等的民事主体,这种不完全平等的民事主体是由宗族制下的封建经济基础决定的。作为家族的族长或宗长,掌管着族内所有共同财产,对族内共同财产具有完全的处分权。而作为族内的其他成员,是没有这项权利的。特别是族规家法贯彻"以卑临尊"原则,尊长也有权利处分子弟的财产,而子弟是不能反抗的,甚至族内成员的吃、穿、住以及生、老、病、死,可以说都被牢牢控制在宗族内。可见,族内的民事主体是不可能平等的。

而作为封建"礼教"下的妇女,更是没有民事权利可言。"对族中妇女的约束,则自始至终贯穿着儒家伦理特别是程朱理学的'三从四德'思想和理念。"[①]而作为朱熹家乡的徽州,宗族聚居的村落受程朱理学思想影响比其他地方更深。她们的权利依附于夫、子,封建"礼教"下的妇女,可以说是权利行为能力是不可能得到保证的。另外,作为族内的尊长与卑幼,民事权利也是不平等,在家训和族规家法的要求下,卑幼只有无条件地服从尊长,权利行为能力的行使也受到限制。

其次,从民事权利内容来看也是不对等的。族产祭田、宗祠等共同财产,本应属于本族成员共有,其所有权属于全体族人,但族产实际由本族长或宗长实际控制,其他成员可以说实际上没有财产权利可言,且族规家法对本族成员变卖个人的私产也作出了严格规定。族长和宗长通过对族产的控制,实际上就是从经济上对族人进行控制,进而控制族人思想和行为,务必保障族员的思想和行为须符合家训家法的要求,否则,就可能被驱逐本族,并烙上个"不孝"的罪名。而且,明清徽州族规家法严格限制宗族内部的私有财产外流,必须遵循宗族亲临优先购买原则,就是"其田请问亲房人等,不愿成交"[②]。通过采取一系列措施,最大程度上保护族内财产牢牢控制在宗族内。

第三,对族内婚姻方面内容的调整。

首先是"同姓不婚",这个规定在明清徽州地区表现得尤其突出。"同姓不婚",就是本族内男女严禁通婚,即使祖籍不同,而姓氏相同的,也不许结婚,这是最基本禁止结婚的条款。清光绪绩溪县南关许氏宗族内有许、余两姓,但余远祖为许姓,故族规内"同姓不婚",一条如此写道:"同姓不婚,《周礼》则然,应毋庸赘。然我祠既有两姓,而又同出一姓,必定规约以昭世守。各派丁世居故土,两姓同出一姓,不能为婚,人人知之。恐有散居远处,不知本源,与他祠妄结婚姻,许与余为婚,有碍本祠之余。余与许为婚,余自许改,亦属同姓,皆不准"。[③] 清光绪绩溪县《梁安高氏宗族祖训》载:"同姓不婚,我高氏曾以

---

① 卞利.明清徽州族规家法选编[M].合肥:黄山书社,2014:(代序)04.

② 傅岩.歙纪·纪政绩·事迹[M].明崇祯刻本.

③ 许伯淳.(光绪)绩溪县南关许氏宗族惇叙堂宗祠规约[M]//卞利.明清徽州族规家法选编.合肥:黄山书社,2014:155,12.

胡姓入继,故高、胡永不为婚。"通过徽州族规家法有关内容来看,这里的"同姓不婚"是从男性血缘关系来考虑的,也不是为了优生优育的角度出发,而是从"礼教"的角度出发。当然,与现在婚姻法规定的禁止"近亲结婚"目的是不一样的。

表2　明清徽州族规家法有关婚姻方面的规定

年代	家谱	结婚条件
明隆庆六年 1569年	明隆庆歙县泽福王氏宗族	娶妇必择其贤,嫁女须教以德;人家贫富不同,常也。
明万历十五年 1587年	休宁县茗洲吴氏宗族宗典	婚配不在财富,须择门楣相对之族。
明万历十七年 1594年	休宁重修城北周氏宗族	婚姻为人道之始,须当择其门第,辨其良贱,必察其婿与妇之行及家教何如。婚姻论财,夷虏之道。
明万历三十二年 1604年	歙县黄山谢氏宗族家规	嫁女必胜吾家。女子聘人,不论贫富,须择名门与郎婿之佳者,聘礼,且勿勉强。
明万历三十九年 1611年	婺源县江湾萧江氏宗族祠规	凡嫁娶须择门第相等。
康熙六年 1667年	绩溪县旺川曹氏宗族	慎嫁娶:积善之门,家教端肃,贫富可勿计。
清康熙五十五年 1716年	绩溪县周坑周氏宗族宗训	结婚以择德为重;女子适人,务须长成择婿,不得轻与徇诺,奁仪厚薄,称家有无,不赘。
清康熙版本	绩溪县旺川曹氏宗族家训	凡议婚姻,当察其婿与妇之德行若何,勿慕其富贵;议婚不宜太蚤。
清乾隆十年 1745年	歙县东门许氏宗族家规	其年相若而德相似也;婚姻论财之俗,既辱门第,又取讥笑。
清嘉庆九年 1804年	祁门县中井冯氏宗族家规	凡嫁娶,尤在择贤良之家;不可苟慕一时之声势货利。
道光二十六年 1846年	婺源县龙池王氏宗谱	娶妇必择其贤,嫁女须教以德;若贪利议婚,或以女许贱姓,或娶贱姓之女,皆所当禁。
清光绪三年 1877年	绩溪县梁安高氏宗族祖训	同姓不婚,因高氏曾以胡姓入继,故高、胡不婚。
清光绪十年 1885年	绩溪县荆州明经胡氏宗族祖训	嫁娶,择其良善;妇之事人,必孝顺舅姑,不淫不妒,择贤婿,贫富不计量。

续表

年代	家谱	结婚条件
清光绪二十八年 1902 年	绩溪县东关冯氏宗族家规	同姓不婚;娶媳求淑女;嫁女择佳婿;不计较财,不攀富豪。
清宣统二年 1910 年	绩溪县华阳邵氏宗族家规	婚姻,人之道始此,而论财识者鄙之。择阀阅相当之家,不必计其妆奁之多寡。
清宣统三年 1911 年	绩溪县上庄明经胡氏宗族规训	重婚姻:嫁女必胜吾家,娶妇必不吾家。

(资料来源:作者根据有关徽州族规家法统计)

其次是辨良贱,轻门第。从表 2 可以了解到,不管是明朝,还是清朝,可以说,徽州地区每个家族的族规家法不管是娶妇还是嫁女,都把对方的"德",对方家庭的"家教"放到第一位,也就是德是婚姻的首要条款。这充分说明,明清徽州地区娶妇嫁女首先考虑的因素是对方的人品,而不是金钱、门第。并且,非常注重对方家庭的家教,并把家教作为娶妇和嫁女的重要条件。可见,徽州地区在明清时期对家教的重视,并把家教作为娶妇嫁女"勘察"的首要条件,有家教便有良好的家风,有良好的家风,便有贤婿孝媳,把"不可计较钱财,不可攀结豪富"明确写进族规家法。就是现在看来,也具有非常强的积极意义。

并且从魏晋以来的重门第的观念,明清徽州地区在婚姻方面正逐步淡化,特别是清朝前期,"门第"观念已经严重削弱,从表 2 来看,从康熙到道光年间,徽州地区的族规家法娶妇嫁女就没有涉及"门第"观念,到清朝晚期,只是很少部分家族的族规家法在婚姻方面强调"门户相当"。可以说,明清时期,徽州地区在婚姻方面是重"德"而轻"门第"的。有的学者认为明清时期婚姻是非常重视门第观念,而从徽州地区族规家法来看,是不符合当时实际情况的。

在婚姻方面,徽州家法族规也规定了严厉的惩罚措施,包括族人娶妇和嫁女,一旦违背族规家法,要对族人进行严厉惩罚。康熙婺源县《婺南中云王氏世谱》载:"妇从夫贵犹可言,女从婿贱,遂贱及父母祖宗,不可言矣。族有此等,以不孝论罚。"①这再次证明,明清徽州地区对娶妇嫁女品德的重视,否则,按照不孝论处。并且有的家法族规规定:"嫁填房者,倍罚。"②可见,明清时期,有关婚姻的嫁娶规定了不同的家法族规,目的是维护家族的永续发展和家族的声誉。

第四,调解是处理民事纠纷最佳方式。

有的学者认为,明清徽州地区民间纠纷的最终解决是在"国家审判"和"民间的调停"

① 王作霖.(婺源)婺南中云王氏世谱[M].清康熙四十五年刻本.

② 胡璟.(黟县)横冈胡氏支谱·家规[M].清康熙十一年钞本.

二者互动中完成。在传统的民间社会里，传统的国家权力无法延伸到此。如此一来，大量的民事纠纷的解决完全依赖国家权力和王朝法律来解决是不太现实的。① 可以说，明清徽州地区民间纠纷的解决主要依靠是调解，且具有行政调解的性质，这在明清徽州地区族规家法中得到了大量体现。明嘉靖绩溪县《积庆坊葛氏宗族家训家规》载："各以事理白之族中尊长及知事者，托之处剖。"②且明清时期，家训家规上比较多是戒争讼，争讼主要是因民事纠纷而起，不主张甚至可以说禁止族人到官府打官司（见表3），"好争非君子之道"；"不许烦官府，力逞刁奸"。而是通过族长或德高望重的人调解解决，以达到睦宗族的效果，"兄弟、伯叔若争长短，家长并族之贤能者，重则各出银数分和平，轻者分其是非，忍息则免仇恨而协和睦。"③可以说，族长或德高望重的人士调解解决民事纠纷是明清徽州地区主要方式之一。

另外一个方式是"忍"，也就是从心理上也保持平和，不要因怨生恨，产生更大的纠纷。"忍"可以说这是中国传统纠纷解决方式，也是"礼教"倡导的处事方式，明万历歙县《黄山谢氏宗族家规》载："夫'忍'字，义理最大。"④明崇祯休宁县《叶氏宗族家规》载："一人忍让，一家自然耻忿而耻争，家道雍睦而和矣。"⑤明嘉靖绩溪县《积庆坊葛氏宗族家训》载："处家之道，以和为贵，和生于忍。"⑥这充分说明，"忍"可以说中国传统上德，也是明清徽州解决民事纠纷的重要途径，通过忍让，以达到纠纷的和平解决。

表3　明清时期徽州民事纠纷解决途径统计

年代	家法、族规	内容
明嘉靖四十四年 1565年	绩溪县积庆坊葛氏宗族家训家规	族人争讼，不可逞气，遽扰官府。须各以事理白之族中尊长及知事者，托之处剖，则是非曲直自由定论。
明万历三十二年 1604年	歙县黄氏谢氏宗族家规	夸豪逞讼，非良家子弟。
明万历三十九年 1611年	婺源县萧江全谱	止词讼。虚怀忍让，不许烦官府，力逞刁奸。
清咸丰五年 1855年	黟县湾里裴氏宗族家规	劝释词讼；屈膝公庭，俯首悍役，不惟丧家，且复坏品，是大愚也。

① 韩秀桃．明清徽州的民间纠纷及其解决［M］．合肥：安徽大学出版社，2004：18-21．

② 葛文简．（绩溪）绩溪积庆坊葛氏族谱（卷三）·家训［M］．明嘉靖四十四年刻本．

③ 卞利．明清徽州族规家法选编［M］．合肥：黄山书社，2014：73．

④ 严清，谢师教．（歙县）谢氏统宗志（卷六）·家规［M］．明万历三十二年刻本．

⑤ 叶为铭．（歙县）新州叶氏家谱（不分卷）·修省斋公家规二十条［M］．清光绪三十三年钞本．

⑥ 葛文简．（绩溪）绩溪积庆坊葛氏族谱（卷三）·家训［M］．明嘉靖四十四年刻本．

续表

年代	家法、族规	内容
清同治九年 1870 年	绩溪县华阳舒氏宗族宗规	戒争讼：好争非君子之道。
清光绪十年 1884 年	绩溪县荆州明经胡氏宗族祖训	禁讼：争讼之端，多因小忿，因小失大。
清光绪十年 1885 年	绩溪县荆州明经胡氏宗族祖训	禁讼。争讼之端，多因小忿，因小失大。兄弟、伯叔若争长短，家长并族之贤能者，重则各出银数分和平，轻者分其是非，忍息则免仇恨而协和睦。
光绪十五年 1889 年	绩溪县南关许氏惇叙堂家法	因求地藏祖而与结讼，岂不可笑？小事，不必讼争。
清光绪二十三年 1897 年	绩溪县东关冯氏宗族祖训	无可奈何之事，由宗族尊长公论，不得私斗。同族不讼。
清宣统三年 1911 年	绩溪县上庄明经胡氏宗族规训	族间忿争，应调处。纵不平，宜解忿息争，委屈顺从，万勿讼公庭。

（资料来源：作者根据有关徽州族规家法统计）

第五，族规家法有关刑事方面的内容。

明清徽州族规家法有关刑事方面的内容主要体现在族内子孙有不孝、结匪等行为，族长或长辈把其送到官府接受惩罚，不僭国法，不能动用私刑。一方面体现本宗族是畏王法、敬官府的，不包庇犯罪子孙，让他们接受王法的惩罚；另一方面，避免株连本宗族，可以保持本族的永续发展。

明清族规家法当中，一个是对不肖子孙的严惩。特别是徽州地区的族规家法有严格的规定（见表 4）。表 4 中的清光绪年间的《绩溪县梁安高氏宗族家法》《绩溪县东关冯氏宗族家法》都规定了子妇殴打父母、舅姑，严重违背了封建“礼教”，是社会不耻行为，应当报官立案。

表 4　明清徽州地区族规家法有关刑事方面的内容

时间	家规、家法等	内容
明万历二年 1574 年	休宁县桑园吕氏宗族祀规	遇获外人盗砍树，经公究治。
康熙四十三年 1704 年	黟县横冈胡氏宗族家规	凡支下子孙不得魑性侵害，蔑祖自便。如违禁者族众即行起举鸣官，以不孝论罚。

续表

时间	家规、家法等	内容
清乾隆十年 1745 年	歙县东门许氏宗族家规	秉公无偏,而玩梗者不遵,则明官治之。
清光绪三年 1877 年	绩溪县梁安高氏宗族家法	子妇殴打父母、舅姑,将逆子、逆妇送官重治。
清光绪二十三年 1897 年	绩溪县东关冯氏宗族家法	子妇殴打父母、舅姑,乃伦常大变,非家法所得而治,当由分长、邻右立刻捆逆子、逆妇,送官惩治。
光绪十五年 1889 年	绩溪县南关许氏宗族惇叙堂家法	漂流在外,阴结匪党;劫盗者,禀县立案,以免后累。
清宣统三年 1911 年	绩溪县仙石周氏宗族家法	阴结匪党……凶杀劫盗者,除革逐外,仍禀县立案,以免后累。

(资料来源:作者根据有关徽州族规家法统计)

清朝中后期,起义不断,包括革命党人不断发动革命,严重威胁着清王朝的统治,而一些家族怕受到株连,为了家族的永续发展,在此时期制定或修订的家法族规作出严禁勾结"匪类"的规定。《绩溪县南关许氏宗族》《绩溪县仙石周氏宗族家法》对勾结匪徒从家法上作出了严格规定,不但从家法族规上进行惩罚,而且禀县立案,以免后累。可见,族规家法对"阴结匪党"规定之严格。另外,明清对盗刊阴木、斗殴、盗窃等行为,规定了送官惩治。

总之,不管族规家法是有关行政、民事、刑事的内容,随着明清族权与政权在乡村的强化,族规家法也是逐步法律化的过程,对维护封建"礼教",维护基层社会秩序都具有一定的积极意义。

三、明清时期族规家法消除纷争的途径

(一)加大族人的管理,使族人行为在族规家法框架内运行

族规家法本是长辈告诫子孙安分守己,以维持家族的永续发展为最高指导原则,故对日常生活有许多规范,特别是对恶习的规范如"赌博""酗酒"等。清嘉庆黟县《南屏叶氏宗族家训家风》载:"禁邪僻。族中邪僻之禁至祥,而所尤严者赌博。"①清雍正休宁县

① 叶有广.(黟县)南屏叶氏族谱[卷一]·祖训家风[M].清嘉庆十七年刻本.

《茗州吴氏宗族家规》载:"子孙赌博、无赖及一应违于礼法之事,其家长训诲之。"[①]并对屡教不改,规定了相应的处罚措施。清同治祁门县武溪《陈氏宗族崇公家法》载:好赌争斗、醉酒,触犯人者、淫于酒色等规定了严厉的处罚措施,使族人的行为在族规家法内运行,以保持族人永续发展。

另外,明清徽州地区随着商品经济的发展,对人们的思想、行为也带来了一定的影响,其中比较突出的娱乐方式的增多,与传统的思想行为产生了冲突。为此,明清徽州地区族规家法对有关娱乐休闲行为作出了严格限定,甚至看小说都在禁止之列。清光绪绩溪县《东关冯氏宗族祖训》载:"弹词、小说最坏心术,切勿令其入目"[②];清雍正休宁县《茗州吴氏宗族家规》载:"娱乐之设,诲淫长奢,切不可令子孙听复肆习之。"[③]并对一些具体的娱乐设施作出了规定,要求子弟当一切弃绝之,因其蛊心惑志、废事败家。

(二)教化族众,培植子弟,使子弟知书达理

每年祭祀不仅能培养子弟对祖宗的孝思,也能联系族谊。同时宗族的教化与惩治功能,也得以借助族人齐聚宗祠之机会而彰显。有的家族,要求族众定期展读或聆听家训族规与圣谕,期望这些规范与训诫能深入人心。明万历休宁县《桑园吕氏宗族祀规》《松萝门吕氏宗族凤湖街祭祀家规》都明确规定了定期宣读、讲圣谕,以教化族众的相关内容,达到了对族人的教化效果。

明清家训族规非常注重对子弟的培植,使其知书达理。注重后代的教育和培养,是徽州地区普遍的一种家庭和家族的优良传统。在徽州人的心里,"承先与后,励学为先",占据重要地位。于是,徽州地区的家族和家庭对于子女教育给予了特别关注,这在明清徽州地区的家法族规中得到了充分体现,并举办义学、开辟义田等措施,为保障子弟接受教育提供制度和物质上的保障。清雍正休宁县《茗洲吴氏宗族家规》载:"族中子弟,有器宇不凡、资禀聪慧而无力从师者,当收而教之,或附之家塾,或助以膏火"[④];《歙西岩镇百忍程氏宗信谱·族约篇》载:"宗族之望,子孙贤也;子孙之贤,能读书也。能读书则能识字,匪特可以取科第、耀祖宗,即使未仕,亦能达事故、通事体而挺立于乡帮,以亢厥宗矣。"[⑤]正因如此,教化使刁玩循规,使聪慧耀祖,保障了家族的永续发展,这归功于族规家法。

(三)加大族人不良行为的训诫,使族人的行为在家法族规框架内运行

教化只能防患于未然。一旦子弟怙恶不悛、不听教化,族规家法严厉惩戒的一面即

---

① 吴翟.(雍正)茗洲吴氏家典//[C].卞利.明清徽州族规家法选编.合肥:黄山书社,2014:139.

② 冯景坊.(绩溪)东关冯氏家谱(卷首上)·祖训[M].清光绪二十三年钞本.

③ 胡璟.(黟县)横冈胡氏支谱·家规[M].清康熙十一年钞本.

④ 吴翟.(清雍正)茗洲吴氏家典[M]//卞利.明清徽州族规家法选编.合肥:黄山书社,2014:139.

⑤ 程弘宾.(歙县)歙西岩镇百忍程氏本宗信谱(卷一)·族约[M].明万历十八年刻本.

迅速呈现。对子孙的不良行为训诫,明清徽州地区族规家法有多方面的规定。清康熙黟县《横冈胡氏支谱·壮卿公老家规》载:“子侄各安生业,须寻向上一着。凡赌博、嬉游一切踰于礼法之事,务宜谨戒。各家父兄亦须董敕训诲。”①清雍正休宁县《茗洲吴氏宗族家规》载:“子孙赌博,……诲之不悛,则痛箠之;又不悛,则陈与官而放绝之,仍告于祠堂,于祭祀除其胙,于宗谱削其名。”②

明清徽州族规家法对族人的其他毋作非为行为进行惩罚,严格训诫。清宣统休宁县《富溪程氏宗族祖训家规》载:“若杀人放火,奸盗诈伪,恐吓诓骗,赌博撒泼,行凶放党,起灭词讼、挟制官府,欺压良善,暴横乡里,一应不善、不当为之事,皆非伟业。人若为之,大则身亡家破,小则吃打坐牢,累及父母、妻子,有何便益?若能安分守己,不作非为,自然安稳无事,祸患不作。化民为善,莫切于此。”③

明清徽州的族规家法通过对族人娱乐行为、毋作非为行为的规定,最大程度上保证族人的行为在族规家法的框架内运行,以免族人遭到官府的追究,连累宗族,保障了宗族的永续发展。

(四)用家法约束族人的贪墨行为,保证族人的清正廉洁

明朝时期,一些家族从家法族规上,约束族人,防止家人入仕后,有贪墨行为。明万历歙县《黄山谢氏宗族家规》规定:“清白传家,世为至宝。……今有能登科跻显者,当尊家法,当佩吾训,廉以律己,公以处事,仁义爱民,恕以待人,以全令名,以保禄位。毋贪婪虐民,有累身家,世当警戒”④;清雍正休宁县《茗洲吴氏宗族家规》载:子孙登仕籍者,“贪墨闻者,于谱上削除其名”⑤。清嘉庆祁门县《中井冯氏宗族家规》载:“子孙仕宦,不拘职任内外、大小,皆当存心于忠君爱民。廉以律身,仁以出治,恕以处事,宽以御众,而辅之以勤谨和缓,公正明决,未有不保终者。”⑥从家法族规上约束族人,防止入仕族人贪墨行为,保持族人的清正廉洁,从历史上来看,确实起到良好的效应。

(五)敦睦族谊,消弭纷争

明清家训族规非常注重敦睦族谊,以消除族内之间的纷争。明清家训族规借强调同源一脉,休戚与共理念,以强化族人对宗族的凝聚力与对族谊的重视。清乾隆歙县《东门许氏宗族家规》载:“族人群居,一家人父子之相亲也,是敦义睦族之道,祖有明训,可以世守而服行之也。”⑦另外,患难相恤,守望相助,也是敦睦族谊的重要体现。明万历歙县《黄

① 胡璟.(黟县)横冈胡氏支谱·家规[M].清康熙十一年钞本.

② 吴翟.(雍正)茗洲吴氏家典[M]//卞利.明清徽州族规家法选编.合肥:黄山书社,2014:139.

③ (休宁)富溪程氏中书房祖训家规封丘渊源考(不分卷)·祖训家规[M].清宣统三年抄本.

④ 严清,谢师教.(歙县)谢氏统宗志(卷六)·家规[M].明万历三十二年刻本.

⑤ 吴翟.(雍正)茗洲吴氏家典//[C].卞利.明清徽州族规家法选编.合肥:黄山书社,2014:140.

⑥ 冯光岱.(祁门)中井河东冯氏宗谱·家规[M].清嘉庆九年木活字本.

⑦ 许登瀛.(歙县)重修古歙东门许氏宗谱·家规[M].清乾隆二年木刻活字本.

山谢氏宗族家规》要求“患难相恤,有无相济,此同宗之义”①。

平息争讼是消弭族人纷争的一条重要途径。平息纷争乃宗族的重要职责,亦为敦睦族谊的重要一环。众多家训族规皆提及一旦族人有纷争,族长应当协调双方,以避免族人两败俱伤,损害族谊,甚至因兴讼而破家荡产。

总之,明清徽州地区族规家训实际上起到乡规民约的职能,始终贯穿着教化思想,把封建“礼教”融入族规家法当中,很好地实现了家法与国法完美的配合,实现了徽州地区封建“德治”与“法治”的协调统一,是我国封建“法治”典型形态,促进了此地的经济发展、文化繁荣,社会和谐,对今天建设中国特色社会主义法治社会具有一定的借鉴意义。

Research of Family Regulations in Huizhou during Ming and Qing Dynasties

Li Junjie

Abstract:The family rules and regulations of the Huizhou area in the Ming and Qing Dynasties were the clan organizations that managed their clan, coordinated their internal relations, severely punished the unfilial sons and grandchildren, and set the “family code” of administrative, civil, and criminal. Actually, they played the functions of the township rules. The rules and regulations of Huizhou in the Ming and Qing Dynasties have consistently followed the principles of “ritual education”, enlightenment, and humble privilege. Its basic content is centered on these basic principles. It is mainly based on administrative management to coordinate civil relations. Assisted by a “family code” that is based on national law. The family rules and regulations of the Huizhou area in the Ming and Qing Dynasties adopted a series of approaches to eliminate disputes and maintain the sustainable development of the clan as the highest guiding principle.

Key Words:Ming and Qing dynasties; family rules and regulations; Huizhou

① 严清,谢师教.(歙县)谢氏统宗志(卷六)·家规[M].明万历三十二年刻本.

近代中国调解法制述论

——以南京政府时期为中心的历史考察

欧阳湘[*]

摘要：在清末和民国前期，法律只有和解没有调解，相关法制极不完备，当局甚至禁止法官"作调人"。南京政府成立后，迅速制定各种法律法规，确立强制调解原则，并督促法官鼓励和解或以调解方式结案，乡镇调解、职业团体调解和法庭调解等都开始有法可依；抗战爆发后，政府对调解制度的提倡达到了极致；战后复员，调解政策开始松动。如果将调解考虑进来，民国时期的民事纠纷解决机制无疑是一幅传统与现代、诉讼与非讼多元并存的复杂图景。但当时调解制度的推行，却陷于困局。对于调解制度应否推行，在当时也是赞同与反对声浪并存。有意思的是，正反双方的论述话语都可见"外国经验"和"本土资源"的影响。

关键词：近代中国；法律；调解；南京政府；政策

调解(和解)①制度是一项具有中国特色的非诉讼纠纷解决方式。在外国法学家看来，"中国法律制度最引人注目的一个方面是调解在解决纠纷中不寻常的重要地位"②。调解被比较法学家视为远东法系或中国法系的基本标志之一。诚然，调解是中国古代实现息讼、无讼理想的重要手段，长期以来积累了丰富的经验，形成了一整套制度。而着重调解，乃是当代中国司法制度的新传统。1949年以来，中国法庭大规模地实行法官调解，把过去民间的调解纳入官方的法律系统之下。③ 因而，学术界非常重视古代中国和当代中国调解制度的研究，对介于两者之间的清末和民国时期关注相对较少。④ 不少学者在

* 广东省委党校调研员、副教授，历史学博士。

① 从形式与功能上看，两者并无不同。法史学家韩延龙认为，"中国古代和近代的调解又被称劝释、休和、和解，名目虽然不同，但都是用教化的方法使双方当事人相互让步，达到消除争端，息讼和好的目的"(韩延龙.人民调解的形成和发展[J].中国法学，1987(3))。我国台湾地区也有学者认为，不论用"和解"或"调解"之名词，实质意义相同(杨建华.大陆民事诉讼法比较与评析[M].台北：三民书局，1991：83.)。准确地说，和解是没有主持者的调解，是双方关系；调解是由第三方主持的和解，是三方关系。本文基于选题考虑，对两者不加区分。在清末和民国初期，"公断"(大致相当于现在的"仲裁")，也兼具调解制度的内涵与效果。本文酌予论及。

② 杰罗姆·A.柯恩.现代化前夕的中国调解[M]//强世功.调解、法制与现代性：中国调解制度研究.北京：中国法制出版社，2001：88.

③ 黄宗智，尤陈俊.调解与中国法律的现代性[J].中国法律，2009(3).

④ 欧阳湘.从漠视、排斥到认同、提倡——清末民初调解政策的大逆转[J].历史档案，2011(1).

描述中国调解制度的发展源流时，多自清代就直接跳到了根据地和新中国。

近年来，出现了不少有学术价值的论著。关于商事仲裁[①]、基层调解[②]和诉讼法的调解制度[③]都受到关注，国共两党的民事调解也有学者进行了比较研究[④]。但相关研究还存在种种不足：或限于一时一地的实践，或限于某一制定法的内容、意义与合理性，较少论及众多对司法实践影响极大的政策措施，也不重视历史传承与沿革。有的不重视第一手材料，竟至以讹传讹。[⑤] 显然，对近代中国的调解法制有深入研究之必要。本文拟着重对南京政府时期调解制度的法律与政策作系统的历史考察，分析和评估调解制度推广的实效与问题，以再现近代中国调解制度兴废及其渊源。

一、清末与北洋时期的和解与公断

近代中国立法史上的"调解"，始见于1929年南京政府立法院长胡汉民关于制定《民事调解条例》的提案。因此，清末和北洋政府时期构成了中国调解法制史上一个具有共同特点的历史阶段：在法律上只有"和解"，而无"调解"，调解法制极不完备；法庭外的调解（仲裁），多被称为"公断"。

（一）法律与政策

1. 法律文本

据学者考证，清末修律最早完成的是"刑事民事诉讼裁判等项法律"，即诉讼法草案的"法部参议厅清册稿"，内有"和解"即公断章。在此基础上，修订法律馆起草《刑事民事诉讼法》。光绪三十二年四月，修律大臣沈家本、伍廷芳奏进草案。其中第三章"民事规则"第十节为"和解"，明确规定：凡两造争讼如有可以和平解释之处，承审官宜尽力劝谕使两造和解；并规定"公正人""中人"及和解程序、法律效力。而且"和解"不限于民事，"刑事案件应处轻罪刑者，原告于宣告刑名以前自愿呈请和解时"，亦可照本节办理。因

① 郑成林．近代中国商事仲裁制度演变的历史轨迹[J]．中州学刊，2002(6)；虞和平．清末民初商会的商事仲裁制度建设[J]．学术月刊，2004(4)；赵婷．民国初年商事调解机制评析——以《商事公断章程》为例[J]．江西财经大学学报，2008(1)．

② 张勤．民初的乡村组织与基层调解——以奉天省为中心[J]．太平洋学报，2008(9)；里赞，刘昕杰，等．民国基层社会纠纷及其裁断[M]．成都：四川大学出版社，2009：95-119；陈滨．清末民初基层社会民间调解的变革——以四川会理县的实践为例[J]．江西社会科学，2010(8)；刘昕杰．以和为贵：民国时期基层民事纠纷中的调解[J]．山东大学学报（社科版），2011(4)．

③ 龚汝富．浅议民国时期的民事调解制度及其得失[N]．光明日报，2009-05-26(12)；谢冬慧．南京国民政府民事调解制度考论[J]．南京社会科学，2009(10)。此外，还有若干篇以"民事调解制度"为题的硕士论文。

④ 张健．民国时期国共两党民事调解的比较研究——国家权力背景下的社会治理与社会动员[J]．甘肃政法学院学报，2015(2)．

⑤ 例如，关于胡汉民1929年12月提出制定《民事调解条例》的议案，就有学者将"夙重礼让"写成"风重礼让"，将"稍稍好讼"写成"稍稍好论"，将"近采欧美良规"写成"近来欧美良规"，等等。且多篇论文惊人相似。

各地方大员反对,该草案胎死腹中。[①] 1911 年 1 月,修订法律馆完成《大清民事诉讼律草案》,由沈家本、俞廉三奏进。其中和解部分较前述"诉讼法"有较大退步:一是没有了专门章节,条数也较少;二是和解不再具有强制性,由"宜尽力劝谕使两造和解",变成了"得"试行和解;三是法院介入程度降低,关于和解程序的规定被删。[②]

民国成立后,临时政府决定援用前清旧律,《民事诉讼律》草案最初主要是关于管辖各节,关于和解的部分并不在援用范围。于是,大理院以判例、解释例的方式代行"立法"。大理院的法律解释和判决例,构成了民国初年关于和解的法律与政策,并确立了某些制度与原则。到 1921 年,孙中山领导的广州军政府将前清《民事诉讼律》草案修正后公布。北京政府稍后也迅速跟进,于次年 7 月施行《民事诉讼条例》。这样,南、北方民事诉讼法乃有"律"与"条例"之别。南方政府的"诉讼律"与清末大致相同,北京政府的"条例"则进行了较大的修订,和解部分有所加强,例如:设"和解"节(第二编第一章第四节,共 5 条),强化对和解协议的承认和尊重;第四编"特别诉讼程序"明确规定:"离婚之诉及夫妻同居之诉,法院应于言词辩论随时劝谕和解。[③]"

2. 政策取向

清末、北洋时期,调解特别是法庭调解政策,完成了从禁绝到提倡的大逆转。在清末和民国初年,诉讼法上只有和解;在实践中,调解制度也备受冷落,乃至人为的压制。以广东为例,辛亥革命后,司法司对现任判、检事进行甄别。由罗文干、汪祖泽、伍藉盘、金章、曹受坤与陈融组成评阅小组,经调齐所属各判事、检事制作的文书进行评阅。事后,该司评语中与调解有关的部分说:

就于民事言之,裁判官之职务,只宜根据法理,直下判决;不应采调和手段,为两造强作解人。详核判词,或有损害赔偿,理应定额,……此则情理虽甚非背戾,而于法律则未免差远。凡此数端,略举其要,大抵不据法理以下判决,而强为两造调和者,十案之中,竟居八九。如此办法,在裁判者躬任调停之责,未免煞费苦心,而孰意人民之权利,竟因此失法律之保障。……膺判事之职者,于民事案件,宜根据法理,不必强为调处。[④]

主持这项甄别工作的广东司法司长罗文干,毕业于英国牛津大学并获大律师资格,号称"学识精邃"[⑤]。后历任北京政府总检察厅检察长、司法总长,南京政府司法行政部长、法官训练所所长。此件公文,可谓封杀法庭调解与民间习惯法之檄文,代表了清末及民国初年的政策取向。

---

① 草案由沈家本、伍廷芳主持修订,一般认为是律学大家沈家本主导。也有学者认为是有英国教育背景和香港律师执业经验的伍廷芳,因此特别重视陪审和律师两种典型的英美法制度。比较公允的是,草案由多位从事具体工作的职员参与起草,沈、伍两位大臣参与审定。结果,这部诉讼法的编纂思路并不清晰。大陆法系与英美法系特色混杂。吴泽勇.清末修订《刑事民事诉讼法》考析[J].现代法学,2006(2).

② 欧阳湘.从漠视、排斥到认同、提倡——清末民初调解政策的大逆转[J].历史档案,2011(1).

③ 黄荣昌.现行民事诉讼法释例汇纂[M].上海:上海法政学社,1930:684.

④ 广东司法司告诫各级裁检所局判事检事及各县专审员文[J].广东司法五日报,1912(18).

⑤ 许世英.呈请简任各厅长官履历并考语文[J].司法公报,1912(1):公牍 9.

到了1920年代,司法当局对推行调解制度已转为积极。例如1921年7月,北京政府司法部向各省高审厅和各特区审判处发出训令,要求督促所属法院和“多方劝告以息争端”。令文说:

查民事诉讼,受诉审判衙门,不问诉讼程序如何,本得以职权试行和解。诚以讼争事项,依和解而终结,于时日劳力及费用均可节省。匪特利益于两造当事人,实亦国家之利益。……倘能……多方劝告,情喻理解,俾后两相合意,互相体谅,以息讼端,在审判官仅费唇舌之劳,在诉讼人实省无穷之累。仰该厅、处即传谕所属管理民事各推事及承审员,务本此意,各尽其职,切实励行,并于诉讼纪录内将劝告情形,及两造当事人自愿息争之意思表示,详晰记载,以备查核。本部即于此课殿最焉,其共勉之。①

(二)实践与规范

清末、北洋时期,关于和解的法律尚不完备,当局政策也颇为消极,但新式调解(公断)制度已悄然兴起,并逐步纳入法制化轨道。这为南京政府时期调解制度的建立与推广奠定了实践基础。

1. 民商事公断

先看清末。官方法规方面,1904年的《奏定商会简明章程》第十五条规定,“凡华商遇有纠葛,可赴商会告之总理,定期邀集各董秉公理论,以众公断”②。1906年,商部又颁发“商会理结讼案统一格式”,明确授权各商会:“凡有赴商局控追以及奉督宪发局饬讯之案,皆由议员饬由该会各业商董遵照奏定章程,传齐中证,开会集议,凭两造当面秉公议劝理结,俾其勿延讼累。③”

地方实践方面,1902年设立的上海商业会议公所董事会可调处钱债纠纷,“省事息争”。1904年通过的《上海商务总会暂行章程》规定,该会宗旨包括:“维持公益,改正行规,调息纷难,代诉冤抑,以和协商情。”1907年,全国及南洋商会代表提议“各商会宜自设商会裁判所”。许多商会都设立商事裁判所,负责受理商会纠纷。例如保定,“凡商号一切诉讼案件,概归商务裁判所办理”。时论称:“商会有评论曲直之权,无裁判商号诉讼之权。今若此是,商会俨然公庭。④”

民国时期。1913年1月,司法、工商两部公布《商事公断处章程》,力求将商事公断纳入法制化轨道。“章程”第二条说:“公断处对于商人间商事之争议立于仲裁地位,以息讼和解为主旨。”⑤1914年9月,两部联衔修正该章程,并施行《商事公断处办事细则》,原有

① 民事事件有毋庸兴讼者务多方劝告以息争端令[J].司法公报,1921(142).

② 朱英.中国早期资产阶级概论[M].开封:河南大学出版社,1992:380-381.

③ 商务印书馆编译所.大清光绪新法令:第18册[M].上海:商务印书馆,1909:38.

④ 马敏.传统与近代的二重变奏——晚清苏州商会个案研究[M].成都:巴蜀书社,1993:203.

⑤ 商务印书馆编译所.法令大全[M].上海:商务印书馆,1924:1173.

商会方面所拟各种商事公断处办事细则、章程一律作废。[①] 这也体现了法院对于商事公断(调解或仲裁)的支持与配合。

1921年8月,北京政府司法部公布《民事公断暂行条例》33条。部令称:民事诉讼事件,原不必尽由法院判结。但系得以和解之事,则关于此事所生争之议,无论是属现在或属将来,均可由当事人两造自相约定,以"公断"形式解决争端,民事公断的程序与后果受法院的监督与支持。[②]

2.城乡息讼会

1922年3月20日,长期统治山西的阎锡山颁布《山西息讼会办法》7条,并要求悬于各村公所。按该办法规定,"每村设立息讼会,村长兼充会长,另由村人公推公断人四名或六名为会员,均义务职,公推后将公断人姓名报由区长,转报县署立案"。"村中除人命案外,凡有两造争讼事件,均亲愿请求公断者,本会得公断之。如甲编村人民与乙编村人民争讼时,由两造村公断人合组临时公断会,公平断之。"《山西息讼会办法》颁行时,"山西王"阎锡山动情喊话:

世上吃亏事情,没有比打官司再厉害的。你看那亲兄弟不说话的,本家儿不一块祭祖宗的,本村不一块儿办社事的,大半都是由打官司闹成的。本兼省长每逢听见这桩事,就伤心的很。所以就定了一个息讼会条文,公布全省,教人民遇事自己和解,万不要轻易进衙门。这会的好处很多,最要紧的就是不花钱、不费事、不劳心,不伤和气,冤枉不了人。办好了,真可以使村中没有打官司的。……你们要知一村想安生,非一团和气不可;想一团和气,非没有打官司的不可。想没有打官司的,非把息讼会办好不可。[③]

无独有偶,京郊也出现了置于司法机关监督管理下的"息讼会",标志着城乡调解法制迈出新步伐。1925年,京兆密云良乡等县绅耆,为劝导人民息讼起见,拟设立息讼会。京师高等审判厅"以此项组织用意虽善,但恐内容未能完善,或有与法庭抵触之嫌",特拟定章程14条,"以资监督"。该章程有两点值得注意:一是社团自治性质。该会设常务委员3至5人办理会务,职员由会员"公推",任期一年。凡本县住民年在25岁以上,有一定住所财产及正当职业者,经会员二人以上介绍得为本会会员。但县议会议长、议员,参事会参事及各法团会长、劝学所所长、学校校长,得不经介绍为本会会员;而地方审判厅或分庭,或兼理司法县知事公署人员(如书记官、录事、承发吏等),则不得入会。二是置于司法机关监督之下。该会宣传材料"应由县知事呈送高等审判厅审核";本会会员间发生民事争议,其法律关系得以和解者,应依照《民事公断暂行条例》选定公断人予以判断,并照同条例各条所定程序办理。由此,息讼会与传统型的纯民间调解划清了界限。[④]

城乡息讼会具备一定现代色彩。例如山西,"村治很大程度上是从日本移植过来

① 商务印书馆编译所.法令大全[M].上海:商务印书馆,1924:1174.

② 商务印书馆编译所.法令大全[M].上海:商务印书馆,1924:942.

③ 童振海.现行刑民工商事调解法规集解[M].上海:法政学社,1931:后编155-159.

④ 京兆各县设立息讼会[J].法学季刊,1925(6):309-311.

的”，村治的“村”是以户数为计量单位的“编村”；而非主要以血缘为基础的自然村，村长、村副和息讼会公断员、监察委员等均须经村民会议选举，从而与宗族调解划清界限（理论上如此，实践中却不尽然）。南京政府成立后，阎锡山向国民党中央建议将山西村治模式向全国推广。随后制定的《县组织法》等采纳了山西经验。[①] 城乡息讼会，实开区乡镇坊调解之先河。

二、南京政府时期调解法令之沿革

到南京政府时期，调解（含和解）法律制度渐趋健全。当局还不时以特别法令加以提倡，并督促法官以和解方式结案。结合法律模式的变化，调解法制之发展大致可分为三个阶段。

（一）单行法规体系：1930 年代前后

除《民事诉讼法》和《民事调解法》外，关于民事、工事（劳资纠纷）和商事调解也有法律规定。包括乡镇调解、职业团体调解和法庭调解都有法可依，简易诉讼的调解前置程序获肯定。

1.“民事调解法”与司法调解

1930 年前后，民国各基本法典相继颁行，调解制度的立法也提上了议事日程。1929 年年底，南京国民政府立法院长胡汉民在国民党中央政治会议上提出制定《民事调解条例》案。这是“调解”一词，作为一个内容确定、表述规范的法学术语，最早见诸中国立法史。胡汉民的提案说：

查民事诉讼，本以保护私权，而一经起诉之后，审理程序异常繁重，往往经年累月，始能结案，甚非所以息事宁人之旨。是以晚近各国，均励行仲裁制度，期于杜息争端，减少诉讼，意至良善。我国夙重礼让，以涉讼公庭为耻，牙角细故，辄就乡里耆老评其曲直，片言解纷，流为美谈。今者遗风渐息，稍稍好讼，胜负所系，息争为难。斯宜远师古意、近采欧美良规，略予变通，以推事主持其事，正名为“调解”，并确定其效力，著之法令，推行全国。庶几闾阎无缠累之苦，讼庭有清简之观，谨拟具《民事调解条例草案原则》六项，提请公决。[②]

提案经中央政治会议第 208 次会议议决通过，并由法律组开会审查，形成《民事调解条例》草案原则修正案 7 项，于 1929 年 12 月 11 日送立法院。1930 年 1 月 11 日，立法院第 70 次会议审议通过《民事调解法》，较之原要求的“条例”提升了位阶。1 月 20 日，以国民政府令公布。《民事调解法》共 16 条，与胡汉民提案及中政会“原则”类似。其要点为：

① 谢泳.山西村政建设中的“制度设计”[J].博览群书，2003(7).

② 民事调解条例原则[J].立法专刊，1930(3)：3-4。南京政府时期的法律条文，见于通行的各种“法律汇编”或“判解理由”汇编且容易查阅者，本文基于篇幅等方面原因，不特别注明出处。

为杜息争端减少讼累，于第一审法院附设民事调解处（第1条）。人事诉讼事件及初级管辖民事事件，除经其他调解机关调解不成立或调解主任认为不能调解者外，非经民事调解处调解不成立后不得起诉。其他民事诉讼事件，当事人亦得请求调解（第2条）。从而确立了民事诉讼的“调解前置程序主义”或强制调解原则。民事调解以推事为调解主任，两造当事人各得推举一人为调解协同调解（第3条）。第4和第5条为调解人资格，包括积极资格与消极资格。以下各条依次规定调解程序各环节和其他事项。①

立法院通过的《民事调解法》条文简单。于是，司法行政部又拟订《民事调解法施行规则》进行细化，增强可操作性。1930年6月14日，该《规则》经南京政府第80次国务会议备案，于1931年1月1日与《民事调解法》同时实施。推行范围，明确为地方法院及分院、地方庭及分庭、县法院（《规则》第1条）；“县司法公署不在民事调解法第一条所称第一审法院之列”（院字第556号，即司法院院字第556号解释，下同），遑论兼理司法县政府。《民事调解法》所称“其他调解”以有特别法令之规定者为限（第2条）；关于不能调解之事件，《规则》界定为四类：(1)禁治产事件及宣告死亡事件；(2)经提起反诉之事件；(3)当事人声请调解系出于不正当之目的者；(4)依法律关系之性质、当事人之状况或其他情事，法院认为调解显无成立之望者（第3条）。②

1932年颁行的《民事诉讼法》（通称“旧民诉法”），与《民事调解法》一致，规定简易程序采用法院调解前置主义（第409条）；法院在诉讼之任何阶段，都可以尝试进行和解。和解一旦成立，就应制作“和解笔录”，“与确定之判决具有同等效力”（第380条）。相关章节的法律条文，“旧民诉法”调整了与《民事调解法》重复的部分：(1)普通第一审程序的第四节“和解”，条文减少为3条（第370～372条）。(2)简易程序的“劝谕和解”部分删除。(3)特别程序，“离婚之诉及夫妻同居之诉，法院应于言词辩论随时劝谕和解”之条删除；审判衙门若认为可望和解者，得于一年以内之期间内中止诉讼之条保留，但“一年以内”改为“六个月以下”（第543条）。

前述《民事调解法》与《民事诉讼法》，在法律体系中居于“法”的位阶。这两部法律确立了“强制调解”的原则，其中的“调解”制度属“官方”的司法调解，主要表现为诉讼调解。包括审判官主持的“法庭调解”，或受审判官机关指导、监督的调解，有可能转化为法庭判决。

2.区乡镇坊的基层组织调解

在1929—1930年间，南京政府陆续颁行“自治法”和《区乡镇坊调解委员会规程》，规定由区乡镇坊的调解委员会办理调解事项。这是兼官方、半官方性质的基层组织调解。

(1)自治组织附设区乡镇调解委员会

最早公布的是《乡镇自治施行法》（1929年9月18日国民政府公布）。其中关于“调

① 民事调解法[J].河北省政府公报，1930(589)24-28.

② 民事调解法施行规则[J].法学丛刊，1930(4):43-46.

解”制度，值得注意之点有三：(1)“乡公所或镇公所应附设调解委员会”，意即在全国广大农村地区全面推行调解制度；(2)调解范围较《民事调解法》为广泛，除民事调解事项外，“依法得撤回告诉之刑事调解事项”也属可调解范围。(3)调解具有“自治”和半“官方”性质。调解委员会属于乡镇公所的附设机构，由乡民大会或镇民大会于乡镇公民中选举调解委员若干人组织之，但乡长、副乡长或镇长、副镇长均不得被选；调解委员违法失职时，监察委员会得先请乡公所或镇公所停止其职务，再提交乡民大会或镇民大会罢免之(第32条、第33条)。①

1929年10月2日颁行的《区自治施行法》规定，区公所、坊公所，都是“准用《乡镇自治施行》第32条之规定”，附设区、坊调解委员会。区公所附设调解委员会适用于广大农村，是乡镇调解委员会的上级机构。凡乡镇调解委员会未曾调解或不能调解之事项，均得由区调解委员会办理。区调解委员，半数于区民中选举，半数于各乡镇调解委员会中选举。对于调解不成立事项，区长应根据区调解委员会之报告，呈报县政府，并函报该管司法机关(第28～30条)。② 1930年5月公布施行的《市组织法》规定：坊调解委员会附设于坊公所，准用《乡镇自治施行法》的规定，调解事项与区乡镇调解同。坊调解委员会适用于城市社区，与区乡镇调解不同的是：其一，坊调解委员会之组织规则及调解委员会选举规则由市政府制定。其二，调解不成立事项，经坊长由区公所转呈市政府并函报该管司法机关(第81第、第82条)。城市的区不设调解委员会，调解只有坊一级程序。

(2)《区乡镇坊调解委员会权限规程》

1931年4月，内政部和司法行政部联衔颁行《区乡镇坊调解委员会权限规程》16条。该《规程》规定，“各县之区乡镇及各市坊所设调解委员会”(第1条)，分别受区、乡镇、坊公所之监督，处理调解事务(第2条)。已由法院调解处调解的案件，经法院受理案件须在调解后依法销案(第3条)。第4条例举可调解刑事案件范围。第5条规定调解委员会调解事项原则上以两造同区为限，两造不同区之案件，民事由被告所在地、刑事由犯罪所在地之调解委员会调解。此外，还分别规定民、刑事调解程序、报告等。区乡镇坊调解委员会办理调解事项，“查勘实费由当事人核实开支”。

值得注意的是，《区乡镇坊调解委员会权限规程》所定调解制度，较之《民事调解法》更具普遍性意义。(1)区乡镇坊调解适用范围比法庭调解广。法院只能调解简易民事案件和人事诉讼案件，但调解委员会除调解一切民事案件外，还可以办理刑事调解事项，包括妨害风化罪、妨害婚姻及家庭罪，伤害罪、妨害自由罪、妨害名誉及信用罪、妨害秘密罪、窃盗罪、侵占罪、诈欺及背信罪、毁弃损坏罪等10种刑事案件。(2)区乡镇坊调解委员会的调解并不限于设立正式法院地区。“所称法院，于兼理司法之县政府准用之”(第15条)。(3)已进入审判程序的民事案件(除正由法院进行调解者外)，调解委员会也可以

① 郭卫，周定枚.中华民国六法理由判解汇编 第6册 杂法[M].上海：会文堂新记书局，1933：8-9.

② 郭卫，周定枚.中华民国六法理由判解汇编 第6册 杂法[M].上海：会文堂新记书局，1933：38-39.

调解。待调解成立后,再依法定程序向法院声请销案或撤回告诉。[①]

3. 职业团体与行政机关调解

(1)社团调解

由职业团体主持的调解,在法律上属于纯民间调解(不过,这些团体已经官方化,或者说具有"准官方"色彩)。南京政府1927年成立后,就下令暂行援用前北京政府颁布实施的《商事公断处办事细则》。南京政府新颁各职业团体的法律法规,也赋予职业团体以调解和仲裁程序解决所属会员间或同业间私权纠纷之职权。例如,工人组织之工会、商人组织之商业团体、农人组织之农会、工业界者所组织的工业团体、渔民组织之渔会等法人团体均受有关行政机关委托办理有关事项,包括调处与各该会员或业务相关的纠纷。其中,工会的职务之一是"劳资间纠纷事件之调处"(《工会法》第15条第10款),渔会之任务包括"关于调处渔业间之争议事项"(《渔会法》第3条第12款),商会之职务包括"关于工商业之调处及公断事项"(《商会法》第3条第4款)。

(2)行政调解

由有关政府机构依行政职权进行的调解。例如《土地法》(1930年6月30日国民政府令公布,1935年3月通过,1936年3月起实施)规定的"调处"制度,则是典型的行政机关调解。按规定,中央和各省县所设土地行政机关对于因地权争议之纠纷,均可受理而为调处;设置独立于普通司法系统的"土地裁判所",实行二级二审制,各地方裁判所直属中央裁判所(但实际上并未组建,到1945年修法时删除)。[②] 其他部委也有类似的行政调解。

(3)解决劳资争议中的调解,兼有行政机关调解和职业团体调解之双重特点

1928年6月,南京政府颁布《劳资争议处理法》,经中央政治会议议决以1年为试行期。延至1930年3月颁布修正《劳资争议处理法》,共六章40条,除总则、罚则、附则外,有劳资争议处理之机关、劳资争议处理之程序、争议当事人行为之限制等章。该法规定调解和仲裁两种程序,解决雇主与工人团体关于雇佣条件之维持或变更发生的争议。主管行政官署经争议当事人一方或双方声请,应召集调解委员会调解劳资争议;主管官署认为有调解之必要时,也可不经声请直接启动劳资争议调解程序。如果劳资争议调解不成立,经争议当事人双方或 方之声请,交仲裁委员会仲裁。按规定,省政府或不属于省之市政府于必要时,"得拟具施行细则"呈请国民政府核定实行。[③]

(二)民事诉讼法典:1930年代中前期

南京政府在20世纪30年代初,建立健全调解制度,速度是相当快的。但遇到的反弹力道也相当大,加上制度设计中有不完善之处,调解制度的推行效果极不理想。

---

① 上海法学编译社.中华民国国民政府地方自治法规汇编[M].上海:会文堂新记书局,1931:73-76.

② 陈野萍,周乐山,刘佩宜.高等考试普通行政考试大全:第7册[M].上海:真美书社,1931:8-9.

③ 中国第二历史档案馆.国民党政府政治制度档案史料选编[M].合肥:安徽教育出版社,1994:677-682.

1.《民事调解法》备受责难

《民事调解法》及其施行规则颁行后，招致了社会各界的批评，直言废止者不绝于耳。这些批评者既有资深学者，也有司法实务部门的实际工作者，还有国民政府的"洋顾问"。

在1932年6月召集的伪满洲国"全国司法会议"上，"东北特别区"高等法院院长陈克正提出"民事应废止调解法厉行和解制度案"。该提案认为，《民事调解法》对于北洋政府时期的"民诉条例"矫枉过正，"有损法收而无利于民众"，而且在施行过程中存在大量问题。主要罪状是：(1)侵害债权人利益，"因施行调解法之结果，狡猾之债务利其程序简单易于诈害债权，于是串通第三人假捏债权债务请求调解"。按调解法第13条规定，调解笔者与判决书具有同等效力，结果导致"伪债权人"持调解笔录，请求执行而参与分配，使真正债权人蒙受损失。(2)导致讼累严重，特别是特别程序中的支付命令证书诉讼，"于起诉前须经调解程序，仅属迟序时日、减少速行清偿之效"。而调解过程也问题多多，如债务人故意不到场而无严厉制裁，有的债务人在调解处承认债务但声明须经判决方能给付。还有的对分偿期限问题无法达成一致，导致调解归于无效。凡此种种，皆因调解主任徒有调解之虚名而无处置之实权，甚至莫可如何、任其所至，失司法之威信、等法令如虚文。其结论是："无论'调解法'实无续行之可能，在我区尤无存在之余地。"①

伪满洲国司法会议的此种论调，有挑战中国政府"法统"地位之政治企图，但这不是问题的全部。内地学者提议废止民事调解法的也不在少数。南京司法行政部法官训练所同学会所编的《法治周报》就曾发表多篇如此持论的署名文章，其中的一篇说："第自调解法施行以来，争端未必能息，讼累较前益深。愚见实有废止之必要。"他的主要理由是：民事调解成功率低，且"人民与法院，均为调解法所限制"；当事人方面，"狡黠者既可藉迁延时日，原告则非经调解程序，不得迳行起诉，徒费光阴与金钱"。况纠纷在未起诉前无不经戚友之调解，乡公所区公所亦有调解之权限，起诉后法院又不问诉讼程度如何得试行和解。总之，"实无于诉讼前强制其调解之必要"②。在南京政府明确将废止《民事调解法》之后，吴蒙撰文说：《民事调解法》"本欲人民谋利益，乃其结果适得其反，而如上述者，推厥原因，民事调解法是为厉之阶矣"，"幸该不久于之将来，即将废止"③。

与此同时，国民政府法国籍顾问宝道也对"旧民诉法"和《民事调解法》提出批评。他认为：调解应严格限定在亲属与继承事件和简易案件内。至于其他案件尤其是商事案件，"法院中之试行和解，定归于失败"。他认为，外国人不愿轻易向中国法院提起诉讼。因为他们"不甚谙习中国之实体与程序法也"；他们与中国公司所为之买卖，常有依附于地方习惯而成者。中国专门之法官对于此类习惯每不熟悉，故外人常虑中国法院不甚明了其案件，且其所委任之外国律师，须由中国律师帮助之。"外人非已竭力依直接间接可

① 驹井德三.全国司法会议录[M].长春:(伪)满洲国司法部,1933:180.

② 玉斯.民事调解法亟应废止之我见[J].法治周报,1933(31).

③ 吴蒙.修正民事调解法施行细则简评[J].法治周报,1934(4):3.

能之方法为友善之妥协而无效”,必不诉于法院。[①]

2. 新《民事诉讼法》的调整

对此,司法当局最初希望通过修法进行完善。后来全面修订《民事诉讼法》,将《民事调解法》的相关内容纳入。1935 年 7 月 1 日,修正后的《民事诉讼法》(即“新民诉法”)正式颁行,《民事调解法》于同日废止。新颁《民事诉讼法》设 9 编共 636 条,编数的增多是由于原“特别程序”编的各章如“人事”诉讼等都单独成编。其中关于调解制度的规定,仍分布在如下三大块:

第二编第一审程序的第一章“普通程序”的第四节“和解”,条文由 3 条增加为 4 条(即新民诉法第 377~380 条),即增加第 378 条“因试行和解,得命当事人或法定代理人本人到场”。这主要是恢复清末民初的旧条文(清末“诉讼律”第 284 条第二项、民初“条例”第 447 条)。

第二编的第二章“简易程序”(不分节),专论“调解”者共 16 条(第 409~424 条),第 425~428 条和 430 条也兼论及调解程序。第一,与《民事调解法》相比较,新民诉法坚持了基本立场,但在表述上可能更为合理。例如调解前置原则、起诉不合格视为调解之声请;第二,调解程序趋于简化和灵活,并排除当事人的恶意“杯葛”。如调解声请可采口头形式,调解得不公开进行,“法院得依职权选任调解人协同调解”等。第三,征收调解费用,以免法院为增加司法收入而偏爱诉讼。第四,加强调解与诉讼程序之联结,方便不服调解者起诉。“民事调解,通常于起诉前行之,调解如不成立,即继之以诉讼。此两种程序之间,宜有相当联络,俾当事人于调解不成立时,得即请求审判,免其另行起诉之烦,而由已参与调解之推事,续行审判,亦可免就同一事实费重复之调解。”[②]

第九编人事诉讼程序。其中起诉前应先行调解之范围缩小为离婚之诉、夫妻同居之诉和终止收养关系之诉 3 种(第 573、583 条)。这就是说,新民诉法中强制调解范围较《民事调解法》为窄。因此之故,在南京政府所编《司法统计》的民事调解案件表中,1934 年度编入法院 152 所,1935 年度 230 所,1936 年度又增至 235 所,但后两年度受理件数反较 1934 年度少了 3 万余件。[③]

3. 1935 年的争论与强化

新《民事诉讼法》1935 年颁行后,关于调解制度的争论继续进行。面对学界和部分司法官员的质疑,官方的态度相当坚决。这从 1935 年召开的两次重要会议的讨论和决议可见一斑。

先看 1935 年 9 月司法院召集的全国司法会议。新民诉法实施甫经两月,批评之声不绝于耳。有的是延续修法前的批评风格,不满于新《民事诉讼法》对于《民事调解法》的吸纳与调整。例如,青海西互地院院长马师融认为,强制调解之规定无法“省免手续及减

① 宝道. 中国诉讼法改良之意见[J]. 中华法学杂志,1933(5-10).

② 吴经熊. 中华民国六法理由判解汇编:四[M]. 上海:会文堂新记书局,1948:823,827.

③ 谢冠生. 司法统计:1936 年度[M]. 南京:司法行政部,1938:100.

少讼累”:法院认为有调解之望而强制调解,“与民事法例须注重当事人意思之原则有所违背”,建议将第409条第1项“应经法院调解”及第2项内“应再经调解”之“应”修改为“得”,一任当事人自由声请调解。[①] 与此相反,最高法院民二庭推事蒋福琨、庭长林鼎章的提案,则“建议另订《民事强制调解法》处理简单诉讼并限制上诉以纾民困”。提案认为,“处此经济破产、农商交弊之今日,调解制度之推行尤感其必要也”。因此建议另行制定《民事简易诉讼强制调解法》,在自治公所附设民事调解委员会,加强法院对它们的指导、监督和支持,并简化程序,避免《民事调解法》过于程式化的弊端。[②] 对于这两项提案,会议没有准驳,只是交由司法院留交即将成立的法规研究会“参考”。

显然,当局无意采纳。而在此次司法会议召开之前,司法院副院长覃振在《东方杂志》撰文,强调民刑诉讼“雍塞”较清末尤甚的原因在于:“从前社会有孝友之家族制,为之防范,为之调解,大半可以助司法之所不及。”[③]司法院院长居正,更是大力提倡“复兴中华法系”,政策取向不言而喻。1935年8月9日,司法行政部颁行《诉讼须知》,其中民事诉讼部分第9项为“声请调解”,第12项为“和解”。宣称“讼则终凶,古有垂戒”,建议当事人“于未起诉之先,如有调解之可能自宜先行调解,即令调解不成而至于起诉,在诉讼进行中如有可以协商之机会,亦须尽力和解。”[④]后又将前颁“办理民事诉讼案件应行注意事项”修正为10大项80则,其中“癸、调解程序”就达13则,就调解进行中具体问题包括调解形式、调解人选、调查人数、缺调解人、购用状纸、劝谕让步、先行劝解、调解笔录、命缴讼费、调解争执、调解欠缺、调解费用等作出可操作性的规定。[⑤] 在此前后,当局又陆续颁行提倡调解制度的特别法令,未设法院地方也准用调解程序。[⑥]

1935年11月召开的中国国民党第五次全国代表大会,宣言第六项“尊司法,轻讼累,以重人民生命财产之权”说:“司法新制行于吾国,在新政中为最早,以教化失效,旧习新制不能相应,良法虽颁,美意未著。今欲渐跻宪治,必须顺应民情所宜,完成司法制度之独立,注重法官任用程序,推广调解制度,实行感化政策,培人民守法之德,养社会纯朴之风,以期案无积压,民无冤抑,而刑期无刑之旨。”[⑦]其对调解的态度,可谓空前坚决,足以压制社会上一般反对舆论。

(三)战时特别法令:1937年以后

抗战全面爆发后,中国广大地区沦入敌手,战区法院大量关闭,直接导致现代司法组

---

① 居正.全国司法会议汇编[M].南京:司法院,1935:议案第二组,34-35.

② 居正.全国司法会议汇编[M].南京:司法院,1935:议案第二组,18-19.

③ 覃振.民族复兴运动中对于家族制度的回顾[J].东方杂志,1935(10).

④ 吴经熊.中华民国六法理由判解汇编:四[M].上海:会文堂新记书局,1948:889,894-896.

⑤ 吴经熊.中华民国六法理由判解汇编:三[M].上海:会文堂新记书局,1935:619-620.

⑥ 司法院指令调解程序之规定兼理司法之县政府亦可准用[J].法令周报,1935(32);司法行政部指令民诉法之调解程序兼理司法之县政府自可准用[J].法令周报,1935(35).

⑦ 荣孟源,孙彩霞.中国国民党历次党代会及中央全会资料:下册[M].北京:光明日报出版社,1985:297.

织建设的停顿。同时,后方的军事审判趋于常态化,导致普通司法的适用范围大大萎缩,给幸存的现代型法院的运作带来困难。既定审判制度与原则遭到破坏。调解法制进入了以特别法令为主的阶段。

1.抗战中前期大力推广调解

司法行政部1938年5月给各省高院关于"民事事件务须厉行调解"训令说:

查两造纠纷如能由调解终结,不独人民省讼争之累,即各法院亦能减案牍之繁。是以民事应注重调解。本部曾迭经通令遵照在案。况现值抗战时期,战区之广,为吾国前所未有,战区之内,房屋化为灰烬,田园变邱圩,财产悉遭抢夺,工商概被摧残。即战区之外,自亦因此而大受影响。是经济上已发生急速变动,睹兹劫后余生,民间之纠纷势必层见叠出。债务人之履行能力,亦有重大变化,倘必待至起诉后始予解决,则裁判诸多棘手,执行尤感困难。自不如遇事调解以资结束,则其收效更宏。嗣后各司法机关办理民事案件,务须多方设法尽力调解,俾双方均得达圆满之目的,而符政府使民无讼之意。①

1941年7月颁行的《非常时期民事诉讼补充条例》,效力超乎法典之上。"非常时期办理民事诉讼,除本条例有规定者外,仍适用民事诉讼法及其他有关法令"(第1条)。《补充条例》共30条,涉及调解制度的10条(第11～20条);而司法院、司法行政部和最高法院关于《补充条例》的判例、解释和命令也集中于这些条款。例如吴经熊所编《中华民国六法理由判解汇编》第四册(民诉法)中,在该《补充条例》之下收录判解命令共33条,其中涉及调解制度者30条,足见法院适用之活跃。《补充条例》可算是一部以"调解为主"的民事诉讼法。值得注意之处有:第一,扩充调解程序的适用范围。"买卖、租赁、借贷、雇佣、承揽、出版、地上权、抵押权、典权九种法律关系,因受战事影响致生争议者,当事人得声请法院调解"(第11条)。即使已系属诉讼程序之案件,法院仍可移付调解(第12条)。第二,强化强制调解的力度。因战争致情事剧变,法院得斟酌"为增减给付延期或分期给付之裁判",但须其事件"经过调解程序者始能适用"②。第三,法院调解不限于第一审法院。《补充条例》第11条之争议已有诉讼系属于第二审者,第二审法院虽得依声请将事件移付调解,但其调解应由第二审法院为之,毋庸移送第一审法院(院字第2527号)。

战时盛行调解也不限于全国性法规。例如,浙江"战时处理佃业纠纷暂行办法"规定:凡佃业双方因缴租、协订新租约、欠租和因收回自耕而发生撤佃纠纷,应由争议当事人先用言词或书面,声请田亩所在地的乡镇公所调处。调处成立的,制作调处笔录送达当事人。调处不成立的,检卷申送县佃业仲裁委员会裁决。不服县裁决的,声请区佃业仲裁委员会复裁决,"案即确定"。经调处成立或裁决确定的案件,由县市政府依法执行。

① 谢冠生.战时司法纪要[M].南京:司法行政部,1948:十一,12.

② 司法行政部.训(民)字第4602号训令[J].司法行政公报,1943(8).

这就不是调解前置，而是调解“终局”了。

2. 抗战后期调解推广的变化

抗战后期调解推广法令出现微妙的变化，是转而注重调解的质量。1943年6月，司法行政部令行各地法院加强调解，并有针对性的指示应行注意各点。该部的命令说：

惟近年各司法机关办理调解事件，据视察所得：其调解成立者大都不过百分之几，推原其故，虽有时系因当事人固执成见，各趋极端，无法使之归于妥洽。然各司法机关承办人员对于调解事件之处理未能尽其职责，亦属重大原因。际此抗战时期，我前后方人民荡折离居困苦已甚，秩序未复，纠纷正多，为减少人民讼累，保持国家元气，尤有厉行调解之必要。嗣后各司法机关承办人员自应仰体时艰，克尽厥职，其办理调解事件首须离开裁判官立场，俨然以调人自居，并于视听言动之中处处表示息事宁人之意，务使当事人心悦诚服乐于调解，复就其争议发生之原因，及经过情形，与夫当事人性行境遇暨彼此平日往来关系，悉心考察体会，以求其症结之所在，公平处理且审时度势、因事制宜，随时晓以利害，示以方针，遇有争执渐趋激烈者，不妨命一造暂时退出，隔别开导其偕有亲友同来者，亦可许其到场或在外从旁劝解。至以调解人先行调解者，并得暂时退席，命先为调解。总之，不惮其烦，不惜辞费，以期于事有济，至诚所感，金石为开，自能多收调解成立之效。①

同年8月的一道训令则要求纠正调解制度推行中的偏差和随意。由于《非常时期民事诉讼补充条例》规定的调解程序，当事人常常不知运用导致权益无法保障，司法行政部要求承办调解的人员“务须详细晓谕各该机关长官并应与当地公正士绅预为接洽”，以便当事人不推举调解人时，得选任其为调解人员。这样，调解成立固足以息事宁人，“即加以裁判亦不难期其理得心安”②。

1943年10月，内政部会同司法行政部公布《乡镇调解委员会组织规程》(25条)，《区乡镇坊调解委员会权限规程》同日废止。该规程去掉“区”和“坊”字样。第1条，不再提及区乡镇坊的相关组织法；增加第5条“调解委员会于调解后，应本两造之意旨，书立调解字样”。第6条管辖规则，增加了当事人选择权；第7～10条调解委员会组成、委员选任，将《乡镇自治施行法》的内容纳入；增加第10条，调解委员任期1年。第12～20条，调解程序与规则，强化了法院对调解委员会的监督。增加第24条，“区之有同类调解委员会者”，准用该规程。③ 这样，区级调解不是必须有，而是可以有了。

战时大规模调解，“未达预期效果”；但各地质量各异，不可一概而论。法部1945年的训令说：

近据统计所得，三十二年如陕西兴平县司法处收受调解事件30起，成立30起；四川犍为地院收受55起，成立55起；又三台地院收受962起，成立787起；绵竹地院收受216

① 司法行政部. 训(民)字第3098号训令[J]. 司法行政公报，1943(8).

② 司法行政部. 训(民)字第4602号训令[J]. 司法行政公报，1943(8).

③ 乡镇调解委员会组织规程[J]. 司法行政公报，1942(12).

起,成立202起。其调解成立之数,固以达81%以上,但亦有一年之中收件在百起以下,而调解成立仅一二起或竟全未成立者。至收件已逾百起,而调解成立亦不过5%或1.9%,或全未成立者。

对于这种成绩,司法行政部当然不满意。"其结果如此悬殊,足征办理仍多不切实,殊负本部频频督导之意。"该部进而认为,调解质量不高关键在于承办人员工作不力。"对于调解事件果能悉心处理,收效自宏。倘或掉以轻心、敷衍塞责,则强制调解转属多事,制度本身且生问题。"该部将调解提高到政治与道德高度,"司法人员职责所在,就调解多尽一分尽力,即为人民减少一分痛苦"。并严令重申:"嗣后对于调解事件,务须恪遵法令切实办理,务使调解之成效得以充分表现。"①

3.战后调解政策的松动

法律与政策的松动,最早见之于抗战后期司法行政部在四川璧山、重庆所办实验法院中的简化诉讼程序。司法行政部1942年所拟《实验地方法院办理民刑诉讼补充办法》第14条明确规定:"民事诉讼法关于强制调解之规定,不适用之。"②当然,这还意味着调解制度的全面收缩。1945年3月,司法行政部拟定《民事诉讼法修正案》44项,其中第13、22、30项涉及压缩和解与调解制度空间。尤以第30项拟废除"调解前置主义"原则:"调解程序原为减少诉讼而设,唯当事人显已无意调解,强制为之成立终不可能,似应将民事诉讼法第409条应经法院调解之'应'字改为'得'字,俾法院得斟酌情形。若认为绝无调解成立之可能时,即不为之调解,藉以节省无谓之程序。"③

不过,从当年年底实际修正的情况来看,体现简易案件"调解前置主义"原则的第409条并未删除或修改。但到1945年12月,国民政府公布《复员后办理民事诉讼补充条例》,施行期为两年,后又自1947年11月18日起延长1年。该条例共28条,关于和解者只有第11条,却还与推广调解无关:"当事人在非法组织之法院,成立调解或诉讼上和解者,以有诉讼外之和解论。"《非常时期民事诉讼补充条例》于该条例施行之日废止。这就意味着,调解制度占压倒优势的情形成了过去式。

与法律修订相呼应的,是司法政策的重点转向。从1947年11月召开的"全国司法行政会议"情况来看,调解已备受冷落。这次会议提案至少589件,只有一件涉及调解,即第125案"拟请废止民事调解程序暨修正刑事简易程序以利诉讼而轻民累案",主张根本废除"强制调解"原则。④会后发表的"宣言"强调五项重要措施,即保持司法独立、切实保障人权、简化诉讼程序、限期普设法院和彻底改良监狱,只字未提"调解"字样。1948年年初,司法行政部编辑《战时司法纪要》,列举25项重大政策(各一章)。涉及调解的只有两章:三、"简化诉讼程序",将调解本身当作简化的对象加以限制;十一、"处理民刑事件

① 谢冠生.战时司法纪要[M].南京:司法行政部,1948:十一,28-29.

② 谢冠生.战时司法纪要[M].南京:司法行政部,1948:三,2.

③ 谢冠生.战时司法纪要[M].南京:司法行政部,1948:三,9.

④ 谢冠生.司法行政检讨会议汇编[M].南京:司法行政部,1947.议案89.

之督导”，但相关内容限于1945年之前。1946—1947年无相关事实与法令。①

至此，南京政府关于调解制度的政策转向消极。但调解制度的地位并未根本动摇。在司法行政部长谢冠生1948年初的报告中，调解仍为“息讼”三措施之一。他说：“期于无讼”必注意下列三点：一是推行公证制度，二是厉行民事调解，三是简化诉讼程序。三者之中，公证制度防止纠纷于未起，所以保障私权，澄清讼源。民事调解在纠纷既起之后尚未进入诉讼程序时，先行经过调解，希望双方不致涉讼。而简化诉讼程序，则是力求已经起诉之案件能迅速结案。② 1949年国民党政府战败，逃往台湾沦为地方政府后，有关调解的法律制度也在小修小补中沿用至今。近年来，台湾的调解制度受到大陆学者的重视，有不少学者还将它与大陆的人民调解和法院调解进行横向的比较研究，并力求从中归纳出有借鉴价值的建议。实际上，两岸之间的调解制度，也有纵向差异的因素。③

三、近代中国调解法制发展之评述

显然，清末和民国时期并非中国调解制度发展史上的“断裂带”或“空窗期”。特别是到南京政府时期，调解法律制度已相当完善。但考察调解制度的发展，不能仅局限于纸面上的法律条文，应评估其实际推行状况及分析影响成效的社会历史因素，从而凸显其真实的发展状况。

(一)调解制度推广陷入困局

从纸面上的法律与政策来看，国民党政权绝非无意推行调解制度。其强制调解的范围和力度，甚至较之红色根据地也毫不逊色。但国统区调解制度推行之效果极差，却是不争的事实。④

法学家陈盛清当时就指出：《区乡镇坊调解委员会权限规程》“未普遍实施，且鲜成效”。四川各县乡镇调解委员会，对于民刑事纠纷大多调解不成，最后仍然诉之于法院，终使调解委员会虽存若亡。法院里调解的办法，成效未著，调解不易成立，适足以增加民事诉讼程序之繁复。⑤ 对此，司法当局30年代初也认识到这种弊端，并试图加以改进。而从司法统计的数据来看，法院受理的调解案件数量随政府调解政策之宽严而起伏涨落，而调解成功率在整个30年代都是绝对地逐年下降，从最初的接近三成，到后来的一

---

① 《战时司法纪要》号称“辑录抗战以来关于司法兴革之大者，起二十六年八月迄三十六年十二月。以事为纲，而附载关系文件于后”。谢冠生.战时司法纪要[M].南京：司法行政部，1948：序。

② 谢冠生.战时司法纪要[M].南京：司法行政部，1948：附录28-29.

③ 李琴，农江.台湾与大陆调解制度之比较[J].台声(新视角)，2006(1)；齐树洁.台湾法院调解制度评析[J].法学，1994(8)；范愉.人民调解与我国台湾地区乡镇市调解的比较研究[J].清华法学，2011(1).

④ 限于篇幅和选题之考，人民调解和国统区调解制度的比较须另文探讨。关于两者的联系与共同点，可参看欧阳湘.中国共产党领导的抗日根据地援用国民政府法律问题论析[J].抗日战争研究，2009(3)；张健.民国时期国共两党民事调解的比较研究——国家权力下沉背景下的社会治理与社会动员[J].甘肃政法学院学报，2015(2).

⑤ 陈盛清.我国调解制度[J].东方杂志，1943(20).

成多,其结果当然令人失望。令人不解的是,1935年调解制度改革并纳入民诉法后,在调解案件受理数绝对减少的情况下,调解成功率仍同步下降(如表1)。在抗战时期大规模推广调解的情况下,民事调解成功率甚至低至5%。抗战胜利之后至1947年年底的两年间,在民事调解案件总量下降的情况下,调解成功率提升至25%,已足让当局津津乐道了。①

表1 1931—1939年度民事调解案件比较表

年度	受理件数			已结件数及调解成功率						未结
	共计	旧受	新收	共计	成立数	成功率	撤回	不成立	失败率	
1931	67806	1381	66425	66534	17859	26.84%	282	48393	72.73%	1245
1932	83054	1441	81613	81753	17347	21.21%	253	64180	78.50%	1301
1933	98172	1363	96809	96685	20153	20.84%	0	76532	79.15%	1487
1934	115453	1696	113757	113894	18643	16.37%	0	95251	83.63%	1559
1935	83773	1599	82174	83042	—	—	—	—	—	731
1936	84974	657	84317	83873	12419	14.80%	0	68016	81.09%	1101
1937	26906	511	26395	26521	3868	14.58%	0	22656	85.42%	382
1938	10163	248	9915	9907	1621	16.36%	0	8263	83.40%	256
1939	26221	367	25867	25714	3543	13.78%	0	22171	86.22%	520

说明:各表系根据1932—1934、1936—1939各年度《司法统计》的相关表格编制。《司法统计》1935年度未见出版(北京图书馆.民国时期总书目·法律[M].北京:书目文献出版社,1990:293),而1936年度统计表中的"上年度"项目不完整,故无法计算1935年度调解成功率。1936年度调解成立、调解不成立及共计数,原表无法验算,暂照录。

减少讼累和方便当事人,降低纠纷解决成本并增进和谐的社会关系,是南京政府推行调解制度的初衷。但如果调解失败重启审判程序,必将增加当事人的诉讼成本。这在厉行调解之初有其必然性。就民国时期而言,从时人的批评来看,调解制度的推行导致讼累更加严重。因为民间每一民事案件发生后,多数已经邻里乡党亲戚朋友之调停,其不成立者始向法院起诉。法院若再行调解,其结果只是令当事人耗费时日、荒废事业受无穷之讼累。同时,某些债务人还恶意利用易于启动的调解程序拖延审判的进行,甚至串通第三人假捏债权债务,损害真正债权人利益。因此,调解可以"息讼",但在短期内不可能达到减轻"讼累"之效。事实上,"以拖延的方法来促使诉讼当事人主动放弃和撤销诉讼的请求,是古代许多法官惯常采用的息讼之术"。而其原理就是增加诉讼当事人的

① 谢冠生.战时司法纪要[M].南京:司法行政部,1948.附录二,28-29.

成本,使得可能缠讼的当事人在"讼累"面前知难而退。①

民国时期的调解制度推行不力,还有下列一些具体原因:

一是制度存在缺陷。法律规定的调解程序过于烦琐和流于形式,且身居城市的推事不"送法下乡",并无充分考虑农村当事人的调解意愿。司法行政部长谢冠生说:"法官于两造当事人,素昧生平,个性环境,皆不熟悉,欲求片言解纷,其事较难。"②最高法院也认为从前施行民事调解法未著成效者"似在法院方面",因该法规定调解不征费用担心影响于司法收入,"推行固不甚努力";而"调解限在法院推事前行之,当事人激于意气之争求胜心切,每不具心平气静接受调解,亦为其最大原因,致难达清讼便民之本旨"③。

二是司法资源不足。民国时期,司法部门是名副其实的清水衙门,能分得的资源极其有限。因此,法庭调解的机构设置和经费等条件,都只允许法庭在时间和精力上作最低限度的投入。调解效果自然不佳。黄宗智先生认为,国民党时期"调解"程序的高发率表明调解极有可能只是走走过场,他研究的案例中没有一个显示:法官为了帮助双方达成妥协方案做了认真的工作。④

三是缺乏配套措施,考核制度不到位,导致中央厉行调解的政策强度层层递减和走样。经济发展与社会立法,呈城乡二元分化态势。新式司法制度,主要是在都市推行。而区乡镇坊调解委员会组织极不健全,或勉强组建却仍为旧势力把持,甚至沦为区乡镇长和土豪劣绅作威作福之具。

(二)多元化的纠纷解决机制

尽管调解成效有限,但调解制度毕竟真实地存在。纠纷解决不能局限于审判方式,"如果把视野扩展到社会整体层次上,考察纠纷全体的正确解决,就更有必要将诉讼外的纠纷解决与通过审判的纠纷解决同等作为研究对象。"⑤若将调解制度考虑进来,南京政府时期的纠纷解决机制是传统与现代多元并存、诉讼与非诉讼此消彼长的复杂图景。下面试以不完全统计的数据进行分析。

1. 诉讼方式多元并存

到20世纪30年代初,中国各基本法典相继颁行,体现近代司法原则的审判制度也建立并逐渐完善了。但审判组织并未完成转型,只是形成传统与现代多元并存之格局。⑥(1)现代型法院,采用新式审判方式;(2)传统型衙门,以兼理司法县衙为代表,不实行检

① 马作武.古代息讼之术探讨[J].武汉大学学报(哲学社会科学版),1998(2).

② 谢冠生,王建今.司法工作之理论与实践[M].上海:大东书局,1946:140.

③ 最高法院.设立法典讨论会为修改现行民刑法及民刑诉讼法之准备案[C]//居正.全国司法会议汇编.南京:司法院,1935:议案第二组,18-19.

④ 黄宗智.中国法庭调解的过去和现在[J].清华法学,2007(1).

⑤ 棚濑孝雄.纠纷的解决与审判制度[M].王亚新,译.北京:中国政法大学,1994:3-4.

⑥ 关于近代中国审判组织的现代化转型,可参看欧阳湘.近代中国法院普设研究——以广东为个案的历史考察[M].北京:知识产权出版社,2007:355-358.

察和律师制度，审判方式不按法定程序；(3)中间过渡型组织，组织形态有审检所、司法公署和县司法处。法权会议报告书称为“过渡时代之法院”，认为是“中国政府折衷旧式县知事衙门程序与新式法院程序而设之试用办法也。故此种法院之组织和程序，一部分为新式，而其他一部分则仍根据于旧时司法制度之程序”①。

以1934—1936年的司法统计而论，经新式法院审理结案数大大低于各县政府审结案件数(前者大致相当于后者的六成至八成)。而且，全国未设法院县份多达1400余，但纳入统计的只七八百县。同时，由于农村地区法律知识缺乏，民事案件以起诉为大宗，其他督促、保全等非诉讼案件比例较低(如表2)。② 由此可以推论，民国时期绝大多数的民事案件非由现代型法院审理。

表2 1934—1936年度法院和各县审判第一审民事案件比较表

年度	法院审理案件数		县政府审理案件							法院与县政府审结案件比例
			案件数			审理案件类别				
	已结	未结	已结	未结	编入县数	起诉	督促程序	保全程序	强制执行	
1934	75149	7519	118751	12098	756	100809	2252	1177	8856	63.28%
1935	105286	6557	130238	14026	834	111061	2785	1234	11680	80.84%
1936	93121	7549	132907	12740	763	109760	3059	1767	16596	70.06%

2. 庭审结案方式多样

由法院经诉讼程序审理的案件也并非均以判决方式结案。在1931和1932年度，法院审理案件以判决结案的比例分别为67.31%和66.56%；在1934—1936年间，法院审结案件中，以判决结案和裁定驳回的占到已结案件总数的70.63%、72.91%和72.48%。1937—1939年度，法院审理案件以判决和驳回结案的比例略有下降，分别为70.14%、67.72%和66.74%。整个30年代，以判决结案的大致在70%左右。至于非判决结案方式的约三成，达成审判上和解的占到16.36%～9.50%不等；当事人撤回告诉者占结案件数比例，除1936年外均在8%～10%，这部分应视为是经诉讼外调解或和解结案；至于“其他”项下的10%左右或以下，可能是起诉后当事人不到庭又不撤诉的，原因固然不一，多数也应是诉讼外和解或民间调解成功(如表3)。

① 法权会议报告书[J].东方杂志，1927(2)：150.

② 谢冠生.司法统计：1936年度[M].南京：司法行政部，1938：8，124。1933年以前和1937—1939年度《司法统计》，无“各县民事案件”统计项目，无法作比较。

表 3　1931—1939 年第一审法院审理案件结案方式比较表(数据来源与"表 1"同)

年度	审结案件总数	判决		和解		撤回		驳回		其他	
		件数	比例	件数	比例	件数	比例	件数	比例	件数	比例
1931	39924	26899	67.38%	6272	15.71%	3556	8.91%	0	0	3197	8.01%
1932	48192	32078	66.56%	7820	16.23%	4232	8.78%	0	0	4062	8.43%
1933	59211	38742	65.43%	9685	16.36%	5084	8.58%	2356	3.98%	3344	5.65%
1934	75149	50750	67.53%	10049	13.37%	6108	8.13%	2324	3.09%	5909	7.86%
1935	105286	72399	68.76%	10402	9.88%	8922	8.47%	4361	4.14%	9200	8.74%
1936	93121	62622	67.25%	8851	9.61%	7806	3.38%	4872	5.23%	8970	9.63%
1937	46969	30128	64.14%	6320	13.43%	3780	8.05%	2818	6.00%	3923	8.35%
1938	22986	14496	63.06%	3087	13.43%	2098	9.13%	1070	4.66%	2315	10.07%
1939	47586	29385	61.75%	6989	14.69%	4595	9.66%	2374	5.00%	5143	10.81%

3. 非讼机制多种多样

按照《司法统计》,非诉讼方式主要包括和解与调解两大类。而和解又有诉讼上和解、诉讼外和解和破产和解三种。(1)诉讼上和解,当事人于诉讼系属中在推事前试行和解成立,也称审判上和解。(2)诉讼外和解,由当事人约定互相让步以终止争执,或防止争执发生的契约,也称民法上的和解。诉讼外和解,有使当事人放弃权利或取得权利的效力。这是一种契约行为,不是诉讼行为,倘有争执仍需通过民事诉讼来解决。但法律规定宽松的撤诉条件,则有助于已进入审判程序的案件实现诉讼外和解。(3)破产和解,又可分法院的和解、商会的和解。

调解制度也是多元并存,大致有法庭调解、社团调解、乡镇调解、宗族调解和纯民间调解五类。前三类属现代型调解,主持人资格、调解范围、调解协议效力,以及提起与进行程序等,都有法律法规的明确规定;但又否定了传统型调解的职权主义色彩,即主持人依法无权动用刑罚等手段迫使当事人接受调解,也不能限制当事人的诉权。[①] 按日本法学家棚赖孝雄的分类,法庭调解应属判断型调解,"以在节约费用、提高效率的前提下尽量实现在审判中能够得到的解决为理想"。社团调解和乡镇调解也有类似的特征。后两类则是传统型的延续,当事人的意思表示在调解过程中有决定性作用,可归入"交涉型调解"之列。传统型调解没有法律效力,仅经此类调解者以"未经调解"论,如应经强制调解

① 关于传统型调解的特点,参见宋才发,刘玉民.调解要点与技巧总论[M].北京:人民法院出版社,2007:9-13.

之民事案件径行起诉,法院将视之为"调解之声请"。而所有这些调解,对当事人用的是"教化型调解"口吻;就其对判决的批判态度言,又有"治疗型调解"①的价值追求。

(三)调解兴废之背景与渊源

调解制度在近代中国可谓"香香臭臭",当局的政策也起伏不定,社会舆论的影响是其重要原因。调解制度素称"东方经验"。不可否认,近代中国调解制度之兴废,与对现实国情认识的深入有关。重视调解制度固然是本土资源的发扬光大,仍与西方民事诉讼的制度变革紧密相关。

1. 提倡调解法制的制度渊源与思想基础

一方面,传统文化无疑是调解制度的本土资源。息事宁人、刑期无刑、必使无讼等,都是学者建言乃至政府法令中的高频关键词。例如,司法行政部所颁《诉讼须知》说:"讼则终凶,古有垂戒。"若选择诉讼,"即幸而获胜,而得不偿失者有之。若其败也,则所受之损失,更形巨大"②。法学士童振海的说辞,可以说没有是非观念和权利意识,俨然前清遗老或冬烘先生口吻:

讼,凶事也;狱,危道也。从来狱讼制度可以伸冤,亦可以埋冤。……不问其情有可原,遽争理之曲直,非据"日近、长安远"似是而非之理由,即持"如盘、如汤"模棱两可之辩论。加之任律师者,鼓如簧之舌,驰波涛之辩,极讼事之能,乱当轴之听。捉刀笔者,饰非文过,尾婉动情,因之伸冤埋冤是非莫定。而吾民犹欲讼争此不定之是非以求昭雪,其愚孰甚?况天下之事,原无真是真非予以评判。譬如武王伐纣一事,本吊民伐罪之旨,不得已而用兵,行为固是也。而夷齐偏要扣马谏阻,谓其父死不葬,爰及干戈。……双方均不失为仁,故宜并是之。假使据此理以讼,用论理学与现行法律推断,则武王伐纣是,而夷齐谏阻必非,判处反革命刑可。或以夷齐谏阻是,而武王伐纣为非,判处内乱罪亦可也。……则真是非何在?然则事无真是真非,而历来之执法者,又为拘于法令,评判是非者何也?盖其意在谋治安而使无讼,以息事宁人,为齐民止乱之术而已耳。③

另一方面,近代中国调解法制的产生与演变,都与西方民事诉讼制度及其修改有直接关系。清末修律时制订的《民事诉讼律》草案及北洋政府颁行的《民事诉讼条例》,"仅承认当事人在提起诉讼前有声请和解之自由权,非以和解为提起诉讼之必要条件,与修改前之德国及日本《民事诉讼法》相同"④。德国于1924年修改《民事诉讼法》,采用义务调解制度,以经过调解程序为提起诉讼之必要条件。日本随后修改《民事诉讼法》,并颁布《借地借屋调停法》《商事调停法》《租佃调停法》和《金钱债务临时调停法》4种调停法。德国、日本的修法,成为南京政府调解法制建立的外国经验。对此,南京政府顾问宝道

① 棚濑孝雄.纠纷的解决与审判制度[M].王亚新,译.北京:中国政法大学,1994:53-63.

② 吴经熊.中华民国六法理由判解汇编:四[M].上海:会文堂新记书局,1948:889,894-896.

③ 童振海.现行刑民工商事调解法规集解[M].上海:法政学社,1931:自序.

④ 石志泉.民事调解制度[J].法学专刊,1935(5)。德国、日本的调停(调解)制度,渊源于丹麦和挪威。

说:1932 年《民事诉讼法》第 370 条"系完全抄袭日本《民事诉讼法》第 136 条之规定;而日本《民事诉讼法》第 136 条系根据德国民事诉讼法第 296 条之规定"①。

2. 反调解话语中的外国经验与本土资源

反对调解制度当然必须以民众关心的问题立论,例如,"讼累"、便民和"意思自治"。有意思的是,外国经验和本土资源皆均为反对者所用。

外国经验、洋人意愿和普世价值是反对调解之利器。对西方法律与司法制度的信仰,容易导致国人对法治的误读,认为既然实行司法独立,就只应服从法律和依法裁判。例如,民国元年广东司法司就担心:"裁判者躬任调停之责",不符洋人意愿"或致交涉棘手,而收回法权之希望,恐亦因此而横生障碍。"②《民事调解法》颁行后,仍有学者认为:"在法言法,本不应有所谓调解。盖法律之订定,准情酌理求得情理之理,经国家颁行之后,必期放诸四海而皆准,绝不容有丝毫之迁就。"调解制度有存在之必要,但"绝非任何纠纷,均以调解为上策。今之误调解意义者,凡事必从中为强迫之调解。其结果往往使狡黠者受其利而忠厚者蒙其害,斯调解有悖于法律矣。"③国民政府法国籍顾问宝道建议缩小调解范围,尤以商事案件不宜调解。他断言法院和解,"定归于失败。虽以继续展期之故,而请求人在实际上有不得不同意和解者,惟此种和解正外国商会所不以为然者"④。

"本土资源"也可为反对新型调解制度之用。调解并非中国之"特产",坚持中西国情民俗不同之文化观,也可推导出反对调解制度之结论,即把新型调解视为"舶来品"加以反对。

我国以宗族社会而建国,与泰西各国以单独之个人主义立国,根本上即大相径庭。从是而推之于一切的一切,立场既异,情形自殊。专就民事诉讼而论,外人对于法院印象甚深,一有民事事件纠葛发生,并不他求,唯法院之是诉而已。于是法院先之以调解,不成再继之以诉讼。……至如我国则不然,民事事件之纠葛发生,先之以族议,族议不决,继之地方耆绅从中调处。所有茶肆酒肆,即民间自设之民事调解处也。事经此处调解,十有八九和平而解决之矣;十分之一,万无调处和洽之余地,逼无奈,始就谳于公庭。……中西习尚之不同,如此其甚。我国百事趋向欧化,步武接踵,唯恐不及,而法院遂亦有民事调解处之设立,于是寿陵失本步,笑煞邯郸人矣!⑤

应当指出的是,此类持论者并非根本反对调解,而是要求赋予传统型的民间调解乃至宗族调解以合法地位:倘若案件已诉至法院,就应径行依法裁判,则无须再行调解。

① 王健.西法东渐——外国人与中国法的近代变革.北京:中国政法大学出版社,2001:365.

② 广东司法司告诫各级裁检所局判事检事及各县专审员文[J].广东司法五日报,1912(18).

③ 童振海.现行刑民工商事调解法规集解[M].上海:法政学社,1931:序.

④ 王健.西法东渐——外国人与中国法的近代变革[M].北京:中国政法大学出版社,2001:368.

⑤ 吴蒙.修正民事调解法施行细则简评[J].法治周报,1934(4):3.

On the Legal System of mediation in Modern China

——A historical investigation centered on the period of the Nanjing Government

Ouyang Xiang

Abstract: In the late Qing Dynasty and the early years of the Republic of China, the law was only reconciled without mediation, and the relevant legal system was extremely incomplete. The authorities even prohibited the judges from being "mediators". After the establishment of the Nanjing government, it promptly enacted various laws and regulations to establish the principle of compulsory mediation on the professional groups and the mediation of the courts in villages and courts. And the judges were encouraged to settle lawsuits through reconciliation or mediation. The government's advocacy of the mediation system has reached its perfection after outbreak of the Anti-Japanese War. After the war, the mediation policies began to loosen. If the mediation is taken into account, the civil dispute settlement mechanism in the period of the Republic of China is undoubtedly a complex picture of tradition and modernity, litigation and non-litigation. But at that time, the mediation system was put into a dilemma. On whether the mediation system should be implemented is also the endorsement and opposition of the voices coexist. Interestingly, both the positive and negative discourses can be seen as influenced by "foreign experience" and "local resources".

Key Words: modern China; law; mediation; Nanjing Government; policy

市民社会中的自发秩序
——中世纪商事习惯法形成的文化解释

张文彬[*]　杨梦珊[**]

摘要:现代商法是由欧洲中世纪的商事习惯法演进发展而来的,在11—17世纪的欧洲,中世纪的商人们根据自己的意愿创造了一系列习惯与惯例,用以调整他们彼此之间的商事关系,这些习惯和惯例统称为中世纪商事习惯法,又称商人法。本文主要以法律的文化解释为方法,考察中世纪商人法形成的独特的文化背景,分析在当时的语境下商人法的创制主体即商人群体所具有的价值偏好与文化认同,剖析商事习惯法演变和形成的过程。

关键词:商事习惯法;商人团体;文化解释

现代商法是由欧洲中世纪的商人法为基础经过长期的商事实践演进形成的,在11—17世纪的欧洲,商人阶层为了维护自身商事利益,在长期的商事实践中经过约定俗成逐步创制了符合阶层利益诉求、为大多数人认同的商事习惯和规则,这是现代商人法的雏形。到中世纪中晚期,商人法已日臻完善,并发展成了与教会法、封建法成三足鼎立之势的法律体系,这些商事习惯和规则经过数百年的积淀与发育,为近现代国际商法的形成与发展奠定了坚实的实践基础。在欧洲中世纪商人法的孕育和形成过程中,繁荣的多元文化浸淫着商人主体的情感偏好与规则认同,使这一背景下形成的商人法包含着时代文化的色彩。本文试图从法律的文化解释的角度入手,解读中世纪商人法形成的文化背景,分析商人法创制主体的文化认同,剖析法律与文化交织下中世纪商人法的发展脉络。

一、导论:问题意识与分析框架

(一)问题意识:中世纪商人法的界定

就国际商法的形成而言,虽然目前尚无定论国际商法具体何时形成的,但普遍认为,现代商法是由欧洲中世纪的商人法演进发展而来的。施米托夫将国际商法的发展分为

[*] 张文彬,泰山学院经济学院副教授,山东大学国际贸易学博士,研究方向:国际商法。

[**] 杨梦珊,南开大学法学理论专业硕士,研究方向:法律社会学。

三个阶段:第一阶段为中世纪商人法时期(11—17世纪),这一阶段的商人法是事实上支配那些往返于商业交易所在的文明世界的各港口、集市之间的国际商业界普遍适用的国际习惯法规则;第二阶段是商人法被纳入国内法时期(18—29世纪),始于国家主权这一概念被普遍采纳的时期;第三阶段是新商人法时期(当代),开始于对19世纪过分夸大的国家主权采取公正批判态度的时期……标志是其有旧的商人习惯法特征的国际主义的概念的复归。[①] 施米托夫对商人习惯法发展阶段的划分得到国际学术界的普遍认可。

就中世纪商人法的定义而言,学界有着不同的观点,归纳而言主要从两个角度对商人法进行定义:第一,从商人法调整的法律关系来定义,中世纪商人法是在欧洲中世纪的商人们所创造的调整他们彼此关系的一系列习惯与法律。[②] 第二,从商人法的内容对其下定义,认为商人法是欧洲关于商业习惯的总体,包括汇票、合伙以及其他商业事项的规则。这两种定义都各有缺陷:第一种定义方式的外延与内涵都过于宽泛模糊,没能指明商人法调整的具体的法律关系,忽视了中世纪商人所面临的复杂的历史环境,即当时的商人们在受教会法、城市法、封建庄园法等各种法律调整与支配时具有不同的身份,所进行的活动也具有不同的法律关系,而在这之中仅仅只有商人之间的国际贸易活动才能适用商人法;第二种定义方式对商人法的调整内容进行列举,但这种列举并不能穷尽所有商事行为与习惯,也并没有指明中世纪商人法产生的特殊的历史条件。

要对中世纪商人法的定义进行讨论,首先是对法律概念的理解问题。即何为法律,什么样的规则才能被称作法律?按照法律实证主义的观点,法律是国家意志、主权者意志的体现,它具有普遍适用性,由权威机构制定并由国家强制力保证实施。但何为"国家",何为"主权者"?纵观西方千年文明,如果将"国家"概念仅仅限定为近代民族国家、将"主权者"概念理解为近代君主或代议制政府,那么也就意味着,在古代帝国、早期城邦、中世纪城市的时期,没有"国家意志""主权者",法律的兴起也就无从讨论,这显然是不能成立的。因此以法律实证主义对于法律概念的观点,难以解释和定义中世纪商人法。

按照历史法学派的观点,法律乃是整个社会的法律信念与法律实践的主要表现形式,不同时期同一民族的法律的表现形式会有所不同,习惯法只是法律的一种表现形式。历史法学派的代表学者萨维尼认为,法的发展呈现几个阶段:第一阶段,法直接存在于民族的共同意识之中,并表现为习惯法;第二阶段,法表现在法学家的意识中,出现了学术法;第三阶段是编纂法典。按照这一法律观念,则可以很自然地解释商人法的演变规律,并对中世纪商人法进行一个充分的定义:欧洲中世纪中晚期产生的纷繁复杂的法律现象,乃是商人法发展的第一阶段,中世纪商人法一定程度上继受了古代商法与罗马法,在欧洲贸易的复兴、商业力量的壮大的时期积累了相关的商业惯习与规则,它是中世纪的

---

① 施米托夫.国际贸易法文选[M].赵秀文,译.北京:中国大百科全书出版社,1993:4.

② 戴维·M.沃克.牛津法律大辞典[M].北京:光明日报出版社,1988:524.

商人阶层为了保护其之间的商事权力，据自己的意愿在商事实践之中创造的调整彼此商事交易关系的一系列习惯与法律。

(二)分析方法:法律的文化解释

“法律的文化解释”，是梁治平在20世纪90年代提出的，在他看来，法律的文化解释其实正是法制史领域内的研究，是对历史、哲学、文化、语言等一些法律外的主题进行重新安排与重新解释。[①] 正如埃利希所说，法律文件并不能让一个人获得对过去法律的完美图景，关于口头交易、书面文件与法律诉讼都未涉及的法律关系都不会在法律文件中谈到，而家庭形式、土地所有制、日常生活事务等大部分法律形式也不能直接从法律文件中获取。这时，要想研究过去的生活的风气和秩序，更主要的是从法律史的研究方法入手，探寻法律制度史的问题，研究一个民族在成长过程中一并形成的法律命题与法律制度。[②]

梁治平在综合了历史学、阐释学、语言学、人类学、社会学、哲学等学术资源后认为，法律源自社会，解释也应当回归社会，而不是与世界上的其他文明作比较:“一味地在其他社会、文化中查证自己社会、文化的有无，只能产生误导，无异于理解。理解应当从研究对象所产生的‘文化语境’入手。”[③]文化本身就是连接着人与社会、社会与法律之间的节点，不同社会的不同法律所履行的功能、适用的原则都根植于当时的文化环境，法律的文化解释也即是以法律阐明文化、用文化阐明法律。从法律本身而言，它是在不同时间、地点、场合，由不同的人群根据不同的想法创造出来的，因此可以说法律不仅具有解决问题的功能，更具有传达的性质，其本质上体现文化的一个符号。19世纪历史法学派认为，一个民族的法乃是该民族以往历史和精神的产物，人在创造法律的时候，必然在其中包含着他的前见，这种前见体现了他的想象、信仰、情感，这样被创造出来的法律本身就是当时社会的需求下的产物。正如伯尔曼所说的，法律具有非理性的一面，法律不但包含人的理性和意志，也包含着人的情感直觉和信仰，它不仅是事实，也是观念、概念和价值的尺度。因此，要对法律进行文化解释，更主要的是关注不同人群看待和处理诸多共同问题的态度和方式，尤其是那些隐藏在共同表象之后的有意味的差异。[④]

中世纪商人法是商人法形成和发展的第一阶段，它形成于复杂的历史背景之中:欧洲中世纪时期，虽然伴随着贸易的兴起商业力量逐渐壮大，但整个欧洲一直处在教会与国王的博弈斗争之中，无数个封建领主和上千个城市就是当时四分五裂的欧洲大陆的局面，商业行为也因为受到了封建社会政治、宗教的因素的影响，一直未被主流意识形态所认可，商人们在进行商事实践时缺乏统一的商事法律与商事制度的保护。中世纪商人阶

---

① 梁治平.法律的文化解释[M].北京:生活·读书·新知三联书店出版社，1994:2.

② 埃利希.法律社会学基本原理[M].叶名怡，袁震，译.南昌:江西教育出版社，2014:387.

③ 梁治平.法律的文化解释[M].北京:生活·读书·新知三联书店出版社，1994:53.

④ 梁治平.法律的文化解释[M].北京:生活·读书·新知三联书店出版社，1994:32.

层为了保护其商业贸易过程中的权力，在商事实践之中根据自己的意愿逐渐创造实施了一系列商事惯例与法律，到了中世纪中晚期，商人法已然发展成为与教会法、封建法成三足鼎立之势的法律体系。本文主要以法律的文化解释为方法论，对中世纪商人法的产生的复杂的经济、历史背景做一个概括的考察，解读中世纪商人法形成的文化背景，分析在当时的语境下，商人群体在创造商人法时所面临的困境以及由此产生的好恶与情感，剖析法律与文化交织下中世纪商人法的发展脉络，以中世纪商人法的形成路径来阐明文化，用中世纪欧洲文化背景来阐释法律。

二、历史环境的解读：中世纪商人法形成的文化背景

（一）11 世纪以前商人法的渊源：罗马法与早期贸易习惯

通过对西方法律传统的考察可以发现，中世纪欧洲商人法的最初渊源可以溯及在地中海地区发展起来的古老的贸易习惯。在中世纪之前（约在公元 5 世纪之前）的古罗马和古希腊，就已经出现了商事法律规范的萌芽：一般认为，商法或商人法的历史可以追溯到约公元前 3 世纪的《罗得海法》，以及更早的腓尼基和迦太基（布匿）人的航海贸易习惯，至罗马私法高度发达，有关商或贸易的法便已相当完备了。[①] 这些古罗马时期古老的贸易习惯对调整当时的商业交易活动具有十分重要的意义，逐渐得到了各国商人的普遍援用和承认。

但自古罗马帝国晚期起，欧洲经济已经日益呈现种种崩溃的迹象，此后，随着日耳曼民族的入侵，昔日海洋商业文明的大动脉地中海航运被封闭，致使"欧洲商业濒于绝境"，城市也随之衰落。商业与城市的衰落影响了这些商业贸易惯例的编撰，罗马法的衰亡也使得商业关系和贸易活动仅仅在有些的规模上存在，但这些古老的商业贸易习惯仍然或多或少地存留了下来，并被中世纪的商人们借鉴、吸收，从而促进了中世纪商人法的产生和发展。例如到了中世纪中后期，地中海沿岸商人团体的发展并编撰了许多的商事贸易习惯法，如大约 8 世纪初由东罗马帝国重新编成具有海商法性质的《罗德海事法典》、公元 6—8 世纪起源于腓尼基人和希腊人的海事法《罗得海事法》、10 世纪的《阿马尔菲表》、11 世纪由法学家们编辑的《特兰尼海员公会的领事判例集》，以及此后由罗马法学家系统编纂的《裁判官法令》等。[②]

（二）11—14 世纪商人法的萌芽：集市的形成与习惯法的产生

西罗马帝国覆灭之后，欧洲的商业活动曾一度中断，商业发展逐渐衰落，在 6—10 世

---

① 哈罗德·伯尔曼.法律与革命——西方法律传统的形成[M].贺卫方，等译.北京：中国大百科全书出版社，1993:413.

② 由嵘.外国法制史[M].北京：北京大学出版社，1992:125.

纪这段漫长的时间里存在的是以封建庄园和封建农村为基础的农业型社会，整个社会相对封闭，自然经济居于主导地位、商业很不发达，其内部经济活动主要是单纯的“以物换物”。在9世纪之后，阿拉伯人对于欧洲的侵略暂时告一段落，欧洲的人口开始了稳定的增长，政治环境相对和平，农业生产方式也实现了历史性的突破：土地的大面积垦殖、“重犁”等农具的发明、“挽马”耕作方式的推广和“三田轮作制”的普及使农业劳动生产率大大提高。① 但是欧洲的耕地却没有增加，新的人口为了应对“马尔萨斯危机”不得不离开家乡四处漂泊，做起流动商贩。这些流动商贩将货物卖出的首要的也是唯一的选择，则是当地的集市。集市作为一个封闭的农业社会的地方性交换场所，在任何农业文明中都曾存在，但是传统的集市之中并不存在严格意义上的陌生人，商贩们的主顾大多是熟人，而流动商贩的入侵打破了这种局面：他们向当地的领主和富农兜售香料与珠宝等奢侈品，地方性集市逐渐成为富商巨贾之间定期聚会的场所，外来的陌生人充斥着各地集市，商人与商人之间的贸易成了集市的主要活动。②

11世纪末期“十字军东征”(Cruciata)更是极大地促进了商事贸易的开拓与集市的国际化发展。1096－1291年的十字军东征，是一系列在罗马天主教教宗的准许下，由西欧的封建领主和骑士对他们认为是异教徒的国家(地中海东岸)发动了持续近200年的宗教战争。这场军事意义上的行动，实际上打开了对东方贸易的大门，地中海西部的意大利、法国和西班牙一些城市东方贸易逐渐兴盛起来。首先，商业贸易迅速繁荣：意大利各大城邦商人开始争相掌握政府权力以获得与东方贸易的机会，意大利的一些贸易城市合力驱逐了控制地中海的阿拉伯舰队，这样，整个地中海就向西方航运开放了，③地中海贸易迅速繁荣起来，北海、波罗的海诸国商业也日益活跃，沿海贸易逐步向内地渗透。同时，国际化集市逐渐发展：11世纪晚期，规模巨大的国际集市每隔一定时间就会在全欧洲各个指定的地点或者云集了各国商人的永久性市场镇和市场城举行，具有国际贸易性质的集市、交易会也渐次形成。

集市交易以“香槟集市”最为有名，香槟集市实际上是一系列集市，有六个集市特别出名。香槟集市上汇聚了各国的商人，都在进行国际性的贸易交往，如东方的丝绸与香料、俄罗斯的皮毛、西班牙的葡萄酒、德意志的皮革等奢侈品，也有牲口、农产品、铁器等日用品。香槟集市轮流开市，几乎全年中一直有市。对于集市的营业程序则有着详细的规定：商人们在开市前有八天的准备时间以租定货摊、陈列商品；正式集市按照商品种类分别开始，总共持续大约28天，在每日集市开始时，都是在早上用摇铃通知店铺开门，晚上摇铃后所有的店铺必须一律关门，在非在规定时间之内，任何东西不得出售；集市结束后，商人们还有五天的宽限期办理其他事务，如编造货物清单、同集市官吏结清账目，领

① 汤因比.历史研究(上册)[M].曹未风等，译.上海：上海人民出版社，1997：6-28.

② 向前.国际商法的自治性研究[M].北京：法律出版社，2011：60-62.

③ 亨利·皮朗.中世纪欧洲经济社会史[M].乐文，译.上海：上海人民出版社，2001：28.

取"汇划票",在所有的重要契约上加盖集市印章等。①

可以看出,集市的运作都遵循着精密的安排与习惯,并在集市的发展之中逐渐形成了约定俗成的贸易习惯和规范的交易程序。这是由于在当时,欧洲基本上四分五裂,各个地区的封建领主控制着他们的领地,国家和城市的统一性几乎不存在。各地的伯爵们为了控制自己领地内的集市,建立了一系列的制度,一方面是为了监督并维持秩序,另一目的则是为了收取市场税,增加收入。但是另一方面,商人们具有很强的流动性,伯爵们为了争夺资源、留住财源,不得不为集市的运行提供相应的公共服务。比如,伯爵们开始修复破败不堪的道路,对于前往集市的商人们给予特别安全状(安全状中规定:对侵犯商人的人身和货物的罪行,处以特重刑罚)和种种优待条件:减低关税和通行税、售货的便利、设立特种法院来解决争执并协助收集债款等等。② 总的来说,在11—14世纪阶段,欧洲商业贸易兴起,对外商事活动的急剧上升带动了国际化集市的发展,集市的建立也逐渐被作为一种确定的和法律的行为,商人之间的贸易活动开始被多种多样的习惯法所规制,飞速发展的经济条件与社会基础为近代欧洲商人法的基本概念和制度的形成创造了机会,欧洲社会产生了事实上支配商人们的习惯法规则。

(三)14—17世纪商人法的成型:城市的繁荣与商人法的创制

在商业复兴的同时,有两个问题被提上了日程。一个是商人自身的身份问题,另一个是商事贸易的法律规则问题。

一方面,商人开始重视自己的身份问题。由于中世纪的欧洲大陆基本上是一个农业封建社会,主要管理人们活动的是各个封地的伯爵,人们的活动具有很强的地域性,而商人由于其活动的流动性并不依附于一个特定的土地和领主,因此得不到特定的保护。在这种历史环境下,商人们必须找到自己的身份,解决自己归属问题。在11—13世纪,商人们通过"公社运动"完成了同封建领地的彻底决裂,恢复和改造了城市,显示了其自身的存在。③ 城市因贸易而兴起并繁荣,其性质发生了巨大的变化:以前的城市以自然经济为主,在教会与国王的博弈中缓慢发展,而在商人的努力下,欧洲大陆出现了许多自治的行政共同体的城市,如商人共和国、行政官城市、自治市等。④ 在城市中,商人们的生命和财产得到了切实的保障。可以说,在中世纪后期贸易与城市的协调一致的扩张中,所谓贸易,只是城市之间的贸易;所谓商人,也只是某一城市(某地)的商人。⑤

在解决自身的身份问题的过程中,商人带动了城市的繁荣。而另一方面,商人也面临着杂乱矛盾的实体规则阻碍商事活动发展的问题。首先,大量的商业贸易争端出现,

① 汤普逊.中世纪经济社会史:300—1300年(下册)[M].耿淡如,译.北京:商务印书馆,1963:195-201.

② 汤普逊.中世纪经济社会史:300—1300年(下册)[M].耿淡如,译.北京:商务印书馆,1963:184～187.

③ 佩尔努.法国资产阶级史:从发端到近代(上册)[M].康新文,等译.上海:上海译文出版社,1991:9-10.

④ 何平立,沈瑞英.城市文明中西社会法治走势解析[J].上海大学学报(社科版),2001(10):52-53.

⑤ 何秉松.何秉松文集(第一卷)[M].北京:商务印书馆,1996:182.

商人的利益需要相关法律的保护，然而领主法庭或教会法庭并没有形成相应的商事行为规范；其次，管辖权和实体规则非常混乱，由于城市大多是跨封建领地设置的，而不同的封建领地有其独特的地方习惯法，这种实体规则的差异性对受到多个封建领地法律的商人造成了极大的束缚，严重影响到商业贸易的发展；再次，由领主法庭与教会法庭进行的司法活动具有极大的原始性与偶然性，“司法程序中僵硬的和传统的形式主义，延误时日，裁判决斗以及免诉宣誓的流弊，全凭偶然性判决的神意裁判”①。因此，商人们要想进一步发展自己的生意、维护自己的利益，就需要一种更为灵活的法律，一种真正能够解决国内与国际商业问题的法律规范。

在欧洲中世纪末期，教皇与国王、国王与封建领主之间的博弈进入了白热化阶段，商人们在这种多元化的政治格局之中迅速地发展起来，随着集市的竞争、城市的繁荣以及商人们的斗争，商人们形成了自己的阶层、建立了自己的行会、创制了自己的法院，最后创造出了一套为适应商人商事活动的特殊需要的、维护自身利益的法律体系。正如伯尔曼教授所言，正是在那时，近代西方商法的基本概念和制度才得以形成，更为重要的是，也正是在那时，商法在西方才第一次逐渐被人们看作是一种完整的、不断发展的体系，看作是一种法律体系。② 总体而言，在14—17世纪阶段，原本事实上支配商人们的习惯法规则开始趋于统一并开始成文化，欧洲大陆的商人法已然成型。

三、创制主体的分析：中世纪商人的文化认同

(一)共同体的身份认同：商人阶层的出现

纵观整个中世纪，商人为寻求其在封建秩序中的地位做出了种种努力，从其产生、发展到其最终确立其地位，总共经历了几百年。在9世纪之后，过剩的人口为了谋求生存，背井离乡做起了零售的工作，出现了流动商贩的群体，这时的商人还并未形成一个阶层或阶级；在11—12世纪之后，商业贸易逐渐复兴，国内市场发展、城市手工业与农业逐渐分离，从手工业者中分离出来了一批专业商人，它成为城市中新的社会阶层。14世纪以后，由于中世纪的欧洲大陆基本上是一个农业封建社会，国家以国王为首，但是却是一个松散的联合体，主要管理人们活动的是各个封地的伯爵，人们的活动具有很强的地域性。然而这样的社会框架对于商人们很不利，由于商人的活动具有流动性，他们并不依附于一个特定的土地和领主，因此得不到特定的保护。四分五裂的欧洲大陆与封建社会极强的地域性保护并不能满足国际化商事活动的发展的需要，在这种历史环境下，商人们必须找到自己的身份，解决自己归属问题。

---

① 亨利·皮雷纳.中世纪的城市：经济和社会史评论[M].陈国梁，译.北京：商务印书馆，2006：77～81.

② 哈罗德·伯尔曼.法律与革命——西方法律传统的形成[M].贺卫方，等译.北京：中国大百科全书出版社，1993：423.

为了最大限度地保护自己的利益，商人们恢复和改造了城市，以城市为依托，商人们找到了保障他们生存的合适手段。在城市中，商人们的生命和财产得到了切实的保障：不同的城市可以执行自己的经济政策，扩大贸易往来和货物的自由流通，有些甚至城市完全摆脱了政治的限制且获得了充分自治，成为“城邦”；而城市的发达和城市权力的庞大，也使得各地方的商人共同体逐步形成和发展了不受国家立法权力干涉和阻碍的商人法制度。①

而在中世纪后期，商人的身份已经发展成为一种有准入标准的身份，只有商人共同体的成员才有资格拥有商人的身份，严格意义上的贸易只有在共同体的成员中才能产生。正是由于商人阶层的产生于商人身份含金量的提升，在商事交往之中一个商人对于其声誉和交易能力尤其的重视，因为一旦被商人共同体放逐，就意味着对商人身份的剥夺、对从事贸易活动的可能性的剥夺。② 这种对于商业信誉和商人身份的重视，也正可以解释一个问题，即为何在中世纪商事关系的“治理”中，虽然不存在国家强制力的保证，但各类商事法院的裁决同样能被纠纷的胜负双方接受。

(二)社会组织的自治管理：商人行会的成立

随着贸易的逐步发展与城市的独立与繁荣，一方面，封建领主与城市之间的斗争日渐尖锐，封建法与城市法之间存在着矛盾与冲突，不能满足商人想要进一步发展其贸易的需求；另一方面，中世纪法律掌握在教会的神职人员手中，领主法庭的司法程序中传统且僵硬，全凭偶然性判决的“神意裁”并不能保证商人们的权益。在这种多元政治格局的博弈与斗争之中，商人唯有自己组织和建立拥有自治权和裁判权的团体，才能够以保护自身利益。商人内部的自治性团体，即商人行会(商人基尔特)的成立，主要是由商人阶层出于商业利益的共同需要而自发组建起来的，它的产生与自治城市的兴起几乎同步而行。

城市之中追求共同的经济利益、政治地位和宗教信仰的商人们聚集在一起，组成了商人行会。行会与自治城市的关系十分密切：商业行会一般在一个自治城市中只有一个，其实质上是城市的管理机构，行会成员主要是富裕商人，而行会的上层人物同时也是城市的行政领导，这也使得行会与自治城市通常共同发挥着管理城市经济活动的职能。③ 也正是由于行会与城市的这种关系，商人行会将商品交易活动中的商业惯例和商事裁判集进行汇编后形成的习惯法，能够得到城市当局的明示或默示的认可，从而得以在整个城市范围内推广并具备了法律效力。

商业行会的成立，使得商人阶层不仅得以在组织形式上得以自治，也使得其在商事交易习惯和规章制度得到了商人阶层的普遍认可与遵守，并获得了自治城市的承认与推

① 黄进，胡永庆.现代商人法论——历史和趋势[J].比较法研究，1997(02)：148.

② 向前.国际商法的自治性研究[M].北京：法律出版社，2011:77.

③ 肖玉英.从中世纪商人法到现代商法的历史演进[D].上海：华东政法大学，2006:16.

广,成为早期商人习惯法的主要渊源之一。

(三)自发秩序的效力保障:商事法院的建立

商人在恢复和改造城市的同时,一方面形成了商人阶层,以城市为依托找到了得以保护自己权益的身份;另一方面商人们也组建起了自治性团体商人行会,通过自己掌握自治权与裁判权满足商业利益的需要。然而,在解决各类商事纠纷的过程中,商人仍然面临着两个严重的司法程序问题:混乱的管辖体系与矛盾的实体规则。一方面,司法管辖体系非常混乱。由于商人们的商事活动通常都发生在各个集市中,而集市又是各个封建领主们根据特权设立的,因此管辖集市贸易中的纠纷一般由领主法庭来审理。在领主法庭,司法程序传统且僵硬,形式主义的裁判和全凭偶然的"神意裁"都不能保护商人团体的商业利益。另一方面,杂乱的实体法律规则相互冲突。中世纪领主法庭适用的法律规则是一种传统的法律习惯,几乎不存在能够解决商事贸易纠纷的商业贸易规则:"程序拘泥而狭隘,仍使用神判法、司法决斗,其法官是从农村居民中选拔出来的,这种法律只是一些逐渐形成的惯例,其作用是处理以耕种土地或以土地所有权为生的人们的关系,这种法律不能适应以工商业为生计的人们。"①

在这样的司法程序与法律规则的限制下,商人们迫切需要一种体系化、逻辑化的交易规范,以解决日渐昌盛的商事活动带来的各种国内与国际的商事贸易纠纷,从而将其生意扩展开来、获取更多的利润。商人们在当时多元化的政治格局中发现了生存的空间,商人阶层在教会与国王、国王与封建领主之间的矛盾之中,联合城市之间的自治组织商业行会,通过不懈的斗争,最终向封建主和教会争取到了对商人间贸易纠纷和争议进行处理的独立管辖权,商事法院在这个基础上得以普遍建立。

中世纪的商事法院主要包括五大类:市场法院、集市法院、商人行会法院、城市法院、商人领事法院。② 市场法院和集市法院是基于领主法院与庄园法院在管辖权上的让渡而产生的,在性质上属于"非专业的社会共同体法院,法院的'法官'由集市或市场的商人们从他们的成员中选出"③。著名的"泥足法庭"就是集市法院的一种。城市商事法院与市场法院、集市法院类似,其"法官"也是由商人们选举同行而组成。而随着城市中行会制度的巩固,商人行会法院转而成为本地商人纠纷的管辖法院,它一方面为行会内部成员争取权利,另一方面也拥有裁决内部成员纠纷的权力。

商事法院在12、13世纪逐渐取得了对所有商事案件的管辖权,且在商人阶层与商人行会的坚持下,所有的商事法院的法官一般都选择商业经验丰富、客观公正、在商人共同体中资历较长的商人来担任。这些非专业的法官们按照公平合理的原则处理案件,这种

① 亨利·皮朗.中世纪欧洲经济社会史[M].乐文,译.上海:上海人民出版社,2001:107.

② 郑远民.现代商人法研究[M].北京:法律出版社,2001:150-151.

③ 哈罗德·伯尔曼.法律与革命——西方法律传统的形成[M].贺卫方,等译.北京:中国大百科全书出版社,1993:421.

公平与合理是一个商人眼中的良心和公平，而不是基督徒、道德哲学家、封建领主或农奴的良心和公平。① 这样的商事法院在处理案件时可以排除封建法律与习惯的适用，运用商业惯例、贸易的互惠特性以及各城市（各商人行会）基于约定的互惠安排来解决贸易纠纷。这样的法律规范与商业惯例是商人们所默示接受的常识，符合贸易的特性和商人们原有的知识，因此商事法院的判决也能够为商人们所普遍接受。于是，随着集市间的相互竞争、城市的兴起以及商人们的斗争，商人们形成了自己的阶层、建立了自己的行会、创制了自己的法院，最终形成了一套为自身利益服务的法律体系。

四、结　语

可以看到，中世纪商人法有着三个明显的特征：首先，不成体系性。正如施米托夫指出的，中世纪商人习惯法的主要特征在于，“它是在事先没有计划的、几乎是杂乱无章的情况下从习惯做法中发展而来，并最终成为普遍接受的习惯”②。其次，普遍适用性。从集市法的统一、海事习惯的统一、商事法院的一系列发展可以看出，这一时期的商事习惯已经发展成为一种普遍适用的习惯法。再次，自治性。从中世纪商人法形成的轨迹中可以发现，中世纪商人法完全是商人根据自己的情感偏好与文化认同自己创造的，后期商人行会与商事法院中的活动也只能由专门从事商事活动的商人们自己来完成，其行业规范权、处罚权、纠纷裁判权都体现出了明显的自治性特点。

以法律的文化解释方法来分析中世纪商人法，可以发现，中世纪商人法的形成根植于中世纪欧洲的文化环境，中世纪商人法的形成之路实际上是中世纪的商人们基于自身的文化认同不断争取和创造的历程。在中世纪的欧洲，商业力量伴随着贸易的兴起而逐渐壮大，但商人阶层在多元化的政治格局之中也受到了封建社会政治、宗教等各方面因素的影响，为了扩展自身的利益、冲破商事实践活动之中受到的司法程序与实体规则的桎梏，商人们通过不懈努力，形成了自己的阶层、建立了自己的行会、创制了自己的法院，根据自己的意愿逐渐创造实施了一系列商事惯例与法律，最终形成了一套为自身利益服务的法律体系。到了中世纪中晚期，商人法已然发展成为与教会法、封建法成三足鼎立之势的法律体系。总体来看，中世纪商人法借鉴和吸收了古罗马法和教会法中的合理因素，并且在长期的发展之中自己创造并独立发展了符合自身特性的法律，这也为后世国际商法的进一步发展打下了坚实的基础。

---

① 佩尔努. 法国资产阶级史：从发端到近代（上册）[M]. 康新文，等译. 上海：上海译文出版社，1992：94.

② 施米托夫. 国际贸易法文选[M]. 赵秀文，译. 北京：中国大百科全书出版社，1993：85.

Cultural Interpretation of the Formation of Medieval Merchant Law

Zhang Wenbin　Yang Mengshan

Abstract: Modern commercial law was developed by the evolution of the medieval merchant law in Europe. In the 11th and 17th centuries of Europe, medieval businessmen created a series of habits and practices according to their own wishes to adjust their commercial relations with each other, these habits and practices are collectively referred to as Medieval Merchant Law. This article mainly uses the cultural interpretation of the law as the method, analyzes the unique cultural background of the medieval businessman's law, analyzes the emotional malice and cultural identity of the businessman's group in the context of the time, and analyzes the evolution and formation of the businessman's law.

Key Words: medieval merchant law; the formation of merchant Law; cultural interpretation of the law

制度分析

"民间文学艺术表达权法"基本问题探微*
——以广西史料为基础分析样本

曾钰诚** 李远龙***

摘要:民间文学艺术表达是知识产权的客体,但现有知识产权制度体系难以与民间文学艺术表达形成融贯性合力,适用知识产权法难以使民间文学艺术表达受到圆满性保护。这需要我们发挥创造性思维,在现有知识产权制度框架下,针对性地构建一部"民间文学艺术表达权法"对民间文学艺术表达及其权利予以专门保护。"民间文学艺术表达权法",是指专门调整和规范民间文学艺术表达财产支配关系的法律规范。"民间文学艺术表达权法"属于知识产权特别法,与各知识产权单行法位阶相同,法律属性为私法。"民间文学艺术表达权法"由总则、民间文学艺术表达权主体及其权利、民间文学艺术表达权的行使、完全民间文学艺术表达权、定限民间文学艺术表达权、权利保护六章构成。

关键词:民间文学艺术表达权法;私法;知识产权;特别法

民间文学艺术表达(expression of Folklore)是人类文明演进过程中一颗璀璨的宝石,它见证了人类的起源、生存、进化、发展、成熟等各个历史阶段,是人类日常生产生活经验的点滴积累与记录。① 民间文学艺术表达是原住民或相关社区、族群脑力、精神活动所孕育的创造性智力成果,属于思想创作与劳动的形象表达,因其本质上具有知识性、无形性、活态性等特质,这与知识产权法的客体属性以及保护对象存在某种内在关联。

事实上,"民间文学艺术表达"的词源出自世界知识产权组织(以下简称 WIPO)与联合国教科文组织(以下简称 UNESCO)共同制定的法律文件《保护民间文学艺术表达,防止不正当利用及其他侵害的国内法示范条款》(以下简称《国内示范法条款》)之中,法律调整的客体通过正式条款直接表述为"民间文学艺术表达"②。其后,"民间文学艺术表达"概念出现在许多发展中国家的知识产权法规范文本之中。例如在《斯里兰卡知识产

---

* 项目简介:国家社会科学基金项目"广西少数民族特色文化知识产权保护研究"(12BFX100)。

** 曾钰诚,厦门大学法学院博士研究生。

*** 李远龙,广西民族法学研究院院长,法学博士,博士生导师。

① 曾钰诚,李远龙.民间文学艺术表达保护模式选择:误区、澄清与展望[J].贵州师范大学学报(社会科学版),2017(2):153.

② See WIPO. The Protection of Traditional Cultural Expressions/Expressions of Folklore: Revised Objectives and Principles.

权法》《加纳著作权法》《摩洛哥著作权法》之中均使用了"民间文学艺术表达"的用语表述。[①] 我国1990年首次在著作权法中使用了"民间文学艺术作品"这一法律概念,此后一直沿用直至2014年,直至著作权法(第三次修订稿)又调整为"民间文学艺术表达"[②]。此外,依照我国《非物质文化遗产法》对智力活动成果的分类,其中的第(一)传统口头文学以及作为载体的语言;第(二)传统美术、书法、音乐、舞蹈、戏剧、曲艺和杂技基本涵盖民间文学艺术表达的外延,而依据UNESCO制订的《保护非物质文化遗产公约》对非物质文化遗产具体内容的概述,其中的"口头传统和表现形式"(非物质文化遗产媒介的语言)与"表演艺术"也与民间文学艺术表达的内容相一致。[③] 对于民间文学艺术内容的确定,笔者借鉴严永和教授对传统文化智力成果(笔者认为"传统文化智力成果"就是指代"非物质文化遗产")的划分规则,即传统知识(包括传统工艺、传统体育、传统礼仪等)、技术方案衍生的商誉(传统名称、传统标记、老字号等)以及文学艺术领域的智力成果三大类别,对《非物质文化遗产法》与《保护非物质文化遗产公约》条款中有关非物质文化遗产的涵盖范围和内容进行分门别类,从而将民间文学艺术表达的内容予以固定。[④]

非物质文化遗产属于知识产权法的调整范围在学界争议较少。[⑤] 作为非物质文化遗产的有机组成成分,民间文学艺术表达这一知识财产理应受到知识产权法的关照。

一、构建"民间文学艺术表达权法"的源起与意义

现阶段我国知识产权立法与思维普遍惯性的延续着"一客体、一财产、一法律"的模式与体系,即分散性的立法模式,这为我们根据各类型知识财产的基本属性和特征,灵活

① 1994年,突尼斯通过制定《突尼斯著作权法》,将以盈利为目的利用民间文学艺术的行为排除出法律允许的范围;斯里兰卡第36号《知识产权法》第24条规定:"民间文学艺术表达应当受到保护而禁止:为了商业目的或者超出民间文学艺术表达的传统或者习惯范围复制,通过表演、广播、有线或其他方式向公众传播,改编、翻译及使用。"斯里兰卡由于没有专门制定版权法,因此有关民间文学艺术表达的保护规定在《知识产权法》中;《加纳著作权法》第4条规定:"本法保护民间文学艺术表达不被复制、通过表演向公众传播、通过有线或其他任何方式发行、改编、翻译或其他变相使用。"2005年《摩洛哥著作权法》规定:"保护民间文学艺术表达,禁止出于商业目的或超出传统的习惯范围进行复制、向公众传播、改编和录制。"

② 国务院法制办2014年发布了《中华人民共和国著作权法》(修订草案送审稿),其中将原来第六条有关民间文学艺术作品保护的条文改为第十条,且条文内容变为"民间文学艺术表达的保护办法由国务院另行规定"。

③ 依据UNESCO《保护非物质文化遗产公约》第2条的规定:"非物质文化遗产,指被各社区、群体,有时是个人,视为其文化遗产组成部分的各种社会实践、观念表述、表现形式、知识、技能以及相关的工具、实物、手工艺品和文化场所。"其中内容包含:1.口头传统和表现形式,包括作为非物质文化遗产媒介的语言;2.表演艺术;3.社会实践、仪式、节庆活动;4.有关自然界和宇宙的知识和实践;5.传统手工艺。而民间文学艺术表达的主要内容则属于其中的口头传统和表现形式、表演艺术。

④ 严永和.我国民间文学艺术法律保护模式的选择[J].知识产权,2009(3):70.

⑤ 根据《保护非物质文化遗产公约》第2条非物质文化遗产的定义与涵盖范围可知,民间文学艺术表达属于非物质文化遗产的有机组成部分,对此学术界也存在较少争议。参见魏玮.民间文学艺术表达的版权法保护困境与出路[J].暨南学报(哲学社会科学版),2015(4):90;管育鹰.民间文学艺术作品的保护机制探讨[J].法律科学,2016(4):101.

的制定与基本国情、保护需要相适应的具体知识产权法律制度创造了条件。当专利技术、方案的出现,我们就有了专利权法律制度;当创作的作品足以体现作者的人格与财产利益之时,著作权法律制度产生了;当产生了需要借助商业标志、符号、字号区分经营者来源以及扩大了企业的无形影响之时,商标权法律制度应运而生。因此,在我国,统筹全局的知识产权法实际上是不存在的(至少现在不存在),代之以知识产权特别法加以调整。而"民间文学艺术表达权法"正是贯彻现有知识产权分散立法模式所结出的果实。

民间文学艺术表达是一项新型知识财产,为什么说它是"新型"知识财产呢?此处所言的"新型"并不意味着其属于新创造的财产类型,而是现有知识产权法律体系难以全面涵盖民间文学艺术表达的所有内容,或者说民间文学艺术表达无法与现有知识产权法律制度形成融贯性合力,将民间文学艺术表达强行依照现有知识产权法律规定予以保护势必破坏制度的稳定性与统一性。因此需要在知识产权体系框架下,重新制定一部针对民间文学艺术表达这一客体的法律保护规范。

民间文学艺术表达是指,由具体所承载传统文学艺术特征的元素组成,并由原住民、来源群体(传统社区)、国家(拟制作者)创作、传承与维系的,反映该区域传统文学艺术价值取向的表现形式。[①] 由于民间文学艺术表达相较于其他类型智力成果而言,存在内在特殊性,其在保护期限、权利主体、公有领域与现有知识产权法律规范(主要是版权法规范)有着较大差异。具而言之,虽然《伯尔尼公约》[②]、域外发展中国家立法实践以及我国著作权法均将民间文学艺术作品纳入法律文本予以调整,但这一立法动向既没有认清民间文学艺术作品的内在特质,同时也混淆了"民间文学艺术作品"与"民间文学艺术表达"两者概念的界分。虽然部分发展中国家在其国内知识产权法中将"民间文学艺术表达"写入规范文本之中;[③]我国 2014 年著作权法修正案也将原有"民间文学艺术作品"的表述调整为"民间文学艺术表达",但这只是为了迎合国际立法动向与趋势而做的细微调整,立法者并没有意识到"民间文学艺术表达"与"民间文学艺术作品"两者之间在概念上有什么区别,简单地将两者等同混用。[④] 实际上,"民间文学艺术表达"所涵盖的内容与范围相比"民间文学艺术作品"而言更为宽泛,有时可以理解为就是指代"文化"本身。"作品"

---

① 张玉敏.民间文学艺术法律保护模式的选择[J].法商研究,2007(4):4.

② 《伯尔尼公约》第 2 条第一项规定:"一、'文学艺术作品'一词包括科学和文学艺术领域内的一切作品,不论其表现方式或形式如何,诸如书籍、小册子及其他著作;讲课、演讲、讲道及其他同类性质作品;戏剧或音乐戏剧作品;舞蹈艺术作品及哑剧作品;配词或未配词的乐曲;电影作品或以电影摄影术类似的方法创作的作品;图画、油画、建筑、雕塑、雕刻及版画;摄影作品及以与摄影技术类似的方法创作的作品;实用美术作品;插图、地图;与地理、地形、建筑或科学有关的设计图、草图及造型作品。"

③ WIPO 与 UNESCO 在 1976 年共同制定的《突尼斯发展中国家版权示范法》中将"民间文学艺术"定义为"在本国境内由被认定为该国国民的作者或民族集体创作,经过世代流传而构成文化遗产基本组成部分的全部文学、艺术和科学作品"。这实际上就将"民间文学艺术"的概念与"民间文学艺术作品"的概念相等同。

④ 管育鹰教授与丁丽瑛教授均一致认为,《著作权法》之中的"民间文学艺术作品"与《著作权法》(修订草案送审稿)中的"民间文学艺术表达"为同义词或相同概念,两者所指同一对象。并不认为立法者已经认识到"民间文学艺术作品"与"民间文学艺术表达"之间所存在的实质性差异。

与“表达”虽两字之别，内涵却差隔千里。“表达”是指将独创性思维用语言、文字、表情等方式反映出来的一种行为，不需要借助有形物质载体，而“作品”就是将作者独创性思维通过语言、文字方式，借助有形物质载体（可以复制）予以呈现的一种智力成果，例如录音、音乐需要借助音像制品载体予以固定。“作品”仅是“表达”的一种形式。除此之外，还存在部分民间文学艺术表达权利主体难以确定以及基于权利主体的不确定，致使保护期间的起算存在障碍、民间文学艺术表达独创性难以满足获得著作权法保护的基本要求和条件、著作权法律制度中的“公共领域”致使民间传统文化流失等问题，困扰着依照现行知识产权法律制度开展民间文学艺术表达保护的法律实践。

知识产权是一个开放的法律体系，当现有的知识产权法律制度存在不足与缺陷，难以满足知识财产保护的现实需要时，我们必须要有变革的思维与勇气，即为“新型”权利保护立法创造便利和条件。“民间文学艺术表达权法”是我们正确认识和对待民间文学艺术与传统知识，认真检视现有知识产权法律制度（尤其指著作权法）的不足和缺陷，回应民间文学艺术表达保护需要所进行的审慎选择，其规定的是民间文学艺术表达权自身的基本问题，包括“民间文学艺术表达权法”的基本原则和宗旨、民间文学艺术表达权的法律性质、权利行使及其限制等。其目的是使已经纳入我国著作权法保护范畴的“民间文学艺术作品”与现行著作权法分离（即删除象征性的著作权法第6条），[①]“全部纳入民间文学艺术表达权法”（特别法）予以专门调整。制定“民间文学艺术表达权法”对完善现行知识产权法律体系益处尤显。我国传统的知识产权特别法保护模式存在诸多优势，针对具体、差异性的知识产权予以特别规定，便宜专业性的处理知识产权保护过程中所出现的各类问题。因此，传统知识产权特别法立法模式为“民间文学艺术表达权法”的构建创造了条件。

二、“民间文学艺术表达权法”的界定

（一）“民间文学艺术表达权法”的命名

“民间文学艺术表达权法”的本质（或者说属性）应当纳入知识产权制度的特别法范畴，因此在探究和分析民间文学艺术表达权这一类型客体的法律属性之时，理所应当将之与知识产权法保护对象（客体）的法律属性相联系，即民间文学艺术表达权与著作权、

① 象征性条款是指我国《著作权法》从1990年制定伊始，第6条“民间文学艺术作品的著作权保护办法由国务院另行规定”就只存在象征性的作用，没有任何操作适用的可能性，直至2014年《民间文学艺术作品著作权保护条例（征求意见稿）》的出台。2014年，在没有任何成功经验值得借鉴的情况下，国家版权局令人颇感意外地发布了《征求意见稿》，引起了学术界与实务界的广泛关注与争议。建立在立法成功经验借鉴缺乏与认识模糊基础上的制度实践必然问题重重，《征求意见稿》也确实存在诸如概念界定、权利归属、代表人选择考量、利益分配的程序性规范等缺陷。而且《征求意见稿》公布三年多时间，正式条例也一直难产。曾钰诚.民间文学艺术作品著作权保护问题再思考[J].广西政法管理干部学院学报，2016(2).

商号权、地理标志权、专利权等一致为私权，与此相适应的，“民间文学艺术表达权法”应当被划入私法的范畴。学术界部分学者虽然认同在知识产权框架之下，著作权法之外构建民间文学艺术特别法律制度，但在给其命名的时候，通常将该部法律规范称作“民间文学艺术保护法”或者“民间文学艺术法”。笔者认为此种命名方式值得商榷。纵观我国的立法惯例，以“……保护法”命名的法律规范绝大部分属于公法的范畴，例如我国环境保护领域，存在着一部《环境保护法》公法性法律规范；在我国消费者正当权益救济领域，有《消费者权益保护法》公法性制度规范；在我国针对珍稀野生动物的抢救和保护领域，日常保护工作的开展围绕着《野生动物保护法》公法性法律规范进行。以“保护法”后缀命名的法律规范无一例外地存在公权力介入，即保护的主体必然是以政府为核心的公权力部门，而法律规范则是调整国家公权力与个体私权利之间的权利义务关系，或者是体现与调整与国家机关之间的职权分配、职责划分等相关的内部关系。这就与制度的设计基础“民间文学艺术表达权”的法律属性相违背，从而影响、妨碍了针对权利保护的制度本体性质的认知和判断。以“民间文学艺术法”作为该项制度的法律名称也值得商榷。其一，在我国的立法传统中，以“……法”命名的法律规范通常也属公法性规范，诸如《非物质文化遗产法》《反不正当竞争法》《劳动法》《民族区域自治法》等，不利于凸显其私法属性；其二，“民间文学艺术法”的命名方式与传统上知识产权特别法制度所用名称不融适、不匹配，破坏知识产权制度形式美(用名的统一性)。例如《著作权法》(或称版权法)、《专利法》、《商标法》都是以具体的某类私权的名称来为该部法律命名，虽然专利法与商标法并没有采用同著作权法相一致的命名方式，即“……权法”的命名模式，但笔者认为这是受到英美日等西方国家知识产权制度命名思维的影响，在学习西方知识产权制度内容的同时，也继受了其命名方式。实际上，将《专利法》《商标法》命名为“专利权法”“商标权法”也同样是没有任何问题的。因此针对与著作权、商号权、商号权、地理标志权、专利权等知识财产权的法律性质相一致的民间文学艺术表达权，统一命名为“民间文学艺术表达权法”既能体现民间文学艺术表达权的私权属性，又能维护知识产权法律体系的统一性与内部稳定性，可谓一举两得。

(二)“民间文学艺术表达权法”的界定

所谓“民间文学艺术表达权法”，是指规范、调整民间文学艺术表达及其财产的利用、支配关系的法律制度的总称。首先需要明确，“民间文学艺术表达权法”是私法，以此作为理论探讨的必要且前提性判断。立法的目的是专门调整民间文学艺术表达财产的支配关系，其中也包括创作的激励与应用关系；其次，“民间文学艺术表达权法”不能脱离知识产权体系框架而独立存在，也即需要确认民间文学艺术表达的无形性与知识创造性特征，如果保护对象不具有知识财产的基本特点，也就无法将以之为保护对象而进行规范内容设计的“民间文学艺术表达权法”并入现有知识产权制度体系，从而使“民间文学艺术表达权法”的法律属性发生变异，失去了原有制度规范设计的价值基础。或许，因为知识财产的内在特性兼具无形性的特质,无形财产之间并不是非此即彼的关系,不是孤立而是存在某种内在的联系与互动,在选择适用何种知识产权特别法加以调整的时候,往往具有多种可能性和选择路径。例如传统知识就能够依赖专利制度保护具有创造性的艺术设计方案,适用商标法保护富有艺术美感的用于区分来源的美术标识或者传统字号,同时留下了适用著作权法保护民间文学艺术作品的空间。总而言之,制定此法的目的并非排斥其他知识产权特别法将民间文学艺术表达纳入其规制范围,而是为民间文学艺术表达提供一个系统性、专业性、特别性保护。虽然"民间文学艺术表达权法"与其他知识产权特别法性质相同,效力等级无差,但在具体适用时,还是有着优先性的考量。当"民间文学艺术表达权法"有规定或与其他知识产权特别法规定存在抵触的,优先依照专门法实施执行。

三、"民间文学艺术表达权法"的性质

"民间文学艺术表达权法"为私法,是调整基于民间文学艺术表达财产所产生的私益关系的法律规范。"民间文学艺术表达权法"所调整的社会关系的法律属性决定了"民间文学艺术表达权法"的性质。具体来说,"民间文学艺术表达权法"是调整由民间文学艺术表达的产生、确认、许可、利用、保护等发生的各种社会关系之法律规范的总称。虽然我们坚持所制定的民间文学艺术表达权法确属私法规范,但我们也必须承认"民间文学艺术表达权法"作为私法性规范并不具有纯粹性。现有知识产权法律规范内容庞杂,条文中在放置私法性规定的同时,也夹杂着公法性内容与程序性规范。实际上,基于现有我国的特殊国情而言,想要构建一部纯粹的私法性规范是不容易的,就连为世人所公认的私法"民法典"也不绝对排斥公法性内容,例如我国法人制度,企业法人的设立需要经由我国政府主管部门的审查批准,即便涵盖这类公法性审查审批事例,但民法典依然规定了法人制度,这似乎不影响我们基于直觉所形成的"民法典具有私法属性"的认知。[①]知识产权特别法规范之中,存在很多公法规范内容,例如专利审批、审查、公示,专利强制许可,作品的登记,商标的注册审查,等等,这些公法性条款的存在并没有改变知识产权特别法乃至整个知识产权法律体系的实体私法地位。进一步分析,在我国,公权力机关对社会生活的掌控与规束已经涉及方方面面,在立法技术不成熟之时,任何法典的编纂都有可能演变成杂糅公法性与私法性规范内容的"混合法"。

由于"民间文学艺术表达权法"的存在,从而使另行制定一部《保护条例》[②]失去价值

① 朱谢群.也论民法典与知识产权[J].知识产权,2015(10):13.

② 全称为《民间文学艺术作品著作权保护条例》,2014 年开始向社会征求意见,至今仍未颁行。

和意义。由此《保护条例》的初始内容同时大部分(除部分争议条款之外)[①]也为"民间文学艺术表达权法"所继受。例如《保护条例》中规定的民间文学艺术作品授权许可备案制度、行政机关报酬收取及其分配制度、行政机关管理职责的划分等内容,都可以在表达权法中予以规定。只要条文处理设置妥当,表达权法中的公法性和程序性规范不会妨碍表达权法的私法性质。

四、构建"民间文学艺术表达权法"的基础理论

民间文学艺术表达财产形式的复杂多样,并伴随有一定的历史(时间)跨度,相关理论争议问题在短时间内难以达成一致的共识,这也是"民间文学艺术表达权法"被认为条件尚未成熟的原因。以下从几个方面对"民间文学艺术表达权法"的基础理论问题进行探讨。

(一)"民间文学艺术表达权法"的保护对象:民间文学艺术表达的确定性

保护对象是实在而确定的,是构建相关法律规范的前提条件。如同物权法的保护对象"物"、债权法的保护对象"行为"一般,知识产权法的保护对象也是确定的,即知识财产或者无形财产。虽然知识财产的无形性特征使其显著区别于物质实体,但和"物"一样具有法律上的确定性,甚至我们可以将其等同于"物"。[②] 实际上,将权利视同为物的观点最早出现在《德国民法典》,并为我国物权法所继承。[③] 在具体物权制度的设计上,我国存在有将知识产权放置于担保物权的"权利质权"之中的立法实践。民间文学艺术表达无论其内在属性抑或外在范围(外延)都是确定无疑的。从内在属性角度出发,民间文学艺术表达是原住民或者传统社区、族群日常生产生活经验累积,且具有艺术价值、美感以及独创性的表现形式,无形性与非物质性是其显著特点,同时相关的智慧创造并没有停留在思想领域,而是通过不同的形式展现出来,但是这种展现并不要求有形物质载体予以固定,仅需要达到为一般人所感知这一最低限度要求即可。对于民间文学艺术表达具体涵盖及其外延,可以依照我国非物质文化遗产法中所规定的详细分类内容进行判断。非物质文化遗产是民间文学艺术表达的上位概念,而民间文学艺术表达又是民间文学艺术作品的上位概念。民间文学艺术表达是非物质文化遗产之中具有文学性、艺术性的,符合

---

① 例如《民间文学艺术作品著作权保护条例》(征求意见稿)第13条规定:"民间文学艺术作品的著作权不得转让、设定质权或者作为强制执行的标的。"笔者认为该条款限制了民间文学艺术作品(表达)商业利益的实现,使权利人对其创造性智力成果的垄断性与独占性受到制约。如果民间文学艺术作品属于无形财产被纳入知识产权法律体系,但民间文学艺术作品的权利人却因民间文学艺术作品自身区别于一般作品的特殊性而无法像专利权人(专利权)、商标权人(商标权)、著作权人(版权)充分实现其财产权能和价值,无法创造出价值财富,势必会极大挫伤民间文学艺术作品权利人的创作积极性,阻碍民间文学艺术作品(表达)的传承与延续。因此该条规定的合理性值得商榷。

② 齐爱民.知识产权基本法之构建[J].河北法学,2009(5):59.

③ 《中华人民共和国物权法》第2条规定:"法律规定权利作为物权客体的,依照其规定";再如《中华人民共和国物权法》第223条规定了7种权利类型可以设立权利质权,知识产权是权利,因此可以理解为知识产权质权。

人的基本审美价值标准的客体形式。因此,民间文学艺术表达的确定性。

(二)"民间文学艺术表达权法"的基本原则

基本原则是法律的价值依托与精神归宿,是我们法律制定与法律实施过程中的指引性的核心理念和制度规范。《法国知识产权法典》因缺乏法典制定所必需的基本原则而沦为一部毫无营养的法律汇编。"民间文学艺术表达权法"是私法性规范,首先必须遵循民法总则所确立的平等、公平、自愿、诚信、等价有偿、公序良俗等原则;另外,作为非物质文化遗产的下位概念(涵盖范围),针对民间文学艺术表达这一客体类型的保护也应涵盖非物质文化遗产法律保护的原则内容,即国家主权(national sovereignty)、知情同意(informed consent)、利益分享(benefit sharing)与共同商定原则(common agreement);[①] 再次,知识财产与有体有形物在存在权利形态的实质性差异以外同时也具有某种共同属性,即同作为现代意义上的财产权所指向的对象。在现有财产权体系之下,两者应该存在共同的法律原则,具体包括"一客体一权利原则""公示公信原则""财产权法定原则"等,民间文学艺术表达是"智慧生成物",属于知识财产的范畴,理应将上述原则作为制度构建的基础和前提;最后,作为知识产权制度的特别法律规范,知识产权制度体系自身所囊括、所特有的法律原则也必须遵守。例如"思想与表达相分离""法定许可""权利穷竭""鼓励和保护智力创造活动""合理使用"等原则。"民间文学艺术表达权法"基本原则的确立,对调节"民间文学艺术表达权法"与其他知识产权特别法之间或者与其他部门法之间的冲突,凸显法律属性,平衡各方利益发挥着举足轻重的作用。

(三)民间文学艺术表达权的内容

民间文学艺术表达权的构建需要借鉴物权体系,这不仅基于知识产权与物权所具有的某种渊源或者共性,同时也存在典型的立法实践。除了前述所说我国物权法在"担保物权——权利质权"之中融入了"知识产权"这一具有经济属性的财产权利以外,《荷兰民法典》在财产法总则中容纳了"用益权"制度,而不是我们传统所认知的"用益物权"制度,同时也将其他担保物权制度的权利内容纳入其中,并在财产法总则之后再规定有物权法和知识产权法的制度规范。[②]《荷兰民法典》的立法例清晰表明定限财产权的设立,不以有形物质为必要,无形财产也能设定定限财产权。且担保物权同样能够适用知识产权法。由此,笔者借鉴物权及其衍生理论"二元知识产权体系"将民间文学艺术表达权分为完全民间文学艺术表达权和定限民间文学艺术表达权。[③]

---

① 齐爱民,曾钰诚.民间文学艺术作品商业化的困境与出路[J].时代法学,2016(6):49.

② 齐爱民.知识产权基本法之构建[J].河北法学,2009(5):59.

③ 齐爱民教授根据物权与知识产权的内在相似性和逻辑,提出了"二元知识产权体系"。该体系参照《德国民法典》所建构的"完全物权——定限物权"的二元物权结构,衍生出"完全知识产权——定限知识产权"的二元知识产权结构。参见齐爱民.论二元知识产权体系[J].法商研究,2010(2):93-100.

1.完全民间文学艺术表达权

民间文学艺术表达原始主体享有完全权利(完全民间文学艺术表达权),即在满足前置条件的基础上对民间文学艺术表达享有准专有(非专有)、复制、控制、收益、转让等权能,对民间文学艺术表达享有控制、独占权。这一权能与物权体系之中的"所有权"相类似,是一项对世、准专有(非专有)且享有垄断权限的权利。完全民间文学艺术表达权的客体是民间文学艺术表达,内容是权利主体对表达客体所享有准专有、垄断、排他的权利。虽然与"所有权"相类似,但也存在差别。其一,所有权人对客体物的权限会随着标的物的毁损与灭失而丧失,但是民间文学艺术表达属于知识财产,可以无限复制拓展,因此不存在基于标的物的灭失而使实体权利丧失的情形;其二,所有权人享有物权请求权,当标的物受到侵害,权利人可以主张返还原物、恢复原状等诉求,亦可主张侵权损害赔偿责任。但民间文学艺术表达权利人受到侵害,仅能够主张排除妨害或者侵权损害赔偿,这与知识产权法理念相一致;其三,基于公共利益的需要,原始主体对民间文学艺术表达并非享有绝对不受限的专有性权利,因此笔者称之为准专有。而所有权人对客体物的专有权利则没有打折扣,不存在限制之说,因而是绝对排他的。民间文学艺术表达在"中国语境"之中具有特殊性,暗含国家利益与社会公共利益的属性、内容。所以应将"国家"这一主体置于其中,与民间文学艺术表达构成拟制"共同共有"关系。拟制"共同共有"关系的成立源于法律之间的规定,非客观上真正构成"共同共有"关系,其目的是使国家肩负起保护民间文学艺术表达的重任。基于此种目的,国家仅限于针对民间文学艺术表达行使消极权能,即制定保护法律法规、制定保护方案、制止侵权、起诉应诉、惩治违法行为等。① 而民间文学艺术表达权利主体则同时享有积极与消极权能,例如许可他人使用、授权他人改编作品、获取报酬以及分配利益等。

2.定限民间文学艺术表达权

民间文学艺术表达权主体享有定限民间文学艺术表达权②。用益权的设定在于取得财产的使用价值而非交换价值,因此就民间文学艺术表达的使用价值而言,权利人可以在其民间文学艺术表达上设定权利许可。例如设立民间文学艺术表达独占许可使用权、专有许可使用权、一般许可使用权等形式。民间文学艺术表达担保权是指,权利人为保证其债权得以按时履行,在债务人提供的民间文学艺术表达这一特殊客体上设立抵押权、权利质权或者留置权。与完全民间文学艺术表达权相比较分析,定限民间文学艺术表达权具有以下特质:其一,他权性。定限民间文学艺术表达权的取得主体非原始权利

---

① 在饶河县四排赫哲族乡政府诉郭颂等侵犯民间文学艺术作品著作权纠纷案中,法院认定赫哲族乡政府作为依照宪法和法律在少数民族聚居区内设立的乡级地方国家政权,既是赫哲族部分群体的政治代表,也是赫哲族部分群体公共利益的代表。在赫哲族民间文学艺术可能受到侵害时,鉴于权利主体状态的特殊性,为维护本区域内赫哲族公众的利益,可以以乡政府的名义提起诉讼。

② 定限民间文学艺术表达权分为民间文学艺术表达用益权与民间文学艺术表达担保权,其中民间文学艺术表达担保权又分为民间文学艺术表达抵押权、民间文学艺术表达质权、民间文学艺术表达留置权。

人，权利生成的基础是由于原始权利人基于法定或者约定事由，将其原始权利部分让渡给民事法律关系的相对人，使其不完全享有特定民间文学艺术表达的部分权利；其二，定限性。从语词学的角度观察，定限民间文学艺术表达权之"定限"顾名思义有权利的行使受到限定的含义。定限民间文学艺术表达权利主体虽然对权利客体享有部分使用与交换价值，但是与完全民间文学艺术表达权利主体相比，其享有权利仍然不充分且受限；其三，完全民间文学艺术表达权利的行使仅受法律以及前置程序的制约，而限定民间文学艺术表达权的设置与行使除受到法律、前置程序的约束之外，还受制于当事人双方的合意。

3. 定限民间文学艺术表达权的设定

该定限权利的设定参照现有物权理论，存在两种途径：其一，直接凭据法律的规定设定权利。在传统物权学说中，存在着依照规范文本直接引发实体权利发生的法律后果，学理上称之为法定物权，如留置权。① 因之，民间文学艺术表达留置权的设立与否取决于法律的直接规定以及一定的行为事实，无须当事人双方进行约定。与法定物权相对应，意定物权的设立完全取决于当事人双方的合意，受民事法律关系当事人之间意思自治的约束，而权利的产生也需要有当事人的设定行为。与物权设定规则相类似，定限民间文学艺术表达权的设定需要法律主体之间存在某种基础性的给付关系，但债权债务基础行为是否合法有效并不影响定限民间文学艺术表达权的设定效力，也即无因性。② 民间文学艺术表达是无形无体的知识信息，当定限民间文学艺术表达权设定之后，定限权利主体即掌控支配该知识信息，并在短时间内被无限复制，而此过程是不可逆的，如果因基础法律关系（即债权债务关系）违法而否定定限民间文学艺术表达权的效力，不仅对完全民间文学艺术表达权利主体而言欠缺公平，事实上也难以实现，即无法回复到债权债务关系成立之前的初始状态。担保法明确规定担保合同签订需采用要式形式。③ 著作权实施条例也规定许可使用合同须以书面形式体现。④ 因此，定限民间文学艺术表达权的设定行为应当依照担保法的要求，属于要式法律行为。

4. 登记生效主义

知识产权法中，存在知识产权需要履行登记手续方能生效的条款。⑤ 民间文学艺术表达客体所带有的诸如种类众多繁杂、主体难以明确、发展周期长等特点，这客观上增大

---

① 留置权是指，在债务人不履行到期债务时，债权人可以留置已经合法占有的债务人的动产，并有权就以动产折价或者拍卖、变价的价款优先受偿的权利。参见马俊驹，余延满. 民法原论[M]. 北京：法律出版社，2010:457-458.

② 齐爱民. 论二元知识产权体系[J]. 法商研究，2010(2):94.

③ 《中华人民共和国担保法》第38条规定："抵押人和抵押权人应当以书面形式订立抵押合同。"《担保法》第64条规定："出质人和质权人应当以书面形式订立质押合同。"

④ 《中华人民共和国著作权法实施条例》第23条规定："使用他人作品应当同著作权人订立许可使用合同，许可使用的权利是专有使用权的，应当采取书面形式，但是报社、期刊社刊登作品除外。"

⑤ 《中华人民共和国专利法》第10条规定："转让专利申请权或者专利权的，当事人应当订立书面合同，并向国务院专利行政部门登记，由国务院专利行政部门予以公告。专利申请权或者专利权的转让自登记之日起生效。"

了这一新型智慧财产的交易风险。考虑到民间文学艺术表达形式上具有非物质性的特征，对于权利主体的判定通常较为复杂，且无法将担保标的予以移转占有，为了确保交易的秩序和安定，将交易风险控制至最低，笔者认为，无论是民间文学艺术表达用益权抑或担保权，其权利的获取和生效以办理权利移转登记为前提。在签订许可使用合同之后，要履行登记手续，权利方能产生。民间文学艺术表达担保权设定，理应采用登记生效主义而非法习惯性的交付。没有履行登记程序，权利不能生效。采用登记生效主义还有一大优势在于，对定限民间文学艺术表达权利人的权利行使进行了规定与限制，防止其超越权限。与此同时，也能明确当事人双方的权利义务，维护民事法律关系之外第三人的利益。

(四)“民间文学艺术表达权法”的逻辑构成

“民间文学艺术表达权法”总共分为六章：

第一章，总则(或称“一般规定”)。主要规定“民间文学艺术表达权法”的立法依据、立法宗旨、调整对象、基本原则、法律渊源以及民间文学艺术表达的定义、类型、适用范围。

第二章，主体及其权利。主要包括民间文学艺术表达权利归属(包括职务创作或者委托创作的权利归属)、权利取得的条件(行政主管机关的监管和审查)、权利主体所享有的权能、保护期限等内容。

第三章，权利行使与权利的限制。具体规定民间文学艺术表达权行使、合理利用、利益补偿、授权(许可)利用等内容。

第四章，完全民间文学艺术表达权。主要规定权利的获得、权利的权能内容、民间文学艺术表达财产共有类型等。

第五章，定限民间文学艺术表达权。关涉民间文学艺术表达用益权、民间文学艺术表达担保权的设定、权利内容、登记程序和生效要件。

第六章，权利保护(或称“法律责任”)。包括责任形式、侵权行为、归责原则、赔偿标准以及证据保全、诉前禁止令、救济途径等程序性规范。

An Analysis of the Basic Problem of the Law for the Expression of Folklore

Zeng Yucheng　Li Yuanlong

Abstract: Folklore expression is the object of intellectual property, but the property rights system and the existing knowledge is hard to Folklore expression form coherence force, intellectual property law applicable to Folklore expression by complete protection. This requires us to give full play to creative thinking and, under the framework of the existing intellectual property rights system, build a right of expression for Folklore, and give special protection to the expression and rights of Folklore. The right of expression in Folklore refers to the legal norms that regulate and regulate the expression of the relationship between the property and the domination of the Folklore. Folklore expression of intellectual property right law belongs to the special law, the same with the single IP level, the legal attribute of private law. Folklore expression by law, general principles of Folklore expression right subject and its rights, the exercise of the right of expression of Folklore, Folklore expression completely right, limit the expression of Folklore rights, the protection of the rights of six chapters.

Key Words: Folklore expression right law; private law; intellectual property; special law

商事习惯违背公序良俗的类型化判断

肖明明 *

摘要:相较于民事习惯而言,法院认定商事习惯违背公序良俗的情形较少,且主要表现为对公共秩序的违反。司法裁判论证中,存在以"生活常理"等代替公序良俗判断或将公序良俗与诚信、公平、正义等价值原则相混用的逻辑误区。在商事习惯违背公序良俗的判断与认定上,应坚持类型化的方法,对商事习惯和公序良俗进行类型区分,并明确不同情形下的效力评价结果。商事习惯违背公共秩序的情形可区分为对契约自由保护之公共秩序的违反和对契约自由限制之公共秩序的违反两种主要类型,商事习惯违背善良风俗的情形则应限定于对商业道德、企业社会责任和其他一般性社会道德的违反。

关键词:商事习惯;公序良俗;类型化

《中华人民共和国民法总则》(以下简称《民法总则》)第10条确认了习惯的民法法源地位,在我国民商合一的立法模式下,这里的习惯应当包含商事习惯在内。立法在确定习惯的法源地位的同时,对习惯法本身又进行了合目的性限制,即作为规范适用的习惯不得违背公序良俗。基于商事活动与民事活动的不同特性,商事规则和商法规范也存在其独特性。[①] 在此背景下,公序良俗在商事习惯司法适用中的功能和作用是否应相较于民事习惯有所不同,公共秩序和善良风俗如何在商事习惯效力的司法评价过程中具体展开?鉴于公序良俗的民法抽象原则的属性,对其具体作用发挥机制的考察还须借助个案裁判的观察。"若要具体化,就须类型化。"[②]因此,本文试图在分析司法实务中商事习惯的公序良俗评价的实践状况的基础上,探讨公共秩序和善良风俗与商事习惯效力的关联关系,并以类型化的方法探究公序良俗适用于商事习惯司法审查的具体形式和判断标准。

---

* 肖明明,西南政法大学民商法学院2017级民法专业博士生,重庆市江北区人民法院审判员。

① 许中缘,颜克云.商法的独特性与民法典总则编纂[J].中国社会科学,2016(12).

② 于飞.公序良俗原则研究——以基本原则的具体化为中心[M].北京:北京大学出版社,2006:119.

一、公序良俗作用于商事习惯司法适用的实践状况考察

(一)分析样本的选取与说明

基于比较商事习惯与民事习惯在司法适用中的差异性的考虑,笔者以近三年(2015年1月1日至2017年11月10日期间)中国裁判文书网公布的裁判理由中同时出现"习惯"和"公序良俗"两个关键词的371份民商事判决书为样本进行分析。在确定样本检索条件时主要考量了两个重要因素。一是司法实务中普遍未区分商事习惯和民事习惯的概念[①],而是以"习惯"统称,在商事合同纠纷裁判中则多以"交易习惯"或"行业习惯"概称商事习惯。故检索样本时以"习惯"为关键词,一方面既可较全面地命中总体中"实质上的"商事习惯,另一方面又可在样本中获得有关民事习惯适用的案例,进而借以比较公序良俗之于商事习惯和民事习惯在效力评价上的差异性。二是虽然《民法总则》施行前我国民事立法中未采用"公序良俗"表述,但司法实务中法官却普遍已使用公序良俗的概念,并适用公序良俗原则作为评价部分法律行为效力的标准。因此,以"公序良俗"作为关键词检索得出的样本具有足够的广泛性,能够反映总体的基本状况。

(二)商事习惯与民事习惯的公序良俗适用比较

在分析样本中,商事纠纷案件判决书共124份,占比33.4%。在案件类型上,涉及商事习惯司法适用问题的商事纠纷多集中于买卖合同、合伙纠纷、商铺租赁合同、金融借款合同、民间借贷纠纷[②]等领域。在所涉商事习惯类型上,主要表现为动态的交易类习惯,而较少出现静态的组织类习惯。这种状况与《中华人民共和国合同法》仅确认了交易习惯的适用情形和适用条件有关,样本判决书中普遍引用《中华人民共和国合同法》第60条等涉及"交易习惯"的条款即是确证。相对而言,民事习惯司法适用的案件则相对集中于婚姻家庭继承、传统习俗、人格侵权、农村宅基地买卖等领域,且公序良俗的适用情形和结果均与商事习惯有异。

1.认定民事习惯违背公序良俗者居多,而商事习惯违背公序良俗者则较少

民事纠纷中的习惯多涉及民间风俗或传统习俗,与道德规范联系甚密,因而一些习

---

① 在《民法总则》施行前,我国法律、行政法规中涉及"习惯"的表述方式包括"交易习惯""风俗习惯""生活习惯""习俗"等称谓,参见张哲,张宏扬.当代中国法律、行政法规中的习惯——基于"为生活立法"的思考[J].清华法学,2012(2);高其才.当代中国法律对习惯的认可[J].政法论丛,2014(1).

② 根据最高人民法院《关于审理民间借贷案件适用法律若干问题的规定》,民间借贷纠纷从主体上可分为自然人之间的借贷、企业之间的借贷以及自然人与企业之间的借贷几种情形。虽然自然人之间的借款有时表现为金额较小的生活消费借贷,但从近年来民间借贷纠纷的总体情况以及此领域愈发成熟的交易规则等来看,民间借贷活动已具备明显的商事行为的营利性、专业性等特征。因此,笔者在统计样本时,将民间借贷纠纷计入商事纠纷内进行一并分析。

惯行为更容易被以违背公序良俗而认定无效或不予适用。如"出嫁女不参与继承"的民间习俗在农村地区仍广为适用,但法院对此则倾向于采取否定态度。① 相反,对于商事习惯而言,法院则多从意思自治和交易外观主义出发,不轻易否定商事交易习惯的效力。例如,"刘炳胜与广州市番禺区心位教育咨询服务部、刘兵教育培训合同纠纷"一案中,二审法院即认为,"一般而言,教育培训机构均会与被培训人签订有关培训目标的内容,涉案协议书中根据培训成果收取不同培训费用的约定也与当今社会教育培训机构的行业情况大体相符,并未违反一般行业习惯或社会公序良俗"②。本案中,法院首先认定教育培训行业存在"有关培训目标内容"的行业习惯,进而结合案情对该行业习惯予以效力上的肯定性评价,所秉持的标准则为"社会公序良俗"。

2.认定商事习惯违背公共秩序者居多,而民事习惯违背善良风俗者则居多

商业活动存在于经济交往领域,商事习惯主要为商业交易行为规则和模式的固化。因此,商事习惯作为自治性规则,能够促进主体对商事交易的调整,体现出商事主体解决争议的创造性与自决性,应当优先于商法任意性规范适用。③ 基于上述特性,司法实践中,法院对商事习惯进行公序良俗检验时也多从公共秩序角度切入。如"顾长春上诉北京华联万贸购物中心经营有限公司财产损害赔偿纠纷"一案中,二审法院对于当事人之间房屋租赁合同中关于"出租人在合同解除后有权利处置承租人放置在商铺内的物品"的约定"违反诚实信用、公序良俗的民法原则,不应成为华联万贸公司免责的事由",进而判决出租人赔偿承租人相关损失。④ 此案中,合同约定的事项可视为当事人之间的一项交易习惯⑤,而此习惯的适用一方面将侵犯承租人受宪法保护的基本财产权利,另一方面亦对平等、自决的经济活动秩序造成冲击,存在侵害承租人利用自有财产实现经济自由的法益之嫌。由此案可见,商事习惯对公序良俗的违背多体现为对各种形式的公共秩序的违反。当然,在逻辑上商事习惯违背善良风俗的情形亦有存在,如德国法中涉嫌违背职业道德的律师"成功酬金"协议等,但本文分析样本中未见此类型案例。

(三)公序良俗适用于商事习惯评价的司法论证模式

根据《民法总则》第10条,适用习惯法处理民事纠纷时,应首先检验拟适用的习惯在内容上是否违背公序良俗。在具体个案中,援用这一法律规范的论证逻辑应当是,首先

① 山西省吕梁市中级人民法院(2016)晋11民终1630号民事判决书。此案中,法院在裁判文书说理时虽援引的《中华人民共和国继承法》关于继承权男女平等的法律规定,但其背后的实质意蕴应是以公序良俗原则否定上诉人主张的"嫁女不参与继承"的习惯。

② 广东省广州市中级人民法院(2014)穗中法民二终字第2134号民事判决书。此案中,虽然法院将"一般行业习惯"与"社会公序良俗"并置,但是从行文逻辑和裁判依据上看,法官在心证过程中是将案涉交易习惯进行了一次公序良俗检验后加以适用的。

③ 许中缘,颜克云.商法的独特性与民法典总则编纂[J].中国社会科学,2016(12).

④ 北京市第一中级人民法院(2016)京01民终3263号民事判决书。

⑤ 在商铺租赁领域,类似约定其实已成为租赁合同的一项格式内容,故将其视为行业习惯亦无不可。

检索针对本案是否存在应当适用的法律规范，其次确认习惯事实是否存在以及是否符合要件特征，最后审查该习惯的内容是否与公序良俗相悖。[①] 尽管《民法总则》施行前的单行民法规范并未明确规定适用习惯时应经过公序良俗检验程序，但这并不影响前述规范论证过程的展开，法官在说理时仍应阐述商事习惯与公序良俗之间是否相合以及理由。然而，在分析样本中，法官在评价个案中的特定商事行为与商事习惯、公序良俗之间的逻辑关系时，采取了多种不同的分析认定路径和论证模式。[②]

1. 以"法无禁止"或"生活常理"等代替公序良俗判断

例如，在"庄晓静与庄进国买卖合同纠纷上诉案"中，法院首先依据证据事实认定当事人之间存在关于从事"类期货交易"的行业习惯并且交易双方亦知晓该习惯的存在等事实。但在评价此商事习惯效力时，则采取了迂回式的论证方式，法院认定："类期货交易并非属于正式的期货交易，法律、行政法规对该种类期货交易或结算方式尚无禁止性规定，庄晓静主张该种交易或结算方式违背社会公序良俗没有事实和法律依据。[③]"其论证的方式是以商事行为(类期货交易行为)的自洽性证成商事习惯(类期货交易习惯)正当性，以此来完成公序良俗判断过程。而在另一起案件中，法院则以"生活常理"的概念作为论证具体商事行为和交易习惯的合理性。[④]

2. 将商事习惯视作或并列于公序良俗

此类案件中，法院并未区分商事习惯和公序良俗之间的关系，而是以商事习惯等同于公序良俗的构成部分[⑤]，或将二者作为并列式的评价标准，对案涉具体商事行为的效力加以评判。例如，"崔国忠与李学义等借款合同纠纷"案中，法院即作如下论证："对于被告后期偿还 5000 元的事实，按照公序良俗和民间交易习惯，本院认为应将已偿还的该 5000 元视为本金。[⑥]"

3. 混用公序良俗和诚实信用原则。诚信原则与公序良俗原则的功能与法律效果并不相同，但实践中存在混用的倾向。[⑦] 有些案件中，当缺少具体法律规则可资援用的情形

---

① 商事习惯是否仅存在公序良俗一个效力评价标准，是需要进一步探讨的问题。例如，对个案中出现的商事习惯是否需要首先进行合法性审查，即判断其是否违反法律、行政法规的规定？这涉及习惯法与商法规范、民法规范适用结构冲突时的协调规则问题，本文受主题所限，对此不加以展开讨论。

② 样本中所揭示的关于公序良俗与其他概念混用等问题，在新近关于公序良俗司法适用的研究中也被提及，可见相关问题存在的客观性和普遍性。参见蔡唱.公序良俗在我国的司法适用研究[J].中国法学，2016(6).

③ 浙江省温州市中级人民法院(2017)浙 03 民终 2252 号民事判决书。

④ 河北省迁安市人民法院(2015)安民初字第 5210 号民事判决书。此案中，法院评价道："从市场交易习惯及公序良俗来讲，原被告之间先后签订三份合同，付款方式也是被告陆续付款，双方在没有明确付款说明的情况下，按合同先后顺序付款符合人们交易习惯及生活常理。"

⑤ 如河南省南阳市中级人民法院(2017)豫 13 民终 398 号民事判决书，此案虽涉及的是民事习惯，但法院在具体论证逻辑中同样将习惯与公序良俗予以"同质化"。其说理部分的相关表述为"某个地方的风俗习惯必须属于公序良俗，不得带有歧视、不公平的内容"。

⑥ 吉林省白城市洮北区人民法院(2015)白洮平民初字第 261 号民事判决书。

⑦ 两原则在适用范围、法律效果等方面均存在差异，参见于飞.公序良俗原则与诚实信用原则的区分[J].中国社会科学，2015(11).

下,法官为增强其论证的说服性往往会引用多个法律原则作为说理依据,但却并未对不同原则之间的区别和相互关系进行有效区分。如前述"顾长春上诉北京华联万贸购物中心经营有限公司财产损害赔偿纠纷"案中,法官即同时未加区分地适用诚实信用和公序良俗两项基本原则作为否定合同约定条款效力的依据。又如在"倪天英与上海中期期货股份有限公司期货强行平仓纠纷"案中,二审法院则在援用诚信原则的基础上同时引入公序良俗和公平原则作为评价案涉合同利他行为效力的依据。①

4.将公序良俗作为商事习惯(法)的构成要件

在"张宏群与太原市民营区雷凯久久货运部公路货物运输合同纠纷"案中,法院在认定交易习惯时即径行将符合公序良俗作为习惯(法)的内在要素,从而将商事习惯事实的认定与效力评价过程融为一体。② 另外,在"郭某诉徐某合伙纠纷"案中,法院也采取了类似论证思路,并直接将合法性和公序良俗作为交易习惯的构成要件。③

二、商事习惯违背公序良俗的认定路径之反思

通过对司法实践中商事习惯与公序良俗的适用关系的考察,可以发现,相较于民事习惯,法院对商业活动中自发形成的商事习惯持相对宽容态度,在否定个案特定商事行为习惯的效力问题上较为审慎。这体现了商事裁判思维的独特性,裁判机构在纠纷处理中关注了商人的营利性、专业性和意思自治。④ 在解释适用《民法总则》第10条时,应当区分民事活动与商事活动的不同,进而探究公序良俗在民事习惯和商事习惯效力审查适用中的差异性。对此,实务界已做出了初步努力,但是在具体的解释论证模式上仍欠缺规范性,对其中的问题需要在总结反思的基础上加以完善。

(一)商事习惯需要再类型化

在习惯法的个案审查适用中,除须区分民事习惯与商事习惯这一基本类型外,还应关注商事习惯内部的类型构成。最为重要的,是以商事习惯的适用范围为标准将其划分为当事人间的个别习惯和共同适用于特定或不特定多数人的共性习惯两类。最高人民法院《关于适用〈中华人民共和国合同法〉若干问题的解释(二)》第7条已注意到这种习惯分类,明确将其区分为当事人双方经常使用的习惯做法和在交易行为当地或者某一领

---

① 上海市高级人民法院(2017)沪民终224号民事判决书。

② 太原铁路运输法院(2015)太铁商初字第131号民事判决书。该判决中将交易习惯界定为"交易当事人在社会经济生活中,基于简化交易程序、减少交易成本、提高交易效率的目的,由交易相对人自发形成,共同遵守,长期反复适用,且不违反法律强制性规定、社会公序良俗的惯常行为模式或交易经验法则"。

③ 吉林省洮南市人民法院(2015)洮民二初字第278号民事判决书。此判决中认定交易习惯的构成要件包括:"1.内容必须不违反法律、行政法规的强制性规定。2.不违反公序良俗。3.须为相关公众或行业所知悉。4.须具有一定确信性。"

④ 徐海燕,刘俊海.论商事纠纷的裁判理念[J].法学杂志,2010(9).

域、某一行业通常采用并为交易对方订立合同时所知道或者应当知道的做法。《美国统一商法典》中也存在类似分类方法。① 作此类型划分的意义在于,对两类商事习惯进行效力评价的范围和程度应有所区别。对于仅适用于个案交易当事人双方的习惯,由于未经受一般社会观念的评价和检验,其悖离公序良俗的可能性较大,适用该习惯而导致当事人间利益关系失衡的概率亦随之较高,故以公序良俗进行效力干预的强度应更大。前文引述的案例中,个别交易习惯更易为法院作否定性评价的现象即为佐证。不过,从另一个侧面来看,正因为该习惯适用的主体范围有限,其"违法性"可造成的社会损害的边界亦仅限定于交易双方的利益范围,从私法自治和外观主义的视角上,又不应进行过多强制干预。如何协调和平衡这种价值理念上的冲突,是法官在判断和认定商事习惯是否违背公序良俗时必须予以面对的重要问题。然而,不论是最高人民法院的司法解释还是各地法院的具体裁判中,均未合理关注和回应这一问题。

对于"共认性"的商事习惯而言,其多为经受商业实践筛选和检验后的成熟规则,相关商事主体对其具有较强的自愿遵守性。在此意义上,这些习惯违背公序良俗的比率也随之降低。或者说,即便这些商事习惯在形式上似乎与民法的公平正义价值相背离,但其实质上却符合商法自治和风险自担的基本要求,因而不宜对之进行过多的强制干预。在表现形式上,此类商事习惯包括行业自治规则、行业惯例、国际商事惯例等。这些为商事主体自发制定和遵守的商事习惯,在本质上属于商人自我立法的范畴;而商事交易的本质属性决定了商事主体之间的这种自我立法在商法法源体系中占据首要地位。② 更有甚者,有些情况下,商事主体自行确立的自治规则本身即具有强制性或自律性,成为制定法强行性规范的立法资料来源。例如,各个国家证券交易所的强制性规范实质上构成了证券市场的基础性规则,且这些强制规范多为操作性、技术性的。③

我国司法实践中,法官已注意到对两类商事习惯的不同区分。但司法解释仅对交易习惯的内容作了合法性限制,即两类习惯做法"不违反法律、行政法规强制性规定的,人民法院可以认定为合同法所称的'交易习惯'"。所以,个案裁判中法官并不倾向于对商事习惯进行价值判断,也未实质区分不同类型习惯在公序良俗判断上的差异性。这种状况的存续有可能会造成对商事习惯效力的过度否定,进而导致国家强制侵蚀私法自由的结果。因此,在商事习惯的公序良俗判断及其论证模式完善中,对商事习惯本身的再类型化是一个需要引起重视的问题。

(二)公序良俗的内涵需要具体化

公序良俗属于抽象的民法基本原则,在内容上指称公共秩序和善良风俗。根据通常理解,公共秩序指国家社会的一般利益,具体体现于"法律的一般精神和价值体系之中",

① 王筱琦."交易习惯"研究[J].现代法学,2002(2).

② 夏小雄.从"立法中心主义"到"法律多元主义"——论中国商事法的法源建构逻辑[J].北方法学,2014(6).

③ 曹兴权.认真对待商法的强制性:多维视角的诠释[J].甘肃政法学院学报,2004(5).

而善良风俗则指社会的一般道德观念。[①] 将公序良俗这一抽象原则适用于个案裁判，首先必须将其内容具体化，使其具有可操作性。

实践中，法官在进行法律适用时普遍并未遵循公序良俗具体化的路径，而是以模糊的价值判断或利益衡量的方式阐明说理逻辑。分析样本中所展示的判决文书或多或少都存在这个问题。探究这些裁判文书的论证逻辑可以发现，法官其实是以公平、正义等作为具体商事行为和商事习惯效力的最终评价依据，只不过在表述时将其转化为公序良俗等民法概念或原则。这也解释了为何法官在许多案件中以诚实信用原则代替公序良俗原则进行效力评价，或者将公序良俗与诚实信用、公平原则等并用。此种论证逻辑背后所隐藏的一个重要问题是，民法上的公平、正义等一般性价值理念是否可以当然地适用于商事纠纷的裁判中来，毕竟某些在民事纠纷中可以适用的原则和制度并不具备在商事活动中的介入空间。例如，在证券交易领域发生的光大证券"乌龙指"事件，即不能用民法的显失公平制度予以评价，而是应首先遵循商事交易的外观主义和形式公平。因此，在某种程度上，商事交易行为违反民法上一般性的公平、正义等价值理念并不一定获得的是效力上的否定性评价。

基于上述分析，在商事纠纷裁判中评价特定商事行为和商事习惯的效力时，应当避免简单地诉诸抽象的价值分析的论证逻辑，以防公权力不适当地侵入私法自治领域。在《民法总则》施行后，对习惯效力的评价应回归公序良俗原则，在评价标准上不应奉行"价值多元"。同时，必须使公序良俗在个案适用中实现具体化，否则也会出现价值原则滥用的风险。抽象原则内涵具体化的基本路径则是外延的类型化。

（三）公序良俗对商事习惯评价的后果需要明晰

根据《民法总则》的规定，不违背公序良俗的习惯才能被作为规范予以适用。但这背后还隐藏着一个重要问题，即违背公序良俗的习惯尤其是商事习惯的法律效力或后果是什么？是否必然意味着完全无效，还是只是不能在"本案"中予以适用？再进一步，"违背"公序良俗是否有严重程度上的区分，以及所违背的"公序良俗"是否因其内容和情形的不同而应有不同的评价结果？

在案例样本中，依据法官在不同案件中所采取的逻辑论证方式的不同，经过公序良俗评价的商事习惯存在几种不同的情形。一是以公序良俗解释限定商事习惯的适用范围。如在"付寅初与中国银行股份有限公司珠海莲花支行借记卡纠纷、金融借款合同纠纷"案中，法院采信了出借人举示的《中国银行股份有限公司长城借记卡章程(2011 年版)》，而该章程约定借记卡不得出租和转借，因持卡人保管不当、将卡片转借、交由他人使用而造成的损失由持卡人承担，发卡银行不承担责任。本案中，持卡人将借记卡交由其配偶使用时被他人盗刷。法官在论证时认定，"在现实生活中，夫妻一方将其名下银行

---

① 于飞. 公序良俗原则研究——以基本原则的具体化为中心[M]. 北京：北京大学出版社，2006:20-21.

卡交由另一方使用是普遍存在的情形,该情形符合一般人对夫妻共同财产处理的习惯,不违反公序良俗,基于夫妻对共同财产有平等的处理权,因此不能将该情形认定为出租、转借或保管不当,而且夫妻作为夫妻共同财产的共有人,为保护共同财产,在处理对方名下财产时一般会尽到与对方相同的注意,故夫妻一方将己方名下银行卡交由对方使用并不会明显降低银行卡的安全性。"[①]从以上论证过程可以看出,法官实质上是以公序良俗为标准将银行章程的适用范围进行了限缩性解释,而并未否定该习惯做法的整体效力。二是直接以商事习惯不符合公序良俗的价值要求而认定其无效,进而不予适用。如前文提及的"顾长春上诉北京华联万贸购物中心经营有限公司财产损害赔偿纠纷"案即属此种情形。三是在审查认定交易习惯存在且不违反公序良俗的情况下,将其作为习惯法予以适用。如在"上诉人张玉中与被上诉人孙玉虎、孙振买卖合同纠纷"案中,法院即以当地存在的"从事粮食收购的商家的收购凭证一般为一式两联,白联系存根、红联系客户联"行业习惯作为裁判的依据,[②]实质上是确认了该交易习惯的习惯法地位。

由上可见,司法实务部门对于商事习惯与公序良俗之间的内在复杂关系已有一定认识和探索,但仍欠缺系统性和规范性。如何确定商事习惯违反公序良俗的标准、情形以及后果,需要结合商事习惯和公序良俗的类型化组合,在具体适用过程中进行差异化判断。

三、商事习惯违背公序良俗的类型化认定

公序良俗原则的起源可追溯至罗马法中的善良风俗法令,如"非常损失规则"、利息限制等。[③] 西方近代自然法法典化过程中,通过继受罗马法的制度和精神,主要大陆法系国家民法典均确认了公序良俗的基本原则规定。如《法国民法典》第 6 条规定"任何人不得以特别约定违反有关公共秩序和善良风俗之法律",《德国民法典》第 138 条规定"违反善良风俗的法律行为无效",《奥地利民法典》第 879 条规定"违反法律上禁止及违反良俗的契约无效",《瑞士债法典》第 20 条规定"含有不能履行、违反法律或者违反公序良俗之条款的合同无效",《日本民法典》第 90 条亦规定"以违反公共秩序或善良风俗的事项为标的的法律行为无效"[④]。经过各国学说和判例的发展,公序良俗在司法适用上逐渐形成了类型化的解释适用方法。较为典型的如法国法中以公共秩序为中心的解释论和日本法中关于公序良俗的类型化判断方法。法国判例和学说中将公序分为政治上的公序和

① 广东省珠海市香洲区人民法院(2015)珠香法湾民二初字第 59 号民事判决书。

② 江苏省连云港市中级人民法院(2016)苏 07 民终 221 号民事判决书。

③ 于飞.公序良俗原则研究——以基本原则的具体化为中心[M].北京:北京大学出版社,2006:59.

④ 此外,《俄罗斯联邦民法典》第 169 条规定"以故意违反法律秩序或道德为目的而订立的法律行为是自始无效法律行为",我国台湾地区"民法"第 2 条也明定"民事所适用之习惯,以不背于公共秩序和善良风俗者为限",第 72 条规定"法律行为,有悖于公共秩序或善良风俗者,无效"。参见于飞.公序良俗原则研究——以基本原则的具体化为中心[M].北京:北京大学出版社,2006:29-30.

经济上的公序两大类,前者指涉与国家利益和家庭秩序有关的基本价值原则,后者的目的则在于对交换经济关系进行正当性干预。① 随着经济社会发展,经济上的公序又进一步发展为指导的公序和保护的公序,其差异集中体现在法律行为违反两种公序的法律效果上的不同——违反政治的公序和指导的公序导致绝对无效,而违反保护的公序则仅相对无效。② 日本的公序良俗学说则沿着类型化的方向不断演进发展。最具代表性的学说包括我妻荣的公序良俗七类型③、山本敬三的公序良俗再构成论等。④ 我国学者也在日德等国学说判例的基础上,结合国内司法实践提出了自己的公序良俗类型化理论。⑤

结合前文关于商事习惯实务案例的分析,商事习惯违反公序良俗的情形多发生于公共秩序领域。因此,商事习惯司法适用时的公序良俗判断首先应从公共秩序和善良风俗的基本类型区分入手,分别探究两种类型下商事习惯的效力情形。

(一)商事习惯违背公共秩序的类型分析

商事法律作为市场经济最重要的法律部门,相较于民法,更强调行为自由和私法自治。在商事交易活动中,契约自由在商法规范价值体系中无疑居于中心地位。在本质上,商事习惯是契约自由的表现形式,体现了商人自治的精髓。商事活动的典型特征是商人的逐利性,商事交易行为的根本目的均指向利润之获取。商事契约、习惯规则等确定行为主体间权利义务关系的自治规范,其产生的原因也是为了满足商主体的营利需求。然而,以私人利益为导向而形成的商事习惯极易超出秩序和道德的边界,进而成为国家强制力规制的对象。这就需要对契约自由划定一定的边界,将商业自由的行使限定于法律允许的范围之内。在价值关系上,私法自治是民法的首要基本原则,而公序良俗则起到"补充、矫正与解释私法自治之功效"⑥。因此,对于商事习惯而言,公共秩序对其效力评价的介入标准即可从契约自由入手,区分为保护契约自由的公共秩序和限制契约自由的公共秩序两大类型。

1. 商事习惯违反保护契约自由的公共秩序之判断

---

① 于飞.公序良俗原则研究——以基本原则的具体化为中心[M].北京:北京大学出版社,2006:61.

② 于飞.公序良俗原则研究——以基本原则的具体化为中心[M].北京:北京大学出版社,2006:62.

③ 我妻荣根据对日本判例的研究归纳了违反公序良俗的七种主要类型:违反人伦的行为;违反正义观念的行为;乘他人穷迫、无经验获取不当利益的行为;极度限制个人自由的行为;限制营业自由的行为;处分生存基础财产的行为;显著的射幸行为。

④ 山本敬三提出四类公序良俗违反类型:裁判型——政策实现型公序良俗;裁判型——基本权利保护型公序良俗;法令型——政策实现型公序良俗;法令型——基本权利保护型公序良俗。参见于飞.公序良俗原则研究——以基本原则的具体化为中心[M].北京:北京大学出版社,2006:82.

⑤ 史尚宽.民法总论[M].北京:中国政法大学出版社,2000:336;王泽鉴.民法总则[M].北京:中国政法大学出版社,2001:292;梁慧星.市场经济与公序良俗[C]//梁慧星.民商法论丛:第1卷.北京:法律出版社,1994:56。晚近学者关于公序良俗类型化的实证和理论分析可参见向淼.公序良俗原则司法适用的模式与类型——基于243个案件的统计分析[J].复旦学报(社会科学版),2015(5).

⑥ 谢潇.公序良俗与私法自治:原则冲突与位阶的妥当性安置[J].法制与社会发展,2015(6).

契约自由是商事主体自由选择交易对象、平等协商交易内容并自愿订立契约的行为自由，是确保商业活动充满活力的前提基础，也是市场经济发挥资源配置作用的必要条件。契约自由主要是一种经济自由，体现在商事活动领域则主要表现为营业自由。其内涵既包括商主体自主从事交易活动的行为自由，也包括商主体之间自由开展竞争活动的自由。鉴于契约自由对于市场主体、市场经济秩序、社会稳定发展以及国家整体利益等方面的极端重要性，商事习惯如违反保护契约自由的价值要求，则应构成对公共秩序的违反，其效力亦应受到否定性评价。

在具体构成上，限制商事主体营业自由的商事习惯类型可进一步做如下区分。首先，以行业规范的形式限制商事主体从事经营活动或竞争活动的自由。尤其对于那些在内容和标准上尚未违反不正当竞争法所明确规制的行为类型，可以诉诸公共秩序的价值评价，以维护契约自由和市场秩序。其次，具有限制平等市场准入、商品自由流通等实质效果的行业惯例。如特定行业内部通过长期交易活动形成的只选择固定主体范围或地域范围内的交易对象的交易惯例，实质上起到限制市场主体经济自由的效果。再次，个别商事主体之间形成的限制对方营业自由的交易习惯。例如，商事主体出于维持长期交易关系等考量，在具体交易过程中达成的限制对方或己方从事特定营业行为的惯例，如其存在危害市场整体秩序的健康与稳定的因素，则应当施予公权力的适度干预。

在效力评价上，上述不同类型的商事习惯在违反契约自由保护的公共秩序的后果上应有所区别。对于那些具有反复适用性且涉及商事主体范围较广的行业自治规范和行业惯例等商事习惯而言，由于其对自由与秩序的潜在危害性和破坏性更强，故一般情形下应对其效力予以彻底的否定评价，即采取绝对无效的立场。而对于个别市场主体之间形成的限制对方经营自由的交易习惯，则应考量自由受限制的程度、双方当事人间的实质地位以及利益失衡的具体状况等因素综合判断，而不应一概否定相应交易习惯的效力。

2.商事习惯违反限制契约自由的公共秩序的类型判断

"法不禁止并不一定意味着当事人就有行为自由"，自由行为的边界还应当受公序良俗的限制。[①] 为克服市场经济和私法自治可能导致的实质非正义等问题，现代民法确立了契约自由和权利行使限制的基本精神。"公序良俗原则作为对合同自由的制约，可以限制当事人滥用权利，侵害国家、集体和他人的利益。[②]"因此，对契约自由的法律限制也构成公共秩序的组成部分，此类公共秩序的功能在于通过限制契约自由实现利益均衡、实质正义等价值目标。因此，作为契约自由之产物的商事习惯也应受到限制契约自由的公共秩序的效力约束。其具体类型亦可作进一步展开。

(1)基本权利保护类型

---

① 易军."法不禁止皆自由"的私法精义[J].中国社会科学,2014(4).

② 冯忠明.合同自由与公序良俗[J].云南大学学报,2004(6).

"基本权利虽然不是对法律行为施加限制的强制性法律规定，但是，它是判断是否构成违背公序良俗的重要标准。"[①]商事习惯如涉及限制相关商事主体或第三人的受宪法保护的基本权利的，应视为违反法律秩序和社会公共利益，由法院在个案裁判中宣告其无效。例如，梅迪库斯所主张的"束缚债务人之行为"即属于违反公共秩序的类型，因其侵害当事人宪法上人身自由的基本权利而无效。[②]

(2)消费者利益保护类型

相对于具有组织优势和经济优势的商主体而言，消费者处于相对弱势的地位，故现代民法对消费者利益普遍给予特殊保护。这种价值理念也构成公共秩序之内容。除消费者合同[③]直接涉及消费者利益特殊保护外，商事主体之间的商事合同、商事习惯如涉及损害消费者利益保护的情形，其内容也应认定无效，并不得作为裁判依据适用。

(3)射幸合同类型。对于赌博等具有明显违法性的行为应依公序良俗而否定其效力，当无疑义。但对于诸如证券市场中的对赌操作以及股东之间的对赌协议等已形成交易惯例的具有射幸行为性质的交易类型，则还应结合交易习惯对社会经济秩序的危害性、风险分担的均衡性等因素，综合判断其效力。

(4)国家利益保护类型。如果商事习惯的适用将对国家税收、财政、金融监管等公共利益构成限制或妨碍，则应属于违反公共秩序之情形，不得予以适用。

(二)商事习惯违背善良风俗的类型分析

善良风俗属于道德原则范畴，主要存在于民事活动领域。在商事活动中，商事习惯涉及违反善良风俗的情形主要表现为违反商业道德和违反企业社会责任两种类型。

1. 商事习惯违反商业道德的类型

商业道德是市场主体从事商事活动所应普遍遵守的道德规范。在对商事习惯进行效力评价时，不能将商事习惯违反所有类型的商业道德均作否定评价。对诸如诚实守信等倡导性道德规范的违反，仅产生信誉惩罚、损害赔偿等责任形式，而不应溯及影响行为或习惯的效力问题。而对于特定商事主体负担的职业道德的违反，则可能构成违反善良风俗的类型。例如，律师收取"成功酬金"或者以提供佣金为条件吸引非律师介绍顾客等行为，即属于违反职业道德而应否定其效力的情形。[④]

2. 商事习惯违反企业社会责任的类型

企业社会责任并不具备强制履行和执行的法律效力，故仍属于道德的范畴。当某个行业的自治组织通过自治规则或行业惯例的方式意图规避业内企业的社会责任时，则构

---

① 刘志刚. 公序良俗与基本权利[J]. 法律科学，2009(3).

② 梅迪库斯. 德国民法总论[M]. 邵建东，译. 北京：法律出版社，2000：528.

③ 消费者合同指合同当事人一方是消费者、另一方是经营者的合同，从消费者利益保护的角度，存在公序良俗的适用空间。参见于飞. 公序良俗原则研究——以基本原则的具体化为中心[M]. 北京：北京大学出版社，2006：189.

④ 拉伦茨. 德国民法通论[M]. 王晓晔，等译. 北京：法律出版社，2003：608.

成对善良风俗的违反。但是,违反企业社会责任的法律后果不应当是行为或习惯的绝对无效,而应仅仅是该商事习惯不得在案件中予以适用,相关主体所从事的具体交易行为的效力不应受到影响。

此外,商事习惯如明显违背其他一般社会道德观念的,效力也会受到影响。例如,违反有关性道德的商业活动中的习惯做法、"代孕"合同等涉及人体伦理的交易行为,即便其已形成成熟的交易运作模式,也会因内容上违背善良风俗而被宣告无效。商业交往活动中,请托行为亦属于违反公序良俗的行为,因为"请托办事行为扰乱了公共秩序,包括经济秩序、教育秩序和司法秩序等,通过公序良俗的适用,可以实质性地矫正非公平性竞争导致的利益失衡,恢复被扭曲的社会秩序"①。总之,商事习惯违反公序良俗的类型化工作需要依托司法裁判实践,识别和提炼不断变化的社会经济生活中生发的公序良俗类型,并以之矫正或消除那些有碍于经济社会秩序的非良性商事习惯。

On Typed Judgment of Commercial Custom's Violating the Principle of Public Oder and Good Customs

Xiao Mingming

Abstract: Compared to civil custom, there are rare circumstances that the courts find certain commercial custom had violated public order and good customs, most of which were found violating the public order. There are serious logical errors in judicial adjudications that referred to the judgment of commercial custom, including replacing the public order and good customs with "common sense of life", mixing the principle of public order and good customs with other principles such as good faith, fair and just, etc. When judging and finding whether one commercial custom had violated public order and good customs, we should take the method of typification, i. e. distinguishing the categories and effect of different commercial customs and public order and good customs. The circumstances of violating public order could be mainly divided into two categories, violating the freedom-protection public order and violating the freedom-refraining public order. The circumstances of violating good customs mainly include breaching commercial morality, corporate social responsibility and general social morality.

Key Words: commercial custom; public order and good custom; typification

① 蔡唱. 公序良俗在我国的司法适用研究[J]. 中国法学, 2016(6).

设区的市地方立法趋同化探讨*

吴玉姣**

摘要:《立法法》修改后,地方立法主体急剧扩容,地方性法规数量急速增长,设区的市地方立法在立法条例和实质性法规等方面呈现出趋同化态势。在这一新形势下,地方立法趋同化与地方立法重复的实质性差别愈发凸显,设区的市地方立法趋同化也随即成了应该被予以认真对待的新问题。不同于法律趋同化思想的全球视野,地方立法趋同化局限于统一的民族国家,其形成原因可以从地方立法政绩化误区以及立法权限界定不明确等主客观方面进行思考和分析。针对设区的市地方立法趋同化在实践中可能会造成的立法资源浪费、法制不统一等危害,端正立法观念、明确立法权限、组建立法队伍、统筹整合立法以及进行联合立法是应有的规制之道。

关键词:地方立法趋同化;地方立法重复;地方立法

2015年《中华人民共和国立法法》(以下简称《立法法》)修改后,设区的市地方立法主体急剧扩容,直接导致地方性法规数量随之飙升,继而产生需要认真对待地方立法重复的有关问题。③ 相应地,地方立法在发展态势方面展现出来的趋同化现象也不容忽视。然而,相较于地方立法重复,学界对地方立法趋同化的关注较少,甚至未将其与地方立法重复进行严格区分。本文尝试着对地方立法趋同化进行释义,并探讨了地方立法趋同化的具体表现、造成原因、危害、规制措施等方面的内容,以开启国内地方立法趋同化的专题研究。

一、地方立法趋同化释义

"法律趋同化并非一种新的现象,罗马私法体系被后世许多国家所继受、《拿破仑法典》广泛传播并成为许多国家制定法典的蓝本、各大法系的形成及相互交融都是法律趋

* 2017年湖南省研究生科研创新项目"地方立法主体扩容后对立法重复的重新审视"之阶段性成果(项目编号:CX2017B254)。

** 吴玉姣,湘潭大学法学院博士生。

③ 程波,吴玉姣.认真对待地方立法重复[N].中国社会科学报,2017-8-9.

同化的典型例证。"[①]在我国,法律趋同化思想是李双元先生率先于1989年提出的[②],用来描述"不同国家的法律,随着社会需要的发展,在国际交往日益发达的基础上,逐渐相互吸收,相互渗透,从而趋于接近甚至一致的现象"[③]。这一思想最开始的应用范畴主要在于私法方面,后来慢慢发展至公法领域。我国法律在趋同化方面的表现被李双元先生形象地概括为"'对外开放'和'对内改革',即在法律文化上大力推进和国际社会的交流,不断引入先进的法律观念和法律制度,并大量采用国际惯例和国际社会的普遍实践,充实和改造我国国内立法"[④]。

《立法法》修改前由于拥有地方立法权的市相对较少,呈"散点式"分布且没有成为一个独立完整的立法层级[⑤],另外其立法的范围几乎不受限制,因而实践中地方立法趋同化的现象较少。《立法法》修改后,地方立法主体急剧扩容、地方立法权限被收窄、地方性法规的数量呈井喷式增长,我国地方立法呈现出趋同化发展的态势。具体:2015年3月15日《立法法》的修改,新增了市一级地方立法主体243个[⑥]。截至2017年6月30日,已有241个主体确定了可具体制定地方性法规的时间,并已出台地方立法条例126部,实质性地方立法147部。[⑦] 其中,程序性地方立法的结构和内容近乎一致,而已出台的实质性地方法规则不管是主题还是内容都几乎雷同。[⑧] 另外,《立法法》修改后新增的享有地方立法权的设区的市(以下简称新增的设区的市)所制定地方性法规,在主题与内容方面与《立法法》修改前享有地方立法权的市[⑨](以下简称原享有地方立法权的市)所制定的地方性法规也有着高度的相似性。(具体内容将在后面详细阐述)

对比分析,不难发现,地方立法趋同化其实可视为法律趋同化思想的国内应用。李

① 李双元,于喜富.法律趋同化:成因、内涵及在"公法"领域的表现[J].法制与社会发展,1997(1).

② 李双元,李赞.全球化进程中的法律发展理论评析——"法律全球化"和"法律趋同化"理论的比较[J].法商研究,2005(5).

③ 李双元,张茂,杜剑.中国法律趋同化问题之研究[J].武汉大学学报,1994(3).

④ 李双元,张茂,杜剑.中国法律趋同化问题之研究[J].武汉大学学报,1994(3).

⑤ 程庆栋.论设区的市的立法权:权限范围与权力行使[J].政治与法律,2015(8).

⑥《关于〈中华人民共和国立法法修正案(草案)〉的说明》中规定全国设区的284个市,以及东莞、中山、嘉峪关、三沙等4个不设区的市,共288个主体享有地方立法权。但由于该《说明》发布的时间为2015年3月,这之后,因为行政区划的变更出现了新的地方立法主体,如林芝市、山南市、吐鲁番市、哈密市等。据笔者多次核算,截至2017年6月30日,共有292个享有地方立法权的市。立法法修改前享有地方立法权的主体包括27个省、自治区的人民政府所在地的市、4个经济特区所在地的市和18个经国务院批准的较大的市,共49个,故新增地方立法权的主体为292－49＝243个。

⑦ 为了研究便利,地方立法权在本文中特指新立法法规定的设区的市以及东莞、中山、嘉峪关、三沙等4个不设区的市的人民代表大会及其常务委员会对城乡建设与管理、环境保护、历史文化保护等方面的事项制定地方性法规的权力。虽然有些自治州的人民代表大会及其常务委员会也获得了制定地方性法规的权力,但并不包括在本文的研究范围内。另外,也不包括作为行政机关的人民政府所出台的地方政府规章等,具体原因可见周冶陶,张明新."地方政府立法说"辨析[J].华中科技大学学报,2000(3).至于统称为设区的市地方立法权,是沿袭了《立法法》文本中的表述。

⑧ 程波,吴玉姣.认真对待地方立法重复[N].中国社会科学报,2017-8-9.

⑨ 立法法修改前享有地方立法权的主体包括省、自治区的人民政府所在地的市、经济特区所在地的市和经国务院批准的较大的市。

双元先生的法律趋同化思想在于展现国际社会法律发展基本走势，其采用国际经济一体化的理论视角，基于国际社会本位理念的逻辑起点，试图达成构建国际民商新秩序的学术目标。[①] 而本文准备阐释的地方立法趋同化概念则立足于描述在我国设区的市地方立法主体急剧扩容背景下，基于各种主客观原因，地方立法在主题以及内容等方面，共同性内容不断增多的一种动态现象。本文的具体思路是，通过对设区的市地方立法趋同化具体表现的描述，追溯其产生的深刻原因，并探讨其所导致的危害所在，最后提出相应的规制措施，以于提高地方立法的质量、提升地方立法的能力、降低地方立法的成本，树立地方立法的权威，并最终从立法趋同化的视角找到解决地方性法规泛滥的办法。

另外，为进一步阐释地方立法趋同化的概念，还需将其与地方立法重复进行区分。地方立法恢复已近 40 年[②]，有关地方立法重复的研究则自 20 世纪末便开始备受学者关注[③]。不少学者都尝试着界定地方立法重复的概念[④]，并且能辩证地看待地方立法重复问题[⑤]，另外还对地方立法重复的分类辨别提出了自己的见解。[⑥]相对来说，地方立法趋同化的研究不仅时间起步较晚且相关研究数量也较少。如前文所述，《立法法》修改前地方立法趋同化现象在实践中较少，直至 2015 年《立法法》修改后，地方立法才呈现出趋同化发展的态势。也是在那之后，才有极少数学者在研究立法抄袭[⑦]、立法协同等主题时提及地方立法趋同化，但没有专门论述，也没有对相关概念进行阐释，且大多与地方立法重

① 郭玉军，李伟. 李双元法律趋同化思想研究——谨以此文贺李双元先生九十华诞[J]. 时代法学，2016(5).

② 从 1979 年 7 月 1 日通过的《中华人民共和国地方各级人民代表大会和地方各级人民政府组织法》明确赋予省级人大及其常委会制定地方性法规和省级人民政府制定规章的权力，至今可以说地方获得立法权已将近 40 年。

③ 如周旺生的《立法论》，李林的《走向宪政的立法》等书中都有论述。

④ 关于何为地方立法重复，学者们的界定众多，主要文章有：汤善鹏，严海良：地方立法不必要重复的认定与应对——以七个地方固废法规文本为例[J]. 法制与社会发展，2014(4). 屈茂辉. 我国上位法与下位法内容相关性实证分析[J]. 中国法学，2014(2). 任尔昕，宋鹏. 关于地方重复立法问题的思考——正确理解并遵循立法的科学原则[J]. 法学杂志，2010(9). 孙波. 试论地方立法"抄袭"[J]. 法商研究，2007(5).

⑤ 学术界对于地方立法重复的态度一直以来倾向于否定，不过尽管如此，还是有不少学者认为地方立法重复不可避免。如唐孝葵主编的《地方立法比较研究》中就简明扼要地表示，地方在立法时一般不必再重复规定国家法律已经规定的东西，但为了法规的完整性，法律中的一些原则规定可以写进地方性法规。《地方立法不必要重复的认定与应对》一文几乎通篇都是在批判地方立法重复，但作者也对其所认定的不属于不必要的重复立法情形进行了包容。作者认为对上位法立法目的的重复，对上位法法律原则的重复，对上位法法律规则中前提条件的重复即适用范围、主管机关、名词(术语)含义、但书条款与除外条款等可以排除在地方立法重复的范围之外。

⑥ 早在 1994 年，周旺生出版的《立法论》中就区分了不必要的重复，其认为地方立法应该遵循法律、行政法规的规定，也可以借鉴外地经验，但要"消除不必要的照抄、重复法律、行政法规和照抄、转抄外地规范性法律文件的弊病"。只是何为不必要的照抄、重复和转抄，作者并没有进一步的说明。2003 年，李林所著的《走向宪政的立法》一书中，参照版权法的相关原理，限定了地方立法重复中"必要而合理"的内容——包括"(1)作为下位法的立法依据而引用上位法的有关条款；(2)作为下位法的适用依据或适用条款而引用上位法的有关规定；(3)上位法规定必须由下位法援引规定的内容"三种情形，并规定重复的数量规定为"以不超过法律文本总字数的 20%为宜"。2014 年，《地方立法不必要重复的认定与应对》一文给出了认定立法不必要重复的标准，即衡量一个法律规则的特质有没有改变在于前提条件、行为模式和法律后果三个要素中的任一个要素，但文章对地方立法重复的划分还是停留在必要的重复和不必要的重复。虽然作者也列举了不必要重复的几种类型如完整重复和部分重复、直接照搬和肢解拼凑、明显重复和隐性重复、主动重复和被动重复。

⑦ 王春业. 设区的市地方立法权运行现状之考察[J]. 北京行政学院学报，2016(6).

复作同义。据笔者所掌握的资料,仅易有禄《设区市立法权行使的实证分析》一文较为清晰地说明了地方立法趋同性[①],但其还是未能将地方立法趋同化与地方立法重复相区分——"各设区市制定的地方立法条例以外的地方性法规在很大程度上呈现出明显的'趋同性',即在调整的具体事项和规范内容上大同小异,甚至是后面的设区市立法照搬照抄前面的设区市同类立法的条文。"[②]实则,地方立法趋同化与地方立法重复并不同义。区别如下:

第一,地方立法趋同化针对的是同位法,而地方立法重复还包括对上位法的重复。李双元先生"在平位协调和比较研究的基础上"[③]提出了法律趋同化思想,该思想所研究的对象是世界范围内两个或者多个平等且独立的国家。同样,地方立法趋同化针对的也是处于同等序位上的两个或多个地方立法主体,在我国特指设区的市。地方立法重复则不同,"地方立法重复是指地方立法机关在制定地方性法规时,在内容(或同一事项)方面与上位法以及同类地方性立法存在重复的情形"[④]。故此,同位法与上位法都是地方立法重复的研究对象。另外,地方立法趋同化与地方立法重复的相关理论研究动向也进一步证明了这一观点:《立法法》修改以前,地方立法重复备受关注,然而当时的研究主要涉及重复上位法[⑤]而涉及同位法重复的极少[⑥]。相应地整体探究同等位次地方性法规的地方立法趋同化研究几乎没有。2015年《立法法》修改后,立法主体急剧扩容,重复同位法的现象开始增加,地方立法重复慢慢开始关注在内容(或同一事项)方面与同类地方性立法存在重复的情形,[⑦]与此同时,地方立法趋同化现象也开始被提及。

第二,地方立法趋同化是从整体的视角,归纳总结一个统一民族国家内地方立法发展所呈现出来的动态趋势,而地方立法重复则更多地偏向于单个立法现象,主要是描述某一地方性法规在内容上与上位法或同位法相重复的情形。本质上,地方立法趋同化是由多个地方立法重复现象攒在一起而显现出来的趋势化现象,也就是说,地方立法趋同化是由于地方立法重复现象的增加而导致。王春业教授在《设区的市地方立法权运行现状之考察》一文中,明确提出"立法抄袭或称为立法重复……如果允许地方立法这种抄袭现象的继续存在,将导致设区的市相关立法趋同性加剧……"[⑧]

---

① 易有禄.设区市立法权行使的实证分析[J].政治与法律,2017(6).

② 易有禄.设区市立法权行使的实证分析[J].政治与法律,2017(6).

③ 郭玉军,李伟.李双元法律趋同化思想研究——谨以此文贺李双元先生九十华诞[J].时代法学,2016(5).

④ 程波,吴玉姣.认真对待地方立法重复[N].中国社会科学报,2017-8-9.

⑤ 认为地方立法重复仅包括上位法的文章,如汤善鹏,严海良.地方立法不必要重复的认定与应对——以七个地方固废法规文本为例[J].法制与社会发展,2014(4).屈茂辉.我国上位法与下位法内容相关性实证分析[J].中国法学,2014(2).

⑥ 认为地方立法重复还包括同位法的文章,如任尔昕,宋鹏.关于地方重复立法问题的思考——正确理解并遵循立法的科学原则[J].法学杂志,2010(9).

⑦ 程波,吴玉姣.认真对待地方立法重复[N].中国社会科学报,2017-8-9.

⑧ 王春业.设区的市地方立法权运行现状之考察[J].北京行政学院学报,2016(6).

二、设区的市地方立法趋同化现象的具体表现

《立法法》修改后，享有地方立法权的主体为 292 个设区的市。基于中国现行规范性法律文件数据库的统计，截至 2017 年 10 月 20 日，设区的市已出台地方性法规 3206 部。当然，由于新增的设区的市所获得地方立法权的时间较短，其所制定的地方性法规也相对较少。为降低研究难度，本文在探讨设区的市地方立法趋同化现象的具体表现时将原有的 49 个地方立法主体与新增的 243 个地方立法主体进行了区分，并主要从以下三个部分进行探讨。

(一)新增的设区的市在制定立法条例方面的趋同化现象

通过对中国法律法规信息库等相关数据的统计，截至 2017 年 6 月 30 日，新增的 243 个地方立法主体中已有 241 个主体确定了可具体制定地方性法规的时间，并已出台地方立法条例 126 部。经过深入探讨发现：首先，几乎各设区的市第一部地方性法规都是立法条例，仅云南省临沧市、海南省三亚市等少数地区只制定了实质性地方法规，而无程序性地方立法条例。其次，这些立法条例的命名也大多为×××制定地方性法规条例或×××立法条例。再者，新增的地方立法主体不仅在立法条例这一主题方面表现趋同，在立法条例的整体结构和具体内容方面也高度相似，大多包括立项、起草、审议、报请批准与公布等几项程序，而如何立项、起草、审议等的相关规定也基本雷同。

(二)新增的设区的市在出台实质性地方法规方面的趋同化现象

《立法法》修改后，地方立法主体急剧扩容，直接导致地方性法规数量上升，随之出现某一事项各地方性法规雷同规定的情形。全国人大常委会法制工作委员会统计了全国各地截至 2016 年 12 月底的相关数据，并制作了《各地推进赋予设区的市行使地方立法权工作情况表》。易有禄教授分析此表后得出，新增的设区的市共制定了实质性地方性法规 148 件[①]，其中市容市貌和环境卫生管理类地方性法规 27 件，水资源、水环境保护类地方性法规 22 件，景区、自然保护区保护类地方性法规 11 件，绿化和绿地保护类地方性法规 10 件，城乡规划类地方性法规 9 件，污染防治类地方性法规 8 件，河道、河流保护类地方性法规 7 件……其认为《立法法》修改后，地方立法表现出了趋同性。

另外，笔者基于中国法律法规信息库的相关数据统计得出，截至 2017 年 6 月 30 日，

① 该表还包括《云南省大理白族自治州水资源保护管理条例》《云南省文山壮族苗族自治州广南坝美旅游区管理条例》《黔南布依族苗族自治州 500 米口径球面射电望远镜电磁波宁静区环境保护条例》《文山壮族苗族自治州河道管理条例》《黔南布依族苗族自治州樟江流域保护条例》《恩施土家族苗族自治州酉水河保护条例》《湘西土家族苗族自治州白云山国家级自然保护区条例》《楚雄彝族自治州城乡规划建设管理条例》等八部自治州地方性法规。因此，与笔者的统计数据有一定出入。

在新增的地方立法主体已出台的147部实质性地方法规中,城市市容和环境卫生管理的地方性法规21部、饮用水水源保护的地方性法规11部、城镇绿化的地方性法规8部、水环境保护的地方性法规8部、风景名胜区保护的地方性法规7部、城乡规划的地方性法规7部、污染防治的地方性法规6部、烟花爆竹管理的地方性法规5部……[①]并且在深入研究后,发现这些地方性法规几乎只是将某某市这一定语进行了置换,在内容上、制度措施上的差异性较少,仅有几条结合了地方实际情况和实际需要。由此可以看出新增的地方立法主体在实质性地方法规出台方面的趋同化现象。

(三)新增的设区的市与原享有地方立法权的市在制定地方性法规方面的趋同化现象

笔者在对设区的市地方性法规进行统计分析时发现,有相当一部分新增的设区的市制定的地方性法规,之前享有地方立法权的市都有制定过。如作为新增的设区的市——湖南省湘潭市在2016年制定了《湘潭市城市市容和环境卫生管理条例》,而同省原享有地方立法权的较大的市——长沙市在1997年就制定了《长沙市城市市容和环境卫生管理办法》,后2003年、2005年、2012年进行了修改。其次,这两个市的城市市容和环境卫生管理立法不只在名称上高度相似,在内容结构方面也大同小异。再次,由于设区的市已出台地方性法规3206部,做详细具体的统计难度太大,且在本文中也没有必要。故此,笔者仅选取一个实例进行统计,用以说明,从全国范围来看,新增的设区的市与原享有地方立法权的市在制定地方性法规方面也存在趋同化现象。为与上述21部新增的设区的市有关城市市容和环境卫生管理的地方性法规形成对比,笔者以"市容"为关键词对中国现行规范性法律文件数据库进行了搜索,通过甄别统计发现,原享有地方立法权的市在标题中含有该词的实质性地方性法规一共有46部。这46部地方性法规的标题一般包括"市容环境卫生管理""城市市容管理""城市市容和环境卫生管理""城市容貌管理"等字词。经过此粗略的统计可见,原享有地方立法权的市也拥有数量较多的城市市容和环境卫生管理方面的地方性法规。

三、设区的市地方立法趋同化现象的具体原因

前文简要地提及过,2015年《立法法》修改后,地方立法主体急剧扩容、地方立法权限被收窄、地方性法规的数量呈井喷式增长,因而设区的市地方立法趋同化现象显现。本部分试图对设区的市地方立法趋同化现象的具体原因进行详尽分析,主要从主观方面和

---

① 需要说明的是,笔者与易有禄教授的分类标准不一样,笔者较易教授的分类更为严格,如易教授将涉及市容治理、城市风貌保护、户外广告和招牌设置、环境卫生管理等事项都归纳为市容市貌和环境卫生管理类,而笔者所统计的一般是名称中就包括市容和环境卫生管理,另外《宿州市市容治理条例》包括在内,但《池州市城市管理条例》《宣城市城市管理条例》《荆门市城市管理条例》未统计在内。由于本文只需要借助这些数据展现出趋同化现象,故此有一个大概的统计即可,不需要相当精确的数据。因此,这些分类不影响本文结论的产生。

客观方面着手。

(一)主观方面的原因

第一,立法政绩化的误区。根据《立法法》第七十二条[①]的规定,地方立法权的行使以"本行政区域的具体情况和实际需要"为根本条件。然而,不少设区的市因陷入政绩化的误区而使其立法权被异化。《立法法》修改前,就存在有个别地方主管立法的领导干部大搞"立法大跃进",并将此作为个人政绩的表现。[②]《立法法》修改后,这一现象更加突出。原因在于,《立法法》修改之前,拥有地方立法权的市只有49个,这时的地方立法权相当于一种特权,虽然存在为了立法而立法的现象,但拥有地方立法权的主体更多地是通过立法而享受这种特权,而没有立法权的市则会试图通过各种方式努力争取这一权力。《立法法》修改后,拥有地方立法权的市急剧增加至292个,这时的地方立法权较为普遍,因而各设区的市不再将关注的重点放在享受或争取立法权方面,而是转向了行使立法权,故此"立法竞赛"的趋向日益明显。"立法竞赛"的主要表现可以分为两方面,一方面是过分追求立法的规模,另一方面是过分追求立法的速度。造成地方立法趋同化现象的主要是规模方面的缘由,具体逻辑如下:各设区的市拥有了立法权以后,似乎都以享受到立法权为基本任务,故此,每个设区的市都以出台至少一部地方性法规为基本要务,甚至还有一些设区的市陷入以出台地方性法规数量多为胜的误区。

第二,立法机构以及人员队伍不完善。"几乎没有任何脑力工作像立法工作那样,需要不仅是有经验和受过训练,而且通过长期而辛勤的研究训练有素的人去做。"[③]在呼吁提高立法质量的情况下,完善立法机构和人员队伍问题是常常被提及的措施。特别是2014年《立法法》草案发布不久后,为破除对设区的市所制定的地方性法规质量的担忧,徐显明教授撰文建议将立法人员列入司考范围覆盖,武汉大学秦前红教授也呼吁建立立法助理制度、立法人员准入制度等。[④] 2015年,《立法法》修改后,在短时间内,全国新增243个设区的市享有地方立法权,截至2017年6月30日,已有241个主体确定了可具体制定地方性法规的时间。然而绝大部分设区的市,其相关立法机构都是新近设立,如娄底市人民代表大会常务委员会法制工作委员会成立于2015年12月、湘潭市人民代表大会常务委员会法制工作委员会成立于2016年1月。这些立法机构成立时间较短,工作经验并不丰富。立法人员方面,据秦前红教授2014年的研究,在专门从事立法工作的专门委员会法制委员会以及为立法服务的工作机构法律法规室(或叫法律工作委

---

① 《中华人民共和国立法法》第七十二条:省、自治区、直辖市的人民代表大会及其常务委员会根据本行政区域的具体情况和实际需要,在不同宪法、法律、行政法规相抵触的前提下,可以制定地方性法规。

② 孙春牛.地方立法别搞"景观化"[N].人民日报,2013-09-30.

③ 密尔.代议制政府[M].汪暄,译.北京:商务印书馆,1984:76.

④ 廖德凯.[批评/回应]"法盲立法"恐怕是个伪问题[N].南方都市报,2014-9-9.

员会)中,具有法律学习背景和法律实务经历的比例也罕有能超过25%的。[①] 各地的地方立法咨询专家库也还在建立中,如2017年5月25日,湘潭市人民代表大会常务委员会办公室公布了新一批入选该市地方立法咨询专家库的人员名单。毫无疑问,如果立法机构以及人员队伍薄弱的话,地方立法的创新性则会大打折扣,跟风立法的现象会增加。

(二)客观方面的原因

第一,设区的市地方立法权范围狭隘且立法权限界定不明确。《立法法》第七十二条第二款规定,我国设区的市地方立法的范畴局限于城乡建设与管理、环境保护、历史文化保护等方面的事项。从这一条款可以看出,首先,各设区的市享有立法权的范围较为狭窄。《立法法》修改之前,原享有地方立法权的市的立法权除了国家专属的立法事项外,几乎没有其他限制。相对来说,现有设区的市的地方立法权受到了极大的限缩。此外,"城乡建设与管理""环境保护""历史文化保护"这三个词的不确定性非常之大,其具体内涵与外延为何,备受理论界和实务界争论。特别是对"城乡建设与管理"的理解,可以说每个学者都有自己的见解。再有,关于"等方面的事项"中的"等"字究竟应该理解为"等内等"还是理解为"等外等",学术界也暂时没有统一。这样,一方面,地方立法权范围较为狭隘会导致可供各设区的市选择立法的选题较少,因此,可能会由于纯属巧合的原因造成设区的市所制定的地方性法规雷同。另一方面,由于我国设区的市的地方立法权并不是独立自主的,不仅不能同宪法、法律、行政法规和本省、自治区的地方性法规相抵触,且设区的市所制定的地方性法规需经省、自治区人大常委会批准后才能生效,故其只享有"半个立法权"。所以,设区的市地方立法权限界定不明确则会使得各设区的市在不确定本市所立法律是否会违法或者是否会获得批准时,大量借鉴其他地方的立法。也就是说,地方立法趋同化在某种程度上成了各设区的市制定地方性法规的避风港。

第二,各设区的市在风土人情方面的相似性。"立法如果能够考虑并抓住下述因素的一切联系及其相互关系,就能达到完善地步。这些因素就是国家的地理位置,领土面积,土壤,气候,居民的气质、天赋、性格和信仰。"[②]霍尔巴赫的观点表明每个地方的立法都应与该地方的风土人情紧密相关。《立法法》修改后,各地方立法主体在规范城乡建设与管理、环境保护、历史文化保护等方面或多或少地存在着许多共同性规定,并且随着城市化、环境保护、自然资源与文化遗产保护等方面的差异性减少,地方立法之间的可借鉴性增强,在程序及实体内容方面的地方立法重复日益增多。[③] 从整体来看,这种现象就导致了地方立法呈现出趋同化的发展态势。

---

① 秦前红.如何解决"法盲立法"问题?[N].南方都市报,2014-09-08.

② 霍尔巴赫.自然政治论[M].陈太先、眭茂,译.北京:商务印书馆,1994:287.

③ 程波,吴玉姣.认真对待地方立法重复[N].中国社会科学报,2017-8-9.

当然,地方立法趋同化现象所产生的客观方面原因还包括获取立法信息渠道便利等。因为随着互联网的出现,各设区的市的地方性法规都可以较为轻易地被查询,这就为借鉴学习其他地方的立法提供了渠道上的便利。

四、设区的市地方立法趋同化现象的危害及规制措施

(一)地方立法趋同化现象的危害

以国际社会为立足点的法律趋同化现象,其本质是各个独立的国家之间相互吸收借鉴相关法律知识。因而,所评判的标准则是,只要是符合本国需要,就应该予以肯定。而我国"一元、两级、多层次、多分支"[①]的立法体制决定了设区的市的立法权并不是独立的,其不仅要考虑是否符合本市的具体情况和实际需要,还必须要立足于全国的视角考虑到法制统一等问题。故此,地方立法趋同化现象所造成的危害应该从制定该地方性法规的市以及全国两个方面来考虑,主要产生的危害如下:

第一,造成立法资源的浪费。一项地方性法规的出台要经历立项、起草、审议、批准、公布等环节,每一个环节的工作时间投入以及经费投入都是较为巨大的。若地方立法趋同化现象是各设区的市随意立法所造成的,这样制定的地方性法规不仅不符合本地立法需求,而且还会使得该市在立法过程中投入的人力、物力、财力变得徒然,无疑会造成该市立法资源的浪费。另外,若地方立法趋同化现象是各设区的市因为巧合等原因所造成的,则这样的地方性法规虽然符合本地的立法需求,但本可以进行联合立法或者统一立法的事项,却由多个设区的市各自立法,这样从全国的整体视角来看,则会增加整个国家的立法费用,一样可以视为是构成了立法资源的浪费。

第二,损坏地方立法的尊严和权威。假设地方立法趋同化现象是由于各地陷入立法政绩化误区等原因,不顾具体实际,为了立法而立法所导致的。如此所制定的地方性法规将会流于形式。这样不被认真对待的地方立法也将不被民众所信仰和遵守,所以势必会影响到地方性法规的尊严。而若地方立法趋同化现象是因为设区的市地方的立法权范围狭隘以及各设区的市在风土人情方面的相似性等客观原因造成的,这样也会导致地方性法规的数量庞杂且内容雷同。众多相似度较高的地方性法规所呈现的只会是虚假繁荣的景象,经不起认真的推敲,因此,势必会在降低地方性法规神圣性与严肃性的同时,让民众不再对地方性法规抱有敬畏的态度。

第三,不利于立法体系化与法制统一。我国是单一制的国家,立法体系的协调统一至关重要。然而,如果本可以由全国或者省级的人大及其常务委员会对地方立法条例或实质性地方性法规等进行统筹立法,由于缺乏全局立法观念未进行立法整合而造成设区

---

① 舒国滢.法理学导论[M].北京:北京大学出版社,2006:184.

的市地方立法趋同化现象,这样会使得地方立法碎片化,因此必然不利于立法体系化与精细化。另外,地方立法趋同化并不是意味着所有设区的市的立法都相同,其是在承认各设区的市的地方性法规具有差异性的基础上所提出的概念,并且“在立法观念层面,地方特色原则作为地方立法三大原则之一及其重要性,已成为立法界的共识”①。故此,具体实践中,各设区的市在进行立法时,就算存在地方立法趋同化的现象,也会尽可能地创造一条或几条所谓的具有该市特色的条款。这样的话,不只会因太过形式化而缺乏实质意义,还可能会造成各设区的市的地方性法规各自为政,甚至很有可能会造成法制的不统一。

第四,可能会增设守法主体的义务。前文提过,在地方立法趋同化的大背景下,各设区的市会尽可能地为了追求特色而特意设立特色条款,这样会造成不必要的地方性法规出现,或者导致地方性法规中不必要的条款出现,而针对这些不必要的地方性法规或者地方性法规中不必要的条款,一般守法者缺乏鉴别能力,因而会导致守法者在遵守法律时承担了不合理的义务。

(二)地方立法趋同化现象的规制措施

地方立法重复不可避免,因而针对偏向于单个立法现象的地方立法重复,对其进行规制的宗旨要义是,通过辩证地剖析地方立法重复后进行分类,其中针对惰性地方立法重复要防止其滥用、针对积极地方立法重复则应提高对其的包容性。然而,地方立法趋同化现象是从整体的视角所观察到的,是地方立法由于地方立法重复现象的不断增多而呈现出来的趋同化发展动态。地方立法趋同化现象的动态发展的趋势可以是停滞的或反方向的,也可以是缓慢的和急速的,当然,如果能够通过一些规制措施使得这一发展趋势停滞或朝反方向发展,这肯定是最为理想的。若是不能,那么至少得让其放慢趋同化的脚步。故此,对于地方立法趋同化现象应该尽可能地进行规制。那么针对注重地方立法发展动态趋势的地方立法趋同化,其规制渠道又应该包括哪些措施。本文基于上述对设区的市地方立法趋同化原因的探讨,认为主要的规制渠道有:

第一,树立正确的立法观念。立法虽是衡量一个地方法治发展水平的重要指标之一,但地方立法并不是一项政绩工程,而且地方立法的数量也不是越多越好。只有真正满足地方立法需求,体现地方立法特色的地方性法规才符合法治精神。故此,树立正确的立法观念,让设区的市在制定地方性法规时不再盲目追求地方立法的规模,而是真正体现本地的立法需求与立法特色。这样,便可以减少因追求立法政绩化等主观原因而导致的地方立法趋同化现象。

第二,明确设区的市地方立法权限。现有设区的市地方立法权限规定得较为笼统,各地要么谨慎选择立法事项,所以严格按照《立法法》最狭义解释的规定来选择立法主

① 涂青林.论地方立法的地方特色原则、实现难点及其对策[J].人大研究,2013(6).

题，故此，地方立法集中在城市市容和环境卫生管理等方面；要么则是借鉴学习已有的地方立法，以规避责任，所以造成各设区的市所制定的地方性法规雷同。因而，通过列举的方式明确设区的市地方立法权限，会减少因这两种情况造成的趋同化现象。至于设区的市的立法权限范围到底具体包括哪些的事务，可以参考学者们的一些见解。如程庆栋就认为至少包括城乡规划、房地产事务的建设与管理、基础设施的建设与相关事务的管理、环境保护、历史文化保护等方面的事项。①

第三，加紧组建立法人才队伍。一支法治素养高、理论水平深、实践技能好的人才队伍，不仅具备突出差异化的立法思路，而且可以制定凸显本地特点的、高质量的地方性法规。故此，加紧人才队伍的建设，是解决设区的市地方立法趋同化现象的关键。一方面，可以从各设区的市的人大常委会委员，尤其是法制委工作人员着手，如按照十八届四中全会的要求"增加有法治实践经验的专职常委比例"。另一方面，可以完善和推行立法助理制度与立法顾问制度②。美、英、法、德等西方主要国家都设立了议员立法助理制度③，我国深圳、重庆等地区也有相关立法助理的实践。④ 而"专家立法""委托立法""法咨询专家库"的本质其实就是立法顾问制度。早在1984年北京市人大常委会就在全国率先开创了法制建设顾问参与立法的做法，⑤现今各设区的市也都在轰轰烈烈地构建相关制度。立法助理制度与立法顾问制度在我国的实践中虽然取得了一定的成绩，还存在"挂空名，主动发挥作用不够"⑥等问题，并且相关的制度理论也不够成熟，因而有待进一步完善后推行。

第四，发挥省、自治区的人民代表大会常务委员会的统筹整合作用。《立法法》暂且只明确规定了省、自治区的人民代表大会常务委员会对设区的市的地方性法规有批准的权力。本文认为应当将这一被动权力转为主动权力，让省、自治区的人民代表大会常务委员会全面参与地方性法规的立项、起草等诸多环节，对全省范围内设区的市的地方立法从整体方面进行统筹。如针对现有各设区的市差不多都制定了立法条例的现状，至少可以由各省、自治区的人民代表大会及其常务委员会整合全省的立法资源后进行统筹立法，而不由设区的市分别立法。这样的话，可以避免全省内各设区的市就同一事项出台内容相似的地方性法规，也就减少了这一类的地方立法趋同化现象。

---

① 程庆栋.论设区的市的立法权：权限范围与权力行使[J].政治与法律，2015(8).

② 立法助理是指协助立法机关组成人员履行立法职责，完成立法工作的具有立法专门知识的人员。立法顾问是指具备深厚专业知识或丰富实践经验，为立法活动提供专业咨询的人员。

③ 俞荣根，刘霜.立法助理制度述论[J].法学杂志，2007(2).

④ 深圳市在2001年通过了《深圳市人大常委会为兼职委员聘用法律助理办法》，在2003年公布了《深圳市人大常委会兼职委员法律助理工作规范》。重庆市在2004年相继出台了《重庆市人大常委会组成人员立法助理工作规则》与《重庆市人大常委会组成人员立法助理聘任合同》。

⑤ 谢文英.二十六载不了情顾问立法献智慧——记北京市人大常委会法制建设顾问[J].北京人大，2011(5).

⑥ 俞荣根，刘霜.立法助理制度述论[J].法学杂志，2007(2).

第五,进行地方联合立法。地方联合立法是指,在解决某一共同问题或者规范某一事项时,由两个或两个以上设区的市共同制定地方性法规的活动。无论是在理论层面还是立法实践层面,地方联合立法都有一些尝试。理论层面,如孟庆瑜教授就在试图构建京津冀建立环境治理的协同立法保障机制。① 实践立法层面,京津冀在2015年就出台了《关于加强京津冀人大立法工作协同的若干意见》。地方联合立法,确实可以减少地方性法规的趋同性。举例来说宿州市、阜阳市、铜陵市、蚌埠市同属于安徽省,而这四个市都先后相继出台了有关城市绿化方面的地方性法规②,铜陵市、蚌埠市甚至是在同一时间获得安徽省人民代表大会常务委员会的批准。其实这四个市根本就没必要分别立法,可以在安徽省人民代表大会及其常务委员会的统筹下联合立法。而盐城市也出台了有关城市绿化的地方性法规③,虽然其位属于江苏省,但因为在城市绿化方面所面临的问题有高度相似性,所以这并不影响盐城市和安徽省的另外四个城市联合立法。至于跨省的市的地方联合立法是在省一级层面还是在市一级层面建立统筹,这是具体联合立法方式的问题,有待进一步探讨。

A Study on the Similar of Local Legislation

Wu Yujiao

Abstract: After the revision of the legislative law, the number of the local legislative subjects and laws are increasing dramatically, and the local legislation showed a trend of similarity in the legislative and substantive statutes. In this new situation, the differences between the repeated of local legislation and the similar of local legislation are becoming prominent. So the similar of local legislation has been a new problem that should be taken seriously. Different from the legal similarity idea of global vision, the similar of local legislation limits to the United Nation. Its causes can be traced back to the subjective aspects, for example, local legislative achievements of misunderstanding. And objective aspects, for example, the legislative authority is not clearly define. In practice, The similar of local legislation may waste of resources or cause the legal

① 孟庆瑜.论京津冀环境治理的协同立法保障机制[J].政法论丛,2016(1).

② 2015年11月26日宿州市第四届人民代表大会常务委员会第二十四次会议通过了《宿州市城镇绿化条例》,并于2015年12月18日获得安徽省第十二届人民代表大会常务委员会第二十五次会议批准。2016年6月30日阜阳市第四届人民代表大会常务委员会第五十一次会议通过了《阜阳市城市绿化条例》,并于2016年7月29日获得安徽省第十二届人民代表大会常务委员会第三十一次会议批准。2016年10月28日铜陵市第十五届人民代表大会常务委员会第二十六次会议通过了《铜陵市城市绿化条例》,并于2016年12月16日获得安徽省第十二届人民代表大会常务委员会第三十五次会议批准。2016年10月28日蚌埠市第十五届人民代表大会常务委员会第三十四次会议通过了《蚌埠市城镇绿化条例》,并于2016年12月16日获得安徽省第十二届人民代表大会常务委员会第三十五次会议批准。

③ 2015年12月30日盐城市第七届人民代表大会常务委员会第二十七次会议制定了《盐城市绿化条例》,并于2016年1月15日获得江苏省第十二届人民代表大会常务委员会第二十次会议批准。

system not be unified. It should be the ways of regulation, such as, correcting the legislation idea, defining legislation authority, setting up legislation team, and making the legislation conformed and cooperation.

Key Words: the similar of local legislation; the repeated of local legislation; the local legislation

论当代藏区赔命价的问题化：基于法制现代化的再思考

王林敏*

摘要：当代部分藏区的司法实践中，赔命价与地方司法形成严重冲突，其实质是“大小传统的对立”。一方面，藏区赔命价在实体规则和运作机制两个层次对国家刑事法制构成挑战；另一方面，藏区政法机关先是根据法制统一原则、后是根据法治原则在实践中对藏区赔命价进行否定，结果造成藏区刑事法制共识的困局。解决此种困局的策略是摒弃单一的“废止—取缔”思维，采用较为缓和的“整合—吸收”模式，实现藏区赔命价的深层次现代化。

关键词：赔命价；大传统；小传统；法制现代化

在当代部分藏区的司法实践中，赔命价与地方司法形成严重冲突，其实质是“大、小传统的对立”。在“大、小传统”的话语框架内，作为大传统的国家法制与作为小传统的民族习惯之间的理想状态应当是一种相互冲突、相互对话、相互影响，并最终相互渗透的关系。但在当代藏区赔命价治理的特定语境中，赔命价与国家刑事法制之间的对话与沟通乃至最后的相互渗透，是刑事法制现代化的未来时；而赔命价与国家刑事法制之间的“挑战—压制”的博弈关系才是刑事法制现代化的进行时。赔命价与国家刑事法制之间即使存在对话与沟通也是非主流的，这种因素主要存在于理论研究层面；而在司法实践层面，“挑战—压制”的博弈关系仍然是主流。正是存在这种“挑战—压制”关系及其背后的思维模式，使得赔命价成为藏区司法实践中的一个重大难题。

一、藏区赔命价对刑事法制的挑战

“挑战—压制”关系的第一个层面，是藏区赔命价对国家刑事法制的挑战。有论者对“复兴”后的藏区赔命价的特点进行了归纳总结：第一，当事人不考虑司法机关是否已经根据现行法作过处理，唯以赔命价为主；第二，赔命价现象在藏区各地表现不平衡，牧区比农区更明显；第三，地方部落的头人和活佛在赔命价的运作中扮演核心角色，普通藏民群众乃至基层干部没有或很少有发言权；第四，赔命价带有明显的功利色彩，即受害人追

* 王林敏，法学博士，曲阜师范大学法学院副教授。

求金钱财物和赔付;第五,财产赔付数额呈增长趋势。[①] 这种归纳总结是从赔命价角度进行的分析和认识。如果从赔命价与国家刑事法制之间的关系角度来看,那么赔命价在程序和实体两个方面与国家刑事法制发生严重冲突,构成对国家刑事法制的挑战。在程序法方面:

首先,命案发生后,有的受害人不是去司法机关寻求救济,而是自己纠集宗族、部落力量,"出兵"报复或威胁加害人及其家属,甚至绑架加害人家属借以索要命价。这种行动方式在官方看来是影响地方秩序的不稳定因素。"出兵"行为本身已经构成对地方秩序的破坏,如果受害人家属操作不当,还可能进一步引发社会治安案件乃至新的命案。[②]赔命价的这种运作模式显然是对政法机关的巨大考验。

其次,在具体案件的赔命价操作过程中,赔命价由当地宗教和上层人士出面,召集被告人、被害人亲属进行调解,命价赔多少由他们决定,这有悖于我国法律规定的刑事案件管辖原则,割裂了国家的刑事审判权。[③] 在命价的商定过程中,当地头面人物享有很大的发言权,成为事实上的纠纷裁断者。赔命价运作模式对政法机关刑事司法权的替代,是赔命价与刑事法制冲突的核心所在。政法机关对此种事关切身利益的"习惯法"无法视而不见、无动于衷。

再者,命案发生之后,当事双方最关心的是命价问题。在一些典型案件中,被害人家属索取高额命价,加害人一方有时也可能主动请人调解付赔,命价赔完之后,双方就联合向人民法院施压,反对依法追究犯罪嫌疑人的刑事责任。如果遭到人民法院拒绝,则加害人的家属、族人乃至部落成员都到人民法院纠缠不休。[④] 这对国家司法机关的日常管理活动造成极大干扰。

虽然在藏区发生的命案中,并不必然私自发生索取命价的现象;而发生的索取命价的案件也不一定都具有上述三个方面的特点。但多数索取赔命价的案件都或多或少的在运作机制方面与国家的刑事法制构成挑战。下面这个被广为引用的案例部分展示了赔命价的运作对国家刑事法制的上述几方面的困扰:

【案例1:才夫旦杀人案】1982年农历正月某夜,被告人才夫旦(男,藏族,16岁,青海省海南自治州共和县牧民)在女牧民尕毛吉帐房内吃包子后欲同其发生性关系,遭到拒绝。尕毛吉将此事告诉其他牧民,致使才夫旦受人嘲笑,才夫旦因此不满。4月4日,才夫旦放牧时与尕毛吉相遇,尕毛吉向才夫旦喊"吃包子",才夫旦觉得受到嘲弄,两人发生撕打。才夫旦用石块猛砸尕毛吉面部、头部和胸部等处,致其当场死亡。才夫旦被逮捕后,被害人的父亲、亲属以及部落群众20余人联名写信给有关部门,要求释放才夫旦以

① 杨方泉.民族习惯法回潮的困境及其出路[J].中山大学学报,2004(4);张致弟.新时期藏族赔命价的方式及治理对策[J].青海民族学院学报,1998(4);邹敏.少数民族习惯法与国家制定法的调适——以藏族"赔命价"习惯法为例[J].西北第二民族学院学报,2007(4).

② 张致弟.新时期藏族赔命价的方式及治理对策[J].青海民族学院学报,1998(4).

③ 辛国祥,毛晓杰.藏族赔命价习惯与刑事法律的冲突及立法对策[J].青海民族学院学报,2001(1).

④ 吴剑平.对藏族地区"赔命价"案件的认识和处理[J].法律科学,1992(4).

赔命价方式处理此案。信中说,"认识到经村里老人调解,被告人才夫旦家先部落和睦平安的需要,被害人家的愿望以及部落内众人的心愿,请求宽大处理、释放才夫旦";"经长辈及亲友开导,认识到今天以及后代人需要和睦团结,有碍安定……请求释放才夫旦回家。"同时,经村里老人调解,赔偿被害人家牛39头、马3匹,当时折价人民币5000元。海南州中级人民法院以故意杀人罪从轻判处才夫旦有期徒刑10年。才夫旦被判决后,州、县检察院进行调查了解,被害人亲属、当地牧民和基层干部普遍认为,按照风俗习惯处理,赔偿命价之后就消除了矛盾,今后不会世代结怨,因此仍要求释放才夫旦。①

从上述案例可以看出,该案例中的人民法院的判决并没有得到当地藏区民众的普遍认同,相反,赔命价以及由此衍生的赔偿了事观念却深深左右着藏区群众的思维模式。与此案相似,在程序法上,赔命价在很多其他案件中也对国家刑事司法管辖权构成了挑战乃至替代。值得注意的是,上述案件发生在1997年刑法典修订之前。在1997年之前,学界对赔命价习惯法的批判主要集中在上述涉及司法权威和司法程序等几个方面。而到了1997年之后,随着新刑法典的颁布,学界对赔命价质疑集中到实体法方面。通过赔命价达成的纠纷解决方案,在诸多方面与现行的刑法规定冲突:

第一,与罪刑法定原则相冲突。罪刑法定原则要求何谓犯罪、如何刑罚,应该由国家刑法典明文规定,地方习惯未经许可无权对国家认定为杀人罪的行为规定何种处罚。无论其处罚方式是文明的还是野蛮的,是进步的还是落后的,因为现在并不存在官方的对赔命价习惯法的认可,所以作为实体规则的赔命价习惯法处于非法的状态。

第二,与责任自负原则冲突。赔命价习惯法背后的理念是血亲复仇式的株连观念。家族、部落而不仅仅是犯罪人自身被作为清偿的责任方,这种观念的产生与藏区群众的生活方式有关系,因为藏区游牧习惯使得个人与家族、部落紧紧地捆绑在一起。但是,现代刑法理念的规制对象是作为个体的公民,而不是作为整体的家族和部落,因此只对犯罪人作出处罚。株连的思想已经作为一种野蛮的、落后的思想被抛弃。责任自负原则可能对被害人及其家属不利,但不至于使犯罪人的家属陷入困境,因为犯罪人的家属是无辜的。

第三,与有限责任原则冲突。赔命价习惯法的一个规则是"黑蛇脱皮",即将加害人的全部家产赔给受害方,即使令加害人倾家荡产也在所不惜。而现代刑事法治基于人道主义考虑,只在加害人能力范围之内进行财产处罚,给犯罪人及其家属保留必要的生活资料。因此,国家法的处理方式有利于加害人,而不利于受害方。

赔命价习惯法与现代刑事法治的处理方式各有利弊。学界将上述冲突描述为"民间法与国家法的博弈",但这只是表面现象。因为在现实中,赔命价自己是不会"出兵"索要命价的、国家法也不会从法典中跳出去抓捕犯罪嫌疑人;规范博弈的背后是人的博弈,是民间权威与国家权威的博弈。在赔命价的实际操作过程中,当事双方和主持商讨命价数

① 张济民.渊源流近——藏族部落习惯法法规及案例辑录[C].西宁:青海人民出版社,2002:152.

额的民间权威人士形成了一种完美的三方共赢的局面，而地方司法机关则被晾在一边，有种被架空的尴尬。赔命价每成功运作一次，民间权威就得到进一步巩固，而司法机关的权威可能就被贬损一次。用有关论者的话说，赔命价为旧宗族、部落势力提供了表演舞台，助长了旧势力的抬头。① 这样，司法机关就陷入一个恶性循环的旋涡，甚至颜面扫地。这是赔命价与国家法制冲突的核心所在。

二、刑事法制对藏区赔命价的否定

赔命价在实体规则和运作机制两个方面对国家刑事法制构成挑战和困扰，而作为博弈关系另一方的国家刑事法制及其代理人藏区政法机关，当然不会无视赔命价的这种挑战，任其无序发展，即使是出自本能也会作出反应，这在实践中表现为刑事法制对藏区赔命价的否定。与赔命价在实体和程序两个方面对国家法制构成挑战，相对应，国家法制也是在实体和程序两个方面对赔命价进行否定。

国家法制在实体法上对赔命价的否定，在不同的历史时期的表现形式不同。1997年刑法典颁布之前，国家法制主要通过意识形态和法制统一原则否定赔命价的合法性；而1997年刑法典颁布之后，国家法律对赔命价规则的否定则表现为罪刑法定原则，这是法治理念的逻辑结果。

首先是通过意识形态的否定。马克思主义关于法的本质的经典命题排斥赔命价等习惯法。法律是统治阶级的意志表现，法律是阶级统治的工具。根据这两个命题，藏区赔命价在农奴制社会就是农奴主阶级统治农奴阶级的工具，当西藏已经和平解放、农奴主阶级已经失去了对西藏的实际统治权时，代表旧统治阶级意志的赔命价等制度已经不适合新的形势要求，统治阶级的意志应该通过新制度重新表达。所以，废除赔命价等旧制度就是民主改革的题中应有之义。② 当民主改革废止了旧赔命价制度，根据人民当家作主的原则，藏区法制应该体现人民的意志。关键在于，此处的“人民”到底是“藏族人民”，还是“全体人民”？全体人民意志的外在体现形式即国家法制，“藏族人民”意志的官方形态与国家法制一致；而“藏族人民”意志的民间形态体现为赔命价等民族习惯，两者相互冲突。在一个单一制的主权国家之内，法律只能是“全体人民”意志的体现，而不可能是部分人民的意志体现。所以，在意识形态的意义上，作为民间规则的赔命价不具有政治上的实质合法性。

其次是法制统一原则对藏区赔命价的否定。法制统一原则否定赔命价的第一个层面主要表现在刑法典效力的普遍性方面。1979年刑法典第三条第一款明文规定：“凡在中华人民共和国领域内犯罪的，除法律有特别规定的以外，都适用本法。”所谓“法律有特

① 吴剑平.对藏族地区“赔命价”案件的认识和处理[J].法律科学，1992(4).

② 实际上，学界对藏区赔命价所进行的意识形态方面的否定，其对象都是古代藏区赔命价。参见孙镇平.西藏“赔命金”制度浅谈[J].政法论坛，2004(6).

别规定”是指刑法典之外的法律有关犯罪的例外规定,按照“特别法优于一般法”的原则,排除刑法典的适用。针对少数民族地区的特殊情况,1979 年刑法典第八十条规定:“民族自治地方不能全部适用本法规定的,可以由自治区或者省的国家权力机关根据当地民族的政治、经济、文化的特点和本法规定的基本原则,制定变通或者补充的规定,报请全国人民代表大会常务委员会批准施行。”但是,无论是特别法还是少数民族地区立法机关制定的条例,都没有就赔命价的适用问题作出专门规定。因此,刑法典的效力应当普遍适用于中国大陆的所有地区而没有例外,藏区并不能因为是少数民族地区就可以不执行刑法典。适用刑法典就意味着排斥少数民族习惯的司法适用,因此,在刑法效力的普遍性之下,包括赔命价在内的少数民族刑事习惯的形式合法性便被否定了。

法制统一原则否定藏区赔命价的第二个层面表现在平等原则对赔命价制度的排斥。社会主义运动发展的一个动力是反思和批判资产阶级平等的狭隘性,将资产阶级基于财产的平等扩展到基于人自身的平等。基于财产的平等较之于基于身份的等级制度而言是历史的进步。而藏区赔命价的前提恰恰是身份等级制度,将人划分为三六九等,然后据以确定不同人等的命价。这与社会主义平等观毫无兼容之处,所以,古代藏区赔命价遭到社会主义法制的否定是必然的。复兴之后的藏区赔命价虽然不再以等级制度为前提,但违背刑法典所明确规定的刑法面前人人平等原则。1979 年刑法规定:“凡在中华人民共和国领域内犯罪的,除法律有特别规定的以外,都适用本法。”刑法典在属人法方面的司法适用条件是中国公民,而不考虑民族、宗教、男女、职业等因素,只要达到了法定责任年龄,具有刑事责任能力,就需要负刑事责任。而赔命价等少数民族的习惯具有属人法方面的特征,以当事人的民族成分为前提,在国家法律没有做出例外规定之前,违背了刑法面前人人平等的原则。从这个方面考虑,藏区赔命价也缺少形式合法性。

法制统一原则否定藏区赔命价的第三个层面表现在法的权威性方面。法的权威性既是规定性的,又是实践性的。在规定性方面,法律在现代化的进程中逐渐划清了其与道德规则、宗教规则、习惯规则之间的界限,并明确了其独占的领域(表现为强行性规则)以及可以适用其他规范的领域(表现为任意性规则),在法律独占的领域,如刑事法制领域,其权威性表现为法律的排他性适用以及其不证自明的正确性。因此,刑法的权威性排斥刑事习惯法的适用。但是,法律的权威性在实践领域并非不证自明的,而是需要自我证明,并需要得到当事人的认同。与其他社会规范不同的是,刑事法律的适用是强制进行的,不以当事人的同意为前提。虽然在实践中强制并不导致认同,但是刑法的强制性使其得以排斥其他规范的适用,并以“守法”的名义要求当事人一体遵循。由此,刑法的权威性使其在实践中可以名正言顺地排斥刑事习惯法的适用。

1997 年刑法典颁布之后,国家法制对赔命价的否定主要表现为罪刑法定原则对赔命价的否定。较之于法制统一原则,罪刑法定原则更为直接地否定了赔命价的形式合法性,因为罪刑法定原则直截了当的表明,何谓犯罪、如何处罚,由刑法加以明文规定,这就排除和否定了赔命价等少数民族习惯对于罪与罚的话语权。此处,便彰显了区别法律与习惯的意义。虽然很多论者将赔命价称为习惯法,但是给赔命价这种法的"名分"并不能使之跻身于罪刑法定原则中的"法"的行列。因为,罪刑法定原则的"法"在中国有着极其鲜明的形式特征,即这些"法"都是规定在刑法典以及特别刑法中,具有可识别的外部特征:由立法者颁布、有着明确的文字载体,由国家强制执行。虽然有的学者强烈批判罪刑法定原则的形式性,认为过分强调罪刑法定原则的形式特征可能使刑法脱离中国的乡土社会和少数民族社会并导致刑法的专横①;但是,罪刑法定原则否定了赔命价等少数民族习惯的形式合法性则是一个不争的事实。

意识形态否定的是赔命价的实质合法性;而法制统一原则和罪刑法定原则否定的是赔命价的形式合法性。形式合法性也好,实质合法性也罢,国家法制在实体规则方面对赔命价的否定往往表现为"应然"的否定,即思想层面、规范层面的否定。而在程序法方面,国家法制对赔命价的否定主要表现为部分藏区的司法机关对藏民私自索取赔命价的行为进行干预,对已经支付的不合理的命价款作清退处理。如下面的案例:

【案例 2:更华杀人案】2000 年 8 月 16 日,更华(男,24 岁,果洛州久治县哇塞乡人)与甘德县藏科乡牧民仁建发生争执、斗殴,更华持刀将仁建捅伤致其休克性死亡,并将死者的姐姐东措打伤。当日,死者父亲曲尼到更华岳父奎保家闹事,奎保以 5 匹马为代价,将其劝回。次日,曲尼纠集 30 余人到奎保家,强行赶走 214 头牛及部分马匹,并扬言要出兵报复。8 月 18 日,奎保为息事宁人,托人向曲尼表示赔偿,当日曲尼向奎保索要"出兵费""撤兵费""出葬费"共计 12 匹马。8 月 19 日,曲尼从奎保的牛群中精选了 14 头牛犊、100 头大牛,将剩余的 100 头牛还给曲尼。此外,曲尼还向对方索要现金 5 万元,马 3 匹。以上财物共作价 17 万元。9 月 25 日,果洛州甘德、久治两县成立联合工作组,对上述私自索要的赔命价作出如下处理:加害方给受害方:①丧葬费 10000 元;②死亡补偿金(按上年果洛州人均年收入的 20 倍计算)共计 26940 元;③务工补贴 1295 元;④一次性支付东措医疗费、误工费、营养费、交通费等共计 15000 元;⑤抚慰金 3000 元。以上共计人民币 56235 元。被害方强行索要的牛 84 头、马 16 匹须于 2000 年 10 月 10 日前退还曲尼。②

上述案例体现了罪刑法定原则对于藏区赔命价的影响。当地政法机关并非全部清退受害方索要的钱物,而是严格按照法律的规定计算加害方应当赔偿的数额,勒令并监督受害方退还多索要的钱物。因此,当地政法机关是以刑事法制为根据处理人命、伤害案件,从而否定和排斥了赔命价的适用。

在"藏区赔命价—国家刑事法制"的博弈关系中,在地方政府态度坚决地制止赔命价的背景下,很多藏族群众仍然对赔命价恋恋不舍,并且通过这种民间机制去解决矛盾和

---

① 苏永生.国家刑事制定法对少数民族刑事习惯法的渗透与整合——以藏族"赔命价"习惯法为视角[J].法学研究,2007(6).

② 张济民.渊源流近——藏族部落习惯法法规及案例辑录[C].西宁:青海人民出版社,2002:214-216.

纠纷。按照部分学者的看法,“当国家法与民族习惯法发生冲突时,战败的往往是国家法”①。不可否认的是,民族习惯或者民间习惯“战胜”国家法的情形是存在的,但是据此得出在赔命价与国家法制的博弈关系中往往出现国家刑事制定法战败的结论②,就有点过于乐观了。因为在藏区现实的司法实践中,以赔命价为代表的藏区刑事习惯整体上是一种被压抑知识传统,处于被边缘化的弱势地位,③即使某些案件中存在赔偿命价的现象,也难以断定赔命价一定是“战胜”了国家刑事法制。

三、藏区刑事法律共识的困境

与古代赔命价相比,当代赔命价已经发生了沧桑巨变。新中国成立之后所进行的普遍的国家权力下沉,使得国家司法权已经深入藏区所有县级基层政府。基层政法机关取代了旧时藏区的宗政府和土司衙门,为实施统一的国家法制奠定了物质基础。复兴之后的赔命价失去了旧制度依托,又没有在国家法制之中找到栖身之所,因而由官方法而转化为民间法,从大传统变成小传统。这是赔命价与国家法制冲突的制度诱因:旧时藏区的宗政府和土司衙门执行赔命价没有观念方面的障碍;而现代政法机关代表的是国家,执行的是统一的国家法制,对赔命价则持排斥态度。所以,在冲突的“藏区赔命价—国家刑事法制”背后,存在着“固执的”藏区群众和“强硬的”地方司法机关之间的冲突。在“罪”与“罚”这个重大的刑事法律问题上,藏区社会的共识存在某种程度的分裂而陷入困境。

在藏区群众方面,刑事法律共识困境的现实表现首先是藏区群众对赔命价的执着。赔命价被藏区群众视为规范权威而高度认同,犯罪人无论是否经过国家司法机关的处理,命价都要赔:如果未按照习惯赔偿命价,即使犯罪人受到了惩处,被害人家属也要追偿命价;在受害方看来,国家法律对犯罪人的处理是无效的,只有赔了命价案件才算完结。按照藏区群众的说法“你判你的,我赔我的”“政法机关对被告人如何判,与我们无关,命价是绝对不能不赔的”④。

其次是藏民在得到命价之后一定会要求对犯罪嫌疑人宽大处理。受害方家属参与到给加害方求情的队伍,一是表示赔命价协议履行之后,已经宽恕了加害方并与之修好。二是起到一种示范效应,因为如果加害方交了命价而得不到刑罚方面的利益,可能会产生两方面的不利后果:加害方家属可能会感觉不公平而追索命价,这又会引发新冲突;进一步而言,如果加害方支付赔命价而得不到政法机关在量刑方面的考量,那么,赔命价

① 尹伊君.社会变迁的法律解释[M].北京:商务印书馆,2003:116.

② 苏永生.国家刑事制定法对少数民族刑事习惯法的渗透与整合——以藏族“赔命价”习惯法为视角[J].法学研究,2007(6).

③ 杜宇.刑事制定法视域中的习惯法——一种被压抑的知识传统[J].法商研究,2004(6).

④ 张济民.诸说求真——藏族习惯法专论[C].西宁:青海人民出版社,2002:329.

就失去了其存在的根基。也许是基于此种考虑,受害方家属也加入请愿的行列中。这是藏区群众刑罚观念与现代刑罚观念之间的冲突。在藏区群众的记忆中,交了赔命价就可以得到豁免,所以,他们认为交了赔命价还要受国家刑事处罚是"一羊剥两皮",是一种不公平对待。因此在一种传统的公平观的驱动下而到司法机关请愿,为加害人求情。

从藏区地方政法机关来看,刑事法律共识困境表现为:政法机关严格的国家法立场以及在此基础上严格的依法办事。无论是从国家法制的统一性原则,还是现代化的罪刑法定原则,政法机关能够顺理成章地否定赔命价。由此,国家法制对赔命价的否定就从思想层面演化为行动层面,这种行动主要表现在各藏区地方政府对民间索取赔命价现象的坚决否定的态度上。如 2000 年,青海省黄南州委做出"关于严格依法办事,坚决禁止赔偿'命价'的决定",要在全州范围内坚决杜绝赔"命价"现象的发生。青海省委领导也专门批示:第一,"要下决心逐步扭转这种落后的传统做法,依法治省的要求就是要通过这些问题的解决而逐步落到实处";第二,"所谓赔'命价'这样的落后习俗我们要采取综合措施下决心予以解决";第三,"下一轮综合治理责任制责任书要搞得更细,把赔命价等陈规陋习的扫除也列入目标,看来这样的事光在会上讲解决不了,要有更具体的措施,要抓好落实"。[①] 据媒体报道,针对赔命价问题的"专项整治斗争"取得了阶段性的效果。[②] 2002 年西藏自治区人大常委会出台《西藏自治区人民代表大会常务委员会关于严厉打击"赔命金"违法犯罪行为的决定》直接规定按照习惯法强索赔命价的行为是敲诈勒索罪,居间组织调停、商讨赔命价的行为也是违法行为,一律按照法律规定予以制裁[③]。藏区政法机关的这种态度,主要是因为赔命价的存在严重影响了刑事案件的排他性管辖,令其感到不安,因此必须态度鲜明地对赔命价进行否定。

如此一来,藏区群众和政法机关都陷入了"一根筋"的困境:藏区群众认为杀人一定要赔偿命价,所以不惜触犯法律以武力威胁;政法机关则认为赔命价是落后的、与国家法制对立的东西,必须革除。一方认为,赔命价是藏区社会的传统习惯,因此具有充分的正当性;另一方认为藏区赔命价是违反现代法治理念的,不具有合法性,与现代法治文明格格不入。双方针尖对麦芒,都有各自的道理。当然,这种极端对立并非普遍情形,不是在藏区的每个命案中都存在,但在某些案件中却真实地存在着,并且产生了比较严重的后果。请看如下述案例:

【案例 3:改登故意杀人案[④]】1994 年 8 月 29 日,改登(达日县红科乡牧民)向洛德索要欠款,洛德借故不还,改登因两家积怨而用藏刀将洛德捅到,然后用步枪连射四枪,将洛德当场杀死;改登在逃离现场的路上遇见僧侣周热,改登为掩盖罪行将周热杀死后畏

① 张济民.诸说求真——藏族习惯法专论[C].西宁:青海人民出版社,2002:344-345.

② 杨鸿雁.在照顾民族特点与维护国家法律统一之间——从"赔命价"谈起[J].贵州民族研究,2004(3).

③ 自治区人大常委会关于严厉打击"赔命金"违法犯罪行为的决定[N].西藏日报,2002-8-2(2).

④ 张济民.渊源流近——藏族部落习惯法法规及案例辑录[C].西宁:青海人民出版社,2002:175-176.

罪潜逃。1994 年 9 月 11 日,改登投案自首。案件发生后,被害人洛德、周热的家属欲纠众复仇,被乡干部制止。后来,当事人双方亲属私下达成赔偿命价协议。被害人洛德的亲属写给法院的申请书中说:"请求法院不要将改登枪决……我已经接受了才杰(改登之父)9 匹马、两支小口径步枪。普日公(周热之父)也接受了才杰家 10 匹马、两支枪。"但是,果洛州人民法院经审理认为,改登杀人实属罪大恶极,依法判处死刑。改登不服判决提起上述,青海省人民法院终审驳回上诉,维持原判,改登被依法执行死刑。人才两空的才杰及其亲属感到极其震惊、不可思议,于是纠集人马前往二被害人家试图索回命价。争执中,才杰被当场打死,二犯罪嫌疑人畏罪潜逃。

司法机关依据刑法认定改登故意杀人案成立,判处其死刑;并没有考虑案件当事双方的家属已经按照藏区的习惯赔偿了命价。案件当事人对司法处理结果的反应及其产生的后果,真实地展示了藏区政法机关和藏区群众刑事法制共识分裂所造成的困境。从严格的法律实证主义立场出发,果洛州政法机关的相关处理并无错误,严格依法办事乃是司法机关的职责所在。但从社会治理的效果来看,该案例的教训则是惨痛的,由于赔命价运作给加害方造成的人财两空的感觉,从而驱使加害方试图索回命价,由此造成新的命案。

在中国,人民法院不但担负明断是非、解决纠纷的法律任务,还要通过司法案件的处理,达到维护社会稳定的政治目的。显然,藏区刑事法律共识的分裂,成为藏区政法机关实现政治任务的巨大障碍。如果任由这种困境长期存在,对藏区的社会稳定将是一个很大的隐患。问题在于,政法机关处理的 100 个命案中,有 99 个处理得很好,当事人双方都服判息讼,案结事了;只有 1 个案件中的当事人不服判决,出现缠讼、上访乃至铤而走险的情形,这对政法机关而言也是头痛的事情。因为,政法机关对社会纠纷处理的妥帖,是其分内的事情;而处理不好引发新的矛盾,则直接导致其政治和社会评价的降低。所以,如何把藏区的两根筋扭成一股绳,成为体现当代政治家政治智慧的一道难题。

四、国家法制如何回应民间诉求

现在的问题是,藏区赔命价的现代化已历经百年历史,在清末、民国以及共和国初期,赔命价问题并没有激起太大的波澜,没有成为藏区法制现代化的焦点。在共和国初期,赔命价问题甚至没有进入时人的视野,没有被当作一个单独的题目进行处理。为何赔命价在当代能够成为一个严重的问题,成为一个在理论上引起法学界的密切关注而在实践中让当地政法机关感到棘手的难题?被称为习惯或者习惯法的民间规则极多,为何藏区赔命价与国家法制的冲突尤其激烈,甚至可以被称为中国刑事法制的“戈尔迪之结”[①]? 这些问题值得我们深思。

事有一弊,必有一利。在负面影响方面,“藏区赔命价—国家刑事法制”的博弈导致了藏区刑事法制共识的分裂。但是,换个角度来看,藏区政法机关所面临的棘手难题、藏区群众对赔命价的留恋以及由此引发的赔命价对国家刑事法制的挑战,实际上是藏区法制现代化进程中所必然产生的阵痛,是藏区社会改良和社会进步必须要付出的代价和成本。在这个视角上来看,新时代所面对的赔命价难题不过是在替历史补课并补交学费而已。

藏区赔命价与刑事法制的博弈是蕴含在中国法制现代化进程中的结构性冲突,是与中国新一轮法制现代化相伴而生的长期性后果:粗暴地干涉地方习惯和传统制裁可能意味着法制现代化过程中的机能失调,因此,急剧的法制现代化极易导致“规则的二元化”[②]。虽然我们不愿意看到这种后果,但这是一个无法回避的事实。若把“藏区赔命价—国家刑事法制”的博弈关系置于中国法制现代化的历史背景中考察,那么,或许我们可以看到隐含在这个博弈背后的另一层意义,开掘其对藏区法制现代化的启示。至少,“藏区赔命价—国家刑事法制”的博弈迫使人们追问:“如何评价民族习惯法在现代社会法律体系中的地位与作用? 民族习惯法与国家法是否能够对接? 民族习惯法回潮反映了怎样的文化意义? 基于意识形态而确立的民族法律政策应当如何反思?”[③]这种追问在法制建设的实践中的价值在于:可以使法制建设的设计者和实施者摒弃盲目的乐观,保持清醒的头脑,勇于面对而不是回避实践中出现的难题。

在很多情形中,当谈及中国的“法制现代化”问题时,我们一般会用“历史发展的必然”“顺应世界潮流”等宿命论意味十足的词汇,重点强调法制现代化的可期待性、必然性及其正面意义和价值。中国人进行法制现代化的目标是清晰的,即通过制度的现代化达到强国的目的,并且在描述法制现代化时,人们往往强调现代化所可能带来的美好图景,却往往忽视法制现代化的某些负面后果,甚至刻意避而不谈。但法制现代化进程本身却是无目标的,而且这个进程在很大程度上是无法控制的,尽管可以从法制现代化的进程推导出某些合理的、合乎期待的结局,但实践中与法制现代化相伴而生的很多结果都是无法预料的。[④] 赔命价与刑事法制的博弈与冲突进而赔命价的问题化,便是一个生动的

---

① 曹廷生.博弈中共生:赔命价与恢复性司法的对话[J].内蒙古农业大学学报,2007(3).“戈尔迪之结”是古希腊神话的隐喻,意为剪不断理还乱、毫无头绪难以理清的问题。

② 美国学者埃尔曼用“二元法律”来指称急剧现代化的长期性后果([美]埃尔曼.比较法律文化[M].贺卫方,等译.北京:清华大学出版社,2002:244.)笔者基于规范法学立场,认为赔命价等民间习惯不宜称为“法律”,故用“规则的二元化”这个说法。

③ 杨方泉.民族习惯法回潮的困境及其出路[J].中山大学学报,2004(4).

④ 美国学者郝大维、安乐哲提醒我们关注现代化进程的某些长期性后果,他们对现代化进程的一般描述所得出的结论应当适用于中国法制现代化的进程。参见[美] 郝大维,安乐哲.先贤的民主:杜威、孔子与中国民主之希望[M]何刚强,译.南京:江苏人民出版社,2004:18.

例证。在现代化论者看来，法制现代化对藏区的经济社会发展有着无可比拟的好处，但很多藏区群众却不认这个理，依旧我行我素。假如人的意志也可以进行规划，便不会出现这种恼人的局面，藏区政法机关的工作会轻松许多。

因此，“藏区赔命价—国家刑事法制”的博弈现象带给法制实践的启示是：在藏区赔命价的现代化过程中，藏区法制的设计者和实施者需要更好地应对民间的诉求，为此，需要摒弃单一的“废止—取缔”思维，而采取更加务实的、灵活的、多元化的策略。藏区法制现代化中针对传统习惯因素的态度至少包括如下备选项：“排斥—取缔”“整合—吸收”“放任—兼容”。中国法制现代化伊始便试图对刑事领域的习惯法进行干预，因此，除非像民国时期那样情不得已，否则不可能采取“放任—兼容”模式。而实践经验也已经证明，采取单一的“排斥—取缔”模式也无法完全适用藏区法制的现实情形，因为“排斥—取缔”模式的背后是高压和强制。正如耶林所言，法律离开强制就如同一缕不发热的光，但是纯粹依靠强制的法律其实是赤裸裸的暴力。依靠强制手段只能取得短期效果，在表面上废止赔命价的形式合法性，但是长期来看，却无法实现赔命价的深层次现代化的任务。得不到人们认同的法律只能得到直接的或者变相的抵制，而是否得到“认同”则是评价法制现代化是否成功的刚性标准。

藏区赔命价难题镶嵌在中国法制现代化的深层次矛盾之中：即世界性与民族性的矛盾、现代与传统、统一性与多元化之间的矛盾。当前，中国的改革已经进入深水区，同样，中国的法制现代化也已经到了啃硬骨头、消化历史难题的时候了，而刑事法制的现代化面临的最大难题恐怕就是藏区赔命价等少数民族地区的习惯问题。较之于清末和民国时期，当下藏区的社会形势是前人可望而不可即的，内忧外患均已消弭：外交方面，中央政府不再为藏区的主权问题和西方列强打笔墨口水官司；内政方面，人民民主政权的建设已经完成，中央政府已经成功地将藏区纳入统一的政治体制中，实现了国家政制的一体化。按照矛盾转化的基本原理，在这种历史条件下，赔命价等次要问题自然浮出水面，而当代的中国人已经有机会真正地解决法制现代化的这种细节问题。在这个背景下，藏区赔命价的问题化只不过表明，这个问题再一次提上中国法制现代化的日程，需要重点解决了。据此，笔者判断，当前已经到了对藏区赔命价（以及其他刑事习惯法）进行深层次现代化的时候了。

所以，从实用主义的目的出发，采取较为缓和的“整合—吸收”模式，似乎更为可取。正如埃尔曼所言，“在现代化过程中操之过急的国家，当政治领导人或社会改革家粗暴地对待妨碍他们的正当利益和势力时，淡化这些领导人和改革家们的激情是法律家责无旁贷的任务”①。实现藏区赔命价的深层次现代化，当然也需要学术界的智识支持，至少，学术界有责任通过冷静的理性分析，淡化改革者的激情，减少法制改革的盲目性，从而降低法制改革的社会成本。

① 埃尔曼．比较法律文化[M]．贺卫方，等译．北京：清华大学出版社，2002：246．

The Problematisation of the Wergild in the Contemporary Tibetan Area: a Rethinking based on the Legal Modernization

Wang Linmin

Abstract: In the judicial practice of the contemporary Tibetan areas, the essence of the serious conflict between the wergild and the local justice is "the opposition between the great tradition and the little tradition". On the one hand, the Tibetan wergild challenge the criminal legal system in the two levels of entity rules and the operation mechanism; on the other hand, the judicial agencies negated the Tibetan wergild first according to the principle of unification of legal system, second according to the principle of rule of law, resulting in the dilemma of the Tibet consensus on the criminal issues. The strategy to solve this dilemma is to discard the idea of "Abolishing and banning" and adopt a relatively mild mode of "transformation and absorption", so as to realize the deep modernization of the Tibetan wergild.

Key Words: wergild; great tradition; little tradition; legal modernization

社会调研

壮族传统社会生态保护意识的传承与利用*

李图仁**

摘要:壮族传统生态意识用于壮族群众处理人与自然之间的关系,而传统民间艺术是这种意识体现的途径,以各种节日祭拜、自然崇拜和习惯法制度为载体;传承与利用壮族生态文明意识对于保护自然环境具有重要意义。充分利用壮族传统生态知识,弘扬壮族民间传统,引导群众积极参与,有助于促进壮族地区的生态文明建设,实现壮族地区的可持续发展。

关键词:壮族;传统社会;生态保护;意识;传承与利用

一、壮族传统社会生态意识的研究现状

生态环境是人类赖以生存和发展的基础,与人们的生产生活息息相关。任何民族都生活在一定的地理空间,处于特定的民族生态系统中,这一特定的生态类型对于一个民族文化的形成和发展具有很强的形塑性,壮族也不例外。壮族传统文化体系中最具地方民族特色和最富有成就的一种文化类型,是壮族及其先民适应当地地理环境和壮族人民在长期历史发展中形成的与自然和谐发展的良好生态意识与习惯,它既具有鲜明的"那文化"色彩,又被深深打上了自然生态环境的烙印。在当今西部大开发和民族地区城镇化进程,尤其在今天,北方部分地区因对自然资源的过度利用和未处理好工业发展与环境保护之间关系导致沙尘暴和雾霾天频发的背景下,研究民族生态意识与传统,对于处理好民族地区生态保护与社会发展具有重要的现实意义。

对于壮族传统社会的生态保护意识,许多研究壮族文化的学者作了简要的分析,这些学者一方面主要从壮族群众在处理人与自然环境的关系:如付广华对于壮族群体与自然之间的关系作了系统研究,并认为壮族生态研究是壮学的重要研究领域;覃彩銮则对壮族生态文化的形成与所处的岭南自然环境之间的关系作了分析,认为壮族人民与大自然相互依存,适应与改造中形成了自然崇拜、禁忌与习惯法规;蓝岚、罗春光则探讨了壮

* 基金项目:国家社科基金西部项目"民族习惯法在民族地区社会管理法律体系中的确立与适用"(批准文号:12XFX001)。

** 李图仁,法学硕士,广西师范学院副教授,硕士研究生导师。

族传统生态文化对自然资源可持续发展利用的意义;翟鹏玉侧重于发掘以壮族人与地关系的"那文化"民族生态审美理性及当代实践的可能性;陈桂秋认为壮族的水文化、米文化和干栏文化体现了对自然的敬畏心理,成为壮族社会共有的生态文化地方感,提出应加快壮族生态和谐伦理思想相关成果的转化、恢复壮族民间传统节日,从而保护壮族生态文化;李贞指出,壮族在历史发展中积累了大量具有民族特色的生态知识,创造了丰富的人与自然环境和谐相处的民族生态文化。另一方面,部分学者从包括民间信仰、民族服饰、民族民间作品等壮族民间艺术的角度分析壮族的生态保护意识:如,凌春辉(2010)和卢静宝(2013)分别对壮族麽教经典《麽经布洛陀》和《麽经布洛陀影印译注》进行研究后指出,古代壮族人民具有不违天道,尊重与善待自然,敬畏生命,确立人与自然的友善关系的生态伦理观与生态审美意识;陈丽琴(2012)认为壮族服饰是壮族人民适应环境的产物,是与其生态系统调适以求平衡的过程;曾杰丽(2008)认为壮族民间信仰蕴含着丰富的和谐生态伦理观念。这对于建设生态文明,制定正确的生态环境政策和经济社会发展规划具有重要的现实意义。

二、传统社会壮族生态意识的主要内容与体现

(一)壮族自然崇拜中的生态意识

在历史形成中,壮族主要分布在如今的桂西北,沿左右江、红水河、邕江等呈带状分布的特征很明显。壮族并无统一的宗教信仰,作为农耕民族,壮族多神崇拜、自然崇拜是其重要特征,具有鲜明的生态文化形态。如有的地方拜祭的龙母庙,有的地方供奉的则是关帝或观音菩萨,与汉族地区无异,但无论是哪个地区,自然崇拜都是主要的信仰之一,石山、土地、大树、太阳、雷雨、河流、火、岩石等都是壮族群众自然崇拜的对象,对于这些自然物的崇拜来源于壮族先民征服自然、利用自然中形成的敬畏自然的生态观念。

壮族地区的多数村寨都有自己的土地庙,这是对土地或土地公的崇拜。壮族人民过年过节时拜祭地点众多,如在南宁市西乡塘区金陵镇某村,每逢过年过节,各家各户除了拜祭自己的祖先外,村里还供奉有两个土地公,一个地方是村子形成以来就设立的土地庙,另一个地方则在村边的一棵大木棉树下,除了这两个地方,另一棵大榕树也受村民们拜祭,传说这棵榕树随洪水漂泊而来,最终落户本村并长成参天大树,树上驻有神灵,因此需要拜祭。在20世纪五六十年代大炼钢铁的时候,村里很多树林被砍伐当燃料,但这些大树被视为神灵寄居之地都被保护起来,长久以来,其他树木可能被削枝作柴,但这些大树从来没有被人为伤害,当地村民不仅不敢砍伐,就连从树上掉落的枯枝也不能拿回家当柴火,否则极易招灾致祸。这种因果报应和自然崇拜的潜意识在村民中从小就被灌输,形成了自然和谐的生态观。在广西田林县的壮族村落,几乎村村屯屯有大榕树或龙眼树。这里的壮族群众崇敬大树,特别是大榕树和龙眼树,它们年代古久,高大如巨盖,

四季常青，便视之为生命的神树和村屯的保护神树。认为有了大树，村屯人畜的生命才能得到保障，才能保证全村的兴旺和富裕。因此，没有大树的地方一般不会有村落。”①

在壮族的民间艺术中，广西河池红水河地区有蚂拐（青蛙）节一说，当地群众大年初一至三十之间以大村寨为单位组织群众过蚂拐节进行祭祀活动，以歌颂蛙神给人间带来风调雨顺，保佑来年丰收。作为壮族历史图腾的主要代表的铜鼓也都以放射阳光的太阳和蚂拐构成的表面图像。对青蛙等动物的信仰本身即是自然崇拜的体现。广西上林、忻城等县壮族人笃信青蛙，传说谁若乱捉小青蛙，雷公就会发怒，就要劈死他。民间流传着一句谚语：“手不抓小青蛙不怕雷公劈，手不持绳索不怕老虎抓。”②

在广西贵港市和上林县一带流传的《太阳、月亮和星星》的传说，壮族人把太阳、月亮和星星变成了具有人格特征的自然物来崇拜，在广西龙州一带广为流传的《侯野射太阳》传说中，侯野像中原汉族的“后羿”一样，成为射日英雄，先后射下了十一个太阳，最后一个太阳为人类带来幸福。③ 此外，壮族麽教经典《麽经布洛陀》中也蕴涵着古代壮族人民的生态伦理观，它要求人们不违天道，顺应天时，尊重自然运行的规律，善待自然，敬畏生命，确立人与自然的友善关系，以谋求人与自然和谐有序的发展。④ 从以上这些民间传说和文学艺术作品，以及民间宗教的分析来看，壮族人民自古就形成了崇拜自然，追求生态和谐的意识。

（二）壮族习惯法的生态保护制度

壮族在长期社会历史发展中，根据生产生活的需要，形成了一些富有特色的生态保护制度，这些制度可能由当地土官或地方政府制定颁布，也可能由当地村民自发协商制定形成，但客观上都起了保护林木、水源、牧场、农作物的作用，是壮族生态意识的体现和重要组成部分。

1. 对草地的利用与保护

如在崇左市天等县，在下文清代镇结土官所公布的文告《严禁耕犁牧场以繁养畜牧告示》中指出，牛是耕种所必须，马是乘坐之必备，无论养牛或是牧马都有助于耕种，而牛马必须要有放牧的地方。清雍正六年，就已禁止将这一带开垦为田。之所以张贴这一告示是因有人在清雍正时划定的放牧之地垦荒，且戳伤州衙所养的马。为使这一放牧场所得到保护，今后也永远不允许开荒为田进行耕作，土官文告所禁止的是开垦，所保护的是牧场，所遵循的是古例，但无疑是在人的生产、牛与马的生存、草地的保护之间的关系作了规定，主观上也是为了保护牧场不受破坏，客观上起到维护植被、保持水土，产生了人

① 卢静宝. 敬畏自然生态审美意识在当下壮族地区生态文化建设中的作用探究——布洛陀文化在当下生态文化建设中的意义作用探析之二[J]. 名作欣赏，2013(5)：32-34.

② 曾杰丽. 壮族民间信仰的和谐生态伦理意蕴[J]. 广西民族大学学报（哲学社会科学版），2008(11)：106.

③ 蓝鸿恩. 壮族民间故事选[M]. 上海：上海文艺出版社，1984：40-41.

④ 凌春辉. 论《麽经布洛陀》的壮族生态伦理意蕴[J]. 广西民族大学学报（哲学社会科学版），2010(5)：90.

与自然和谐相处的作用,其文稿摘选如下:

严禁耕犁牧场以繁养畜牧告示[①]

为严禁牧场以裕繁滋,以免违犯事。照得开荒固资生之本,而放牧养亦助耕之源。不有牛何以耕,不有马何以乘,故牧养之地,亦人世之不可无也。查□□洞一带,原有官居田嵇查古案,于康熙十二年(1673)间,因无处放牛马,遂将此田放荒,以为牧场之地。迨到雍正六年(1728)内,经先太祖官居出示严禁,自□处□至□交界为界,不许民违禁,耕犁为田,严禁放牧以便为牧场,乃是通州官族目民均有裨益。何以至尚有人胆敢开犁种田,且于本月二十日竟将本州衙所畜之马戳伤,故意违禁,凶恶已极。除另行密访严提究办外,合行出示晓谕严禁。为此示谕州属居人等知悉。自示之后,该洞一带自□□□为界,永远严禁,□□留作牧场,以便牧养。此是相沿古例,并非创自今始。倘有何人胆敢擅行耕作,有碍牧养,定行严提究惩,决不宽容。各宜凛遵毋违,特示。

2.对水流的保护与利用

如果说,清代天等县镇结土官保护牧场,禁止耕种在于遵循古例而无形中具有生态保护的内容,那么在桂林市龙胜县龙脊乡可以找到的壮族人民体现生态保护的资料更为丰富。龙脊十三寨由于地处较为偏僻,交通相对闭塞,传统生产生活及文化保存得相对完整,是研究壮族传统文化的典型对象。龙脊十三寨壮族梯田是当地壮族人适应自然条件形成的产物,如今成为观光旅游的胜地,干栏建筑也是壮族生活居住条件适应山地丘陵形成的具有壮族特色的民居文化。干栏建筑为载体的壮族居住文化,是其民族传统文化体系中最具地方民族特色和最富有成就的一种文化类型。[②] 此外,新中国成立初期收集的大量社会政治生产生活资料也反映了当地壮族的生态保护意识。

如清同治十一年(1872年)的《龙胜南团永禁章程》规定:"遇旱年,各水渠照依旧例取水,不得私行改换取新,强夺取水。隐瞒私行,滋事生端,且听头甲理论,如不遵者,头甲禀明,呈官究治。"该《章程》看似只是约束人与人的关系,但由于禁止"改换取水,强夺取水",实则是当地村民对水资源的有序利用,由于用水必须遵循旧例,不能豪取强夺,客观起到保护水源的作用。

3.对山林的保护与利用

除了西部石山地区,壮族多逐水而居,而各村各寨基本上都有自己的涵水林,为了保护水源的清洁永续,对这些水源林的保护是各地习惯法的重要内容。清末的《龙脊地方禁约碑稿》规定:"禁地方各卖管业,柴薪数年禁长成林,卖主不得任意盗伐,如有不遵,任凭地方乡老头甲送究。"该《禁约碑稿》的内容已经有了类似现在《森林法》所规定的即使是林木所有人也不得未经批准盗伐的内容。从现代民法或物权法中物的所有权角度来

---

① 广西少数民族地区碑文契约资料集[M].北京:民族出版社,2009:129.

② 覃彩銮.试论壮族文化的自然生态环境[J].学术论坛,1999(6):118.

看，所有权有占有、使用、收益和处分的四项权能，按此所有权的规定，林木的所有权人可自行处置自己所有的林木，但为了绿化和水土保持，维护自然生态平衡，如今我国通过《森林法》对林木的所有权人砍伐林木作出了限制性规定，未经申请并由林业部门批准获得砍伐证，林木的所有权人不能自行砍伐，即使获得砍伐证，也不能超出标准砍伐，否则构成盗伐林木或滥伐林木罪。而这一精神早就在清代龙胜龙脊壮族地方习惯法规中得到体现。

在下文清末民初龙脊壮族村寨制定的《团会禁山序》中，反映了当地壮族人民与自然和谐相处的思想。所谓"禁山"即禁止进山砍柴打猎或从事农业开垦等活动，用现代的话语则表达为"封山育林"。在《团会禁山序》中，龙脊当地壮族认为山林是"天生地成"，因此要"遵节爱养"，对于山林的利用要节约爱护，必须要做到"谨守王章"，"率循正道"才能做到"山林必盛"，其文如下：

团会禁山序①

盖闻天生之，地成之，遵节爱养之，则存乎人，此山林团会之所由作也。我等居期境内，膏田沃壤焉。我可以疗饥，翠竹成林，惜我由堪备用，否则春生夏发，造化弗竭其藏，朝盗夕偷，人情争于菲薄。出此种种不法之徒，如利刁非，不顾羞耻，安得不严为之禁哉。今当立会之日，众等聚集，不禁乐纵趋事，序亦乐纵趋事，序亦欣然唯诺，不敢推诿良以。孔曰：见利思义。孟曰：出入山林。且先王之令曰：草木黄落乃代新，惟日时也；又曰：日短之则木取竹箭，亦维头时也。是故草前女动则有禁，勾萌尽达则有禁，继长增高命虞行大则有禁。以此论之，所关甚大，即云各管尔业，尚因时而入剟，乃物系他人，奚可乘虚妄取乎。自今以后，山有山无，必须谨守王章，会内会外，务要率循正道，倘唱山捕获，谁私卖容易，即属兄弟契戚之谊，理无二致，若有家庭朋友之辈，例应一同，于是规矩既严，应尔山林必盛。然为因天道、乘地利，杜枭风，而且境内之厚道可睹，里中之仁俗日照，例立会虽乏多人似私也，而实本公以为老禁之。

上文可以看出，龙脊壮族具有浓厚而朴素的生态意识，认为本地能够翠竹皆因天地生成，自当爱惜，如若违反这一自然规律，春天的行为到夏天不好的报应就会来到，为此人们应"因天道，乘地利"，严守规矩，然后山林才能茂盛。通篇之序，既有遵守自然规律的精神，又有因果报应的告诫，还有违反规矩的惩戒，无不体现出龙脊壮族人民遵循自然规律和良好的生态环境保护意识。在其后的《复立团会序中》②又再次强调：山林蓄禁，盗砍当除。

20世纪50年代中央民委和广西民委联合调查组从防城港江平乡沥尾、江龙等村头人手中收集到的估计系清末年间订立的《封山育林保护资源禁规》文本中则明确提出了

① 广西少数民族地区碑文契约资料集[M].北京：民族出版社，2009：201.

② 广西少数民族地区碑文契约资料集[M].北京：民族出版社，2009：202.

封山育林保护资源的口号。皇朝、乡长、职役、乡党、官长、法律之词,为我们提供了该《禁规》制定时间大致为清末民初之大致时间背景,详文如下:

封山育林保护资源禁规①

属防城县安良团,居住永福村,乡长及职役同众人上下等

盖闻皇朝启支,天下共享太平之福。兹民尊村居王志、王民系从官长国家之法律,为乡党上良心善俗为根。兹民村从前先祖遗居成邑,系是千万年以来,原居沿地六路多岐,最掌养山林要条秀茂,以济风水,多赖神安民乐,至兹已二十余年以来,其内各邻村利党之徒,用力为强,不遵不咱,兹村约擅入盗斩散败,致以神不安民不利。为此等因,会合足目同群,兹立券约,甘结盟各条,前作后从,置留万代,各依遵从,永远据依此约,开列如后:

计

一约本村系有高山庙一座,水口大王庙一座,四姿庙一座,及民居后林一带,共山林四处,析生枯木树木根等项,一皆净禁,自后或何人不遵如约内,贪图利已,擅入盗掘,破巡山各等,捉回本村,定罚铜钱三千六百及猪首一只、糯米十斤、酒五十筒,谢神有恩不恕。或余村人等何系可堪,捉得赃物回详,本村定赏花红钱一千六百文正,盗人所赏不恕,兹约。

一约定禁山林、木条、生藤及木根等项,一皆净禁,若不论何人不遵禁例。擅入斩伐,守券扣得,本村定罚券钱二千六百正,收入香灯,或村内诸人捉得,本村定赏红钱六百正,诸盗入所受不恕,兹约。

一约本村净禁诸各地头及高坡四处,一皆净禁,不得开掘,若何人不咱如约,擅入开掘,本村定为铜钱三千六百下不恕,或罚何不不咱,送官究罚不恕,兹约。

一约各禁诸条若犯,不肯送官究治支费钱期众村,一皆同受不恕,兹约。

一约各券诸员结束为兄弟,同心协力,兄弟同胞是骨肉,勤敏方宁除禁奸人,所有监公咱其号令齐到正券官理会合以里为伦,若员不据罚钱三百六元(本村放出)。

钟杰兴　黄积新

当地居民自先祖移居以来,由于山林秀茂、风水得济以致神安民乐,但由于有人仗势盗斩以致山林散败,不得不立此《禁规》,以期前作后从,置留万代。该禁规规定了五方面事项,涉及林木采伐和开挖的有三项,涉及违反禁规处罚的有两项。其中禁止林木采伐的有:位于三座庙和一民居的四处山林无论是生木还是枯木还是树根,都禁止砍伐;约定禁止砍伐的山林、木条、生藤、树根禁止采伐;地头和高坡既禁止采伐,也不得开挖。该禁规所保护的范围不仅广泛,而且严格,只要涉及禁采山林,不仅禁采生木,连枯木和树根都不允许采伐;不仅保护林木,为了防止水土流失,也禁止所划范围的高山地头的开挖,说明当地壮族群众已经充分认识山林和水土等环境因素保护的重要性。

① 广西少数民族地区碑文契约资料集[M].北京:民族出版社,2009:263.

三、保护与传承壮族生态文明的重要性与具体措施

(一)认识保护与传承壮族生态文明意识的重要性

近年来,由于前期发展过程中过于强调经济增长率,而忽视了生态环境保护的重要性,大气污染和水污染频发,许多地区陷入环境恶化难以恢复的境地,表现为地表沙化和荒漠化趋势严重,每当春夏之交沙尘暴便席卷而来,雾霾天气更让人们认识到生态环境保护的重要性。广西地处南方地区,自然资源开发程度较低,虽然森林绿化率较高,但生态环境也十分脆弱。从较远的历史看,20 世纪 50 年代末的"大炼钢铁"使大量森林被砍伐,植被被破坏,导致许多地区出现严重石漠化。近的来看,随着西部大开发和现代化步伐的加快,现代工业技术不断在本地区推广适用,在带来较大经济价值的同时,付出的环境成本也不断上升。在农业生产中,一些化肥和部分毒性较大的农药的大量使用导致土地肥力衰退,农产品虽然产量提高,但部分农药残留超标;大面积种植速生桉使承包人获得较好的经济效益,但导致的水质变差和土地质量下降的问题突出;农业机械化的大量使用固然提高了劳动生产率,但也使传统农业生产技术迅速消失,作为畜力使用的牛马越来越少。这些现代科学技术的大规模使用给壮族地区的生态环境带来极大冲击。

壮族群众的环境保护意识不仅受历史形成的传统生态意识的影响,也从近年来许多环境污染事件中得到警醒与启发,壮族群众保护自身所在地区生态环境的意识越来越强。在经济社会发展过程中,相关政府部门和企事业的行为如果影响当地群众的生态利益,将会受到抵制和反抗。如靖西县新甲乡凌晚屯铝土矿开发与环境冲突——靖西"7·11"事件,正是"政经一体化"所引发的"污染保护主义"是导致事件的根本原因,其直接结果是留下了永远难以解决的土地和水资源污染问题。① 在广西社会发展中,协调经济发展与生态环境的平衡,充分发挥壮族人民的生态保护意识,事关壮族地区可持续发展问题。

(二)具体措施

1. 积极发掘壮族生态环境保护的智慧与技术

壮族生态文明是其民族传统文化的重要组成部分,是壮族人民群众在长期与自然环境相互适应的过程中获得的丰富自然与历史知识。这种自传统社会传承而来的生态文明蕴含了人与自然和谐共处的思想理念与制度,包括了很多行之有效的生产、生活技术和智慧。比如壮族干栏式建筑,不仅适应了在具有坡度的山地丘陵建房的要求,还可以预防野兽毒蛇的袭击,同时还满足了对具有较大价值的牲畜的管理。除此之外,使用传

---

① 覃彩銮.壮族地区生态文明建设研究:基于民族生态学的视角序[M].桂林:广西师范大学出版社,2014:3-5.

统草药的壮医、使用传统织布与染色技术的壮锦，在百色、河池等喀斯特石山地区节水蓄水的方法及石漠化治理技术，在石漠化地区种植节水植物如玉米的技术，在丘陵地区开垦梯田的技术、水稻种植技术等。这些散布于广西各壮族地区，在人们生产生活中总结并留存下来的智慧与技术都应得到总结和提炼，整理形成系统的民族生态文明，这是民族传统保护并传承的基地性工作。

2.充分利用壮族传统生态知识，推动壮族地区经济社会建设

相对于中东部，广西是经济欠发达地区，自然资源环境也处于正在开发状态，面临着经济发展与生态环境保护的双重任务，有利的是，作为欠发达地区，可以充分发挥民族传统社会所积累的生态知识与智慧，并从东部发达地区在经济发展过程汲取教训，避免走边发展、边污染的老路。近年来，广西各地正在积极推进乡村基础设施建设，广大壮族聚居区正在实施村村通工程、城乡清洁工程、人畜饮水工程等，这些工程很大程度上改善了出行条件，改变了人们的生产生活方式，同时也是对自然环境的巨大改变。无论是人为所导致的环境变化，还是气候导致的环境变化，都需要我们利用传统及现代生态知识和技术进行应对。如付广华曾对龙胜龙脊古壮寨的生态系统作了深入研究，他发现20世纪八九十年代龙脊十三寨出现旱灾，当地村民通过制定乡规民约，采取独特的水资源管理和复合型取食策略，最终重建了当地的生态系统。① 这反映了在气候发生变化时，龙脊壮族传统生态知识所起的独特作用。

3.弘扬壮族民间传统，引导群众积极参与

壮族的生态环境保护意识很多情况下通过民间传说、宗教仪式、山歌对唱、节日礼仪，以及生产生活技术进行传播与实践，因此要在当前的社会经济发展中保护与利用这些意识，需要大力弘扬壮族的民间传统习惯，明确指出生态环境的重要性，引导群众在日常生活中遵守传统，保护环境，维护当地生态系统的平衡，积极参与生态环境保护活动。比如在农业生产活动中少使用农药化肥，多使用农家肥；畜养动物少用饲料，多用植物；在江河不在鱼群产卵时捕捞，不电鱼不炸鱼，尽可能使用疏网不用密网；等等。

结　语

在部分地区因过度开发导致环境不断恶化的今天，绿色发展观念深入人心，在发展经济与生态建设两个目标上妥善处理两者的关系，壮族地区将在未来的一段时间内面临资源开发与保护生态的双重压力，只有发掘与弘扬民族生态保护意识，继承与发展传统文化的生态文明因素，才能以最小的环境成本取得最大的社会经济效益，促进壮族地区的生态文明建设，最终实现壮族地区的可持续发展。

---

① 付广华.壮族生态研究与壮学构建[J].广西民族研究，2015(2)：92.

Inheritance and Utilization of Traditional Ecological Protection Consciousness of Zhuang Nationality

Li Turen

Abstract: The traditional ecological consciousness of the Zhuang nationality was used on dealt with the relationship between people and nature. The traditional folk art was the exemplification way of this consciousness, and based on various festivals, natural worship and customary law system. There was a great significance of inheritance and utilization of Zhuang nationality ecological civilization awareness for protection the natural environment. And made full use of the traditional ecological knowledge of Zhuang nationality, promoted the folk tradition, guided the masses to actively participate, would contribute to the promotion of ecological civilization construction and achieve sustainable development in the Zhuang autonomous region.

Key Words: Zhuang; traditional society; ecological protection; consciousness; inheritance and utilization

壮族传统民间自治制度及其在现代社会治理中的启示*

汤伶俐** 卢明威***

摘要:民间自治是历史上乡村社会治理的基本方式,广西壮族社会历史上有郎首制、头人制、都老制、乡老制等许多民间自治制度。虽然民间自治制度的名称、内容、程序有所不同,但其代表人的选任条件、职责范围等都具有共同点。国家为了社会秩序的稳定,不仅规范民间自治制度的代表人,而且采取措施以保障自治制度得以执行。在完善我国社会治理体系及实现治理能力现代化的今天,研究古代社会治理的成功经验具有历史借鉴意义。

关键词:壮族;民间自治制度;社会治理;启示

一、民间自治是传统中国乡村社会治理的基本方式

对于中国传统社会民间自治,历史学、社会学以及法学都从不同角度进行了研究,一般认为民间自治所说的"自治",是与由国家派官设治相对应的,①并非西方语境中的"自治",而是将这一外来概念加以"内化",以民治民。② 我国历史上广大乡村社会中存在的民间自治是以家庭、村落为基础的自治,不同于今天以个体为基础的村民自治。

在漫长的中国历史中,虽有"普天之下莫非王土,率土之滨莫非王臣"的说法,但真实乡村政治生活中,费孝通认为皇权是松弛和微弱的,是挂名的,是无为的,维持乡村社会秩序的是乡民的自治组织。③ 秦晖也认为"国权不下县,县下惟宗族,宗族皆自治,自治靠伦理,伦理造乡绅"④。徐勇认为中国古代乡村存在行政与自治二元权力体系,其中具有自治功能的就是宗族或家族组织。⑤ 传统中国国家政权的控制重点在于城市及其周边地

---

* 基金项目:国家社科基金:民族习惯法在民族地区社会管理法律体系中的确立与适用(12XFX001)。

** 汤伶俐,女,汉族,湖北省鄂州市人,经济学博士,长江师范学院副教授。

*** 卢明威,男,壮族,广西南宁市人,法学博士,广西师范学院政法学院副院长,研究员,西南政法大学博士后流动站研究人员。

① 魏光奇.官治与自治——20世纪上半期的中国县制[M].上海:商务印书馆,2004:2;389.

② 刁培俊.在官治与民治之间:宋朝乡役性质辨析[J].云南社会科学,2006 (4):115.

③ 费孝通.乡土中国[M].北京:生活·读书·新知三联书店,1985:60-64.

④ 秦晖.传统十论——本土社会的制度、文化及其变革[M].上海:复旦大学出版社,2005:3.

⑤ 徐勇.中国古代乡村行政与自治二元权力体系分析[J].中国史研究,1993(4).

区,对于广大农村地区,皇权的控制确实力有不逮,因此民间自治是客观存在的,用姚中秋的话来说,古代中国基层社会治理相当优良。① 民间自治是国家治理的必要补充,传统中国乡村治理的成功,与它在历史中形成的一种稳定的自治结构有着不可分割的关联。②

国外学者对此也有类似的判断,马克斯·韦伯认为在传统中国,"城市就是官员所在的非自治地区,而村落则是无官员的自治地区"。韦伯认为,在村庄内部,形成了以宗族为基础的自治组织,使得国家行政力量无法渗透到乡间。③ 费正清也认为:"政府统治的活动可以区别为两类:一类是往下只到地方县一级官员的正规官僚机构的活动,另一类是由各地缙绅之家进行领导和施加影响的非正规的网状系统的活动。"④

在漫长历史中,民间自治始终活跃在广大乡村的政治舞台上,很多地方也形成了丰富的自治制度。壮族作为岭南地区历史悠久的民族,其社会发展中形成的自治制度内容十分丰富,研究壮族传统社会民间自治制度及其在社会治理中的作用,在现阶段村民自治建设存在诸多问题的背景下,对于发掘和传承民族传统及其制度资源,为提升当今社会治理能力和为村民自治建设提供历史经验具有重要的借鉴意义。

二、壮族历史上的民间自治制度形式

广西壮族在长期的社会发展中,产生了各种各类的自治制度,这些自治制度有的具有宗族性质,有的则以村落地域为范围,宗族性质较为淡薄,而且在不同地区有不同称谓。在今天的广西桂林龙胜县龙脊乡,壮族村寨的基层自治制度被称为"十三寨头人制",在今天广西崇左市大新县的安平土司统治范围内自治制度被称为"郎首制",在防城市上思县被称为"都老制",在河池市天峨县则被称为"乡老制",在百色市平果县陇匠乡自治制度也称为"头人制"。在长期社会发展中,自治制度是社会治理结构的重要组成部分。

(一)安平土司郎首制

安平土司在今大新县境内,在唐代时为"西原侬峒地","在(太平)府治西北一百里"⑤。安平古为壮族侬峒之地,为壮族聚居之地,至新中国建立之初,壮族人口占99%以上。⑥

① 参见姚中秋.儒家式现代秩序[M].桂林:广西师范大学出版社,2013:8.

② 刘琼、张铭.自救与自毁.传统乡村社会自治结构崩塌之沉思[J].福建论坛·人文社会科学版,2014 (4):63.

③ 马克斯·韦伯.儒教与道教[M].洪天富译.南京:江苏人民出版社,1995:104-115.

④ 费正清.剑桥中国晚清史(上卷)[M].中国社会科学院历史研究所编译室译.北京:中国社会科学出版社,1993:25.

⑤ 清康熙.广西通志·卷31、32.土司志(近卫本)。

⑥ 广西壮族社会历史调查(四)[M].北京:民族出版社,2009:2.

在安平土司治下，农村实行的是郎首制，由原来的村佬衍化而来。村佬制是一种建立在血缘关系上的村社制度，具有鲜明的宗族特征，其负责人一般通过推举辈分高、有威望和能力的老人承担，他们不仅组织祭祀活动，而且负责处理村民之间的纠纷，维护村落社会秩序，是村落事实上的首领，在土司统治时代，村佬的存在也需要得到土官的认可，构成土官层层统治机构中的一个环节。安平地区较大的村屯可以推举两个或几个郎目，每隔三年一换。新任郎首需备办酒、米、黄豆等供品，请每户家长前来拜祭土地公，共同议事后饮宴，以获得各户支持。

历史上，安平土司将其统治领域划分为“四城八化”，全部共263个村屯，在这些地方设置知峒、总化、副峒、掌峒、钱峒、权隘等①，这些人由土司任免，除此之外，在各个村落则有郎首一至数人，郎首即为自治组织的首领。

(二)上思县都老制

广西上思县三科村位于十万大山山区，到新中国成立初期，世代生活的壮族有53户200多人，均为黎姓，其祖祖辈辈直到1949年前后都奉行都老制。② 都老制是当地壮族村民的一种自我管理制度，这种民间自治制度的人员构成由“都老”和“酒头”组成。所谓“都老”，较早见于《隋书·地理志》，其中记载“俚人并铸铜为大鼓……有鼓者号为都老”，按现在壮语的音译，是一种尊称，为长辈、首领之意。都老一般由壮族村民推举产生，或由年迈卸任的都老推荐。上思三科村的都老实际上是村中之长，是村落的最高管理者。被推举担任都老的都是德高望重的老人，他之所以能掌握以上诸多权力，不是因为他是都老，而是其威信足以让其他村民信服，可以执行村规民约及社会习惯管理并裁决纠纷。都老行使对村民的组织、领导、管理职责。其制度的行使一般由都老通过召开长老会议、村民议事会等，共同讨论、决定和处理村里的重大事情。三科村的都老既是一种尊称，也是一种职务，更是一种民间自治制度的代表。

上思三科村除了都老，还设有酒头作为都老的助手，由都老提名，经群众民主选举产生，主要协助都老从事事务性工作。在上思，除了以黎姓为主的三科村，邻近的丁村以及由施、李、梁、刘四姓组成的孔驮村也实行都老制。③

(三)天峨县乡老制

在广西西北部今天河池市天峨县，历史上属于泗城土司治下，在该县的白定乡村落自治制度的主要执行者是乡老、寨头，用俗语来说就是“乡有乡老，寨有寨头”。乡老和寨

---

① 广西壮族社会历史调查(四)[M].北京:民族出版社.2009:28.

② 黎国轴.都老制——父权制和农村公社的残余.广西壮族社会历史调查(三)[M].北京:民族出版社,2009:106.

③ 黎国轴.都老制——父权制和农村公社的残余.广西壮族社会历史调查(三)[M].北京:民族出版社,2009:106.

头在白定乡壮族群众的社会生活中起很大的管理作用。

天峨县乡老、寨头并没有经过村民推举的程序,能够担任乡老、寨头的是各个村屯中年纪较大、辈分较高、能说会道、处事公平的人,他们受到群众敬仰而自然产生,是自然形成的民间权威。这些乡老和寨头的权威由群众的拥护产生,相对于当地可以享有自耕自种的土地,属于官方维护治安的团练组织头目、泗城府下一级行政组织机构——亭目等,乡老们不属于统治者的组织体系中的一员,没有任命,也不经选举。由于不是经过村民的选举或任命,因此不对其他上级负责,也不承担任何义务,对于村民来说,对于这些乡老的认可是发自内心的,他们平时有事由村民请去处理,无事则在家务农。[①]

(四)龙胜县龙脊头人制

龙脊十三寨壮族自明万历年间迁入本地区后向原居住这里的瑶人收买土地从此滋养生息。在龙脊十三寨,在政治结构上团甲属于官府构成之一,而头人制则是自治制度。清嘉庆初年(1796)后龙胜县划分为上、中、下三甲,为乡或团,首领号称“团总”。团总的产生两种说法,一是群众在有威信的头人中推选报官府核准委牌,二是官府核查当地头人基本情况后选一委派发给委牌。[②] 无论哪一种方式,作为清朝时期基层政权组织的头目之一,团总是从头人中确定的,在官府来说是团总,而对于民间来说他就是头人。官府从头人中委任团总的原因是在偏远的乡村地区,官府并不熟悉情况,只能由熟悉当地,又有影响力的人担任团总。

龙脊十三寨到民初时每个寨子都还有 1 至 3 个头人,头人由群众选择而产生,一般都有很高的威信,但头人的威信不是因为他是头人,而是因为他有威信才成为头人。村民们会选择精明强干、为人正直、大公无私的人,即“为众所服者”作为头人,并由官府加以委任确定。至清末民初,龙脊各个寨子仍然有头人存在,有的为一至三人,有的为一人,此时十三寨的头人已无官府的任何委任程序,头人的任期也不再固定。

龙脊十三寨头人的产生大致有三种类型:都是有威信的人才能担任,他们的威信一般都是在处理纠纷中形成,他们要么能说会道,要么有文化能够为他们书写诉状,要么就是熟悉处理问题的程序与方法。如龙脊龙辅寨的潘安照,平时略懂笔墨、好评道理,有一次因寨上挖野坟被其他寨头人控告,龙辅寨头人及主要分子被官府缉拿,他被放出来后反而成了头人;再如平段寨潘大寿,原来是教师,后来成了头人;廖家寨的廖国真因会写,头人在处理纠纷案时都请他参加,后来也成为头人。清末时,成为头人完全由村民是否认可为条件,村民拥护他就是头人,村民不拥护,就不是头人。江边寨廖美富、廖章元二人原来是头人,后因贪财好酒,在调解纠纷时没有处理好,从此就不再有人请他们去排

① 广西壮族社会历史调查(一)[M].北京:民族出版社,2009:15.

② 中国少数民族社会历史调查资料丛刊.修订编辑委员会广西壮族自治区编辑组.广西壮族社会历史调查(一)[M].北京:民族出版社,2009:91.

解，再也当不上头人。①

(五)平果县陇匠乡头人制度

龙胜龙脊等地的自治制度的代表称为“头人”，而在百色市平果县，当地历史上的壮族自治制度也称为“头人制”。平果县乐尧山区很早便有头人制，与龙脊十三寨头人或由官府委任，任期不定不一样，乐尧山区头人由群众推选产生，而且每年都要轮换，由上一年的头人和村里有威望的老人商量后召开群众大会推举下一年度的头人。到年终时，头人要为果化土官催收钱粮。到民国十几年，废土官设团董，还是通过头人来收税。民国二十几年，甲长也由乡长指派，头人的作用日渐衰退。1949 年前，头人仅可执行宗教仪式和拜祖等事务。②

三、壮族民间自治制度涵盖的职责范围

壮族民间自治制度的代表享有丰富的职权，他们是普通村民与上级官僚之间的联系纽带，但又不是一级政权组织的成员，在一些地方，如安平土司，头人在履行义务的情况下获得一些田地，在另一些地方，则没有这种权利。在官府或土司看来，他们是可以协助他们实现管理及统治的村民；在普通村民看来，他们又是具有威信，上通官府土司的能人，因此这些头人寨老在村落事务管理和日常纠纷中起很大的作用，甚至未经他们的调解，村民不能直接向官府提起诉讼。

(一)安平土司郎首职责

安平土司治下的郎首是村中事务具体掌管人，他们上承土官命令，为土司催收粮款、差役和贡赋，摊派费用；下管村中祭祀和公益事务，调解村民之间的各类纠纷。郎首还可以耕种村里约 6 亩的公田，而且无须缴纳粮赋。郎首既要向土司负责，又要掌管村中事务，在村中有重要地位和作用。村民遇到纠纷都要备办酒肉酬劳请郎首按习惯调解了结，称为“和气酒”，其他不涉及纠纷的事务，如分家之类的，也会请郎首作为主持作为见证。许多小事和争端，都在郎首的面前和和气气地得到解决。③

(二)上思县都老的职责

在广西上思县三科村，都老承担的职责主要有：(1)领导村民制定村规民约，由都老组织村里有威信的老人撰写草案，再召开村民大会进行讨论，最后表决通过；(2)维护村落社会秩序，村民有违反村规民约或伤风败俗的行为，由都老进行调解或裁决，都老解决

---

① 广西壮族社会历史调查(一)[M].北京.民族出版社，2009:91.

② 广西壮族社会历史调查(七)[M].北京：民族出版社，2009:172.

③ 广西壮族社会历史调查(四)[M].北京：民族出版社，2009:28.

不了的较大事件则由长老会议或村民大会讨论，严重的可开除族籍或送官处理；(3)掌管全村公共财产，如全村的荒地、山林等；(4)组织集体祭祀，上思黎姓家族的祭祀、上坟、经费使用、参与人数等事务决定权由三科村村老掌握。

从三科村都老的职责中可以看出，都老由村民选举而产生，实际上是村中之长，是村落的最高管理者，已经具有现代村民自治的雏形。被推举担任都老的都是德高望重的老人，他之所以能掌握以上诸多权力，不是因为他是都老，而是其威信足以让其他村民信服，可以执行村规民约及社会习惯管理并裁决纠纷。上思三科村除了都老，还设有酒头作为都老的助手，由都老提名，经群众民主选举产生，主要协助都老从事事务性工作。①

(三)天峨县乡老职责

相对于三科村村老的程序性，天峨县壮族村落中乡老、寨头的产生并不经过选举，更无官府任命，他们的主要任务就是为群众排解纠纷，一个村寨的乡老、寨头不限于一个人，村民们之间产生纠纷后是否请他们进行调解由村民自行决定，是否采纳乡老、寨头提出的意见也是自行决定。这些乡老、寨头对处理民间纠纷有许多经验，他们一般在饭后到被告家问情况、摆道理，此过程中很少组织双方当面对质，都私下里做工作，双方想通了就会喝“和面酒”以示矛盾化解。天峨县乡老排解纠纷一般没有报酬，除非对被告进行罚款，原告从罚款中抽出10%左右给乡老。长期以来，村民之间的纠纷都由本屯的乡老解决，大事才请邻近各屯乡老来共同处理。乡老们调解纠纷的方式总是大事化小、小事化了，避免群众告到亭目或官府，一者事态扩大，二者双方会被亭目和官府趁机勒索。因此，乡老、寨头很受群众拥护，正如当地谚语所说的“寨有三个老，等于一个宝”②。

(四)龙胜龙脊头人职责

龙胜龙脊十三寨头人的主要职责是安排村寨的公共事务，调解村民纠纷。村民之间发生纠纷之后，他们可以请本村的头人，也可以请外村的头人来调解。龙脊村寨大大小小的事情都要经过头人处理，只有头人处理不了的纠纷才能告到官府，这不仅是皇权对“无讼”的追求，也出于本地所制定的乡规民约的规定，因此有“家有家长，寨有寨老”的说法。

当事人请头人出面处理纠纷，要事先准备丰盛的酒席来款待，头人会先问清事情原委然后才到被告家中进行调解。头人处理纠纷有“请中不对面，对面不请中”的说法，也就是不轻易让双方当面对质。龙脊头人处理纠纷时要分清是非曲直，并由决定罚与不罚，罚金被称为“服理金”，头人可从中得到11%到20%的报酬，称为“水礼”③。如果头人调解纠纷时方法得当，当事人信服，则会得到群众信任。但如果处理不好，没有人请他们

① 广西壮族社会历史调查(三)[M].北京：民族出版社，2009：106-110.

② 广西壮族社会历史调查(一)[M].北京：民族出版社，2009：15.

③ 广西壮族社会历史调查(一)[M].北京：民族出版社 2009：93.

处理问题,则再也不是头人。

龙脊十三寨头人还要维护本村社会治安。龙脊十三寨订立的《龙胜南团永禁章程》《众寨公议地方禁章合同书》中约定:“立即经鸣大团,一呼百诺,患难相顾……不得远望傍观。”龙胜的许多乡规民约中都有“守望相助”“起团堵御”“遇盗劫等事,立即吹螺鸣钲为号,齐出追捕”[①]的规定。《禁盗贼》中的公议条例云:“议团钉牌通晓,每月朔望之日,鸣锣示众。自禁之后,各宜共守约法,毋背议徇私,倘有盗棍仍蹈前辙,众等缉获,即当送究。”龙胜龙脊的村民发现敌情即应通知本寨头人,头人再通知团总和各寨头人,他们接获通知后赶到平段开会,作出的决定由头人通知群众执行。若敌情紧急,各寨可以鸣炮通知,头人还会将写好的信和烧过的鸡毛插在竹片上直送各村头人以示十万火急。[②]

(五)平果县陇匠乡头人制度

平果县乐尧山区头人的职务也是处理村落内部、宗族内部的纠纷,还要担任村民之间田地、山林、屋宇等交易的中间人或见证人,村民与村民之间的纠纷也由头人出面处理,他们还要负责接待上级官员。清代本地划分为邑陇、陇色、陇匠、咘尧四乡,归果化土司管辖,催收钱粮赋税,摊派劳役都由头人负责。到了民国,实行甲长制度,五甲为一村,五村为一乡,甲长与民团对乡村进行统治,头人制度自此消失。

从以上各地自治制度代表的职责上看,头人最常见的职责就是对村落公共事务的管理,诸如祭祀、修路、救助、制定村规民约、教化等;另一重要的职责是排解村民之间的纠纷,村民家庭成员之间的纠纷、生产过程中的纠纷、财产占有使用纠纷,禁烟、禁赌,甚至村与村之间的纠纷都属于头人处理的范围。如果双方的纠纷经过村中头人的调解得到解决,为了遵守承诺,一方或双方要出具合同书,以示讼息事了,永世遵照。在一些交通较为偏僻,匪盗较为严重的地方,出于维护社会秩序的需要,自治组织往往与地方团练组织紧密结合,形成地方自卫武装,起到维护社会治安,抵御外来侵扰的作用,较为典型的是龙胜龙脊十三寨。

四、壮族传统民间自治制度的共同特点

(一)各地称谓有所不同

历史上广西各地壮族的自治制度,其首领的称谓各有不同,有些地方都称为“头人”,如龙胜龙脊十三寨、平果县陇匠乡;有的称为“乡老、寨老、都老”,如天峨县白定乡壮族社

---

① 广西壮族社会历史调查(一)[M].北京:民族出版社,2009:112.

② 广西壮族社会历史调查(一)[M].北京:民族出版社,2009:112.

会中的乡老、上思县三科村都老制。这些不同地方的自治制度有相同的地方,也有所区别。

(二)人员选任基本相同

相同的是,这些乡老、都老、头人都由本村办事公道、具有威信的人担任,是得到村民认可的民间精英;他们的职权不是来自于上级土司或官府的授予,群众的信任是乡老、头人们得以使用职权的来源。同时,他们又不是统治官僚中的一员,龙脊十三寨头人除外,并非由土司或官府任命,这一点与作为地方武装组织的团总必须由官府任命有所不同。

(三)职责权利基本相同

他们的职责也基本相同,都要安排村落中的公共事务,调解村民之间的纠纷,维护村落的社会秩序,具有强烈的乡村自治特征。乡老、头人们上要承担土司或官府下达的催缴钱粮、摊派劳役等任务;对于村里较重大的事情,如果乡老、都老、头人处理不了,还可以送官处理。他们工作的方法也基本相同,一般不会主动介入村民之间的纠纷,都是应当事人的请求而出现,处理纠纷过程中也不会让双方对质。正是由于不代表官府,因此都是引经据典,以说理的方式进行调解。他们的调解意见也没有强制力,当事人可以接受,也可以不接受。如果当事人接受,则乡老、都老、头人则可进行裁决,理亏的一方可能会被要求赔礼道歉、支付罚款等,乡老、都老、头人在调解的时候基本都是没有报酬,只有在有罚款时可从中获取一定的报酬。

(四)程序、职责不同

龙胜县与天峨县乡老制、头人制与上思县三科村都老制有所区别的地方,主要在于这些乡村头人委任程序上:上思县三科村的都老经由全体村民选举产生,因为经过了特定程序,属于一种正式组织,并且有任期,不像龙胜县、天峨县乡老、头人没有经过村民的选举自然形成;三科村的都老相对而言,管理的范围更大,除了处理纠纷、村落教育、安排生产、公益活动,都老还要掌管本村甚至周围村落同族的公共财产、组织祭祀活动。究其原因,三科村都老制除了具有一般村落自治的特征,由于三科村村民基本都属黎姓家庭,都老管理同族公共财产、组织同族人进行祭祀活动、召集周围同族人进行会餐等活动,使三科村都老制的宗族组织特征更为明显,但也不能排除都老制的群众自治的性质与功能。

五、国家政权对壮族民间自治制度的规范与支持

历史上壮族民间自治制度的存在与发展必然会受到国家政权与法律的影响,它是地方政权维护乡村地区社会稳定可资利用的制度,国家对自治制度的影响主要有两种,一

者是规范，土司或官府通过限制与约束乡甲头人的行为以减轻民众负担，缓和社会矛盾；二者是支持，官府始终是民间自治制度的后盾，凡是乡甲头人解决不了的纠纷，"送官究治"是最后的威慑。

（一）对民间自治制度首领的规范

如在龙胜龙脊，乾隆年间的头人廖海蛟居然就在他居住的新寨筑牢房，私设法庭，监禁群众，龙脊民众上告后，官府推翻了十八条陋例，并将廖海蛟撤职，该案被称为"十八案"[①]。由于乡甲头人通常要承担为土司或官府催收钱粮、摊派劳役的任务，一些头人经常对村民敲诈勒索，巧设名目，趁机敛财。如在龙胜龙脊，虽经县衙示禁，但头人潘香东、廖海京还向村民收取各种费用，为此潘天洪要求县衙禁革这一陋俗并追究违规头人的责任。[②] 官府规范头人的行为包括公布《告示》《革禁书》之类的措施进行限制。在百色西林县，当地改土归流后已经禁止亭差、厘定粮额并革除修葺陋习，然而一些头人却还乱征钱财、按户派收、多方勒索、扰乱边民，为此县衙通过《严禁积弊告示》碑[③]公示禁革事项，不许各地书吏、头人再行设置亭差名目，不许头人多收财物、乱摊派各种费用。

在纠纷处理上，头人也并非所有的纠纷都能作为最终裁决者。如在龙胜龙脊，纠纷排解，小的由各村寨头人负责调解，大纠纷由各村头人共同组成的"议团"会议进行解决，但他们的对财产纠纷案只能劝解不能判决，如经头人调解无效可再向上一级官府告状。

（二）对民间自治制度的支持

为了维护社会秩序的稳定，官府在力量有限的情况下会尽可能地将民间自治制度作为可资利用的力量，对民间自治制度及其首领执行当地乡规民约和其他习惯法的行为给予保障与支持。如各地所制定的乡规民约大都将头人作为纠纷的仲裁者身份，规定纠纷产生后须经头人排解，不许"私自奔告"，只有不服处理的才可由头人"带告"，几乎大部分的乡规民约都规定如有违反将"送官究治"。龙胜龙脊头人对诸如盗窃、人命、强奸、通奸、断祖坟"龙脉"等案件中的被告可采取"革逐"出境，甚至有权行使"沉塘""活埋"等生杀予夺大权。在尊重国法王权的前提下，历史上民间自治制度也得到王权的支持，两者相互配合与支持，以共同维护本地区社会秩序的稳定。

---

① 广西壮族社会历史调查（一）[M]. 北京：民族出版社，2009：92.

② 广西少数民族地区碑文契约资料集[M]. 北京：民族出版社，2009：152.

③ 广西少数民族地区碑文契约资料集[M]. 北京：民族出版社，2009：224.

六、壮族传统民间自治制度在现代社会治理中的启示

(一)在社会治理中充分依靠社会精英

广西壮族社会历史中,虽然分布地域不同,上思三科村位于广西南部、龙胜龙脊乡位于广西北部、天峨白定乡位于广西西部,但都属于广西壮族分布地区,三个地方的都老、乡老、头人制都属于民间自治制度的典型代表,是壮族传统法律制度的组成部分,在规范生产生活秩序、解决纠纷、调争息讼、防御盗贼、维护治安方面起重要作用,是礼治与法治的结合,使古代社会的基层统治获得平稳安定。

社会稳定和谐发展是国家治理和社会生活的目标,古今皆然。在传统社会中,习惯作为秩序的体现,往往具有很强的传承性。在今天全面推进法治中国建设过程中,广大壮族地区乡村社会也在根据《村民委员会组织法》进行村民自治,在村民自治中,包括村委会候选人的确定,村规民约的制定与执行,村委会调解纠纷,规范村民行为等日常工作与历史上自治制度有相通之处,想要获得良好的治理效果,历史上民间自治制度是可资借鉴的知识。虽然古代社会的自治制度名称不一,今天以村民个体为基础的村民自治制度与以家族、血亲为基础的传统自治其精神实质也完全不同,但在自治的机理上仍然可以找出若干相似的地方,如乡村精英在自治中都起重要作用,无论是古代社会中的都老、乡老、头人,还是今天的村干部,多数人都属于为人正直,敢于直言,拥有社会阅历和威望的农村社会精英,能够在社会治理中起重要作用,为此要充分依靠与信任这些农村精英。

(二)在社会治理中充分利用自治传统

习近平同志指出,对古代的成功经验,我们要本着择其善者而从之、其不善者而去之的科学态度,牢记历史经验、牢记历史教训、牢记历史警示,为推进国家治理体系和治理能力现代化提供有益借鉴。一个国家的治理体系和治理能力是与这个国家的历史传承和文化传统密切相关的。我们推进国家治理体系和治理能力现代化,当然要学习和借鉴人类文明的一切优秀成果①。研究壮族历史社会自治制度的运行,尊重和传承民族传统习惯,弘扬传统习惯在社会治理中的作用,有助于我们拓宽思路,更好地进行村民自治建设,实现社会治理能力的现代化。

① 习近平.牢记历史经验历史教训历史警示,为国家治理能力现代化提供有益借鉴[N].人民日报.2014-10-14.(01).

The Function and Enlightenment of Zhuang Traditional Folk Autonomous System in Social Governance

Tang Lingli　Lu Mingwei

Abstract: In our history, civil autonomy was the basic way of rural social governance, there are many civil Autonomy systems just as the Langshou system, the Headman system, the Rural old system and so on in the social history of Zhuang. Although the name, content, procedures of civil autonomy system were vary, but the Candidates conditions and duties had something in common. In order to stabilize social order, Government not only constraint the representative of civil autonomy system, but also took measures to protect the implement of autonomy system. It has great historical significance to study the successful experience of the ancient social governance when we improve the country social governance system and promote the modernization of governance capability.

Key Words: Zhuang; folk autonomous systems; social governance; enlightenment

论农村坟地征迁纠纷中民间法与国家法的调适*

韦志明**

摘要:在当下的城镇化进程中,坟地征迁纠纷具有不同于一般征迁纠纷的特殊性,即纠纷深受民间法影响。坟地民间法在地方社会的优势对国家法解决坟地征迁纠纷形成了挑战,为此需要采取一种国家法与民间法相互调整、补充、修正的调适路径。具体调适路径有:在不违反法律规定前提下尽量遵行当地善良习俗的民间法规定;优先适用调解路径;国家法对民间法的修正;民间法对国家法的修补。

关键词:坟地征迁;民间法;国家法;调适

近年来,随着城镇化的推进,各地工业园区的建立与扩张,以及高速公路、高速铁路的修建等需要征收大量的农村土地,同时需要对被征地的农民给予相应补偿,这其中就牵涉到农村坟地的征迁补偿问题。但目前法律对此没有专门的规定,而坟地的征迁又牵涉到地方社会的风俗禁忌问题,处理起来非常棘手,稍有不当,就会引起族群性纠纷,影响社会的安定团结。

一、坟地征迁中的纠纷类型与特征

(一)坟地征迁中的纠纷类型

所谓"坟地",是指埋葬死人尸骨的地方。本文所称的"坟地征迁"有两种情况:一是对坟墓(俗称"坟头")的征迁;二是对家族坟地(俗称"祖坟山")的征迁。实践中的"坟地征迁"纠纷类型可分为以下几种。

1. 坟地权属归属上的争议

在对坟地的征用过程中,因坟地权属问题引起的争议又可分为以下具体三种情况:一是村民之间因坟地归属不清引起的争议。如在李振忙征迁补偿案例中,河北省衡水市

* 基金项目:教育部人文社会科学研究规划基金(15YJAZH080)。

** 韦志明,韩山师范学院教授,主要研究民间法和法律方法。

桃城区村民李振忙因国家修高速公路对一块祖坟地的征地补偿与同村的张文巧、李秀迎、胡秀欣三个村民产生了纠纷,李振忙认为是李家庄村委会主任唆使了李家人员张文巧、李秀迎、胡秀欣向其要坟头钱,加剧矛盾激化,李家庄村委会为此扣押坟地补偿款,该坟地与张文巧等三人无关,村委会无权扣押坟地补偿款。对此,李振忙把扣押坟地补偿款的李家庄村委会告上法院,要求其发还被扣押的坟地补偿款。[①] 二是村民与村集体在坟地权属问题上的争议。如河南省修武县政府在 2009 年 8 月因修路对李某家的 6 座坟进行了征迁,但李某和村委会在补偿费问题上产生争议。李某提出该坟地 1949 年前就是其家族坟地,占地面积 5 亩,2004 年因响应政府平坟号召才将大部分老坟平掉,导致现在只剩 6 座坟,故应按 5 亩土地对其进行补偿,并要求为其新划一处坟地后方可迁坟。村委会则认为土地归村集体所有,村委会只同意李家在该 100 平方米土地上建坟,李某的主张没有依据。[②] 三是亲属之间在坟地权属上的纠纷。据 2005 年 6 月 9 日《汕头都市报》报道,梅州市蕉岭县一对徐氏兄弟妯娌因亡父坟地被高速公路征用,兄弟俩因坟地的权属问题多次发生争执。事发当日下午 5 时许,徐某与妻子钟某在叟乐村畲子里父亲的坟地旁种果树,哥哥徐某辉骑着摩托车经过,见弟弟在父亲的坟地旁种果树,便上前理论并发生争执。在争执过程中,徐某从地上拿起一块木板朝哥哥的小腿上狠狠打去,并将其摩托车钥匙拔走。徐某辉忍着疼痛推着摩托车来到其妻杨某做农活的地方。发现丈夫被小叔打伤,杨某怒火中烧,骑上自行车回到家中操上一根铁管,叫上儿子,赶到徐某夫妇种果树的地方,操起铁管将弟媳钟某打成轻伤,后经群众劝架才平息并报警。此事造成哥哥和弟媳都被打成轻伤。日前,涉嫌故意伤害罪的弟弟徐某和嫂子杨某被公安机关取保候审。[③]

2.在坟地补偿费用分配资格上的争议

这里是指对坟地征迁补偿款的分配主体范围有争议。这里有两种情况。一种是家庭成员之间的争议。如在河北省张家口市宣化县的"秦家坟地"案中,由于某工业园区建设征用了"秦家祖坟地"的 3.6 亩,因而产生了征迁补偿费共计 28800 元。原告诉称自己是秦家遗产的唯一合法继承人,要求村委会把该补偿费发放给自己。四被告则辩称,所征坟地下埋葬着自己的祖先,原告是后嫁过来的,而且只为秦家生育了一个女儿(现已出嫁),不具备继承资格。[④] 这里就涉及家庭成员参与坟地征迁补偿费用的分配资格问题。第二种情况是与坟主生前不具有亲属关系的其他村民能否有资格分配坟地征迁补偿费?田泽贵诉田存义等四被告案就属于此种情形。田泽贵等四人与坟主田维州有旁系血亲

① 河北省衡水市中级人民法院民事裁定书(2014)衡立民终字第 145 号。

② 刘海权.老坟迁移起争议,征地补偿该归谁[J].资源导刊,2012(1).

③ 涂祥生.蕉岭亡父坟地被征用权属问题引纠纷,兄弟妯娌大打出手[EB/OL].新浪网,http://news.sina.com.cn/s/2005-06-09/11526125840s.shtml,2018-1-28.

④ 张黎蕾.农村坟地征迁补偿费用分配纠纷审判实务探析[EB/OL].张家口法院网,http://zjkzy.hebeicourt.gov.cn/public/detail.php? id=71,2018-1-28.

关系(坟主田维州无后),田存义与田维州无血亲关系,但田存义的父亲田俊与田维州生前具有抚养关系。田维州死前二年就搬到田俊(田存义父亲)家居住,死后又由田俊在自家为田维州操办丧事,后葬入庄往地坟盘。2013 年 12 月 14 日因七里河河道综合治理项目征用了该坟盘的五座坟堆,共补偿 90560 元,村委会与田存义签订迁坟协议,将田维州等五座坟堆迁走,花迁坟费 40000 元。现田泽贵提起诉讼,要求该迁坟补偿费用归田泽贵等人。[①] 这里就涉及无亲属关系的当事人能否有资格获得坟地的补偿费问题。

3. 在坟地"征用"上与征收单位的争议

坟地"征用"时引起的争议较为复杂,有些是因为征用补偿费过低引起。比如在南京"行知园"迁坟风波中,村民普遍反映补偿价格太低,"现在随便到哪个公墓买一个穴位,价格都要在万把元左右。而这次迁坟补偿 2000 块不到,谁愿意把祖坟搬走呢?"[②]有些是因为被征用方漫天要价引起。如江西上饶市信州区紫阳公园附近一条路中央有三座坟,因为没有达成补偿协议,坟墓至今未迁移。原因是坟主后代要价太高(60 万元),协商多次也没有与坟主达成迁移协议。[③]

(二)坟地征迁纠纷特点

坟地征迁纠纷是征迁实践中出现的一种新型纠纷,与其他征迁纠纷相比有一定的特殊性。

1. 纠纷标的物具有特殊性

普通征迁的标的物一般是土地、房屋或其他建筑物,在性质上看,这些都是对物的征用。坟地征迁纠纷中的标的物是祖坟山和坟墓,与一般的物不同,它是人格化了的物。因为标的物的特殊性,坟地征迁的补偿范围也较为特殊,它一般不包括安置补偿费、地上附着物和青苗的补偿费,也不包括安置被征地农民的社会保障费用等费用。坟地征迁的补偿范围主要有两部分:一是物质损失的补偿,即拆迁、重置坟墓的费用及对坟墓所占区域使用权的补偿费用。二是精神损失补偿。

2. 纠纷主体的特殊性

一般来说,坟地征迁纠纷多发生于亲属之间,所以在这种纠纷中,双方既有利益上的纠纷关系,又有情感上的亲属关系,处理起来非常棘手。但也有特例,如上述的田泽贵诉田存义、田贵荣、田贵文、田贵福案件,争议双方之间就不是亲属关系。

3. 受民间法影响明显

在坟地的权属争议中,纠纷的本质是民间法规定的坟地使用权与法律规定的土地承

① 山西省朔州市朔城区人民法院(2014)朔民初字第 580 号民事判决书。

② 朱俊俊. "行知园"迁坟风波[EB/OL]. 网易新闻网,http://news.163.com/10/1212/03/6NM22RNL00014AED.html,2018-1-28.

③ 江西上饶:马路中间"钉子坟"成"风景线"[EB/OL]. 新华网,http://www.xinhuanet.com/legal/2015-09/08/c_128207446.htm,2018-1-28.

包使用权或土地所有权之间的纠纷。在坟地"征用"争议中,坟地的迁移受到民间法中的禁忌规则影响较大。补偿费用分配主体资格争议也多是源于民间法规定把某些成员排斥在分配主体之外而引起的。

二、坟地征迁中的民间法挑战

(一)民间法与国家法在坟地征迁上的冲突

1.依法征用与祖坟迁移的禁止性规定产生冲突

中国人历来讲究"入土为安",故民间对坟墓的迁移多有忌讳。比如,有的地方风俗规定新坟在三年内不能动土,迁坟时还有时辰要求,在"行知园迁坟风波"中,南京当地风俗对迁坟就有许多禁忌,比如要求迁坟必须选择在凌晨或者没有阳光的时候,还要穿上白衣服。① 地方政府如果在对坟地进行征迁时不了解这些民间法规定,则坟地的迁移工作就可能会受到阻碍和干扰。

2.民间法的坟地使用权与法律权利产生冲突

这里的坟地使用权是指权利人对坟地享有占有、使用并排除他人干涉的权利。从本质上说,坟地使用权是一种特殊的用益物权,即是以土地的特殊使用为目的的他物权。这种特殊使用主要是为了满足人们的"安抚生者,悼念逝者"的情感上的特殊需求。② 在坟地被征用补偿时,坟地使用权者常与法律权利者产生冲突。其中,村集体土地所有权人、土地承包人、建设用地使用人一般以法律作为其权益主张的依据,坟地使用权者一般以民间法来主张其权益。尽管坟地使用权在法律上没有合法性,但它具有乡土社会的正义性,如果处理不好,很容易激化矛盾。

3.村规民约和家族法规与国家法产生冲突

有些地方的村规民约规定,非集体成员(如外嫁女、已迁移到城镇居住的村民)不得参与对征地补偿费等村集体财产的红利分配。还有一些家族法规定,女性成员不得参与家族坟地补偿费的分配,如未出嫁女儿、儿媳等。这些民间法规定与法律规定产生了冲突,因为按照法律规定,未出嫁女儿、儿媳等村民成员在法律上有权利参与分配坟地的补偿费,但民间法却排斥这些人的成员资格。

(二)坟地民间法在地方社会中的优势存在

坟地征迁中民间法对国家法形成了挑战,是因为坟地民间法在地方社会中形成了一

① 朱俊俊."行知园"迁坟风波[EB/OL].网易新闻网,http://news.163.com/10/1212/03/6NM22RNL00014AED.html,2018-1-28.

② 刘小涛.坟地使用权:乡土社会不容忽视的习惯物权[EB/OL].宜春市袁州区法院网,http://yczy.chinacourt.org/public/detail.php? id=3518,2018-1-28.

定的优势影响力。

1.坟地民间法是民众日常生活的意义部分

今天,在现代文明冲击下,乡村社会中的许多民间法规定已日渐式微,然而有一种民间法却能历久弥新,仍然有效地影响着人们的观念和行为,这就是坟地民间法规范。因为坟地民间法规范是人们日常生活的意义部分。一是地方社会深受风水信仰影响。正如有论者指出的,民间的风水知识之所以普及,风水信仰之所以流行,主要原因就在于广大民众的意识观念里,风水与命运(宿命)之间存在着必然的联系。人们普遍相信如果发现并占据了好风水,其人其家族在好风水的庇佑和保护下亦必然家大业大,繁荣昌明;反之如若所据风水不好,也必将给自身及其家族带来难以卜测的不幸和灾难,这亦是民间不遗余力地追寻找求以便占据"风水宝地"的重要心理基础。[①] 其中,祖坟风水是中国人风水信仰的主要载体。在中国人的传统观念里,祖坟的风水关乎子孙后代的吉凶福祸,子孙的兴旺、发财、升迁都与祖坟的风水有关,因此在地方社会里,产生了许多保护坟地风水利益的禁止性规范。二是坟地是对祖先进行"慎终追远"的重要场所。有人指出,坟墓除了安放祖先的体魄之外,其对于活着的人还有另一种意义,即祖坟乃人生之根本,子孙当"报本"。即活着的人要知道自己的身世由来可以通过祖坟来一代代往上追溯,通过祖坟,活着的人要"慎终追远",要感激祖宗生身养育之恩。自古以来,中国人的这种祖宗信仰与儒家伦理结合在一起,受到儒家"孝道"和"报本"等观念的影响,传统中国人对于先祖不仅要"敬",而且还有"祭",因此,祖坟无疑是后世子孙表达"慎终追远"的重要场所。[②] 无论是作为对祖先"慎终追远"场所,还是作为子孙后代的风水之地,坟地对活者的生活产生了重要影响,它构成了人们日常生活的意义部分。这是坟地民间法在地方社会中具有生命力的根源所在。

2.坟地民间法在乡村社会具有"先占"效力优势

与国家法相比,民间法是另一种话语系统,是地方性知识。这里的地方性知识主要由风俗习惯、宗教、道德、信仰、村落权威、仪式、惯例、家族法、乡规民约等组成的一套知识话语系统,它为地方社会的成员所熟知、信奉、遵行,从这套知识系统出发,人们形成有自己理解的正义观、地方性想象和地方性叙事的框架,从而形成了地方性秩序。[③] 如果说国家法是一种理性的建构化叙事,那么坟地民间法则是一种感性的生活化叙事。(1)坟地民间法是一种自生自发秩序(哈耶克语),它是普通民众长期生产、生活的经验总结,它来源于生活又直面生活。对于乡村社会的普通民众而言,坟地民间法对他们日常生活的影响是直接的、具体的、感性的。(2)坟地民间法侧重于情感利益保护。有人说中国人没有宗教信仰传统,这种说法值得商榷。因为中国人一直以来就有祖宗信仰传统,这也是一种宗教信仰现象。中国人的祖宗信仰通过坟地这一物质载体来实现,人们通过坟地可

① 梁家胜.互为表里的生活与俗信——从宿命观念和风水信仰切入[J].青海民族研究,2011(3).

② 魏顺光.清代地权变动中的"卖地留坟"问题研究[J].河北法学,2013(9)

③ 韦志明.乡村社会中的地方性法治[J].中国农业大学学报(社科版),2015(1).

以实现他们对祖先的尊敬与缅怀之感情需求,民间法对坟地利益的保护也多以解决人们的这种情感需求来设定权利义务,这种精神利益也是感性的,因为它解决了中国人内心最深处的亲情需求。

于地方社会而言,坟地民间法的这种生活化叙事是一种内生性规则,与国家法相比具有"先占"效力优势。这里的"先占"效力意味着:当地人知悉这套话语系统,他们的日常生活依据这套话语系统来处理,形成地方社会秩序。这里的人们可以不知道法律为何物,甚至他们一辈子也不与法律打过交道,但他们却不能不知道这里的地方性知识,不能不知道地方性知识对他们生活的影响与人生的意义,从这套话语形成了他们对生活、对人生乃至对社会的价值与意义的理解。因而,要让当地人从已经熟悉的知识体系中完全退出去接受一种全新的"外来知识体系(法律)"是很难的,人们会在情感上、观念上和行为习惯上表现出对旧有知识的依恋与依赖,而对新来的知识产生"本能抵触"①。这是国家法作为一种"外来知识"解决地方社会坟地征迁纠纷的难点所在。

3. 坟地民间法体现了地方社会的义理观

每一种社会规范都包含着一定社会主体所认体的义理观,即公平正义观。对于地方社会的人来说,坟地民间法规范包含着地方社会理解的义理观。一方面,乡民深信风水法则的因果联系,即遵循坟地的民间法规定可佑护后人平安无事、家族兴旺,破坏坟地的民间法规定则必定给后人带来祸患、家族破败,这便是乡民的因果正义观(尽管不科学)。另一方面,坟地民间法的一些规定体现了孝道的终极关怀和基本要求。中国人历来讲究血脉相连与祖先信仰的关系,祖坟就是先人与后人在时空的连接物。② 人们通过坟地的祭祀等活动实现对祖先的尽孝,坟地民间法规定也体现和保护着人们的这种孝道利益,从小处来说它体现和满足保护亲人死者的人格利益的需要,从大处而言其实质是维护老百姓所认同的公平正义原则。这些义理观是地方社会的"集体意识",地方社会的民众从内心认可并用这些义理观来评判社会关系中的是与非、良善与丑恶、正义与邪恶问题。

三、民间法与国家法在坟地征迁纠纷中的调适

(一)民间法与国家法调适的法理论证

我国《物权法》第四十二条规定:"征收集体所有的土地,应当依法足额支付土地补偿费、安置补助费、地上附着物和青苗的补偿费等费用,安排被征地农民的社会保障费用,保障被征地农民的生活,维护被征地农民的合法权益。征收单位、个人的房屋及其他不动产,应当依法给予拆迁补偿,维护被征收人的合法权益;征收个人住宅的,还应当保障

① 韦志明.乡村社会中的地方性法治[J].中国农业大学学报(社科版),2015(1).

② 韦志明.乡村社会中的地方性法治[J].中国农业大学学报(社科版),2015(1).

被征收人的居住条件。”可以看出，无论是对土地的征用，还是对房屋及其他不动产的征用，征用补偿都定性为对财产所有权损失的补偿，此即征收补偿的物质性，这是由征收对象的物质性决定的。

目前实践中对坟地征迁补偿的认识基本上也停留在“物”的补偿层面，其补偿标准与一般的物无异。比如《广东省交通基础设施建设征地拆迁补偿实施办法》(2003年)第七条对坟墓迁移补偿是：“国务院《殡葬管理条例》颁布实施前已下葬的墓地，土坟每穴补偿100元，砖砌或水泥结构的，每穴补偿180元；骨坛每个补偿50元；《殡葬管理条例》颁布实施后下葬，原则上不予补偿，并限期迁移。”这里的规定明显具有补偿的物质性，因为这种补偿只能抵用于“坟墓迁移”所产生的费用，即迁坟的人工费用。其他省市对坟墓的征迁补偿规定也大抵如此。这种补偿并没有体现坟地的特殊性，因为坟地不是一般的“物”，而是一种人格化的“物”。无论是坟地中死者的尸骨遗骸，还是随葬的各种殓物，甚至是坟墓或坟地上的墓碑、墓土等，对于坟地后人而言，其功用主要是实现安抚人们内心深处“缅怀祖先”情感需求。所以，坟墓及其附件物均具有强烈的象征意义，其象征主要指向精神层面，是一种人格化了的象征物。

坟地的这种人格利益在民间法那里得到了严格保护，“中国历史上历来重视对祖先遗存的保护，任何伤害到其祖先遗存完整的行为，都是不能被容忍的，都要受到严厉的制裁。”① 在国家法层面，坟地的人格利益也受保护的，《最高人民法院关于确定民事侵权精神损害赔偿责任若干问题的解释》第三条规定：“自然人死亡后，其近亲属因下列侵权行为遭受精神痛苦，向人民法院起诉请求赔偿精神损害的，人民法院应当依法予以受理……(三)非法利用、损害遗体、遗骨，或者以违反社会公共利益、社会公德的其他方式侵害遗体、遗骨。”为了保护死者的人格利益，对于行为人故意毁损坟墓等行为，法院可以判决其给付死者亲属一定的精神赔偿金。

那么，对于间接侵犯死者人格利益的迁坟行为是否也应给付一定的精神损失补偿费呢？有人认为，征用坟墓在性质上不是“故意毁损或侮辱坟墓”，两者不能等同。的确，两者并非同一。但如果从后果论来看，无论是“故意毁损或侮辱坟墓”，还是“征用迁移坟墓”，其实对坟主的亲属而言都造成了精神上的损害，最高人民法院的这个司法解释也是以人格利益的精神损失后果论为准进行司法解释的。在“入土为安”观念下，人们会认为，只要对坟墓进行了移动，包括征迁，就会对坟墓中的祖先造成了惊扰，这种惊扰与“故意毁损或侮辱坟墓”在后果上是同等的，这才是坟地征迁补偿的主要部分。所以，对坟地的征迁只有以精神补偿为主才能体现它的特殊性价值，否则，就与一般的土地征用无异。

坟地的这些精神利益又根源于民间法规范。一是“入土为安”、风水信仰、祖先崇拜等观念催生了许多民间法中的禁忌性规范。二是坟地的精神利益多受民间法保护。

必须承认，法律是一种理性规范，是现代社会纠纷解决的权威方式，因而法律应成为

① 肖泽晟.坟主后代对祖坟的权益[J].法学，2009(7).

解决坟地征迁纠纷的主要规范依据。但是目前法律对坟地征迁的规定还有模糊①和争议之处，②纯粹依靠法律解决坟地征迁纠纷是不现实的，这也是民间法的参与此类纠纷的现实需要。但是正如前述分析的，民间法和国家法在坟地征迁纠纷中的冲突是显而易见的，因此，需要采取一种务实的态度和实践智慧来处理民间法和国家法的关系。一种可取的路径是：民间法与国家法相互调适，实现共治。

这里的"调适"，就是要求国家法与民间法要相互调整、补充、修正，以实现二者的互相适应。当然，在调适中须遵守一些基本前提（原则）：(1)应坚持以国家法为主、民间法为辅原则。调适就意味着国家法在某些方面的让步和修改，但这并不意味着否定国家法在解决此类纠纷中的主导地位，民间法的参与应以不违反国家法的精神和原则为前提。(2)尊重各系统自主决定的重要性。即无论是法律系统，还是民间法系统，其都有其自我规制、自我调整、自我反思的主自能力，这种自主能力对于每一个自主系统而言都是重要的。这就意味着，如果民间法在坟地征迁纠纷中的规范具有一定的合理性和地方社会的正当性时，国家法就不要轻易地否定或取代民间法在此类纠纷中的作用。(3)调适的路向应是双向的。意即在调适过程中，国家法基于合法性可对民间法中的一些不合法规定进行修正，民间法也可以基于地方社会的合理性对国家法进行修补。总而言之，双向调适应建立在实践理性基础上。(4)坚持法律效果和社会效果相统一原则。一方面，在调适中应坚持法律精神和法律原则的合法性审查；另一方面，又要注意调适在地方社会的可接受性、妥当性社会效果，努力实现法与情的统一。

换一种说法来讲，这里的调适在很大程度也就是对民间法的情理和国家法的法理进行调适的问题，这里的调适也是符合法治思维的。因为"在法治思维中，情理和法理两者是互为表里、相辅相成的。要真正推进法治，全面实现依法治国的目标，就必须在人们日常交往的情理中寻找法律的规定性，即以生活的规定性决定法律的规定性，并反过来用法律的规定性指导、调整和规范日常生活的规定性"③。

（二）民间法与国家法调适的具体路径

1. 在不违反法律规定前提下尽量遵行当地善良习俗的民间法规定

在坟地征迁纠纷中，都会涉及民间法问题，对此需要具体分析。如果民间法不与法律产生实质性的冲突，那么应尽量遵从民间法的规定，这有助于实现"双赢"结果。比如在坟地的迁移中，各地都有一些风水法则和迁坟禁忌，这些法则和禁忌是一种无害的民间俗信（非封建迷信），但如果不遵从这些俗信，当事人在心理上会处于不安状态中。如

---

① 比如对坟地征迁的补偿费中，是否包括精神损失方面以及如何确定精神损失，目前的征地法律法规并没有明确规定。

② 比如对于坟地征迁补偿费用的性质问题，目前就存在"共有财产说""遗产说""用益物权说""不当得利说"等争论。

③ 谢晖．法治思维中的情理和法理[J]．重庆理工大学学报（社会科学版），2015(9)．

果遵从之,则就有利于坟地的征迁,反之,则会加重坟地征迁的阻力。比如北京房山区法院 2011 年曾对涉案的 17 座坟墓进行强制迁移,在强制迁移过程中,懂得当地风俗的村民接法院协助邀请,持伞、红布、萝卜等到达现场,组织工作人员持铁锹开挖坟墓。据当地人介绍,按照风俗,棺木不能见光,因此要持伞遮蔽,红布用于包裹挖出的尸骨,而挖空墓穴后用萝卜填坑。[①] 在这个事件中,法院就充分考虑了被执行人的感情需求,按当地风俗习惯的要求对坟地进行迁移,没有受到被执行人的阻挠。一方面,法院的判决得到了有效地执行;另一方面,民间法的一些要求得到了尊重,实现了国家法与民间法的有效调适。

2. 民间法与国家法在调解中的调适

调解是指由民间组织或个人主持的,以法律或习惯、习俗等社会规范为依据,通过对纠纷当事人进行说服、劝解,促使他们互相谅解并自动消除纷争的活动。这里的解调,包括民间解调、人民解调和行政解调。调解的优点是:调解可以调动当事人对民族习惯法规范的认同,通过自身的参与避免僵硬适用法律规则、软化程序的对抗性、求得情理法的融通,实现当事人的满意度较高、社会公众评价和认同程度较好的效果;而对于法官而言,也不必担心司法违法的问题。[②] 对于生活在“熟人社会”或“半熟人社会”之中的人们而言,最理想的纠纷解决必须不伤害熟人之间的感情,有利于日后相处。这要求纠纷解决必须以将来为取向,因此,调解无疑是最理想的纠纷解决方式,它通过消除当事人之间的情感对立来彻底消除当事人之间的矛盾。[③] 坟地征迁纠纷多发生于乡村社会,纠纷双方彼此熟悉且相互往来,甚至有时纠纷还发生在家庭或家族成员之间,彼此之间感情深厚。纠纷的产生说明双方的感情产生了裂痕,故为了把感情伤害降到最低程度,应优先选择调解解决。与诉讼解决中强调对法律规范的优先适用不同,在调解过程中,人们可以自由选择他们熟悉的风俗习惯、信仰、惯例、家族法、乡规民约等民间法来确定各自的权利和义务,当然也可以选择法律和政策来确定各自的权利和义务,调解人也会在这些规范依据中寻找合适而又体面的解决方案,以使纠纷解决、矛盾消解,使当事人对立的感情消解。

在调解过程中,国家法和民间法调适的力度可实现最大化。因为根据调解的自愿原则,只要是当事人愿意选择,即使适用民间法违反了法律规定,也是被认可的,反之亦然。在调解过程中,调解人既要善于用双方共享的民间法去协调,阐释民间法中的“法理”,重申民间法中的权利和义务,也要善于用国家法去阐释或修正民间法中的法理,以实现国家法与民间法的某种融合,让当事人在明白事理后主动作出某些让步,从而达到互相谅解、消除纷争的目的。

---

① 张媛.北京房山法院强制迁坟 17 座,为地铁项目让路[EB/OL].腾讯网,https://news.qq.com/a/20110525/000060.htm,2018-1-28.

② 杨锦芳.法条主义的修正:纳西族继承习惯法与国家制定法冲突的司法调适路径[J].学术探索,2014(4).

③ 陈柏峰.暴力与屈辱:陈村的纠纷解决[J].法律与社会科学,2006(1):206.

3. 民间法对国家法的修补

有时,民间法对国家法的适度修补反而更能使坟地征迁纠纷的解决符合生活事理。在前述的“秦家坟地”案例中,以法律分析,原告作为嫁过来的儿媳以家庭成员资格去继承该补偿款是没有问题的。但对坟地的征迁不同于一般物的征迁补偿,它补偿的功用侧重于精神利益损失,当然也有一部分是物质补偿,比如迁坟所需要的物质材料和人力耗费等。坟地征迁产生的精神补偿具有专属性,即坟地被征用客观上造成了坟地后人精神上的伤害,这种精神伤害的范围只及于与坟地有宗族关系或血亲关系的后人。“秦家祖坟”案例中的原告是嫁过来的儿媳,她与“秦家祖坟”中的祖先没有血亲关系,该坟地的征迁与否并没有给其带来精神上的伤害。所以,民间法的规定中,一般会把与坟地没有血亲关系者(如儿媳妇)排除在成员资格之外,这种规定比较符合生活事理,容易得到民众的认可。国家法的规定面对这种情况的规定就显得僵硬与机械,与生活的法理不符。此时,应按照民间法的规定来处理更符合生活的逻辑,社会效果也更佳。

4. 国家法对民间法的修正

当然,在坟地征迁纠纷案例中,国家法也不能一味地迁就民间法,当民间法违背了国家法的精神、原则和价值时,国家法就应该对民间法进行修正。比如,一些村规民约规定外嫁女不能分配坟地征迁补偿费,但外嫁女与死者具有血亲关系,对坟地的征用对其造成了精神上的伤害,其理应有资格从补偿款中补偿其精神损失。同理,一些已在城市获得居民资格的人,其祖辈埋藏在农村坟墓中,其与坟地中的祖先在精神上有情感关联,但在对坟地征迁补偿费用的分配时,村规民约也常把这些人排除在资格成员之外,这样的规定既不合理,也不合法。在这些坟地纠纷中,国家法就应该对民间法进行修正,支持当事人的诉求。

余　论

城镇化不仅是地理空间的增容、人口规模的聚集、生活方式的变化,也是制度化的推进与变迁。伴随着中国城镇化的深入推进,以城市价值为主导的法律秩序必将全面而深入地影响着农村传统价值主导的“法律秩序”(主要是以农村传统道德、宗教信仰、风俗习惯、村规民约等为基础)。从法学意义上看,中国的城镇化进程正是一场以城市文明主导的法律革命,一场以正式制度为实践品格的法律秩序取代、改造地方性的乡村法律秩序的革命。① 伴随着国家法的进入,乡村社会中固有的民间规则必将与之产生正面交锋,乡村城镇化中的制度化推进就是国家法与民间法如何交流、沟通、融合、再造的过程。

对于坟地这种深受民间法影响的征迁纠纷,无论是公力救济的诉讼、仲裁、行政解调路径,还是私力救济的和解、调解路径,解决者需要有智慧地在民间法与国家法之间进行

① 蒋立山.中国的城市化与法律问题:从制度到秩序[J].法学杂志,2011(10).

调适。从方法论来说,解决者应坚持一种多元化思维,他既要善于从国家法那里寻找到规范依据,也要善于从民间法那里寻找论证资源,他需要在国家法与民间法之间"来回穿梭",对之调适,以找到一个妥善的解决方案。

On the Adjustment of Civil Law and State Law in the Dispute of Rural Grave Land demolition

Wei Zhiming

Abstract: In the current process of urbanization, the Dispute of Rural Grave Land demolition is different from the general characteristics of the dispute over Land demolition, That the dispute is deeply influenced by the civil law. The advantage of the civil law of the graveyard in the local society poses a challenge to the state law in settling the dispute over the relocation of the grave land. To this end, we need to adopt a suitable path of adjustment, supplementing and amendment between national law and civil law. Adjustment path are: Trying to comply with the stipulations of the folk law of local good customs without violating the law; Give priority to the mediation path; National Law Fix the Civil Law ; Civil Law repair the National Law.

Key Words: grave land demolition; civil law; state law; adjustmen

品牌人民调解工作室:运行、成效及完善
——对诸暨市"老杨调解中心"的个案分析*

薛永毅**

摘要:人民调解工作室是人民调解组织再组织、社会化的产物,有助于累积人民调解的品牌效应。"老杨调解中心"作为新时期"枫桥经验"的典型样本,在实践中呈现出职责延伸、功能拓展等特点,在矛盾纠纷多元化解中发挥了基础性的作用。应按照专业化、行业化的思路,加大人民调解员的队伍建设,提升人民调解工作室的智能化和标准化水平,并通过政府购买人民调解的方式培育、扶持人民调解工作室创新发展,进而提升人民调解的核心竞争力。

关键词:枫桥经验;人民调解工作室;老杨调解中心;个案分析

一、问题的提出

当下,越来越多的争讼显然已成为一个世界问题。被誉为"东方经验"的人民调解,因其所具有的主动性、低成本以及高效、便捷等诸多传统优势而在矛盾纠纷化解中被看好并给予厚望。然而,面对社会转型以及不断增多的专业性、行业性纠纷,尤其是在国家治理能力和治理体系现代化的背景下,传统人民调解组织的功能作用呈现出逐渐弱化的迹象。为此,新时代如何发展、创新人民调解并保持其活力,如何有效发挥人民调解在基层社会治理中的基础性作用,值得我们认真思考和研究。

党的十九大强调,要加强预防和化解社会矛盾机制建设,正确处理人民内部矛盾。人民调解工作室作为以各级人民调解委员会为主体的传统人民调解组织社会化、再组织的产物,在各地创新发展人民调解工作中颇受青睐和推崇,并成为推进人民调解专业化,发挥人民调解品牌示范效应的一个重要的组织载体。但是,由于人民调解工作室尚处于探索起步阶段,在运行中也面临着等诸多现实困惑和难题,亟待予以廓清和解决。基于此,笔者以"枫桥经验"发源地——诸暨市枫桥镇"老杨调解中心"为个案,结合多次赴诸

* 诸暨市司法局和西北政法大学合作课题"人民调解的'枫桥经验'研究"的阶段性成果。本文在写作过程中,西北政法大学严存生教授、汪世荣教授、朱继萍教授、何柏生编审、褚宸舸教授、王国龙教授、钱锦宇教授等提出宝贵修改意见,杨光照、蔡娟提供大量资料,在此表示感谢。

** 薛永毅,法学硕士,西安市新城区人民检察院检察官。

暨市实地调研、访谈,就人民调解工作室的性质定位、运行机制、作用发挥等进行梳理。在个案微观分析的基础上,尝试就新时代推动品牌人民调解工作室创新发展提出对策建议。

二、品牌人民调解工作室的发展历程及典型样本

在我国,人民调解委员会是依法设立的调解民间纠纷的群众性组织,具有群众性、民间性和自治性。相比较于人民调解委员会而言,人民调解工作室并非一个严格意义上的学术用语。通俗的理解,人民调解工作室就是以人民调解为主要活动内容的人民调解机构。实践中,其具体的组织形态既有群众性组织,又有经登记注册的社团法人。

(一)品牌人民调解工作室的历史发展

民间调解作为一种古老的纠纷解决方式,历史悠久,源远流长。当代的人民调解制度,一般认为是萌芽于土地革命战争时期。人民调解工作室作为一种新型的、以个人名字命名的调解组织,通常被认为是2000年以后形成和发展起来的。2003年,国内最早的以个人命名的"李琴人民调解工作室"在上海成立。值得关注的是,2004年5月,上海市长宁区江苏路街道与"人民调解李琴工作室"签订了购买人民调解服务的协议。① 同年12月2日,"人民调解李琴工作室"经上海市民政局注册,登记为"上海李琴人民调解工作室",成为上海市首家民办非企业的人民调解工作室。② 2004年后,上海市又陆续涌现出了以"杨伯寿人民工作室""奉贤桂英人民调解工作室"等为代表的一批品牌人民调解室。到2014年为止,在上海市19个区县中已有93个街道、镇建立了100多家调解工作室。③ 上海李琴人民调解工作室的示范意义通过媒体和网络得以传播放大,浙江、江苏、四川等地也开始纷纷效仿。2011年5月12日,随着司法部《关于加强行业性专业性人民调解委员会建设的意见》的出台,④推动了各地专业性、行业性人民调解组织的建立。

在浙江省诸暨市,以新时期"枫桥经验"传承人——杨光照个人命名的"老杨调解中心",则是该市人民调解工作室的一个样板。1994年前后,身为诸暨市枫桥镇派出所民警的杨光照被派到集镇附近担任11个村庄的责任民警,开始参与社区、村庄的治安纠纷调

① 协议内容约定:江苏路街道出资12万元为辖区内6万居民购买专业的民间纠纷调解服务,"李琴工作室"负责承担该街道四成一般纠纷和九成疑难纠纷的调解。

② 龚瑜.上海成立全国首家民办调解工作室[EB/OL].http://www.people.com.cn/GB/shizheng/14562/3036193.html,2018-5-4.

③ 田思倩.社会组织参与城市社区调解研究——以上海李琴人民调解工作室为例.上海师范大学2016年硕士论文,第25页。

④ 2016年1月5日,司法部、中央综治办、最高人民法院、民政部联合下发《关于推进行业性专业性人民调解工作的指导意见司发通》(司发通〔2016〕1号),对进一步加强专业性人民调解组织建设、队伍建设、制度化规范化建设、提高工作保障能力和水平、全力化解矛盾纠纷等提出了具体要求。

解。在十几年维护社会治安、化解基层矛盾中,身为民警的杨光照赢得了当地群众的信任和爱戴。2008年7月,在杨光照临近退休之时,"老杨调解工作室"在诸暨市枫桥派出所宣告成立。2010年,"老杨调解工作室"又升级为以专业调解为主,社区民警参与,特邀调解员辅助、志愿者联动的"老杨调解中心"。近年来,杨照光和他的调解团队先后被中组部评为"全国离退休干部先进集体",获"浙江省十大法治人物""浙江省司法行政系统第五届百名优秀人物"等荣誉。央视媒体先后以杨光照及其调解团队为原型在枫桥实地拍摄了《枫桥故事》《枫桥好人》等多部电视剧与专题片。①

在"老杨调解中心"的示范带动下,2009年10月,"老朱调解工作室"在诸暨市璜山镇政府挂牌成立。② 近年来,在原来"老杨调解中心""老朱调解室"的基础上,诸暨市又新培育了江藻镇的"詹大姐帮忙团"、枫桥镇"娟子工作室"等一批品牌人民调解工作室。据诸暨市司法局统计,到2016年年底,全市共成功创建品牌人民调解室30个,基本实现"一镇一品"。

(二)品牌人民调解工作室的典型样本及启示

受学术研究视野及所掌握资料的限制,在下文中,笔者结合已有研究成果及有关媒体报道,重点以上海"李琴人民调解工作室"等四个典型人民调解工作室为样本进行个案比较分析。

1. 上海"李琴人民调解工作室"。前已述及,上海"李琴人民调解工作室"开启了人民调解的诸多先河,是当之无愧的人民调解"明星品牌",其典型意义在于:首先,李琴人民调解工作室的设立运行(后册登记为社团法人),打破了传统的人民调解组织架构,淡化了人民调解组织的行政色彩。其次,工作室以第三方社会组织的身份承接政府的人民调解服务,体现了政府购买服务的新思路,为创新人民调解工作的经费保障开辟了新路径。再次,在运行中,李琴调解工作室实际承担的工作已经远远超出了人民调解范畴,其实际职能已经扩展到社区建设、社会组织建设、信访工作等领域。③

2. 四川"郭太平调解工作室"。"郭太平调解工作室"成立于2009年11月27日,办公地址位于四川省广安市广安区,现任负责人郭太平为退休干部。④ "郭太平调解工作室"有如下特点。第一,从组织架构看,郭太平工作室是经广安区人民调解委员会联合会

① 孔令泉.浙江枫桥有个"老杨调解中心"[J].民主与法制时报,2010-5-17(6);何玲玲,商意盈."光照"百姓[J].新华每日电讯,2011-9-15(1);枫桥杨光照调解团队[EB/OL]. http://zjnews.zjol.com.cn/system/2016/06/29/021207784.shtml,2017-8-14.

② "老朱调解工作室"的负责人名为朱仲青,1956年8月出生,大专学历,1985年开始从事调解工作,先后担任副乡长、镇综治工作中心专职副主任、璜山镇司法所所长、璜山镇人民调解委员会主任等职,拥有30多年的政法综治及人民调解工作经验,曾获得"诸暨市十佳调解员""浙江省人民调解能手"等荣誉。

③ 余钊飞.人民调解的历史形成研究[M].陕西:西北大学出版社,2011:183.

④ 郭太平连续18年奔波在人民调解第一线,运用自己总结出的人民调解"重大疑难纠纷处置工作十心法",先后成功调解各类矛盾纠纷1800余件,其本人先后获"全国模范人民调解员""全国调解能手""2017年度四川省十大法治人物"等荣誉。

批准、广安区人民调解委员会下设的附属调解工作机构。[①] 第二,从功能定位看,郭太平调解工作室是在地方财政紧张的状态下成立的,对此的预期回报率也很高——要求解决重特大疑难纠纷。[②] 第三,工作室实行政府购买服务,上与行政机关、司法机关、信访部门对接,下与乡镇(街道)行业性、企事业、村(社区)调委会联结。[③]

3. 江苏"夕阳红人民调解工作室"。坐落于南京市栖霞区的"夕阳红人民调解工作室"成立于2011年7月,他是以栖霞区燕子矶街道退休干部、全国模范人民调解员郭凤萍为核心组建的。2017年7月,在栖霞区司法局和迈皋桥街道的支持下,"夕阳红人民调解工作室"更名为"凤萍法律公益服务社",人员由原先的一人扩充为包含律师、调解员、志愿者等7人组成的专业法律服务团队,业务也由单纯的人民调解拓展为提供法律咨询、协助困难群众获得法律援助、开展法治宣传教育等司法行政综合职能。"迈皋桥凤萍法律公益服务社"的成立,标志着栖霞区司法局推进购买公共法律服务机制进入实践性运行阶段。[④]

4. 广东"杨杨律师调解工作室"。相比较于上述几个"明星调解室",2017年9月25日刚刚挂牌成立的广州市番禺区化龙镇"沙亭村杨杨律师调解工作室"则显得"年轻"了许多。从有关新闻报道看,"杨杨律师调解工作室"的设立至少取得了如下示范意义。第一,作为广东省首家以律师命名的个人调解工作室,开启了律师调解工作室的先河。职业律师的加入,使得人民调解更富专业化和权威性。第二,"杨杨律师调解工作室"的负责人杨杨律师,本身就是沙亭村的法律顾问。调解工作室的设立,是"一村(居)一法律顾问"工作的延伸,实现了与村级调委会有机结合。[⑤]

以上各地关于人民调解工作室的探索实践,为加快推进人民调解工作行业化、专业化进程积累了经验,也带给了我们颇多启示。首先,从人民调解组织的性质定位看,尽管我国法律明确人民调解组织为群众性组织。然而,实践中乡镇、县一级的人民调解组织,具有官方或"半官方"背景的人员仍然占了一定的比例。这种人事安排上的交叉与重叠,尽管有助于借助传统的行政权力提升人民调解的权威和公信力,进而实现人民调解的政治功能,但一定程度上却在政府和人民调解组织之间形成了一种事实上的上下级关系。而人民调解室的设立,恰恰打破了传统人民调解机构的组织架构,尤其是经注册登记为社团法人的人民调解工作室,淡化了人民调解组织的行政化色彩,彰显了人民调解的中立性、民间性。其次,从人民调解员的个人权威看,品牌人民调解室的负责人多有在政

---

① 张永进.中国调解工作室制度研究——基于上海与广安模式的考察[J].四川理工学院学报(社会科学版),2011(3).

② 张永进.中国调解工作室制度研究——基于上海与广安模式的考察[J].四川理工学院学报(社会科学版),2011(3).

③ 广安.明星调解工作室遍地开花[J].四川日报,2010-3-25(1).

④ 栖霞区司法局.栖霞区首家政府购买法律公益服务组织正式揭牌运行[EB/OL].http://www.nanjing.gov.cn/xxgk/qzf/qxq/qxqsfj/201707/t20170727_4880049.html,2018-1-4.

⑤ 相关报道参见:薛江华、钱可屏.构建多元化矛盾纠纷化解机制广东首个个人调解工作室成立[J].羊城晚报,2017-10-24:A07.

府、政法机关工作的经历，他们身上汇集了官方领导人的接见及诸多“国字号”的荣誉，均是在当地有一定群众基础和个人威望的精英。比如，李琴是全国模范调解员、上海市“三八红旗手”，郭太平本人先后获“全国模范人民调解员”“全国调解能手”。从某种意义上讲，这些人民调解员就是“传统型权威”和“魅力型权威”的混合体。这种“混合型”权威，也使得他们在开展人民调解工作中具备了得天独厚的优势。最后，从人民调解经费保障看，政府购买人民调解服务在我国仍然属于新生事物，对于长期由政府提供的人民调解服务改为政府从协会、专业服务机构等社会组织购买的方式向社会提供，无论从政府角度还是从公众角度都有不适应的地方。而上述典型样本则较多采用了政府购买人民调解服务的经费保障形式，此举不仅拓宽了人民调解经费保障渠道，也推动了社会组织的发展和壮大。

三、诸暨市“老杨调解中心”的性质定位

前文已提及，“老杨调解中心”的前身是2008年在枫桥镇派出所成立的“老杨调解工作室”。从成立之初的人员结构看，除杨光照具有民警身份外，工作室的其他3名工作人员均是来自镇政府的退休干部。因为核心人物杨光照的公务员身份，加之办公场所对国家资源的依附性（办公场所设在派出所，活动经费由派出所提供）。所以，这个时候的“老杨调解工作室”是公安机关内部的一个治安调解机构。

2010年以来，诸暨市作为全国35家社会管理创新综合试点单位之一，开始对人民调解、司法调解、行政调解于一体的“大调解”体系进行探索创新。[①] 也就是在同年，“老杨调解工作室”也在发生着微妙的变化：一方面，随着老杨的光荣退休，他的身份也从国家公务人员变为枫桥镇人民调解委员会的一名专职人民调解员。另一方面，随着“老杨调解工作室”升级为“老杨调解中心”，在人员构成上同时吸纳枫桥派出所的社区民警、特邀调解员以及辅助调解员等参与进来。

应该说，从派出所民警到人民调解员，从“老杨调解室”到“老杨调解中心”，并非一个简单的身份转换、名称变化。这里边，至少涵摄着这么几个方面：第一，实践证明，“老杨调解室”经过两年的运作，使大部分纠纷在基层及派出所高效、就地得以解决，既方便了当地群众，也避免了走司法程序所带来的诉讼难、执行难等问题。而且，随着口碑的建立，“老杨调解中心”逐渐成为当地一个“免检产品”，或者说是“驰名商标”，有助于推动形成人民调解的工作品牌。第二，新形势下，过去仅靠一两个部门的单打独斗显然难以有效应付和处置复杂交织的社会矛盾，而由地方党委政府领导、政法各机关各司其职以及社会组织协同参与的矛盾纠纷多元化解工作机制，显然有助于从源头、根本上解决问题。正是因为如此，“老杨

---

① 中共诸暨市委办公室、诸暨市人民政府办公室：《关于进一步深化完善社会矛盾纠纷“大调解”体系建设的实施意见》（市委办〔2012〕100号）。

调解中心”的办公地并没有因为老杨的光荣退休而“挪作他用”。相反地，在枫桥镇党委、政府和枫桥派出所的大力支持下，还为专门给“老杨调解中心”购置了“老杨流动调解车”。第三，随着杨光照身份的转化，又有新的社区民警补充进来，最终形成了以杨光照等知名人民调解员为主，社区民警参与、特邀调解员相辅的调解机制。这种调解机制，显然已经不再是公安行政机关内部的一个治安调解机构，而更倾向于是一个以人民调解为基础，人民调解与行政调解、司法调解相互衔接配合的矛盾纠纷多元化解机制。

基于以上分析，笔者认为，尽管从法律角度看，人民调解委员会是依法设立的调解民间纠纷的群众性组织，人民调解组织与政府司法行政部门和人民法院的关系分别为指导和业务指导的关系。但从性质定位上讲，“老杨调解中心”既非枫桥派出所的下属机构，也并非简单意义上的驻枫桥派出所人民调解室，而应将其置于诸暨市公共法律服务体系建设和社会治理“一张网”的大背景下去考量。实际上，近年来“老杨调解中心”调处的纠纷从地域上看已经不再局限于枫桥镇，而是扩大到了周边的乡镇、县市。将人民调解纳入公共法律服务是新时代对人民调解制度的新定位。① 从某种意义上讲，“老杨调解中心”就是诸暨市公共法律服务体系建设和矛盾纠纷多元化解工作机制建设的缩影和成功实践。

四、诸暨市“老杨调解中心”的组织网络与运行体制

人民调解的再组织不是对既有组织体系的颠覆，而是“打补丁式”的增量改革，在保持原有组织的基础上增加了人民调解工作室这一新组织。② 实践表明：作为人民调解创新发展的一种新组织，“老杨调解中心”在实际运行中已经自己不自觉地被“焊接”到既有的调解网络和国家正式权力体系中，形成了一张以枫桥镇党委为领导，以调解中心为枢纽，以区司法局、各街道、派出所、派出法庭、检察室和村(居)委会为主要结点的调解组织网络。

(一)“老杨调解中心”的组织网络

1.“老杨调解中心”与诸暨市地方党委政府的关系

坚持党委领导，就是要发挥党委在社会治理中总揽全局、协同各方的领导核心作用。实践证明，诸暨市各级党委的坚强领导、统筹推进，始终是该市人民调解工作不断创新发展、永葆青春活力的关键所在。诸暨市各级党委对人民调解工作的领导，贯穿于人民调解工作的始终。从人民调解组织设立看，2012 年 4 月诸暨市委常委会议上就提出要建立

① 汪世荣.新时代改革完善人民调解制度的思考[J].人民调解，2018(2).

② 熊易寒.人民调解的社会化与再组织——对上海市杨伯寿工作室的个案分析[J].社会，2006(6).

诸暨市调解总会,[①]并明确会长由市级退休的正职领导担任,之后确定由原人大主任杨胜同志担任(市委常委会议纪要[2012]5号)。与此同时,2012年8月29日,经诸暨市编委批复同意设立诸暨市调解工作指导中心。该中心系司法局下属全额拨款事业单位,其主要职责为指导管理全市人民调解组织、专业调委会建设,负责对市调解总会的业务指导等。从人民调解制度的建立看,2008年以后,诸暨市在就先后多次以市委、市委与市政府联合的名义等方式,从组织领导、工作职责、保障措施等方面就推进人民调解与行政调解、诉讼调解等工作机制进行部署。明确不仅市委、市政府牵头要成立领导小组,设立领导小组办公室。各镇乡(街道)、相关部门(单位)也要成立相应组织机构,由党政一把手担任第一责任人,指导协调和包案化解重大矛盾纠纷。从人民调解经费保障看,诸暨市政府于2008年、2015年先后出台了《关于实施人民调解以奖代补机制的意见》《关于调整人民调解"以奖代补"政策的意见》,财政上每年拿出约60万的经费,按照"以奖代补"的形式给予补贴。[②] 市级专调委采取百分制进行考核,考核标准为每分40元,奖励分不得超过30分。根据考核得分数,计算人民调解员奖励金额。

应该说,诸暨市党委、政府对人民调解工作的重视和支持,始终是做好人民调解工作的重要保障。在"枫桥经验"发源地枫桥镇,甚至更为突出。比如,早在2002年,枫桥镇就成立了人民调解委员会,[③]调委会主任是由镇党委副书记兼任,杨光照和调解中心的杨少剑、陈松根三人,同时又是枫桥镇人民调解委员会的人民调解员。再比如,在基础设施建设保障、办公经费保障、办公条件保障、工作人员待遇保障等方面,枫桥镇综治经费是按需支取,没有上限。[④] 枫桥派出所则为"老杨调解中心"提供办公场地,配备电脑、办公桌椅、材料档案柜等办公设施,安装了视频监控。

2."老杨调解中心"与诸暨市司法局的关系

人民调解组织作为群众组织,并不属于既有的国家权力系统。而在矛盾纠纷的调处化解中,"老杨调解中心"难免经常要与司法行政部门以及其之外的公安、检察院、法院等政法机关发生业务对接,这往往是通过市司法局这个中间环节来完成。早在2008年10月,诸暨市委办、市政府办就制定了《关于建立人民调解与民事诉讼衔接联动机制的工作意见》,就"诉调对接"进行规定。2010年7月,诸暨市司法局与市检察院联合印发了《关

① 诸暨市调解总会是非营利的全市性群众性社会组织、依法登记注册,具有独立法人资格,调解总会成立于2012年8月,由原市人大十四届常委会主任杨胜任市调解总会会长、马志大当选副会长。其主要职责为负责对会员调解工作指导、协调、宣传、监督,侧重于行业管理。目前,市调解总会常驻工作人员5名,设有总会理事54名,其中常务理事13名,团体和个人会员共107名。

② 诸暨市将矛盾纠纷根据难易程度分为简易纠纷、一般纠纷、疑难纠纷三类,调解成功的分别按照20、80、200元每件的标准予以奖励。2015年修订后的规定增加了重特大纠纷类型,奖励标准也分别提高到50、100、200、1000元。

③ 2017年7月,枫桥镇人民调解委员会被司法部授予"全国模范人民调解委员会"。目前,该调委会共有工作人员11人,其中,调委会主任1人,副主任1人,委员9人,专职人民调解员4人,兼职7人。

④ 尹华广."枫桥经验":以"大调解"推进农村社会管理创新的实践与启示[J].常州大学学报(社会科学版),2013(2).

于轻伤害案件委托人民调解的若干意见(试行)》,将人民调解延伸到检察机关的审查起诉环节。2014 年 11 月,诸暨市司法局又与市公安局联合制定了《全市公安行政调解与人民调解对接工作实施细则(试行)》,创设了"公调对接"机制。至此,诸暨市"公调对接""检调对接""诉调对接"三大机制已经完全建立,也使得"老杨调解中心"与枫桥派出所、枫桥法庭及枫桥检察室的业务对接有了制度上的保障。

3."老杨调解中心"与诸暨市三级调解组织的关系

如果说,"老杨调解中心"与枫桥派出所、枫桥检察室和枫桥法庭是一种横向工作网络的话。那么,其与诸暨市三级调解组织之间,则是一种纵向的关系,而尤以与村级调委会联系最为紧密。据统计,近年来,"老杨调解中心"调处的纠纷中通过村、镇调委会及诸暨市各行业调委会移送的纠纷占到了 12%。

在诸暨市枫桥镇,经过多年积累,枫桥的干部群众以自己的实践探索出了富有地方特色的"镇村联动式"调解模式、[①]矛盾化解甄别疏导机制[②]等诸多创新机制。实践中,"老杨调解中心"在调解中多采用"村镇联动式调解",从而使 50%左右的小矛盾、小纠纷都能在老百姓家门口得到化解。一般来讲,村调委会调解不了的纠纷,往往通过口头或书面移送单移送。而"老杨调解中心"在调处纠纷时,也经常主动依靠村企干部、社区民警等社会资源联合化解。比如,2017 年 11 月,三江村村民何美文赡养纠纷一案经村调委会调解无果后,移送"老杨调解中心"。"老杨调解中心"调解员会同社区民警、驻村协警、村调解员等多次上门做工作,最终使兄妹三人就老人赡养问题达成协议。调解后回访老人时,老人含泪致谢。

(二)"老杨调解中心"的运行机制

"老杨调解中心"作为镇级层面的人民调解组织,本身也是枫桥镇人民调解委员会驻枫桥派出所的人民调解室。同时,它又与诸暨市法院枫桥法庭、诸暨市检察院枫桥检察室存在工作交往和业务衔接。从近年来"老杨调解中心"受理的纠纷来源看,群众主动求助的占 25%;派出所移交的占 55%;经村、镇调委会及行业调委会移送的占 12%;法院、检察院委托调解的占 5%;外乡镇求助的占 3%。可以说,老杨调解中心受理的纠纷范围是集派出所移交,人民法院、人民检察院等其他单位委托调解和群众上门请求于一体的各类矛盾纠纷。

---

① 余钊飞,谢绍华.镇村联动式调解模式研究——以浙江省诸暨市枫桥镇的实践为例[J].法制与社会,2009(11)(上).

② 矛盾化解甄别疏导机制运行办法为:镇综治办和社会治理"一张网"办公室根据平安通信息网及时汇总矛盾纠纷和各类诉求,并进行分类甄别,力争化解在初始阶段;对具有调解无法达成协议等情形的,劝导当事人通过司法途径解决,并视情况由综治办牵头,派出所、检察室、法庭等联合进行会审甄别,移交相关政法部门;对属于处理范围内的,整合多方力量进行调解,并对处置情况进行跟踪评估。

1. 与枫桥派出所的"警调对接"机制

诸暨市人民调解组织介入治安案件始于大唐镇的探索。① 2010年5月，诸暨市公安局、司法局在大唐派出所开展试点，设立治安调解中心，引入人民调解工作机制处理治安纠纷。② 在枫桥镇政综治机构中，"老杨调解中心"与枫桥派出所的交集最多。单从纠纷来源看，派出所移交的案件就占到了五成多。"老杨调解中心"与枫桥镇派出所"警调对接"的运行机制为：一是邀请调解。据警情要求，视情况安排人民调解员随行处警，先期介入现场调解，联合开展调解工作，提高现场调结率和处警效率。二是委托调解，即对110接警或来所报警的进行分类，将不构成治安案件、适于人民调解的矛盾纠纷，填写有关移送文书并连同现场调查取证材料一并移送"老杨调解中心"进行调解。对影响较大、难以独立调解的矛盾纠纷或重大疑难纠纷，经人民调解员提出请求后，枫桥派出所派员参与矛盾纠纷调处工作。例如，枫桥镇某村村民林某家里装修房屋，装修到一半，发现买来的木头不够用了，于是在第二天上山偷偷砍了隔壁老王家的两个树。老王发现后，找林某理论，双方言辞激烈，引发了互殴，后林某头部受伤。枫桥派出所在接警后，考虑到双方均意识到自己的错误并表示后悔，枫桥派出所遂将案子移交到"老杨调解中心"进行调处。后经老杨和杨少剑两位调解员耐心调解，双方达成协议，由老王赔偿林某80%的医疗费，林某赔偿老王两棵树钱，双方当场兑现。③

2. 与枫桥法庭的"诉调对接"机制

在诉调对接的机制和手段创新上，诸暨市做了甚多积极有益的探索和尝试，形成了"三前调解法""四环指导法"以及"纠纷劝导制度"等诸多特色经验。在诸暨市法院枫桥法庭内，就设有驻法庭调解中心，法庭立案时对于案情简单的案件，在征求当事人同意后由人民调解员诉前调解；对于诉讼调解的案件，法庭视情况邀请人民调解员共同做当事人工作。④ 尤为值得一提的是枫桥法庭制作的《调解劝导书》已经实行了近20年，对没有经过调解直接起诉到法院的矛盾纠纷，劝导书以"群众纠纷，首选人民调解"为主要内容，劝导当事人首先寻求人民调解途径解决矛盾纠纷。

除诉前将案件分流给"老杨调解中心"调处，或在诉讼中邀请"老杨调解中心"联合调解外，对于"老杨调解中心"作出的调解协议，诸暨市法院及时进行司法确认。而对于经过多次做工作确实无法达成调解协议等情形的，"老杨调解中心"也会及时劝导双方当事人走司法程序去解决问题。据统计，2014至2017年四年间，"老杨调解中心"劝

---

① 薛永毅.人民调解组织介入轻微刑事案件和解的诸暨实践——基于浙江省诸暨市检察院刑事和解的实证分析[J].山东科技大学学报(社会科学版)，2018(1).

② 截至2016年12月13日，诸暨市公安局共设立调解机构20个，调解人员346人，其中专职调解员42人，兼职调解员304人。2016年1—12月，诸暨市公安局通过"公调对接"共受理各类矛盾纠纷4569起，调解成功4040起，履行4033起。参见诸暨市公安局：《行政调解组织队伍情况统计表》《2016年度诸暨市公安局公调对接工作总结》《2016年行政调解案件情况统计表》。

③ 蔡娟."枫桥经验"之人民调解案例故事[M].杭州：浙江工商大学出版社，2018：5-6.

④ 杨树明，余建华.半世纪经验的新发展——枫桥法庭见闻[J].人民法院报，2014-5-9，1。

导双方当事人走司法程序的为10起、28起、17起和10起，分别占到当年受理纠纷总数的7.69%、18.8%、10.6%和5.88%。同时，调解中心还会制作调解笔录，载明纠纷双方当事人及调解中心三方的意见，随卷移送枫桥法庭，从而也为法庭的调解或审判打下基础。

3.与枫桥检察室的"检调对接"机制

诸暨市检察院枫桥检察室成立于2010年5月。[①] 成立之初，即着手开展轻微刑事案件"检调对接"工作。据统计，仅2016年，共受理轻微刑事案件52件62人，促成刑事和解20件24人。在开展刑事案件和解中，针对轻伤害案件多为因邻里纠纷或家庭矛盾导致的激情犯罪，具有偶发性，犯罪嫌疑人的主观恶性及社会危害性均相对较小等特点，枫桥检察室积极邀请"老杨调解中心"派员，以其第三方中立的身份就轻微刑事案件的当事人进行调解，通过释法说理，让当事人双方面对面沟通，解决问题，化解积怨，做到案结事了。例如，2015年10月24日，宣某某因摆摊问题，与其鞋铺对面做菜生意的赵某某发生矛盾，后致使赵某某受伤。考虑双方因琐事发生争执，主观恶性较小，检察室干警邀请"老杨调解中心"对该案双方当事人进行调解。最终，宣某某同意一次性赔偿赵某某医疗费、误工费等各项费用，取得了赵某某的谅解。

五、"老杨调解中心"的功能作用

"老杨调解中心"继承了我国民间调解的诸多优良传统，与此同时，他又不仅仅是一种单纯的纠纷解决方式，而是在新时代下承担了诸多社会治理功能。

(一)注重纠纷调解、信访化解及犯罪预防等职能的有效发挥

1.民间纠纷化解

纠纷解决是人民调解制度当然具有的最基本也是最重要的一项功能。从近几年诸暨市人民调解组织调解的纠纷数量与诸暨市法院审理的各类案件数对比看，人民调解化解的纠纷数量基本占到1/3到1/2，[②]不仅分流了大量纠纷，缓解了人民法院的办案压力，还在预防矛盾纠纷升级、化解群体性事件等方面发挥出了不可替代的优势。据诸暨市司法局统计，仅2017年上半年，诸暨市人民调解工作共预防纠纷468件，防止民转刑3件22人，防止群体性上访5件46人，发挥了人民调解"第一道防线"的作用。

① 苗勇.把"枫桥经验"融入检察室工作[J].检察日报，2011-1-12，10.

② 如果剔除诸暨市法院办理的刑事、行政以及执行案件，再加上未纳入人民调解统计范围内的案件，诸暨市各级人民调解组织调解的纠纷基本与诸暨市法院审理的民商事案件数量持平。

表一 诸暨市法院审理案件与人民调解组织调解纠纷数量对比①

年份		2013 年	2014 年	2015 年	2016 年
诸暨市法院	受理	25722 件	23263 件	27220 件	30959 件
	办结	24731 件	23260 件	25782 件	31009 件
诸暨市人民调解组织	受理	10475 件	13975 件	12729 件	13484 件
	调解	10257 件	13591 件	12350 件	13048 件

"老杨调解中心"作为诸暨市人民调解工作的一张"名片",在日常调解工作中同时承担着矛盾化解、纠纷预防、风险控制、法治宣传等一系列工作职能,发挥着修复破裂人际关系、稳定社会秩序等多重社会治理功能。据统计,成立 7 年,"老杨调解中心"受理各类调解案件 1300 余起,调解成功 1180 余起,兑现各类经济损失补偿(补偿)4800 余万元。②对于"老杨调解中心"调解成效的满意率,多年来也一直为 100%。

表二 "老杨调解中心"2012—2017 年化解纠纷一览表③

年份	受理数量	调解结案	兑现补(赔)偿款	协议兑现率	化解信访案件
2012 年	130 余起		248.68 万元	99.8%	
2013 年	130 余起		268 万余元	100%	
2014 年	130 余起	111 起	948 万余元	100%	
2015 年	149 起	121 起	1006.4 万元	100%	
2016 年	160 余起	141 起	977.2791 万元	100%	5 起
2017 年	170 余起	150 余起	1000 余万元	100%	12 起

作为多元化矛盾纠纷解决机制的重要组成部分,人民调解的突出特色是人民调解协议一旦达成,绝大部分能够"即时履行"④。调解协议的即时履行和兑现,也是人民调解相比较与诉讼的一大优势,避免了走司法程序带来的"执行难"困局。从"老杨调解中心"近年来纠纷化解情况看,其调解协议兑现率基本都保持在 100%以上,实现了案结事了。对此,笔者在调研时了解到,对于赔偿数额较小、当事人又无法当场兑现的,为预防事端有

① 数据来源:诸暨市法院 2013 年、2014 年、2015 年工作报告,2016 年诸暨法院各类案件收结情况;诸暨市司法局 2013 年、2014 年、2015 年、2016 全年全市分镇乡统计案件。

② 孙璐."枫桥经验"的传承:办一点实事、做一点好事、解一点难事——记诸暨市公安局枫桥派出所退休民警杨光照[EB/OL]. http://www.zjlgbj.gov.cn/index.php? m=content&c=index&a=show&catid=45&id=19172, 2018-1-8.

③ 数据来自"老杨调解中心"提供的 2012—2017 年六年来的工作总结。

④ 汪世荣.新时代改革完善人民调解制度的思考[J].人民调解,2018(2).

反复,采用调解员主动垫资的防范,促使双方当事人都对彼此怀有感激之情。与此同时,对于调解结案的案件,在调解结束后实施人性化的回访制度。通过“当场回访、预约回访、电话回访、短信回访、上门走访”等“五访”活动,促进调解协议及时履行。就人民调解协议即时性履行问题,杨光照在接受访谈时表示:

人民调解协议之所以兑现率较高,基本保持在100%左右,原因在于:一是做到事前工作释法说理,使当事人心服口服,从内心接受理赔的理由、金额或条件。二是在疏导谈话时,明确法律责任,分清对错、是非,使当事人认识到打官司的后果与成本。三是与当事人协调时用人性化的理念,换位思考,以理服人,得到当事人的认可,使当事人服法、认理、顺心。①

2. 信访案件化解

随着利益诉求逐渐多元,各类社会矛盾大量涌现并表现为日趋增多的信访活动,成为各级政府“最头疼”“最难办”的问题。正如当前中国整个维稳体制面临许多问题一样,诸暨市也不例外。由于党委、政府在预防和解决群体性纠纷时由于其“官方身份”及其立场的“对立性”,往往效果不佳。因而,作为“社会稳定第一防线”的人民调解理所当然地被赋予了“维稳”任务。② 2015年,随着枫桥镇调解志愿者协会的设立,老杨及其调解团队作为协会的核心成员,同时参与到信访接待及信访案件化解中,探索、推进“信调对接”工作机制。据统计,2016年,“老杨调解中心”协助镇综治中心联合化解信访案件5起。2017年,化解信访案件12起。如海角村陈光亮纠纷案,全堂村陈香娥信访案、大山村钱月志信访案、梅苑村葛某与枫桥供销社房产纠纷案等一大批信访、上访案件得到化解和息诉。枫桥镇聚瑛村村民俞某与马某因房屋余地地界纠纷纷争多年,马某因此成为该村的老上访户。2010年10月15日,双方因菜园地种植树木一事发生纠纷继而引发叉打。“老杨调解中心”受理后,在深入探讨案情后,抓住地界不清这一核心问题,采取钉桩、拉线、定方位等措施力促双方达成共识,并先后在一个月内连续10余次上门调解,最终促使双方拆除心墙,重归于好。

(二)强调“多调联动”,彰显人民调解在矛盾纠纷多元化解机制中的基础作用

无论是传统社会或现代法治社会,都会产生特定的纠纷解决需求,基于社会主体的价值观和偏好、纠纷解决途径的多样化、纠纷类型及其处理的特殊性等因素,就必然需要一种多元化的纠纷解决机制。③ 在矛盾纠纷多元化解机制中,人民调解因其民间性、中立性、便捷性、低成本等诸多传统优势,受到广大群众青睐,并成为矛盾纠纷多元化解机制

① 2018年2月7日,杨光照电话访谈资料。

② 2012年6月14日,时任诸暨市委书记钱三雄在市调解总会调研时提出,“对重点上访、重大纠纷和其他重大不稳定事件,探索采取群众听证会和民间道德法庭等方式来评判化解,让群众有更多机会参与社会管理”。

③ 范愉.社会转型中的人民调解制度——以上海市长宁区人民调解组织改革的经验为视点[J].中国司法,2004(10).

中重要和基础的一环。

"老杨调解中心"的调解实践表明：人民调解工作室作为人民调解组织组织化的产物，其在实际运行中已经自己不自觉地被"焊接"到既有的调解网络和国家正式权力体系中，形成了一张纵向以矛盾纠纷逐级甄别移送、上下联动式调解为内容，横向以"警调对接""检调对接""诉调对接"和"访调对接"为主要结点的矛盾纠纷多元化解组织网络中。这其中，"老杨调解中心"显然起到了一个"联系内外、沟通左右"的基础性作用，成为枫桥镇矛盾纠纷多元化解机制中的核心枢纽。与此同时，"老杨调解中心"也不再拘泥于传统的矛盾纠纷属地受理原则，而是根据实际工作需要，积极参与到跨镇、跨县市的矛盾纠纷调处中。比如，2017 年"老杨调解中心"主动协助绍兴市人民医院、绍兴市柯桥区交警支队以及本市次坞镇等调处各类重大死亡民事赔偿案件 10 余起。总之，通过建立"多调联动"大调解运行机制，实现警调、诉调、检调、访调等有效衔接，进一步夯实和彰显了人民调解在矛盾纠纷多元化解机制中的基础性地位。

(三)强调人民调解专业化建设，提升人民调解的核心竞争力

在社会急剧转型，矛盾纠纷日益增长且呈现多元化的今天，人民调解员原有的知识结构、工作技巧已经远远不能满足新的社会环境的需要，传统的单纯依靠人民调解员的人格魅力和道德权威解决纠纷的方式面临着种种挑战。就此而言，行业性、专业性人民调解工作则是适应新时期社会矛盾纠纷新趋势、新特点，在实践中不断发展完善的人民调解工作的有效形式是人民调解工作的重要发展方向。①

以"老杨调解中心"为代表的品牌人民调解室，是近年来诸暨市创新发展人民调解、推进人民调解工作专业化的一个缩影。② 其专业化特色可以从如下要素中分析：首先，从调解的主体看，"老杨调解中心"的负责人杨光照自 1986 年部队转业归来一直是诸暨市公安局民警。24 年从警期间，他先后荣获全省、全国优秀人民警察，浙江省"人民满意"十大杰出民警、浙江省优秀共产党员、绍兴市劳动模范等诸多荣誉。丰富的工作阅历和法律知识背景，使他在调解民间纠纷中具有得天独厚的优势，也能较好地保证案件在法律的框架内得到解决。其次，从调解的依据看，调解首先是依法调解，依法是调解的基础。老杨认为，"品牌的公信力不在于人，靠的是处事是否依法、公道"。调解员陈松根表示，小时候，爷伯叔父们做调解，带一张脸、一张嘴，说得双方握手言和，就可打道回府；但现在，矛盾要挖断根源，一定要靠法律。他说："'依法疏导法'和'案例举例法'是我们调解

① 张军. 进一步加强新形势下人民调解工作——在全国人民调解工作会议上的讲话(2017 年 6 月 27 日)[J]. 中国司法，2017(7).

② 在诸暨，与"老杨"相似的人民调解机构数目众多，形成了一批诸如"老朱""江大姐""娟子"等品牌调解机构，他们受到当地群众广泛认可。

成果的有效‘法宝’。”[①]最后,形成了一整套完备、规范的调解工作规章制度和调解方法。比如,杨光照带领其调解团队总结推行了“四延伸、四服务、四到场”[②]等工作机制及“调解七法”“四千精神”“四心素质”[③]等调解心得和技巧。其中,老杨调解团队总结的“调解七法”被绍兴市公安局推广与应用。也正是基于此,让“有矛盾、找老杨”的顺口溜在诸暨市当地妇孺皆知。[④]

六、品牌人民调解工作室的发展完善

人民调解是在继承和发扬我国民间调解优良传统基础上发展起来的一项具有中国特色的法律制度,是公共法律服务体系的重要组成部分。[⑤] 当下,人民调解工作室已成为各地推进人民调解行业化、专业化的普遍做法。但是,通过对上述各地经验做法的梳理及诸暨市“老杨调解中心”的个案剖析,也要注意到其中存在的可能局限。对此,尝试从如下几方面提出完善对策。

(一)坚持专兼结合,优化人民调解员队伍结构

品牌人民调解工作室的设立,好比医院开设的“专家门诊”,其公信力来自于人民调解员的专业素养、个人威信和人格魅力。实践证明,这些来自群众的赞誉与肯定,绝非一日之功,而是人民调解员十几年、几十年如一日默默奋战在化解矛盾纠纷第一线的结果。品牌的力量源自时间和经验的积累,同时也隐含着现实隐忧:这些品牌人民调解室的“明星”调解员,往往都是退休干部,年龄普遍偏大。譬如,上海“李琴人民调解工作室”的李琴已经年逾80岁。[⑥] 南京栖霞区“凤萍法律公益服务社”的郭凤萍也已经75岁。在诸暨枫桥镇,“老杨调解中心”三名专职人民调解员平均年龄62岁,1950年出生的杨光照也是到了古稀之年。[⑦] 人民调解员年龄偏大,缺乏年轻调解员传承,是当前人民调解工作室面

① 徐晓,徐疆,董光泽.践行党的十九大精神“枫桥经验”创新再升级[EB/OL]. http://www.chinapeace.gov.cn/zixun/2017-11/18/content_11439208.htm,2018-1-16.

② “四延伸、四服务、四到场”工作机制即调解工作向社区、向企业、向校园、向农户延伸;对老弱病残等对象、家庭问题引起的治安纠纷、未成年人及中小学生矛盾纠纷和隐私案件纠纷实行四个上门服务;勘查现场、征求当事人意见意向、协议(经济)兑现和回访、回复当事人到场。

③ “四千精神”是指访千家万户、说千言万语、吃千辛万苦\想千方百计。“四心素质”是指对待群众真心、化解矛盾热心、说服群众耐心、服务群众诚心。

④ 金春华.调解就要挖掉矛盾根源[EB/OL]. http://news.sina.com.cn/o/2015-12-01/doc-ifxmazpa0540886.shtml,2017-8-16.

⑤ 关于加强人民调解员队伍建设的意见.法制日报,2018-4-28-,3.

⑥ 在2014年时,李琴便从社区人民调解的台前退居幕后,成为工作室的资深顾问。以李琴的名字命名的工作室,进入由“小李琴们”“主政”的时代。

⑦ 2017年7月27日,笔者随西北政法大学“枫桥经验”调研组在“老杨调解中心”同杨光照座谈时,老杨也坦言,“人民调解工作必须要一直做下去,人民调解队伍尤其是培养后生力量是关键。自己也将做好传、帮、带,将枫桥经验这个品牌一代代传承下去”。

临的主要困难之一。如果这些核心人物因年龄身体等原因一旦离开团队,容易使人民调解组织因为缺乏灵魂人物而陷入被动,甚至是面临瘫痪和解散的困境。

培养年轻调解员,做好传帮带,成为“老杨调解中心”另外一项重要工作。其实,每年除接待前来参观学习的考察团外,老杨还定期不定期外出为人民调解员亲自授课。“娟子工作室”的负责人——蔡娟,[①]就是老杨的一位“得意门生”。2017年年初,出于传承“枫桥经验”、让更多年轻人举旗接班的考虑,在枫桥镇党委的推动下,以蔡娟个人名字命名的集人民调解、妇女维权于一体的“娟子工作室”在枫桥镇成立。[②]“娟子工作室”成立短短一年多来,也迅速成为当地“网红”。尤为难能可贵的是,擅长写作的蔡娟还将“老杨调解中心”和枫桥镇调解志愿者联合会的人民调解案例进行悉心整理,编著的《“枫桥经验”之人民调解案例故事》一书已于2008年年初公开出版。

老杨、娟子传承“枫桥经验”的人民调解实践,彰显了诸暨市、枫桥镇弘扬“枫桥经验”的种种努力。这种师傅带徒弟的个别式培养,其价值和作用是不言而喻的,“娟子工作室”的快速发展并赢得群众的信任也从侧面印证了这一点。但面对专职调解员少、队伍年龄结构偏大的实际,加快建立一支年龄结构合理、专业水平较高的专兼职结合人民调解员队伍刻不容缓。为此,第一,在广泛吸纳“五老人员”[③]等参与人民调解工作的同时,可以通过政府购买人民调解服务、开发公益性岗位等方式拓展“入口”,提高专职人民调解员比例,吸引优秀人才尤其是具有专业知识背景的人才加入人民调解员队伍。第二,加快开展人民调解员等级评定工作,[④]并将等级评定与调解案件疑难程度及调解员薪酬挂钩,拓宽年轻调解员职业发展空间,稳定人民调解员队伍。第三,加强人民调解员业务培训。在传承传统“师傅带徒弟”个别式培养的同时,司法行政机关要主动取得人民法院、公安机关支持,加大专业培训力度,采取集中授课、案例评析、旁听庭审、实训演练、网络远程培训等形式,提高培训的针对性、有效性。[⑤] 此外,加强人民调解典型案例的收集,探索建立人民调解案例库,通过相关案例指导开展调解工作,提升人民调解工作的质量水平。

(二)实施“互联网+人民调解”,推动调解工作室智能化

党的十九大报告提出,“要提高社会治理的智能化”。社会治理智能化,意味着应顺

---

① 蔡娟,1979年出生,当过教师,做过记者,经历丰富。2015年受老杨的邀请,她应聘担任枫桥镇调解志愿者联合会的调解员。

② 王笑铭.老杨与娟子——一对实践传承“枫桥经验”师徒俩的故事,载蔡娟.“枫桥经验”之人民调解案例故事[M].杭州:浙江工商大学出版社,2018:142.

③ 即老党员、老干部、老教师、老知识分子、老政法干警。

④ 2017年7月17日,诸暨市司法局下发《关于开展人民调解员等级评定工作的通知》(诸司〔2017〕37号),就该市首批人民调解员等级评定工作进行安排部署。

⑤ 张军.进一步加强新形势下人民调解工作——在全国人民调解工作会议上的讲话(2017年6月27日)[J].中国司法,2017(7).

应网络时代的发展大潮,充分应用好大数据资源,在促进信息化与社会治理的深入融合中,提升社会治理智能化水平。① 人民调解工作作为社会治理的一项重要内容,只有与信息技术深度融合,才能在未来的发展中占据主动,赢得先机。

应该说,信息技术对人民调解的影响是广泛而深远的。尽管目前人民调解的智能化尚处于起步阶段,存在着许多不足和困难,但也意味着会拥有更加广阔的发展空间。就品牌人民调解室而言,信息化技术的应用可以从处理好以下几对关系中去推进。一是处理好顶层设计和地方试点的关系。人民调解的智能化绝非信息化技术在人民调解工作中的简单应用,而是事关人民调解工作全局的战略性、基础性工作。因此,有必要突出省级层面的顶层设计,抓好人民调解智能化的整体规划,避免重复建设、重复施工,浪费有效的调解工作经费。与此同时,发挥人民调解工作室的首创精神,先行先试,为在全省范围内统一推广积累经验。二是处理好长远规划和重点突破的关系。毋庸置疑,人民调解智能化投资大、周期长、范围广,绝非一蹴而就。为此,在当前,有必要把有限的调解经费投向较为成熟且易见成效的建设项目。比如,考虑到调解员年纪普遍偏大、计算机操作困难等实际情况,②引入智能语音识别系统,实现语言到文字的同声转换,方便调解员在第一时间就达成的调解协议以调解文书的形式予以固定。再比如,推行在线网络调解系统,以方便调解申请人。当然,在线调解平台在设计时应注意与人民法院及仲裁等平台的对接,以实现工作的有效衔接。

(三)培育、壮大承接主体,加大政府购买人民调解服务力度

人民调解是公益性调解,实行不收费的原则。因此,通过以案定补、以奖代补等方式加强人民调解工作的经费保障,进而提高人民调解员的工作积极性,就显得尤为关键。诸暨市品牌人民调解室发展实践表明:由于人民调解员待遇相对不高、职业保障机制不健全,也是制约人民调解工作室发挥作用的核心要素。

鉴于人民调解经费不足的问题依旧突出,根据不同地域经济社会发展程度,科学合理确定分级财政预算人民调解经费的制度十分必要。③ 在此基础上,2018 年 4 月"六部委"联合发布的《关于加强人民调解员队伍建设的意见》进一步强调,"司法行政部门应当会同有关部门做好政府购买人民调解服务工作,完善购买方式和程序,积极培育人民调解员协会、相关行业协会等社会组织,鼓励其聘请专职人民调解员,积极参与承接政府购买人民调解服务"。政府购买人民调解服务,开辟了人民调解经费保障的第三条道路,对于培育、扶持、壮大人民调解工作室具有重大意义。

为此,可以通过政府购买人民调解服务的方式,加大人民调解室的培育和扶持力度。

---

① 刘俊海.智能化提供新动能[J].人民日报,2017-11-01,19.

② 在调研期间,当问及"老杨调解中心当前面临的主要困难有哪些"时,杨光照表示,随着高科技的迅猛发展,新技术操作难,网络调解较难适应。

③ 汪世荣.新时代改革完善人民调解制度的思考[J].人民调解,2018(2).

具体思路为:第一,根据承接主体实际情况,分计划、有步骤地加大政府向社会组织购买人民调解服务的力度,逐步提高政府向社会组织购买人民调解服务的份额或比例。第二,合理确定社会组织参与承接政府购买人民调解服务应当符合有关资质要求,逐步改善、提高准入环境,积极引导运行成熟、作用发挥较好的人民调解室到民政局注册登记,支持登记类人民调解室参与市级层面的等级评估。第三,加强所购买人民调解服务的考核和评估,将评估结果与合同资金支付挂钩,建立社会组织承接政府购买服务的激励约束机制。第四,帮助其完善内部治理,加强日常教育和培训,发展、壮大人民调解员队伍。总之,通过政府购买人民调解服务的形式,引导人民调解工作室专业化发展,打造一批示范性人民调解品牌工作室。

(四)引入"标准化+人民调解",推进人民调解工作室规范化建设

"枫桥经验"作为一种地方社会治理经验,何以能成为一种普适性经验,或者说是"中国经验",以便形成可资借鉴、可复制、可推广的"枫桥经验",这是一个必须解决的理论和现实问题。而人民调解的标准化为我们提供了一种视角和路径。

"标准化+"作为各行各业治理体系建设的基础,近年来也是受到中央和浙江省、诸暨市的关注和重视。① 早在2003年10月,诸暨市枫桥镇就在浙江省率先建立了综治、司法、调解、信访、应急五位一体的综治工作中心,并被浙江省委政法委采纳作为乡镇社会治安综合治理标准组织形式在全省推广。2014年4月9日,"诸暨市枫桥镇社会治理综合标准化试点"被国家标准化管理委员会确定为第一批社会管理和公共服务综合标准化试点项目。通过3年多项目实施,从矛盾化解、公共安全等五方面累计制定22个核心项目,形成一套富有操作性、时代性的"枫桥标准"标准化体系。2016年11月10日,诸暨市《坚持发展"枫桥经验"三年(2016—2018)行动计划》提出,"率先在矛盾化解、公共安全等方面建立一整套可操作、能复制的基层社会治理标准体系,并争取到2018年将基层社会治理标准升级为省标乃至国标,打造全国基层社会治理规范化建设示范区"。

在人民调解规范化建设中,诸暨市曾有"五有四落实"和"六统一"标准。2015年11月8日,枫桥镇人民政府、诸暨市司法局联合发布诸暨市地方标准规范——《基层社会矛盾纠纷大调解体系建设规范》,更是就人民调解、司法调解、行政调解、社会组织调解及大调解衔接机制进行规范。为此,在人民调解室的培育和发展过程中,完全可以引入"标准化+人民调解"的理念和方法,通过标准化的手段把人民调解工作室的经验固化,明确量化指标和执行程序,提供一本经验"操作手册"。如此一来,人民调解工作室的组织机构、调解员队伍、基础设施、工作流程、日常管理制度等得以进一步进行量化规范,这更有利

① 2016年7月18日,浙江省政府在出台的《浙江省"标准化+"行动计划》明确指出,"探索用标准化手段构筑多元化社会矛盾治理体系,完善预防和化解社会矛盾机制"。2017年4月3日,中共中央、国务院《关于加强和完善城乡社区治理的意见》指出,加快建立城乡社区治理标准体系,研究制定城乡社区组织、社区服务、社区信息化建设等方面基础通用标准、管理服务标准和设施设备配置标准。

于人民调解工作经验的复制和推广。

Brand People's Mediation Studio: Operation, Effect and Improvement

——The case analysis of "Lao Yang mediation center" in zhuji city

Xue Yongyi

Abstract: The people's mediation studio is a product of the people's mediation, the organization, and the socialization, which helps to build the brand effect of the people's mediation. "Lao Yang mediation center" as advanced typical "fengqiao experience" in the new period, in practice, presents the responsibilities extend and expand the function, in a pluralistic resolve disputes has played a fundamental and key role in supporting. In accordance with the idea of specialization and professionalization, we should enhance the intelligence and standardization level of the people's mediation workshop while increasing the construction of the people's mediators, and cultivate and support the innovation and development of the people's mediation studio through the government's purchase of people's mediation, so as to enhance the core competitiveness of people's mediation.

Key Words: Fengqiao experience; the people's mediation studio; Lao Yang mediation center; case analysis

布依族婚姻纠纷解决的系统论解析

赵天宝*

摘要:纠纷是创造规范化指引的源泉。布依族婚姻纠纷分为三类:恋爱纠纷、结婚纠纷和离婚纠纷。布依人的解纷智慧内蕴在对具体田调案例的深描中,通过卢曼的系统论对布依族婚姻解纷机制的阐释可以得出如下结论:只有实现布依族婚姻习惯规范和国家法两大规范系统的结构耦合,才能实现二者的良性互动。在纠纷一次次被化解的艰辛历程中,我们可以发现一种使社会能够有序运转的规范化指引,些许是推动吾国法治进程的必由之路。

关键词:布依族;婚姻纠纷;卢曼;系统论

一、问题提出与研究路径

作为一个拥有千余年历史的民族——布依族,具有自己独特的民族文化。婚姻是人类最基本的生存组合方式,婚姻习惯规范最能反映一个民族的特色及文化内涵,布依族婚姻习惯规范依然如此。随着我国法制建设的不断推进及经济的飞速发展,布依族基层民众间的纠纷冲出村寨走向法院呈上升趋势,婚姻纠纷就是典型代表之一。这些“琐碎的诉讼案件正在膨胀、爆炸,使得我们的经济不堪重负,使我们的司法制度软弱无力”①,丹尼尔·贝尔的话并非危言耸听,我国许多基层法院正在上演类似影剧。为了克服基层法院案多人少的尴尬处境,减轻当事人讼累并尽可能的高效快捷地解决布依族聚居区的婚姻纠纷,布依族婚姻纠纷解决机制之探究就成为迫在眉睫之事。因为在布依族聚居区,“如果可以把几千年来归根结底不得不在没有国家的情况下解决问题的传统作为经验的依据,那么这个传统表明了,这里确实存在着一种在特殊条件下稳定的处理问题的方法”②。然则值得追问的是,如何发掘布依族这种“稳定的处理问题的方法”——布依族婚姻纠纷解决机制呢?又如何让布依族婚姻纠纷解决机制达到实现案件分流并将纠纷消灭在基层社会的目的呢?面对国家法和习惯规范两套系统,布依人在遇到纠纷时又是

* 赵天宝,西南政法大学应用法学院副教授,法学博士后,西南民族法文化中心研究员,西南政法大学应用法学研究基地研究员。云南省兴仁县法院张恭丁法官为本文搜集了部分案例资料,特此表示感谢。

① 博西格诺,等.法律之门[M].邓子滨,译.北京:华夏出版社,2002:414.

② 卢曼.社会的法律[M].郑伊倩,译.北京:人民出版社,2009:61.

如何进行抉择的呢？带着这些问题，笔者利用暑假时间到贵州兴仁县人民法院及屯脚镇的几个布依族村寨进行实地调查，采访当地寨老、村干部、布依族学会会员及村民百余人，搜集到布依族婚姻纠纷二十余件，并记录了布依族族内婚姻纠纷解决的详细过程，获取了布依族婚姻纠纷解决的第一手田野资料；同时到兴仁县图书馆、部分村寨村民委员会、街道办事处、兴仁县布依族学会等部门搜集了百余万字布依族相关的文献资料，力求恢复布依族习惯规范解纷的原貌，呈现布依人的解纷智慧。

关于布依族婚姻习惯规范的研究，已有不少成果。[①] 有的学者着重于民族志的田野调查[②]，有的学者注重研究婚姻习惯法的变迁，[③]有的侧重研究布依族婚姻立法，[④]有的学者则对布依族"不落夫家"婚俗进行了专门研究。[⑤] 反观这些论文，多以描述布依族婚姻习惯规范者居多，聚焦于婚姻纠纷解决的论述极少，再者就是理论分析不够，降低了文章的说服力。本文在前述田野调查资料和文献资料的基础上，欲采用尼克拉斯·卢曼的系统理论——期望理论、悖论再生产理论及结构耦合理论对布依族的婚姻纠纷解决机制进行深度解读，把静态的习惯规范与动态的解纷过程结合起来，把田野深描和理论分析结合起来，力争揭示布依族婚姻纠纷解决机制的运行逻辑，实现其与国家法的良性互动，为完善我国立法和司法探寻一种规范化指引。

二、布依族婚姻纠纷解决机制的运行

本次田野调查点为贵州省兴仁县屯脚镇的几个布依族村寨。兴仁县位于贵州省西南部，是贵州省黔西南州布依族苗族自治州下属的一个自治县，全县人口总计 44.87 万人，杂居着汉族、布依族、苗族、回族、彝族、黎族、仡佬族等 16 个民族。其中少数民族人口 10.8 万，占总人口的 24%。在这 16 个民族当中，人口较多的少数民族是苗族、彝族、布依族和回族，而布依族人口就近 50000 人，占全县总人口的 12.5%，是兴仁县人口最多的少数民族，主要分布在屯脚镇的长青、马路河、鲤鱼坝、塘湾、蚌街，李关乡的鹧鸪园、大

---

① 在中国知网上以"布依族婚姻"为关键词进行搜索，共有 21 篇，其中 1 篇博士论文，2 篇硕士论文和 18 篇小论文。

② 如周相卿．者述村布依族习惯法研究[M]．北京：民族出版社，2011；周相卿、于丽萍、李茂久．晴隆县鸡场乡捧碧村布依族民族习惯法民族志[J]．贵州民族学院学报，2007(2)；周相卿、杨章桥、张姝．龙泉寨当代布依族习惯法调查与研究[J]．贵州民族学院学报，2011(3)；周相卿．规模村布依族习惯法调查与研究[J]．贵州民族学院学报，2009(1)；周相卿、朱薇．惠水上黄寨布依族传统婚姻礼俗与习惯法规范[J]．原生态民族文化学刊，2013(1)；范玮．水车坝当代布依族习惯法调查与研究概述[J]．安阳师范学院学报，2013(3)；等等．

③ 王倩．贵州布依族婚姻习惯法及其当代变迁研究[J]．贵州大学硕士论文，2008 年 10 月；杨燕．现代化进程中布依族婚姻家庭变迁——以贵阳市白云区阿榜寨为例[J]．贵州大学硕士论文，2009 年 4 月等．

④ 赵霖．唯物史观视野下布依族婚姻习俗与婚姻立法研究[D]．华中师范大学博士论文，2013 年 5 月；赵霖．婚姻立法对少数民族婚俗习惯的态度解析——以布依族婚俗变迁及法律调整为个案[J]．西藏大学学报，2012(2)等．

⑤ 陈明媚．论布依族妇女"不落夫家"婚俗的文化内涵[J]．云南民族大学学报，2006(6)；伍隆萱．文化交流与布依族的"不落夫家"习俗[J]．中央民族大学学报，2006(3)；陶钟灵、韦兴儒．布依族的婚俗特点和性禁忌的法价值[J]．云南社会科学，2007(6)；等等．

山脚、坪寨。[①] 兴仁县布依族主要聚居在北盘江流域，多为山区或半山区，屯脚镇即为其中的代表，直至20世纪90年代交通仍很闭塞，唯一一条连接外镇的公路直到三年前才硬化为水泥路，对外交流非常贫乏，正是在这种自然封闭的环境中逐步形成了布依族特色的习惯规范及其婚姻纠纷解决机制。这种机制不仅在新中国成立之前解决布依人之间的纠纷，即使在当今社会仍然对布依族的纠纷解决发挥着重要作用，维护着布依族聚居区社会的稳定，保障了布依族社会生活生产的顺利进行。

(一)恋爱纠纷

依照布依族婚姻习惯规范，青年男女缔结婚姻需要经过择偶、订婚、要八字、结婚四个步骤，只有完成了这四个步骤缔结的婚姻才能得到人们认可。在明代以前，布依族男女的婚姻是自由结合方式。《大明一统志》记载的"男女自婚"，即自由恋爱。明末清初，受汉族儒家文化影响，布依族男女婚姻逐渐形成由父母包办的占多数，[②]加上布依族存在"抢婚"现象，往往会引起民事纠纷甚至刑事案件。

布依族青年男女常利用各种机会公开或半公开地追求异性，对唱情歌，倾吐爱慕之情。[③] 兴仁县的布依人称这种活动为"玩表"或"玩妹仔"[④]。布依语叫"扬哨"，"扬"是"坐"的意思[⑤]，"哨"即"姑娘或女情人"的含义。"玩表"活动通常在赶集、节日和探亲访友时进行。兴仁县布依人赶集时进行的"玩表"活动在"青年街"[⑥]进行，届时无论男女都精心打扮，在街道两边分立。由此可见，赶集的主要动机在于寻找恋爱对象，承载了布依族婚姻法文化的因子。在这种择偶活动中，通常主动的是男方，若小伙子看中原已认识的姑娘就径自相约到场外去唱歌。如果看中的姑娘是不认识的，小伙子就会寻求本村认识的姑娘帮忙介绍。经过介绍后，那位姑娘会仔细打量小伙子一番，若不愿与小伙子玩表，就会唱歌婉言拒绝。[⑦] 若中意就如约相赴，离群出来一前一后走向场外的山脚唱歌谈情。依照布依族婚姻习惯规范，相约的地点很讲究，这个地点离"青年街"有段距离，并且稍微僻静，但会保持在过往人们的视野中。这样做主要有两个用意：一方面，利用距离优势观察是否有人前来打扰，若有人来扰，这段距离足以使之顺利脱身；另一方面，这样的距离

---

① 贵州省兴仁县编史修志委员会编.兴仁县志[M].贵阳：贵州人民出版社，1991：1-3.

② 《布依族简史》编写组.布依族简史[M].北京：民族出版社，2008：219.

③ 贵州省编辑组：布依族社会历史调查[M].北京：民族出版社，2009：9.

④ 《布依族简史》中称这种自由择偶活动为"朗冒""朗绍"，而"玩表""玩妹子"一词是来自于兴仁县屯脚镇大山脚村的一位押礼先生的介绍，后来经兴仁县人民法院民一庭梁崇星法官证实确实如此称呼。

⑤ 布依语"浪哨"或"浪冒"，"浪"是"坐"的意思，"哨"和"冒"分别有"姑娘"和"小伙子"的意思，还分别有"男情人"和"女情人"的意思。

⑥ 据押礼先生余必邦介绍，各个镇的场坝都有"青年街"，是布依族青年男女"玩表"的地方。余必邦，1956年生，兴仁县屯脚镇大山脚村纳舍寨人，自30岁起一直作为布依族的押礼先生，积极参与当地民事纠纷解决。兴仁县法院梁崇星法官也介绍其12岁左右时跟随兄长到"青年街"观看"玩表"活动。

⑦ 歌唱内容如："论起青菜，我们是同种，说起芹菜，我们是同枝，我们原本是姊妹，怎好往来交朋友"，此处便是以"同宗"或"同族"加以婉言拒绝，尽管他们不是"同宗、同族"，但表达出拒绝的意思即可。

依旧处于人们的视野之中，防止被人误解从而说三道四。[①] 中意的男女双方在适当的地点停下来后，双方会隔着四五尺的距离或站或坐互唱情歌表达情义。因此，"玩表"活动展示了布依族青年男女对于自由恋爱的向往和追求。因为参加"玩表"活动的人大多是未婚的青年男女[②]，他们往往会在"玩表"时产生感情，然后进一步发展为眷属。正是因为"玩表"活动比较自由，青年男女接触机会频繁，也为纠纷的产生留下了一定的空间。试看如下"玩表"纠纷：

案例一：[③]

上世纪80年代初，屯脚乡某村寨一对布依族青年男女在"玩表"活动中认识并恋爱，因两情相悦而发生了关系，婚前性行为严重违背布依族习惯规范。后来两人事情暴露，被村寨中的寨老组织村民将两人捆绑至村公所，趁晚上全村集体看电影的机会，将二人拉至放电影的土台前，先将二人衣服扒光且背对背捆绑。在寨老主持下，责令二人当面跪地向全寨人认错，并用荷麻对二人进行鞭打，此事才算罢休。

此案例是因青年男女触犯布依族婚姻习惯规范——禁止婚前性行为而产生的纠纷。在布依族人看来，"玩表"活动是青年男女追求美好爱情的正常活动，但国有国法、族有族规，恋爱期间不得触犯本民族习惯规范，否则必然受到重罚。本案中的这对青年男女违反"玩表期间不得发生性行为"这一布依族婚姻习惯规范，结果被裸身示众且遭受鞭打也是罪有应得，但这相较于从前的处罚模式已算万幸。从前，布依族人通常认为发生婚前性行为的人家中附有妖魔鬼怪，即使老摩公[④]也无法将其驱逐，若不严惩将会给寨子带来灾难。因此，"恋爱过程中不能发生性关系，就是极个别的出现，也要受到习惯法的严厉处置"[⑤]。通常的处罚方式是将女的装进棺材投入江中冲走，男的则要被逐出寨子。唯有如此才能消灭二人给村寨带来的晦气，将鬼怪赶出寨子以保村寨四季平安。本案婚前性行为发生在20世纪80年代初期，新中国成立已经三十多年，人们具有了一定的法律意识，故并未采取以前的处罚方式予以制裁，而仅是予以裸体示众附以鞭打，一方面是为了教育其他青年男女，另一方面也给他们一次重新做人的机会。这种处罚方法不仅可以维持他们在村寨的正常生活，而且也能维护布依族婚姻习惯规范的权威。但以现行法律规定的视角来看，这样的处罚方式极可能触犯1979年刑法规定非法拘禁罪、强制猥亵侮辱妇女罪，甚至故意伤害罪，尽管从理论上讲这对青年男女可以寻求法律保护，然而生活的场域决定人的行动选择，在布依人生活的场域中，这对青年男女不会不知道自己的所作

① 伍隆萱.文化交流与布依族的"不落夫家"习俗[J].中央民族大学学报，2006(3)：57.

② 婚姻自由是一种奢望，因此大多数夫妻结婚以前是没有感情的，对婚姻存在不满，而"玩表"活动家庭干涉较少，因而已婚青年也会参加"玩表"活动，发泄内心深藏的情愫，向中意的对方诉说情意。

③ 余国典2015年7月21日在家中口述，笔者整理。余国典，布依族，1953年生，兴仁县屯脚镇老鸭田村人，初中文化，与笔者交谈时谈笑风生，对其本民族了解较深，能够详细地介绍当时案例的经过。因涉及村寨及个人隐私，故未告知本案例中男女住所及姓氏。

④ 掌管布依族祭祀的人，相当于汉族的法师，神汉。

⑤ 贵州民族研究所编.贵州民族调查(内部资料)[M].贵阳：贵州民族研究所印，1986：426.

所为的后果,因为"进入场域意味着心照不宣地接受场域的基本规则"①,故他们不会也不敢、抑或没有意识去寻求法律救济,被寨人处罚是他们所能预知并甘愿接受的处罚方式。这恰恰能够侧证布依族习惯规范的权威仍深深植根于布依人内心深处。

(二)结婚纠纷

布依族明末清初后由于受到汉族儒家思想的影响,父母包办婚姻开始渗透到布依族婚姻习惯规范中来,"恋爱自由、结婚不自由"②的现象日渐增多。"在包办婚姻中,男女双方往往要在洞房花烛之夜方才认识。没有爱情作为基础,因此酿成很多悲剧。有的女子看不上男方,便长期住在娘家,布依族称这种抗婚为'定贯'。如果是男子看不上女子,往往到处串寨另找意中人。结果引发一些民事纠纷乃至刑事案件,如打骂、自尽、仇杀等等,甚至是世代结怨。"③由此引发的纠纷形式主要表现为抢亲纠纷和逃婚纠纷。试看如下案例:

案例二:④

2000年二、三月间,兴仁县屯脚镇大山脚村草鞋田寨有位布依族余姓女孩吃过晚饭后到村寨边的堂叔家玩,约九点时返家休息,在回家的路上被邻寨三个男青年强行带走。女孩的母亲迟迟不见女儿回家,便到堂叔家寻找,问明情况后推测可能出事。于是便发动亲戚朋友骑摩托车分头寻找。女孩的几个堂兄骑到与纳舍寨交界附近的山脚处,看见三个青年正拖着挣扎的女孩往山上走,女孩的堂兄们立即上前抓住三个男青年并解救出余姓女孩。余姓女孩和三个男青年被带到草鞋田寨余姓祠堂中,了解情况的村里人均在此等候。余姓女孩的父亲见自己的女儿头发散乱且不停地啼哭,上去就给了女孩两耳光。他认为女儿给家里丢了脸,经寨邻劝阻才停止对女儿的谩骂。三个男青年被村民打倒跪在官亭⑤前,并令其交代为何要抢走余姓女孩。原来三个男青年均姓梁,系相邻的老鸭田寨布依族人。其中一名是主谋,因很喜欢余姓女孩,在青年街"玩妹仔"的时候相识,但女孩死活都不愿意与其交往,该男青年觉得很丢脸,加上又被同村其他男孩嘲笑,于是一怒之下邀约本家兄弟来草鞋田寨抢走余姓女孩回去成亲。弄清事情原委后,寨里的人对如何处置这三个男青年形成两种意见:年轻人认为应当交由公安机关处理,而以族长为首的老一辈人认为应当按照本民族习惯规范进行解决,以免此事传扬出去不但有损村寨声望,还可能影响余姓女孩的名声,以后难嫁出去。老一辈的意见最终得到大家的认可。第二天,余姓族长派代表到老鸦田通知梁姓家族族长,要求他们前往草鞋田寨处理

① Bourdieu. *The Force of Law: Toward a sociology of the juridical field*. Has Things Toward of 38. 1987. p. 831.

② 赵天宝. 传统与超越:景颇族婚姻纠纷解决机制的理性分析[J]. 青年研究,2012(6):54.

③ 《布依族简史》编写组. 布依族简史[M]. 北京:民族出版社,2008:220.

④ 2015年7月26日余必邦在家中口述,笔者记录整理。余必邦,布依族,1956年生,兴仁县屯脚镇大山脚村纳舍寨人,自30岁起一直作为布依族的押礼先生,积极参与当地民事纠纷解决。

⑤ 祖先祭祀牌位。

此事。梁姓族长得知此事后带领几个明理人及当事人的父亲来到草鞋田,那三个男青年的父亲一看到其儿子就拿起棍子猛打,以让余姓家族消气。余姓家族将三个男青年解开绳子后,梁姓长辈命令三人给余姓家族磕头认错,并将带来的几坛米酒和百十斤肉分与众人共食,并向女方家长及族长等认错并保证绝不再犯,在饭桌上三个男青年更是再三道歉。余姓家族见其诚意悔过,对三人再次训诫,此事得以解决。

本纠纷因余姓女孩不愿意与梁姓男青年"玩表"而起。"玩表"是布依族青年男女结识异性,表达情意的活动,也是展示个人魅力的绝好机会。布依族人认为,在"玩表"中不能得到中意女孩的认可是一件丢人的事情。本案梁姓男青年即因未得到余姓女孩认可而恼羞成怒,随即前往草鞋田劫走余女意欲强行抢回成亲。在布依族婚姻习惯规范的视野中,"抢亲就是利用赶场等机会,在途中强拉一个姑娘到家成亲的行动。这种行动,贫富都有,主要看自己能否敌过对方的家长或原夫。被抢的姑娘,有的是事前'玩表'认识,姑娘不大喜欢,或是请媒人去说而女家不愿意"①。本案中梁姓男青年抢亲未成功的主要原因在于被余姓家族及时发现,且其力量不能与女方家族相对抗,又非在"玩表"过程中抢亲。抢亲失败自然要受到女方家族的处罚,即使是抢亲成功也要进行赔礼道歉。② 依据1997年刑法相关规定,梁姓男青年已经触犯非法拘禁罪,抢亲成功者甚至可能出现强奸罪,这均是严重侵犯人身权利的罪行,理应严肃处理。但是令我们这些法律人吃惊的是,这起抢亲纠纷根本未惊动司法机关就被布依族婚姻习惯规范消灭在萌芽之中!质言之,无论是法律规避还是法律抵制,此案表明布依族习惯规范战胜了国家法倒是不会有多少质疑的。无独有偶,以下逃婚纠纷依然展示了布依族习惯规范的解纷魅力:

案例三:③

兴仁县屯脚镇某村寨岑姓女孩八岁时与邻寨的梁姓男孩定了"背带亲"④,长大后发现自己并不喜欢梁姓男孩,并且在"玩表"中遇到自己中意的韦姓男孩,因此经常对父母表示对"背带亲"的不满,强烈要求与梁男退婚。因两家平常关系和睦,她的父母不愿意因退婚与梁姓人家交恶,故而劝她与梁姓男孩如期结婚。女孩见解除"背带亲"无望,眼见婚期即到,萌生了逃婚的念头。她将想法告诉韦姓男孩,韦男便将她带回家一起生活。韦姓父母见此情形也无可奈何,于是前往女方家说情,岑姓父母虽然不满女儿逃婚,但事已至此,只好与韦家人一同前往梁姓人家。梁家人闻听此事后表示极端不满,认为这是岑女对梁男的极大侮辱,今后很难抬头做人,因而坚决不愿意退婚,要求岑女必须如期举办婚礼。岑家父母因理亏也不便多说,双方僵持不下。韦家人只好邀请两寨寨老出面解

① 贵州省编辑组.布依族社会历史调查[M].北京:民族出版社,2009:93.

② 据余必邦介绍,抢亲中带走的女孩,女方会被关在房间里被监视,经过一段时间"生米煮成熟饭"后女方也无可奈何地安静下来。男方请人到女方家说通,牵猪或带肉和鸡、酒去道歉了事。

③ 2015年7月23日由韦伟在家中口述,笔者记录整理。韦伟,布依族,1962年生,兴仁县真武山街道办事处真武山社区主任,也是兴仁县人民法院人民陪审员。其长期从事社区内的民事纠纷调解工作。

④ 相当于汉族的"娃娃亲",据记载,布依族许多人家的孩子刚生还没满月,就被父母定了终身大事。后来因孩子相貌如何不可预料,一旦长大过于丑陋就会闹纠纷,于是逐渐改至七八岁时,能够看出容貌好坏后再说亲。

决,经过艰苦细致的协商,梁姓人家顾及与岑姓人家的平时关系,表示同意退婚,但要求韦姓人家必须退还梁姓人家订婚时花去的彩礼和花费,同时宰鸡、敬酒给梁姓人家赔礼道歉。韦家同意照办,此事了结。

根据布依族婚姻习惯规范,一方面,父母有权决定子女的婚姻,甚至在子女很小的时候可以开“背带亲”来增强两家人的关系。然而“背带亲”容易出现男女双方长大后互不喜欢的现象,布依族退婚习惯规范如下:如果是男方提出退婚,则在退婚时不能向女方要求返还彩礼和花费;如果是女方提出退婚,则需要退还给男方彩礼和因结婚而产生的花费。[①] 另一方面,布依族青年男女可以自由地进行“玩表”活动,而在玩表过程中找到意中人属司空见惯之事,给“背带亲”带来一定的冲击。本案例中的纠纷便是父母包办婚姻与恋爱自由相碰撞而产生的纠纷,本纠纷得以化解的首要原因得益于寨老的权威与布依族习惯规范的魅力的完美结合。究其因,在布依族聚居区,逃婚亦时有发生,“由于年幼时就订婚,长大后常有对婚事不满的,通过‘玩表’,遇上如意的了,即瞒过家长逃婚”[②]。因此,面对岑姓女孩的逃婚行为,社会舆论并不会对她进行过多的谴责。纠纷得以顺利解决的另一原因就是岑、梁两家关系较好,均不想因子女退婚而彼此交恶,这是影响熟人社会是否能够解决纠纷的另一个重要因素。综观此例逃婚纠纷的解决,寨老运用布依族婚姻习惯规范从中斡旋功不可没,原本失衡的社会秩序得以恢复。反之,如果原夫的势力比较大,逃婚方不能与之对抗,则需要逃去依附有权势的亲戚过两三年,将事情办完才能回到原来居住的地方。这印证了卢曼的如下主张:“对社会的持续发展而言,偶在性是其出发点,而秩序性是其目的”[③],逃婚纠纷只是布依族社会中偶在性事件,无论是寨老还是法官,也无论是选择哪种规范系统,维持本地域的秩序才是解纷者追求的目的。当然随着社会的发展,人们的法律意识不断增强,国家普法力度不断推进,人们越来越认可婚姻自由的重要性,恋爱自由已经得到众多布依族民众的认可。“现在不兴订背带亲了,娃娃喜欢和哪个就去吧,管不着了,就算有‘背带亲’,如果娃娃长大后不愿意嫁这种情况,父母压得住就嫁,压不住就不嫁,随她嫁。”[④]这种无可奈何话语的背后,实质上是随着国家婚姻法的长期渗透,布依族习惯规范正在缓慢地发生改变,说明国家法的作用在布依族聚居区逐渐增强。

(三)离婚纠纷

以自由恋爱为基础的布依族青年男女,婚姻生活往往比较稳定,彼此相伴终生。然而“人有悲欢离合,月有阴晴圆缺”,至今布依族社会依然存在父母包办婚姻,或者会婚后出现不可调和的矛盾,离婚纠纷就很难避免。即便如此,布依族离婚纠纷发生的概率也

① 黄义仁,韦廉舟.布依族民俗志[M].贵阳:贵州民族出版社,1985:55.

② 贵州省编辑组.布依族社会历史调查[M].北京:民族出版社,2009:93.

③ 卢曼.法社会学[M].宾凯,赵春燕,译.上海:上海人民出版社,2013:402.

④ 这是2015年7月26日余必邦在笔者访谈时所言。

非常低，原因如下：第一，长期受本民族习惯规范的制约，“认为婚姻是‘前世注定’，父母包办是‘天经地义’的”[①]；第二，结婚对于男女双方都是一个耗财费力的活动，不仅是双方家人在整个结婚过程中充斥着体力上的消耗，整个村寨的亲朋好友都要前往相助贺喜，离婚往往会遭到非议；第三，婚姻不是简单的男女个人之事，不少联姻蕴含着两个家族几代人的亲戚关系和情谊，一到离婚之时两个家族都会强力干涉，这无疑是离婚最凶猛的拦路虎。因此，布依族男女即使对婚姻不满，多数只能自行忍受，抱恨终生。“一般只是趁青春尚在，从‘玩表’中找个知心人来谈情说爱而已。[②]”尽管如此，布依族离婚纠纷依然存在。按照布依族习惯规范，通常主动提出离婚的一方需要赔偿对方结婚时的开支和相关损失。“在北盘江流域的布依族中，离婚手续比较简单，男女任何一方如不满对方而决意离婚时，如双方同意，即以一言为定，实现离婚。以后男婚女嫁，各不干涉。离婚由女方提出而男方不同意者，由女方赔偿男方在结婚时所用的礼金和礼物作男方再婚之用；离婚由男方提出而女方不同意者，由男方赔偿女方结婚时的一切费用。离婚时如有子女，一律留于男方家，如系乳儿，则由母亲抚养，不另提供生活费。待乳儿长大到十来岁时，仍须送回原夫家。只有原夫家子女多不想要，或乳儿长大后坚决不愿意离开母亲，而又与继父有感情时，也可以不送回。”[③]另外，由于布依族婚姻习惯规范中存在“坐家”习俗，这也为婚姻不满的一方的离婚提供了些许方便。

案例四：[④]

2010年前后，兴仁县屯脚镇某村寨岑男和梁女系父母包办的“背带亲”，双方按照布依族风俗习惯举行了结婚仪式。由于结婚时女方才15岁，按照布依族婚姻习惯规范，女方需回娘家坐家两年。由于女方本来就不喜欢男方，一直反对与之结婚，但因年龄较小，不敢与父母对抗。在坐家的时候，男方逢年过节或农忙时候来接，她也不去男方家。坐家一年后，男方依旧在农忙时节来接她回男方家居住，女方趁着男方全家在地里干活时悄悄外出打工，从此杳无音讯，导致二人婚姻名存实亡。岑男对梁女的逃离表示强烈不满，立即跑到女方娘家要求交出岑女，而女方家则认为岑女是被男方家接去后逃走的，要求男方将岑女还回来。双发由此产生纠纷，村寨寨老和族长出面也没能化解。后岑男一怒之下将岑女家诉至兴仁县人民法院，要求女方返还结婚所花费用。法院最初很难做出裁判，一方面，根据法律规定双方未达法定婚龄，属于无效婚姻；另一方面，依照布依族婚姻习惯规范，确已缔结婚姻，而岑女又系在男方家逃离。最后法院邀请布依族寨老一起来对此案进行调解，女方同意将三分之二彩礼返还给男方。此事了结。

---

① 贵州省编辑组.布依族社会历史调查[M].北京：民族出版社，2009：14.

② 陶钟灵，韦兴儒.布依族的婚俗特点和性禁忌的法价值[J].云南社会科学，2007(6)：33.

③ 贵州省编辑组.布依族社会历史调查[M].北京：民族出版社，2009：15.

④ 2015年7月28日晚上由方厚德在办公室口述，笔者记录整理。方厚德，约55岁，系兴仁县人民法院资深法官。其在口述此案时表示这个案子比较“裹搅”，虽然有法律的明文规定，但是处理的结果并不能得到女方的认可，要不是邀请了村寨的寨老，这个案子不好处理。

此例便是发生在女方"坐家"期间导致的离婚纠纷。按照布依族习惯规范,布依族举行的结婚仪式只是将婚姻从形式上固定下来,结婚之初,男女双方并不同房生活,女方需要回娘家坐家两年甚至更久,直到女方怀孕后才到男方家,即须"抱子归夫家"①。女方坐家时"仅在每年农忙时由新郎的母亲和姐妹来接去几次(头一年有的一次也不去),每次住上几天。在夫家好像客人一样,只帮做一些临时活路,做完以后,又匆匆跑回娘家"②。布依族坐家制度的存在与布依族民族风俗和社会历史有着密不可分的关系,也是与汉族包办婚姻结合后的必然:首先,经由父母包办的婚姻,男女的年龄普遍偏小而生理及心理都不够成熟,结婚数年内不会存在实质意义上的夫妻关系;其次,父母包办的婚姻缺乏感情基础,新婚夫妇感情很难融洽,坐家的这段时间可以给予双方一个互相了解的缓冲期;再次,刚出嫁的女儿因骨肉情深,父母想让姑娘在家多住一段时间,女孩也能在坐家期间多准备些自己的日常用品,以防到夫家常住时因家务繁杂而无时间准备。③ 本例中的女方正是利用布依族坐家习惯规范,以逃走的方式表达对婚姻的不满,从而导致离婚纠纷的产生。依据布依族习惯规范:"如果女方是在娘家出走的,娘家要负责任;在婆家出走的,婆家要负责任。"④本案的难点在于女孩逃走的地点在男方家,以至于寨老调解也没能解决。男方诉至法院,法官面对此情此景也觉得比较棘手。从法律上讲,双方尚未缔结婚姻,彩礼应当予以返还,而男女双方又确实办过仪式婚,已经为布依族社会所认可,并且女方是在男方家逃走,女方按理不应当承担返还彩礼的责任。国家法和布依族习惯规范在此正面交锋。然而"对于解决争端的法庭而言,禁止拒绝司法"⑤,法官采取邀请寨老一同解决纠纷的方式却是一个崭新的突破点,说明法官意欲调和国家法和布依族婚姻习惯规范的冲突。邀请寨老出面,说明这是一位很有经验且熟悉"地方性知识"⑥的法官。寨老依据布依族习惯规范对双方进行劝解,离婚的产生原因是女方私自逃走,虽然逃走之时女方在男方家里,但男方难以预料女方因对婚姻不满而逃婚,故调解方案要求男方主张的返还彩礼需要减少三分之一数额,双方对于这样的调解结果尽管不甚满意,但鉴于双方均有过错也只好表示同意。面对这样的纠纷,依法判决的结果显然不能让双方当事人认可,如果强行判决,可能会导致更为恶劣的纠纷,甚至闹出人命,背离了法律解决纠纷、维护社会稳定的本意。我们不禁感叹,法律与习惯规范究竟如何调适?假如法律的制定能够有效地汲取习惯规范的优势,或许这样的纠纷在法律面前就不会显得如此棘手!因为"世界会在其基本的特征上保持不变,而未来并不会改变所有的事情。未来是

---

① 李汉林.百苗图[M].贵阳:贵州民族出版社,2001:151.

② 贵州省编辑组.布依族社会历史调查[M].北京:民族出版社,2008:8.

③ 赵霖.唯物史观视野下布依族婚姻习俗与婚姻立法研究[D].华中师范大学博士论文,2013年5月:19-20.

④ 周相卿、朱薇.惠水上黄寨布依族传统婚姻礼俗与习惯法规范[J].原生态民族文化学刊,2013(1):81.

⑤ 卢曼.法社会学[M].宾凯、赵春燕,译.上海:上海人民出版社,2013:192.

⑥ 克利福德.吉尔兹.地方性知识:事实与法律的比较透视[M].邓正来,译.载梁治平编.法律的文化解释[M].北京:生活·读书·新知三联书店,1998:73.

当下的结果,而当下的本源和法度又源自于过去并只允许有一些偶然的变化"①,卢曼的话为我们厘清国家法和习惯规范的关系很有启示。

三、布依族婚姻纠纷解决机制的系统论解析

仅仅对布依族婚姻纠纷解决机制进行静态深描似显不足,尚需从理论阐释的角度进一步对布依族婚姻纠纷解决机制进行解读,卢曼的社会系统理论恰能担当此任。

20世纪七八十年代,德国著名哲学家兼社会学家尼克拉斯·卢曼在前人研究的基础上,创立了独特的社会系统学理论,并把这种系统论"再入"到法学领域,从而得出了"法律系统的运作自成一体性"②的深刻洞见。对此,卢曼以世界的复杂性和偶在性作为自己分析的出发点,所谓复杂性是指"与已经获得的现实化的可能性相比,总是还有更多的可能性存在"③;而偶在性是指"在即将来到的下一步体验中,被指向的可能性总是有可能与期望中的可能不一致"④。而在社会现实中,"复杂性意味着被迫选择,偶在性意味着遭遇风险以及冒险的必然性"⑤。为了简化社会复杂性和偶在性所带来的风险,在相互交往中人们不仅要亲身体验这个复杂的社会系统,而且还要"能够预见他人对他期望着什么"⑥。在卢曼看来,导致这种复杂性的原因是意识领域中的单一偶在性在现代日益复杂的社会世界里已增长为双重偶在性,从而推动了更为复杂的期望结构的诞生:"它在一个层次上是直接的行为期望,即某人对他人行为所持期望得以兑现或落空;在另一个层次上,则需要判断某人自己的行为对他人而言的期望意味着什么。⑦"申言之,规范性的功能只能出现在这两个层次的结合中,亦即依赖于期望的期望、期望的期望的期望,甚至是四阶乃至于n阶期望。鉴于可能出现如此复杂的期望结构,社会诸系统必须运用一套自身具备的化约形式去稳定那些有效的期望,因而卢曼将期望分为认知期望和规范期望两类:"当期望一旦遭遇失望就去适应现实时,这种体验就被体验为认知性的。而规范期望则与此相反:当某人并没有遵循期望行事时,我们并不会因此放弃期望。⑧"质言之,通过认知期望和规范期望的功能分化,社会系统可以对适应现实还是维持期望进行折中性的排列组

① 卢曼.法社会学[M].宾凯、赵春燕,译.上海:上海人民出版社,2013:403.

② 卢曼.社会的法律[M].郑伊倩,译.北京:人民出版社 2009:17.

③ 卢曼.法社会学[M].宾凯、赵春燕,译.上海:上海人民出版社,2013:71.

④ 卢曼.法社会学[M].宾凯、赵春燕,译.上海:上海人民出版社,2013:71.

⑤ 卢曼.法社会学[M].宾凯、赵春燕,译.上海:上海人民出版社,2013:72.

⑥ Talcott Parsons and Robert F. Bales. Family, Socialization and Interaction Processes[M]. Glencoe, Ill. 1955:74.

⑦ Talcott Parsons and Robert F. Bales. Family, Socialization and Interaction Processes[M]. Glencoe, Ill. 1955:74.

⑧ Niklas Luhmann. Law As a Social System[M]. Translated by Klaus a. Ziegert. Oxford Uniyersity Press, 2004:16.

合,法律系统[1]的功能亦如是。如前述案例一的"玩表"纠纷,那对布依族青年男女的行为依据现行法律界定,无非是一通奸行为,隶属道德调整范围,刑法不罪。但这只是国家法系统的期望,布依族婚姻习惯规范系统的期望并非如此。在布依人的精神世界里,"未婚男女(即使是恋爱关系)婚前发生性关系"不仅是对祖上规矩(习惯规范)的粗暴践踏,而且可能还会给村寨带来灾难——至少是精神上带来灾难的恐惧心理。尽管这种认知期望并无明确的科学依据,可能源于布依族的原始宗教信仰,但"如果这种宗教有助于达到提供安慰和安全感、信心、宽慰和保证的目的,也就是说,如果宗教的结果对从中流溢出来的生活有用,那么在实用主义真理的意义上,它就是有价值的,甚至是正确的"[2]。鉴此,村寨中的寨老等人对这对青年恋人的通奸行为产生规范期望就属自然而然之事,当众裸体捆绑并鞭打二人就是这种规范期望的行为展演。易言之,只有把村寨民众的认知期望(那对青年男女的通奸行为可能给村寨带来灾难)和规范期望(对二人进行裸体捆绑并鞭打)统一起来,才能消除村寨民众的恐惧及愤怒,从而使被破坏的村寨秩序得以恢复。然则值得追问的是,难道国家法在这一纠纷解决中被彻底"放逐"了吗?答案是否定的。卢曼采用系统\环境的区分,认为社会及其组成部分可以理解为一个系统及其子系统,而之外的整个世界则是系统存在的环境。法律系统即为社会系统的子系统,国家法系统和习惯规范系统则可以看作法律系统的子系统,并且这些系统及其子系统都有各自的运作方式。在国家法系统的视野中,"秩序永远都是法律的首要价值"[3],但由于司法被动性原理,因而维持秩序"这个职能并不是法律制度垄断的"[4];习惯规范系统依然以维持地方秩序为首要价值,且因"近水楼台"之故,采取的解纷措施往往更为快捷有效。但习惯规范系统的纠纷解决并非置国家法系统于不顾,多是处于国家法系统的"阴影下的谈判"。案例一之恋爱纠纷亦为如此,否则寨老及村寨众人为何不严格按照布依族习惯规范将二人杀死或驱逐呢?这验证了伽达默尔的警言:"理性不是它自己的主人,而总是经常地依赖于它所活动的被给予的环境。[5]"同时这也侧证,国家法系统在布依族聚居区已经渗透并产生了一定的影响,案例一的解决即可看作是布依族婚姻习惯规范向国家法妥协的产物。而案例二抢婚纠纷的解决则系国家法系统向布依族习惯规范系统妥协所形成。案例二是一起抢婚未遂纠纷,案中三位梁姓男青年的行为依据现行刑法规定已经触及非法拘禁罪,但此案却并未惊动司法机关,即被余姓族长及寨老通过布依族解纷机制消灭于萌芽之中。依据卢曼系统论中的期望理论,纠纷的发生是社会偶在性的一种表现形式,而偶在性的存在增加了社会的复杂程度,导致社会期望结构的改变。本案中,究竟选择国家法系统还是布依族婚姻习惯规范系统就体现了布依族老一辈和年轻一代不同

---

① 此处所使用的法律系统中的法律,指广义上的法律,包括国家制定法和习惯规范,所以这里的法律系统意为规范系统。本文下文的法律系统除引用外,一律取广义用法。

② 埃文斯.普理查德.原始宗教理论[M].孙尚扬,译.北京:商务印书馆 2001:57.

③ 沈恒斌主编.多元化纠纷解决原理与实务[M].厦门:厦门大学出版社,2005:34.

④ 弗里德曼.法律制度——从社会学角度视察[M].李琼英、林欣,译.北京:中国政法大学出版社,2004(20).

⑤ 伽达默尔.真理与方法(上卷)[M].洪汉鼎,译.上海:上海译文出版社,1999:354.

的认知期望,但无论选择何种规范系统解决纠纷,两代人要求解决纠纷的规范期望却是一致的。这充分说明:"系统在运作时从侧面观察着一个同时存在的环境,它不仅仅是通过一种控制论的监控方式以系统内自己运作的效果为转移"①,而且还要考虑环境中可能影响纠纷解决的诸多因素。具体到此抢婚纠纷,正是出于维护当事女孩的声誉、维持两个村寨关系以及避免当时男青年牢狱之灾等多重复杂性的考虑,族长及寨老才会选择布依族习惯规范系统来解决纠纷,以便将对双方不利的影响降到最低限度。尽管赔礼道歉和罚以酒肉在国家法系统中可能略显轻微,但却能"克服把法律社会之间的关系视为某种把社会和经济利益转化为法律决策和行动的机械传达带来观点的局限性"②,而且"纠纷解决的标准应当以法律秩序的构建为基本价值取向"③,若此既解决了纠纷,又节省了司法资源,只需国家法与习惯规范两个系统稍作妥协就可达到"不战而屈人之兵"④的解纷效果,国家法又何乐而不为呢?

不唯"期望"理论,卢曼的"悖论"理论可能对布依族婚姻纠纷解决机制的阐释具有更强的穿透力。通过二阶观察发现差异(或区分)是卢曼分析社会系统运作的关键,而悖论常常以瓦解常识框架的形态出现。故此卢曼将悖论描述为"一个产生了区分的盲点,因此也使观察在第一位置变得可观察。而观察意味着产生一个区分,并指示出区分的一边"⑤。易言之,区分是进行观察的前提,而由于"观察不能观察自身,也不能观察到区分的统一"⑥,为了克服这一不足,就必须运用二阶观察这个工具,让系统通过这个区分不断"再入"到区分自身之中进行操作,从而持续完善并维持系统自身的意义,这一过程即充满了悖论。诚如卢曼所言:"一旦我们观察'再入',我们就看到了悖论——'再入'既是同一个区分,又不是同一个区分。⑦"这种通过区分的转移与持续的"再入"就会不断产生新的悖论,这就是卢曼所提出的"悖论生产性"理论。既然社会系统及其子系统中存在诸多悖论,通过"去悖论"以实现社会系统及法律系统在规则上的封闭性才能达致卢曼社会系统论在理论上的自洽。我们可以运用卢曼的悖论理论来分析布依族婚姻纠纷是如何通过国家法\习惯规范这对区分进行解决的。在卢曼环境\系统区分的观察视阈中,纠纷是对人类社会常态环境的破坏,可以将其视为人类社会生活中的"悖论",而要恢复原有社

---

① 卢曼.社会的法律[M].郑伊倩,译.北京:人民出版社,2009:25.

② 马丁·洛克林.公法与政治理论[M].郑戈,译.北京:商务印书馆,2002:356.

③ 赵旭东.纠纷与纠纷解决原论[M].北京:北京大学出版社,2009:88.

④ 孙子兵法.谋攻篇[M].

⑤ NIKLAS LUHUMAN. Theories of Distinction: William Rasch[M]. Trslations by Josephoa Neil. Stanford Calif: Stanford University Press, 2002, p. 85.

⑥ NIKLAS LUHUMAN. Risk: A Sociological Theory[M]. Translated by Rhodes Barrett. New York: *A De Gruyter*, 1993, p. 15.

⑦ NIKLAS LUHUMAN. Risk: A Sociological Theory[M]. Translated by Rhodes Barrett. New York: *A De Gruyter*, 1993, p. 83.

会系统的平衡,就需要运用社会系统中的规范系统去消除[①]这种“悖论”。那么这种从产生悖论到消除悖论的过程抑或从产生纠纷到解决纠纷的过程是如何在社会系统及其规范系统中运作的呢?案例三的退婚纠纷清晰地展演了这一过程。本案源于岑女对“背带亲”的不满而重新选择意中人韦男这一事实,从而导致了已与岑女订婚的梁男家与岑韦两家的纠纷,这是布依族乃至其他民族基层社会经常遇到的一类纠纷。面对此类纠纷,国家法系统实有为难之处:一则现行《婚姻法》中并无订婚之明文规定;二则“背带亲”还与《婚姻法》规定的婚姻自由原则相悖。这也极可能是梁男家未选择国家法系统解纷的深层次原因。但在布依族婚姻习惯规范的视阈中,此类纠纷的焦点是彩礼返还及赔礼道歉问题,其着眼点主要是维持本地域及本村寨的秩序和谐。这是布依族习惯规范系统的优势,也是千百年来布依人在遇到日常生产生活中的“悖论”时所形成的“实用理性”[②],即快捷高效地消除“悖论”,尽快恢复社会系统的平衡。本案例亦能侧证:“通过法律(国家法)来解决冲突的需要本身范围就很窄小,尤其在当事人很希望能继续保持他们的关系,所以害怕通过法律来解决冲突的时候。[③]”卢曼的话可谓一针见血,本案中岑女家与梁男家关系一直很好,韦男家又自知“理亏”,三家尽管均希望尽快解决纠纷却又鉴于“低头不见抬头见”的熟人社会关系,而不愿诉诸国家法系统解决,因而选择布依族习惯规范来消除这一“悖论”即为不言而喻之事。如果说案例三的退婚纠纷之解决是习惯规范系统占优势的话,那么案例四的离婚纠纷则是通过国家法系统最终予以解决。只不过在消除案例四的“悖论”过程中,能够展示出两大系统是如何步履维艰而又相辅相成的。案例四起因于岑女的逃婚,导致梁男家要求岑家交出女儿而岑女家要求梁家还回姑娘之针锋相对的诉求,这种“针尖对麦芒”的情势让布依族寨老、族长及村干部的解纷努力化为泡影,布依族习惯规范系统因缺乏权威强制力在消除此一“悖论”时显得黯然失色。不可否认,“人的生活是个有规则的游戏”[④],而“进入何种规则体系的决定因素,正是对不同规则背后的利害得失计算”[⑤]。梁男家眼见女方家交人无望,村寨权威又无法弥合二家分歧,转而意识到寻求司法救济提出经济诉求方为务实之举。于是乎这项“悖论”就被转移到代表国家法系统的法官手中。法官面对这起纠纷亦显力不从心:一来梁、岑二人婚姻关系尚未成立[⑥],若依法判决女方返还结婚所花费用,女家必然不服上诉或者拒不执行;二来二人已举行过民众认可的仪式婚,且岑女又是在男方家逃离,若判决结婚费用不必返还,男方必然不服上诉抑或继续纠缠女家。这是一个令法官特别为难的“悖论”,并且处理不当可能会引发更多甚至更为剧烈的“悖论”!面对这起棘手的纠纷,作为纠纷解决最后一

① 此处及下文所用的“消除”及卢曼系统论中所言的“隐藏”之意,在笔者看来,悖论被隐藏可以视为悖论在一定程度上的祛除。

② 李泽厚.中国古代思想史论[M].天津:天津社会科学出版社,2003:288.

③ 卢曼.社会的法律[M].郑伊倩,译.北京:人民出版社,2009:81.

④ 哈乌雷吉.游戏规则——部落[M].安大力,译.北京:新华出版社,2004:2.

⑤ 吴思.隐蔽的秩序[M].海口:海南出版社,2004:327.

⑥ 二人因年龄未到法定婚龄而未进行婚姻登记。

道防线的法院不仅不能拒绝裁判,而且还要尽可能地消除这一具体"悖论"及可能带来的系列"悖论",就必须妥善地运用国家法\习惯规范区分的两大规范系统去平衡当事人双方的合理诉求,寻找出支撑这些诉求的阿基米德元点,实现纠纷解决从应然向实然的合理转换。申言之,"一个好的法官,绝不会机械地运用法律去解决纠纷,因为他知道,法律并不能提供所有解决纠纷的手段,他必须在充分理解法律的基础上,将自己变成法律的化身,从而能动地运用法律去解决纠纷"①。解决这起离婚纠纷的法官就是一位"好法官",他能动地运用了司法调解这种解纷方式,吸收当事双方村寨的寨老及村干部进入司法调解系统,建构了这样一个纠纷解决的"场域"②:法官系代表国家法系统的权威符码,寨老是代表布依族习惯规范系统的权威符码,在这二重权威符码的规范投射下,以女方返还男方所付彩礼③的三分之二的裁定结果将这起"烫手山芋"化解于无形之间。这验证了卢曼所言:"社会系统的问题不是避开悖论和套套逻辑,而是中断自我指涉的反思,以便避开纯粹的套套逻辑和悖论,并建构有意义的自我描述"④,从而实现祛除悖论维持秩序的目的。

四、布依族婚姻纠纷解决机制与国家法的互动路径

通过前文对布依族婚姻纠纷解决机制的"深描"⑤及系统论解析,我们可以得出如下结论:在布依族婚姻纠纷解决中,国家法系统与布依族习惯规范系统的作用均得到彰显。是故如何调适两大规范系统以达到最优的解纷效果就成为一个亟待解决的问题,卢曼的"结构耦合"理论对此恰有用武之地。

卢曼采用系统\环境的区分代替了之前系统论所主张的整体\部分的区分,并认为世界涵盖了所有的系统与环境,是系统与环境的统一。而在世界之内,可以观察到许许多多的系统,相对于这些系统而言,系统之外的一切就构成了其环境。在这一理论界定的基础上,卢曼将系统\环境之区分"再入"到社会系统里面,从而形成诸如经济系统、宗教系统、文化系统、法律系统等诸多社会子系统。卢曼重点分析了其中的法律系统,并认为"法律系统通过认知规范与期望规范的区分将循环再生产的封闭性和与环境联系的开放性结合了起来。换言之,法律是一个在规范上封闭而在认知上开放的系统"⑥。质言之,正因为法律系统具有规范上的封闭性,才能保证它在环境运行中的独立性;亦因为法律系统具有认知上的开放性,才能不断适应环境的激扰持续完善自身,从而不断增强法律

---

① 赵旭东.纠纷与纠纷解决原论[M].北京:北京大学出版社,2009(77).

② 布迪厄、华康德.实践与反思——反思社会学导论[M].李猛、李康,译.北京:中央编译出版社,1998:19.

③ 彩礼不是男方要求的结婚所花费用,主要包括男方送给女方和花在女方家及其亲属的金钱和物品。

④ NIKLAS LUHUMAN. *Essays on Self-reference*[M]. New York:Columbia University Press,1990:137.

⑤ 克利福德.格尔茨.文化的解释[M].韩莉,译.北京:译林出版社,2014:6.

⑥ NIKLAS LUHUMANN. *A Sociological Theory of Law*[M]. Routledge & Kegan Paul,1985:283.

系统自身的适应性。为了维持这种系统对环境的认知开放性，系统就必须回应环境所发出的信息及系统间运行过程所产生的相互激扰，而“当一个系统预期其环境的特定是建立在一种持续性的基础之上的时候，就称之为‘结构耦合’，它实际上是一种对于外部环境的激扰的稳定的回应模式”①。卢曼的“结构耦合”理论为我们探寻社会系统及其子系统之间的良性互动提供了有力的分析工具，亦即它能够阐释各个系统之间为了维持规范性期望是如何相互回应、又是如何产生共鸣的。对此，案例四的离婚纠纷的解决给我们提供了国家法系统与习惯规范系统通过结构耦合形成良性互动的绝佳例证。案例四展演的两难逻辑如下：对于国家法系统而言，受到了布依族习惯规范系统承认的仪式婚的激扰，因梁、岑二人的婚姻在法律层面尚未建立；对于习惯规范系统而言，国家法系统介入解决族内纠纷的激扰，因一般的“离婚”纠纷通过布依族习惯规范即可规制。国家法系统与布依族习惯规范系统在此正面交锋，唯此交锋才暴露出各自在解纷中的优势及不足。正是因为国家法系统在事实认定上的尴尬与布依族习惯规范系统的强制力不足，两大规范系统需要借助对方的优势方能排除各自环境的激扰，从而实现二者的结构耦合。当然，这并未影响两大规范系统各自运作的封闭性。案例四中的男方先将纠纷求助于布依族习惯规范系统，只是在其无能为力之后，才将纠纷诉之于代表国家法系统的法院，在此可以视为习惯规范系统的解纷运行已经结束。而在国家法的解纷运行中，尽管吸收了寨老和村干加入司法调解之中，但却始终保持在法律的框架之内，只可将其看作国家法系统解纷所采用的一种灵活处理方式，决非对国家法系统运作封闭性的破坏。本案例亦能说明，结构耦合与激扰是相互包含且相互促进的，来自系统外部环境的激扰可以促进系统间的结构耦合，而系统也会不断吸收环境中的有益因素，改善自身结构以克服激扰并最终实现适应环境的目的。布依族婚姻纠纷解决机制作为历史文化绵延发展的产物，其存在本身就是一个不断适应社会发展，逐步实现与国家纠纷解决机制融通互动的发展过程。若能不断推进国家法系统与布依族习惯规范系统的结构耦合，则不但解决了案件数量庞大、诉讼成本太高等司法难题，还能提高司法权威，促进当事人对司法的认可度。故笔者提出以下两点以促进国家法与布依族婚姻习惯规范的良性互动：

第一，布依族婚姻纠纷解决机制可以作为前置解纷程序。前文阐述了布依族婚姻纠纷解决机制在解决纠纷过程中所具有的先天性优势，那么如何将布依族婚姻习惯规范具体适用在纠纷的解决过程中呢？笔者谨慎地提出，可以考虑将布依族婚姻家庭纠纷解决机制设置为布依族婚姻纠纷解决的前置程序。这种设置是相对于司法程序而言，当布依族聚居区发生婚姻纠纷时，可以将这类纠纷的最初解决权交给布依族婚姻习惯规范进行处理，主要是通过乡村两级甚至民间调解组织进行。面对布依族婚姻纠纷在布依人日常生活的多发性，除当事人明确反对基层乡村组织进行调解外，完全可将此类案件先交给

① NIKLAS LUHUMANN. Law As A Social System [M]. Translated by Klaus A. Ziegert. Oxford University Press, 2004: 381-382.

布依族村寨的族长、寨老及村干部等先行处理，由他们按照布依族习惯规范系统进行调处，或者参照国家法规定进行处理，关键是得到双方当事人的认可，力争将纠纷消灭在布依族基层社会。这些调解人和当事双方毕竟生活在同一地域，早已形成一个利益相关的共同体，没有外人能够比他们更熟知纠纷的症结所在，因此更能灵活适用布依族习惯规范，以一个自己人的身份动之以情、晓之以理地解决纠纷。因长久生活在同一个村寨，族长、寨老和村干部等为了维持自身在乡亲们心目中的地位，一般不会私偏一方而做出不公正的处理结果。即使在适用习惯规范时，村干部们也会适当考虑国家法的规定，从而提高布依族婚姻解纷的成功率。

第二，司法程序解纷亦要适当考虑布依族习惯规范。当布依族婚姻纠纷由于多种原因而不得不走向司法程序时，我们追求的也并非一味以判决解决纠纷，而是慎思在遵循法律规定的前提下如何有效地解决纠纷，追求纠纷解决的满意程度和社会效果。这才是司法的理性，也应当成为司法追求的理想目标之一。因为在布依民众的潜意识世界里，纠纷只是“偶在性”的事件，“偶在性只是其出发点，而秩序性才是其目的”[①]。是故当布依族婚姻纠纷走向司法程序后，我们不妨恰当运用以下两种方式来促进布依族婚姻纠纷的最终解决：一方面，在当事人同意的前提下，民事审判可以尝试进行“委托调解”。布依族婚姻纠纷解决机制的主体寨老、族长和村干部对于本民族的习惯规范均已娴熟于心，他们在调解的过程中更能有效抓住当事人的纠纷焦点及症结，经过法院的委托，将这类纠纷交给纠纷发生地的寨老、族长和乡村调解组织予以解决。另一方面，在民事审判过程中吸收熟知布依族婚姻习惯规范的人作为人民陪审员。在司法实务中，我们看到法官[②]在审案过程中有时候显得力不从心，而熟悉当地习惯规范的人民陪审员却能游刃有余地抓住机会进行调解，从而使纠纷得以彻底终结。因此针对诉至法院的布依族婚姻纠纷，我们不妨挑选那些熟知当地习惯规范的人担任人民陪审员，这样既有利于调解工作的顺利展开，另一方面即使不能调解而必须做出判决，也可以在遵循法律的前提下适当考虑布依族习惯规范，尽可能地减少法律与习惯规范的冲突，提高当事人对纠纷解决的认可度和服从力，从而为判决的顺利执行奠定一个坚实基础。

五、结　语

布依族虽然偏于一隅，但“世界的偏僻角落发生的事可以说明有关社会生活组织的中心问题”[③]。既然纠纷与人类社会形影相随，纠纷解决机制就应运而生。如果仅仅是为

① 卢曼.法社会学[M].宾凯、赵春燕，译.上海：上海人民出版社，2013：402.

② 由于当今就业困难，基层法院亦有不少法官来自外地，对工作地点的习惯规范、尤其少数民族习惯规范非常陌生。

③ ROBERT ELLICKSON. Order without Law, How Neighbors Settle Disputes[M]. Harvard University Press,1991:1.

了解决纠纷,夏皮罗教授早已明确指出,“法院裁决不是唯一的方式,甚至不是最好的方式。解决纠纷的过程可以沿着‘单方妥协→双方谈判→第三人调解→仲裁→诉讼’的轴线选择,司法诉讼只是其中的一种手段,而且是最为费时费力的手段”①,这就启示我们去探寻更为便捷有效的纠纷解决机制,本文对布依族婚姻纠纷解决机制的研究即为一次有益的尝试。但本文更为深层的意旨在于,视纠纷为一个规范创造性的源泉。如同卢曼所言:在社会系统的运行中产生悖论就要去悖论一样,社会生活中产生纠纷就要解决纠纷。而“去悖论意味着发明新的区分,这些新的区分不是否定了悖论,而是临时性的取代了悖论,因此从悖论的瘫痪性力量中释放出悖论”②,这种悖论可以看作环境对系统的激扰,当系统不断克服这些激扰去消除或隐藏这些悖论时,系统得到更新及完善;如果将纠纷视为人类社会生活里的悖论,那么纠纷解决的过程就是一个去悖论的过程,探寻纠纷解决路径的过程就是发现一种使社会能够有序运转的规范化指引,从而逐步实现完善我国立法和司法之鹄的。这才是笔者研究布依族婚姻纠纷解决机制的真正意义!

Discussing Buyi's Marriage Dispute Settlement Mechanism Under The System Theory

Zhao Tianbao

Abstract: The dispute is the source of creating standardized guidelines. Buyi marriage disputes are divided into three categories: love disputes, marriage disputes and divorce disputes. The paper shows the wisdom of Buyi's dispute resolution through specific field cases. Buyi marriage dispute resolution mechanism is deeply interpreted by luhmann's social systems theory. So we can draw the Conclusion: only realize the structure coupling between Buyi's customary norms and national law, can we achieve the benign interaction of them. In the dispute be solved once again, we can find a kind of the standardization of the orderly operation to society to promote the rule of law process of china.

Key Words: Buyi; Marriage disputes; Luhmann; System theory

---

① 马丁·夏皮罗.法院:比较法上和政治学上的分析[M].张生、李彤,译.北京:中国政法大学出版社,2005(36).

② NIKLAS LUHMANN. Obersavations on modernity[M]. translated by William Whobrey. Stanford, CA: Stanford University Press, 1998: 109.

域外视窗

◎成文法和不成文法的范围

◎罗马法与伊斯兰法婚姻制度之比较

成文法和不成文法的范围*

卡特 著　姚远 译**

摘要：根据成文法和不成文法各自范围——它们在社会的自然成长和前进过程中渐次成型——的实际划分，只有公法现在是成文的，并且一直是成文的，而私法停留于不成文状态。问题不在于我们是否要让部分公法保持不成文形态，而在于是否要使私法成文化。争论存在于如下两方之间：一方坚信成文法无论如何都有着一般优越性，应该总体上延伸到私法的范围；另一方认为成文法的固有范围限于公法，除非遇到特殊紧急情势的需要，否则不应染指私法。应该认为，私法的法典化不仅在道德上不可行，而且在哲学上不可能。将私法化约为僵硬成文规则的诸多尝试，是法律中的怀疑和不确定性的最丰富来源。那些认为可以且应当用简明、有序、系统的形式编排全套法律知识的人，应该转而致力于完成一部伟大的法案释要，那将是法律实务工作真正不可或缺的工具。

关键词：成文法；不成文法；公法；私法；法典化

一、公法和私法

大部分制定法就其主导特征而论，可被公允地描述为公法，罗马的法学家们就是这样描述的，因为大部分制定法直接关乎把个人组织成为庞大的公法人（即我们所知的国家），并对国家事务的管理作出规定。另一方面，未收录于法令集的另一套法律，按照其一般特征和目的，可被命名为私法。于是我们发现如下事情大致属实：根据成文法和不成文法各自范围——它们在社会的自然成长和前进过程中渐次成型——的实际划分，只有公法现在是成文的，并且一直是成文的，而私法停留于不成文状态。因此我相信，我们在美利坚大部分州核实的法律状况，同样适用于古今任何其他文明国家的法律，毕竟我们可以查到相关记载，只要这些文明国家保持着独立和民族一体性。一旦有民族被征服，且被征服者并入征服者的疆域，那么征服者有时认为需要通过强行统一法制来巩固

* 本文是美国历史法学派宗师关于普通法国家应否进行法典编纂的重要讨论文章，译自 James C. Carter. The Provinces of the Written and the Unwritten Law[J]. American Law Review，1890(24)：1-24. 本译文系江苏高校品牌专业建设工程资助项目（PPZY2015A002）和江苏高校区域法治发展协同创新中心的研究成果。感谢最高人民法院周维明博士和欧诺弥亚微信群诸友人答疑解惑，也感谢四海法学编译馆的历次研讨。

** 南京师范大学法学院副教授、中国法治现代化研究院研究员，西南政法大学法哲学编译研究中心特邀研究员。

自己的疆域,而只有一种方法是可行的,即以通行于两国的成文法典取代两国各自的不成文私法。强大的王国和国家通过合并和巩固不同的行省而自然成长,在此过程中,同样的政策动机导致了相似的结果。对一个显然唯有凭借极其广泛细致的钻研——而这超出了我的闲暇和能力的范围——才能作出判定的问题,我不能信誓旦旦地发表意见;但我不相信有人能找到这样一个民族,它在保有独立性和同质性的时期内,未将全部公法成文化,也未使其全部私法停留于大体上的不成文状态。我之所以说"大体上",是因为各国生活中有时在私法的材料和政策方面发生骤变,而此类变革唯有通过立法干预来做到。

在民族法律的自然成长中,成文制定法完全限于公法,而塑造私法是留给司法机构的任务——这种引人注目的现象重要吗,有何重要意义呢?它是偶然、任意或疏忽的结果吗,抑或政治家和立法者无意间奉行着某种秩序和方法(这种秩序和方法是自然的指示,因此科学应予遵守)?假如把一切私法和公法尽量化为制定法形式乃是明智的政策,那么这种智慧为何没有获得普遍的认可和践行?如果说此举迄今为止算不上明智的政策,那么当前的文明状态中或者我们眼下的处境中,有没有什么情况使得现在采纳该政策变得合宜?

可以看到,问题不在于我们是否要让部分公法保持不成文形态,而在于是否要使私法成文化。公法须以成文形式表达,这一点是自始明确的,否则公法根本无法存在。就我所知,公法的本质就是履行法团行为,而这只能诉诸成文的证明。法团行为的实施,亦即国家的组建、国家的政治划分、国家的官员及其职责、国家的税收方法、国家的公路系统,绝不可能凭借理性活动从正义原则中发展出来。它们都是由成文立法首次创设出来的新东西。唯一的真正问题是,如今还处于不成文形态的私法是否应当成文化。

对于社会的普遍恒久利益来说,这个问题的重要性不言而喻。这是一个涉及基本立法原则的问题;一切有机会参与立法事务或者从事法条解释和适用工作的人士,因而尤其一切律师,都应对该问题持有正确的意见。我们不可能漠不关心地选用这种方法或那种方法来建构我们的法律体系。其间的差别是广泛且深刻的,一旦采取这种方法或那种方法,势必导致重大后果。

认为私法应该成文化的那些人,在成文化的应然程度问题上各执一词。有人极力坚持应将一切法律化约为制定法形式,这样一来,倘若出现最终未由某条法令所覆盖的案件,法院就会宣布不存在可以适用于该案的法律,该案将会悬而不决!还有人认为,应在司法目前所判定的范围内推行私法的成文化,此后出现的未被任何成文规则覆盖的案件都将交给不成文法来判定(正如目前审理崭新案件的方式)。最后,还有人认为,法典化的范围应该局限于长期牢固确定下来的规则,不太可能遭遇任何必要变化的既定表达形式已成为这些规则的专用表达形式。

另一方面,认为私法应当停留于不成文形式的那些人,并不否认有时必须用立法来干预。社会状况的进步和变迁时而要求法律作出相应改变,而这唯有借助制定法来实现;有些法律部门兼具私法和公法的方面,因此须在一定程度上由立法活动来处理。于是,在许多支持法典化的人和其他声称反对法典化的人之间,未必有什么意见分歧,他们一致认为成文法应当大体上限于公法。争论其实存在于如下两方之间:一方坚信成文法无论如何都有着一般优越性,应该总体上延伸到私法的范围;另一方认为成文法的固有范围限于公法,除非遇到特殊紧急情势的需要,否则不应染指私法。这两方的分歧不可调和。"

二、法典编纂据称会带来的好处

一旦这样阐明真正的问题之所在,我要为该问题的解决贡献绵薄之力,毕竟我不能冒昧地声称我要解决该问题。

此种探讨的第一步,就是去追问所提议的变革将会带来什么好处;除非可以合理确定该变革将会带来非常实质性的益处,否则不宜进行劳民伤财、招致风险的尝试,对此我毋庸赘述。故而我们首先应当保证没有高估可能的好处;因此我有必要费点笔墨说一说,人们通常以为不成文法的总体法典化将会带来怎样的益处。

法典编纂计划的倡导者通常采用的一条理据是这样的:如果国家想要强令其公民遵守任何规则,就应当让公民有公平的机会预先知晓规则的内容,这样人们就可以按照规则调整自己的行为和规范自己的交往,此乃天经地义的事情;而目前的情况是,除非咨询专业人士,否则大多数人连去哪里查阅不成文法的知识都搞不清楚,并且也没办法让他们搞清楚;至于寻求专业咨询意见这一点经常是完全不可能的,而且也总是不合理和不公正的。那些倡导者倒是并未妄称法律的成文化将完全解除上述难题。他们承认,许多人甚至不具有阅读法条的能力,能够理解法条的人就更少了,何况能够理解法条的人里面又有许多人干脆不愿费心这样做。但他们坚信,为每个人提供了解法律的机会是国家的重要职责,而且许多人都会欣然利用这项特权。

我绝不会声称上述论断毫无说服力,实际上它倒是可圈可点,但我们或许容易高估其真正意义。我们都知道,大部分人从不阅读成文法条,如果外行人感到确实有必要了解法律的规定,他很可能寻求专业人士的咨询意见,无论面对成文法还是面对不成文法。再者,眼下我们有很多途径从专为外行老百姓编写的书里大致了解不成文法,但对之投以关注的人少之又少。既然外行人完全忽视他们手中已然掌握的法律知识获取途径,我们有什么好的理由相信他们会积极主动地尝试根据制定法了解法律?

有时人们根据另一条理由呼吁全体法律成文化:共同体会选举出许多公职人员(比如治安法官以及其他的司法和行政官员),他们的职责是执行各种法律,但他们没有能力获取不成文法的知识,也不掌握让他们有能力获取此类知识的书籍。在此我还是要说,不应高估这条考虑因素的重要性。这里涉及的大多数案件中,上述官员被要求执行的法律是公法,而公法已经成文。至于在可能执行私法的其他案件中(例如基层司法官员审理的民事案件)，我认为你们将会发现，无学识者假如关注普通人心目中那些简单的正义原则，也能做出正确的判决，其效果将远远好于努力适用按照精确公式——此乃制定法规则的应有表达形式——陈述的制定法规则。

时常还会碰到这样一种说法，即如果采纳所提议的变革，将极大地促进学生和年轻的法律职业人士获取法律知识。但如下观点对这群人而言乃是老生常谈：要掌握我们所操持的这门学问，没有捷径可言；对法律的真正认识——唯此方可成就法律人——就是认识法律的目的、法律的理由、法律的哲学、法律的方法、法律的限度、法律的精神；花上一段岁月去阅读枯燥的制定法，并不会带来利用一年时间悉心钻研实际案件所达成的结果，因为我们在实际案件中可以看到人们如何讨论法律、如何进行法律推理以及如何将法律适用于真实的人际交往。

还有人坚称，如今法律实务必备的图书数量已经迅速攀升至惊人的地步，这种极其重要的恶果本身就要求采纳所提议的变革。人们显然夸大了这一恶果。法律书籍的数量的确在迅速增长，但关于其他一切学问的书籍数量也都在急剧攀升。我们只需要参阅其中的一小部分。最优秀的工人不是占有最多的工具，而是知道如何娴熟使用相对少的必备工具。

以上我就法典编纂的好处所草草勾勒的几种意见，并不十分重要；即便法典编纂事业可行，我仍很怀疑那些所谓的好处能否兑现。但还有一种性质上截然不同的意见：法典编纂的专门倡导者坚信成文法具备凌驾于不成文法之上的固有优势，即成文法更加确定，故而所提议的变革将导致诉讼数量下降，并使人更容易审判那些实际提起的诉讼。倘若有什么法律形式上的变革可使人合理憧憬这样一幅美好蓝图，我们势必夹道相迎，这自不待言。

三、编纂不成文法的可行性(一)

以上提议的所有好处都假定：不成文法的完整法典化是可行的；不仅可将不成文法的某些一般原则予以成文表达，并且可将整套不成文法予以成文表达，而丝毫无损于目前我们法律体系的卓越品质，于是公民可以预先了解那些规范自己行为的规则；于是或可消除当前法律典籍的烦冗状况；于是各级法官可在单独一卷或半打法典里找出判决任何纠纷的确定规则。这样看来，可行性，特别是这种程度的可行性就成为主要问题了。

有人提出，假如可行性是唯一的真正问题所在，那么诉诸事实即可对此作出快速判定。于是便有了如下追问："难道罗马没有私法典吗？难道法国没有法典吗？普鲁士以及其他诸多欧洲国家难道没有吗？"倘若你问那些诉诸这类事实的人，他们倾向于依赖哪种典范作为成功履行法典化任务的事例，他们会异口同声地答曰：以法国为师。但他们要把法国的例子作为判定前述可行性问题的依据吗？果真如此的话，事情倒很快有定论了。我前面所列举的得到法典化拥护者肯认的那些好处，法国一点儿也没沾到。但凡公允中正的观察者都会承认，英格兰的法律体系，以及较早加入美利坚合众国的各州的法律体系，较之法国法律体系远为优越，在确定性这个关键问题上尤其明显。法典化的力倡者谢尔顿·阿莫斯先生曾说："相比于一位法国律师被要求为客户出谋划策时必须准备应对的情况，人们一直指责的英格兰法所面临的极大不确定性和犹豫不决，几乎只算得上无关紧要的过失。"①

而通常被尊为最杰出的法典化拥护者的奥斯丁，则坦承自己无法在人类经验中找出法典化的成功范例。面对这一情况有人解释说，迄今为止创制的法典都很不完善，可这不等于说人们不能制定出优秀的法典。但这一情况肯定扫除了如下论断，即可以参考实际经验来证明私法成文化的可行性。无论前面援引的那些法典可能是别的什么样子或做到别的什么事情，它们毕竟不是对不成文法的成功化约。我所争论的是事情而非名称。毫无疑问，所谓不成文法的法典已是成文的东西，同样的做法不妨再次尝试；但这样一部法典在被制造出来之后，其真正性质是怎样的呢？这才是重要问题。一旦发生需要解决的争议，是否会在该法典中找出相应的裁判规则，抑或仍有必要诉诸某种不成文法？假如该法典确实提供了一条规则，它会不会就是开明的法官在没有法典时宣布的那条规则？果真如此的话，那么不成文法的确已被化约为书面形式；如若不然的话，不成文法仍旧停留于不成文形式，或者已被一种不合乎正义因而本不应制定的法令所取代。

或许我们可以拿加利福尼亚州为例。上述诉诸法典的做法将更不奏效。如果你愿意的话，请遍览加州的司法判决汇编，你会发现加州各家法院大都在我们寻求私法的地方寻求私法，而甚少诉诸法典，除非遇到法典所宣布的规则与之相冲突的情况。如果你考察一下《加利福尼亚州法典》，就不难理解这一状况。你会发现那里面的内容不是法律，而大都不过是一些对解决纠纷无甚帮助的笼统规则。

但尽管成事不足，是不是也不至于败事有余呢？在这方面我们铁证如山。已故的波默罗伊(Pomeroy)教授是一位杰出的法学家，曾任加州大学法学院院长，他细致评估过《加利福尼亚州法典》的运行状况(这也是他的职责所在)；虽然他本来倾向于赞成法典编纂计划，但事实胜于雄辩，他发现该法典对法律的整全性和确定性为害不浅，此后几年他在《西海岸报道员》上发表一系列文章对此敲响警钟。② 他指出，该计划的错误和不确定之处实在太多，正在逐渐动摇法律，若不加矫正，后果将十分严重。为此他建议各家法院就该法典的解释规则达成共识，并毫不犹豫地将之适用于该法典，即假定在该法典颁布之前已先行存在一种覆盖所有案件的生效法律，该法典只是力求使其成文化而不作任何改动，除非法律条文明显透露出一种作出改动的意图。这番评论简直了！它直接提议假定存在着另一种用于查明法律的渊源(尽管法律已被化约为制定法的形式)，该渊源优于制定法本身；换言之，尽可能无视那庄严的加州成文法，乃是明智之选！

① Sheldon Amos. An English Code[M]. 1873:125.

② West Coast Reporter(Ⅲ & Ⅳ).

这样看来,只要我们诉诸现实经验,就完全不能赞成私法成文化的可行性。这一壮举从未得到实现;但这本身不能证明此举不可能得到实现。若是此举在人的能力范围内,那么为之付出心血无可厚非。若是此举超出人的能力范围,那么为之进行的一切尝试不仅势必流产,而且会招致更糟糕的后果。我们在努力改进法律的时候——而且我们理当不懈努力——只应运用可行的方法。真正的科学仅仅指明可行的方法。你会发现其他一切方法只会引发错误、无知和江湖骗术等常见结果。接下来让我们看看这项工作就其本性而言是否可行。

四、编纂不成文法的可行性(二)

有个结论很容易得到证明,即不可能写下能够适用于未来任何交易的法律,因为不可能知道那种能够适用于未来任何交易的法律。要发现这样的法律就只有详细审视交易的特征,而只有实际面对该交易才能做到这一点。我们将对象进行科学分类的能力必然局限于那些纳入观察范围的对象,法学家或法典编纂者不能对人类未来的交易作出分类,因此也不能构造相应的法律,正如博物学家不能对未知世界的动物群和植物群作出分类。

我们固然可以设想出未来的交易,并通过对其进行分类而为其制定法律;但这样一来我们所处理的世界就是假想的世界,我们所创设的法律也就应当被视为假想的法律。如果我们力求通过颁布该法律而使之成为现实的法律,那么该法律的运作究竟有多么正当和有效,就完全得看我们假想的世界究竟有多么符合未来所展示的现实世界;聪明人心知肚明,二者不太可能相符。我们固然可以尝试把这种假想的法律强加于现实世界的未来交易,但它绝不是正义的或值得尊重的法律。它算不上正义,而仅仅是专断的规则。它绝不是在把社会的正义标准适用于人们的交易,而如我多次指出的那样,那正是法的目的和宗旨所在。因此,就未来的交易而言,法典化不仅在道德上不可行,而且在哲学上不可能。

现在我们更加清晰地认识到,适用于私法的不成文规则和制定法规则之间有着截然区分。它们都被认定为私人交易的治理规则。前者把握过去的交易,并通过对之进行分类而制定自己的规则;但这些规则仅仅是暂定的。不成文法宣称,只有遇到与作为规则构造来源的那些交易实质上相似的交易,这些规则才对法院有拘束力。对于可能呈现不同外观的未来案件,不成文法悬置判断。只有这些未来案件真的发生时,亦即当且仅当这些案件的特征可被考察之时,不成文法才对其作出考察和分类。但是成文法自称已对一切可能的交易作出绝对分类,且不论其规则最终被证明多么不适用于未来的业务,也不会变化或更改。成文法拒不按照科学方法进一步调整,而科学方法是依据交易的实际特征来考察和分类的。它坚信,科学方法的操作过程不管在过去多么有用,现在将告一段落。它宣称科学已最终完成其使命——科学现在大功告成(functa officio)。它对驻留人类胸怀中的最崇高最神圣的欲求(即对正义的向往)说:"且慢!"凡在法律中发挥作用的理性、科学和良知——法律是这三者本原的、专门的、最高的领域——都被即刻的和绝对的麻痹所打击。

我知道,这些论断都是强论断;但除非我所言错误,否则我就要呼吁这些论断并为之正名。如果那些形形色色的法典编纂计划果真声称为人类行为制定用于未来案件的规则,并确实取得此一成效,而未来案件的法律特征和道德特征尚未得到详细审视(因为不可能做到),那么我就没有误解那些法典编纂计划。不过有人会说,明理的法典编纂者打算在创制规则的时候,允许认为规则之设计并不为着适用于新情形,由此让法院有机会限制规则的适用。但这种说法忽略了成文法和不成文法之间的彻底区分。不成文法的特点其实就在于它的规则仅仅是暂定的,并不包摄具有根本不同外观的新情形;如果所设计的法典编纂也止步于此,那它就一无所成。这样的法典编纂仅仅是汇编。可是,颁布的成文规则的特征就在于,它包摄其表述范围内的全部情形,无论情形新旧。倘若所设计的法典竟然不会适用于全部情形,那么我们怎么知道法典编纂者意图从中排除哪些情形呢?显然不能推定法典编纂者具有如下打算,即法典中的规则不应适用于未来出现的情形,因为这将剥夺规则的全部法律性质。人们制定法律是为了未来而非过去。假如有人提议,规则应仅适用于在一切实质方面皆类似过去案件的案件,那么我承认若真进行这样的限定则可避免大部分危害。但我们如何得知这确实就是立法意图呢?法规的字面上可没有这样的指示。而且如何查明所谓的"类似"呢?如果说前述限定将会避免法典化的反对者所虑及的主要危害,那么它将会获得法典化的拥护者所期待的多少收益呢?这样一来我们的境况就与编纂法典之前没什么两样,只不过引入了一条新的成文法解释规则,而其结果将使成文法陷入迷乱,并剥夺成文法在其真正固有领地(即公法)的至高卓越性,因为在公法领域重要的是准确依据其措辞来解释和适用成文法,而不考虑情形的新颖。这样的适用在公法领域不造成损害,因为公法并不关乎行为规则,也不依赖精准的正义。

但如果私法典编纂的倡议者郑重提出,他们不打算碰触新的案情,而打算留待其按照当前立场加以裁判,那么他们肯定会认为非常要紧的是应在法律本身中明确表达这一意图,而且他们不能反对增加如下条款:"当未来案情在实质方面不同于作为现有司法考察对象的案情时,不得将本法典解释为可以适用于这些未来案情!"这就反过来证明了法典化的荒谬。法典化过程已得到尽可能的贯彻,而法律却还是老样子;并且前提还是源自过去交易的规则已被准确表述为成文形式(人们会发现这或多或少不是事实)。不!那些坚信应以成文形式表达私法体系的人,实际上在力求为一切未来案情创设规则。他们的实际目的是停止理性过程,并在具体案件的判决活动中以"明文规定的是什么?"这一简单追问取代"正确的是什么?"他们的伟大传道者杰里米·边沁可谓义无反顾。他清楚地认识到,只要存在私法典,就不可能允许法官在该法典之外寻找规则,即便是在裁判新的案情。他的观点是不计成败地把制定法规则强加给人们并强迫人们服从。他认为,要是他能消除按照普通法判决方式裁判纠纷的倾向，那么成文法典就将奏效并成为国民之幸。套用他本人的语言："完全采取字面解读；不要揣测；不要论证；你的行为规则——该规则所决定的你的命运，就摆在你面前。"他曾写给美国人民一封长信，并给出这样的建议："是的，我亲爱的朋友们，如果你们相互爱护，如果你们珍重身边每位同胞的安危，那么就请拒绝我们的普通法入境，正如你们会拒绝瘟疫入境一样。就让我们受那鬼把戏的统治吧，我的国民甘之如饴、咎由自取。"①

他认为应采取以下附加举措以保存法典。以下保障措施的必要性是毫无疑问的：

"要达成此一目的，就必须禁止引入一切不成文法。仅仅砍掉九头蛇怪的脑袋是不够的；必须灼蚀伤口以防止长出新的脑袋。如果出现了法典未加规定的新情形，那么法官可予以说明并指示救济方式；但不允许将任何法官的判决（更不要说任何个人的意见了）作为法律来引用，除非立法机关已将这类判决或意见写入法典。"②

于是我们就得到一种效果，即法典规则覆盖范围内的每种情形都要严格按照该规则进行裁判，不论法典编纂者当时有没有想到过这种情形；法典未提供处理规则的新情形要搁置起来不予裁判！把纠纷搁置起来不予裁判！这是地地道道的无政府状态。而虽说无政府状态很糟糕，命令以明显违背正义的规则来裁判案件则更加恶劣。

但请注意，就连边沁和法典编纂者也为科学和理性的作用保留了一些余地，他们不得不认为一旦发现法典的缺陷，就可以要求立法机关修法；这样看来，我们可将科学和理性（否则的话它们真就被埋没了）用于监督法典的运作，以及在发现法典所涉及的分类出错误的时候，用于提议法律文本的修正案。我深知人类的一切发明都是不完美的，也深知即使人类最卓越的发明也经常需要修正。但立法的需要必定确是相当迫切的，以至于仅仅因为可加以后续修正才允许通过一部恶法。每一种规定了行为规则的成文法，都固有地断定自己是正义的、不容置疑的。只要它在运作，它就固执地要求科学和理性缄默不言。只是在关于法律的反对意见那里，人们才能听闻科学和理性的呼声；如果说这些呼声通过提出修正案而成功引起人们的关注，那也不过是昙花一现，而且还得接受一条苛刻的条件，即它们不得不因此在不确定的未来陷入沉寂。而何况修正案总是来得太迟而无济于事。危害已经铸成，而且无可挽回。判决书已经下达，必予执行；就算判决书尚未下达，也还是只能依据未加修正的法律作出决定。修正案的效果仅限于防范特定法条的未来错误，以后依然可能出现许多完全未加抑制且同样无可补救的错误。

但有人尽管承认以上关于不可能以成文法正确规范未来案件的观点，仍可能倾向于认为我们夸大了该方向的努力将会招致的恶果。他们或许这样追问："成文规则未加妥善处理的未来案件果真非常之多吗？人类经验难道不是已经近乎穷尽了社会生活所可能展示的各种现象吗？人与人的交往难道不是大致彼此重复的吗（这种重复并非细枝末

① BENTHAM. Bentham's Works[M]. Vol. Ⅳ, 1843: 504.

② BENTHAM. Bentham's Works[M]. Vol. Ⅲ, 1843: 209.

节方面的,而是就其实质特征来说的,正是这些实质特征为其打上了法律属性)?因此,源于已知事实分类的规则难道不会在绝大多数情况下伸张正义吗(偶尔的失策虽未完全消灭,但数量微乎其微,只能算得上不足挂齿的缺陷,这类缺陷是人类的任何制度都在所难免的)?”

比上述错误更严重的错误是很难被迁就的。在查明和适用法律方面几乎全部的困难都正是出现于新的案情。大量的生活交往确乎在重复着既有的生活交往,这重复倒谈不上一模一样(那是绝不可能的事),而是指一切实质特征的重复。这些生活交往曾被一次或多次纳入司法的审视范围,且其调整规则亦被获知。它们的现身和消逝并未引起律师或法院的注意。呈现出前所未有的实质特征的交往,或者新的事实集合和事实编组,催生出大量的纠纷和诉讼。正是在这里出现了困扰着我们的疑难。倒不是说案情整个看来是全新的,而是说构成案情的事实编组是新的。倒不是说我们不知道任何能够适用于该交往的规则;兴许存在着不少相关规则。若干条不同规则都在各自的固有地盘是全然正当的,此时却为了取得统治地位而一争长短。问题不在于这些规则是对是错;它们可能都对。问题在于什么规则必须做出让步,或者说全部规则或某些规则是否决不能以变通或限缩的形式发挥作用。若把一条源自不同交往的规则强加于另一些交往,那将是致命的错误。那就等于为了整齐划一而牺牲正义,而多样性到哪里都是正义的特色。正义的标准必须适用于人类事务。这意味着正义的标准必须适应人类事务,否则就谈不上适用了。

法律体系的塑造必须依照人们的实际惯例。谁若以为能够预先制定僵硬的规则,并以为能够教导人们习得这些规则且令生活事务适应这些规则,谁就愚不可及。仁义的法律听命于人心,而不是主宰人心。只在极其有限的范围内,并且只在涉及相对不那么讲求正义与否的事情时,人们才能领会到并且认可严格划一的规则具有至高优越性。就影响到自由、财产和名誉的重要问题作出判决时,所依据的规则竟然不是立足于真理和正当所构成的恒久基础(或者这种恒久基础中为最贤达人士所能理解和适用的那部分要素),这是人们从未忍受也决不会忍受的事情。不!正是涉及未来交往的时候,人们才会遇到大量的法律不确定性现象。各法院都要无休止地处理未来交往,不成文法的无限优越性也正在这里得到彰显。成文法和不成文法这两套系统都基于过去的智慧;只不过,不成文法将那种智慧当作指导者,而成文法将其树立为独裁者。成文法作茧自缚,不成文法无拘无束。

如下观念是一种徒然的幻觉:社会已经达到或终将达到平衡安稳的状态,以至于明日的交往在实质上仅是今日交往的单纯重复。宇宙的每个部分都始终处在变动不居的状态,人类领域的变化尤其活跃。关于法典化的争论大约过去一个世纪了,此前人类历史上哪个时期曾像近几十年这样到处充斥着变化的现象和进步的成就?

不仅无知之人,连本应见多识广之人也习惯于抱怨法律的那种必然的不确定性,仿佛那是律师或法官的过错或者我们法律体系的毛病,而非自然秩序的固有特点。哪里找的到确定性呢？伦理学、政治学或宗教学是确定的吗？倘若人类最高超的智能如今可以创设一套确定的道德典章或政治典章，这套典章会在多大程度上有助于我们解决未来层出不穷的问题呢？实际上，道德科学中没有哪个部门比法律的不确定性更少，也没有哪个部门在由不同头脑解决新问题时，像法律那样展现出如此高度的一致性。

别去抨击这种不确定性，而应该欢迎、应对和克服这种不确定性。不确定性是人之本性的准则。它提供了道德进步和智识进步的可能性前提。“进步生于斗争，斗争生于困顿。”若是没有无休止涌现出来要求解决的新难题，科学、理性和道德将沦为什么样子？若是正义可被固化为一套僵硬的不容变更的规则，法律还有什么进步可言？

以下事情值得一再申说：私法的职责就在于把正义的社会标准适用于已知事实，而按照人类的理解，就未来的交往而言无所谓法律，只有“必须伸张正义”这条宽泛的诫命。在上帝创世之初，第一个人便感受到该诫命的义务。一些事实和情况出现在未来，且某些方面可能不同于过去呈现的任何方面，当我们处理这类事实和情况时，该诫命便是我们当此能够真切感受到的唯一诫命。已经发生的一切事情都可能成为司法思考的主题，人们可能宣告与之相关的正义规则，并且此一宣告可能恰如其分地适用于未来可能出现的所有类似案件。但这里有着人类理智绝对无可逾越的界限。在那“唯一的无限的精神”看来，未来一如当下，他仅凭其无所不知就能为未来规定法律。法典编纂者竟试图效仿此一属性，这就好比布景师试图摹拟朱庇特的雷霆，不仅徒劳无功，而且可悲可叹。“疯狂啊，那些模仿这种不可模仿的雷霆的人！”（Demens qui'nimbos et non imitabile fulmen ... simularat ... ）

制定法若被限定于其本来的领域（即公法），其中就无人试图为未知的事实状况创制规则。那些可以说由制定法创设并加以专门具体规定的事实状况，虽然的确要在未来出现，但它们却被知晓，或者换言之，是被作为已知事物加以考量的。当制定法所具体规定的这些状况出现的时候，制定法便有所处置，否则就无动于衷。诚然，制定法所具体规定的状况有可能跟其他未曾预见的状况一道出现，且后者使得制定法原本的处置方式变得不正义。立法者要是预见到后者，本会作出不同的制定法安排。可是，人们必须按照现在白纸黑字写着的样子实施制定法。这是成文法无从逃脱的时而出现的恶果；但如果成文法局限于公法这一本来的领域，该恶果就会被遏制到最低限度，变得可以容忍。一旦人们力图将成文法拓展到私法领域，该恶果就会随之不断膨胀。颁布私法的规则，不过是在力图制作或仿造正义；但正义拒绝人们的制作或仿造。正义像引力法则那样绝对地存在着；要是我们可以按照我们的意愿来左右引力法则的运行，我们也就可以将我们自己的意见颁布为法令、为其冠以正义之名并期待其兑现正义的职能。只要我们单纯致力于查明和服从引力法则以及正义法则，二者就会成为人心之忠仆；但倘若我们试图用任何替换物取而代之，那么我们就会因为我们的愚蠢而自食恶果，陷入混乱不堪、无法收拾的局面。

五、成文法的不确定性

观察如下现象是十分有趣的：一旦有人试图教促成文法效力于它不宜效力的事情，成文法甚至会全然丧失它那引以为傲的确定性优点。要是人们力图用制定法条文覆盖私法的任一部分，连最敏锐的头脑也难以准确预见未来的事态。不正义和困境立即开始涌现，反对制定法的声音方兴未艾。不正义一旦达到深重的地步，就震撼着道德感。受损害的当事人朝着不法行为咆哮。法院畏畏缩缩，不再履行惩恶扬善的职能。关于制定法含义的质疑纷至沓来。一方坚持条文用词的通常意思，另一方则坚信制定法不太可能意图达成通常词义所指向的那种不正义状况。要化解该难题，往往得运用精微的解释技艺，于是人们为了正义的利益而利用解释清除掉语言的字面意思。将私法化约为僵硬成文规则的诸多尝试，是法律中的怀疑和不确定性的最丰富来源。法官们为解释《防止欺诈法》(Statute of Frauds)并使之契合正义的指示而付出的心血，恐怕五十卷书籍都难以完全记载。为保全信托免遭摧毁，各家法院的判决使《用益法》(Statute of Uses)的大部分内容绝对失效；而立法机关也没有冒昧地质疑这种司法行动的功效。《1830年制定法修订本》(Revised Statutes of 1830)之前，在纽约州，普通法为防范永久处分(perpetuities)而确立了一条简明且自然的规则。该规则将财产转让的约束限定于[给付]在世者。睿智而博学的制定法修订者们打算改进这条规则，就把这里的约束限定于[给付]两个在世者这一专断的数量。[受给付的]在世者是两人还是别的数量，这种差别作为政策问题无关紧要；但结果怎样呢？1830年之前，在纽约州的整个司法史上，只在一起案件里出现了基于给付义务太久远或太辗转这一理由抨击财产处分的情况。打那之后，因为所宣称的未能符合该制定法要求的情况，涌现出170起案件困扰着法院；而且我可以断定，在所有这番纠葛之后，最令纽约州法律人焦头烂额的任务，就是订立一份力图在一定时间内限制财产转让权的遗嘱。

边沁的如下清晰理解是正确的，即没有哪部试图确立行为规则的成文法，能够面对理性和正义的抗议而长期岿然不动；但他居然认为可以禁绝那些理性和正义的严正呼声，这是读书不精且不谙人性的遁世者的荒唐念头。他如果了解人的话就本该知道，一旦出现纠纷，对峙的每一方都会通过扪心自问正义站在哪一边而打定主意。这里正义的意思是根据通常的正义观来定的。当事人愿意诉诸司法审判来确认正义站在哪一边。单单关于该问题的判决本身就会满足他们。所有人都依赖判决结果。人们行将进行交易之时，不会查阅书籍来了解什么可为、什么不可为，也不会查阅印行的法律条文；他们只不过在行事时深信，万一发生争端的话，调整其交易的那些法律规则将会是合理确定和适用的正义与常识的简单指示。但凡对历史有所了解，都会得到同样的教训。罗马的早期立法试图将所有法律成文化，并让正义定格在《十二表法》之中；早期英格兰法僵硬的诉讼形式，跟制定法一样缺乏弹性，也类似地妨碍了作为政府首要职务的司法管辖功能。在以上两种情况下,社会的需要都在抗拒僵化的束缚,于是罗马的裁判官法和英格兰的衡平法——二者都是美轮美奂的理性创造物——重新维护了正义对于人类交往的永久主宰权。

一些人会有这样的看法,即鉴于只有经由法院的宣告才能在新的疑难案件里知晓不成文法,法院所真正履行的职责其实是创制法律,这样一来,所谓法院仅仅在宣告既存的法律,这种观念就是矫饰,或至少是虚构;而立法机关其实才是唯一的造法机构,将造法职责如此大范围地交给法官来履行,乃是共和政府中的一种乱象。但若思忖一番,就会发现这些印象是根本站不住脚的。

倘若这些印象点出了什么真相,倘若所提到的那种越权乱象果真存在,该乱象也并不能通过任何法典编纂计划得到矫正。没有任何立法机关——比如当下的立法机关,或者历史上已知存在过的任何立法机关——真的能够创制一部私法典,这是我在诸君面前不必赘述的事情。最狂热的法典化倡导者也不至于断言哪个立法机关具备此种能力。用他们喜欢援引的杰出人士约翰·奥斯丁的话来说:"立法机关创制法典的能耐并不比它的绘画本事更高明。"立法机关所能做的不过是正式采纳一部实际上由其他人创制的法典,这些人通常被命名为"法典委员会委员"。但这些委员会委员将如何履行他们的使命呢?从我们目前能够了解到的现有实例来看,他们不过是把他们认为已由司法判决所设定的规则拿过来;也就是说,他们所采撷的正是有时被嘲笑为法官造法的东西。或者,如果说他们此外还有所作为的话,那便是他们做出了某些在他们看来的改进,而他们在这样做的时候,只能根据自己对正义和权宜的理解来重新表述规则或增添新规则,别无其他可能的方式;也就是说,他们的所作所为正是他们坚称唯独立法权才有资格做的事情!于是前述抱怨实际上就等于这么一条,即创制法律的是法官而却不是委员会委员。那么,一方面是法典委员会在未接触实际事实、没有律师的辩论、没有上诉修正的情况下的草草创制,另一方面是具备所有这些便利条件的法官群体的创制,两者之中哪种方式可能最妥善地创制法律呢?

但所谓的越权乱象其实并不存在。法官宣告法律,而不创制法律——这是千真万确的事情,绝不是虚构或者矫饰。倘若法院真的创制法律,他们会拥有和感觉到立法者的自由。他们能够而且将会按照他们自己对于正义和权宜的见解来创制法律。他们不会受到任何既存法律的实际束缚,也不会感到自己受到束缚。实际情况显然与之相悖,自不待言。法官必须遵从先前宣告的法律;或者,如果案件具有某些新特征,法官在判决时也须与既定规则保持一致。终审法院有可能出于明白的事由背离它认为错误的先前学说,但行使此类权力的实例凤毛麟角。要是哪位法官自以为拥有立法者实际享有的那种程度的专断权力,显然免不了被弹劾的命运。

优秀的法律人常说,他们遇到的主要困难不在于确定法律规则,而在于将其适用于案件事实。这表达了我一直在坚持的真理,尽管他们的表达并不到位。所谓的法律适用中的真正困难,在于没有充分把握事实。在考虑崭新的案件时,我们习惯于搜肠刮肚地查阅判例汇编和教科书，以便了解与该主题相关的法律规则的种种表达方式，几乎毫无所获，而一旦我们突然注意到事实中的某个新情况，一切迎刃而解了。我们发现我们手里有的是法律规则，但却不知道应把交易置于哪些规则之下。这是因为我们对交易不够熟悉；每个训练有素的法律人都会赞同以下论断，即在疑难案件中首先需要的是密切关注交易的事实。在大多数案件中，该方法将会解决全部的难题。这是因为法律这门科学的要义就在于观察和划分人类交往。分类的原理，即科学秩序的原理，也就是法律的原理，已经摆在那里；任务只在于查明事实或事实编组的真正特征，而一旦做到这一点，交易可以说就似乎顺理成章地归入其应有类别了。

但会有人这样认为：虽然必须承认的是，只要尝试以成文形式颁布精确且具体的私法规则，就会因为它们最终无法适应具体案件的迫切需要而酿成弊端，但这番尝试只有在力求精确化且执迷于细节规定时才会引发前述弊端，而在不造成任何严重危害的条件下颁布比较宽泛的规则是可行的。毫无疑问，弊端越少，处境越好。然而，倘若那种有限的法典化形式果真可行，它究竟能带来什么好处呢？显而易见，法典化倡导者曾断言的那些作为法典化功效理据的好处，在此全无影踪。最后的成果将只是某种法律要点归纳，既不会满足任何职业需要，也不能使人们比现在更好地预先知晓规范其行为的法律，只是一如既往地把法律交由法院来创制或者宣告。另一方面，我们怎么能够确信这样一种尝试将会摆脱弊端？它肯定不会没有弊端的。前面提到的论点暗中承认法典化是一种错误的方法，但却以为一旦启动法典化进程，弊端就会消遁。此番推理大谬不然。弊端的原因一旦启动，弊端也就随之而来。成文的法律规则必须调整其术语覆盖范围内的每一种情形；而不论人们对这些术语多么小心翼翼，也不论从过去大量案例中得出的最宽泛归纳为这些术语提供了多么有力的证成，人们仍然很可能有朝一日发现这些术语要囊括一种本应从中排除的情形——此种危险随着法典化的启动而露出端倪，并随着法典化过程日益扩展到细枝末节，此种危险也就同比例地增大。满腹经纶之人方能为我们厘定安全和风险的分界线。除非确定将会获得某些极为实质性的益处，否则决不贸然投身于可能遭遇巨大风险的事业，此乃智慧的题中之义。

时而冒出一种令某些法典编纂计划倡导者印象深刻的观点：我们至少确实知道关于法律的大量知识，必须允许人们以简明而系统的形式编排这些知识，使之成为专业人士（特别是那些无权借助庞大图书资料的专业人士）和试图了解法律的普通国民可以利用的资源。倘若这就是所谓法典化力图做到的全部事情，所有人都会鼎力支持，怎能有人在言行上加以反对呢。但是，由此指明的现存需要并不源自法律本身的任何不完善之处，而是由于法律论著确实不够充分或被假定不够充分。立法机关或者法典委员会委员可以写出更好的法律论著吗？幸运的是，那些捕捉到这种需要的人，可以随心所欲地弥补之而不必求助于立法。用科学的语言和简明而系统的形式阐述整套法律，这正是人们所理解的优秀“法案释要”的样子；此种作品兼具完备性、严谨性和正确性，其价值无可估量。它不会实际取代关于各部门法的专门论著或者判例汇编，而会通过简化理解而节约劳动量。它会更新尘封的记忆,在读者头脑中重塑凋零的学识,通过展示法律全貌而使人形成某种大局观并把握各部分的关系,进而确立和普及统一的术语体系。此种作品一旦由高手写就,将成为每位律师和每位法官的案头必备参考。它将成为法律人施展技艺时唯一不可或缺的工具。谁若真能施予此种恩泽,必将收获足以慰藉任何贪欲或野心的名利。确实不宜将此种作品制定成法律,因为要是它里面的规则变成了僵硬作用于未来案件的东西,连它也将全部沉沦;制定法一方面将它转换为弊端的帮手,另一方面也绝不是它实现真正价值的必要条件。它可以自豪地摒弃任何立法批准。因此,请那些认为可以且应当用简明、有序、系统的形式编排全套法律知识的人,转而致力于完成那部伟大的法案释要吧。那可能需要殚精竭虑的耕耘,但其辛苦程度肯定不会超过制定一部试图完成相同目标的法典所耗费的劳动。谁若有制定法典的能力,谁就能完成此一相对简易的任务。

The Provinces of the Written and the Unwritten Law

James C. Carter trans. by Yao Yuan

Abstract: According to the actual division of the provinces of written and unwritten law, as they have arranged themselves in the natural growth and progress of society, public law alone is in writing, and is always in writing; and private law is left unwritten. The question is not whether we shall leave any part of the public law unwritten, but whether private law shall be reduced to writing. The contention lies between those who insist that written law has a general superiority for all purposes, and should be extended generally over the province of private law; and those who believe that its proper province is confined to public law, and that it should not be extended to private law except where special exigencies make it necessary. It should be argued that codification is not simply morally impracticable, but philosophically impossible. Of all the sources of doubt and uncertainty in the law, none are so fruitful as those which arise from the attempts to subject private law to unbending written rules. Let those who think that what is known of the whole body of the law may and should be arranged in a concise, orderly and systematic form, direct their efforts to the accomplishment of a great Digest, which would be the vade mecum for everyone in legal practice.

Key Words: written law; unwritten law; public law; private law; codification

罗马法与伊斯兰法婚姻制度之比较*

——从《婚姻法》在我国民族地区的实施效果透视

王　刚**

摘要：罗马法与伊斯兰法婚姻制度在婚姻观念、婚姻原则、婚姻程序、夫妻财产关系等诸多方面各有异同，前者开启了近现代各国以及我国现行婚姻制度之先河，而后者对我国信仰伊斯兰教的诸少数民族影响深远。在多元文化并存的社会背景下，继受于大陆法系的我国现行婚姻法与深受伊斯兰法影响的少数民族婚姻习惯在婚姻原则、婚姻程序以及夫妻财产关系等方面存有较大冲突，致使国家婚姻法在民族地区之权威性遭受挑战。因而，从渊源上梳理和总结罗马法与伊斯兰法婚姻制度之基本精神，不仅有助于不同法系之间的交流与沟通，而且对促进我国现行婚姻法在民族地区的适用与认同，实现国家民事制定法与少数民族婚姻习惯之间之良性互动具有重要的实践价值。

关键词：罗马法；伊斯兰法；婚姻制度；少数民族婚姻习惯；社会认同

罗马法系与伊斯兰法系均为对世界产生过深远影响的重要法系。罗马法系脱胎于罗马法，而罗马法中的婚姻制度颇为发达，以至于后世法律同样不可避免地予以合理的继受。"在以法德民法典为代表的大陆法系中，绝大多数国家的婚姻法都多少具有罗马法影响的痕迹。"①虽然从历史渊源上很难断定我国现行婚姻制度直接继受于罗马法，但罗马法对我国现行婚姻制度的影响是不可否认的。从国家制定法的角度来看，我国现行婚姻制度显然没有受到伊斯兰法婚姻制度的影响，但在我国信仰伊斯兰教的少数民族当中，伊斯兰法婚姻制度的影响却较为深远。颇具伊斯兰特色的民族婚姻习惯与我国现行婚姻制度在诸多方面存有冲突，致使国家婚姻法在民族地区倍受冷落，甚至于被架空。在这种情况下，我们不仅要对我国现行婚姻法作出较为深刻的检视，而且还要对该法在适用过程中所遭遇的少数民族婚姻习惯以及两者间存在的冲突予以关注和研究，进而从

* 基金项目：本文系国家社科基金项目"青藏地区基层社会治理中的本土法则与法治协调问题研究"（项目批准号：16CFX015）、中南大学博士后基金资助项目"非诉讼纠纷解决机制与国家的法律治理——以青藏高原民间纠纷解决为取样范围"（项目编号：138996）及青海民族大学高层次人才（博士）项目"《婚姻法》实施效果调查研究"（项目编号：2015XJG05）的阶段性成果。

** 青海民族大学法学院教授、硕士生导师。

① 江平，米健. 罗马法基础[M]. 北京：中国政法大学出版社，2004：173.

理论和实践方面积极探寻实现两者良性互动的契合点。

从传统的"立法中心主义"思维出发，当信仰伊斯兰教的少数民族婚姻习惯与国家婚姻制度发生冲突时，国家婚姻制度必须优先于少数民族婚姻习惯。在此，国家法是绝对正确、不容置疑的；而民族习惯是一种落后的知识传统。这种思维模式过分高估国家法在民族地区的实施效果，将导致如下流弊：国家法与民族习惯之间的关系不是合作，而是对抗；不是互动，而是相互排斥。然而，"无论你承认与否，习惯都将存在，都在生成，都在发展，都在对法律发生着某种影响。习惯将永远是法学家或立法者在分析设计制定法之运作和效果时不能忘记的一个基本的背景"①。因而可以断定，国家法与民族习惯之间的对抗，不仅使国家法很难调整社会关系、彰显正义，而且将很可能导致国家法被虚置。从法律实施的效果来说，"任何法律制度和司法实践的根本目标都不应当是构建一种权威化的思想，而是为了解决实际问题，调整社会关系，使人们比较协调，达到一种制度上的正义"②。而一味地强调国家法的权威性，其结果必然会造成民众对国家法的漠视和排斥，进而最终影响法治的进程。

从法律运行的层面来看，一方面，受罗马法系影响的国家现行婚姻制度在我国无疑具有绝对的话语权；另一方面，伊斯兰婚姻制度却是我国信仰伊斯兰教的少数民族婚姻生活的基本形式，它在很大程度上自发"臣服"于伊斯兰婚姻传统。在这个意义上，我国现行婚姻制度与信仰伊斯兰教的少数民族婚姻习惯之间的冲突实质上反映了罗马法与伊斯兰法在一定程度上的博弈。因而，从渊源上梳理和总结罗马法与伊斯兰法婚姻制度之基本精神，在两者间展开比较研究，不仅有助于不同法文化传统之间的交流与沟通，而且还可以促进我国现行婚姻法在民族地区的适用与认同。同时，对我国民族地区贯彻和实践现行婚姻法也有所裨益。

一、婚姻观念、婚姻原则在罗马法与伊斯兰法上的表现

罗马奴隶制国家在其整个历史发展时期，创造了最具成效和影响深远的罗马法。从严格意义上说，"罗马法分为公法和私法，其中对后世影响最大的是罗马私法，现代民法就是在罗马私法的基础上发展、形成的"③。罗马私法既囊括了财产所有和流转关系，也包括人身、婚姻家庭和公民之间的诉讼关系。其内容涵盖了自然人和法人等权利主体制度、物权法、债权法、婚姻家庭法、继承法等现代民法的主要内容。④ 由于其系统性、逻辑性强，法理精深，概念准确，颇受后世大陆法系国家推崇。⑤

① 苏力.送法下乡——中国基层司法制度研究[M].北京：中国政法大学出版社，2000：263.

② 苏力.法治及其本土资源[M].北京：中国政法大学出版社，1996：28.

③ 王利明.民法总则研究[M].北京：中国人民大学出版社，2003：72.

④ 王利明.民法总则研究[M].北京：中国人民大学出版社，2003：72.

⑤ 吴汉东.罗马法的传播与法律科学的繁荣[J].法商研究，1994(6).

婚姻观念对婚姻制度的运行具有深刻影响。在古代社会,婚姻观念的形成与宗教信仰之间有着千丝万缕的联系。在罗马社会中,宗教无疑是古代家庭的组织原则。因为"将古代家庭的各个成员联络起来的,是一种比出生、情感、体力更大的力量,那就是对家火及祖先进行敬礼的宗教。此宗教将家庭中的生者与死者结合为一个整体"①。在罗马人看来,"婚姻是生儿育女,保证家族祭祀不致断绝的一种方式。所以,结婚乃是每一个罗马公民的神圣义务"②。在罗马,因为结婚关系到家庭绵延,"独身不娶既是大不敬又是大不幸。大不敬,因为独身使全家的祖先们的幸福岌岌可危;大不幸,因为他自己死后也成了无祭之鬼,无法体验到什么是'亡灵'的乐处。这样,无论是对于他还是对于他的祖先,都是一种永罚"③。基于对祖先的敬畏以及渴求死后延续和享受永久的祭祀,婚姻被赋予神圣的使命。因此,不仅在宗教上,而且在法律上对独身不娶均做了禁止。

伊斯兰法鼓励男婚女嫁,认为结婚是真主赐予人类的恩惠,达到年龄且有行为能力和经济能力者,缔结婚姻、建立稳定和谐的家庭是其义不容辞的责任。《古兰经》④云:"真主以你们的同类做你们的妻子,并为你们从妻子创造儿孙。真主还以佳美的食物供给你们。"(16:72)"他的一种迹象是:他从你们的同类中为你们创造配偶,以便你们依恋她们,并且使你们互相爱悦,互相怜悯。"(30:21)"你们中未婚的男女和你们善良的奴婢,你们应当使他们互相配合。如果他们是贫穷的,那末,真主要以他的恩惠,使他们富足。"(24:32)类似鼓励男婚女嫁的精神也直接体现在伊斯兰法渊源之一的《圣训》中:"四件工作是列圣的常道:①知耻;②带美香;③刷牙;④结婚。""三种人应受真主的襄助:①为主道出征的战士;②为交身价赚钱赎身的奴隶;③为守贞节而结婚的青年。"从《古兰经》和圣训的规定来看,伊斯兰法将两性结婚视为一种极高的义务去倡导,为鼓励男女结婚、促使其共同维持和谐的婚姻关系,要求夫妻携手共建幸福家庭,为子女创造良好的生长环境。伊斯兰法还倡导夫妻间要互相尊重、互相关心、互相忍让、互相谅解。《古兰经》云:"她们是你们的衣服,你们也是她们的衣服。"(2:187)"你们应亲切的相伴她们。"(4:19)不难看出,伊斯兰法将夫妻关系比喻为与人身接触最近的衣服,意味着夫妻应相亲相爱,彼此照顾、尊重、忍让、谅解。由于牢固的婚姻家庭关系关系到个人幸福以及社会的稳定、和谐,故伊斯兰法认为夫妻关系应该是社会关系中最神圣、最牢固的关系之一。为督促人们结婚,伊斯兰法还制定出一套内容详尽的婚姻家庭制度,对婚姻家庭关系进行予以规制。

尽管罗马法和伊斯兰法在鼓励结婚、禁止独身等方面的规定在初衷上存有差异,但在对待婚姻的态度上两者却表现出了相当的一致性。首先,罗马法与伊斯兰法对合法婚

① 库朗热.古代城邦——古希腊罗马祭祀、权利和政制研究[M].谭立铸,译.上海:华东师范大学出版社,2006:32.

② 江平,米健.罗马法基础[M].北京:中国政法大学出版社,2004:159.

③ 库朗热.古代城邦——古希腊罗马祭祀、权利和政制研究[M].谭立铸,译.上海:华东师范大学出版社,2006:40.

④ 《古兰经》是伊斯兰法最权威、最直接的渊源。本文所引用之《古兰经》规定,均引自《古兰经》,马坚,译.中国社会科学出版社1981年版。

姻均持鼓励态度。在婚姻观念上，家庭的结合与宗教义务联系密切，家长在家庭中具有直接的支配地位。其次，宗教对罗马法和伊斯兰法婚姻制度影响深刻。罗马社会中，宗教将家庭中的生者与死者结合为一个整体。在古代罗马，"罗马人视婚姻为有神秘性之结合，与古代各国之思想，如出一辙，故认婚姻为'夫妇终身之结合'"[①]。出于对家火及祖先进行祭祀的需要，达到一定条件者，结婚为其必须履行之义务。而伊斯兰社会从家庭以及整个宇宙的和谐出发，强调结婚生子乃人生之规律和真主赐予人类之恩惠，结婚是男女义不容辞的责任。可见，罗马法显现了一夫一妻制的轮廓，但其目的最初仅限于以承祀继嗣为婚姻的宗旨，强调婚姻的正当和血脉的纯正。伊斯兰法尽管允许一夫多妻制，但其本身对一夫多妻制作了诸多限制，对伊斯兰法一夫多妻制的认知，绝不能与当时的历史背景割裂开来。从社会规范效果来看，伊斯兰法对一夫多妻的规定体现了较大的弹性，一方面，法律允许有限制的一夫多妻制；另一方面，又绝对禁止为教法所严厉禁止的卖淫、通奸姘居和同性恋等行为。

从婚姻原则来看，罗马法实行一夫一妻制原则。"古代西方社会和东方社会在婚姻方面的一个重要的不同就是前者是实行一夫一妻制，而罗马人堪称这方面的楷模。"[②]罗马法之婚姻，"不论市民法上结婚与万民法上结婚，均系用一夫一妻之制，不认一夫多妻及一妻多夫制度之存在"[③]。原因在于，罗马人最初以承祀继嗣为婚姻的宗旨，所以十分重视婚姻的正当和血脉的纯正。而伊斯兰法强调有限制的一夫多妻制原则，规定人们在力所能及、平等对待妇女的前提下，允许一夫多妻(但最多不能超过四个)。《古兰经》云："你们可以择娶你们爱悦的女人，各娶两妻、三妻、四妻，如果你们恐怕不能公平地待遇他们，那么，你们只娶一妻，或以你们的女奴为满足，这是更近于公平的。"(4:3)在这里，对多妻数量的规定和限制，是以公平对待每一位妻子为前提。这种公平是众妻地位一律平等，不存在妻、妾之别，无所谓正室与偏房之分；并且这一平等理念涵盖衣、食、住、行等物质生活资料等方面的平等，丈夫要一视同仁，不能厚此薄彼。此处的"平等"，不光是指物质上的津贴而是指爱与尊重。在物质安排上，每一位妻子必须有私人的住处，这本身就是一项限制的因素。不过正是这第二项条款——爱和尊重的平等——使得法律专家辩说《古兰经》完全是主张单偶制的，因为要完全平等分配爱情和尊重几乎是不可能的。[④]可以看出，伊斯兰法对一夫多妻制度附加了两个条件，"一是男子具有经济实力为多个妻子提供生活资源，二是能够平等对待诸妻，这种限制虽然在很大程度上是一种道德劝诫，但是对多妻的男子穆斯林来说毕竟是一种约束"[⑤]。而且，从伊斯兰教发展的历史背景来看，一夫多妻制其实有其产生的社会背景，因为就当时历史事实来看，"战争和灾难之后

① 陈朝璧．罗马法原理[M]．北京：法律出版社，2006：370．

② 江平，米健．罗马法基础[M]．北京：中国政法大学出版社，2004：173．

③ 黄右昌．罗马法与现代[M]．丁玫，勘校．北京：北京大学出版社，2008：94．

④ 休斯顿·史密斯．人的宗教[M]．刘安云，译．海口：海南出版社，2013：239．

⑤ 高鸿钧．伊斯兰法：传统与现代化[M]．北京：清华大学出版社，2004：250．

男子死亡太多,孤女和寡妇人数超过男人,她们需要有人负责担养和保护,或者第一位妻子因疾病、性无能、不孕等原因"[①]。尤其就许多女性而言,由于失去丈夫,生活陷入窘境,迫切需要其他人的照顾。在此背景下,为了照顾这些丧失丈夫的妇女,伊斯兰法允许一夫多妻制,且作了如上限制。可见,在当时历史条件下,伊斯兰法提倡有限制的一夫多妻制原则无疑彰显了对人性的基本关怀。[②]

除一夫一妻制原则之外,婚姻自主原则在罗马法和伊斯兰法婚姻制度中也有所体现。尽管罗马法与伊斯兰法婚姻制度强调结婚男女双方的自主权,但在罗马法中,如果一方处于父权之下,不问其年龄,均需获得父亲的同意,罗马法父权至上观念在此显露无遗。而伊斯兰法同样强调婚姻当事方的自主权,且规定婚姻必须要征得男女双方的同意,特别是对女孩的初次婚姻,伊斯兰法规定的似乎更为明确,即非征得该女孩同意,不能强制干涉其婚姻。同时,伊斯兰法赋予了父母同意权,因为就男女当事双方来说,结婚时年龄较小,涉世不深,在自己同意的前提下,征得父母同意,可以降低婚姻风险,以便组成的家庭长久、幸福、和谐。

此外,伊斯兰法明确强调了夫妻平等原则。《古兰经》云:"有信仰的男人和女人,彼此都是朋友。"(9:70)伊斯兰法强调夫妻应该"互相爱悦,互相怜悯",平等地对待一方。(30:21)但伊斯兰法的平等观又主要体现在男女的具体分工基础之上,如男性主外,女性主内等。而从罗马法的规定来看,在有关婚姻的权利义务方面,具有不少比较消极的成分,如从罗马法在夫权和亲权上的一些规定中,找不到关于男女平等的痕迹。

由上可见,罗马法和伊斯兰法在婚姻观念和婚姻原则上的一致性是两者之间的主要方面,但与此同时也存在着一定的差异性。然而,婚姻观念和婚姻原则只是人们对婚姻生活的抽象反映,它只是人们因地、因时不断更新和变化的观念、意识和准则。因而,仅仅从婚姻观念和婚姻原则上很难作出较为实质性的比较和判断,若对罗马法与伊斯兰法婚姻制度的异同作出深刻而令人信服的分析,必须诉诸对婚姻制度具有核心意义的婚姻程序。

二、罗马法与伊斯兰法婚姻程序之异同

婚姻的形式要件和实质要件是合法婚姻缔结的前提和基础,也是人类婚姻观念进步的重要标志。在婚姻的要件方面,罗马法与伊斯兰法也有相似规定。

罗马法上的合法婚姻需满足如下要件:(1)须男女二人均有市民法规定之通婚权;(2)须男女二人均为已适婚人;(3)须当事人未于过去有与婚姻抵触之志愿;(4)须经双方

---

① 马克林.回族传统法文化研究[M].北京:中国社会科学出版社,2006:245-246.

② 关于伊斯兰法一夫多妻问题的详细论述,参见:努尔曼·马贤,伊卜拉欣·马效智.伊斯兰伦理学[M].北京:宗教文化出版社,2005:231.及以下。

家父之许诺;(5)须男女双方同意;(6)须无法律上之障碍。[①] 可见,罗马法规定了关于结婚能力的条件,男女双方必须享有"通婚权",即必须是罗马市民或享有与罗马市民通婚的资格,并且是自由人。且如果当事人任何一方处于父权之下,不问其年龄,均需获得父亲的同意。除此,罗马法还规定一切合法婚姻均要求具备希望结婚的共同意愿表示。[②]男女双方均达到适婚年龄:后优士丁尼确定为男十四岁,女十二岁。

同时,罗马法还对婚姻做了如下限制:一是政治及宗教关系。罗马法因政治背景或社会地位不同对平民及贵族、自由人与"解放自由人"、元老阶级与品位卑下者、省长与其管辖区城内女子间的通婚作了限制。宗教方面结婚之仪式,亦为法律上之要件之一,规定凡天主教徒结婚,必由牧师举行祝福之"婚配"仪式,其婚姻始生法律上之效力。二是法律关系。此类障碍因与有夫之妇通奸、抢夺妇女、有监护关系等不得结婚。三是亲属关系。罗马法规定,直系血亲间,不论亲疏远近,均不得结婚。如兄弟与姊妹之间,叔侄之间不得通婚;根据基督教法,教父与教女之间的精神亲属关系也为结婚之障碍。关于旁系血亲,各时期规定有异,从三亲等至四、六亲等不等。宗亲间通婚之限制与血亲同,且养子与其养父母及其直系亲属间,其收养关系纵已消灭,亦不得互为婚姻当事人。但因收养关系而成立旁系亲者,则不受限制。罗马法还规定,直系姻亲间也不得结婚,至于旁系姻亲间,则限制极少。[③]

一如前述,伊斯兰法将婚姻认为是真主赐予人类的恩惠,凡达到一定年龄者,必须要缔结婚姻。婚姻同时被认为是父母对子女最为重要的职责之一,必须由其督促完成。具体而言,伊斯兰法规定结婚的条件有五:其一,信仰统一。《古兰经》云:"你们不要娶以物配主的妇女,直到他们信道……你们不要把自己的女儿嫁给以物配主的人,直到他们信道。"(2:221)结婚双方信仰统一是婚姻美满的基石,有了共同的信仰,才会有共同的语言,共同的目标。因为信仰是人生观、价值观、世界观的基础,不同的信仰就有不同的认识、不同的人生态度和生活方式,信仰不统一的婚姻是不健全的婚姻,很有可能会昙花一现。因此,信仰必须要统一。第二,双方情愿。婚姻是双方的大事,必须两相情愿,不能强迫包办。伊斯兰法强调婚姻的自主性,因为一厢情愿或包办婚姻往往会给以后的家庭生活埋下隐患。第三,证婚。即必须由两个理智健全的男性或一男两女证明。第四,给女方聘金。聘金多少视经济条件和双方认可的数额而定。第五,结婚年龄。结婚的具体年龄,伊斯兰法无明确规定,一谓"皆已知情为限";一谓"以情盛时为限"。受传统生育观念的影响,信仰伊斯兰教的少数民族在结婚年龄上无具体规定,一般提倡:"男长以二十岁为限,女长以十六岁为限。""不及期而妇,伤子;过期而不婚,父母有过。"要求在男女双

① 陈朝璧.罗马法原理[M].北京:法律出版社,2006:374.及以下。

② 巴里·尼古拉斯.罗马法概论[M].(第二版)黄风,译.北京:法律出版社,2004:86.

③ 黄风.罗马私法导论.北京:中国政法大学出版社,2003:134.[意]彼得罗·彭梵得.罗马法教科书[M].黄风,译.北京:中国政法大学出版社,1992:145.陈朝璧.罗马法原理[M].北京:法律出版社,2006:376.及以下。

方达到一定年龄,身体成熟,情窦已开为适宜。①

伊斯兰法同样规定了婚姻的限制条件。首先,按伊斯兰法的规定,属于血亲关系的人有:①母亲,包括母亲、外祖母、曾外祖母、祖母、曾祖母,往上依次类推;②女孩,即凡与当事人有血亲而相隔一代或两代的女性,包括孙女、重孙女;③姐妹,凡指与当事人同父同母,或同父异母,或同母异父的姐妹;④姑母,凡指与父亲或爷爷同父同母或同父异母,或同母异父的女性,包括外祖父的姐妹;⑤姨母,凡指与母亲同父同母,或同父异母,或同母异父的女性,包括祖母的姐妹;⑥侄女,凡指兄弟直接或间接所生的女性;⑦外甥女,凡指姐妹直接或间接所生的女性。上述具有血亲关系的人之间禁止通婚。其次,乳母近亲方面的限制。所谓乳母近亲,主要指乳父乳母的直系尊亲属和直系卑亲属及同一乳母的不同姓兄弟姐妹。属于乳亲关系的有:①乳母;②乳外祖母(乳母之母);③乳祖母(乳父的母亲);④乳姨母(乳母之姐妹);⑤乳姑母(乳父之姐妹);⑥同乳姐妹的子女(乳侄女、乳外甥女);⑦同乳姐妹,包括同父同母、同父异母和同母异父的姐妹。凡是具有母乳关系的人之间不能结婚。再次,姻亲方面的限制。属于姻亲关系的有:①岳母,包括岳母的母亲和岳父的母亲,往上依次类推;②继女,即妻与前夫所生的女儿,包括她的女孙和儿孙,往下依次类推;③儿媳,包括儿孙媳妇和女孙媳妇,往下依次类推;④父亲的妻子,即禁止儿子娶父亲的妻子,即使父亲只订婚而未同房的女人也不能娶。最后,品行及宗教信仰方面的限制。如一方淫荡、宗教信仰不同者亦不得结婚。②

从罗马法与伊斯兰法关于婚姻的缔结程序来看,至少在如下方面具有一致性:第一,均强调宗教信仰的同一性,只是在侧重点上有所不同。罗马法侧重于对身份的限制,如贵族与平民、普通自由人与外国人之间限制通婚;而伊斯兰法侧重当事人宗教信仰的同一性,违反此规定的婚姻将导致无效,而对身份并无太多的限制。第二,对结婚程序均作了较为严格的限制,规定具有一定亲属关系的人之间禁止结婚。在这一方面,伊斯兰法的规定显得更加严格,即特别规定了与乳母的直系尊亲属和直系卑亲属及同一乳母的不同姓兄弟姐妹间禁止结婚。第三,尽管罗马法规定,如果缔结婚姻的任何一方为家子,则需征得"家父"的同意,但须男女双方同意也是婚姻成立的要件之一;伊斯兰法同样规定,缔结婚姻需男女双方同意的意思表示。

依据罗马法规定,婚姻因一方死亡、能力丧失或"婚意"丧失而解除。在罗马法中,离婚分为双方协议离婚和单方面决定离婚两种情况。由于第二种离婚情况取决于男方的单方行为,因而也可称为"休妻"。具体而言,罗马法规定了以下四种离婚,而且由于种类不同而效力各异:①合意离婚,即经配偶双方协商一致的离婚,其被认为是合法的。②于正当理由的片面离婚,即配偶一方根据合法理由决定的离婚。如配偶一方有不可容忍的过错行为(妻子有伤风败俗的行为或者故意流产、通奸、配偶一方犯有叛逆罪或者因有严重犯罪被判刑等)。③无原因片面离婚。这种情况在法律上被视为无效,如果丈夫弃妻

① 勉维霖.中国回族伊斯兰宗教制度概论[M].银川:宁夏人民出版社,1997:87.

② 高鸿钧.伊斯兰法:传统与现代化[M].北京:清华大学出版社,2004:250.

不符合法律规定，为此妻子仍被认为是已婚者。④善因离婚。即因不可归咎于配偶一方的原因而离婚，如丈夫患有不可医治的疾病，一方患有精神病，在战争中生死不明，选择去修道院生活等。① 依据罗马法规定，离婚形式各异，或通过简单的口头通知，或书面通知或通过传信人通知即可。婚姻终止后，夫妻间的权利义务即归消灭，但为确定和避免伪造子女的身份，妇女于婚姻关系消灭后，在禁婚期内不得再婚，否则受丧廉耻的宣告，并规定了检验和保护胎儿的措施。关于子女的抚养，婚姻解除后子女仍处在夫的家长权下，爹帝始规定由法官酌定归父或归母抚养，优帝新敕明定因父的过失而离婚的，如母不再嫁，则由母抚养而由父负担费用，如因母的过失而离婚的，则由父抚养，父贫母富的，则由母承担费用。②

伊斯兰法将离婚称为“休妻”，意解除婚姻关系，进而结束夫妻权利义务关系。伊斯兰虽然在法律上允许离婚，但是在道德上却明确地给予很低评价并且持审慎、严肃和相对保守的态度。无故休妻为非法，这有害于夫妻双方。无故毁掉了努力营造的家庭，这跟挥霍钱财一样为非法。依据伊斯兰法规定，提出离婚的理由较多，但最主要的离婚理由包括以下四种：其一，夫妻双方感情破裂，双方的仲裁者认为离婚是结束矛盾的唯一办法时，让其离婚为当然。发誓不与妻子交接者等待四个月后，休妻也为当然。《古兰经》云：“盟誓不与妻子交接的人，当期待四个月，如果他们回心转意，那末，真主确是至赦的，确是至慈的。如果他们决心休妻，那么，真主确是全聪的，确是全知的。”(2:226-227)其二，妻子品性恶劣，难以相处，受其伤害，无结婚乐趣等缘故时，休妻为认可。其三，妻子不履行礼拜等功课，丈夫又无能强迫她履行这些功课，或妻子不贞节时，休妻为可佳。此类情况，丈夫可以施加压力向妻子讨休。《古兰经》云：“……你们也不得压迫她们，以便你们收回你们所给她们的一部分聘仪，除非她们作了明显的丑事。”(4:19)其四，婚外性行为是伊斯兰法上离婚的主要理由。伊斯兰法要求男女保持贞洁，对婚外性行为进行了严厉的斥责和惩罚。《古兰经》云：“你们不要接近私通，因为私通确是下流的事，这行径真恶劣！”(17:32)。“奸夫和淫妇，你们各打一百鞭。”(24:2)从《古兰经》的规定足以看出，婚外性行为是对合法夫妻关系的践踏和破坏，为教法严厉禁止和不容。除此之外，信仰冲突、性格不合、家庭暴力、受到丈夫的欺凌、没有得到丈夫的经济资助、生理缺陷以及患有不治之症等也可以成为离婚的理由。

伊斯兰法通过对《古兰经》中规定的休妻制度加以发挥，形成了如下三种离婚方式：其一，“阿桑式”，指丈夫只一次宣布休弃妻子，在三个经期的等待期间，如果没有同妻子发生性关系，期满时其仍坚持休妻决定，该决定便发生效力。但是丈夫如果在等待期间回心转意，则可以撤销休妻决定。其二，“哈桑式”，即丈夫在第一次宣布休妻决定后，分别于妻子的后两次行经期再宣布两次休妻声明，休妻决定便生效，但在第三次休妻声明

① 黄风.罗马私法导论[M].北京：中国政法大学出版社，2003：144-145.

② 周枏.罗马法提要[M].北京：北京大学出版社，2008：41.

宣布之前，丈夫可以撤回决定。其三，“比达式”，即丈夫在同一时间连续三次宣布休妻，或者声明他一次休妻宣告即指三次休妻宣告。此声明一旦宣布，休妻决定便发生效力。[①]因“阿桑式”和“哈桑式”较谨慎，所以，在实践中较为普遍，而“阿桑式”和“哈桑式”也较符合《古兰经》的规定，即离婚有两次时机，在待婚期内有破镜重圆的可能。如果两次以后则无协调的可能，那么第三次的离婚，再无挽回的余地。“休妻只允许两次。此后就该真诚地挽留她们，或是善意地使她们离去。你们拿回给妻室的礼物是违法的，除非有关双方恐怕她们不能够遵守真主规定的法度。”(2:229)“如果你们休妻，而她们待婚期满，那末，当她们与人依礼而互相同意的时候，你们不要阻止她们嫁给她们的丈夫。”(2:232)伊斯兰法告诫穆斯林男子与妻子离婚时，在追求自己幸福的同时必须尊重他人的利益和选择，且不能以任何理由阻止妻子再嫁。

由上可见，在离婚的条件和程序上，罗马法与伊斯兰法之间存在以下相通性：其一，罗马法与伊斯兰法均对离婚持谨慎态度。罗马法上之离婚已显现出现代离婚制度之雏形，且已与宗教信仰无关。同时，罗马法在对待离婚的态度以及在限制离婚上也显现出较强的谨慎和克制，如对无正当理由的离婚在法律上被视为无效、分类对离婚后不同的法律事实予以不同的处理等。虽然伊斯兰法规定的离婚形式较为简单，以口头形式离婚者居多。但从实际意义上而言，为防止草率离婚，伊斯兰法要求离婚时必须要保持最大限度的克制和谨慎。而且从男方角度来看，由于在缔结婚姻以及维持婚姻关系方面已花费了大量钱财，若草率离婚，将会花费更多的钱财用以再婚以及要付给女方拖欠的聘仪、数量可观的离仪以及守制期内的生活费等。因此，从经济因素考虑，男方只会倍加珍惜自己的婚姻，除非万不得已，绝不轻言离婚。其二，罗马法与伊斯兰法均规定了一段时期的禁婚期，在其规定的禁婚期内女子不得结婚。具体而言，罗马法为确定和避免伪造子女的身份，在禁婚期内不得再婚，否则受“丧廉耻”的宣告，并规定了检验和保护胎儿的措施。而伊斯兰法规定，休妻两次后在第三次休妻之前为待婚期，在此期间，丈夫可以善意地挽留妻子，以便夫妻关系重归于好。同样，为明确子女血统，伊斯兰法规定了四个月的待婚期，在待婚期内禁止结婚。其三，从保护离婚妇女的权益来看，罗马法和伊斯兰法均采取一定的措施强调对离婚妇女权益的保护，但伊斯兰法显然较罗马法优越。伊斯兰法为保障妇女因离婚而失去生活保障等，要求丈夫若决定休妻，当以优礼解放她们，并不得索回以前赠送的财产，同时课以丈夫在该离婚妇女再婚前必须予以一定的生活补助。其四，从离婚权利来看，罗马法无疑赋予男女双方同等的离婚权。而对伊斯兰法规定的离婚权，学者间多有争论。有学者认为，伊斯兰法规定离婚的权利只属于男子，女子通常没有请求离婚的权利。[②] 但也有学者认为，按照教法规定，男女双方都有要求离异的权利。[③] 从离婚实践来看，只要有离异的理由，男女均应该享有提出离婚的权利，不应勉强。

① 高鸿钧.伊斯兰法：传统与现代化[M].北京：清华大学出版社，2004:254.

② 高鸿钧.伊斯兰法：传统与现代化[M].北京：清华大学出版社，2004.253.

③ 马克林.回族传统法文化研究[M].北京：中国社会科学出版社，2006:243

通过比较不难发现,尽管罗马法与伊斯兰法在婚姻程序上存有些许差异,但两者之间在很大程度上具有相通之处,这种情况在夫妻财产关系上也有所体现。

三、罗马法与伊斯兰法中的夫妻财产制度

婚姻家庭关系中最重要的莫过于夫妻财产关系,因为在婚姻关系存续期间,夫妻财产关乎整个家庭的正常运转。尤其在夫妻婚姻关系终止后,夫妻财产的归属就显得尤为重要了。

在罗马法中,"家父"具有至高无上的权力,妻子作为他权人是没有独立财产的,一切财产须归丈夫,一切家庭费用也由丈夫一人负担,丈夫垄断着家庭的财产所有权。罗马男子娶妻时,凡一家生活费用及子女教育,均属夫之责任。罗马法因夫权婚姻和无夫权婚姻的存在而分为统一财产制和分别财产制。统一财产制是夫权婚姻中所实行的财产制,即妻子婚前婚后的一切所得均归丈夫所有,除非丈夫是他权人,则这些权力由家父行使。分别财产制是无夫权婚姻中实行的财产制。在这种财产制度下,由于妻子不因出嫁而改变原有身份,不因出嫁而处于夫权的控制之下,因此其为自权人,有权享有自己的财产。夫妻财产虽然有区分,但实际上丈夫可以管理妻子的财产。①

罗马法规定,当婚姻关系解除时,丈夫或其继承人有义务返还嫁资,但可因花费、养育子女、伤风败俗、被窃物、赠与物等对嫁资行使留置权,拒绝返还全部或者部分嫁资。②与嫁资不同,嫁资外财产如妇女的首饰和钱款积蓄归妻子所有。妻子可以将这些财产交给丈夫保管,丈夫因此而获得对该财产的保管权。当然,这并不影响妻子享有完全的所有权和最终的处分决定权。在丈夫无视妻子提出返还该财务要求或丈夫将财产强占为己有而不归还妻子时,妻子可提起"寄(委)托之诉"或者"返还强占物之诉"。产生于上述财产的孳息,应当被用来满足婚姻家庭生活的需要,或者按照妻子的要求加以使用。③

此外,婚姻赠与也可视为夫妻财产之一部分。罗马法中的婚姻赠与,即未婚夫向未婚妻实行的赠与,其以婚姻的缔结为条件,如果因未婚妻死亡或者有过错而导致婚姻无实际缔结,未婚夫可以撤消该赠与。婚姻赠与具有保障妻子在婚姻关系解除后或者在守寡时生活需要的作用,与嫁资的功能相同。在婚姻缔结之后,未婚妻受赠的财物转归丈夫掌管,但丈夫不得对这些财物实行转让和抵押。有关财物应当首先被用来满足婚姻家庭生活的需要和养育赠与人所生养的子女。④

伊斯兰法倡导"男主外,女主内"的生活方式。从这种生活方式可以看出,男性在夫妻财产权上具有主导和支配地位,也决定了在夫妻婚姻关系存续期间,尽管妻子对聘金

---

① 江平,米健.罗马法基础[M].北京:中国政法大学出版社,2004:167。

② 黄风.罗马私法导论[M].北京:中国政法大学出版社 2003:153.及以下。

③ 黄风.罗马私法导论[M].北京:中国政法大学出版社,2003:154.及以下。

④ 黄风.罗马私法导论[M].北京:中国政法大学出版社,2003:155.及以下。

等财产享有所有权，但对该财产的管理权由丈夫控制。[①] 夫妻关系终止后，部分财产，尤其是结婚前丈夫给妻子许诺的聘金必须要交还妻子。此外，在妻子被休之后的等待期期间，妻子有权要求丈夫向她提供食物、衣服和住宿；在丈夫同时有几个妻子的情况下，他必须为她们各自分别提供单独的住所，关于抚养妻子的生活标准，一般认为应达到当时生活条件的中等水平；如果妻子不服从丈夫，丈夫有权拒绝向她提供必要的生活费用和设施。与罗马法有关嫁资的规定一样，伊斯兰法同样具有聘金的规定。《古兰经》云："你们应当把妇女的聘仪，当作一份赠品，交给她们。如果她们心甘情愿地把一部分聘仪让给你们，那么，你们可以乐意地加以接受和享用。"(4:4)聘金即"买海儿"，伊斯兰法并未就"买海儿"的具体数额作出规定，但要求男方必须予以履行，数额视男方能力而定。聘金交纳给女方后，即由女方支配，男方无权收回。男方给女方许诺的聘金，除非女方亲口答应不要，否则，必须如数交纳。实际上，这是"保护妇女利益的一种经济措施，因为聘礼和聘金可以在经济上牵制男子，使其不能随意离婚，对婚姻保持严肃认真的态度；以后万一出现离婚的情况，女子在生活上也可有所保障"[②]。

从罗马法与伊斯兰法关于夫妻财产制度的规定来看，各自表现出了如下特点：

首先，对夫妻婚姻关系存续期间的财产，罗马法与伊斯兰法均赋予丈夫管理财产的权利。罗马法通过严密的法律制度保障妻子被管理财产的返还权，似较规范。而伊斯兰法关于聘仪和离仪，守制期内男方必须给离异的妻子一定的生活费的规定等，从保障妇女权益来说，似有异曲同工之妙。

其次，罗马法对夫妻间的财产关系规定得较为详细，且具有较强的操作性，如对嫁资外财产、婚姻赠予等财产形式的规定以及对"寄(委)托之诉"或者"返还强占物之诉"的规定有力地保证了妻子财产权的实现。而伊斯兰法对夫妻财产关系规定的较为笼统，且以宗教义务加以约束。但值得肯定的是，按伊斯兰法规定，如果男方提出离婚，最初付给女方的财务全归女方所有；男方对怀孕的离异妻子，要提供分娩的一切条件，在婴儿哺乳期间，要供给离婚的妻子和婴儿足够的衣食。[③]

再次，嫁资或聘礼是罗马法与伊斯兰法较为相似的制度。从两者的目的来看，都是为妻子将来守寡时或者被无故休婚时提供生活保障。所不同的是，在罗马法上，嫁资经历了从丈夫拥有嫁资所有权到嫁资作为在婚姻破裂情况下为妻子提供生活保障的功能。与此目的相适应，"妻物之诉"也发展起来，妻子可以在无须任何明确协议的情况下，通过这种诉讼要求返还嫁资，只要婚姻关系因离婚或者丈夫死亡而终结。[④] 而伊斯兰法对聘金的数额视男方能力而定。聘金交纳给女方后，即由女方支配，男方无权收回。在征得女方同意的前提下，可以免除。实际上，伊斯兰法所规定的聘仪制度只是形式上的一种

---

① 高鸿钧.伊斯兰法：传统与现代化[M].北京：清华大学出版社，2004:251。

② 杨启辰，杨华.中国穆斯林的礼仪礼俗文化[M].银川：宁夏人民出版社，1999:54.

③ 马克林.回族传统法文化研究[M].北京：中国社会科学出版社，2006:243.

④ 巴里·尼古拉斯.罗马法概论[M].黄风，译.北京：法律出版社，2004:93.及以下。

要求,其目的有二:一是可以在经济上牵制男子,使其不能随意离婚;二是防止以后万一出现离婚的情况,女子在生活上也可有所保障。

一般认为,在不同的社会历史条件下,夫妻财产关系规定差异很大,尤其就不同宗教、不同社会历史条件下的罗马法与伊斯兰法而言,其差异性理应更大。然而,在夫妻财产关系上,尽管罗马法与伊斯兰法不乏特色,但总的来看两者的相通性大于差异性。这是历史的不谋而合,还是人类探索婚姻文明的共性体现?对此笔者很难作出判断,但可以肯定的一点是,罗马法与伊斯兰法婚姻制度无疑闪烁着不同时代人们对待和解决婚姻问题的智慧。正是这种超越地域、时空、宗教的婚姻文明,共同对后世婚姻制度注入了源源不断的活水,对发展和完善现代婚姻制度提供了最初的窠臼。

四、遵循抑或规避?——《婚姻法》在民族地区的实施效果考察

由上可见,无论从婚姻观念、婚姻原则,还是从具体制度来看,罗马法与伊斯兰法均存有异同。而且,透过宗教、历史背景、地理环境等因素考察,罗马法与伊斯兰法婚姻制度间所存在的差异是不难理解的。尽管罗马法与伊斯兰法婚姻制度之间存有较大差异,但可以肯定的是,两者对世界各国产生了深远的影响。就我国而言,罗马法婚姻制度的影响主要表现在制度层面,而伊斯兰法婚姻制度对我国信仰伊斯兰教的少数民族所产生的深远影响同样不可小觑。

从历史演进及发展规律分析,任何法律均在其演变和发展过程中发生着变化。就罗马法而言,其发展逻辑可概括为"罗马法—大陆法系"这一历史发展脉络。而在这一过程中,尽管对罗马法的婚姻制度做了根本性的修正或废弃,[①]但罗马法中诸多制度及婚姻观念为后世许多国家所继受,如罗马法关于合意为婚姻成立的要件、无禁婚的事由、婚姻的资格等均在后世法律中得到反映。尤其在有关婚姻的权利义务方面,后世法律在继受罗马法时保留了许多消极成分。[②]

在世界各种法文化类型中,伊斯兰法是中世纪历史上和当今世界具有广泛影响的法律制度之一,自创设至今,一直对整个伊斯兰社会起着统领和指导作用。正如我国学者所言:"以伊斯兰法及教法理论为核心基础而形成的伊斯兰法系,是世界五大法系之一,同时也是东方三大法系(中华法系、伊斯兰法系、印度法系)中唯一现在的活法系,至今仍对占联合国三分之一席位的五十多个伊斯兰国家产生着持续影响。"[③]在伊斯兰法现代化进程中,尽管各国对传统伊斯兰法诸多领域进行了根本性的变革和修正,但在婚姻家庭领域,并未进行太多的修正或更改。"不言而喻,传统的伊斯兰法是穆斯林的信仰之法,

---

① 如罗马法对结婚年龄的规定,"为现代法律所采用者,仅西班牙、墨西哥及英美而已"。黄右昌.罗马法与现代[M].丁玫,勘校.北京:北京大学出版社,2008:95.

② 江平,米健.罗马法基础[M].北京:中国政法大学出版社,2004:174.及以下。

③ 耿龙玺.浅谈伊斯兰法的法源理论[M].兰州:甘肃政法学院学报,2003(5).

只要他们仍然坚守其宗教信仰，任何使他们放弃传统法律而接受现代西方世俗法律的尝试，无论其动机多么纯正最终都可能事与愿违，在'信仰的逻辑'面前招致失败。"[①]就我国信仰伊斯兰教的少数民族而言，尽管在其发展过程中，"一方面抗衡了岁月和多种异质文化的冲击而保持了自己的信仰特点和基本礼仪制度；另一方面，为了维护生存，其足迹又深深涉及中国社会的各个领域，与中国的地理环境、经济运转、政治制度、民族群体、文化习俗发生过各种各样密切的关系"[②]。在与其他民族的融合过程中，始终没有摒弃其"信仰之法"，这在其婚姻习惯中表现得尤为突出。当然，不同的法律文化在特定的历史时期内会相互影响，甚至演变为一种兼具两者特性的新的法律文化，信仰伊斯兰教的少数民族婚姻习惯正是伊斯兰法文化与中国传统法文化相融合的特例，在不同文化的碰撞与交融中，其相互取长补短，不断寻求双方的契合点，最终形成一种具有相对普遍意义的文化。

就罗马法与伊斯兰法婚姻制度对我国的影响而言，罗马法的影响远比伊斯兰法深刻。因为自清末学习西方法律以至在近百年的婚姻法改革历程中，"中国婚姻法的发展与变革深受欧陆法、苏联法、英美法的影响，且不同时段、不同背景的婚姻法改革体现出不同的立法动意和价值取向"。其"对中国婚姻法改革的影响，在百余年来的历史变迁中从未消减"[③]。从域外法对我国现行婚姻法的影响来看，大陆法系立法模式和内容无疑占据首要，而大陆法系又脱胎于罗马法。因而，罗马法对我国现代婚姻制度的影响是不容否认的，甚至可以断定：罗马法的家庭制度给我国近代婚姻法律制度提供了一个基本的轮廓。[④] 正因为如此，国内对罗马私法制度之研究已蔚然成风。但颇为遗憾的是，由于不同法系和价值观等方面的分歧，除伊斯兰国家外，伊斯兰法婚姻制度倍受冷落，对其探讨与研究者亦寥寥无几。然而，伊斯兰法对于我国信仰伊斯兰教的少数民族而言，其影响绝不亚于罗马法对我国相关法律制度的影响。但必须指出，伊斯兰法影响下的我国信仰伊斯兰教的少数民族的婚姻习惯在许多方面与伊斯兰婚姻制度相背离，而其所背离的精神、原则及制度恰恰又与罗马法婚姻制度以及我国现行婚姻制度之间具有某种意义上的相通性。

勿庸置疑，在我国信仰伊斯兰教的少数民族聚居区，《古兰经》和《圣训》仍对其日常生活具有支配性作用。[⑤]《古兰经》和《圣训》作为信仰伊斯兰教的少数民族的最高行为准则，是其生活和行为的主要依据，在信仰伊斯兰教的少数民族中具有至高无上的权威，并切切实实地影响着他们生活的方方面面，这种影响在婚姻领域表现得尤为突出。

例一：原告马某秀与被告冶某明（两人均为回族）于 1988 年 11 月未领结婚证便同居

① 高鸿钧.伊斯兰法：传统与现代化[M].北京：清华大学出版社，2004：19.

② 余振贵.中国历代政权与伊斯兰教[M].银川：宁夏人民出版社，1996：1.

③ 王歌雅.域外法影响下的中国婚姻法改革[J].比较法研究，2007(5).

④ 江平，米健.罗马法基础[M].北京：中国政法大学出版社，2004：158.

⑤ 谢晖.法的思辩与实证[M].北京：法律出版社，2001：420.

生活，婚后生育两个子女(男孩冶某，16岁；女孩冶某，14岁)。因被告冶某明多次殴打原告马某秀，2005年5月9日，经村委会调解双方协议"离婚"，并就财产和孩子抚养问题达成合意。后被告冶某明反悔，不同意离婚，原告马某秀于2005年12月诉至A县人民法院，以夫妻感情确已破裂为由，要求与被告冶某明离婚，被告冶某明不同意离婚。A县法院法官在审理该案时，原告马某秀提出回族民事习惯中的"三休"习惯，认为根据该习惯的规定，其婚姻已是非法的，无法与被告冶某明再共同生活。主审法官对该案中涉及的回族习惯，没有断然以国家法否决，而是让原告马某秀与被告冶某明回家请阿訇按伊斯兰教法做出解释。原告马某秀与被告冶某明回家后，请本村清真寺阿訇马某德按教法决断，经阿訇马某德的解释和调解，被告冶某明同意离婚，双方自愿达成如下离婚协议：一、双方自愿离婚；二、婚生男孩冶某，由被告冶某明抚养；婚生女孩冶某，由原告马某秀抚养；三、共同财产五间房子、组合柜一套、三人沙发带茶机一套、大铝锅一个归原告马某秀所有；高低柜一个、写字台一个、音响一个、双人床一个、电灶一个、生铁炉一个、小铝锅一个归被告冶某明所有。原告马某秀与被告冶某明将协议内容带给主审法官，主审法官将协议内容，以调解书的形式予以法律上的认定，该案件得以圆满解决。①

上述案例较能说明民族习惯对具体婚姻纠纷的影响。不难看出，本案"三休"习惯与伊斯兰法"比达式"离婚方式有异曲同工之妙。根据回族、撒拉族习惯法，丈夫在一个场合对妻子说："我离异你三次。"即发生离婚之效力，其依据是《古兰经》《圣训》。按照现代诉讼法的要求，法官作为中立的裁判者，在此案件的义务即在查明事实的基础上，确定原告马某秀与被告冶某明夫妻感情是否确已破裂，并通过一定的诉讼程序在法定期限内作出判决。但是在该案中，法官并没有局限于相关的程序规则，而是采取了巧妙的解纷技巧，将涉及回族等信仰伊斯兰教少数民族民事习惯的"三休"问题的解决权，赋予了群众认可的宗教人士，让其调解当事人之间的分歧和矛盾。从程序而言，主审法官的这种做法似乎与法治社会对法官的要求相违背；与民事诉讼法处理民事案件的规则相违背；与司法独立等原则相违背。

但是，据调研发现，信仰伊斯兰教少数民族地区的法官采取上述方式解决纠纷者较为普遍，大多只是将此方式"隐蔽化"而已。在本案中，由于伊斯兰法婚姻制度、少数民族婚姻习惯等影响，诸如此类案件的症结不在于原告马某秀与被告冶某明的夫妻感情是否确已破裂，而尤为重要的是按民族习惯其婚姻是否"合法"。面对"三休"离婚习惯，娴熟国家婚姻法的法官似乎更注重以下细节：其一，民族"三休"离婚习惯是其宗教信仰和婚姻习惯中的重要组成部分，在本民族社会中有着举足轻重的地位和普遍的影响力。其二，断然否决民族习惯，极有可能会伤害少数民族感情，极易造成当事人对法院和法官的不满和对抗情绪，纠纷不但无法得以顺利解决，即使得以解决，也很难予以认可。其三，具有良好道德修养，学识和人格魅力突出的"宗教权威"的解纷技巧在民族地区似乎更易

① 本案例是2005年12月发生在青海省少数民族地区A县的离婚纠纷，由离婚协议、调解书等整理而成。

认可和接受。如此,笔者认为,“法律是近代社会的主要控制手段,通过对每个人所施加的压力迫使他自己维护文明社会并阻止他从事反社会的行为”①。“而法院是法律地位平等之主体(包括个人、组织和政府)以法院制度为中介和载体进行利益表达与整合,从而协调关系,和平解决冲突,最终达到治理性整合效果的方式。”②在该案的处理中,法院的功能和法官的角色担当体现了国家法律与民间社会在社会变迁的历史场景中的互动。供职于民族地区的A县法官,深知“三休”民事习惯对信仰伊斯兰教少数民族婚姻关系的制约性,因此,其努力理解和尊重了当事人的自主选择,同时采取了合法的路径,即将当事人的协议内容通过法律程序予以认定,从而有效地解决了纠纷,并得到当事人的认可。

从上述案例我们仅能窥出伊斯兰法婚姻制度以及民族婚姻习惯对我国信仰伊斯兰教少数民族婚姻关系影响之一隅,但据进一步调查,现实所反映的问题则更为复杂。一方面,以伊斯兰法婚姻制度为核心的我国信仰伊斯兰教的少数民族婚姻习惯却在诸多层面与我国婚姻法的立法精神、原则以及基本制度基本保持一致。而另一方面,我国信仰伊斯兰教的少数民族婚姻习惯偏离我国现行婚姻法,与我国婚姻制度之间在诸多层面存在着不同程度的冲突。这种冲突具体表现为:

第一,现行婚姻法所倡导的“一夫一妻制”受到挑战。如前所述,伊斯兰法规定人们在力所能及、平等对待妇女的前提下,允许有限制的“一夫多妻”(但最多不能超过四个),并从制度和教法上予以严格限制,即实质上仍在倡导“一夫一妻制”。与此相似,我国将“一夫一妻制”明确规定在现行婚姻法中,旨在从立法上严禁一夫多妻或重婚行为。然而,由于受伊斯兰文化的影响及对伊斯兰法婚姻制度的实质精神之曲解,信仰伊斯兰教的少数民族地区的民众普遍认为,一夫多妻是被伊斯兰教法所允许的,是一种合法的行为,因而生活中一夫娶二妻、三妻者比较常见。而且令人痛心的是,许多富庶者以教法为幌子,争娶“二奶”“三奶”。其初衷绝非像伊斯兰法婚姻制度所倡导的那样照顾弱者或解决社会问题,而仅仅是为了满足自己的私欲,这不但背离了伊斯兰法的初衷和精神,而且严重违背了我国现行婚姻法一夫一妻制原则。③

第二,婚姻缔结和离婚程序严重脱离法律规定。具体而言,其一,包办婚姻现象较多,当事人婚姻自主权难以行使。其二,当事人结婚年龄较低,早婚现象居多。据笔者调查,在信仰伊斯兰教的少数民族地区,按其习惯,女方满十五六岁,男方满十六七岁时就被视为已成年,可以缔结婚姻。这与我国现行婚姻法的规定严重不符。其三,“登记”这

---

① 庞德.通过法律的社会控制、法律的任务[M].沈宗灵,董世忠,译.北京:商务印书馆,1984:8.

② 左卫民.法律制度功能之比较研究[J].现代法学,2001(1).

③ 王刚.正义的妥协——从程序、效力和利益分配结果看民族地区基层纠纷的解决途径[J].青海民族研究.2005(4).

一法定程序被忽视。在信仰伊斯兰教的少数民族地区，缔结婚姻时念“尼卡哈”[1]远比至婚姻登记机关登记重要。在他们看来，只有请“阿訇”[2]念了“尼卡哈”及履行宗教仪式后婚姻才被视为合法，否则即非法，为教法所不容。而对当地民众而言，到婚姻登记机关去“登记”只是一种可有可无的过场和无关紧要的程序。其四，伊斯兰法离婚程序遭异化，现行国家婚姻制度形同虚设。如前所述，伊斯兰法赋予男女同等的离婚权，且告诫丈夫离婚时必须尊重妻子的利益和选择，不能以任何理由阻止妻子再嫁。然而，在信仰伊斯兰教的少数民族民众中，伊斯兰法婚姻制度已遭严重异化，即夫妻离婚时，丈夫为满足自己的利益，伊斯兰法规定的离婚程序反而成为其控制女方的资本，即使经法院判决离婚，但妻子若得不到丈夫的“口唤”[3]，便失去再嫁的权利，而他人也无权娶其为妻。特别是当离婚涉及财产分割问题时，男方动辄以不给“口唤”威胁女方，迫使其一再降低正当索赔和合理要求。从上可以看出，伊斯兰法婚姻制度之优秀成分在信仰伊斯兰教的少数民族中已荡然无存，而现行婚姻法对此也显得无所适从。

例二：马某克(男，19 岁，回族)与韩某某舍(女，16 岁，回族)于 2005 年元月经双方家长协议订婚。订婚时，马某克家给予韩某某舍家“干礼”[4]12000 元人民币，为韩某某舍购买了订婚戒指和高档服装 3 套，价值人民币 4000 余元，定于当年冬季完婚。订婚后，因马某克不满家人包办，多次提出欲解除与韩某某舍的婚约。马家无奈，遂要求韩家解除此婚约，返还所送“干礼”及其他财物。韩家以“干礼”已做他用为由拒不退还，马家再三索要无果，便于当年冬季以宗教仪式强使马某克与韩某某舍完婚。婚后第二天，马某克即在公开场合向多人宣称：“我和她(韩某某舍)结婚完全是被逼的，我坚决不同意，现在我要休了她(韩某某舍)。”双方以宗教方式“离婚”解除同居关系后，马家仍对其所送“干礼”耿耿于怀，多次索要未果，遂向当地人民法院提起诉讼。法院受理后，依据 2003 年《最高人民法院关于适用〈中华人民共和国婚姻法〉若干问题的解释(二)》第 10 条规定判

---

① “尼卡哈”，阿拉伯语音译。原意为“结婚”“婚姻”。信仰伊斯兰的少数民族结婚之日，要请阿訇举行念尼卡哈的仪式：阿訇念完经文之后，当众问女方或女方主持人是否愿意嫁给男方，女方答应“愿意”；又问男方是否自愿娶女方，男方即应诺：“我愿意接受这门婚姻。”然后，阿訇便开始撒喜枣。这一过程，又叫“念尼卡哈”。一般在念尼卡哈时，阿訇还对新郎和新娘讲解一些宗教及礼俗方面的知识，有的还要教授一些简单的宗教念词。何克俭，杨万宝．回族穆斯林常用语手册[M]．银川：宁夏人民出版社，200：99-100.

② “阿訇”为波斯语(akhond)的音译，又译做“阿洪”“阿衡”，意为“私塾教师”。信仰伊斯兰教的少数民族对主持清真寺宗教事务人员的称呼。一般分为“开学阿訇”和“散班阿訇”两种，前者为执掌某一个清真寺全面教务工作的人；后者指没有被正式聘请主持清真寺宗教事务，在某一清真寺赋闲者。阿訇须接受数年经堂教育并经考核合格后举行了穿衣仪式，才被正式承认。清真寺的开学阿訇一般除管理清真寺教务、培养经学生外，还为清真寺辖区内的穆斯林们做联络和协调工作，主持回族穆斯林婚丧嫁娶等事宜。何克俭，杨万宝．回族穆斯林常用语手册[M]．银川：宁夏人民出版社，200：2.

③ 信仰伊斯兰教的少数民族常用语。口唤有五个含义：一是，准许的意思。如，没有主人的口唤，我们不能摘人家的果子。二是命令。如：老人家去世，这是真主的口唤到了。故第三种意思一般又把人去世称为“口唤了”。意即这是真主的口唤。四是回族苏菲派各门宦教众向有很深造诣和很高声望的导师和长者请求允可，叫“要口唤”，而把对方的允可叫“给口唤”。五是引申为向自己快要去世的亲人要求原谅。此处为第一种意思，下同。何克俭，杨万宝．回族穆斯林常用语手册[M]．银川：宁夏人民出版社，200：72-73。

④ 青海地区民众对彩礼的俗称，意即给付女方全额现金，不包括其他物品。

决韩某某舍家退还马家所送“干礼”10000元，其余财物作为韩家损失不予退还。①

第三，当离婚涉及夫妻财产分割时，女方财产权很难得以保障。我国现行婚姻法规定，离婚时夫妻的共同财产由双方协议处理，协议不成时由人民法院根据财产的具体情况以及照顾子女和女方权益的原则判决。夫或妻在家庭土地承包经营中享有的权益等，应当依法予以保护。一方因抚育子女、照料老人、协助另一方工作等付出较多义务的，离婚时有权向另一方请求补偿，另一方应当予以补偿。离婚时，如一方生活困难，另一方应从其住房等个人财产中给予适当帮助。伊斯兰法也规定，如果男方提出离婚，最初付给女方的财务全归女方所有；男方对怀孕的离异妻子，要提供分娩的一切条件，在婴儿哺乳期间，要供给离婚的妻子和婴儿足够的衣食。但在我国信仰伊斯兰教的少数民族地区，由于离婚纠纷诉诸法院者较少，在家族或男方占有绝对话语权的现状下，很多妇女财产分割权被无理剥夺的现象较为严重。而且因丈夫常年在外打工，妻子为抚育子女、照料老人、协助另一方工作等付出了较多义务。但离婚时，不但财产权被无情剥夺，就连最基本的生活费用也难以保障。可见，尽管我国现行婚姻法和伊斯兰法在保障妇女财产权的态度上是一致的，而在我国信仰伊斯兰教的少数民族地区，实践中却存在大量剥夺和漠视妇女财产权的情形，其显然是不合理的。

然而，源于伊斯兰法的我国信仰伊斯兰教少数民族的婚姻习惯并非一无是处，在伊斯兰法本土化过程中，尽管伊斯兰法婚姻制度中较为科学和发达的一些制度已被其异化和变通，但不可否认的是，其也继受和保留了不少较为优秀的成分。② 如在禁止近亲结婚方面，信仰伊斯兰教的少数民族结婚时十分重视血缘关系和伦理道德，严禁近亲间结婚，这其实是与我国现行婚姻法的相关规定（如我国婚姻法第3条、第7条、第10条等）是一致的。据笔者考察，与其他民族相比较而言，信仰伊斯兰教的少数民族对此严格恪守和遵行。因为近亲结婚将会受到教法、道德、伦理等多方面的惩戒。因此，摄于教法和同族的压力，近亲结婚在信仰伊斯兰教的少数民族地区基本被杜绝，禁婚范围甚至更广。再如，伊斯兰法所倡导的夫妻忠实、敬老爱幼、家庭和睦等与我国现行婚姻法之规定基本吻合，可以加以提倡和鼓励。

综上，不同法文化对于不同群体的影响是显而易见的。就伊斯兰婚姻制度和信仰伊斯兰教少数民族的婚姻习惯而言，在调整和控制婚姻家庭生活方面，它对信仰伊斯兰教的少数民族的拘束力远远大于国家婚姻法，原因就在于它不需要国家强制力的威慑而能实现其自身存在的意义。所以其规范功能的实现一般没有障碍，它也能在对具体人或社会组织的规范、约束中实现对具体行为的评价、指引、教育、预防、调整和约束等规范功能的特定内容。③ 在这个意义上，伊斯兰婚姻制度绝不比罗马法婚姻制度落后。同样，就现

① 此案例由当事人讲述，笔者整理而成。

② 王刚.伊斯兰继承制度的本土化及其对我国继承法的启示——以青海世居回族、撒拉族继承习惯为例[J].环球法律评论，2009(3).

③ 杨经德.回族伊斯兰习惯法的功能[J].回族研究，2003(2).

实情况而言，同样应当看到，国家婚姻法与少数民族婚姻习惯之间又存有某种程度的契合。这种契合之处为我国现行婚姻制度与信仰伊斯兰教的少数民族婚姻习惯之间的良性互动理论和现实依据。

五、罗马法与伊斯兰法婚姻制度对民族地区实施《婚姻法》之启示

在多元民族文化并存的我国当前语境下，一方面，应当维护我国现行婚姻制度的权威；另一方面，应当对民族文化的基本要求应当给予应有的关照。由于我国地域广袤且民族众多，将现行婚姻法强制性地在每一个地方推行，并非一定能收到预期的效果。因而，婚姻制度的建立和执行不仅仅是一种自上而下的强制过程，还应当是国家与社会之间的一种互动过程。如前所述，我国现行婚姻制度受罗马法影响较大，罗马法与伊斯兰法在婚姻制度上具有诸多相通之处，而伊斯兰法构成了我国信仰伊斯兰教的少数民族的法文化基础。在这种情况下，完全可以借助于罗马法与伊斯兰法婚姻制度来寻求我国现行婚姻制度与我国信仰伊斯兰教的少数民族婚姻习惯之间的良性互动机制。笔者以为，这种良性互动机制主要应当通过以下途径来建立：

首先，应对我国现行婚姻制度进行反思，进而查漏补缺，完善相关制度。自20世纪80年代开始，“中国的婚姻立法逐步摆脱苏联等东欧社会主义国家的影响，以更加开放、平和、客观的立法态势应对中外婚姻立法的变迁，并以强烈的婚姻立法的本土化融合域外婚姻立法的渗透和影响，进而实现了婚姻立法的本土化和异域化的对接”①。我国现行婚姻法自20世纪80年代实施以来，经过了近三十年的发展历程。在此过程中，由于社会的发展，人们的婚姻观念也发生了很大变化。新中国成立初期，人们具有较高的政治意识，如一夫一妻制、夫妻平等等观念深入人心，人们自发遵守且相互监督，使国家婚姻制度能得以有效贯彻执行。然而自改革开放以来，特别是20世纪90年代以后，尽管国家出台了一部较为完善的婚姻法，但实施效果却不尽如人意。究其原因，除国家制定法之外，还有大量的民族婚姻习惯在调整着人们的婚姻生活。而习惯“既不是铭刻在大理石上，也不是铭刻在铜表上，而是铭刻在公民们的内心里；它形成了国家的真正宪法；它每天都在获得新的力量；当其他的法律衰老或消亡时候，它可以复活那些法律或代替那些法律，它可以保持一个民族的创制精神，而且还可以不知不觉地以习惯的力量取代权威的力量”②。在这样一种社会背景下，一方面，应当加强国家婚姻制度的操作性。我国现行婚姻法第8条规定：“要求结婚的男女双方必须亲自到婚姻登记机关进行结婚登记。符合本法规定的，予以登记，发给结婚证。取得结婚证，即确立夫妻关系。未办理结婚登记的，应当补办登记。”从该条规定来看，其并未明确婚姻登记机关应当对当事人是否符

① 王歌雅.域外法影响下的中国婚姻法改革[J].比较法研究，2007(5).

② 卢梭.社会契约论[M].何兆武，译.北京：商务印书馆，2003：70.

合登记条件进行实质审查,因而操作性较差,为当事人规避法律提供了便利。因此,婚姻法应明确规定婚姻登记机关对要求结婚的男女双方做实质审查,以此杜绝信仰伊斯兰教少数民族的早婚、重婚等婚姻违法现象。再如,2003 年《最高人民法院关于适用〈中华人民共和国婚姻法〉若干问题的解释(二)》[以下简称《解释(二)》]第 10 条虽规定了当事人请求返还按照习俗给付的彩礼的,人民法院应当予以支持。但其只涉及婚后彩礼的返还问题,其并未考虑若一方反悔不能实现婚约之目的或同居时间较长,彩礼已作为共同财产用于共同生活时,该不该返还,以怎样的方式返还等问题做出相应规定。尤值得注意的是,在我国,尤其在广大的少数民族地区,机械套用《解释(二)》第 10 条是不可取的。笔者认为,《解释(二)》第 10 条列举的第一种情况,"即双方未办理结婚登记手续的",在司法实践中,如果只要未办理登记手续,男方提出返还彩礼的请求,就一律应当支持,未免太简单、绝对化了。这要具体问题具体分析,不能以偏概全。一般情况下,解除婚约时彩礼应当返还,但对于特殊情况不宜绝对化,应区别对待。

另一方面,通过制定符合民族自治地方实际情况的自治法规,整合与吸收伊斯兰法婚姻制度中较为合理的成分。如青海省人民代表大会常务委员会在 1991 年 8 月 30 日通过了《青海省化隆回族自治县自治条例》,这对该县许多问题(包括婚姻问题)的解决提供了法律依据,而且收效显著。以此为鉴,对于信仰伊斯兰教的少数民族婚姻实践中存在的诸多具体问题,可以在充分反映当地信教群众意志的基础上,制定一些相关单行条例加以变通,能够有针对性地解决民族地区比较突出的问题。这样,既尊重了国家法,又兼顾了民族习惯的基本要求。

此外,就方法论而言,依习惯弥补民法漏洞是完善民法的具体方法之一。[①] 因此,笔者认为,针对我国现行婚姻制度中存在的诸多漏洞,可以依习惯弥补之。而少数民族婚姻习惯中不乏优秀成分,在习惯不违反法律原则和法律规则的前提下可以弥补我国现行婚姻制度之不足。

其次,通过宗教人士客观而合理地阐释伊斯兰教义,让民众真正领悟到伊斯兰法所倡导的婚姻制度实质上是比较科学、进步、合理的婚姻制度,从根本上遏制民族地区的不良婚姻习惯。习惯的形成和运行当然有其深刻的宗教、历史、文化背景。在我国信仰伊斯兰教的少数民族地区,之所以会出现违反伊斯兰法婚姻制度的习惯做法,症结就在于民众对宗教精神的误读和曲解。伊斯兰法以一种严肃的态度提醒人们:男女平等、一夫一妻制较有普世意义!伊斯兰法婚姻制度在中国化过程中孕育了信仰伊斯兰教的少数民族婚姻习惯,而信仰伊斯兰教的少数民族婚姻习惯又对伊斯兰法婚姻制度的诸多层面进行了异化,尤其在本土化过程中,掺杂了较多的本土成分,致使伊斯兰法婚姻制度在民族地区变得面目狰狞。然而,"每一个民俗团体,都有它一个共同的特有的文化。这种文

---

① 有关民法漏洞弥补的具体方法之论述,详见梁慧星.民法解释学[M].北京:中国政法大学出版社,1995:269.及以下。任成印.民法方法论[M].北京:中国检察出版社,2005:356.及以下。

化和别的文化隔离，自成一个文化的系统。在这个民俗团体里面的人员，一切感情、思想、动作，没有不受这种文化的染色、熏陶和支配。他们常常自满他们所特有的制度，又常常自夸他们所特有的文物。他们的文化，假如受着外人的压迫或是讥笑的时候，他们莫不彼此同心合力，团结起来去抵制或抗衡他们共同的敌人"①。而且，在信仰伊斯兰教的少数民族看来，"真主授予世人的法律是永恒的；社会必须使自己适合法律，作为对经常重新提出来的各种生活问题的一种反应，而不是依靠自己的力量产生一定的法律"②。在这种情况下，如果一味地强调国家婚姻法的优越性，很可能导致信仰伊斯兰教的少数民族民众对自身民族文化的本能保护，进而从心理和实践上抵制、抗衡国家婚姻制度。因此，针对信仰伊斯兰教的少数民族中一夫多妻、早婚、重婚、妇女权利得不到保障、聘礼过高等问题，利用能使信仰伊斯兰教的少数民族容易接受的宗教组织等本土资源，充分发挥宗教组织或社团的作用，将能起到意想不到的效果。③

最后，罗马法与伊斯兰法婚姻制度均有诸多优点，可以为我国婚姻立法借鉴和吸收。④ 婚姻家庭是社会稳定与和谐的基础，婚姻关系不稳定则将导致伦理失常，从而滋生许多社会问题，甚至祸及整个社会。因此，借鉴和吸收不同国家和民族的婚姻实践，通过比较、甄别，进而过滤出适合本国国情的婚姻制度应是我们的主要目的。而罗马法与伊斯兰法婚姻制度中蕴含有大量的理论和实践智慧，其通过较为科学的制度和近乎说教的道德规范，以审慎和严肃的态度对婚姻关系做了很多操作性很强的制度规定。如基于对妻子财产权的保护，罗马法规定夫妻离婚时，妻子可以"寄(委)托之诉"或者"返还强占物之诉"对嫁资外财产、婚姻赠予等财产请求丈夫予以返还。而我国现行婚姻法尽管对夫妻财产关系进行了系统而详细的规定，但当人民法院判决生效后，面对执行难问题，对妻子是否能以丈夫侵犯其财产权为由请求法院保护这一途径未作实质规定，使得妻子财权有名无实。而罗马法在这方面为我们树立了成熟的立法典范，在无须任何明确协议的情况下，给予妻子"寄(委)托之诉"或者"返还强占物之诉"请求权，从制度上保证了妻子的财产所有权，值得仿效。再如，我国现行婚姻法第 13 条关于夫妻地位平等、第 20 条关于夫妻互相扶养义务、第 28 条关于直系血亲间赡养、抚(扶)养义务等规定显得非常笼统，实践中缺乏可操作性。而伊斯兰法婚姻制度从制度和思想上充分挖掘人性和伦理资源，通过科学的家庭组织原则解决了上述问题。同时，伊斯兰法婚姻制度关于乳母近亲禁婚

---

① 张瑜.民俗学的性质、范围和方法[M]//中国民俗学经典·风俗理论卷.北京：社会生活文献出版社，2003：18.

② 茨威格特，克茨.比较法总论[M].潘汉典，等译.北京：法律出版社，2003：524.

③ 如针对目前很多地区盛行索要彩礼且数额居高不下的实际，有些地方的宗教人士开始重新解读伊斯兰法关于聘礼的规定，呼吁民众不能将婚姻视为索取钱财的手段，而应以更加理性和宽容的姿态，以男方当事人能够接受且在适合当地的经济发展条件和水平的前提下索要彩礼，此举在当地起到了良好的效果。

④ 除文中诸优点外，在罗马法与伊斯兰法的形成过程中，"法学家法"还对各自法学的发展起到了非常重要的影响。法学家们通过对法律的解释、纠正和剔除，对各自法律的完善起到了举足轻重的作用，值得我们借鉴。相关论述详见周忠瑜，马旭东.罗马法与伊斯兰法比较初探[J].青海民族研究，2005(2).李进一.罗马法学家与罗马法[J].暨南学报，1997(2).谭建华.浅议罗马法学家在罗马法发展中的作用[J].江西社会科学，2002：7.

的限制，无疑从血统上排除了具有同乳关系的人之间结婚的可能性。凡此种种，无疑对我国婚姻立法具有很大的启示。

Comparing the Institution of Marriage Between Roman and Islamic Law: In Perspective of the Implementation of Marriage Law at Ethnic Areas

Wang Gang

Abstract: There are many differences between Roman law and Islamic law on the marriage institution in terms of concept, principle, procedures, marital property relations etc. the former law has established marriage institution of China and modern countries, while the later law has far-reaching influence to ethnic area where people are Muslims. With the multicultural social background, huge conflicts would be produced between our current Marriage Law in civil law and Islamic Law which was influenced by ethnic habit in terms of principle, procedures, marital property relations, etc., thus the authority of national Marriage law in the ethnic areas would be challenged either. Therefore, combing and summarizing the basic spirit of marriage institution between Roman law and Islamic law originally, it would not only help the exchange and communication between different legal systems, but also provide with a crucial practical value for promoting the Marriage Law's application and recognition at ethnic areas, so as to achieve fine interaction among National Civil Law and Ethnic marriage habits.

Key Words: Roman law; Islamic law; marriage institution; ethnic marriage habit; legal recognition